CORTINA

CONVER
RUSSIAN
IN 20 LESSONS

Hard Cover Edition: RUSSIAN IN 20 LESSONS

ILLUSTRATED

Intended for self-study and for use in schools

With a Simplified System of Phonetic Pronunciation

By
ALFRED SENN
UNIVERSITY OF PENNSYLVANIA

and
ANDREY A. ROZHDESTVENSKY
THEOLOGICAL SEMINARY—TULA, RUSSIA

An Owl Book
HENRY HOLT AND COMPANY
New York

CORTINA LEARNING INTERNATIONAL, INC.
Publishers • WESTPORT, CT 06880

Cataloging Information

Cortina Method Russian in 20 Lessons, intended for self-study and for use in
   schools, with a simplified system of phonetic pronunciation, by Alfred
   Senn and Andrey A. Rozhdestvensky. New York, R. D. Cortina Co.,
   1977.
      444 p. 21 cm.
      1. Russian language—Conversation and phrase books.
I. Rozhdestvensky, Andrey A., joint author. II. Title.
PG2121.S47 1977   491.78242   58-36
ISBN 0-8327-0008-8 (hardbound)
ISBN 0-8327-0015-0 (paperback)

Printed in the United States of America
HH Editions 9 8 7 6 5 4 3 2 1   *9009-5

TABLE OF CONTENTS

Lesson	Subjects of Conversation	Subjects of Grammar	Page
I	Names of things in daily life. People and Nationalities	*Nominative singular. See Grammar* § 19, 52, 92-98, 133-137, 364, 365, 575	2
II	Speaking and reading languages	*Accusative singular. Present tense. See* § 19, 99-105, 151-155, 363, 369, 443, 554, 576-578	8
III	Books, magazines, newspapers	*Genitive singular. Accusative singular of nouns denoting animate beings. Prepositions requiring genitive. Negative sentence. Numerals 1-4. See* § 130-132, 138-150, 156-167, 298-302, 361, 362, 366-369, 371, 376, 379, 402, 414, 446-449, 453, 454, 456-459, 579-582	14
IV	Writing letters. Family. Relations	*Dative singular. Indirect object. Preposition K. See* § 141-150, 157, 169-173, 303, 304, 462, 463, 587-590	21
V	Conversations with friends and relatives	*Instrumental singular. Prepositions requiring instrumental. See* § 174-181, 288-293, 371, 378, 380, 381, 471-478, 541, 591-597	27
VI	The City—Country—Schools	*Prepositional singular. Prepositions requiring prepositional. See* § 182-185, 288-293, 326, 371-373, 375, 378, 380, 381, 393, 479-481, 541	33
VII	Days of the week. Months. Seasons	*Declension of neuter nouns and ordinal numbers. Expressions of time; months; days of the week. See* § 105-109, 280, 432-436, 542-548, 598, 608, 612, 613	39
VIII	Meeting Russian men and women	*Proper names in the singular. See* § 110-112, 329-357, 377, 397-399, 549	45
IX	Going on visits. Presents. Eating	*Imperfective and perfective future tense. See* § 113-115, 608, 615-619, 626-640, 642-644, 664, 672, 693-706	52
X	Travelling in Russia and Europe	*Imperfective and perfective past tense. See* § 116-118, 294, 412, 413, 600, 615-619, 626-644, 664-672, 707-719	60

iii

| XI | Talks about Russian cities, theatres, libraries | *Nominative plural. Accusative plural of nouns denoting inanimate objects. Predicate adjective.* See § 119, 120, 187-208, 283, 305, 321-324, 327, 328, 358, 359, 382, 418, 424 | 70 |

| XII | Russian books. Artists. Writers. Musicians. | *Genitive plural. Accusative plural of nouns denoting animate beings. Numerals 5-12.* See § 121-123, 209-228, 281, 282, 284, 402, 403, 414-417, 419-426, 446-454, 614 | 83 |

| XIII | Sending presents. Visiting schools | *Dative, instrumental and prepositional plural of nouns, adjectives, pronouns, and numerals.* See § 186, 229-239, 427-429, 431, 609. | 92 |

| XIV | Vacations. Health. The doctor. Telling time. | *Reflexive verbs. Numerals 13-39.* See § 124, 125, 374, 395, 411, 437, 550, 610, 720-731 | 102 |

| XV | Counting. Subtraction. Multiplication. Division | *Imperative. Numerals from 40 on upward.* See § 404-410, 430, 438, 601, 732-745 | 118 |

| XVI | A chat between friends | *Conditional and purpose clauses.* See § 126-128, 746-758 | 132 |

| XVII | At a department store | *Adjectives and adverbs.* See § 129, 168, 285, 306-319, 360, 394, 433-436, 439-441, 602, 603, 762, 764 | 141 |

| XVIII | Languages. History. Geography | *Comparison of adjectives and adverbs.* See § 370, 384, 388-391, 396, 400, 402, 460, 555-574 | 152 |

| XIX | Renting an apartment | *Present and past active participles.* See § 759-773 | 163 |

| XX | A letter between teachers | *Present and past passive participles.* See § 551-553, 774-805, 819-821. | 174 |

| XXI | In the park. News and business affairs | *Gerunds.* See § 806-818 | 183 |

Reference Grammar

SECTIONS PAGE

Letters and Sounds	[§1-92]	*193*
General Grammatical Remarks	[§93-129]	*206*
Declension of Nouns	[§130-285]	*211*
Adjectives	[§286-328]	*245*
Proper Names	[§329-360]	*257*
Pronouns	[§361-400]	*262*
Numerals	[§401-441]	*274*
Use of the Cases	[§442-481]	*283*
Prepositions	[§482-541]	*295*
Expressions of Time	[§542-549]	*309*
Adverbs	[§550-554]	*311*
Degrees of Comparison	[§555-574]	*313*
Verbs	[§575-758]	*321*
Participles	[§759-805]	*371*
Gerunds	[§806-818]	*385*
Passive Voice	[§819-821]	*389*
Conjunctions	[§822]	*390*

Subject Index   *391*
Vocabulary   *402*

1 Пéрвый урóк Pérvyy urók (Lesson I)

	PRONUNCIATION	TRANSLATION
америкáнец[92] [134] *	amerikánets	an American (man)
америкáнка [137]	amerikánka	an American (woman)
америкáнский ⎫ [133]	amerikánskiy	
америкáнская ⎬	amerikánskaya	American (adjective)
америкáнское ⎭	amerikánskoye	
áрмия[135]	ármiya	army
брат [134]	brat	brother
ваш ⎫ [96]	vash	
вáша ⎬	vásha	your, yours
вáше ⎭	váshe	
вещь[135]	vyeshch	thing
вот!	vot	here is, here are (demonstrative exclamation as French voilà)
вы [304]	vy	you
где?	gde	where?
господúн[134]	gaspadín	gentleman, Mr.
да	da	yes
дáма[135]	dáma	lady
дéло[136]	délo	business, affair
дерéвня[135]	derévnya	(peasant) village, country (in contrast to city)
дом[134]	dom	house
дóма	dóma	at home
дя́дя [134]	dyádya	uncle
егó[10]	yevó	his, its
её [52]	yeyó	her, hers
здáние[136]	zdániye	building
и	i	and, also
úли	íli	or
úмя[136]	ímya	name
их	ikh	their, theirs
карандáш [134]	karandásh	pencil
кнúга [135]	kníga	book
кто?	kto	who?
лóшадь[135]	lóshad'	horse

---

*The small numbers in the vocabulary, sentences, and exercises refer to the correspondingly numbered sections of the Grammar.

2

мой ⎫ ⁹⁶	moy	
моя́ ⎬	mayá	my, mine
моё ⎭	mayó	
музе́й ¹³⁴	muzéy	museum
мы	my	we
наш ⎫ ⁹⁶	nash	
на́ша ⎬	násha	our, ours
на́ше ⎭	náshe	
не	ne	not
нет	net	no
он ³⁶⁵	on	he
она́ ³⁶⁵	aná	she
оно́ ³⁶⁵	anó	it
они́ ³⁶⁵	aní	they
перо́ ¹³⁶	peró	pen
пла́тье ¹³⁶	plátye	dress
по́ле ¹³⁶	póle	field
рабо́тник ¹³⁴	rabótnik	worker (man)
рабо́тница ¹³⁷	rabótnitsa	worker (woman)
ру́сский ⎫ ¹³³	rússkiy	
ру́сская ⎬	rússkaya	Russian (*adjective*)
ру́сское ⎭	rússkoye	
сестра́ ¹³⁵	sestrá	sister
слова́рь ¹³⁴ *m.*	slavár	dictionary
сло́во ¹³⁶	slóva	word
там	tam	(over) there
тепе́рь	tepér	now
тут	tut	here
учи́тель ¹³⁴	uchítel'	teacher (man)
учи́тельница ¹³⁷	uchítel'nitsa	teacher (woman)
чай ¹³⁴	chay	tea
челове́к ¹³⁴	chelavyék	man, person
что?	shto	what?
э́тот ⎫ ¹³³	état	
э́та ⎬	éta	this
э́то ⎭	éta	
я ⁹².	ya	I

Conversation	**Pronunciation**	**Translation**
Что ⁹² э́то? ⁵⁷⁵	Shto éta?	What is this?
Э́то ⁹⁴ каранда́ш. ⁹³	Éta karandásh.	This is a pencil.
Э́то кни́га. ⁹³	Éta kníga.	This is a book.
Э́то перо́.	Éta peró.	This is a pen.
Э́то мой каранда́ш.	Éta moy karandásh.	This is my pencil.
Э́то моя́ кни́га.	Éta mayá kníga.	This is my book.

Это моё [52] перо.	Éta mayó peró.	This is my pen.
Этот карандаш мой.	État karandásh moy.	This pencil is mine.
Эта книга моя.	Éta kníga mayá.	This book is mine.
Это перо моё.	Éta peró mayó.	This pen is mine.
Где [575] ваш карандаш?	Gde vash karandásh?	Where is your pencil?
Мой карандаш тут.	Moy karandásh tut.	My pencil is here.
Вот мой карандаш!	Vot moy karandásh.	Here is my pencil.
Где ваше перо?	Gde váshe peró?	Where is your pen?
Вот моё перо!	Vot mayó peró.	Here is my pen.
Где его книга?	Gde yevó kníga?	Where is his book?
Его книга там.	Yevó kníga tam.	His book is (over) there.
Что там?	Shto tam?	What is (over) there?
Книга [93] там.	Kníga tam.	The (A) book is (over) there.
Там книга? [9,5]	Tam kníga?	Is the book there?
Книга там? [95]	Kníga tam?	Is the book there?
Да, она там.	Da, aná tam.	Yes, it is there.
Где перо?	Gde peró?	Where is the pen?
Оно [3] там.	Anó tam.	It is (over) there.
Вот оно!	Vot anó.	Here it is.
Кто там?	Kto tam?	Who is there?
Мой брат там.	Moy brat tam.	My brother is there.
Где он?	Gde on?	Where is he?
Он там.	On tam.	He is (over) there.
Вот он!	Vot on.	Here he is.
Где вы [364] теперь?	Gde vy tepér?	Where are you now?
Я дома.	Ya dóma.	I am at home.
Кто вы?	Kto vy?	Who (or What) are you?
Я ваш учитель.	Ya vash uchítel'.	I am your teacher.
Я работник.	Ya rabótnik.	I am a worker.
Я американец.	Ya amerikánets.	I am an American.
Я американский [133] работник.	Ya amerikánskiy rabótnik.	I am an American worker.
Кто она?	Kto aná?	Who (or What) is she?
Она ваша учительница.	Aná vásha uchítel'nitsa.	She is your teacher.
Она работница.	Aná rabótnitsa.	She is a working woman.
Она американка.	Aná amerikánka.	She is an American.
Она американская [133] работница.	Aná amerikánskaya rabótnitsa.	She is an American working woman.
Кто этот человек?	Kto état chelavyék?	Who (or What) is this man?
Он мой брат.	On moy brat.	He is my brother.
Он русский.	On rússkiy.	He is (a) Russian.
Он русский работник.	On rússkiy rabótnik.	He is a Russian worker.

Exercises

Это[94] наш каранда́ш
This is our pencil

a) Это наш[96] брат.
Это наш дом.
Это наш рабо́тник.
Это наш учи́тель.
Это наш слова́рь.
Это наш музе́й.
Это наш чай.
Это наш дя́дя.

b) Это на́ша[96] да́ма.
Это на́ша кни́га.
Это на́ша сестра́.
Это на́ша рабо́тница.
Это на́ша учи́тельница.
Это на́ша дере́вня.
Это на́ша а́рмия.
Это на́ша ло́шадь.
Это на́ша вещь.

c) Это на́ше[96] перо́.
Это на́ше де́ло.
Это на́ше сло́во.
Это на́ше по́ле.
Это на́ше пла́тье.
Это на́ше зда́ние.
Это на́ше и́мя.

Это ваш каранда́ш
This is your pencil

a) Это ваш[96] брат.
Это ваш дом.
Это ваш чай.
Это ваш учи́тель.
Это ваш слова́рь.
Это ваш дя́дя.

b) Это ва́ша[96] кни́га.
Это ва́ша сестра́.
Это ва́ша учи́тельница.
Это ва́ша дере́вня.
Это ва́ша ло́шадь.
Это ва́ша вещь.

c) Это ва́ше[96] де́ло.
Это ва́ше перо́.
Это ва́ше пла́тье.
Это ва́ше зда́ние.
Это ва́ше по́ле.
Это ва́ше и́мя.

Это его́[96] каранда́ш
This is his pencil

a) Это его́ брат.
Это его́ дом.
Это его́ рабо́тник.
Это его́ дя́дя.
Это его́ музе́й.
Это его́ чай.
Это его́ слова́рь.
Это его́ учи́тель.

b) Это его́ кни́га.
Это его́ сестра́.
Это его́ рабо́тница.
Это его́ учи́тельница.
Это его́ дере́вня.
Это его́ а́рмия.
Это его́ ло́шадь.
Это его́ вещь.

c) Это его́ де́ло.
Это его́ перо́.
Это его́ и́мя.
Это его́ по́ле.
Это его́ зда́ние.

Это её[96] каранда́ш
This is her pencil

a) Это её брат.
Это её слова́рь.
Это её учи́тель.
Это её чай.
Это её дя́дя.

b) Это её кни́га.
Это её сестра́.
Это её дере́вня.
Это её ло́шадь.
Это её вещь.

c) Это её де́ло.
Это её пла́тье.
Это её и́мя.

Это их [96] каранда́ш

This is their pencil

a) Это их дом.
Это их учи́тель.
Это их музе́й.
Это их дя́дя.

b) Это их кни́га.
Это их учи́тельница.
Это их ло́шадь.
Это их дере́вня.

c) Это их де́ло.
Это их зда́ние.
Это их и́мя.

Это я

This is I. It is I.

Это ты.
Это он.
Это она́

Это мы.
Это вы.
Это они́.

Этот [133] каранда́ш наш [96]

This pencil is ours

a) Этот дом наш.
Этот музе́й наш.
Этот чай наш.
Этот слова́рь наш.

b) Эта кни́га на́ша.
Эта дере́вня на́ша.
Эта а́рмия на́ша.
Эта ло́шадь на́ша.

c) Это перо́ на́ше.
Это по́ле на́ше.
Это зда́ние на́ше.
Это и́мя на́ше.

Этот каранда́ш его́ (её, их) [96]

This pencil is his (hers, theirs)

a) Этот дом его́.
Эта кни́га его́.
Это перо́ его́.

b) Этот слова́рь её.
Эта ло́шадь её.
Это пла́тье её.

c) Этот дом их.
Эта кни́га их.
Это по́ле их.

Это она́?—Да, э́то она́.—Нет, э́то не она́.

Is this she?—Yes, it is.—No, it is not.

Это она́?—Да, э́то она́.
Это она́?—Она́. [97]
Это вы?—Да, э́то я.
Это они́?—Да, э́то они́.
Это она́?—Нет, э́то не она́.
Это они́?—Нет, э́то не они́.

Это он?—Да, э́то он.
Это он?—Он.
Это вы?—Я. [97]
Это они́?—Они́.
Это она́?—Нет, не она́.
Это они́?—Нет, не они́.

Это не ва́ше де́ло

This is not your business (i. e., This is none of your business. This does not concern you)

a) Это не моё де́ло.
Это не на́ше де́ло.
Это не его́ де́ло.

b) Это не мой каранда́ш.
Это не наш дом.
Это не его́ слова́рь.

c) Это не моя́ кни́га.
Это не ва́ша кни́га.
Это не его́ кни́га.

ADDITIONAL CONVERSATION

Где ваш брат тепéрь?	Where is your brother now?
Где вáша сестрá тепéрь?	Where is your sister now?
Где ваш брат и вáша сестрá тепéрь?	Where are your brother and sister now?
Онú дóма.	They are at home.
Вот онú!	Here they are.
Где онú?	Where are they?
Где мы тепéрь?	Where are we now?
Где моя́ кнúга?	Where is my book?
Где моё перó?	Where is my pen?
Где[98] онá, там и он.	Wherever she is he is too.
Вот он где!	Look where he is! Ah, there he is!
Кто э́тот господúн, американец úли рýсский?	What is this gentleman, (an) American or (a) Russian?
Кто э́та дáма, американка úли рýсская?	What is this lady, (an) American or (a) Russian?
Онá рýсская.	She is Russian.
Ваш учúтель рýсский úли американец?[95]	Is your teacher Russian or American?
Он американец.	He is an American.
Вы американец úли рýсский?[95]	Are you (an) American or (a) Russian?
Я американец.	I am an American.
Вы рýсский?[95]	Are you Russian?
Нет, я не рýсский, я американец.	No, I am not Russian, I am an American.
Моя́ сестрá американка.	My sister is an American.
Это американский господúн.	This is an American gentleman.
Это рýсская кнúга.	This is a Russian book.
Вот рýсское перó и американский карандáш!	Here are a Russian pen and an American pencil.
Вот вáше рýсское перó!	Here is your Russian pen.
Где егó американский карандáш?	Where is his American pencil?
Вот их рýсская кнúга!	Here is their Russian book.
Наш рýсский рабóтник тут.[575]	Our Russian worker is here.
Мой американский дя́дя там.	My American uncle is (over) there.
Эта рýсская кнúга нáша.	This Russian book is ours.
Этот американский карандáш её.	This American pencil is hers.

Второй урок   Ftaróy urók   (Lesson II)

	PRONUNCIATION	TRANSLATION
а	a	and, but
английский⎫	anglíyskiy	
английская⎬	anglíyskaya	English
английское⎭	anglíyskoye	
англичанин	anglichánin	Englishman
англичанка [137] *	anglichánka	Englishwoman
говорить [578]	gavarít'	to speak, to say
делать [577]	délat'	to do
друг	drukh	friend
ещё	yeshchó	still
(ещё не)	(yeshchó ne)	not yet
журнал	zhurnál	journal, magazine
знать [577]	znat'	to know
(и—и)	(i — i)	both — and
изучать [577]	izuchát'	to study, to learn
как?	kak	how?
какой?⎫	kakóy	
какая?⎬	kakáya	what (kind of)? which?
какое?⎭	kakóye	
китайский⎫	kitáyskiy	
китайская⎬	kitáyskaya	Chinese (adjective)
китайское⎭	kitáyskoye	
(ли) [101]	(li)	interrogative particle
маленький⎫	málen'kiy	
маленькая⎬	málen'kaya	small, little
маленькое⎭	málen'koye	
немец	némets	a German (man)
немка	némka	a German (woman)
немецкий⎫	nemétskiy	
немецкая⎬	nemétskaya	German (adjective)
немецкое⎭	nemétskoye	
ничего [1ᴸ]	nichevó	nothing
но	no	but
очень хорошо	óchen kharashó	very well
очень плохо	óchen plókha	very badly, very poorly
покупать [577]	pakupát'	to buy
понимать [577]	panimát'	to understand
почему?	pachemú	why?

---

*The small numbers in the vocabulary, sentences, and exercises refer to the correspondingly numbered sec
of the Grammar.

плóхо	plókha	badly, poorly
рабóтать [577]	rabótat'	to work
так как	tak kak	because, since
тóже	tózhe	also
тóлько	tól'ka	only
ты [363]	ty	you
францу́зский	frantsúzskiy	
францу́зская	frantsúzskaya	French
францу́зское	frantsúzskoye	
хорошó	kharashó	well
читáть [577]	chitát'	to read
язы́к	yazýk	language, tongue

CONVERSATION	PRONUNCIATION	TRANSLATION
Что вы дéлаете? [577]	Shto vy délayete?	What do you do? What are you doing? [576]
Я читáю [577] кни́гу. [153]	Ya chitáyu knígu.	I read (I am reading, I do read) a book. [443]
Каку́ю кни́гу [153] вы читáете?	Kakúyu knígu vy chitáyete?	What (kind of a) book are you reading?
Мы читáем англи́йскую кни́гу.	My chitáyem anglíyskuyu knígu.	We are reading an English book.
Что дéлает ваш друг? [99]	Shto délayet vash drukh?	What is your friend doing?
Он тóже читáет. Он читáет францу́зский журнáл. [152]	On tózhe chitáyet. On chitáyet frantsúzskiy zhurnál.	He is also reading. He is reading a French magazine.
Что дéлают ваш брат и вáша сестрá? [99]	Shto délayut vash brat i vásha sestrá?	What are your brother and sister doing?
Они́ рабóтают.	Aní rabótayut.	They are working.
Понимáете ли [101] вы, что [100] вы читáете?	Panimáyete li vy, shto vy chitáyete?	Do [103] you understand what you read?
Да, понимáю, [105] но мой мáленький брат не [102] понимáет.	Da, panimáyu, no moy málen'kiy brat ne panimáyet.	Yes, I do, but my little brother does not understand.
Почему́ вы не читáете?	Pachemú vy ne chitáyete?	Why do [103] you not read?
Я не знáю что читáть.	Ya ne znáyu shto chitát'.	I do [103] not know what to read.
Что вы там дéлаете? [99]	Shto vy tam délayete?	What are you doing there?
Я покупáю ру́сский словáрь. [152] Я изучáю ру́сский язы́к. [152]	Ya pakupáyu rússkiy slavár. Ya izucháyu rússkiy yazýk.	I am buying a Russian dictionary. I study (the) Russian (language).
Какóй ещё язы́к вы знáете? [99]	Kakóy yeshchó yazýk vy znáyete?	What other language do you know?

Я ещё зна́ю неме́цкий язы́к.	Ya yeshchó znáyu nemétskiy yazýk.	I know also German.
Вы говори́те [578] по-ру́сски? [554]	Vy gavaríte pa-rússki?	Do you speak Russian?
Нет, я ещё не говорю́.	Net. Ya yeshchó ne gavar'ú.	No, I do not yet speak it.
Как говори́т э́тот господи́н? [99]	Kak gavarít état gaspadín?	How (What language) does this gentleman speak?
Он говори́т по-англи́йски, [554] так как он англича́нин. Америка́нец то́же говори́т по-англи́йски. Э́тот америка́нец и э́тот англича́нин говоря́т по-англи́йски, но они́ не говоря́т ни [104] по-ру́сски ни по-неме́цки.	On gavarít pa-anglíyski, tak kak on anglichánin. Amerikánets tózhe gavarít pa-anglíyski. État amerikánets i état anglichánin gavar'át pa-anglíyski, no aní ne gavar'át ni pa-rússki ni panemétski.	He speaks English, since he is an Englishman. The American speaks also English. This American and this Englishman speak English, but they speak neither Russian nor German.
Что де́лает э́та англича́нка?	Shto délayet éta anglichánka?	What is this Englishwoman doing?
Она́ покупа́ет кита́йский чай.	Aná pakupáyet kitáyskiy chay.	She is buying Chinese tea.
Что вы де́лаете тепе́рь?	Shto vy délayete tepér?	What are you doing now?
Я тепе́рь ничего́ [104] не де́лаю.	Ya tepér nichevó ne délayu.	I am not doing anything now.

я де́лаю [577]	я чита́ю [577]	я говорю́ [578]
ты де́лаешь	ты чита́ешь	ты говори́шь
он де́лает	он чита́ет	он говори́т
мы де́лаем	мы чита́ем	мы говори́м
вы де́лаете	вы чита́ете	вы говори́те
они́ де́лают	они́ чита́ют	они́ говоря́т

Exercises

Како́й э́то каранда́ш?—Э́то неме́цкий каранда́ш.

What kind of a pencil is this?—This is a German pencil.

Како́й э́то чай?—Э́то ру́сский чай а э́то кита́йский чай.
Како́й э́то слова́рь?—Э́то ру́сский слова́рь а э́то англи́йский слова́рь.
Како́й э́то язы́к?—Э́то францу́зский язы́к.
Како́й э́то журна́л?—Э́то америка́нский журна́л.
Како́й э́то дом?—Э́то ма́ленький дом.

Кака́я э́то кни́га?—Э́то неме́цкая кни́га.
Кака́я э́то дере́вня?—Э́то ру́сская дере́вня.
Кака́я э́то ло́шадь?—Э́то америка́нская ло́шадь.
Кака́я э́то а́рмия?—Э́то неме́цкая а́рмия.

Како́е э́то перо́?—Это америка́нское перо́.
Како́е э́то пла́тье?—Это францу́зское пла́тье.
Како́е э́то и́мя?—Это ру́сское и́мя.
Како́е э́то сло́во?—Это англи́йское сло́во.

Я покупа́ю ма́ленький дом

I am buying a little house [443]

a) Он покупа́ет америка́нский журна́л. [152]
Она́ чита́ет ру́сский журна́л.
Мы изуча́ем ру́сский язы́к.
Вы зна́ете англи́йский язы́к.
Они́ покупа́ют францу́зский слова́рь.

b) Я покупа́ю англи́йскую кни́гу. [153]
Она́ покупа́ет ма́ленькую вещь.
Мы чита́ем неме́цкую кни́гу.
Они́ зна́ют э́ту [154] да́му.
Я зна́ю э́ту не́мку.

c) Я покупа́ю америка́нское перо́. [151]
Я понима́ю э́то ру́сское сло́во.
Он покупа́ет э́то ма́ленькое зда́ние.
Она́ покупа́ет францу́зское пла́тье.

Я не зна́ю что [151] [100] де́лать

I do not know what to do

Он не зна́ет что чита́ть.
Она́ не зна́ет что покупа́ть.
Мы не зна́ем что де́лать.

Вы не зна́ете что чита́ть.
Они́ не зна́ют что де́лать.
Ты [363] не зна́ешь что де́лать.

Я не зна́ю как э́то [151] де́лать

I do not know how to do this

Ты [363] не зна́ешь как э́то де́лать.
Он не зна́ет как э́то де́лать.
Она́ не зна́ет как э́то де́лать.

Мы не зна́ем как говори́ть по-ру́сски.
Вы не зна́ете как говори́ть по-неме́цки.
Они́ не зна́ют как говори́ть по-кита́йски.

Како́й язы́к [152] вы изуча́ете [99] ?—Я изуча́ю ру́сский язы́к. [152]

What language are you studying (do you study)?—I am studying (I study) (the) Russian (language).

Како́й язы́к изуча́ет ваш брат [99]?—Мой брат изуча́ет францу́зский язы́к. Он то́же изуча́ет неме́цкий язы́к.
Како́й язы́к изуча́ет ва́ша сестра́?—Моя́ сестра́ изуча́ет ру́сский язы́к. Она́ то́же изуча́ет кита́йский язы́к.
Како́й ещё язы́к вы изуча́ете?—Мы ещё изуча́ем неме́цкий язы́к.
Како́й язы́к изуча́ют ваш брат и ва́ша сестра́?—Они́ изуча́ют ру́сский язы́к.

Как вы говори́те?—Я говорю́ по-англи́йски. [554]

What language do you speak?—I speak English.

Как ты[363] говори́шь?—Я говорю́ по-англи́йски.
Как он говори́т?—Он говори́т по-ру́сски.
Как она́ говори́т?—Она́ то́же говори́т по-ру́сски.
Как они́ говоря́т?—Они́ говоря́т по-неме́цки.
Как вы говори́те?—Мы говори́м по-францу́зски.
Как я говорю́?—Вы говори́те по-англи́йски.
Как говори́т ваш друг?—Мой друг говори́т по-кита́йски.
Как говори́т его́ сестра́?—Его́ сестра́ то́же говори́т по-кита́йски.

Говори́те ли[101] вы по-ру́сски?—Да, я говорю́ по-ру́сски.

Do you speak Russian?—Yes, I speak Russian.

Говори́те ли вы по-англи́йски?—Да, я говорю́ по-англи́йски.
Говори́те ли вы то́же по-францу́зски?—Да, я говорю́ то́же по-францу́зски.
Говори́те ли вы по-неме́цки?—Нет, я не говорю́ по-неме́цки. Я то́лько говорю́ по-англи́йски и по-ру́сски.
Говоря́т ли они́ по-кита́йски?—Нет, они́ по-кита́йски не говоря́т.
Говорю́ ли я по-англи́йски и́ли по-неме́цки?—Вы говори́те по-англи́йски.

Понима́ете ли вы по-ру́сски?—Да, я понима́ю по-ру́сски.

Do you understand Russian?—Yes, I understand Russian.

Понима́ете ли вы по-францу́зски?—Да, я понима́ю по-францу́зски.
Понима́ете ли вы то́же по-неме́цки?—Да, я то́же понима́ю по-неме́цки.
Понима́ет ли он по-англи́йски?—Да, он понима́ет по-англи́йски.
Понима́ет ли она́ по-ру́сски?—Да, она́ понима́ет по-ру́сски.
Понима́ют ли они́ по-неме́цки?—Да, они́ понима́ют по-неме́цки.
Понима́ете ли вы по-кита́йски?—Нет, мы не понима́ем по-кита́йски.

Как[101] я чита́ю по-ру́сски?—Вы хорошо́ чита́ете по-ру́сски.

How do I read Russian?—You read Russian well.

Как он чита́ет по-ру́сски?—Он то́же чита́ет хорошо́ по-ру́сски.
Как она́ чита́ет по-англи́йски?—Она́ чита́ет пло́хо по-англи́йски.
Как мы чита́ем по-францу́зски?—Вы пло́хо чита́ете по-францу́зски, но вы хорошо́ чита́ете по-неме́цки.
Как они́ чита́ют по-кита́йски?—Они́ чита́ют по-кита́йски о́чень пло́хо, но они́ о́чень хорошо́ чита́ют по-ру́сски.

Хорошо́ ли[101] вы зна́ете э́ту[154] да́му?—Да, я зна́ю э́ту[154] да́му о́чень хорошо́.

Do you know this lady well?—*Yes, I know this lady very well.*

Хорошо́ ли он зна́ет ва́шу[154] сестру́?—Да, он хорошо́ зна́ет мою́[154] сестру́.

Хорошо́ ли они́ зна́ют э́ту англича́нку?—Да, они́ зна́ют э́ту англича́нку хорошо́.

Зна́ете ли вы э́ту учи́тельницу?—Да, я зна́ю э́ту учи́тельницу. Она́ моя́ сестра́.

Зна́ю ли я ва́шу учи́тельницу?—Да, вы хорошо́ зна́ете на́шу учи́тельницу. Она́ ва́ша сестра́.

Мою́[154] ли[101] кни́гу вы чита́ете?—Да, я чита́ю ва́шу[154] кни́гу.

На́шу ли[101] кни́гу они́ чита́ют?—Да, они́ чита́ют на́шу кни́гу.

3

Тре́тий уро́к Trétiy urók (**Lesson III**)*

CONVERSATION	**PRONUNCIATION**	**TRANSLATION**
Зна́ете ли[101] вы ваш уро́к?[138]	Znáyete li vy vash urók?	Do you know your lesson?
Нет, я не зна́ю моего́[300] [302] уро́ка.[156] [453]	Net, ya ne znáyu mayevó uróka.	No, I do not know my lesson.
Почему́ вы не зна́ете ва́шего[330] уро́ка?[454]	Pachemú vy ne znáyete váshevo uróka?	Why don't you know your lesson?
Потому́ что я его́[367] не понима́ю.	Patamú shto ya yevó ne panimáyu.	Because I don't understand it.
Чита́ете ли вы э́ту кни́гу?	Chitáyete li vy étu knígu?	Are you reading this book?
Нет, я не чита́ю её.[367]	Net, ya ne chitáyu yeyó.	No, I am not reading it.
Кого́[376] вы ви́дите[585] о́коло[449] до́ма?[156]	Kavó vy vídite ókala dóma?	Whom do you see near the house?
Я не ви́жу[585] там никого́.[379]	Ya ne vízhu tam nikavó.	I don't see anybody there.
Кто смо́трит[583] из[449] ва́шего окна́?[156]	Kto smótrit iz váshevo akná?	Who is looking out of your window?
Из на́шего[300] окна́ никто́[379] не[104] смо́трит.	Iz náshevo akná nikhtó ne smótrit.	No one is looking out of our window.
Чей[392] э́тот журна́л?	Chey état zhurnál?	Whose magazine is this?
Э́тот журна́л ру́сского[299] учи́теля.[448]	État zhurnál rússkava uchítel'a.	This magazine belongs to the Russian teacher.
Чья[392] э́та газе́та?	Chya éta gazéta?	Whose newspaper is this?
Э́та газе́та америка́нской[299] да́мы.[448]	Éta gazéta amerikánskay dámy.	This newspaper belongs to the American lady.
Чьё[392] э́то перо́?	Chyo éta peró?	Whose pen is this?
Э́то моё перо́.	Éta mayó peró.	This is my pen.
У[449] вас[362] есть[606] кни́га, а у кого́[376] нет[606] кни́ги?[162]	U vas yest kníga, a u kavó net knígi?	You have a book, but who has no book?
У мое́й[300] сестры́[162] нет кни́ги.	U mayéy sestrý net knígi.	My sister has no book.
До[449] како́го[301] зда́ния[156] идёт[581] э́та доро́га?	Do kakóva zdániya id'ót éta daróga?	To what building does this road go?
Она́ идёт до музе́я.[156]	Aná id'ót do muzéya.	It goes to the museum.
О́коло[449] како́й[301] стены́[162] стои́т[584] он?	Okala kakóy stený staít on?	Near which wall is he standing?
Он стои́т о́коло бе́лой[299] стены́.	On staít ókala bélay stený.	He is standing near the white wall.
Есть[606] ли у вас неме́цкий слова́рь?	Yest li u vas nemétskiy slavár?	Do you have a German dictionary?

*Beginning with this lesson, consult the Vocabulary at the back of the book for new words and forms.

14

Нет, у меня[362] нет[606] немéцкого[299] словаря́.[156]

Net, u men'á net nemétskava slavar'á.

No, I have no German dictionary.

Свой[385] ли у[606] вас дом?

Svoy li us vas dom?

Do you own your house?

Нет, у нас[362] нет[606] своегó[385] дóма.[156]

Net, u nas net svayevó dóma.

No, we don't have a house of our own.

Имéет[605] ли э́тот человéк свою́[385] лóшадь?

Iméyet li état chelavyék svayú lóshad?

Does this man have his own horse?

Нет, у негó[371] нет своéй[300] лóшади.

Net, u nevó net svayéy lóshadi.

No, he does not have his own horse.

Имéете ли вы каранда́ш?

Iméyete li vy karandásh?

Do you have a pencil?

Да, я имéю[605] одúн[402] каранда́ш, а мой брат имéет два[414] карандаша́.[156]

Da, ya iméyu adín karandásh, a moy brat iméyet dva karandashá.

Yes, I have one pencil, but my brother has two pencils.

Имéет ли ваш отéц лóшадь?

Iméyet li vash atéts lóshad?

Does your father have a horse?

Да, у[606] негó[371] две[414] лóшади,[162] а у дя́ди[165] три[414] лóшади.[162]

Da, u nevó dve lóshadi, a u dyádi tri lóshadi.

Yes, he has two horses, but (my) uncle has three horses.

Зна́ете ли вы, у когó[376] есть четы́ре[414] лóшади?[162]

Znáyete li vy, u kavó yest chetýre lóshadi?

Do you know (anybody) who has four horses?

Нет, я не зна́ю такóго[301] человéка.[156]

Net, ya ne znáyu takóva chelavyéka.

No, I do not know such a man.

Я зна́ю однóго[402] человéка без[449] рукú,[162] зна́ете ли вы такóго[458] человéка?[456]

Ya znáyu adnavó chelavyéka bez rukí, znáyete li vy takóva chelavyéka?

I know a man without an arm, do you know such a man?

Я не зна́ю человéка[459] без рукú, но я зна́ю человéка[456] без па́льца.[156]

Ya ne znáyu chelavyéka bez rukí, no ya znáyu chelavyéka bez pál'tsa.

I don't know any man without an arm, but I know a man without a finger.

Зна́ете ли вы америка́нца[457] и́ли америка́нку?

Znáyete li vy amerikántsa ili amerikánku?

Do you know an American man or an American woman?

Нет, я не[104] зна́ю ни однóгó[402] америка́нца[156] и ни однóй[402] америка́нки.[162]

Net, ya ne znáyu ni adnavó amerikántsa i ni adnóy amerikánki.

No, I don't know a single American man nor a single American woman.

Для[449] когó вы покупа́ете такóе пла́тье?

Dl'a kavó vy pakupáyete takóye plátye?

For whom are you buying such a dress?

Я покупа́ю егó[368] для своéй ма́тери.[167]

Ya pakupáyu evó dl'a svayéy máteri.

I am buying it for my mother.

Кто смóтрит там из-за[449] угла́?[156][157]

Kto smótrit tam íz-za uglá?

Who is looking from behind that corner?

Я никогó[379] не ви́жу[585] там.

Ya nikavó ne vízhu tam.

I don't see anybody there.

Почему́ вы стóйте[584] óколо моегó дóма?

Pachemú vy staíte ókala mayevó dóma?

Why are you standing near my house?

Я ожида́ю[580] вас.[362]

Ya azhidáyu vas.

I am waiting for you.

Что вы хотúте[586] от[449] меня́?

Shto vy khatíte ot men'á?

What do you want from me?

У меня[606] до вас[362] дело.	U men'á do vas déla.	I have something to discuss with you.
Что вы имеете[580] для меня?[362]	Shto vy iméyete dl'a men'á?	What do you have for me?
Я ничего не имею для вас.[362]	Ya nichevó ne iméyu dl'a vas.	I have nothing for you.
Знаете ли вы этого[458] работника[457] и эту работницу?	Znáyete li vy étava rabótnika i étu rabótnitsu?	Do you know this working man and this working woman?
Нет, я не знаю ни этого работника,[156] ни этой работницы.[162]	Net, ya ne znáyu ni étava rabótnika, ni étay rabótnitsy.	No, I don't know this working man nor this working woman.

Exercises

Expression of the Direct Object[453]

The following sentences demonstrate how the direct object is now expressed by the accusative now by the genitive. In general, the accusative is used in affirmative statements or questions, the genitive in negative statements or questions.[454]

a) The direct object is a neuter noun: The accusative[151] is used in the affirmative sentence, but the genitive[156] in the negative sentence:

Кто видит[585] здание?—Кто не видит здания?[156]

Who sees the building?—Who does not see the building?

Я вижу здание.—Я не вижу здания.
Он видит здание.—Он не видит здания.
Мы видим здание.—Мы не видим здания.
Вы видите здание.—Вы не видите здания.
Они видят здание.—Они не видят здания.
Отец делает[577] окно.—Человек не делает окна.[156]
Господин знает дело.—Дядя не знает дела.[156]
Моя сестра покупает платье.—Эта дама не покупает платья.[156]
Я покупаю перо.—Он не покупает пера.[156]

b) The direct object is a feminine noun: The accusative[153] is used in the affirmative sentence, but the genitive[162] in the negative sentence:

Кто читает[577] газету?—Кто не читает газеты?

Who reads the paper?—Who does not read the paper?

Я читаю газету.—Я не читаю газеты.
Он читает газету.—Он не читает газеты.

Вы читáете газéту.—Вы не читáете газéты.
Они́ читáют газéту.—Они́ не читáют газéты.
Брат читáет газéту.—Сестрá не читáет газéты.
Он покупáет кни́гу.—Я не покупáю кни́ги.
Вы знáете дорóгу.—Мы не знáем дорóги.
Они́ ви́дят⁵⁸⁵ дáму.—Брат не ви́дит дáмы.
Мы имéем⁵⁸⁰ лóшадь.—Вы не имéете лóшади.
Я знáю америкáнку.—Брат не знáет америкáики.
Мы понимáем сестрý.—Вы не понимáете сестры́.
Онá ви́дит мать.¹⁶⁷—Он не ви́дит мáтери.¹⁶⁷
Я понимáю дя́дю.¹⁵⁵—Я не понимáю дя́ди.¹⁶⁵

c) The direct object is a masculine noun designating an inanimate thing: The accusative is used in the affirmative sentence, but the genitive in the negative sentence.⁴⁵⁷

Кто ви́дит ⁵⁸⁵ дом?—Кто не ви́дит дóма?

Who sees the house?—Who does not see the house?

Я ви́жу дом.—Я не ви́жу дóма.
Он ви́дит дом.—Он не ви́дит дóма.
Мы ви́дим дом.—Мы не ви́дим дóма.
Вы ви́дите дом.—Вы не ви́дите дóма.
Они́ ви́дят дом.—Они́ не ви́дят дóма.
Кто читáет урóк?—Кто не читáет урóка?
Я читáю урóк.—Я не читáю урóка.
Кто знáет урóк?—Кто не знáет урóка?
Он знáет урóк.—Он не знáет урóка.

d) The direct object is a masculine noun designating an animate being: The genitive form is used both in the affirmative and the negative sentence.⁴⁵⁶ ⁴⁵⁷ ⁴⁵⁹.

Я знáю америкáнца.—Я не знáю америкáнца.

I know the American.—I don't know the American.

Мы ви́дим отцá.—Мы не ви́дим отцá.
Я имéю дрýга.—Я не имéю дрýга.
Он понимáет брáта.—Он не понимáет брáта.
Они́ понимáют англичáнина.—Они́ не понимáют англичáнина.
Вы ви́дите человéка.—Вы не ви́дите человéка.
Они́ знáют господи́на.—Они́ не знáют господи́на.
Он ожидáет⁵⁸⁰ рабóтника.—Он не ожидáет рабóтника.
Они́ ожидáют нéмца.—Они́ не ожидáют нéмца.
Ожидáете ли вы учи́теля?—Мы не ожидáем учи́теля.

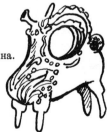

Use of the conjunctions и and a. Personal pronouns used as direct object.[362]

Я знаю америка́нца, и он зна́ет меня́. Я зна́ю америка́нца, а он не зна́ет меня́.

I know an American and he knows me. I know an American, but he does not know me.

Дя́дя ви́дит меня́, и я ви́жу его́. Дя́дя ви́дит меня́, а я не ви́жу его́.

Сестра́ понима́ет бра́та, и он понима́ет её. Сестра́ понима́ет бра́та, а он не понима́ет её

Вы зна́ете не́мку, и она́ зна́ет вас. Вы зна́ете не́мку, а она́ не зна́ет вас.

Мы ви́дим отца́, и он ви́дит нас. Мы ви́дим отца́, а он не ви́дит нас.

Они́ зна́ют нас, и мы зна́ем их. Они́ зна́ют нас, а мы не зна́ем их.

Брат ви́дит отца́, а сестра́ не ви́дит отца́. Брат ви́дит отца́, а сестра́ не ви́дит его́.

Я име́ю дру́га, а вы не име́ете дру́га.

Вы име́ете ло́шадь, а мы не име́ем ло́шади.

Use of attributive adjectives[133][458]

Како́й язы́к вы изуча́ете?—Я изуча́ю францу́зский язы́к. Брат не изуча́ет францу́зского языка́.

What language do you study?—I study French. My brother does not study French.

Каку́ю кни́гу чита́ет сестра́?—Сестра́ чита́ет ру́сскую кни́гу. Мать не чита́ет ру́сской кни́ги.

Каку́ю газе́ту вы покупа́ете?—Мы покупа́ем англи́йскую газе́ту. Мы не покупа́ем англи́йской газе́ты.

Како́е пла́тье име́ет э́та да́ма?—Э́та да́ма име́ет бе́лое пла́тье. Сестра́ не име́ет бе́лого пла́тья.

Како́й слова́рь вы име́ете?—Я име́ю ру́сский слова́рь. Он не име́ет ру́сского словаря́.

Како́е перо́ покупа́ете?—Я покупа́ю америка́нское перо́. Он не покупа́ет америка́нского пера́.

Како́го[458] челове́ка вы ожида́ете?—Я ожида́ю англи́йского[458] учи́теля. Она́ не ожида́ет англи́йского[299] учи́теля.

Каку́ю учи́тельницу вы зна́ете?—Я зна́ю ру́сскую учи́тельницу. Я не зна́ю ру́сской[299] учи́тельницы.

Како́е зда́ние вы ви́дите?—Я ви́жу ма́ленькое бе́лое зда́ние. Я не ви́жу ма́ленького[299] бе́лого[299] зда́ния.

Кто идёт[581] из[449] ва́шего[300] до́ма?—Из моего́[300] до́ма идёт англича́нин.

Из како́го[301] до́ма идёт э́тот челове́к?—Он идёт из бе́лого до́ма.

Зна́ете ли вы э́того[458] челове́ка?—Нет, я не зна́ю его́.

Зна́ете ли вы э́ту америка́нку?—Нет, я не зна́ю её.

Какой язык вы изучаете, французский йли немецкий?—Я не[104] изучаю никакого[301] языка.

What language do you study, French or German?—I don't study any language.

Какой карандаш вы покупаете, немецкий йли американский?—Я не покупаю никакого карандаша.

Какую газету вы читаете?—Я не читаю никакой газеты.

Какую даму вы видите?—Я не вижу[585] пикакой дамы.

Какое здание вы видите?—Я не вижу никакого здания.

Какое платье покупает ваша сестра?—Она не покупает никакого платья.

Кто там идёт[581]?—Я не вижу[585] никого.[379]

Who is coming there?—I don't see anybody.

Кого[376] вы видите там?—Я там никого не вижу.

Кого вы знаете здесь?—Я здесь никого не знаю.

Кто там?—Там нет никого.[379]

Что там?—Там нет ничего.[379]

Что[376] вы видите около моего дома?—Я ничего[379] не вижу около вашего дома.

What do you see near my house?—I don't see anything near your house.

Кого[376] вы видите около моего отца?—Около вашего отца я никого[379] не вижу, а вижу человека[457] около моего брата.

Кто там около вашей сестры?—Русская учительница около моей сестры.

Кто там идёт около здания?—Ваша мать идёт около здания.

Для[449] кого[376] эта книга?—Эта книга для вашего[300] брата.

For whom is this book?—This book is for your brother.

Для кого это платье?—Это платье для русской[299] дамы.

Имеете ли вы для меня[362] что-нибудь?—Нет, я ничего не имею для вас.[362]

Есть[604] ли что-нибудь для моей матери[167]?—Нет, для вашей матери ничего[379] нет.[604]

Имеет[605] ли ваш брат дом? or Есть ли у[606] вашего брата дом?—Да, мой брат имеет[605] дом. or У[606] моего брата есть дом.

Does your brother have a house?—Yes, my brother has a house.

Моя сестра имеет русскую книгу.—У моей сестры есть русская книга.

Ваша сестра не имеет русской книги.—У вашей сестры нет русской книги.

Я имею дом. or У меня есть дом. Я не имею дома. or У меня нет дома.

I have a house. I don't have a house.

Он имеет журнал.—У него[371] есть журнал. Он не имеет журнала.—У него пет журнала.

Мы имеем книгу.—У нас есть книга. Мы не имеем книги.—У нас нет книги.

Вы имеете перо.—У вас есть перо. Вы не имеете пера.—У вас нет пера.
Они имеют газету.—У них[371] есть газета. Они не имеют газеты.—У них нет газеты.
Отец имеет брата.—У отца есть брат. Отец не имеет брата.—У отца нет брата.
Немка имеет сестру.—У немки есть сестра. Немка не имеет сестры.—У немки нет сестры.

У брата есть[606] немецкий словарь, а у меня нет[606] такого[301] словаря.

My brother has a German dictionary, but I don't have such a dictionary.

У вас есть английская книга, а у дяди нет такой.[301]
У господина есть белая лошадь, а у нас нет такой.
У нас есть английское перо, а у вас нет такого.
У меня есть свой[385] дом и своя[385] лошадь, а у вас нет ни своего дома, ни своей лошади.
У моего отца есть своя[385] книга и своё[385] перо, а у вашего дяди нет ни своей книги, ни своего пера.

Что это у[606] вас?—У меня один[402] карандаш, две[414] книги и три[414] пера.

What is it that you have there?—I have one pencil, two books, and three pens.

У моего брата два[414] карандаша, одна[402] газета и одно[402] перо.
У моей сестры один карандаш и четыре[414] пера.
У моего друга нет ни одного карандаша и ни одной книги.
У моего отца один дом и две лошади.
У вашего дяди два дома, а у моего один.
У меня одно дело, а у вас два дела.
У одного человека—две руки.
У одной дамы—два платья.
У нас четыре лошади.
У него дом и лошадь.
У них тоже дом и лошадь.

4 Четвёртый урок (Lesson IV)

Кому́ вы пи́шете [589] письмо́?	To whom do you write a letter?
Я пишу́[589] письмо́ своему́[303] дру́гу. [169]	I write a letter to my (boy, man) friend.
Кому́ она́ пи́шет [589] письмо́?	To whom does she write a letter?
Она́ пи́шет свое́й [304] подру́ге. [171]	She writes a letter to her (girl, lady) friend.
Како́й [304] да́ме [171] вы пи́шете письмо́?	To what lady do you write a letter?
Я его́[368] пишу́ америка́нской[304] да́ме.	I write it to an American lady.
Ча́сто ли[101] вы пи́шете своему́ [387] дя́де?[171]	Do you write often to your uncle?
Нет, дя́де я пишу́ ре́дко, но отцу́[169] я пишу́ ча́сто.	No, to (my) uncle I write seldom, but to (my) father I write often.
Мать пи́шет письмо́ до́чери,[173] а кому́ пи́шет оте́ц?	The mother writes a letter to the (her) daughter, but to whom does the father write?
Он пи́шет сы́ну.[169]	He writes to the (his) son.
Кому́ англи́йский учи́тель даёт [588] уро́к?	To whom does the English teacher give a lesson?
Он даёт уро́к ру́сскому[303] ученику́[169] и ру́сской[304] учени́це. [171]	He gives a lesson to a Russian boy pupil and to a Russian girl pupil.
Что вы даёте [588] ва́шему[387] бра́ту?[169]	What do you give to your brother?
Я даю́[588] моему́ [387] бра́ту кни́гу.	I give my brother a book.
Кому́ вы даёте уро́к, бра́ту и́ли сестре́?[171]	To whom do you give a lesson, to the brother or to the sister?
Я даю́ уро́к и ему́ и ей.	I give a lesson both to him and to her.
Кому́ ма́льчик даёт хлеб?	To whom does the boy give the bread?
Он даёт его́[368] бе́лой [304] ло́шади. [172]	He gives it to the white horse.
Кому́ вы посыла́ете [577] пода́рок?	To whom do you send the present?
Я посыла́ю его́[368] одному́[303] большо́му[303] ма́льчику.[169]	I send it to a certain big boy.
Посыла́ете ли вы то́же и ма́ленькой[304] де́вочке?[171]	Do you send (something) also to the little girl?
Да, я посыла́ю и ей.	Yes, I send (something) to her, too.
Како́й пода́рок вы посыла́ете ва́шей [387] ма́тери?[173]	What kind of a present do you send (to) your mother?
Я посыла́ю ей хоро́шую шля́пу.	I send her a nice hat.
Кому́ вы покупа́ете журна́л и газе́ту?	For whom are you buying the magazine and the newspaper?
Самому́[303] себе́.	For myself.
Кому́ сестра́ де́лает шля́пу?	For whom does the sister make the hat?
Она́ де́лает э́ту шля́пу само́й[304] себе́.	She is making this hat for herself.
Кому́ принадлежи́т [500] э́тот дом?	To whom belongs this house?
Он принадлежи́т одно́й[304] америка́нке. [171]	It belongs to a certain American (lady).
Э́той ли[101] америка́нке он принадлежи́т?	Does it belong to this American (lady)?
Нет, он принадлежи́т друго́й. [304]	No, it belongs to another one.

21

Кому́ принадлежи́т э́та ло́шадь, англича́-
нину[169] и́ли америка́нцу?[169]
Э́та ло́шадь принадлежи́т мое́й[304] учи́-
тельнице[171] англича́нке.[171]
Кому́ говори́т э́тот челове́к?
Он говори́т мне.
Э́тому ли[101] ученику́[169] вы чита́ете газе́ту?
Нет, я чита́ю её[368] друго́му[303] ученику́,
англи́йскому[303] ма́льчику.
Я иду́ к[469] столу́,[169] вы идёте к стене́,[171]
а куда́ он идёт?
Он идёт к окну́.[169]
Ви́дите ли вы, кто идёт к на́шему[303]
до́му?[169]
К ва́шему[303] до́му никто́ не идёт.
К кому́ идёт э́тот ма́льчик?
Он идёт к своему́[386] отцу́.[169]
А куда́ идёт э́та де́вочка?
Она́ идёт к свое́й[386] сестре́.[171]
Идёте ли вы к до́ктору?[169]
Нет, тепе́рь я иду́ к моему́[387] сы́ну.[169]
К како́му до́му[169] бежи́т[587] ма́льчик?
Он бежи́т к э́тому[303] большо́му[303] зда́-
нию.[169]

To whom belongs this horse, to the English-
man or to the American (man)?
This horse belongs to my teacher (who is)
an Englishwoman.
To whom does this man talk?
He talks to me.
Do you read the newspaper to this pupil?
No, I read it to another pupil, an English
boy.
I am going toward the table, you are going
toward the wall, and where is he going?
He is going toward the window.
Do you see who is coming toward our house?

Nobody is coming toward your house.
To whom is this boy going?
He is going to his father.
But where is this (little) girl going?
She is going to her sister.
Are you going to the doctor?
No, now I am going to my son.
Toward which house is the boy running?
He is running toward this large building.

Exercises

Кому́ он пи́шет[589] письмо́?—Он пи́шет письмо́ дру́гу.[169] Он нико́му не пи́шет письма́.

*To whom is he writing a letter?—He is writing a letter to a friend. He is not writing any
letter to anybody.*

Кому́ оте́ц пи́шет письмо́?—Оте́ц пи́шет письмо́ сы́ну.[169]
Кому́ пи́шет мать?—Она́ пи́шет да́ме.[169]
Кому́ вы пи́шете[589] письмо́?—Я пишу́[589] письмо́ сестре́[171] и дя́де.[171]
Како́му учи́телю[169] вы пи́шете письмо́?—Я пишу́ ру́сскому[303] учи́телю.
Кому́ они́ пи́шут[589] тако́е большо́е письмо́?—Они́ пи́шут одному́[303] хоро́шему[303] дру́гу.
Како́й учи́тельнице[171] пи́шет ва́ша сестра́, ру́сской[304] и́ли неме́цкой?[304]—Никако́й[304]
учи́тельнице она́ не[104] пи́шет, она́ пи́шет подру́ге.[171]
Одному́[303] бра́ту[169] я пишу́, а друго́му[303] нет.
Пи́шет ли вам ваш сын?—Да, он пи́шет мне.
А пи́шете ли вы ему́?—Да, я то́же пишу́ ему́.
Ча́сто ли вы пи́шете бра́ту и сестре́?—Да, я пишу́ им ча́сто.

Пи́шет ли вам дя́дя?—Нет, он не[104] пи́шет ни мне, ни моему́ бра́ту, а то́лько одному́[303] отцу́.[169]

Кому́ пи́шет сестра́?—Одно́й[304] подру́ге она́ пи́шет большо́е письмо́, а друго́й[304] она́ не пи́шет ничего́.

Кому́ вы пи́шете письмо́?—Я не пишу́ никому́, а брат пи́шет отцу́[169] и ма́тери.[173]

Како́му[303] **ма́льчику**[169] **они́ даю́т**[588] **кни́гу?—Они́ даю́т её ма́ленькому**[303] **ма́льчику.**

To what boy do they give the book?—They give it to a little boy.

Кому́ учи́тельница даёт[588] каранда́ш?—Она́ даёт его́ учени́це.[171]

Кому́ э́тот челове́к даёт хлеб?—Он даёт его́[368] ло́шади.[172]

Кому́ вы даёте[588] э́ту кни́гу и э́тот каранда́ш?—Мы даём[588] их[368] ученику́.[169]

Кому́ э́то письмо́?—Э́то письмо́ мне.

For whom is this letter?—This letter is for me.

Мне ли[101] э́то письмо́?—Да, оно́ вам.

Кому́ э́тот пода́рок, ма́льчику[169] и́ли де́вочке[171]?—Э́тот пода́рок ма́льчику, а не де́вочке.

Э́тот пода́рок на́шему[303] ма́льчику и ва́шей[304] де́вочке.

Мне пло́хо, а ему́ хорошо́.

I feel bad, but he feels well.

Ему́ пло́хо, а ей хорошо́.	Мне здесь о́чень хорошо́.
Ей пло́хо, а мне хорошо́.	Ему́ там о́чень пло́хо.
Нам пло́хо, а им хорошо́.	Им там о́чень хорошо́.
Вам хорошо́, а им пло́хо.	Вам здесь не о́чень хорошо́.
Вам пло́хо, а ему́ хорошо́.	

Кому́ вы говори́те э́то?—Я говорю́ э́то вам.

To whom are you saying this?—I am saying this to you.

Что сестра́ говори́т подру́ге[171]?—Она́ говори́т ей что́-то.

Кому́ он говори́т э́то?—Он говори́т э́то мне и моему́ дру́гу.

Кому́ мать и оте́ц говоря́т э́то?—Они́ говоря́т э́то сы́ну и до́чери.

Что она́ говори́т бра́ту?—Она́ говори́т ему́ что́-то.

Что он говори́т ей?—Он ей ничего́ не говори́т.

Кому́ говори́т мать?—Мать говори́т до́чери,[173] а дочь говори́т ма́тери.[173]

To whom is mother speaking?—Mother is speaking to her daughter and the daughter is speaking to her mother.

Како́й[304] учи́тельнице[171] говори́т учени́к?—Он говори́т англи́йской[304] и неме́цкой[304] учи́тельнице.

Кому́ вы говори́те?—Я говорю́ одному́ [303] ма́льчику, а мой друг говори́т друго́му. [303]
Мне ли вы говори́те?—Нет, я говорю́ не [102] вам, а ему́.

Како́му [303] **дру́гу** [169] **вы посыла́ете э́тот пода́рок?—Я не посыла́ю пода́рка никако́му** [303] **дру́гу, я посыла́ю его́** [308] **бра́ту.** [169]

To which friend are you sending this present?—I am not sending a present to any friend, I am sending it to my brother.

Кому́ америка́нец посыла́ет пода́рок?—Он посыла́ет его́ англича́нину. [169]
А кому́ англича́нин посыла́ет пода́рок?—Он посыла́ет пода́рок америка́нцу. [169]
Кому́ учи́тель посыла́ет кни́гу?—Он посыла́ет её [308] ученику́. [169]
А кому́ учени́к посыла́ет кни́гу?—Он посыла́ет её учи́телю. [169]
Кому́ вы посыла́ете э́то?—Я посыла́ю э́то своему́ [303] дя́де. [171]

Чей [302] **э́тот дом?—Э́тот дом мой.** ог
Кому́ принадлежи́т [500] **э́тот дом?—Э́тот дом принадлежи́т мне.**

Whose house is this?—This house is mine.
To whom does this house belong?—This house belongs to me.

Чья [302] э́та кни́га? Кому́ принадлежи́т э́та кни́га?—Э́та кни́га его́. [369] Э́та кни́га принадлежи́т ему́.
Чьё [302] э́то пла́тье? Кому́ принадлежи́т э́то пла́тье?—Э́то пла́тье её. [369] Э́то пла́тье принадлежи́т ей.
Чья э́та ло́шадь? Кому́ принадлежи́т э́та ло́шадь?—Э́та ло́шадь на́ша. Э́та ло́шадь принадлежи́т нам.
Чьё э́то перо́? Кому́ принадлежи́т э́то перо́?—Э́то перо́ на́ше. Э́то перо́ принадлежи́т нам.
Чей э́тот слова́рь? Кому́ принадлежи́т э́тот слова́рь?—Э́тот слова́рь их. [369] Э́тот слова́рь принадлежи́т им.
Кому́ принадлежи́т э́та газе́та?—Она́ принадлежи́т моему́ [303] ру́сскому [303] учи́телю.
Большо́й дом принадлежи́т бра́ту.
Бе́лое пла́тье принадлежи́т сестре́.
Э́та ру́сская кни́га принадлежи́т дя́де.

К како́му [303] **учи́телю** [169] **вы идёте?—Я иду́ к ру́сскому** [303] **учи́телю.**

To what teacher are you going?—I am going to the Russian teacher.

К како́му до́му [169] она́ идёт?—Она́ идёт к большо́му [303] до́му.
К како́й [304] учи́тельнице [171] идёт учени́к?—Он идёт к ру́сской [304] учи́тельнице.
К како́му господи́ну [169] они́ иду́т?—Они́ иду́т к одному́ [303] америка́нцу. [169]

От кого́ вы име́ете письмо́?—Я име́ю письмо́ от своего́ отца́ [156] **и от свое́й ма́тери.** [167]

From whom do you have a letter?—I have a letter from my father and from my mother.

От кого́ идёт учи́тель?—Он идёт от своего́ дру́га, [156] неме́цкого учи́теля. [156]

От какóго дóма[156] бежи́т[587] мáльчик?—Он бежи́т от большóго дóма.[156]

Из какóго дóма[156] идёт дéвочка?—Онá идёт из мáленького дóма.

От когó э́тот подáрок?—Э́тот подáрок от моегó дя́ди.[165]

К какóму[303] учи́телю он идёт?—Он идёт к своемý[386] рýсскому[303] учи́телю, а егó[386] сестрá (идёт) к своéй[386] рýсской[304] учи́тельнице.

To which teacher is he going?—He is going to his Russian (man) teacher, but his sister is going to her Russian (woman) teacher:

Комý пи́шет[589] мáльчик?—Он пи́шет своемý хорóшему[303] дрýгу и своéй[304] сестрé.

Комý пи́шет дéвочка?—Онá пи́шет своемý[216] отцý и своéй мáтери.[173]

Комý пи́шут брат и сестрá?—Они́ пи́шут своемý отцý и своéй мáтери.

Комý учени́к и учени́ца посылáют подáрок?—Они́ посылáют егó своемý учи́телю и своéй учи́тельнице.

Кудá идёт э́тот рабóтник?—Он идёт к своéй[386] сестрé.

Кудá идёт рабóтница?—Онá идёт тóже к егó[386] сестрé.

Что дéлает э́та дáма?—Онá что-то говори́т своéй хорóшей[304] подрýге и её[369] брáту.

Что дéвочка даёт другóй[304] дéвочке?—Онá даёт ей свою́ кни́гу.

Своéй[386] ли дéвочке пи́шет мать?—Нет, онá пи́шет не своéй,[304] а нáшей.[304]

Своемý[387] ли брáту вы пи́шете и́ли моемý[303]?—Я пишý и своемý[387] и вáшему.[303]

У[606] меня́ к вам дéло.

I have to talk to you about something.

У меня́ к немý дéло.	У негó к вам дéло.	У них ко мне дéло.
У меня́ к ней дéло.	У ней к вам дéло.	У негó ко мне дéло.
У меня́ к ним дéло.	У них к вам дéло.	У ней ко мне дéло.
	·У негó к нам дéло.	
	У ней к нам дéло.	

Кудá идёт э́та дорóга?—Онá идёт к нáшему[303] дóму.[169]

Where does this road lead?—It leads to our house.

К какóму[303] здáнию[169] (идёт) э́та дорóга?—Э́та дорóга (идёт) к бéлому здáнию.

К вáшему ли[101] дóму (идёт) э́та дорóга?—Да, онá (идёт) к нáшему дóму.

К бéлому[303] ли[101] здáнию (идёт) э́та дорóга?—Да, онá (идёт) к немý.

К комý идýт ваш брат и вáша сестрá?—Они́ идýт к дóктору.[169]

To whom are your brother and your sister going?—They are going to the doctor.

Кудá они́ идýт?—Брат идёт к дóктору и сестрá идёт тóже к немý.

К комý бегýт[587] мáльчик и дéвочка?—Мáльчик бежи́т к учи́телю, а дéвочка к учи́тельнице.

Кудá они́ бегýт?—Они́ бегýт к дóму.[169]

Кудá идýт мать и сын?—Мать идёт к сестрé, а сын к дрýгу.

К кому́ идёт ваш брат?—Он идёт к до́ктору.

To whom is your brother going?—He is going to the doctor.

К бра́ту ли[101] идёт ва́ша мать?—Нет, она́ идёт не[102] к бра́ту, а к сестре́.
Куда́ идёт э́тот господи́н?—Он идёт к ло́шади.[172]
К кому́ бежи́т ма́льчик?—Он бежи́т к отцу́.[169]
К отцу́ ли[101] бежи́т ма́льчик?—Да, он бежи́т к нему́.
К кому́ вы идёте?—Мы идём к до́ктору.
К до́ктору ли[101] вы идёте?—Да, мы идём к нему́.
К кому́ вы бежи́те?—Мы бежи́м к ма́тери.[173]
К ма́тери ли вы бежи́те?—Да, мы бежи́м к ней.
Куда́ вы идёте?—Брат идёт к отцу́, и я иду́ то́же к нему́.

5

Пя́тый уро́к (Lesson V)

Чем вы пи́шете, перо́м[177] и́ли каранда-шо́м?[177]	With what do you write, with a pen or with a pencil?
Я пишу́ и перо́м и карандашо́м.	I write both with a pen and with a pencil.
Чьим[381] перо́м вы пи́шете?	With whose pen do you write?
Я пишу́ свои́м[381] но́вым[280] перо́м.	I write with my own new pen.
С[478] кем вы говори́те?	To whom are you talking?
Я говорю́ с мои́м[381] дру́гом.[177]	I am talking to my (man) friend.
С кем говори́т ва́ша сестра́?	To whom is your sister talking?
Она́ говори́т со[541] свое́й[304] подру́гой.[181]	She is talking to her girl friend.
С каки́м[203] челове́ком[177] гуля́ет[577] мой брат?	With what man is my brother taking a walk?
Он гуля́ет с америка́нским[201] учи́телем.[177]	He is taking a walk with the American (man) teacher.
С како́й[203] да́мой[181] разгова́ривает[577] ва́ша мать?	With what lady is your mother engaged in conversation?
Она́ разгова́ривает с ру́сской[201] учи́тель-ницей.[181]	She is engaged in conversation with the Russian (woman) teacher.
Кто идёт с ва́шей[381] ма́терью?[181]	Who is going with your mother?
С ней идёт наш сосе́д.	Our (man) neighbor is going with her.
С кем вы е́дете[592] в го́род?	With whom do you ride to town?
Мы е́дем[592] туда́ с э́тим[381] америка́нцем.[177]	We ride there with this American (man).
Почему́ не е́дет[592] с ва́ми ва́ша тётя?	Why does your aunt not ride with you?
Она́ сама́ не хо́чет е́хать с на́ми.	She herself does not want to ride with us.
С кем вы хоти́те[586] говори́ть?	To whom do you want to speak?
Я хочу́ говори́ть с ва́шим[381] отцо́м.[177]	I want to speak to your father.
Что вы де́лаете со[541] словарём?[177]	What do you do with the dictionary?
Я рабо́таю с ним.	I work with it.
За кем вы посыла́ете ва́шего сы́на?	For whom are you sending your son?
Я посыла́ю его́ за на́шим[381] сосе́дом.[177]	I am sending him for our neighbor (i.e., to bring our neighbor here).
За кем бежи́т соба́ка?	Behind whom is the dog running?
Она́ бежи́т за[478] каки́м-то[203] господи́ном.[177]	It is running behind some gentleman.
За кем идёт ло́шадь?	Behind whom is the horse walking?
Она́ идёт за[478] како́й-то[203] друго́й[203] ло́-шадью.[181]	It is walking behind some other horse.
Зна́ете ли вы, что за[487] э́тим[381] больши́м[203] зда́нием?[177]	Do you know what (there) is behind this large building?
За э́тим зда́нием большо́й сад.	Behind this building there is a large garden.
Кто э́то сиди́т[595] за ва́ми?	Who is that sitting behind you?

За[478] мной сидит мой сын.
За каким[203] делом[177] он идёт к отцу с дядей?[181]

Он идёт не с дядей, а с тётей,[181] но я не знаю, за каким делом.

За одним[381] столом[177] сидит мой сын, а кто сидит за другим[203] столом?
Там сидит моя дочь.
Где ваш сын и моя дочь?
Мой сын за[478] одной[381] стеной,[181] а ваша дочь за другой.[203]
За кого просит ваш друг тётю?

Он просит её за нашу сестру и за своего брата.

Куда идёт ваша соседка?
Она идёт за[478] это большое здание.
Растёт ли дерево перед[478] музеем?[177]

Нет, перед музеем нет[604] дерева.
Перед кем стоит[584] мальчик?
Он стоит перед дядей.[181]
Перед школой[181] растёт дерево, а есть ли что-нибудь за школой?[181]
За школой большая белая стена.
Видите ли вы что-нибудь над[478] этим деревом?[177]
Нет, я ничего не вижу над ним.
Под[478] какой[304] шляпой лежит карандаш?
Он лежит под белой[289] шляпой.[181]
Где моя газета?
Она под[478] столом.[181]
Куда вы смотрите?
Я смотрю под[478] стол.
Куда вы идёте?
Я иду под[478] это большое дерево.

Behind me my son is sitting.
For what business (with what business in mind) is he going to (his) father with (his) uncle?

He is not going with (his) uncle, but with (his) aunt, but I don't know with what business (in mind).

At one table my son is sitting, but who is sitting at the other table?
My daughter is sitting there.
Where are your son and my daughter?
My son is behind one wall and your daughter behind the other.
In whose behalf does your friend ask the aunt?

He asks her in behalf of our sister and his brother.

Where is your (woman) neighbor going?
She is going behind this big building.
Is there a tree (growing) in front of the museum?

No, in front of the museum there is no tree.
In front of whom is the boy standing?
He is standing in front of the uncle.
In front of the school there is a tree (growing), but is there anything behind the school?
Behind the school there is a large white wall.
Do you see anything above this tree?

No, I don't see anything above it.
Under which hat is the pencil (lying)?
It is (lying) under the white hat.
Where is my newspaper?
It is under the table.
Where are you looking?
I am looking under the table.
Where are you going?
I am going under this big tree.

Exercises

Карандашо́м [177] **и́ли** [107] **перо́м** [177] **он пи́шет?—Он не пи́шет ниче́м.** [380]

Does he write with a pencil or with a pen?—He does not write with anything.

Каки́м [203] перо́м вы пи́шете?—Я пишу́ но́вым [289] перо́м, но мои́ друг не пи́шет никаки́м [203] перо́м, а карандашо́м.

Чьим [381] перо́м вы пи́шете?—Я пишу́ свои́м [381] перо́м.

Мои́м [381] и́ли [107] ва́шим [381] карандашо́м пи́шет оте́ц письмо́?—Он пи́шет свои́м карандашо́м.

Каки́м перо́м пи́шет ваш брат письмо́?—Он пи́шет письмо́ каки́м-то [203] америка́нским [201] перо́м.

Хоро́шим [292] ли перо́м вы пи́шете?—Да, я пишу́ хоро́шим перо́м.

Кто гуля́ет с бра́том? [177]**—Сестра́ гуля́ет с ним.** [478]

Who is taking a walk with (your) brother?—My sister is taking a walk with him.

С кем идёт ва́ша сестра́?—Она́ идёт с подру́гой. [181]

С кем он гуля́ет?—Он гуля́ет оди́н с соба́кой. [181]

С кем они́ е́дут?—Они́ е́дут с бра́том и сестро́й. [181]

С кем идёт брат?—Он идёт с отцо́м [177] и ма́терью. [181]

Кто гуля́ет с сестро́й и до́черью? [181]—Да́ма гуля́ет с ни́ми. [478]

Куда́ идёт учи́тель?—Он идёт в шко́лу с учи́тельницей. [181]

Там идёт дя́дя с тётей, [181] а кто с ни́ми?—С ни́ми идёт ма́льчик с кни́гой. [181]

Там идёт учени́ца, а кто идёт с ней?—С ней идёт друга́я учени́ца.

С кем он сиди́т там?—Он сиди́т там с америка́нской [201] да́мой. [181]

С каки́м [203] ма́льчиком [177] гуля́ет брат?—Он гуля́ет с ма́леньким [201] ма́льчиком.

С кем идёт бе́лая ло́шадь?—Бе́лая ло́шадь идёт с друго́й [203] ло́шадью. [181]

Кто там гуля́ет?—Там гуля́ет челове́к со [341] свое́й [381] большо́й [203] соба́кой. [181]

Е́дете ли вы в го́род с кем-нибу́дь? [378]—Да, я е́ду с ва́шим [381] бра́том. [177]

Я иду́ с бра́том и говорю́ с ним.

Я сижу́ с да́мой [181] и говорю́ с ней.

Я чита́ю кни́гу с на́шим [381] но́вым [289] ру́сским [201] учи́телем. [177]

С кем идёт сосе́д?—Он идёт с како́й-то [203] большо́й [203] соба́кой.

С како́й [203] да́мой идёт ва́ша сестра́?—Она́ идёт с како́й-то англича́нкой. [181]

С каки́м де́лом [177] он идёт к вам?—Он идёт ко [341] мне с каки́м-то [203] свои́м [381] но́вым [289] де́лом.

С каки́м де́лом вы идёте к нему́? [371]—Я иду́ к нему́ без де́ла.

Я чита́ю англи́йскую кни́гу с мои́м [381] но́вым словарём. [177]

С кем вы разгова́риваете?—Я разгова́риваю с сосе́дом. [177]

To whom are you talking?—I am talking to the neighbor.

С кем разгова́ривает оте́ц?—Он разгова́ривает с учи́телем.

С кем говори́т учени́к?—Он говори́т с учи́тельницей. [181]

Кто разгова́ривает с мое́й [381] ма́терью? [181]—Дя́дя разгова́ривает с ней. [371] С ва́шей [381] ма́терью разгова́ривает дя́дя.

Кто разгова́ривает с мои́м[381] дя́дей?[181]—Сосе́дка разгова́ривает с ним.[371] Сосе́дка разгова́ривает с ва́шим дя́дей.

Кто говори́т с ва́ми?—Сосе́д и сосе́дка говоря́т со[541] мной.

С ва́ми ли[101] говоря́т э́та да́ма и её подру́га?—Нет, они́ говоря́т не со мно́й, они́ говоря́т с ва́шим бра́том и с ва́шей[381] сестро́й.

Со мной ли[101] вы говори́те?—Нет, я говорю́ не с ва́ми, а с ним.

Он говори́т с ва́ми, а вы говори́те со мной.

С каки́м господи́ном[177] вы разгова́риваете?—Я разгова́риваю с ру́сским[201] учи́телем.

С како́й[203] учи́тельницей[181] вы разгова́риваете?—Я разгова́риваю с ру́сской[201] учи́тельницей.

С учи́телем ли вы разгова́риваете?—Я разгова́риваю не с учи́телем, а со[541] свои́м отцо́м.[177]

С кем разгова́ривает э́тот челове́к?—Он разгова́ривает с каки́м-то не́мцем.[177]

С кем разгова́ривает не́мец?—Он разгова́ривает с одни́м[381] америка́нцем.[177]

С како́й де́вочкой[181] разгова́ривает сестра́?—Она́ разгова́ривает с но́вой[289] подру́гой.

С кем вы разгова́риваете?—Я не разгова́риваю ни с кем.[380]

To whom are you talking?—I am not talking to anybody.

С кем гуля́ет ва́ша сестра́?—Моя́ сестра́ не гуля́ет ни с кем.[380]

За кем бежи́т соба́ка?—Она́ не бежи́т ни за кем.[380]

С каки́м челове́ком вы разгова́риваете?—Я не разгова́риваю ни с каки́м[380] челове́ком.

С како́й да́мой вы гуля́ете?—Я не гуля́ю ни с како́й[380] да́мой.

За ру́сской и́ли за неме́цкой кни́гой вы посыла́ете бра́та?—Я не посыла́ю его́ ни за како́й[380] кни́гой.

Гуля́ете ли вы с кем-нибу́дь?—Нет, я не гуля́ю ни с кем.[380]

Что он ви́дит над столо́м?[177]—Он ничего́ не ви́дит над ним.

What does he see above the table?—He doesn't see anything above it.

Ви́дите ли вы что-нибу́дь[378] над де́ревом?[177]—Нет, я ничего́ не ви́жу над ним.

Что вы ви́дите на́до мной?—Я ничего́ не ви́жу[585] над ва́ми.

Кто стои́т за де́ревом?—За де́ревом стои́т челове́к.

Who is standing behind the tree?—A man is standing behind the tree.

Кто гуля́ет за до́мом?[177]—Там гуля́ет брат с дру́гом.

Что растёт[507] за шко́лой?—За шко́лой растёт де́рево.

Есть ли де́рево за ва́шим до́мом?—Нет, за на́шим до́мом нет де́рева.

Где сиди́т оте́ц?—Он сиди́т за столо́м.

Где идёт доро́га?—Доро́га идёт за дере́вней.[180]

Что за до́мом?—За до́мом бе́лая стена́, а за стено́й[181] растёт де́рево.

За каки́м столо́м он сиди́т, за больши́м[203] и́ли за ма́леньким?[291]—Он сиди́т за больши́м столо́м.

За каки́м до́мом гуля́ет ваш брат?—Он гуля́ет не за до́мом, а за бе́лой[289] стено́й.

За чьим[381] до́мом гуля́ет друг?—Он гуля́ет за на́шим до́мом.

За какой²⁰³ лошадью бежит ваша собака?—Она бежит за белой³⁹⁴ лошадью.¹⁸¹
За чьей³⁸¹ лошадью идёт собака?—Она идёт за нашей лошадью.
За кем бежит собака?—Она бежит за господином.
Кто идёт за матерью?¹⁸¹—За матерью идёт дочь, а за дочерью отец с братом.
Кто бежит за лошадью?—За ней бежит собака, а за собакой бежит другая собака.
Что вы видите за домом?—За домом я вижу дерево и белую стену.
Где сидит сосед?—Он сидит за большим столом около нашего дома.
За какой собакой бежит мальчик?—Он бежит за моей³⁸¹ собакой.

Куда посылает отец сына?—Отец посылает сына за доктором.¹⁷⁷

Where is the father sending his son?—The father is sending his son to get the doctor.

За чем учитель едет в город?—Он едет в город за книгой.¹⁸¹
Кто посылает за книгой?—За книгой посылает учитель.
За русской или за немецкой книгой он посылает брата?—Он посылает его за английской книгой.
Куда вы едете?—Я еду с братом в город за белым²⁸⁹ хлебом.¹⁷⁷
За чьей³⁸¹ книгой идёт брат?—Он идёт или за моей или за вашей.
Куда идёт дядя?—Он идёт в поле за какой-то новой лошадью.

Какое дерево растёт перед школой?—Перед школой растёт большое дерево.

What kind of tree is (growing) in front of the school?—In front of the school there is a large tree (growing).

Растёт ли дерево перед домом?—Нет, дерево растёт за домом.
Кто стоит перед отцом?—Перед ним³⁷¹ стоит сын.
Кто лежит перед матерью?—Перед ней³⁷¹ лежит мальчик с бумагой и карандашом.
Кто стоит перед учителем?—Перед учителем стоит ученик с ученицей.
Около отца сидит мать с дочерью, а кто стоит перед ними?³⁷¹—Перед ними я никого не вижу.
Перед белой²⁸⁹ стеной стоит мальчик с большой²⁰³ книгой.
Перед кем стоит мальчик?—Он стоит перед каким-то²⁰³ господином и какой-то дамой.
Растёт ли дерево перед вашим домом?—Перед нашим домом нет дерева, оно растёт перед школой.
Перед домом за столом сидит дама с дочерью, а господин гуляет. за домом с собакой.

Что вы видите под деревом?—Под деревом я вижу собаку.

What do you see under the tree?—Under the tree I see a dog.

Что лежит под столом?—Под ним лежит книга.
А что лежит под книгой?—Под ней лежит бумага.
Под какой книгой лежит бумага?—Она лежит под новым английским словарём.
Под вашим или под моим столом лежит моя собака?—Она не лежит под столом, а бегает за стеной.
Под вашей книгой лежит бумага, а что лежит под моей книгой?—Под вашей книгой лежит газета.

За до́мом под де́ревом сиди́т ма́льчик с кни́гой.

За столо́м сиди́т дя́дя с газе́той, а под столо́м лежи́т соба́ка.

Под больши́м де́ревом сиди́т да́ма и разгова́ривает с каки́м-то челове́ком и како́й-то де́вочкой.

Шестой урок (Lesson VI)

Где вы живёте?	Where do you live?
Я живу́ в го́роде.[182]	I live in the city (in town).
Живёт ли ваш брат то́же в го́роде?	Does your brother also live in the city?
Нет, брат живёт в дере́вне.[182]	No, (my) brother lives in the country.
Где ваш дя́дя тепе́рь?	Where is your uncle now?
Он рабо́тает в по́ле.[182]	He is working in the field.
Где ва́ша сестра́?	Where is your sister?
Она́ в саду́.[185]	She is in the garden.
Где моя́ но́вая ла́мпа?	Where is my new slamp?
Она́ там в углу́[185] на столе́.[182]	It is over there in the corner on the table.
В како́й[203] коро́бке[182] моё перо́?	In which box is my pen?
Ва́ше перо́ в кра́сной[289] коро́бке.	Your pen is in the red box.
В одно́й[381] руке́[182] вы де́ржите кни́гу, а что вы де́ржите в друго́й[203] руке́?	In one hand you are holding a book, but what are you holding in the other hand?
В друго́й руке́ я держу́ каранда́ш.	In the other hand I am holding a pencil.
Зна́ете ли вы, где живёт англича́нин?	Do you know where the Englishman lives?
Он живёт в э́том[381] но́вом[289] зда́нии.[184]	He lives in this new building.
В како́м[203] пла́тье[182] идёт в шко́лу ва́ша дочь?	In what kind of dress does your daughter go to school? (i.e., What kind of dress does your daughter wear to school?)
В бе́лом[289] пла́тье.	In a white dress.
Что лежи́т на ва́шем[381] столе́?	What is lying on your table?
На моём[381] столе́ лежи́т газе́та.	A newspaper is lying on my table.
Что виси́т на стене́?	What is hanging on the wall?
На стене́ виси́т больша́я карти́на.	A large picture is hanging on the wall.
Где вы ви́дите моего́ сы́на?	Where do you see my son?
Он там в но́вом[289] до́ме на на́шей[203] у́лице.[182]	He is over there in the new house on our street.
На чём[378] вы е́дете из шко́лы?	On what (i.e., How) do you ride (home) from school?
Я е́ду на трамва́е,[182] а брат на ло́шади.[183]	I ride on the streetcar, but (my) brother (rides) on horseback.
На одно́м[381] сту́ле[182] сиди́т мой друг, а кто сиди́т на друго́м[289] сту́ле?	My friend is sitting on one chair, but who is sitting on the other chair?
На друго́м сту́ле сиди́т мой брат.	My brother is sitting on the other chair.
На како́й[203] кни́ге лежи́т каранда́ш, на большо́й[203] и́ли на ма́ленькой?[291]	On what kind of book is my pencil lying, on a large one or a small one?
Он лежи́т на большо́й кни́ге.	It is lying on a large book.

На како́м[293] языке́ он говори́т?

What language does he speak?

Он говори́т на ру́сском[291] языке́.

He speaks Russian.

О ком[378] говори́т ваш друг?

About whom is your friend talking?

Он говори́т о ру́сском учи́теле[182] и неме́цкой[291] учи́тельнице.

He is talking about the Russian (man) teacher and the German (woman) teacher.

О чём[378] расска́зывает вам[462] ваш знако́мый?

About what is your friend telling you?

Он расска́зывает мне[462] о войне́ и об[480] а́рмии.[184]

He is telling me about the war and the army.

О ком идёт бесе́да, обо[480] мне́ и́ли о вас?

Whom does the conversation concern, me or you? (Literally: About whom does the conversation go, about me or you?)

И о вас и обо мне́.

(It concerns) both you and me.

О како́м словаре́ вы говори́те?

About what dictionary are you speaking?

Я говорю́ об[480] англи́йском[291] словаре́.

I am speaking about an English dictionary.

О ком говори́т америка́нец?

About whom is the American speaking?

Он говори́т о само́м[381] себе́.[375]

He is speaking about himself.

О себе́ ли пи́шет вам[462] ва́ша сестра́?

Is your sister writing you about herself?

Да, она́ пи́шет о само́й[381] себе́.[375]

Yes, she is writing about herself.

О чём ду́мает э́та да́ма?

About what is this lady thinking?

Она́ ду́мает о своём[381] пла́тье[182] и о свое́й[381] но́вой[208] шля́пе.

She is thinking about her dress and her new hat.

Ча́сто ли вы ду́маете о ва́шем[381] отце́[182] и о ва́шей[381] ма́тери?[183]

Do you often think about your father and your mother?

Да, я ча́сто ду́маю и об[480] отце́ и о ма́тери.

Yes, I often think about both (my) father and (my) mother.

О ком вы пи́шете тепе́рь?

About whom are you writing now?

В одно́м[381] письме́[182] я пишу́ о бра́те,[182] а в друго́м[293] о сестре́.[182]

In one letter I am writing about (my) brother, and in the other about (my) sister.

О чьём[381] до́ме[182] говори́те вы, о моём[381] и́ли о своём?[381]

About whose house are you talking, (about) mine or yours?

О ва́шем, о своём я тепе́рь не говорю́.

About yours, I am not talking about mine now.

О чьей[381] сестре́ вы пи́шете своему́ дру́гу?[462]

About whose sister are you writing to your friend?

Я пишу́ ему́ и о ва́шей и о свое́й.

I am writing to him about both yours and mine.

Кто ожида́ет вас в музе́е?[182]

Who is waiting for you in the museum?

Там ожида́ет меня́ да́ма, о кото́рой[303] я говорю́.

The lady about whom I am talking is waiting there for me.

Exercises

Где лежи́т моё перо́?—Оно́ лежи́т в [481] коро́бке.
Куда́ вы кладёте моё перо́?—Я кладу́ его в [481] коро́бку.

Where is my pen?—It is in the box.
Where do you put my pen?—I put it in the box.

Где лежи́т его́ каранда́ш?—Он лежи́т на [481] столе́.
Куда́ он кладёт свой каранда́ш?—Он кладёт его́ на [481] стол.
Куда́ она́ кладёт газе́ту?—Она́ кладёт её на стул.
Куда́ они́ кладу́т бума́гу?—Они́ кладу́т её в [481] кни́гу.

Где вы живёте?—Я живу́ в го́роде. [481] Куда́ вы идёте?—Я иду́ в го́род. [481]

Where do you live?—I live in town. Where are you going?—I am going to town.

Где живёт ваш брат?—Он живёт в дере́вне. Куда́ идёт ваш брат?—Он идёт в дере́вню.
Где рабо́тает его́ оте́ц?—Он рабо́тает в по́ле. Куда́ идёт его́ оте́ц?—Он идёт в по́ле.
Где моя́ сестра́?—Она́ в магази́не. [481] Куда́ идёт моя́ сестра́?—Она́ идёт в магази́н. [481]
Где рабо́тает учи́тельница?—Она́ рабо́тает в шко́ле. Куда́ идёт учи́тельница?—Она́ идёт в шко́лу.
Что он ви́дит в окне́?—Он ничего́ не ви́дит в окне́. Куда́ он смо́трит?—Он смо́трит [481] в окно́.
Зна́ете ли вы, где я живу́?—Вы живёте в го́роде.
Где тепе́рь учи́тель?—Я ду́маю, что он тепе́рь в шко́ле.
Где моё перо́?—Оно́ в коро́бке.
Что ма́льчик де́ржит в руке́?—Он де́ржит каранда́ш в руке́.
Брат живёт в го́роде, а сестра́ в дере́вне.
Учи́тель живёт в го́роде, а учи́тельница не живёт там. Оте́ц е́дет в го́род, а дя́дя не е́дет туда́.
Мы живём в го́роде, а не в дере́вне. Дя́дя е́дет в го́род, а не в дере́вню.
В како́м до́ме вы живёте?—Я живу́ в ма́леньком бе́лом до́ме.
Мой каранда́ш лежи́т в кра́сной коро́бке, [481] а где ваш?—Мой лежи́т в ру́сской кни́ге.
Что вы ви́дите в э́том зда́нии?—Я ви́жу в нём [372] како́го-то челове́ка.

Что вы ви́дите на де́реве?—Я ничего́ не ви́жу там. Что вы смо́трите на де́рево?—Я не смотрю́ туда́.

What do you see on the tree?—I don't see anything there. Why are you looking at the tree?—I am not looking there.

Что лежи́т на бума́ге?—Там лежи́т перо́.
Где виси́т карти́на?—Карти́на виси́т на стене́.
А где газе́та?—Она́ на сту́ле.
Моя́ кни́га лежи́т на столе́, а ва́ша в столе́.
Одно́ перо́ лежи́т в кни́ге, а друго́е на кни́ге.

На де́реве виси́т шля́па, а под де́ревом лежи́т кни́га.
Я смотрю́ на стол и ви́жу там (на столе́) мою́ кни́гу.
Моя́ кни́га лежи́т на столе́, ва́ша в столе́, а кни́га бра́та за окно́м на у́лице.
Ма́льчик сиди́т на сту́ле и де́ржит в руке́ карти́ну.
Бума́га лежи́т в како́й-то кни́ге на э́том столе́.
На како́й стене́ виси́т но́вая карти́на?—Она́ виси́т на э́той стене́.
На како́й ло́шади е́дет дя́дя в го́род?—Он е́дет на бе́лой ло́шади.

О чём говори́т э́тот господи́н?—Он говори́т о войне́.

About what is this gentleman talking?—He is talking about the war.

О чём расска́зывает он?—Он расска́зывает о го́роде и о дере́вне.
О ком говори́т учи́тельница?—Она́ говори́т о бра́те.
О ком расска́зывает ваш брат?—Мой брат расска́зывает об [480] одно́м [381] хоро́шем [202] челове́ке.
О ком расска́зывает учи́тель?—Он расска́зывает о како́м-то [293] англича́нине. [182]
О чём расска́зывает ваш друг?—Мой друг расска́зывает о войне́ и об [480] англи́йской [291] а́рмии.
О како́м [293] до́ме вы говори́те?—Я говорю́ о большо́м [293] до́ме.
О како́м ма́льчике говори́т учи́тель?—Он говори́т о но́вом [289] ученике́, ру́сском [291] ма́льчике.
О како́м учи́теле вы говори́те?—Мы говори́м об англи́йском [291] учи́теле.
О чём говори́т дя́дя?—Он говори́т о мое́й [381] ло́шади и о свое́й [381] соба́ке.
О како́м ученике́ говори́т учи́тель?—Он говори́т о моём [381] но́вом [289] ученике́.
О ком говори́т оте́ц ма́тери?—Он говори́т ей [462] о вас.
Что он говори́т ей [462] обо мне?—Он говори́т ей, что вы хорошо́ рабо́таете в по́ле.
Обо мне и́ли о вас говори́т брат сестре́?—Он говори́т ей и о вас и обо [480] мне.
О вас и́ли обо мне расска́зывает сестра́ подру́ге? [462]—Она́ не расска́зывает ей ни о вас, ни обо мне, она́ расска́зывает о себе́. [373]
Учи́тель говори́т с ма́терью о вас.
Учи́тель говори́т мне о францу́зском языке́.
Кто говори́т о ва́шем бра́те и о ва́шей сестре́?—О них [372] никто́ не говори́т.

Зна́ете ли вы что-нибу́дь о моём бра́те?—Нет, я ничего́ не зна́ю о нём. [372]

Do you know anything about my brother?—No, I don't know anything about him.

А что вы зна́ете о мое́й сестре́? [372]—И о ней [372] я ничего́ не зна́ю.
О ком же вы зна́ете?—Я зна́ю ко́е-что о вас и о себе́. [373]
О неме́цком де́ле я хорошо́ зна́ю из англи́йской газе́ты.
Об [480] одно́м де́ле я хорошо́ зна́ю, а о друго́м я ничего́ не зна́ю.
Что вы ду́маете о себе́? [373]—О себе́ я ничего́ не ду́маю.
Об отце́ и́ли [107] о ма́тери пи́шет дя́дя в письме́?—Ни о нём, [372] ни о ней [372] он ничего́ не пи́шет, а то́лько о себе́. [373]
Брат пи́шет в англи́йской газе́те о ру́сском де́ле.

Дя́дя пи́шет о како́й-то ло́шади.

Сестра́ пи́шет подру́ге о себе́[373] и о бра́те.

В одно́м своём письме́ оте́ц пи́шет о свое́й ло́шади, а в друго́м о на́шем до́ме.

В э́той англи́йской газе́те челове́к пи́шет то́же и об[480] америка́нском де́ле.

Брат пи́шет дя́де о себе́[373] и обо мне́, но не пи́шет ничего́ ни об отце́, ни о ма́тери.

Он про́сит меня́ о како́м-то де́ле.

Хорошо́ и́ли пло́хо говори́т ваш друг об[480] э́том де́ле?—Он говори́т о́чень пло́хо о нём.[372]

Does your friend speak favorably or unfavorably about this matter?—He speaks very unfavorably about it.

Кто говори́т пло́хо обо мне́?—О вас никто́ не говори́т пло́хо.

Хорошо́ ли учи́тель говори́т об ученике́?—Нет, он не о́чень хорошо́ говори́т об э́том ученике́.

Обо мне́ никто́ не говори́т пло́хо.

Оте́ц пи́шет о бра́те и говори́т о нём о́чень хорошо́.

Ма́льчик говори́т об одно́м пода́рке, о кото́ром[393] он не говори́т ни при[480] отце́, ни при ма́тери.

The boy is speaking about a present about which he does not speak in the presence of his father nor of his mother.

В на́шем го́роде живёт челове́к, кото́рый[393] говори́т хорошо́ о вас и о ва́шем де́ле.

Он говори́т мне о како́м-то письме́, о кото́ром[393] я ничего́ не зна́ю.

Об э́том господи́не и э́той да́ме я зна́ю из письма́ бра́та, в кото́ром[393] он пи́шет о них.[372]

Брат идёт в по́ле за ло́шадью, о кото́рой[393] дя́дя пи́шет в своём письме́.

При[480] ру́сском учи́теле учени́к не говори́т на англи́йском языке́.

In the presence of the Russian teacher the pupil does not speak English (Literally: *in the English language*).

При моём отце́ мой друг не расска́зывает обо мне́.

Он говори́т при сестре́ об[480] её подру́ге.

Дя́дя де́ржит соба́ку при себе́.[373]

При мне учи́тель ничего́ не говори́т о моём бра́те.

Где стои́т ма́льчик?—Он стои́т в углу́.[185] Куда́ вы смо́трите?—Я смотрю́ в у́гол.

Where is the boy standing?—He is standing in the corner. Where are you looking?—I am looking into the corner.

Где гуля́ет господи́н?—Он гуля́ет в саду́[185] с да́мой. Куда́ вы идёте гуля́ть?—Я иду́ гуля́ть и в по́ле, и в сад.

Где рабо́тает э́тот челове́к?—Он рабо́тает и в по́ле, и в саду́.[185]

Где стои́т его́ брат?—Он стои́т на углу́.[185]

На како́м углу́ стои́т он?—Он стои́т на углу́[185] у́лицы.

О ком у них идёт бесе́да?—У них бесе́да идёт об отце́ и о ма́тери.

About whom are they talking?—They are talking about father and mother.

О како́й учи́тельнице идёт бесе́да?—Бесе́да идёт об англи́йской учи́тельнице.
О мое́й ли сестре́ идёт бесе́да?—Да, бесе́да идёт о ней. [372]
О чём у вас идёт бесе́да?—У нас бесе́да идёт о шко́ле.
О на́шем ли го́роде идёт бесе́да?—Нет, бесе́да идёт не о нём. [372]
О чём же идёт бесе́да?—Бесе́да идёт об одно́м на́шем де́ле.

О чьём [381]де́ле он расска́зывает?—Он расска́зывает о своём но́вом де́ле.

About whose[302] business is he telling?—He is telling about his own new business.

О чьём[392] до́ме пи́шет дя́дя в своём письме́?—Он пи́шет о на́шем большо́м до́ме.
О чьей[381] кни́ге вы говори́те мне?—Я говорю́ вам о ва́шей кни́ге.
В чьём[302] до́ме вы живёте?—Я живу́ в до́ме ва́шего бра́та.
На чьей[302] кни́ге лежи́т газе́та?—Она́ лежи́т на мое́й кни́ге.
Чью[302] кни́гу вы чита́ете?—Я чита́ю ва́шу кни́гу.

Э́тот челове́к говори́т то́лько о само́м[375] себе́.

This man talks only about himself.

Неме́цкая учи́тельница расска́зывает о само́й[375] себе́.
Они́ говоря́т то́лько о сами́х[375] себе́.
Вы говори́те то́лько о само́м себе́. (A single person, masculine)
Вы говори́те то́лько о само́й себе́. (A single person, feminine)
Вы говори́те то́лько о сами́х себе́. (Several persons)
Мы не хоти́м говори́ть о сами́х себе́.

Седьмо́й уро́к (Lesson VII)

Како́й тепе́рь ме́сяц?	What month is this (Literally: is it now)?
Тепе́рь октя́брь.	It is now October.
Како́й бу́дет [608] сле́дующий [202] ме́сяц?	What will next month be?
Сле́дующий бу́дет ноя́брь.	The next one will be November.
В октябре́ [544] и́ли в ноябре́ [544] вы бу́дете [608] в го́роде?	Will you be in the city in October or in November?
Нет, я бу́ду [608] там в декабре́. [544]	In neither (Literally: No), I will be there in December.
С како́го ме́сяца вы рабо́таете [613] при шко́ле?	Since what month have you been working at school?
С января́ ме́сяца.	Since (the month of) January.
Когда́ бу́дет до́ма ваш брат?	When will your brother be at home?
Он бу́дет [608] до́ма в феврале́ [544] и́ли в ма́рте. [544]	He will be at home in February or March.
Когда́ он начина́ет рабо́ту?	When does he begin (his) work?
Он начина́ет её с апре́ля.	He starts (it) in April (Literarlly: from April).
Мо́жете ли вы рабо́тать для меня́ в ма́е? [544]	Can you work for me in May?
Да, я могу́ нача́ть с пе́рвого ма́я.	Yes, I can begin on (Literally: from) the first of May.
Когда́ вы живёте в дере́вне?	When do you live in the country?
В дере́вне я живу́ два ме́сяца—ию́нь и ию́ль.	I live in the country two months—June and July.
Име́ете ли вы но́вый журна́л за а́вгуст?	Do you have the new magazine for August (i.e., the August issue)?
Нет, за а́вгуст я не име́ю.	No, I don't have (the issue) for August.
Рабо́таете ли вы в дере́вне?	Do you work in the country?
Да, я рабо́таю там в сентябре́. [544]	Yes, I work there in September.
Зна́ете ли вы, како́й пе́рвый [434] ме́сяц в году́? [183]	Do you know which is the first month of the year (Literally: in the year)?
Пе́рвый ме́сяц янва́рь.	The first month is January.
А како́й второ́й [435] ме́сяц?	And which is the second month?
Второ́й—февра́ль.	The second is February.
Како́й сего́дня день?	What day is today?
Сего́дня понеде́льник.	Today is Monday.
А како́й день бу́дет за́втра?	And what day will it be tomorrow?
За́втра бу́дет вто́рник.	Tomorrow it will be Tuesday.
Ка́ждый [548] ли день вы хо́дите [598] в шко́лу?	Do you go to school every day?

Да, ка́ждый день,[548] кро́ме воскресе́нья.
Где вы рабо́таете?

Yes, every day except Sunday.
Where do you work?

В сре́ду[543] и пя́тницу[543] я рабо́таю в мага-
зи́не, а в четве́рг[543] и суббо́ту[543]—до́ма.

On Wednesday and Friday I work in a
store, but on Thursday and Saturday at
home.

Как до́лго вы живёте[613] в на́шем го́роде?
Я живу́ здесь тре́тий[436] день.[613]

How long have you been living in our city?
This is the third day that I have been living
here (Literally: I live here the third day).

Когда́ э́тот челове́к рабо́тает в саду́?[185]
Он рабо́тает там ка́ждое[548] у́тро.
У́тром[476] и́ли днём[476] вы хо́дите в шко́лу?

When does this man work in the garden?
He works there every morning.
Do you go to school in the morning or in
the afternoon?

Нет, я хожу́ туда́ ве́чером.[576]

Neither in the morning nor in the afternoon
(Literally: No), I go there in the evening.

Когда́ вы живёте в дере́вне?
Мы живём там ка́ждое[548] ле́то, обыкно-
ве́нно два и́ли три ме́сяца.

When do you live in the country?
We live there every summer, usually two or
three months.

Где вы живёте зимо́й?[476]
Зимо́й мы живём в го́роде.
С како́го вре́мени[280] вы начина́ете рабо́ту
в саду́?[185]

Where do you live in the winter?
In the winter we live in the city.
When (Literally: With what season) do you
begin work in the garden?

Мы начина́ем там рабо́ту весно́й,[476] обык-
нове́нно с ма́я ме́сяца.

We begin work there in spring, usually in
(the month of) May (Literally: with the
month of May).

Когда́ рабо́тают в по́ле, зимо́й и́ли
ле́том?

When do they work in the field, in winter
or in summer?

В по́ле рабо́тают[612] ле́том.
Рабо́тают[612] ли там весно́й?
Да, там рабо́тают[612] и весно́й и о́сенью.[476]

They work in the field in summer.
Do they work there in spring?
Yes, they work there both in spring and in
the fall.

Како́е тепе́рь вре́мя[280] го́да, ле́то и́ли
зима́?

What season is it now, summer or winter?

Тепе́рь о́сень.
О како́м вре́мени[280] го́да вы расска́зы-
ваете?

Now it is autumn.
About what season are you telling (us)?

Я расска́зываю об о́сени и о зиме́.
Март тре́тий[436] ме́сяц в году́,[185] а како́й
четвёртый[434] ме́сяц?

I am telling (you) about autumn and winter.
March is the third month of the year
(Literally: in the year), but which is the
fourth month?

Четвёртый ме́сяц—апре́ль.
Когда́ начина́ете вы рабо́ту в шко́ле?
Я начина́ю мою́ рабо́ту сле́дующей[476]
весно́й, а мой брат сле́дующей[476] о́сенью.
В како́е вре́мя[543] го́да начина́ет расти́
трава́?

The fourth month is April.
When do you begin work at school?
I begin my work next spring, but my brother
(begins) next autumn.
In which season does the grass begin to
grow?

Трава́ начина́ет расти́ весно́й; она́ растёт и ле́том.

The grass begins to grow in spring, it grows also in the summer.

Exercises

В како́й день[543] вы бу́дете[608] до́ма?—Я бу́ду до́ма в воскресе́нье.[543]

On what day will you be at home?—I shall be at home on Sunday.

Я бу́ду до́ма в понеде́льник.
Он бу́дет до́ма во[541] вто́рник.
Она́ бу́дет до́ма в сре́ду.
Мы бу́дем до́ма в четве́рг.
Вы бу́дете до́ма в пя́тницу.

Они́ бу́дут до́ма в суббо́ту.
Я не бу́ду до́ма в сре́ду.
Вы не бу́дете до́ма в четве́рг.
Они́ не бу́дут до́ма во вто́рник.

Что вы де́лаете в воскресе́нье?—В воскре́сенье я обывкнове́нно сижу́ до́ма и чита́ю.

Ка́ждый ли день вы рабо́таете?—Нет, я рабо́таю то́лько во вто́рник, в сре́ду и в четве́рг, а в пя́тницу, в суббо́ту, в воскресе́нье и в понеде́льник я не рабо́таю.

В како́й день вы посыла́ете письмо́ отцу́?—Обыкнове́нно я посыла́ю ему́ письмо́ в пя́тницу.

Когда́ вы е́дете в дере́вню, в э́тот вто́рник[543] и́ли в сле́дующий?—В дере́вню я е́ду в сле́дующую суббо́ту.[543]

Что пи́шет вам ваш друг?—Он пи́шет, что бу́дет здесь в пе́рвое воскресе́нье[543] сле́дующего ме́сяца.

А како́й бу́дет сле́дующий ме́сяц?—Сле́дующий ме́сяц бу́дет дека́брь.

В како́м ме́сяце[544] вы бу́дете до́ма?—Я бу́ду до́ма в январе́.[544]

In what month will you be at home?—I shall be at home in January.

Я бу́ду до́ма в феврале́.
Он бу́дет до́ма в ма́рте.
Она́ бу́дет до́ма в апре́ле.
Мы бу́дем до́ма в ма́е.
Вы бу́дете до́ма в ию́не.
Они́ бу́дут до́ма в ию́ле.
Мы бу́дем до́ма в а́вгусте.

Вы бу́дете до́ма в сентябре́.
Они́ бу́дут до́ма в октябре́.
Я бу́ду до́ма в ноябре́.
Он бу́дет до́ма в декабре́.
Я не бу́ду до́ма в феврале́.
Мы не бу́дем до́ма в ма́е.
Они́ не бу́дут до́ма в а́вгусте.

Когда́ вы бу́дете у отца́ в дере́вне?—Я бу́ду у него́ э́той зимо́й, в январе́ и́ли в феврале́.

Когда́ он бу́дет здесь?—Он бу́дет здесь в сле́дующем ме́сяце,[544] ноябре́.

Зна́ете ли вы, како́е вре́мя го́да в а́вгусте?[106]—Да, зна́ю, в а́вгусте[106] ле́то.

С како́го дня они́ начина́ют ходи́ть в шко́лу?—Они́ начина́ют ходи́ть в шко́лу с понеде́льника.

On what day do they start to go to school?—They start to go to school on Monday.

Мы начина́ем ходи́ть в шко́лу со[541] вто́рника.
Вы начина́ете ходи́ть в шко́лу со[541] среды́.

Она начинает ходить в школу с четверга.
Они начинают ходить в школу с пятницы.
Он начинает ходить в школу с субботы.
Мы начинаем ходить в школу с воскресенья.
Они начинают ходить в школу с первого[434] дня месяца.
Мы начинаем ходить в школу со [541] второго[435] дня месяца.
Он начинает ходить в школу с третьего [436] дня месяца.
Она начинает ходить в школу с четвёртого[434] дня месяца.
Мой брат начинает свою работу с этой весны.
Работаете ли вы в этот понедельник?—Нет, я начинаю свою работу со вторника или с четверга.

С какого месяца вы начинаете работать?—Я начинаю работать с января.

In what month do you start to work?—I start to work in January.

Я начинаю работать с февраля.
Он начинает работать с марта.
Она начинает работать с апреля.
Мы начинаем работать с мая.
Вы начинаете работать с июня.
Они начинают работать с июля.

Мы начинаем работать с августа.
Они начинают работать с сентября.
Вы начинаете работать с октября.
Он начинает работать с ноября.
Она начинает работать с декабря.

С какого месяца ваш сын ходит [613] в школу?—Он ходит в школу с марта.

From what month on (Beginning with what month) does your son go to school? or
Since what month has your son been going to school?[613]
He goes to school from March on, or He has been going to school since March.

В городе ли работает ваш друг?—Он работает там только два месяца, апрель и май, а с июня он работает в деревне.
Как долго вы работаете[613] в магазине?—Я там работаю с утра до вечера.
Этой или[107] следующей зимой[476] вы будете в деревне?—Я буду там этой осенью.[476]

Как долго он работает?—Он начинает работу с утра и работает до вечера.

How long does he work?—He begins his work in the morning and works until evening.

Что делает ваша сестра?—Она пишет письмо своей подруге. Она обыкновенно начинает писать с утра и пишет до вечера.
Как долго вы будете у нас?—Я думаю,[105] я буду здесь до июня.
Сегодня пятница, и я до вечера буду здесь, а завтра утром[542] я еду в деревню и буду там до вечера следующего четверга.

Часто ли вы бываете в городе?—Я живу в городе каждую зиму.[548]

Are you in the city often?—I live in the city every winter.

Что вы делаете в ноябре?—В ноябре я каждое утро[548] хожу в школу на урок, а вечером работаю дома.

Пи́шет ли ма́льчик ма́тери ле́том,[476] когда́ он живёт в дере́вне?—Когда́ ле́том ма́льчик живёт в дере́вне, он ка́ждую суббо́ту[548] пи́шет ма́тери, а она́ посыла́ет ему́ ка́ждый ме́сяц[548] хоро́ший пода́рок.

Ча́сто ли пи́шет вам ва́ша сестра́?—Да, она́ пи́шет мне два и́ли три письма́ ка́ждый ме́сяц.[548]

Ча́сто ли вы пи́шете отцу́?—Да, я пишу́ ему́ ча́сто, а ка́ждый декабрь[548] я посыла́ю ему́ пода́рок.

Ча́сто ли вы ви́дите э́того челове́ка?—Да, я ви́жу его́ ка́ждый день.[548]

Я ви́жу свою́ сестру́ ка́ждое у́тро и ка́ждый ве́чер, а днём я рабо́таю в магази́не и не ви́жу её.

Ка́ждый день он говори́т мне э́то.

Ка́ждое ле́то[548] мой брат посыла́ет отцу́ пода́рок из го́рода.

Ле́том ка́ждый день я гуля́ю в саду́[185] и в по́ле.

Ка́ждую пя́тницу[548] мой брат рабо́тает до́ма с утра́ до ве́чера.

Я рабо́таю ка́ждую пя́тницу у́тром и ка́ждую суббо́ту ве́чером, а в сре́ду и в четве́рг я рабо́таю днём.

Ле́том, в ию́ле и в а́вгусте, я рабо́таю в по́ле ка́ждый день.

Почему́ вы не рабо́таете в пя́тницу у́тром?[542]—У меня́ нет рабо́ты на пя́тницу.

Why don't you work on Friday morning?—I have no work for Friday.

Куда́ вы идёте?—Я иду́ на уро́к.

Куда́ идёт э́тот рабо́тник?—Он идёт на рабо́ту.

В сле́дующую пя́тницу ве́чером[542] у меня́ бу́дет брат с сестро́й, а на сле́дующий день я бу́ду у них.

Когда́ ва́ша сестра́ е́дет в го́род?—Она́ е́дет в го́род и́ли за́втра ве́чером,[542] и́ли в понеде́льник у́тром.

Где ваш брат?—Я не зна́ю, но ду́маю,[109] что он бу́дет здесь во вто́рник ве́чером[542] и́ли в сре́ду у́тром.

Мой друг пе́рвую[434] о́сень живёт[613] в на́шем го́роде.

This is the first autumn that my friend has been living here.

Мой оте́ц живёт в дере́вне пе́рвое[434] ле́то.

Э́тот челове́к живёт с на́ми пе́рвую зи́му, а его́ брат четвёртую.

Сего́дня я рабо́таю пе́рвый день.

Э́то[291] пе́рвый понеде́льник я сижу́ до́ма без де́ла.

В э́том го́роде я пе́рвый год. Как до́лго вы живёте[613] здесь, я не зна́ю, но ду́маю,[109] что вы здесь го́да три и́ли четы́ре.[434]

Я рабо́таю[613] здесь два дня, а как до́лго вы рабо́таете?—Я рабо́таю здесь то́лько оди́н день.

I have been working here two days, but how long have you been working?—I have been working here only one day.

Он рабо́тает здесь три дня.

Она́ рабо́тает здесь четы́ре дня.
Мы рабо́таем здесь два ме́сяца.
Вы рабо́таете здесь три ме́сяца.
Они́ рабо́тают здесь четы́ре ме́сяца.
Мы рабо́таем здесь два го́да, три ме́сяца и четы́ре дня.
Они́ рабо́тают здесь четы́ре го́да и два ме́сяца.
Он рабо́тает здесь три го́да и оди́н ме́сяц.

Когда́ ваш брат бу́дет до́ма?—Он бу́дет до́ма и́ли сего́дня ве́чером,[542] и́ли за́втра у́тром.[542]

When will your brother be at home?—He will be at home either this evening or tomorrow morning.

Когда́ вы е́дете в го́род?—Я е́ду сего́дня, а брат с сестро́й за́втра.
У́тром и́ли ве́чером вы хо́дите в шко́лу?—В шко́лу я хожу́ ка́ждое у́тро. В шко́лу я хожу́ ка́ждый день у́тром.
Когда́ вы рабо́таете?—Я рабо́таю и у́тром, и днём, и ве́чером.
Когда́ вы бу́дете у ва́шего бра́та?—Я бу́ду у него́ и́ли сего́дня, и́ли за́втра.
Хо́дите ли вы в шко́лу?—Хожу́[105] ка́ждый день ве́чером, кро́ме воскресе́нья и суббо́ты.
Бу́дете ли вы до́ма за́втра ве́чером?[542]—Нет, за́втра ве́чером я не бу́ду до́ма, но бу́ду[109] сего́дня ве́чером.

В како́е вре́мя[543] го́да рабо́тают[612] в по́ле?—В по́ле обыкнове́нно рабо́тают[612] весно́й, ле́том и о́сенью.

During which season does one (Literally: do they) work in the field?—Usually one works in the field in spring, in summer, and in the fall.

Когда́ начина́ют[612] рабо́ту в саду́?[185]—В саду́ начина́ют рабо́ту весно́й.
Где де́ржит свою́ ло́шадь ваш дя́дя?—Ле́том он де́ржит её в дере́вне, а зимо́й в го́роде.
Где вы живёте весно́й, в го́роде и́ли в дере́вне?—Весно́й я обыкнове́нно живу́ в го́роде.
Что вы де́лаете э́той зимо́й?—Э́той зимо́й[542] я хожу́ в шко́лу.
Хорошо́ и́ли[107] пло́хо[106] у вас тепе́рь?—Тепе́рь весно́й[476] здесь о́чень хорошо́,[106] но о́сенью[476] пло́хо.[106]
Куда́ вы е́дете э́той о́сенью?[476]—В сентябре́ я бу́ду ещё здесь и бу́ду[109] здесь до октября́, а в октябре́ я е́ду на рабо́ту в оди́н большо́й го́род.

Восьмой уро́к (Lesson VIII)

ГРАЖДА́НКА[330] НИКОЛА́ЕВА

Как ва́ше и́мя?

MRS. NIKOLAYEV

What is your first name?

ГРАЖДАНИ́Н[330] АНДРЕ́ЕВ

Моё и́мя[280] Пётр.[341]

MR. ANDREYEV

My first name is Peter.

ГРАЖДА́НКА НИКОЛА́ЕВА

Как ва́ше о́тчество?

MRS. NIKOLAYEV

What is your patronymic?

ГРАЖДАНИ́Н АНДРЕ́ЕВ

Ива́нович.[329]

MR. ANDREYEV

Ivanovich.

ГРАЖДА́НКА НИКОЛА́ЕВА

Как ва́ша фами́лия?

MRS. NIKOLAYEV

What is your last name?

ГРАЖДАНИ́Н АНДРЕ́ЕВ

Андре́ев.

MR. ANDREYEV

Andreyev.

ГРАЖДА́НКА НИКОЛА́ЕВА

Как ва́ше по́лное и́мя?

MRS. NIKOLAYEV

What is your full name?

ГРАЖДАНИ́Н АНДРЕ́ЕВ

Пётр Ива́нович Андре́ев. А как ва́ше и́мя?

MR. ANDREYEV

Peter Ivanovich Andreyev. And what is your name?

ГРАЖДА́НКА НИКОЛА́ЕВА

Моё—О́льга Ива́новна[336] Никола́ева. Э́то зна́чит, что и́мя ва́шего отца́ тако́е же са́мое, как и моего́ отца́. А как по́лное и́мя ва́шего отца́?

MRS. NIKOLAYEV

Mine is Olga Ivanovna Nikolayeva. This means that the first name of your father is the same as that of my father. But what is the full name of your father?

ГРАЖДАНИ́Н АНДРЕ́ЕВ

Ива́н[333] Макси́мович Андре́ев.

MR. ANDREYEV

John Maximovich Andreyev.

ГРАЖДАНКА НИКОЛАЕВА	MRS. NIKOLAYEV

А вашей матери?

And that of your mother?

ГРАЖДАНИН АНДРЕЕВ	MR. ANDREYEV

А́нна Васи́льевна.

Anna Vasilyevna.

ГРАЖДАНКА НИКОЛАЕВА	MRS. NIKOLAYEV

Я зна́ю ва́шего дру́га Серге́я [348] Степа́новича [342] Чистяко́ва, [344] кото́рый живёт в до́ме мое́й подру́ги Со́фии [349] Андре́евны [349] Петро́вой. [349]

I know your friend Sergei Stepanovich Chistyakov who lives in the house of my friend Sophie Andreyevna Petrova.

ГРАЖДАНИН АНДРЕЕВ	MR. ANDREYEV

Да, у меня́ есть друг Чистяко́в, но его́ зову́т не Серге́й Степа́нович, а Степа́н [333] Серге́евич. [336]

Yes, I have a friend Chistyakov, but his name is (Literally: They call him) not Sergei Stepanovich, but Stephan Sergeyevich.

ГРАЖДАНКА НИКОЛАЕВА	MRS. NIKOLAYEV

А зна́ете ли вы граждани́на Со́мова [331] — Андре́я Ильича́? [354]

But do you know Mr. Somov—Andrew Ilyich (by name)?

ГРАЖДАНИН АНДРЕЕВ	MR. ANDREYEV

Да, зна́ю.

Yes, I know (him).

ГРАЖДАНКА НИКОЛАЕВА	MRS. NIKOLAYEV

Зна́ете ли вы его́ жену́? Как её зову́т?

Do you know his wife? What is her name (Literally: How do they call her)?

ГРАЖДАНИН АНДРЕЕВ	MR. ANDREYEV

Её зову́т Мари́я [332] Анто́новна. [351] Я хорошо́ зна́ю её.

Her name is Maria Antonovna. I know her well.

ГРАЖДАНКА НИКОЛАЕВА	MRS. NIKOLAYEV

Ча́сто ли вы встреча́ете ва́шего дру́га Григо́рия [352] Рома́новича [352] Буха́рина? [352]

Do you often meet your friend Gregory Romanovich Bukharin?

ГРАЖДАНИН АНДРЕЕВ	MR. ANDREYEV

Григо́рий Рома́нович [332] не друг мой, а то́лько знако́мый. Я ви́жу его́ почти́ ка́ждый день.

Gregory Romanovich is not a friend of mine, but only an acquaintance. I see him almost every day.

ГРАЖДАНКА НИКОЛАЕВА

Нет ли у вас хоро́шей кни́ги? У меня́ сейча́с не́чего чита́ть.

MRS. NIKOLAYEV

Don't you have some good book? I have nothing to read just now.

ГРАЖДАНИН АНДРЕЕВ

У меня́ есть сочине́ние Алекса́ндра Серге́евича Пу́шкина,[352] я то́же име́ю сочине́ние Ве́ры Петро́вны Желихо́вской.[355]

MR. ANDREYEV

I have one of the books by (Literally: a work of) Alexander Sergeyevich Pushkin; I have also a book by Vera Petrovna Zhelikhovskaya.

ГРАЖДАНКА НИКОЛАЕВА

И Пу́шкина[335] и Желихо́вскую я сама́ име́ю. Нет ли у вас чего́-нибу́дь но́вого?

MRS. NIKOLAYEV

I have both Pushkin and Zhelikhovskaya myself. Don't you have anything new?

ГРАЖДАНИН АНДРЕЕВ

У меня́ есть одна́ кни́га на англи́йском языке́, но вы по-англи́йски не чита́ете. Есть ещё но́вый журна́л за март ме́сяц. Я могу́ дать вам э́тот журна́л.

MR. ANDREYEV

I have one book in the English language, but you don't read English. I have also a new magazine for the month of March. I can give you this magazine.

ГРАЖДАНКА НИКОЛАЕВА

Нет, журна́ла я не хочу́, но англи́йскую кни́гу я могу́ чита́ть со словарём. Чьё э́то сочине́ние?

MRS. NIKOLAYEV

No, I don't want the magazine, but I can read the English book with a dictionary. Whose work is it?

ГРАЖДАНИН АНДРЕЕВ

Америка́нского писа́теля Ма́рка Тве́на.[340]

MR. ANDREYEV

(It is) by (Literally: of) the American author Mark Twain.

ГРАЖДАНКА НИКОЛАЕВА

Ви́дите ли, там на углу́[185] у́лицы стои́т, ка́жется, ваш дя́дя Ку́дриков. С кем он разгова́ривает?

MRS. NIKOLAYEV

Do you see, it seems (that) your uncle Kudrikov is standing over there on the street corner. To whom is he talking?

ГРАЖДАНИН АНДРЕЕВ

Да, ви́жу, э́то он. Он разгова́ривает с Анто́ном Па́вловичем Че́ховым и Варва́рой Миха́йловной[336] Ла́пиной.[353]

MR. ANDREYEV

Yes, I see, that's he. He is talking to Anton Pavlovich Chekhov and Barbara Mikhailovna Lapina.

ГРАЖДАНКА НИКОЛАЕВА

Варва́ру Миха́йловну[110] я не зна́ю, но му́жа её, И́горя Дави́довича Ла́пина,[352] я зна́ю. Говоря́т, что он пи́шет большу́ю кни́гу о Никола́е Ильиче́[354] Ле́нине.[352]

MRS. NIKOLAYEV

I don't know Barbara Mikhailovna, but I do know her husband, Igor Davidovich Lapin. He is said to be (Literally: They say that he is) writing a long (Literally: large) book about Nicholas Ilyich Lenin.

ГРАЖДАНИН АНДРЕЕВ

Э́того я не зна́ю.

MR. ANDREYEV

I don't know (about) that.

ГРАЖДАНКА НИКОЛАЕВА

А кто там идёт? Вы не зна́ете э́того челове́ка?

MRS. NIKOLAYEV

But who is coming there? Do you happen to know (Literally: Don't you know) that man?

ГРАЖДАНИН АНДРЕЕВ

Я зна́ю его́. Э́то—Бори́с Гаври́лович[336] Улья́нов. Он ро́дственник на́шей сосе́дки Ни́ны Я́ковлевны[336] Йжиковой. Он пи́шет в журна́ле и газе́те.

MR. ANDREYEV

I know him. It is Boris Gavrilovich Ulyanov. He is a relative of our neighbor Nina Yakovlevna Izhikova. He writes in a magazine and a newspaper.

ГРАЖДАНКА НИКОЛАЕВА

Благодарю́ вас. А тепе́рь, до свида́ния, граждани́н[331] Андре́ев.

MRS. NIKOLAYEV

Thank you. But now, good-by, Mr. Andreyev.

ГРАЖДАНИН АНДРЕЕВ

До свида́ния, гражда́нка[331] Никола́ева.

MR. ANDREYEV

Good-by, Mrs. Nikolayev.

Exercises

ЧТО USED AS AN INTERROGATIVE AND RELATIVE PRONOUN WITH THE MEANING *what*

Что вы зна́ете о нём?—Я зна́ю то́лько то,[397] что и вы зна́ете о нём.

What do you know about him?—I know only what (Literally: that which) you also know about him.

Зна́ет ли ваш оте́ц, что вы де́лаете?—Да, он зна́ет, что я де́лаю.
Зна́ете ли вы, что вы хоти́те де́лать?—Да, я всегда́ зна́ю, что я хочу́ де́лать.
Учи́тель зна́ет, что он де́лает.

Что мне⁴⁶⁴ де́лать?—Я не зна́ю, что мне де́лать.

What am I to do?—I don't know what (I am) to do.

Зна́ет ли он, что ему́ де́лать?—Нет, он не зна́ет, что ему́ де́лать—чита́ть и́ли писа́ть.
Зна́ете ли вы, что вам де́лать?—Нет, я не зна́ю, что мне де́лать.
Зна́ете ли вы, что вам де́лать?—Нет, мы не зна́ем, что нам де́лать.
Зна́ют ли они́, что им де́лать?—Да, они́ хорошо́ зна́ют, что им де́лать.
Зна́ет ли ва́ша сестра́, что ей де́лать?—Нет, она́ не зна́ет, что ей де́лать.

что USED AS A CONJUNCTION WITH THE MEANING *that*

Сын пи́шет отцу́, что он ка́ждый день хо́дит в шко́лу.

The son writes to his father that he goes to school every day.

Брат говори́т сестре́, что он зна́ет свой уро́к, но сестра́ зна́ет, что он не зна́ет его́.
Я ду́маю, что его́ брат, кото́рый³⁹³ хо́дит в шко́лу втору́ю зи́му, тепе́рь уже́ большо́й
ма́льчик.
В воскресе́нье рабо́тнику не́чего⁴⁶⁴ де́лать, и он чита́ет кни́гу с утра́ до ве́чера, но он
не ду́мает, что чита́ть кни́гу зна́чит то́же рабо́тать.
Обыкнове́нно из дере́вни я пишу́ отцу́, что рабо́таю в по́ле почти́ ка́ждый день, но он
хорошо́ зна́ет, что я рабо́таю там то́лько два и́ли три дня в⁵⁴⁹ ме́сяц.
Оте́ц зна́ет, что в сле́дующую суббо́ту мы с бра́том е́дем¹¹² в го́род, но он не говори́т
ма́тери, что мы е́дем туда́ без де́ла, то́лько гуля́ть.
Я не зна́ю, кто бу́дет у нас за́втра, но ду́маю,¹⁰⁹ что оте́ц и мать бу́дут. Обыкнове́нно
они́ быва́ют у нас ка́ждое воскресе́нье.
Как зову́т ва́шего сосе́да?—Я зна́ю, что его́ зову́т Ива́ном,⁴⁷³ но я не зна́ю ни его́
о́тчества, ни фами́лии.
Есть ли у него́ брат?—О бра́те я не зна́ю, но зна́ю,¹⁰⁹ что у него́ есть ро́дственник по
жене́.
Ви́дите ли вы, кто стои́т там на углу́ у́лицы?—Да, ви́жу.¹⁰⁵ Я ду́маю, что э́то наш но́-
вый учи́тель англи́йского языка́.
Зна́ете ли вы его́?—Да, я зна́ю его́ и зна́ю то́же, что он о́чень хоро́ший учи́тель.
Когда́ вы ду́маете быть у ва́шего бра́та в дере́вне?—Ду́маю,¹⁰⁵ что э́той зимо́й я бу́ду
у него́.

Ви́дите ли вы ту кни́гу?—Нет, я не ви́жу той кни́ги.

Do you see that book (over there)?—No, I don't see that book.

Мы живём в том большо́м до́ме. Ви́дите ли вы тот дом?—Самого́ до́ма я не ви́жу,
а то́лько одно́ окно́.
Э́то ли пла́тье вы покупа́ете, и́ли то?—Я не покупа́ю ни того́ ни друго́го.

USE OF то, что

**Хорошо́ ли вы зна́ете э́того моего́ дру́га?—Нет, я зна́ю то́лько то, что³⁹⁸ он хоро́ший
челове́к и ваш большо́й друг.**

Do you know this friend of mine well?—No, I know only (that) that he is a fine man and a great friend of yours.

О чём вы ду́маете?—Я ду́маю о том, что[308] сейча́с мне не́чего[464] де́лать. А о чём вы ду́маете?

Я ду́маю о том, что[397] мне сейча́с де́лать—чита́ть ли кни́гу и́ли писа́ть письмо́.

Мой дя́дя, кото́рый[393] живёт с сы́ном в дере́вне, пи́шет нам ка́ждый ме́сяц о том, что[397] он де́лает там.

Use of the relative pronoun кото́рый, кото́рая, кото́рое[393]

Чей[392] э́тот ма́льчик, кото́рого вы де́ржите за́ руку?—Это сын моего́ бра́та, у[606] кото́рого жена́ америка́нка.

Whose is this boy whom you are holding by the hand?—This is the son of my brother who has an American wife.

Чья[392] э́та де́вочка, кото́рая сиди́т там на сту́ле?—Я не зна́ю, чья она́, но зна́ю, что она́ не ру́сская, а, ка́жется, америка́нка и́ли англича́нка.

Кто э́та да́ма, кото́рой вы пи́шете письмо́?—Она́ жена́ моего́ бра́та, о кото́ром вы зна́ете из газе́ты.

О чём он пи́шет?—Я не зна́ю, но, ка́жется, что тепе́рь он пи́шет об одно́м до́кторе, кото́рый рабо́тает в а́рмии.

Чей э́тот большо́й дом?—Этот дом одного́ англича́нина,[448] кото́рый рабо́тает в магази́не, и у[606] кото́рого два сы́на в ру́сской а́рмии.

От кого́ вы зна́ете, что он хоро́ший учи́тель?—Я зна́ю э́то от моего́ бра́та, кото́рый рабо́тает в той же са́мой шко́ле, в кото́рой и э́тот учи́тель.

Како́е зда́ние вы ви́дите?—Я ви́жу зда́ние, о кото́ром говоря́т, что э́то но́вая шко́ла.

Тот ли са́мый э́то[111] господи́н, кото́рый живёт о́коло шко́лы?—Да, я ду́маю, что э́то он.

В каку́ю шко́лу хо́дит ваш сын?—Его́ шко́ла на 3-й (Тре́тьей) у́лице. Я ду́маю, что э́то та же са́мая шко́ла, в кото́рую хо́дит и ваш брат.

На како́й у́лице вы живёте?—Я живу́ на той же са́мой у́лице и в том же са́мом до́ме, где живёт ваш америка́нский друг.

Кто тако́й[377] э́тот челове́к?—Это господи́н, жена́ кото́рого[399] бу́дет у нас за́втра.

Who is this man?—This is the gentleman whose wife will be at our house tomorrow.

Кто така́я[377] э́та да́ма?—Это учи́тельница, брат кото́рой[399] живёт на на́шей у́лице.

Кому́ принадлежи́т э́тот дом?—Он принадлежи́т господи́ну, сы́ну кото́рого[325] вы даёте уро́к ру́сского языка́ ка́ждую[548] сре́ду.

Чья[392] э́та кни́га?—Эта кни́га ученика́,[448] об отце́ кото́рого[399] тепе́рь идёт бесе́да.

Чьё[392] э́то пла́тье?—Это пла́тье да́мы,[448] бра́та кото́рой[399] мы встреча́ем здесь.

Такóй ли большóй дом у[606] **вáшего брáта, какóй и у нас?—Да, у**[606] **негó такóй же сáмый.**

Does your brother have as big a house as we have?—Yes, he has exactly the same kind (of house).

Такáя ли большáя шляпа у егó[371] сестры, какáя и у моéй?—Да, у неё такáя же сáмая.

Такóе ли сáмое плáтье у неё, какóе и у моéй мáтери?—Да, у неё такóе же сáмое.

Есть ли у вáшего сосéда лóшадь?—Да, есть. У негó такáя же сáмая бéлая лóшадь, как и у моегó дяди.

Мы имéем такóй же сáмый большóй дом, какóй и у вáшего дяди.

Нáша собáка такáя же большáя, как и вáша.

Пúшет ли ваш отéц что-нибýдь нóвого[327] **(or что-нибýдь нóвое) о себé?—Нет, в своём письмé он ничегó не говорúт нóвого.**[327]

Does your father write anything new about himself?—No, in his letter he doesn't say anything new.

Пúшет ли он что-нибýдь хорóшего (хорóшее)[327] об этом человéке?—Ничегó хорóшего[327] он о нём не пúшет.

Есть ли что-нибýдь нóвого (нóвое) у вас в шкóле?—Нет, нóвого ничегó нет.

Есть ли у негó в рукé что-нибýдь крáсное?—Да, он дéржит в рукé крáсный карандáш.

Вúдите ли вы что-нибýдь бéлое под дéревом?—Да, вúжу. Там, кáжется, лежúт шляпа.

Что говорúт учúтель вáшему мáльчику?—Он всегдá говорúт что-нибýдь хорóшее[327] нóвому ученикý.

Что хóчет купúть вáша женá?—Я дýмаю, что онá и самá не знáет. Онá говорúт, что хóчет имéть в дóме что-нибýдь такóе, чегó[393] не имéет у себя нáша сосéдка.

На какóй ýлице вы живёте?—Я живý на 3-й (Трéтьей) ýлице.

On what street do you live?—I live on Third Street.

На какóй ýлице вáша шкóла?—Нáша шкóла на 2-й (Вторóй) ýлице.

А где живёт ваш друг?—Он живёт на 1-й (Пéрвой) ýлице.

Где живýт егó отéц и мать?—Онú живýт на 4-й (Четвёртой) ýлице.

9

Девя́тый уро́к (Lesson IX)

Что вы бу́дете де́лать [696] сего́дня?
Ве́чером я пойду́ [697] в шко́лу.
В како́е вре́мя [543] вы бу́дете [608] там?
Я приду́ [697] туда́ по́здно, потому́ что бу́ду итти́ [637] ме́дленно.
Узна́ете [697] ли вы Ива́на Петро́ва?
Я ду́маю, что я узна́ю его́, когда́ уви́жу. [700]

Когда́ мы начнём [697] на́шу рабо́ту?
Мы начнём её на сле́дующей неде́ле. [545]
Пое́дете [700] ли вы в дере́вню с бра́том?

Брат пое́дет, а я не пое́ду.
На чём [378] вы пое́дете туда́?
Я пое́ду на ло́шади [183] и бу́ду е́хать [637] бы́стро, потому́ что я спешу́.
Когда́ я уви́жу [697] вас?
Я скажу́ [697] вам и́ли напишу́ [697] об э́том, [381] когда́ я прие́ду [697] из го́рода.
Могу́ ли я поговори́ть с ва́ми о своём де́ле?
Сего́дня я не име́ю вре́мени, [280] а за́втра я бу́ду име́ть [697] вре́мя и тогда́ мы поговори́м. [697]

Что мы бу́дем де́лать [697] в дере́вне? [668]
Мы бу́дем и гуля́ть [697] и рабо́тать [697] там. [701]
Когда́ он бу́дет писа́ть своё письмо́? [668]
Сего́дня он поду́мает о нём, а за́втра напи́шет. [669]
Бу́дет ли [114] ва́ша семья́ жить зимо́й в го́роде?
Нет, э́ту зи́му [543] она́ бу́дет жить в дере́вне. [701]
Что мы ку́пим [769] в э́том магази́не?
Я куплю́ кни́гу, вы ку́пите бума́гу, а он ку́пит слова́рь.
Что вы пошлёте ва́шему отцу́?
Я пошлю́ ему́ како́й-нибудь пода́рок.

What will you do today?
In the evening I shall go to school.
At what time will you be there?
I shall arrive there late because I shall walk slowly.
Will you recognize John Petrov?
I think that I shall recognize him when I (shall) see him.

When will we begin our work?
We will begin it next week.
Will you go (by vehicle) to the country with (your) brother?
(My) brother will go, but I won't go.
On what will you ride there?
I shall ride on horseback and I shall ride fast, because I am in a hurry.
When shall I see you?
I will tell you or (I will) write (you) about it when I arrive (by vehicle) from the city.
May I have a talk with you about a personal matter (Literally: a matter of my own)?
Today I have no time, but tomorrow I shall have time, and then we will have a talk.

What will we do in the country?
We will take walks and work there.
When will he write his letter?
Today he will think it over and tomorrow he will write (it).
Will your family live in town in the winter?

No, this winter they will live in the country.

What will we buy in this store?
I shall buy a book, you will buy paper, and he will buy a dictionary.
What will you send to your father?
I shall send him a present of some kind.

Поймёте ли вы, о чём он будет говорить? | Will you understand what he is going to speak about?

Я думаю, что пойму. | I think that I shall understand (it).
Кто будет держать[701] большую картину? | Who will hold the large picture?
Иван Иванович будет держать её. | John Ivanovich will hold it.
Кто подержит[635] мне мою шляпу? | Who will hold my hat for me (a while)?
Ваш сосед подержит вам её. | Your neighbor will hold it for you.
Кому мы дадим карандаш и бумагу? | To whom shall we give the pencil and the paper?

Карандаш я дам брату, а бумагу вы дадите сестре. | I shall give the pencil to (my) brother and you will give the paper to (your, my) sister.
Побегут ли мальчик и девочка к отцу? | Will the boy and the girl run to (their) father?

Мальчик побежит к нему, а девочка будет бежать около мальчика.[703] | The boy will run up to him and the girl will run along with the boy.
Сможет[697] ли ученик написать[636] письмо по-русски? | Will the pupil be able to write a letter in Russian?
Он не сможет, а я смогу. | He won't be able, but I will (be able).
Кто будет смотреть за девочкой? | Who will look after the (little) girl?
Я посижу здесь и буду смотреть за ней.[703] | I shall stay here and look after her.
Как долго вы будете стоять на углу[185] этой улицы? | How long will you stand at the corner of this street?
Я постою здесь две минуты, а потом пойду.[671] | I shall stand here two minutes and then I shall go.
Когда они будут читать[668] русское письмо? | When will they read the Russian letter?

Они прочитают[643] его завтра. | They will read it tomorrow.
Хотите[586] ли вы кушать? | Do you want to eat?
Сейчас я не хочу,[586] а когда захочу,[620] тогда я скажу.[700] | I don't want to right now, but when I (shall) want to, (then) I shall tell (you).
О чём он будет рассказывать[668] нам? | About what will he tell us?
Он расскажет[636] о своей семье. | He will tell (us) about his family.
Будете ли[114] вы разговаривать[668] с ним? | Will you talk to him?
Сейчас я не буду,[704] а поговорю[635] завтра. | I will not (talk to him) just now, but I shall have a talk (with him) tomorrow.

Exercises

ENUMERATION OF ACTIONS FOLLOWING EACH OTHER

Я постою здесь на углу улицы минуты три,[432] а потом пойду.[671]

I shall stand here at the street corner about three minutes and then I shall go.

Он напишет письмо, а потом расскажет нам о себе.

Он поговорит с нами, а потом пойдёт в театр.

Брат купит картину, которую вы просите, и положит её на ваш стол.

Что вы будете делать сегодня?—Утром я зайду в магазин, а потом пойду в сад.

Что вы будете делать завтра?—Завтра я пойду в магазин, посмотрю там новый журнал и куплю книгу.[671]

Мы покушаем и пойдём погулять немного.

Он это положит на стол и уйдёт.

Я поработаю[635] здесь два дня и поеду в деревню.

КОГДА IN THE SENSE OF *when, after* INTRODUCING SUBORDINATE CLAUSES

Что вы будете делать, когда[700] напишете письмо?—Я посижу около окна и почитаю книгу.

What will you do when you have written (finished writing) the letter?—I shall sit a while by the window and read (in) a book.

Когда вы будете знать то, что[397] хотите знать?—Когда я прочитаю[700] книгу, тогда я и буду знать.

Что вы сделаете, когда вы встретите своего друга?—Я сам не знаю, что я сделаю тогда.

Когда вы купите перо, что вы будете делать?—Я буду писать письмо.

Куда пойдёт дядя, когда он прочитает газету?—Я думаю, что он пойдёт в сад.

Когда вы пошлёте подарок матери?—Я пошлю его ей, когда я получу от неё письмо.

Когда он увидит учителя, он скажет ему обо мне.

Когда американец приедет к нам, он расскажет нам о себе.

Мы будем знать о нашей армии, когда прочитаем газету.

Мальчик придёт, когда вы позовёте его.

Ученик начнёт изучать немецкий язык, когда он изучит французский.

SINGLE OCCURRENCE ACTION IN THE FUTURE

Сделаете ли вы то, о чём[397][378] я говорю вам?—Я думаю, что сделаю это.

Will (Can) you do that about which I am telling you?—I think that I shall (that I can) do it.

Сделаете ли вы то, что скажет вам учитель сделать?—Думаю, что сделаю.

Напишет ли отец дяде о том, о чём я прошу его?—Конечно, напишет.

Купит ли мать сестре платье, о котором говорит отец?—Сестра думает, что мать купит это платье, но отец не думает этого.

Скажет ли он ему то, что хочет сказать?—Он и сам не знает, скажет ли.[115]

Я знаю, что отец не захочет этого сделать.

Рабо́тник в оди́н день[543] **не сде́лает**[670] **рабо́ты.**

The worker won't (cannot) finish the work in one day.

Мы не изу́чим[670] ру́сского языка́ в оди́н день.

Я не уви́жу вас за́втра.

Я не уви́жу[670] вас из окна́.

Ма́льчик не посиди́т ни мину́ты до́ма.

Я зна́ю, (что)[105] он не напи́шет нам ни сло́ва.

Он до́лго не полежи́т там.

Де́вочка не постои́т о́коло ма́тери до́лго.

Он не ска́жет мне ничего́ но́вого.

Оте́ц расска́жет ма́тери обо мне.

Он не ска́жет ни о ком хоро́шего,[327] а то́лько о себе́.

Он не смо́жет рассказа́ть мне о своём де́ле.

Он не посмо́трит на нас.

Мой друг не прочита́ет[670] мое́й кни́ги за оди́н ве́чер.

Эта соба́ка не побежи́т,[670] потому́ что она́ уста́ла.

Эта ло́шадь не побежи́т[670] бы́стро.

Ка́ждую ли неде́лю[665] **вы бу́дете встреча́ть ва́шего дру́га в го́роде?—Я бу́ду встреча́ть его́ там ка́ждый день.**[665]

Will you meet your friend in the city every week?—I shall meet him there every day.

Ка́ждый ли день бу́дет учи́тель дава́ть[665] уро́к ма́льчику?—Нет, он бу́дет дава́ть ему́ то́лько три уро́ка в неде́лю.[549]

Он бу́дет гуля́ть по у́лице ка́ждое у́тро и ка́ждый ве́чер.

В ка́ждом го́роде он бу́дет покупа́ть газе́ту.

Ка́ждого своего́ ученика́ учи́тель бу́дет звать по и́мени[280] и о́тчеству.

Ка́ждому челове́ку он бу́дет расска́зывать о своём де́ле.

Бу́дет ли расти́ трава́ о́коло до́ма?[701]**—Я ду́маю, что бу́дет.**[704]

Will the grass grow near the house?—I think it will.

Когда́ дя́дя бу́дет рабо́тать в по́ле?—Он бу́дет рабо́тать там сле́дующим ле́том.[542]

Что бу́дет де́лать ваш сын в дере́вне?—Я сам (Я сама́) не зна́ю, что он бу́дет там де́лать; ду́маю, что он бу́дет рабо́тать.

Где вы бу́дете жить э́тим ле́том?[542]—Этим ле́том я бу́ду жить в дере́вне.

С како́го ме́сяца вы бу́дете жить в дере́вне?—Я бу́ду жить там с ию́ня.

FUTURE TENSE OF итти́, е́хать, гуля́ть, ходи́ть, бежа́ть

Когда́ вы пое́дете в го́род к ва́шей сестре́?—Я ду́маю, что пое́ду к ней за́втра.

When will you go to town to your sister?—I think I shall go to her tomorrow.

Куда́ он пойдёт от вас?—От нас он пойдёт в шко́лу.
Пойдёте ли вы за́втра в магази́н?—Да, я пойду́.
Мой дя́дя за́втра идёт[706] в магази́н, и я пойду́ с ним.
Во вто́рник мы пое́дем в дере́вню, но брат не пое́дет с на́ми.
Ма́льчик за́втра пойдёт в шко́лу, а де́вочка не пойдёт.
Пойдёте ли вы сего́дня в теа́тр?—Да, я пойду́.
Я не зна́ю, куда́ мне сейча́с итти́; ду́маю, пойду́ (я)[113] к бра́ту.
Тепе́рь по́здно, и мы не пойдём гуля́ть, а погуля́ем за́втра.
Я не пое́ду в го́род за́втра.

С кем ва́ша де́вочка бу́дет ходи́ть[639] в шко́лу?—Она́ бу́дет ходи́ть с бра́том и́ли сестро́й.

With whom will your girl go to school (usually)?—She will go (usually) with her brother or sister.

Куда́ мы тепе́рь пойдём с ва́ми?—Мы пойдём в сад гуля́ть. Мы идём в сад и бу́дем гуля́ть[701] там до ве́чера.
Бы́стро и́ли ме́дленно бу́дет итти́[637] ваш ма́ленький сын?—Мы бу́дем итти́ бы́стро, а он за на́ми ме́дленно.
Бу́дет ли э́та ло́шадь бежа́ть бы́стро?—Нет, она́ бу́дет бежа́ть[637] о́чень ме́дленно.

CONTRASTS BETWEEN IMPERFECTIVE AND PERFECTIVE FUTURE

О чём вы бу́дете говори́ть с учи́телем?—Я бу́ду говори́ть с ним о своём уро́ке.

About what will you talk to the teacher?—I shall talk to him about my lesson (Idea of duration of talk is not present).

Не мо́жете ли вы поговори́ть о́бо мне с ру́сским учи́телем?—Сего́дня я не могу́, а поговорю́ с ним за́втра.

Could you not talk (i.e., have a brief talk) with the Russian teacher about me?—Today I can't, but I shall have a talk with him tomorrow.

С кем сестра́ бу́дет говори́ть о своём но́вом пла́тье?—Она́ бу́дет говори́ть о нём с ру́сской да́мой.
За́втра я бу́ду говори́ть[701] с учи́телем и тогда́ я поговорю́[635] с ним о вас.
О чьём де́ле дя́дя ска́жет отцу́?—Он ска́жет ему́ о на́шем де́ле.
Кому́ учи́тель бу́дет расска́зывать о своём уро́ке?—Он бу́дет расска́зывать о нём своему́ ученику́.
О како́м уро́ке расска́жет сын отцу́?—Он расска́жет ему́ о своём неме́цком уро́ке.
Сего́дня ве́чером дя́дя бу́дет расска́зывать о себе́ и расска́жет, что он бу́дет де́лать в дере́вне э́тим ле́том.

Где вы бу́дете жить э́тим ле́том?—Э́то ле́то я проживу́ в дере́вне и бу́ду рабо́тать там.

Where will you live this summer?—I shall spend this summer in the country and I shall work there.

Как до́лго вы бу́дете жить в дере́вне?—Я проживу́ там два ме́сяца.

Как до́лго ваш брат бу́дет жить в го́роде сле́дующей зимо́й?—Он проживёт там то́лько три неде́ли.

Как до́лго она́ бу́дет жить у вас?—Я не зна́ю, как до́лго она́ бу́дет жить у нас, но ду́маю, что она́ бу́дет здесь о́чень до́лго.

Он не проживёт в дере́вне и одного́ дня.

Бу́дет ли она́ посыла́ть письмо́ отцу́?—Да, бу́дет.[704]

Will she (ever) send a letter to her father?—Yes, she will.

Пошлёт ли он за́втра письмо́ ма́тери?—Да, пошлёт.

Will he send a letter to mother tomorrow?—Yes, he will.

Бу́дете ли вы посыла́ть бра́ту что-нибудь в пода́рок?—Бу́ду, но ещё не зна́ю, что ему́ посла́ть.

Пошлёте ли вы своему́ бра́ту пода́рок?—Пошлю́, но ещё не зна́ю, что пошлю́.

Бу́дет ли э́тот америка́нец расска́зывать о себе́?—Я ду́маю, что бу́дет.

Расска́жет ли э́тот англича́нин о войне́?—Я ду́маю, что расска́жет.

Я не бу́ду посыла́ть пода́рка сестре́, но она́, я зна́ю, пришлёт мне что-нибу́дь.

Сосе́д не пошлёт своего́ сы́на за мной.

За́втра он бу́дет чита́ть с утра́ до ве́чера и прочита́ет мою́ кни́гу.

Tomorrow he will read from morning till evening and he will finish (reading) my book.

Когда́ вы бу́дете чита́ть неме́цкую газе́ту?—Я бу́ду чита́ть её сего́дня ве́чером.

Прочита́ете ли вы мою́ кни́гу за́втра?—Да, я прочита́ю её за́втра ве́чером.

Бу́дете ли вы смотре́ть за мои́м ма́льчиком?—Да, я бу́ду смотре́ть за ним.[701] Да, я посмотрю́ за ним.[635]

Бу́дете ли вы понима́ть, когда́ учи́тель бу́дет говори́ть по-англи́йски?—Я ду́маю, что я пойму́ его́.

Ду́маете ли вы, что ваш друг поймёт моё де́ло?—Я зна́ю, что он поймёт его́ хорошо́.

Что вы дади́те ей в пода́рок?—Я дам ей хоро́шую ру́сскую кни́гу.

Учени́к не поймёт учи́теля.

Дя́дя не даст ло́шади хле́ба.

Бу́дете ли вы звать кого́-нибу́дь к себе́ в э́то воскресе́нье?—Нет, я никого́ не бу́ду звать, потому́ что в э́то воскресе́нье[543] я не бу́ду до́ма.

Will you call (invite) anybody to your house this (coming) Sunday?—No, I won't call anybody, because I won't be at home this Sunday.

Кого он позовёт к себе на следующей неделе?[545]—Я думаю, что он позовёт вас и меня.

Whom will he call to his house next week?—I think he will call you and me.

Кто будет покупать немецкий словарь?—Я не буду покупать, а купит мой брат.
Кто купит вам английскую книгу?—Я куплю её сам (сама).
Сегодня или[107] завтра вы начнёте свою работу?—Сегодня уже поздно, и я не буду начинать её, а начну её завтра.
Встречу ли я вас в саду?—Нет, я там не буду, там вы встретите моего брата.
Завтра будет воскресенье, и я ничего не буду делать.
Сегодня я работаю, а завтра я не буду работать.
Дядя не встретит отца в городе.
Он не позовёт нас к себе на вечер.
Работник не начнёт своей работы завтра.
Мы не купим того, что[397] вы купите себе.
Дядя не купит мне ни книги, ни карандаша.

to know IN THE FUTURE TENSE

Кто будет знать, о чём мы[112] говорим с вами?—Ваш отец и ваша мать будут знать об этом.

Who will know what you and I are talking about?—Your father and mother will know about it.

Будет ли знать[114] ваша сестра, что мы ищем её?—Да, она будет знать это.
Когда мать приедет в город, будет ли она знать,[114] где искать сына?—Я думаю, она будет знать.
Будет ли человек знать[114] своё дело, когда он не думает о нём?—Конечно, он не будет знать его.
Когда сын не говорит ни слова, будет ли мать знать, что он хочет от неё?—Конечно, нет.
Что он будет знать обо мне, когда он не знает меня?
Завтра я буду знать, что мне делать с вами.
Он будет знать своё дело, когда поймёт его.

to recognize IN THE FUTURE TENSE

Узнаете ли вы моего брата, когда вы встретите его?—Я думаю, что узнаю его.

Will you recognize my brother when you meet him?—I think I shall recognize him.

Узнает ли он вас, когда увидит?—Я не знаю, узнает ли[115] он меня.
Они не узнают меня в этой шляпе.
Дядя не узнает ни вас, ни меня.

to recognize IN THE PRESENT TENSE

Узнаёт ли он меня?—Нет, он не узнаёт вас: вы тепе́рь тако́й большо́й (така́я больша́я).

Does he recognize me?—No, he does not recognize you: you are now so tall.

Узнаёте ли вы меня́?—Коне́чно, узна́ю.

Они́ не узнаю́т вас в э́том пла́тье.

Ма́льчик не узнаёт свое́й ма́тери в но́вом кра́сном пла́тье.

whether IN INDIRECT QUESTIONS

Я не зна́ю, уви́жу ли[115] я в го́роде своего́ дру́га.

I don't know whether I shall see my friend in town.

Я не зна́ю, уви́дите ли вы меня́ в теа́тре сего́дня ве́чером.

Мать не зна́ет, уви́дит ли она́ меня́ за́втра у́тром, когда́ я пойду́ в шко́лу.

Кто зна́ет, уви́жу ли[115] я вас за́втра.

Я не зна́ю, встре́чу ли я его́ сестру́ там.

Я не зна́ю, узна́ю ли я ва́шего отца́.

Вы зна́ете, что я вас уви́жу, но уви́дите ли вы меня́, того́ вы не мо́жете сказа́ть.

You know that I shall see you, but whether you will see me, that you cannot tell.

Уви́дит ли мать[115] сы́на, того́ не зна́ет ни он, ни она́.

Уви́дит ли дя́дя свою́ ло́шадь, того́ он и сам не зна́ет.

10 Деся́тый уро́к (Lesson X)

АННА ГРИГОРЬЕВНА

Здра́вствуйте, Михаи́л Па́влович! Где вы бы́ли[431] вчера́? Я иска́ла[708] вас ве́чером.

ANNA GRIGORYEVNA

How do you do, Michael Pavlovich. Where were you yesterday? I was looking for you in the evening.

МИХАИЛ ПАВЛОВИЧ

Здра́вствуйте, А́нна Григо́рьевна! Вчера́ я был[708] в теа́тре, а жена́ ходи́ла[712] к до́ктору.

MICHAEL PAVLOVICH

How do you do, Anna Grigoryevna. Yesterday I was at the theater, and (my) wife went to the doctor.

АННА ГРИГОРЬЕВНА

Ви́дели[431] ли вы Серге́я Миха́йловича?

ANNA GRIGORYEVNA

Have you seen Sergei Mikhailovich?

МИХАИЛ ПАВЛОВИЧ

Нет, я давно́ не ви́дел[712] его́. Я слы́шал,[712] что он уе́хал.[712]

MICHAEL PAVLOVICH

No, I haven't seen him for a long time. I have heard that he has gone away.

АННА ГРИГОРЬЕВНА

Не зна́ете ли вы, куда́ он уе́хал?

ANNA GRIGORYEVNA

Do you happen to know (Literally: Don't you know) where he went?

МИХАИЛ ПАВЛОВИЧ

Не зна́ю наве́рное, но, ка́жется, в Оде́ссу.

MICHAEL PAVOLVICH

I am not certain (Literally: I don't know for sure), but it seems (that he went) to Odessa.

АННА ГРИГОРЬЕВНА

А вы бы́ли[95] в Оде́ссе?

ANNA GRIGORYEVNA

Have you been in Odessa?

МИХАИЛ ПАВЛОВИЧ

Да, я там был и прое́хал[719] весь юг Росси́и.

MICHAEL PAVLOVICH

Yes, I have been there and I have traveled through all of southern Russia (Literally: the whole south of Russia).

АННА ГРИГОРЬЕВНА

А бы́ли ли вы на се́вере Росси́и?

ANNA GRIGORYEVNA

But have you been in northern Russia (Literally: in the north of Russia)?

МИХАИЛ ПАВЛОВИЧ

Да, я путеше́ствовал[719] по всей европе́йской Росси́и, но в Сиби́ри я не́ был.[117]

MICHAEL PAVLOVICH

Yes, I have traveled all through European Russia, but I have not been in Siberia.

АННА ГРИГОРЬЕВНА

А бы́ли ли вы за-грани́цей?

ANNA GRIGORYEVNA

But have you been abroad?

МИХАИЛ ПАВЛОВИЧ

Был. Я жил до́лго в Ло́ндоне, Пари́же и на за́паде Евро́пы.

MICHAEL PAVLOVICH

Yes (Literally: I have been). I lived for a long time in London, Paris, and Western Europe (Literally: in the west of Europe).

АННА ГРИГОРЬЕВНА

Э́то о́чень интере́сно. А бы́ли ли вы на восто́ке Росси́и?

ANNA GRIGORYEVNA

This is very interesting. But have you been in the eastern part (Literally: in the east) of Russia?

МИХАИЛ ПАВЛОВИЧ

Нет, я там не́ был.[117]

MICHAEL PAVLOVICH

No, I have not been there.

АННА ГРИГОРЬЕВНА

Куда́ вы ду́маете тепе́рь е́хать на э́то ле́то?

ANNA GRIGORYEVNA

Where are you now planning to go for this summer?

МИХАИЛ ПАВЛОВИЧ

Э́то ле́то я бу́ду до́ма, потому́ что я име́ю мно́го рабо́ты.[452]

MICHAEL PAVLOVICH

I shall be at home this summer because I have a great deal of work.

АННА ГРИГОРЬЕВНА

А где бу́дет ва́ша семья́?

ANNA GRIGORYEVNA

But where will your family be?

МИХАИЛ ПАВЛОВИЧ

Жена́ с до́черью бу́дут[116] то́же до́ма, но сын, вероя́тно, пое́дет куда́-нибу́дь в Евро́пу.

MICHAEL PAVLOVICH

(My) wife and (my) daughter will also be at home, but (my) son will probably make a trip to some place in Europe (Literally: to Europe).

АННА ГРИГОРЬЕВНА	**ANNA GRIGORYEVNA**

Слы́шали ли вы что-нибудь от Мари́и Петро́вны Ряза́нцевой?

'Have you heard anything from Maria Petrovna Ryazantseva?

МИХАИЛ ПАВЛОВИЧ

MICHAEL PAVLOVICH

Нет, от неё я давно́ не слы́шал. Я посла́л ей два письма́, но не получи́л отве́та.

No, I haven't heard from her for a long time. I have sent her two letters, but I haven't received an answer.

АННА ГРИГОРЬЕВНА

ANNA GRIGORYEVNA

Когда́ вы писа́ли ей?

When did you write to her?

МИХАИЛ ПАВЛОВИЧ

MICHAEL PAVLOVICH

Пе́рвый раз в феврале́, а второ́й раз в апре́ле.

The first time in February and the second time in April.

АННА ГРИГОРЬЕВНА

ANNA GRIGORYEVNA

Рабо́тали ли вы вчера́?

Did you work yesterday?

МИХАИЛ ПАВЛОВИЧ

MICHAEL PAVLOVICH

Нет, вчера́ бы́ло воскресе́нье и я, коне́чно, не рабо́тал.

No, yesterday was Sunday and I, naturally, did not work.

АННА ГРИГОРЬЕВНА

ANNA GRIGORYEVNA

А я вчера́ рабо́тала весь день и о́чень уста́ла. Сего́дня я отдыха́ю.

But I worked yesterday the whole day and got very tired. Today I am resting.

МИХАИЛ ПАВЛОВИЧ

MICHAEL PAVLOVICH

Где вы рабо́тали, до́ма и́ли в конто́ре?

Where did you work, at home or at the office?

АННА ГРИГОРЬЕВНА

ANNA GRIGORYEVNA

Я рабо́тала до́ма, а сестра́ помога́ла мне.[672]

I worked at home and (my) sister was helping me.

МИХАИЛ ПАВЛОВИЧ

MICHAEL PAVLOVICH

На́чали ли вы писа́ть свою́ кни́гу, о кото́рой вы мне говори́ли?

Have you started to write your book about which you spoke to me?

АННА ГРИГОРЬЕВНА	ANNA GRIGORYEVNA
Нет, не начина́ла, но, вероя́тно, начну́ ско́ро.	No, I haven't started, but I shall probably start soon.

МИХАИЛ ПАВЛОВИЧ	MICHAEL PAVLOVICH
Писа́ли ли вы что-нибу́дь для газе́ты?	Have you written anything for the newspaper?

АННА ГРИГОРЬЕВНА	ANNA GRIGORYEVNA
Для газе́ты я не писа́ла и не пишу́, а пишу́ сейча́с для журна́ла.	I haven't written (anything) for the newspaper nor am I writing (for it), but right now I am writing for a magazine.

МИХАИЛ ПАВЛОВИЧ	MICHAEL PAVLOVICH
О чём вы писа́ли в газе́те в после́дний раз?	About what did you write in the newspaper the last time?

АННА ГРИГОРЬЕВНА	ANNA GRIGORYEVNA
Я писа́ла об европе́йской войне́ и об Аме́рике.	I wrote about the European war and about America.

МИХАИЛ ПАВЛОВИЧ	MICHAEL PAVLOVICH
Что писа́ли вы об Аме́рике?	What did you write about America?

АННА ГРИГОРЬЕВНА	ANNA GRIGORYEVNA
Я пришлю́ вам э́ту газе́ту и вы прочита́ете са́ми.	I shall send you that newspaper and you can read it (Literally: you will read it) yourself.

МИХАИЛ ПАВЛОВИЧ	MICHAEL PAVLOVICH
Хорошо́. Благодарю́ вас.	All right. Thank you.

АННА ГРИГОРЬЕВНА	ANNA GRIGORYEVNA
А како́й тепе́рь час?	(But) what time is it now?

МИХАИЛ ПАВЛОВИЧ	MICHAEL PAVLOVICH
Уже́ четы́ре часа́.	(It is) already four o'clock.

<table>
<tr><td align="center">АННА ГРИГОРЬЕВНА</td><td>ANNA GRIGORYEVNA</td></tr>
</table>

Теперь я бу́ду спеши́ть домо́й. До сви-
да́ния, Михаи́л Па́влович!

I shall hurry home now. Good-by, Michael
Pavlovich.

<table>
<tr><td align="center">МИХАИЛ ПАВЛОВИЧ</td><td>MICHAEL PAVLOVICH</td></tr>
</table>

До свида́ния, А́нна Григо́рьевна!

Good-by, Anna Grigoryevna.

Exercises

Ви́дели ли вы моего́ бра́та?—Да, ви́дел. Когда́ он уви́дел меня́, он сказа́л: здра́вствуйте! и побежа́л[671] в сад.

Have you seen my brother?—Yes, I have. When he saw me, he said (to me), "how do you do"; and ran into the garden.

Где вы ви́дели его́?—Я ви́дел его́ на у́лице, он бе́гал[641] о́коло до́ма.

Когда́ мы уви́дим вас за́втра?—Я ещё не зна́ю, когда́ я уви́жу вас.

Где моя́ шля́па?—Я ви́дел её на столе́.

Как вы зна́ете, где я вчера́ был?—Моя́ сестра́ ви́дела вас в го́роде, но вы не ви́дели её. Тогда́ я сиде́л у окна́ и ви́дел ва́шего бра́та, кото́рый шёл[641] с ва́шей сестро́й в магази́н.

Как ва́ша сестра́ уви́дела меня́, когда́ я был на у́лице?—Она́ посмотре́ла на у́лицу и уви́дела вас.[671]

Что де́лали ма́льчик и де́вочка, когда́ они́ бы́ли у вас?—Ма́льчик сиде́л за столо́м и чита́л кни́гу,[672] а де́вочка стоя́ла о́коло ма́льчика и смотре́ла на него́.

Кто писа́л вам об отце́?—И брат писа́л, и сестра́ писа́ла.

Who wrote you about father?—Both my brother and my sister wrote.

Писа́ла ли вам мать из дере́вни?—Нет, она́ не писа́ла, но писа́л дя́дя.[113]

А вы са́ми писа́ли ли отцу́?—Да, писа́л. Я пишу́ ему́ тепе́рь, напишу́ и за́втра.

Когда́ вы писа́ли[668] учи́телю?—Ему́ я никогда́ не писа́л.[668]

Кому́ вы пи́шете письмо́, бра́ту и́ли сестре́?—Сейча́с я не пишу́ письма́, бра́ту я писа́л вчера́, а сестре́ бу́ду писа́ть за́втра.

Что де́лает ва́ша сестра́?—Я не зна́ю, что она́ де́лает сейча́с, но у́тром она́ писа́ла письмо́ свое́й подру́ге.

Ско́лько раз[665] вы начина́ли писа́ть[666] письмо́?—Я начина́л писа́ть[666] мно́го раз.[638]

How many times did you start to write a letter?—I started to write many times.

Ско́лько раз она́ начина́ла чита́ть кни́гу?—Она́ начина́ла чита́ть мно́го раз.[665]

Что де́лал ваш брат всё вре́мя?—Мно́го раз он начина́л писа́ть письмо́ дру́гу, но не написа́л[670] его́; вероя́тно, напи́шет за́втра.

Ско́ро ли они́ начну́т свою́ рабо́ту?—Рабо́тник уже́ на́чал её, а его́ жена́ ещё не начина́ла,[668] но, ду́маю, что начнёт ско́ро и она́.

Я дал почита́ть свою́ кни́гу моему́ дру́гу. Э́ту кни́гу я чита́л три дня и прочита́л её всю. Тепе́рь мой друг бу́дет чита́ть её, я ду́маю, дня четы́ре.[432]

I have given my book to a friend of mine to read. I spent three days reading this book and I read it through. Now I think my friend will spend about four days reading it.

Прочита́ли ли вы письмо́, кото́рое получи́ли из дере́вни?—Нет, ещё не чита́л.

Чита́ли ли вы мою́ кни́гу?—Да, я чита́л её вчера́ и прочита́л всю.

Что вчера́ де́лал ваш брат?—Он сиде́л под де́ревом и чита́л.

Что он чита́л?—Он чита́л ру́сскую газе́ту и англи́йскую кни́гу.

Как до́лго чита́ла ва́ша сестра́?—Она́ чита́ла весь ве́чер.

Ча́сто[665] ли вы чита́ли ру́сскую газе́ту, когда́ вы бы́ли в дере́вне?—Нет, когда́ я был в дере́вне, я ничего́ не чита́л.

Ча́сто ли э́тот ма́льчик чита́л кни́гу, когда́ он был у вас?—Да, он чита́л ка́ждый день;[665] он всегда́[665] чита́л англи́йскую кни́гу.

Ско́лько раз вы чита́ли э́ту кни́гу?—Я чита́л её два ра́за.[665]

А ско́лько раз ва́ша сестра́ чита́ла её?—Она́ чита́ла её три и́ли четы́ре ра́за.

Хорошо́ ли рабо́тала ва́ша сестра́ в дере́вне?—Да, она́ рабо́тала там хорошо́, а я помога́л[672] ей.[462]

Did your sister work well in the country?—Yes, she worked well there and I helped her.

Кто рабо́тает у вас в до́ме?—Вчера́ рабо́тал оди́н[412] оте́ц, а мать помога́ла[462] ему́, сего́дня рабо́тает оте́ц с бра́том, а за́втра с ни́ми бу́дет рабо́тать ещё оди́н[413] рабо́тник.

Рабо́таете ли вы у моего́ дя́ди?—Я рабо́тал у него́ весно́й, но сейча́с не рабо́таю, а моя́ жена́ рабо́тала там и весно́й и ле́том, а тепе́рь то́же не рабо́тает.

Помога́ете[462] ли вы ва́шей семье́?—И помога́л, и помога́ю, и бу́ду помога́ть.

Что вы де́лали, когда́ вы жи́ли в го́роде?—Я порабо́тал два ме́сяца в одно́м магази́не, а пото́м я на́чал[671] рабо́тать,[666] при шко́ле.

До́лго ли вы бу́дете рабо́тать при шко́ле?—Я там порабо́таю три ме́сяца, а пото́м уе́ду[671] в дере́вню. При шко́ле я бу́ду рабо́тать в ма́рте, апре́ле и ма́е.

Что вы де́лали вчера́ в го́роде?—Я встре́тил там дру́га и поговори́л[671] с ним.

What were you doing in town yesterday?—I met a friend there and had a talk with him.

Где вы встре́тили его́?—Он шёл[641] в шко́лу, когда́ я его́ встре́тил.[719]

Ско́лько раз вы встреча́ли[665] э́того дру́га?—Я встреча́л его́ два ра́за:[665] в воскресе́нье и вчера́.

Встреча́ла ли его́ и ва́ша сестра́?—Встреча́ла, и когда́ она́ встреча́ла[719] его́, он всегда́ начина́л[665] говори́ть[666] о свое́й семье́.

О чём вы говори́ли с ним вчера́, когда́ вы встре́тили[719] его́?—Тогда́ мы говори́ли о войне́.

Бу́дете ли вы встреча́ть его́ опя́ть?—Да, я встре́чу его́ за́втра у́тром, а он встре́тит мою́ сестру́ за́втра ве́чером. Мы с сестро́й бу́дем встреча́ть[665] его́ ра́за два и́ли три[432] на сле́дующей неде́ле.

Зна́ете ли вы на́шего до́ктора?—Нет, я его́ ещё не встреча́л.

Говори́ли ли вы обо мне́ с учи́телем?—Да, говори́л и сказа́л ему́[462] всё, о чём вы проси́ли.

Did you talk to the teacher about me?—Yes, I talked to him and I told him everything you asked me to tell.

Что он сказа́л вам?—Он сказа́л, что бу́дет писа́ть вам.

Что ещё сказа́л учи́тель?—Он ещё сказа́л, что он бу́дет говори́ть с ва́ми на сле́дующей неде́ле.

До́лго ли вы говори́ли с ним?—Я поговори́л с ним полчаса́, а пото́м я встре́тил его́ жену́, с кото́рой то́же поговори́л немно́го.[671]

О чём ваш брат говори́л с учи́тельницей весь ве́чер?—Она́ расска́зывала ему́ о шко́ле, а он расска́зывал ей о свое́й семье́.

Говори́ли ли вы о своём де́ле с дя́дей?—Я ещё не вида́л дя́ди и не говори́л с ним.

Что сказа́л вам э́тот господи́н?—Он ничего́ не говори́л[668] мне;[462] э́то я сказа́л ему́: здра́вствуйте.

Как вы говори́ли с учи́телем?—Мы говори́ли по-ру́сски. Он мне сказа́л, что он всегда́ бу́дет говори́ть со мной по-ру́сски.

Понима́ете ли вы, что говори́т ма́ленький ма́льчик?—Я по́нял[711] то́лько одно́[412] сло́во.

Do you understand what the little boy is saying?—I understood only one word.

Понима́ли ли вы его́, когда́ он говори́л с ва́ми по-ру́сски?—Я ничего́ не по́нял, так как по-ру́сски ещё не понима́ю.

На како́м языке́ вы говори́ли с ва́шим дру́гом, когда́ вы встре́тили[719] его́ вчера́?—Я хоте́л говори́ть по-ру́сски, но так как он э́того языка́ не понима́ет, мы говори́ли по-англи́йски.

Поняла́[711] ли ва́ша сестра́ то, что[397] я ей сказа́л?—Да, она́ поняла́ всё.

А вы всё ли по́няли?[711]—Коне́чно я по́нял всё.

Большо́й ли дом вы хоти́те купи́ть себе́?[462]—Я куплю́ тако́й же са́мый, како́й вы купи́ли у на́шего сосе́да.

Do you want to buy for yourself a large house?—I shall buy one of the same kind as you bought from our neighbor.

Что купи́л оте́ц?—Он купи́л кни́гу и тепе́рь чита́ет её.

Купи́ли ли вы себе́ но́вый слова́рь?—Брат купи́л, а я ещё не покупа́л.

Где вы покупа́ли ру́сскую газе́ту, когда́ вы бы́ли в Пари́же?—Я обыкнове́нно[665] покупа́л её у одного́ челове́ка, кото́рый стоя́л на углу́ у́лицы.

Ча́сто[665] ли вы покупа́ли э́тот хоро́ший журна́л?—Я купи́л его́ то́лько раз, а моя́ жена́ покупа́ла ка́ждый ме́сяц.[665]

Бу́дете ли вы покупа́ть э́ту газе́ту ле́том, когда́ вы бу́дете в дере́вне?—Нет, в ию́не, ию́ле и в а́вгусте я не бу́ду покупа́ть её.

Что получи́ла ва́ша сестра́ в пода́рок?—Оте́ц присла́л ей но́вую шля́пу, мать присла́ла бе́лое пла́тье, а мы с бра́том[112] посла́ли ей три кни́ги.

What did your sister get for a present?—Father sent her a new hat, mother sent her a white dress, and my brother and I sent her three books.

Получи́ли ли вы отве́т на своё письмо́?—Нет, ещё не получи́л, но ду́маю, что получу́ ско́ро.

Что обыкнове́нно вы посыла́ете своему́ отцу́ в пода́рок?—В ма́рте я посла́л ему́ хоро́шую кни́гу, тепе́рь посыла́ю но́вую шля́пу, а в сле́дующем ме́сяце, вероя́тно, пошлю́ два журна́ла.

Оте́ц присла́л мне пода́рок, а я благодари́л его́ и посла́л ему́ то́же пода́рок.

Когда́ оте́ц пришлёт вам пода́рок?—Я ду́маю, что он пришлёт его́ за́втра.

Ча́сто[665] ли он бу́дет присыла́ть вам э́ту газе́ту?—Он бу́дет присыла́ть мне её ка́ждую неде́лю.[665]

Что вы и́щете?—Я ищу́ слова́рь, кото́рый вы иска́ли вчера́.

What are you looking for?—I am looking for the dictionary for which you were looking yesterday.

Где моя́ но́вая кни́га?—Я сам не зна́ю: я иска́л её всё у́тро, бу́ду иска́ть и за́втра.

Почему́ вы иска́ли меня́?—Я не иска́л вас, но ва́ша мать иска́ла вас весь день, она́ хоте́ла дать вам пода́рок.

Кого́ вы и́щете?—Я ищу́ ва́шего дру́га и его́ подру́гу.

Ка́ждое ли ле́то вы живёте в дере́вне?—Нет, я жил там то́лько одно́ ле́то, но моя́ жена́ прожила́ там два ле́та.

Do you live in the country every summer?—No, I lived there only one summer, but my wife spent two summers there.

Жи́ли ли вы в своём до́ме?—Да, я жил в своём до́ме, а тепе́рь живу́ у сосе́да.

В ва́шем ли до́ме живёт англи́йский учи́тель?—Он жил у вас, а тепе́рь не живёт.

Кто бу́дет жить у вас зимо́й?—Зимо́й у нас бу́дет жить оди́н[412] учени́к из мое́й шко́лы.

О́сенью, когда́ я жил в дере́вне, он всегда́[665] приходи́л ко мне.

Где вы путеше́ствовали?—Я путеше́ствовал на ю́ге Росси́и.

Where have you traveled?—I have traveled in southern Russia.

Где путеше́ствовала ва́ша жена́?—Моя́ жена́ путеше́ствовала на се́вере Росси́и.

Где путеше́ствовал э́тот англича́нин?—Он путеше́ствовал по Евро́пе, а тепе́рь он путеше́ствует по Аме́рике.

До́лго ли он путеше́ствовал по Евро́пе?—Он путеше́ствовал по Евро́пе три го́да.

Как до́лго ду́мает он путеше́ствовать по Аме́рике?—Э́того я не зна́ю.

С ним ли путеше́ствовала его́ жена́?—Нет, его́ жена́ не путеше́ствовала с ним.

Бы́ли ли вы за-грани́цей?—Я был, а жена́ не была́.[117]

Have you been abroad?—Yes, I have been, but my wife has not been.

Был ли ваш брат в го́роде?—Да, он был там вчера́.

Была́ ли его́ сестра́ у вас сего́дня?—Да, она́ была́.

Бы́ли ли ваш брат и его́ друг в дере́вне?—Нет, они́ не́ были там.

Кто был в го́роде, вы и́ли ва́ша сестра́?—И я был, и она́ была́.

Где вы бы́ли вчера́ с сестро́й?—Я был до́ма, а сестра́ была́ в шко́ле.

Где был её брат сего́дня?—Он был в конто́ре весь день.

Где была́ ва́ша сестра́?—Она́ была́ в магази́не.

Где бы́ли оте́ц и мать?—Они́ бы́ли до́ма.

Где бы́ли мать и оте́ц весь ве́чер?—Оте́ц был до́ма весь ве́чер, но мать не была́ с ним: она́ ходи́ла[641] к сосе́дке и разгова́ривала там часа́ три и́ли четы́ре[432] о том, что[397] она́ бу́дет де́лать э́той зимо́й.

Бы́ли ли вы в но́вом теа́тре?—Ещё не́ был.[600]

Ско́лько раз ваш брат был в Ло́ндоне?—Он был там уже́ три ра́за, а э́тим ле́том бу́дет четвёртый раз.

Бы́ли ли вы вчера́ в теа́тре?—Вчера́ я не́ был,[600] а бу́ду сего́дня ве́чером.

Был ли у вас свой дом?—Нет, у нас не́ было[117] своего́ до́ма.

Did you have your own house?—No, we did not have our own house.

Был ли у него́ свой дом?—У него́ был большо́й дом, а тепе́рь у него́ нет его́.

Была́ ли у вас соба́ка, когда́ вы жи́ли в дере́вне?—Да, когда́ мы жи́ли в дере́вне, у нас была́ соба́ка, но когда́ жи́ли в го́роде, соба́ки у нас не́ было.[117]

Была́ ли у него́ ло́шадь?—Да, у него́ бы́ли да́же три ло́шади.

Была́ ли ло́шадь у ва́шего сосе́да?—Нет, у него́ не́ было[117] ло́шади.

Име́ете ли вы англи́йский слова́рь?—Я име́л, но тепе́рь не име́ю.

Past, present, future of the verb *to go*

Когда́ вы е́дете в го́род, сего́дня и́ли за́втра?—Я е́здил[641] в го́род вчера́, а сего́дня я не е́ду, и за́втра не пое́ду.

When do you drive to town, today or tomorrow?—I went to town (and came back) yesterday, but I am not going today, nor shall I go tomorrow.

Рабо́тник ходи́л[641] в го́род вчера́, а сего́дня идёт туда́ его́ жена́. Она́ вчера́ не ходи́ла с му́жем.

Идёт ли с ва́ми ва́ша сестра́ сего́дня ве́чером в теа́тр?—Нет, сего́дня со мной она́ не идёт, она́ была́ вчера́ с ма́терью, а за́втра она́ пойдёт, ка́жется, одна́.[412]

С кем вы ходи́ли[641] в музе́й, с бра́том и́ли сестро́й?—Я ходи́л оди́н,[412] а брат с сестро́й пойду́т за́втра.

Куда́ вы идёте, в магази́н и́ли в шко́лу?—Я иду́ в магази́н, а в шко́лу я пойду́ ве́чером.

В како́й день вы хо́дите[639] в шко́лу?—В шко́лу я хожу́ ка́ждый день: ходи́л[641] вчера́, иду́ сего́дня, пойду́ и за́втра.

Кто е́дет в го́род, вы и́ли ваш брат?—Брат е́здил[641] вчера́, а сего́дня е́ду я.[113]

Куда́ вы е́дете[706] э́тим ле́том?—Об э́том я ещё не ду́мал.

Я ви́дел вас вчера́: вы куда́-то бы́стро шли.[641] Куда́ вы ходи́ли?—Я обыкнове́нно хожу́ бы́стро, но вчера́ я шёл[710] ме́дленно. Я ходи́л[641] к до́ктору.

Почему́ ва́ша сестра́ шла[710] ме́дленно?—Она́ мно́го гуля́ла и о́чень уста́ла.

Ма́льчик шёл[710] бы́стро и уста́л, а де́вочка шла ме́дленно и не уста́ла.

Я погуля́л полчаса́ и пошёл[671] в шко́лу.

Когда́ ваш ма́льчик придёт[623] домо́й из шко́лы?—Он уже́ пришёл.[714]

When will your boy come home from school?—He has already arrived.

Пришла́[710] ли ва́ша сестра́ из магази́на?—Нет, ни она́, ни мать ещё не пришли́.

Почему́ ваш друг и его́ подру́га не пришли́ сего́дня?—Они́ не пришли́ потому́, что у них сего́дня мно́го рабо́ты.[452]

Когда́ учи́тель обыкнове́нно прихо́дит домо́й?—Обыкнове́нно он прихо́дит по́здно, но сего́дня он придёт ра́но.

Когда́ вы придёте?—Я приду́ о́чень по́здно; я всегда́ прихожу́ по́здно.

Когда́ они́ приду́т?—Они́ приду́т ра́но; они́ всегда́ прихо́дят ра́но.

Приходи́л ли к вам ваш друг, когда́ вы жи́ли в го́роде?—Нет, он никогда́ не приходи́л к нам, но его́ сестра́ приходи́ла к нам мно́го раз.[665]

Когда́ прие́дет ваш брат домо́й?—Он уже́ прие́хал.[714]

When will your brother come home?—He has already arrived.

Когда́ вы прие́дете?—Я ещё и сам (сама́) не зна́ю, когда́ я прие́ду.

Когда́ прие́хала ва́ша сестра́?—Она́ прие́хала вчера́ ве́чером.

Я ду́мал, что она́ прие́дет то́лько за́втра у́тром. Почему́ она́ прие́хала так ра́но?—Она́ так захоте́ла и вы́ехала из го́рода уже́ вчера́ у́тром.

Когда́ вы обыкнове́нно приезжа́ете[625] из го́рода?—Я всегда́ приезжа́ю ве́чером.

11 Одиннадцатый урок (Lesson XI)

ГРАЖДАНИН А.	MR. A.
Здравствуйте, господа![204] О чём вы здесь беседуете?[600]	How do you do, gentlemen. What are you discussing here?

ГРАЖДАНИН Б.	MR. B.
Вот господин Иванов рассказывает нам о России. Он недавно был в Советском Союзе.	Here Mr. Ivanov is telling us about Russia. He was recently in the Soviet Union.

ГРАЖДАНИН А.	MR. A.
Могу ли я спросить кое-что?	May I ask (you) something?

ГРАЖДАНИН ИВАНОВ	MR. IVANOV
Пожалуйста.	Please.

ГРАЖДАНИН А.	MR. A.
Были ли вы в новой Москве[359] и что вы видели там?	Were you in present-day Moscow and what did you see there?

ГРАЖДАНИН ИВАНОВ	MR. IVANOV
Да, я был там и видел много[452] интересного:[327] теперь там большие[305] и высокие[305] здания,[202] широкие[305] улицы,[197] красивые[305] парки[194] и сады.[193]	Yes, I was there and saw many interesting things: Now there are large and tall buildings, wide streets, beautiful parks and gardens there.

ГРАЖДАНИН А.	MR. A.
Есть ли там музеи,[195] театры[185] и библиотеки?[198]	Are there museums, theaters, and libraries there?

ГРАЖДАНИН ИВАНОВ	MR. IVANOV
Да, там есть музеи, разные[305] театры и хорошие[305] библиотеки.	Yes, there are museums, various theaters, and good libraries there.

ГРАЖДАНИН А.	MR. A.
Хороши[322][323] ли школы[197] в Москве?	Are the schools in Moscow good?

70

ГРАЖДАНИН ИВАНОВ	MR. IVANOV
Наве́рное не зна́ю, но ду́маю, что шко́лы там хоро́шие. ³²⁴	I am not certain, but I think that the schools there are good.

ГРАЖДАНИН А.	MR. A.
Есть ли в Москве́ америка́нцы ¹⁹³ и други́е ³⁰⁵ иностра́нцы? ¹⁹³	Are there any Americans and other foreigners in Moscow?

ГРАЖДАНИН ИВАНОВ	MR. IVANOV
Коне́чно, есть и америка́нцы, и англича́не, ²⁰⁴ и францу́зы. ¹⁹³	Naturally, there are Americans and Englishmen and Frenchmen.

ГРАЖДАНИН А.	MR. A.
Каки́е ³⁰⁵ други́е больши́е города́ ²⁰³ вы посети́ли?	What other big cities have you visited?

ГРАЖДАНИН ИВАНОВ	MR. IVANOV
Я был в Ха́рькове, ³⁵⁹ Тифли́се, ³⁵⁹ Го́рьком, ³⁵⁹ Ста́рой Ру́ссе ³⁵⁹ и Сталингра́де. ³⁵⁹	I was in Kharkov, Tiflis, Gorki, Staraya Russa, and Stalingrad.

ГРАЖДАНИН А.	MR. A.
Есть ли у вас в Росси́и ро́дственники? ¹⁹⁴	Do you have relatives in Russia?

ГРАЖДАНИН ИВАНОВ	MR. IVANOV
Да, там мои́ бра́тья ²⁰⁵ и тётка.	Yes, my brothers and an aunt are there.

ГРАЖДАНИН А.	MR. A.
А ва́ши сёстры ¹⁹⁷ то́же в Росси́и?	Are your sisters also in Russia?

ГРАЖДАНИН ИВАНОВ	MR. IVANOV
Одна́ сестра́ в Росси́и, а друга́я здесь в Аме́рике.	One sister is in Russia, but the other one is here in America.

ГРАЖДАНИН А.	MR. A.
Получа́ете ли вы пи́сьма ²⁰¹ ¹⁹⁰ от сестры́ из Сове́тского Сою́за?	Do you get letters from your sister in (Literally: from) the Soviet Union?

ГРАЖДАНИН ИВАНОВ	MR. IVANOV
Получа́ю, но ре́дко.	Yes, I get some, but seldom.

ГРАЖДАНИН А.	MR. A.
Посыла́ете ли вы ей что-нибу́дь туда́?	Do you send her anything there?

ГРАЖДАНИН ИВАНОВ	MR. IVANOV
Я посыла́ю ей де́ньги и ра́зные ве́щи. [201] [191]	I send her money and various things.

ГРАЖДАНИН А.	MR. A.
Каки́е де́ньги вы посыла́ете—америка́нские до́ллары[193] и́ли ру́сские рубли́? [196]	What kind of money do you send, American dollars or Russian roubles?

ГРАЖДАНИН ИВАНОВ	MR. IVANOV
Коне́чно, америка́нские до́ллары.[191]	Naturally, American dollars.

ГРАЖДАНИН А.	MR. A.
А посыла́ет ли она́ вам что-нибу́дь из Росси́и?	And does she send you anything from Russia?

ГРАЖДАНИН ИВАНОВ	MR. IVANOV
Она́ посыла́ет мне ру́сские кни́ги,[198] газе́ты,[107] журна́лы[193] и други́е интере́сные[305] ве́щи. [191]	She sends me Russian books, newspapers, magazines, and other interesting things.

ГРАЖДАНИН А.	MR. A.
Каки́е же интере́сные ве́щи посыла́ет она́ вам?	What interesting things does she send you?

ГРАЖДАНИН ИВАНОВ	MR. IVANOV
Наприме́р, она́ присла́ла карти́ны[107] и фотографи́ческие[305] ка́рточки. [108]	For example, she sent (me) pictures and photographs.

ГРАЖДАНИН А.	MR. A.
Пи́шут ли вам ва́ши бра́тья?[205]	Do your brothers write you?

ГРАЖДАНИН ИВАНОВ	MR. IVANOV
Да, пи́шут и бра́тья и не́которые[305] друзья́,[206] и то́же подру́ги[108] мое́й сестры́. [107]	Yes, both my brothers and some friends write, and also (girl) friends of my sister.

ГРАЖДАНИН А.	MR. A.
А ва́ши де́ти[283] бы́ли ли с ва́ми в Росси́и?	Were your children with you in Russia?

ГРАЖДАНИН ИВАНОВ	MR. IVANOV
Сыновья́ [206] бы́ли со мно́й, а до́чери [200] нет.	My sons were with me, but not the daughters.

ГРАЖДАНИН А.	MR. A.
Каку́ю э́то [108] кни́гу вы де́ржите в руке́?	What kind of book are you holding here in your hand?

ГРАЖДАНИН ИВАНОВ	MR. IVANOV
Это—«Отцы́ [193] и Де́ти» [283] Турге́нева. [346]	This is "The Fathers and the Children" by Turgenev.

ГРАЖДАНИН А.	MR. A.
Могу́ ли я найти́ в Аме́рике ру́сские [305] кни́ги [108] и журна́лы? [193]	Can I find Russian books and magazines in America?

ГРАЖДАНИН ИВАНОВ	MR. IVANOV
Коне́чно, найдёте в ру́сском магази́не.	Of course, you can find them in a Russian store.

ГРАЖДАНИН А.	MR. A.
До свида́ния, господа́! Тепе́рь я пойду́ в парк гуля́ть. Я люблю́ зелёные [305] дере́вья [205] и краси́вые цветы́, [193] кото́рые [305] расту́т там.	Good-by, gentlemen. Now, I shall go in the park for a walk. I am fond of the green trees and beautiful flowers which grow there.

ГРАЖДАНИН ИВАНОВ	MR. IVANOV
До свида́ния! А мы тепе́рь пойдём в рестора́н ку́шать.	Good-by. And we will now go into a restaurant to eat.

Exercises

Оди́н журна́л—два (три, четы́ре) журна́ла [414] —все [382] журна́лы. [193]

One magazine—two (three, four) magazines—all (the) magazines.

Оди́н магази́н—два (три, четы́ре) магази́на—все магази́ны.
Оди́н отве́т—два (три, четы́ре) отве́та—все отве́ты.
Оди́н раз—два (три, четы́ре) ра́за—все разы́.
Оди́н теа́тр—два (три, четы́ре) теа́тра—все теа́тры.
Оди́н до́ллар—два (три, четы́ре) до́ллара—все до́ллары.

Оди́н рестора́н—два (три, четы́ре) рестора́на—все рестора́ны.
Оди́н сою́з—два (три, четы́ре) сою́за—все сою́зы.
Оди́н год—два (три, четы́ре) го́да—все го́ды.
Оди́н ме́сяц—два (три, четы́ре) ме́сяца—все ме́сяцы.
Оди́н па́лец—два (три, четы́ре) па́льца—все па́льцы.
Оди́н сад—два (три, четы́ре) са́да—все сады́.
Оди́н стол—два (три, четы́ре) стола́—все столы́.
Оди́н у́гол—два (три, четы́ре) угла́—все углы́.
Оди́н час—два (три, четы́ре) часа́—все часы́.

Оди́н уро́к—два (три, четы́ре) уро́ка—все уро́ки.[194]
Оди́н парк—два (три, четы́ре) па́рка—все па́рки.
Оди́н понеде́льник—два (три, четы́ре) понеде́льника—все понеде́льники.
Оди́н вто́рник—два (три, четы́ре) вто́рника—все вто́рники.
Оди́н язы́к—два (три, четы́ре) языка́—все языки́.
Оди́н пода́рок—два (три, четы́ре) пода́рка—все пода́рки.
Оди́н четве́рг—два (три, четы́ре) четверга́—все четверги́.
Оди́н каранда́ш—два (три, четы́ре) карандаша́—все карандаши́.

Оди́н ве́чер—два (три, четы́ре) вечера́—все вечера́[203]
Оди́н го́род—два (три, четы́ре) города́—все города́.
Оди́н дом—два (три, чвты́ре) до́ма—все дома́.

Оди́н стул—два (три, четы́ре) сту́ла—все сту́лья.[205]
Оди́н цвет—два (три, четы́ре) цве́та—все цвета́.[203]
Оди́н цвето́к—два (три, четы́ре) цветка́—все цветы́.[203]

Оди́н музе́й—два (три, четы́ре) музе́я—все музе́и.[195]
Оди́н трамва́й—два (три, четы́ре) трамва́я—все трамва́и.

Оди́н рубль—два (три, четы́ре) рубля́—все рубли́.[196]
Оди́н слова́рь—два (три, четы́ре) словаря́—все словари́.
Оди́н день—два (три, четы́ре) дня—все дни.

Оди́н америка́нец—два (три, четы́ре) америка́нца[414]—все[382] америка́нцы.[193]

One American—two (three, four) Americans—all Americans.

Оди́н иностра́нец—два (три, четы́ре) иностра́нца—все иностра́нцы.
Оди́н кита́ец—два (три, четы́ре) кита́йца—все кита́йцы.
Оди́н не́мец—два (три, четы́ре) не́мца—все не́мцы.
Оди́н оте́ц—два (три, четы́ре) отца́—все отцы́.
Оди́н францу́з—два (три, четы́ре) францу́за—все францу́зы.
Оди́н англича́нин—два (три, четы́ре) англича́нина—все англича́не.[204]

Оди́н граждани́н—два (три, четы́ре) граждани́на—все гра́ждане. [204]
Оди́н господи́н—два (три, четы́ре) господи́на—все господа́. [204]
Оди́н рабо́тник—два (три, четы́ре) рабо́тника—все рабо́тники. [194]
Оди́н ро́дственник—два (три, четы́ре) ро́дственника—все ро́дственники.
Оди́н ма́льчик—два (три, четы́ре) ма́льчика—все ма́льчики.
Оди́н учени́к—два (три, четы́ре) ученика́—все ученики́.
Оди́н до́ктор—два (три, четы́ре) до́ктора—все доктора́. [203]
Оди́н сосе́д—два (три, четы́ре) сосе́да—все сосе́ди. [207]
Оди́н писа́тель—два (три, четы́ре) писа́теля—все писа́тели. [196]
Оди́н учи́тель—два (три, четы́ре) учи́теля—все учителя́. [203]

Оди́н брат—два (три, четы́ре) бра́та—все бра́тья. [205]
Оди́н муж—два (три, четы́ре) му́жа—все мужья́. [206]
Оди́н друг—два (три, четы́ре) дру́га—все друзья́. [206]
Оди́н сын—два (три, четы́ре) сы́на—все сыновья́. [206]

Оди́н челове́к—два (три, четы́ре) челове́ка—все лю́ди. [208]
Оди́н дя́дя—два (три, четы́ре) дя́ди—все дя́ди. [199]

Одна́ карти́на—две (три, четы́ре) карти́ны [414] —все [382] карти́ны. [197]

One picture—two (three, four) pictures—all (the) pictures.

Одна́ газе́та—две (три, четы́ре) газе́ты—все газе́ты.
Одна́ ла́мпа—две (три, четы́ре) ла́мпы—все ла́мпы.
Одна́ рабо́та—две (три, четы́ре) рабо́ты—все рабо́ты.
Одна́ шко́ла—две (три, четы́ре) шко́лы—все шко́лы.
Одна́ шля́па—две (три, четы́ре) шля́пы—все шля́пы.
Одна́ мину́та—две (три, четы́ре) мину́ты—все мину́ты.
Одна́ конто́ра—две (три, четы́ре) конто́ры—все конто́ры.
Одна́ у́лица—две (три, четы́ре) у́лицы—все у́лицы.
Одна́ пя́тница—две (три, четы́ре) пя́тницы—все пя́тницы.

Одна́ война́—две (три, четы́ре) во́йны—все во́йны. [197]
Одна́ весна́—две (три, четы́ре) весны́—все вёсны.
Одна́ зима́—две (три, четы́ре) зимы́—все зи́мы.
Одна́ стена́—две (три, четы́ре) стены́—все сте́ны.
Одна́ трава́—две (три, четы́ре) травы́—все тра́вы.
Одна́ среда́—две (три, четы́ре) среды́—все сре́ды.

Одна́ бума́га—две (три, четы́ре) бума́ги—все бума́ги. [198]
Одна́ доро́га—две (три, четы́ре) доро́ги—все доро́ги.
Одна́ кни́га—две (три, четы́ре) кни́ги—все кни́ги.
Одна́ библиоте́ка—две (три, четы́ре) библиоте́ки—все библиоте́ки.
Одна́ ка́рточка—две (три, четы́ре) ка́рточки—все ка́рточки.
Одна́ коро́бка—две (три, четы́ре) коро́бки—все коро́бки.

Одна́ соба́ка—две (три, четы́ре) соба́ки—все соба́ки.
Одна́ рука́—две (три, четы́ре) руки́—все ру́ки.

Одна́ дере́вня—две (три, четы́ре) дере́вни—все дере́вни.[199]
Одна́ неде́ля—две (три, четы́ре) неде́ли—все неде́ли.
Одна́ семья́—две (три, четы́ре) семьи́—все се́мьи.
Одна́ а́рмия—две (три, четы́ре) а́рмии—все а́рмии.
Одна́ фами́лия—две (три, четы́ре) фами́лии—все фами́лии.

Одна́ вещь—две (три, четы́ре) ве́щи—все ве́щи.[200]
Одна́ ло́шадь—две (три, четы́ре) ло́шади—все ло́шади.

Одна́ америка́нка—две (три, четы́ре) америка́нки[414]—все[382] америка́нки.[198]

One American woman—two (three, four) American women—all American women.

Одна́ иностра́нка—две (три, четы́ре) иностра́нки—все иностра́нки.
Одна́ китая́нка—две (три, четы́ре) китая́нки—все китая́нки.
Одна́ не́мка—две (три, четы́ре) не́мки—все не́мки.
Одна́ францу́женка—две (три, четы́ре) францу́женки—все францу́женки.
Одна́ англича́нка—две (три, четы́ре) англича́нки—все англича́нки.
Одна́ гражда́нка—две (три, четы́ре) гражда́нки—все гражда́нки.
Одна́ де́вочка—две (три, четы́ре) де́вочки—все де́вочки.
Одна́ сосе́дка—две (три, четы́ре) сосе́дки—все сосе́дки.
Одна́ подру́га—две (три, четы́ре) подру́ги—все подру́ги.

Одна́ да́ма—две (три, четы́ре) да́мы—все да́мы.[197]
Одна́ рабо́тница—две (три, четы́ре) рабо́тницы—все рабо́тницы.
Одна́ учи́тельница—две (три, четы́ре) учи́тельницы—все учи́тельницы.
Одна́ учени́ца—две (три, четы́ре) учени́цы—все учени́цы.
Одна́ сестра́—две (три, четы́ре) сестры́—все сёстры.[197]
Одна́ жена́—две (три, четы́ре) жены́—все жёны.[197]

Одна́ мать—две (три, четы́ре) ма́тери—все ма́тери.[200]
Одна́ дочь—две (три, четы́ре) до́чери—все до́чери.[200]
Одна́ тётя—две (три, четы́ре) тёти—все тёти.[199]

Одно́ зда́ние—два (три, четы́ре) зда́ния[414]—все[382] зда́ния.[202]

One building—two (three, four) buildings—all (the) buildings.

Одно́ сочине́ние—два (три, четы́ре) сочине́ния—все сочине́ния.
Одно́ воскресе́нье—два (три, четы́ре) воскресе́нья—все воскресе́нья.
Одно́ пла́тье—два (три, четы́ре) пла́тья—все пла́тья.[205]
Одно́ по́ле—два (три, четы́ре) поля́—все поля́.[202]

Одно́ де́ло—два (три, четы́ре) де́ла—все дела́.[201]

Одно слово—два (три, четыре) слова—все слова.

Одно утро—два (три, четыре) утра—все утра.

Одно отчество—два (три, четыре) отчества—все отчества.

Одно окно—два (три, четыре) окна—все окна.

Одно письмо—два (три, четыре) письма—все письма.

Одно дерево—два (три, четыре) дерева—все деревья.[205]

Одно перо—два (три, четыре) перья—все перья.[205]

Одно имя—два (три, четыре) имени—все имена.[280]

Одно время—все времена.[280]

Слова[202] и дела[202] не есть[604] одно и то же.

Words and deeds are not one and the same.

Друзья[206] моего брата не есть мои[382] друзья.

Братья[205] моего отца—мои дяди,[199] а его сёстры[197]—мои тёти.[199]

«Братья Карамазовы»[358]—сочинение Достоевского,[339] а «Отцы и Дети»—Тургенева.[346]

Какие люди[208] ваши[382] соседи?[207]—Братья[205] и сёстры[197] моего соседа очень хорошие[305] люди и сосед сам[382] тоже хороший человек.

What kind of people are your neighbors?—The brothers and sisters of my neighbor are very fine people, and the neighbor himself is also a fine man.

Кто ваши соседи?—Наши[382] соседи англичане.

А кто ваша соседка?—Она англичанка, но её подруга француженка.

Наши или ваши соседи американские[305] граждане?[204]—Наши соседи русские граждане, а ваши французские.

Чьи[382] у вас книги?[108]—У меня книги свои.[382]

Whose books do you have?—I have my own books.

Чьи собаки[108] бегают на улице?—Это[119] собаки[198] моего дяди.[447]

Чьи это[119] дома,[203] которые[305] на Второй улице?—Эти[305] дома американской дамы.[448]

Чьи дети[283] идут в школу?—Наши[382] дети идут в школу.

Чьи это[119] дети?—Это[119] наши дети.

Чьи эти[382] перья?[205]—Это[119] мои перья.

Чьи эти красные[305] карандаши?[194]—Это[119] карандаши моего брата.[447]

Чьи эти белые[305] платья?[205]—Они моей сестры.[448]

Есть[604] ли русские книги в вашей библиотеке?—Да, у нас есть[606] и русские книги, и французские, и английские и другие.

Are there any Russian books in your library?—Yes, we have Russian, French and English books, and others.

Что есть интересного[327] в вашем городе?—В нашем городе есть много интересного:[327] большие[305] здания,[202] музеи,[195] библиотеки,[108] разные школы[197] и рестораны.[193]

А есть ли у вас[606] па́рки?[104]—Да, есть и па́рки,[104] и сады́.[103]
Есть ли у вас ро́дственники?[194]—Да, у меня́ есть бра́тья,[205] сёстры,[197] дя́ди,[199] тёти.[199]
Есть ли у ва́шего дя́ди[606] ло́шади?[200]—У него́ есть и ло́шади,[200] и соба́ки.[198]

Каки́е[305] иностра́нцы[193] живу́т в ва́шем го́роде?—В на́шем го́роде живу́т не́мцы,[193] францу́зы,[193] кита́йцы,[193] англича́не[204] и ру́сские.[328]

What foreigners are living in your city?—In our city live Germans, Frenchmen, Chinese, Englishmen and Russians.

На како́м языке́ говоря́т кита́йцы?—Кита́йцы говоря́т по-кита́йски.
А на како́м языке́ говоря́т америка́нцы?[193]—Америка́нцы и америка́нки[198] говоря́т по-англи́йски.
Где живу́т ру́сские?[328]—Ру́сские живу́т в Росси́и и́ли в Сове́тском Сою́зе.
А где живу́т америка́нки и америка́нцы?—Америка́нки и америка́нцы живу́т в Аме́рике.

Кто рабо́тает у вас в по́ле в дере́вне?—Оте́ц и рабо́тники[104] рабо́тают там.

Who works in your field in the country?—Father and some workers work there.

Каки́е рабо́тники рабо́тают у вас?—Ру́сские и америка́нские рабо́тники рабо́тают у нас.
До́лго ли э́ти[382] рабо́тники рабо́тают[613] у вас?—Они́ рабо́тают у нас уже́ два го́да.[613]
У нас рабо́тали[424] и две рабо́тницы.[414]
Каки́е рабо́тницы[197] рабо́тали у вас?—Э́то бы́ли[119] не́мки и францу́женки.

Куда́ е́дут ва́ши[382] де́ти э́тим ле́том?—Сыновья́[206] пое́дут в дере́вню, а до́чери[200] с ма́терью ду́мают пое́хать к моему́ дя́де.

Where are your children going this summer?—The sons will go to the country, and the daughters with their mother plan to go to my uncle.

Все ли ва́ши де́ти е́дут в го́род сего́дня?—Нет, мои́ два сы́на ду́мают[424] сиде́ть до́ма, а то́лько до́чери[200] пое́дут в го́род.
Где рабо́тают ва́ши две сестры́?—Все мои́ сёстры рабо́тают до́ма.
Где рабо́тают[424] ва́ши два бра́та?—Мои́ бра́тья рабо́тают в конто́ре.
Где живу́т его́ два дру́га?—Все его́ друзья́[206] живу́т в го́роде.

Кто гуля́ет в ва́шем саду́?[185]—Там гуля́ют мои́[382] сёстры[107] и их подру́ги,[108] а то́же мои́ бра́тья[205] и их друзья́.[206]

Who is walking around in your garden?—My sisters and their girl friends and also my brothers and their friends are walking there.

Кто бе́гает в па́рке?—В па́рке бе́гают ма́льчики[104] и де́вочки.[198]
Кто пи́шет ва́шей сестре́ из го́рода?—Её подру́ги пи́шут ей.
Кто пи́шет вам из дере́вни?—Оте́ц, мать, сёстры и бра́тья пи́шут мне из дере́вни.

Кто помога́ет ва́шей ма́тери в рабо́те по до́му?—Ей помога́ют мои́ сёстры.

Кто там разгова́ривает с учи́телем?—Ученики́[104] и учени́цы[197] разгова́ривают с ним.

Кто гуля́ет о́коло шко́лы?—Учителя́[203] и ученики́ гуля́ют о́коло шко́лы, а учи́тельницы[197] и учени́цы за шко́лой.

Кто изуча́ет францу́зский язы́к?—Сыновья́[206] и до́чери[200] моего́ дя́ди изуча́ют францу́зский язы́к.

Что растёт о́коло ва́шего до́ма?—О́коло на́шего до́ма расту́т трава́ и ра́зные[305] дере́вья.[205]

What is growing near your house?—Grass and various trees are growing near our house.

Каки́е дере́вья расту́т в ва́шем саду́?—Там расту́т ра́зные дере́вья.

Расту́т ли цветы́[193] в ва́шем по́ле?—Да, у нас в по́ле расту́т и цветы́.

Каки́е цветы́ расту́т у вас в по́ле?—Там расту́т ра́зные краси́вые цветы́.

Что виси́т на стене́ в ва́шей ко́мнате?—Там вися́т карти́ны[107] и ка́рточки.[198]

What is hanging on the wall in your room?—Pictures and cards are hanging there.

Каки́е карти́ны вися́т там?—Там вися́т краси́вые[305] больши́е[305] карти́ны.

А каки́е ка́рточки вися́т там?—Там вися́т ма́ленькие фотографи́ческие ка́рточки.

Всегда́ ли там висе́ли больши́е карти́ны?—Нет, вчера́ там висе́ли широ́кие шля́пы.[107]

Что лежи́т на столе́ в ко́мнате ва́шего отца́?—Обыкнове́нно на столе́ в его́ ко́мнате лежа́т газе́ты, журна́лы, карандаши́, кни́ги и бума́ги.

What is lying on the table in the room of your father?—Usually, newspapers, magazines, pencils, books and papers lie on the table in his room.

Каки́е журна́лы лежа́т там тепе́рь?—Там лежа́т ру́сские и неме́цкие журна́лы.

Лежа́т ли там то́же францу́зские кни́ги?—Да, там лежа́т и францу́зские кни́ги.

Что там лежа́ло вчера́?—Вчера́ у́тром там лежа́ло то́лько одно́ перо́, но ве́чером там лежа́ли и кра́сные карандаши́, ру́сские газе́ты и англи́йские журна́лы.

Что там лежи́т на друго́м столе́?—Там лежа́т пода́рки, кото́рые мне присла́ли мои́ ро́дственники.

Каки́е языки́[191] вы изуча́ете?—Я изуча́ю то́лько оди́н ру́сский язы́к.

What languages do you study?—I study only Russian.

Каки́е языки́ изуча́ют ва́ши[382] ро́дственники?—Сыновья́ и до́чери мое́й тёти изуча́ют францу́зский и неме́цкий языки́.

Каки́е языки́ изуча́ет ва́ша сестра́—англи́йский и неме́цкий, и́ли францу́зский и ру́сский?—Она́ изуча́ет два языка́[418]—неме́цкий и ру́сский.

Ча́сто[665] ли ва́ша сестра́ получа́ла пода́рки[101] от отца́?—Она́ получа́ла пода́рки от него́ ка́ждый год.[665]

Did your sister often get presents from your father?—She received presents from him every year.

А вы ча́сто ли посыла́ли ей пода́рки?—Нет, я посла́л[719] ей то́лько оди́н пода́рок, но я посыла́л[665] пода́рки ма́тери ка́ждый год.

Что вы получили[719] вчера?—Вчера мы получили газеты[191] и журналы,[191] которые наши[382] друзья прислали.[719]

Что ваши[382] сёстры получали, когда они были в деревне?—Они получали письма[191] и подарки.

Посылаете ли вы и ваши братья подарки вашему отцу?—В марте мы послали ему подарки, а сегодня мы посылаем ему только письма.

Какой цвет любят русские?—Они любят красный цвет.

What color do the Russians like?—They like red (= the red color).

Что ещё они любят?—Они любят красивые цветы и зелёные деревья.

Любите ли вы гулять в саду?[185]—Да, я очень люблю гулять там.

Любите ли вы получать письма и подарки?—Все[382] любят получать письма и подарки.

Где любят гулять ученики и учителя?—Ученики и учителя любят гулять около школы, а учительницы и ученицы за школой.

Любите ли вы читать книги?—Все люди любят читать интересные книги.

Что вы любите делать?—Я люблю смотреть на красивые вещи и покупать их.

Кого вы любите?—Я люблю свою жену и она любит меня.

Кого любят дети?—Дети любят мать и отца, а мать и отец любят их.

Что вы делали в эти[382] дни?[543]—Я читал книги, писал письма и делал другие разные дела по дому.

What have you been doing these days?—I read books, wrote letters and did various other things around the house.

Что вы будете делать сегодня вечером?—Я буду писать ответы на письма,[190] которые я получил вчера.

Что вы делаете вечером, когда вы живёте в деревне?—Когда я живу в деревне, я все[382] вечера[543] сижу дома и читаю книги.

Путешествовали ли вы по Европе?—Да, последние годы[543] я много путешествовал там.

Когда вы ожидаете вашего брата?—Я ожидаю его в последние дни[543] этого месяца или же в первые[305] дни[543] следующего месяца.

Высок[321] ли ваш дом?—Да, мой дом высок.[322]

Is your house tall?—Yes, my house is tall.

Есть ли высокий[322] дом у нашего учителя?—Да, у него очень высокий дом.

Высока[323] ли картина на стене школы?—Да, она очень высока.[322]

Высоки[323] ли дома в вашем городе?—У нас почти все дома высоки.[322]

Высоко[323] ли здание вашей школы?—Да, здание нашей школы высоко.[322]

Высоки[323] ли все здания в вашем городе?—В нашем городе почти все здания высоки.[322]

Краси́ва[321] **ли э́та карти́на?—Да, она́ о́чень краси́ва.**[322]

Is this picture beautiful?—Yes, it is very beautiful.

Есть ли у вас краси́вая[322] карти́на?—Вот краси́вая карти́на.
Есть ли краси́вые карти́ны в ва́шем музе́е?—Все карти́ны в на́шем музе́е краси́вы.[322]
Есть ли краси́вый теа́тр в э́том го́роде?—Да, у нас о́чень краси́вый теа́тр.
Краси́в[323] ли дом ва́шего сосе́да?—Да, его́ дом краси́в.[322]
Краси́вы[323] ли дома́ в э́том го́роде?—Здесь все дома́ краси́вы.[322]

Нов[321] **ли ваш дом?—Да, мой дом нов**[322] **и краси́в.**[322] **У моего́ бра́та то́же но́вый**[322] **и краси́вый**[322] **дом.**

Is your house new?—Yes, my house is new and beautiful. My brother has also a new and beautiful house.

Нова́[321] ли э́та кни́га?—Да, э́та кни́га нова́.[322] Я купи́л её вчера́.
Но́во ли э́то перо́?—Да, оно́ но́во.
Есть ли у вас но́вая кни́га?—Вот но́вая кни́га.
Но́вы ли э́ти пе́рья?—Да, э́ти пе́рья но́вы.
Есть ли у вас но́вые карандаши́?—У меня́ то́лько но́вые карандаши́.

Полна́[321] **ли э́та коро́бка?—Да, она́ полна́.**[322]

Is this box full?—Yes, it is full.

Есть ли у вас по́лная[322] коро́бка?—Вот по́лная коро́бка.
По́лны[323] ли э́ти коро́бки?—Да, они́ по́лны.[322]
По́лон[323] ли трамва́й?—Да, трамва́й по́лон, сего́дня все трамва́и по́лны. Вот по́лный трамва́й.
По́лон ли ваш теа́тр в воскресе́нье?—Наш теа́тр всегда́ по́лон.

Широка́[321] **ли ва́ша у́лица?—Да, на́ша у́лица широка́.**[322]

Is your street wide?—Yes, our street is wide.

Широки́ ли ва́ши у́лицы?—Все на́ши у́лицы широки́.[321]
Есть ли широ́кая у́лица в ва́шем го́роде?—У нас то́лько одна́ широ́кая у́лица.
Есть ли у вас широ́кий стол?—Вот э́тот стол широ́к.[321]
Широ́к ли дом ва́шей сестры́?—Да, её дом широ́к.
Широко́[321] ли пла́тье ва́шей сестры́?—Да, её пла́тье широко́.
Есть ли у неё широ́кое пла́тье?—Да, у неё есть широ́кое пла́тье.

Больши́е ли зда́ния в го́роде?—Да, зда́ния в го́роде больши́е,[324] **а в дере́вне ма́ленькие.**[324]

Are the buildings in the city large?—Yes, the buildings in the city are large, but those in the village are small.

Не зна́ете ли вы, почему́ э́ти[382] о́кна таки́е[305] ма́ленькие?[324]—Там то́лько три окна́ ма́ленькие,[324] а други́е о́кна все[305] больши́е.[324]

Почему́ у э́того ма́льчика ру́ки таки́е кра́сные? [324]—У него́ не ру́ки кра́сные, [324] а то́лько одни́ па́льцы, [412] а почему́ па́льцы кра́сные, я не зна́ю.

Како́го цве́та но́вые пла́тья ва́шей сестры́?—Все но́вые пла́тья мое́й сестры́ кра́сные. [324]

(Of) What color are the new dresses of your sister?—All new dresses of my sister are red.

Како́го цве́та дере́вья ле́том?—Ле́том дере́вья зелёные. [324]
Како́го цве́та поля́?—Ле́том поля́ зелёные, а зимо́й они́ бе́лые. [324]

Хоро́шие ли у вас карандаши́?—Да, все на́ши карандаши́ хороши́. [321] Это [119] о́чень хоро́шие карандаши́.

Do you have good pencils?—Yes, all our pencils are good. These are very good pencils.

Хоро́шая ли у вас кни́га?—Да, э́та кни́га хороша́. [321] Это о́чень хоро́шая кни́га.
Хоро́шее ли у вас перо́?—Да, у меня́ хоро́шее перо́. Моё перо́ хорошо́. [321]
Хоро́шие ли у вас пе́рья?—Да, мои́ пе́рья хороши́. Америка́нские пе́рья о́чень хороши́.
Есть ли в ва́шем го́роде хоро́шие рестора́ны?—Да, в на́шем го́роде есть о́чень хоро́шие францу́зские рестора́ны.
Все ли англича́не хоро́шие лю́ди?—Есть и хоро́шие, есть и плохи́е, так же как и на́ши ру́сские есть и хоро́шие, и плохи́е.

Хороши́ ли кни́ги, [323] кото́рые я вам посла́л?—Да, они́ о́чень хороши́. [322]

Are the books which I sent you good?—Yes, they are very good.

Интере́сны [321] ли э́ти кни́ги?—Да, они́ интере́сны.
Интере́сен [321] ли э́тот язы́к?—Да, язы́к интере́сен, но э́та кни́га не о́чень интере́сна. [321]
Пе́рвые уро́ки бы́ли интере́сны, но други́е уро́ки не́ были интере́сны.
Хороша́ [323] ли э́та учени́ца?—Да, она́ хоро́шая учени́ца.
Хоро́шая ли э́то учени́ца?—Да, э́то хоро́шая учени́ца.
Хоро́ш [321] ли э́тот [119] каранда́ш?—Да, он хоро́ш.
Хоро́ший ли э́то [119] каранда́ш?—Да, э́то [119] хоро́ший каранда́ш.

12 Двена́дцатый уро́к (Lesson XII)

До́брый ве́чер, друзья́! Отку́да вы идёте так по́здно? Уже́ шесть⁴¹⁵ часо́в²⁰⁹ ве́чера.

Good evening, my friends. From where are you coming so late? It is already six o'clock (in the evening).

Мы идём из шко́лы.

We are coming from school.

Ско́лько⁴⁵² учителе́й²¹³ в ва́шей шко́ле?

How many teachers are there in your school?

5 Тепе́рь у нас пять⁴¹⁵ учителе́й²¹³ и семь⁴¹⁵ учи́тельниц.²¹⁴

We have now five men and seven women teachers.

А ско́лько ученико́в²⁰⁰ в ва́шем кла́ссе?

How many pupils are there in your class?

Во́семь⁴¹⁵ ма́льчиков²⁰⁹ и де́вять⁴¹⁵ де́вочек.²¹⁵

Eight boys and nine girls.

10 Ско́лько⁴³¹ уро́ков²⁰⁹ у вас в неде́лю?⁵⁴⁹

How many lessons a week do you have?

Всего́ у нас де́сять⁴¹⁵ уро́ков—в понеде́льник⁵⁴³ три⁴¹⁴ уро́ка, во вто́рник,⁵⁴³ сре́ду и четве́рг по два⁴¹⁴ уро́ка и в пя́тницу оди́н уро́к.

All together we have ten lessons—three lessons on Monday, two lessons each on Tuesday, Wednesday and Thursday, and one lesson on Friday.

15 Сего́дня среда́, зна́чит, вы име́ли два⁴¹⁴ уро́ка?⁴¹⁸

Today is Wednesday, which means that you had two lessons?

Да, два и о́ба о́чень интере́сные. Оди́н уро́к по исто́рии Росси́и, а друго́й по исто́рии Аме́рики.

Yes, two and both very interesting ones. One lesson in Russian history, and the other one in American history.

20 О чём вы изуча́ете из исто́рии Росси́и?

What do you study in Russian history?

Тепе́рь мы изуча́ем времена́²⁸⁰ царе́й²¹³ и цари́ц.²¹⁴

We are now studying the period (Literally: the times) of the tsars and the tsarinas.

А что вы изуча́ете из исто́рии Аме́рики?

But what do you study in American history?

Времена́ пе́рвых³⁰⁵ президе́нтов.²⁰⁹

The period (times) of the first presidents.

25 Зна́ете ли вы имена́²⁸⁰ всех³⁸² ру́сских³⁰⁵ царе́й?

Do you know the names of all Russian tsars?

Нет, мы не⁴⁵³ зна́ем всех³⁸² э́тих³⁸² имён.²⁸⁰

No, we don't know all those names.

Зна́ете ли вы имена́ вели́ких³⁰⁵ ру́сских люде́й:²⁸² худо́жников,²⁰⁹ писа́телей,²¹³

Do you know the names of great Russian people: of men artists, writers, musicians, or of women artists, writers and musicians?

30 музыка́нтов²⁰⁹ и́ли худо́жниц,²¹⁴ писа́тельниц²¹⁴ и музыка́нтш?²¹⁴

Нет, я не зна́ю всех, но зна́ю мно́гие.³⁰⁵

No, I don't know all, but I do know many.

83

Помните ли вы имена детей[283] последнего русского царя?

Do you remember the names of the children of the last Russian tsar?

35 Да, я помню имя[280] его сына и имена его дочерей.[221]

Yes, I remember the name of his son and the names of his daughters.

Знаете ли вы названия больших[305] русских городов,[209] сёл,[222] рек[214] и озёр?[222]

Do you know the names of the large Russian cities, villages, rivers, and lakes?

Знаю некоторые,[305] но я не знаю всех.[382]

I know some, but I don't know all.

40 Хорошо ли вы знаете историю Соединённых[305] Штатов[209] Америки?

Do you know well the history of the United States of America?

Да, я знаю хорошо историю Америки.

Yes, I know American history well.

Ходят ли в школу ваши братья?

Do your brothers go to school?

У меня нет[606] ни братьев,[225] ни сестёр,[215] 45 я один сын у родителей.

I have no brothers and no sisters, I am the only child (Literally: My parents have only a son, namely, me).

Есть ли у вас русские книги об Америке?

Do you have Russian books about America?

Да, у меня их[416] целая дюжина, то есть двенадцать[415] книг.[214]

Yes, I have a whole dozen of them, that is twelve books.

А есть ли у вас английские книги о Союзе 50 Советских[305] Социалистических[305] Республик?[214]

But do you have English books about the Union of the Soviet Socialist Republics?

Есть, их у меня тоже около[449] двенадцати.[403]

Yes, of these I have also about twelve.

От кого вы получили эти[382] красивые по-55 дарки?

From whom did you get these beautiful presents?

От[449] своих[382] друзей и знакомых.[382]

From my friends and acquaintances.

Из[449] каких[305] книг[214] состоит ваша библиотека?

Of what (kind of) books does your library consist?

Из русских,[305] английских[305] и француз-60 ских.[305]

Of Russian, English, and French ones.

С каких лет[284] вы начали[606] ходить в школу?

At what age (Literally: with what years) did you begin to go to school?

С шести[403] лет.[284]

When I was six (Literally: with six years).

А чьи[382] эти фотографические карточки, 65 которые я вижу в вашей книге?

Whose are those photographs which I see in your book?

Это карточки наших[382] соседей[281] англичан,[204] которые живут около нас.

These are photographs of our English neighbors who live near us.

Exercises

Есть ли в деревне рестораны?—Нет, в деревне ресторанов[209] нет.[604]

Are there any restaurants in the village?—No, there are no restaurants in the village.

Есть ли у[606] господина журналы?—Нет, у него[371] нет журналов.[209]

Есть ли магазины в этой деревне?—Нет, здесь нет магазинов.[209]

Есть ли столы в этой комнате?—Нет, в этой комнате нет столов.[209]

Есть ли сады в этом городе?—Нет, в этом городе нет садов.[209]

Есть ли ученики в этом доме?—Нет, в этом доме нет учеников.[209]

Есть ли у вас уроки?—Нет, у меня сегодня нет уроков.[209]

Есть ли цветы в вашем поле?—Нет, в нашем поле нет цветов.[209]

Есть ли дети у вашего соседа?—Нет, у него нет детей.[283]

Есть ли у вас родственники?— Нет, у меня нет родственников.[209]

Есть ли работники у вашего отца?—Нет, у моего отца нет работников.[209]

Есть ли у вас соседи?—Нет, у нас нет соседей.[281]

Есть ли у вас братья?—Нет, у меня нет братьев.[225]

Есть ли у него друзья?—Нет, у него нет друзей.[226]

Есть ли сыновья у вашего дяди?—Нет, у моего дяди нет сыновей.[226]

Есть ли французы в вашем городе?—Нет, в нашем городе нет французов.[209]

Есть ли иностранцы в этом городе?—Нет, здесь нет иностранцев.[210]

Есть ли американцы в этом городе?—Нет, в этом городе нет американцев.[210]

Есть ли здесь немцы и англичане?[204]—Нет, здесь нет ни немцев, ни англичан.[204]

Есть ли господа в России?—Нет, в России теперь нет господ.[204]

Есть ли стулья в этой комнате?—Нет, в этой комнате нет стульев.[225]

Есть ли перья в этой коробке?—Нет, в этой коробке нет перьев.[225]

Есть ли люди в этом здании?—Нет, в этом здании нет людей.[282]

Есть ли деревья около вашего дома?—Нет, около нашего дома нет деревьев.[225]

Есть ли картины в этой книге?—Нет, в этой книге нет картин.[214]

Есть ли в этом магазине книги, карандаши и перья?—В этом магазине нет ни книг,[214] ни карандашей,[211] ни перьев.[225]

Есть ли в вашей школе учительницы?—У нас только учителя,[213] а учительниц[214] нет.

Есть ли у вас сёстры?—Нет, у меня нет сестёр.[215]

Есть ли подруги у вашей сестры?—Нет, у моей сестры нет подруг.[214]

Есть ли у вас соседки?—Нет, у нас нет соседок.[215]

Есть ли англичанки в этой школе?—Нет, в этой школе нет англичанок.[215]

Есть ли здесь американки?—Нет, здесь нет американок.[215]

Есть ли в этом доме девочки?—Нет, в этом доме нет девочек.[215]

Есть ли у вас карточки?—Нет, у меня нет карточек.[215]

Есть ли у вас фотографические карточки?—Нет, у меня нет фотографических[305] карточек.

Есть ли хорошие рестораны в этом городе?—Нет, хороших[305] ресторанов здесь нет.

Есть ли русские книги в вашей библиотеке?—Нет, в нашей библиотеке нет русских книг.

Есть ли ру́сские[328] в э́том го́роде?—Нет, в э́том го́роде нет ру́сских.[328]

Есть ли в дере́вне теа́тры, музе́и и библиоте́ки?—Нет, в дере́вне нет ни теа́тров,[209] ни музе́ев,[212] ни библиоте́к.[214]

Есть ли у вас знако́мые[328] в э́том го́роде?—Нет, в э́том го́роде у меня́ нет ни ро́дственников,[209] ни друзе́й,[226] ни знако́мых.[328]

Для кого́ э́ти ве́щи?—Они́ для двух[422] америка́нцев.

For whom are these things?—They are for two Americans.

Для кого́ вы рабо́тали сего́дня?—Сего́дня я рабо́тал для[422] трёх англича́н.

Для кого́ рабо́тает ва́ша сестра́?—Она́ рабо́тает для[422] четырёх ру́сских дам.

Для кого́ э́ти кни́ги, кото́рые лежа́т на э́том столе́?—Э́ти кни́ги для на́ших[382] четырёх но́вых[305] ученико́в и для трёх но́вых учени́ц.

От кого́ э́ти пи́сьма?—Они́ от двух мои́х[382] друзе́й и от[422] трёх подру́г мое́й жены́.

Где вы бы́ли вчера́?—Я был у свои́х[382] бра́тьев.[225]

Where were you yesterday?—I was at the house of my brothers.

Где живёт неме́цкая учи́тельница?—Она́ живёт у свои́х[382] дете́й.[283]

Где вы живёте зимо́й?—Э́той зимо́й я жил у свои́х друзе́й,[226] а сле́дующую зи́му бу́ду жить у свои́х ро́дственников.[209]

Где вы жи́ли, когда́ вы бы́ли в Росси́и?—Когда́ я был в Росси́и, я жил в Москве́ у свои́х ру́сских друзе́й. Я жил там неде́ль во́семь.[432]

У кого́ вы купи́ли э́ти карти́ны?—Я купи́л их у свои́х америка́нских[382] друзе́й.[226]

From whom did you buy these pictures?—I bought them from my American friends.

У кого́ она́ купи́ла своё но́вое пла́тье?—Она́ купи́ла его́ у каки́х-то францу́женок.[215]

Где вы купи́ли тако́й хоро́ший чай?—Я купи́л его́ у двух[422] кита́йцев.[210]

Где мы мо́жем[596] покупа́ть бума́гу, карандаши́ и пе́рья?—Вы мо́жете покупа́ть э́ти ве́щи у ва́ших[382] учителе́й.[213]

От кого́ вы получи́ли э́ти пи́сьма?—Я получи́л их от свои́х друзе́й[226] и ро́дственников.[209]

From whom did you get these letters?—I got them from my friends and relatives.

От кого́ э́ти пи́сьма?—Они́ от мои́х[382] роди́телей.[213]

От кого́ э́то письмо́?—Оно́ от моего́ отца́.

От кого́ вы ожида́ете[450] пи́сем?—Я ожида́ю пи́сем[222] от свои́х бра́тьев,[225] сестёр[215] и роди́телей.

Пять лет[284] я ожида́л от вас пи́сем, но вы не написа́ли ни одного́ сло́ва.

От э́тих[382] люде́й[282] вы мо́жете[596] ожида́ть[450] всего́ (всё).

От него́ я ничего́ хоро́шего[327] не ожида́ю.

Откýда приéхали в наш гóрод э́ти дéти?—Они́ приéхали сюдá из[449] рáзных[305] городóв.[209]

From where have these children come to our town?—They have come here from various towns.

Откýда вы знáете об э́том дéле?—Я узнáл об э́том из газéт[214] и из пи́сем[222] (от) мои́х друзéй[226] и знакóмых,[328] котóрых[121] у меня́ óчень мнóго.[452] От свои́х брáтьев[225] и из пи́сем рóдственников[209] я тóже узнáл, что в э́том гóроде живёт[614] мнóго иностра́нцев.[210]

Откýда вáша женá знáет всё э́то?—Онá знáет э́то из пи́сем, котóрые онá получáет чáсто от свои́х мнóгих подрýг[214] и знакóмых.

Получáете ли вы пи́сьма и подáрки от свои́х друзéй?—Нет, я не получáю от них ни пи́сем,[453] ни подáрков.[453]

Do you get any letters and presents from your friends?—No, I don't get any letters or presents from them.

Ви́дели ли вы рýсские кни́ги у вáшего дрýга?—Нет, рýсских книг я у негó не ви́дел.

Читáет ли ваш друг интерéсные кни́ги?—Он никаки́х книг не[104] читáет.

Каки́е вéщи вы положи́ли на стол?—Я никаки́х[104] вещéй[221] на стол не клал.[712]

Чáсто ли вы читáете рýсские газéты?—Я никогдá не[104] читáю рýсских газéт, я читáю тóлько америкáнские газéты.

Пóмните ли вы э́ти словá?—Нет, я не пóмню э́тих[382] слов.[222]

Имéете ли вы рýсский и немéцкий словари́?—Нет, я не[104] имéю никаки́х словарéй.[213]

Карандаши́ и́ли пéрья вы купи́ли сегóдня?—Я не купи́л карандашéй,[211] а купи́л пéрья. Я купи́л не карандаши́,[102] а пéрья.

Каки́е подáрки вы дади́те[599] вáшему учи́телю?—Я не дам[599] емý никаки́х подáрков.[209]

Знáете ли вы мои́х[382] роди́телей?[192]—Нет, я не знáю вáших[382] роди́телей.[213]

Do you know my parents?—No, I don't know your parents.

Знáете ли вы э́тих людéй?[282]—Нет, я не знáю э́тих людéй.

Знáете ли вы каки́х-нибýдь иностра́нцев?—Нет, я не[104] знáю никаки́х иностра́нцев.

Хорошó ли вы знáете свои́х сосéдей?[281]—Да, я хорошó их знáю: они́ живýт[613] здесь ужé мнóго лет.[284]

Чáсто ли вы встречáете мои́х[458] америкáнских[458] друзéй?[192]—Я никогдá не встречáю вáших америкáнских друзéй.[459]

Чáсто ли вы ви́дели учителéй[192] вáшего сы́на?—Я никогдá не ви́дел егó учителéй.[459]

Скóлько[452] иностра́нцев живёт[614] в э́том гóроде?—В э́том гóроде живёт[614] мнóго[452] иностра́нцев.

How many foreigners live in this city?—In this city there are many foreigners.

Скóлько подрýг у вáшей сестры́?—У моéй сестры́ мнóго подрýг.

А скóлько друзéй у вас?—У меня́ тóже мнóго друзéй.

Скóлько[123] у вáшего дрýга брáтьев и сестёр?—У негó мнóго брáтьев и сестёр.

Ско́лько в э́той коро́бке карандаше́й и пе́рьев?—В э́той коро́бке мно́го карандаше́й и пе́рьев.

Ско́лько де́нег у вас?—У меня́ тепе́рь мно́го де́нег.[215]

Ско́лько слов[222] в э́том словаре́?—В э́том словаре́ мно́го слов.

Ско́лько книг в э́той библиоте́ке?—В э́той библиоте́ке мно́го книг.

Ско́лько око́н[222] в э́том зда́нии?—В э́том зда́нии мно́го око́н.

Ско́лько лошаде́й у ва́шего дя́ди?—У него́ мно́го лошаде́й.

Ско́лько веще́й в э́том магази́не?—В э́том магази́не мно́го веще́й.

Ско́лько дете́й бе́гает[614] в па́рке?—В па́рке бе́гает[614] мно́го ма́льчиков и де́вочек.

Ско́лько рек и озёр в Аме́рике?—В Аме́рике мно́го больши́х рек и озёр.

Мно́го ли у вас[123] книг?—Да, у меня́ мно́го книг, и ру́сских, и францу́зских, и англи́йских, но неме́цких не мно́го.

Что вы там ви́дели?—Я там ви́дел мно́го[452] ра́зных интере́сных веще́й.

У дочере́й[221] моего́ дя́ди сто́лько же пла́тьев, ско́лько и у мои́х сестёр.[215]

The daughters of my uncle have as many dresses as my sisters.

У моего́ бра́та сто́лько же де́нег,[215] ско́лько и у меня́.

У на́шего учи́теля сто́лько же книг, ско́лько и у ва́шего.

В мое́й коро́бке сто́лько же пе́рьев[225] и карандаше́й,[211] ско́лько и в ва́шей.

При на́шей шко́ле рабо́тает[614] сто́лько же учителе́й,[213] ско́лько и при ва́шей.

В на́шем до́ме есть сто́лько же око́н,[222] ско́лько и в ва́шем.

Два[417] (три, четы́ре)[414] кра́сных карандаша́ лежа́т[424] на столе́.

Two (three, four) red pencils are (lying) on the table.

Два (три, четы́ре) но́вых пера́ лежа́т на столе́.

Два (три, четы́ре) ру́сских господи́на стоя́т[305] в э́той ко́мнате.

Два (три, четы́ре) до́брых америка́нца ожида́ют меня́.

Две[417] (три, четы́ре) но́вые (но́вых) кни́ги лежа́т на столе́.

Две (три, четы́ре) краси́вые (краси́вых) карти́ны вися́т на стене́.

Две (три, четы́ре) ру́сские (ру́сских) да́мы ожида́ют вас.

Пять[415] (шесть, семь, во́семь, де́вять, де́сять, оди́ннадцать, двена́дцать)[417] кра́сных карандаше́й (но́вых пе́рьев, но́вых книг, краси́вых карти́н) лежа́т[426] на столе́.

Пять (шесть, семь, во́семь, де́вять, де́сять, оди́ннадцать, двена́дцать) ру́сских госпо́д (до́брых америка́нцев, ру́сских дам) ожида́ют[426] вас.

Ско́лько[452] но́вых пла́тьев[418] купи́ла ва́ша сестра́?—Она́ говори́т, что купи́ла пять[415] и́ли шесть пла́тьев,[418] а я зна́ю наве́рное, что она́ купи́ла пла́тьев де́сять.[432]

How many new dresses did your sister buy?—She says that she bought five or six dresses but I know for sure that she bought about ten dresses.

Ско́лько[123] в году́[185] ме́сяцев?[210]—В году́ двена́дцать[415] ме́сяцев.

Ско́лько дней[213] в неде́ле?—В неде́ле семь дней.

Как до́лго вы бу́дете у ва́ших друзе́й?—Я там бу́ду пять и́ли шесть дней.

Как до́лго путеше́ствовали э́ти господа́?—Я не зна́ю и не могу́ [596] поня́ть: муж говори́т, что они́ путеше́ствовали семь ме́сяцев, его́ жена́ говори́т—де́вять неде́ль, [216] а ма́ленький сын говори́т, что они́ е́здили то́лько на де́сять и́ли двена́дцать дней.

Ско́лько дете́й у ва́шего дя́ди?—У него́ пять сынове́й и шесть дочере́й.

Ско́лько [123] у вас всего́ рабо́тников и рабо́тниц?—Всего́ у нас двена́дцать челове́к. [228]

Ско́лько [228] люде́й в э́той ко́мнате?—В э́той ко́мнате тепе́рь не мно́го люде́й, то́лько де́сять челове́к. [228]

Ско́лько неде́ль и дней вы посеща́ли шко́лу?—Я посеща́л шко́лу пять неде́ль, а ско́лько ещё дней—не по́мню.

Ско́лько уро́ков у вас в неде́лю? [549]—У меня́ пять уро́ков ру́сских и шесть неме́цких. [122]

Как до́лго вы рабо́тали вчера́?—У́тром я рабо́тал часа́ три [432] и ве́чером часо́в пять. [432]

Ско́лько о́кон в ва́шей ко́мнате?—В мое́й ко́мнате во́семь о́кон.

Мно́го ли лошаде́й у ва́шего сосе́да?—Наве́рное не зна́ю, но ка́жется, пять лошаде́й.

Как до́лго вы бы́ли у ва́шего отца́?—Я был у него́ часо́в пять и́ли шесть. [432]

Ско́лько ва́ших ро́дственников бы́ло [614] на войне́?—Пять сынове́й моего́ дя́ди бы́ли [426] на войне́.

Ско́лько рабо́тников бы́ло [614] у вас?—У нас бы́ло мно́го [614] рабо́тников. Мно́го рабо́тников бы́ло у нас.

How many workers did you have?—We had many workers.

Ско́лько рабо́тников бы́ло у ва́шего бра́та?—У моего́ бра́та бы́ло два [425] рабо́тника. Два́ рабо́тника бы́ли у моего́ бра́та.

Ско́лько рабо́тников бы́ло у ва́шего отца́?—У моего́ отца́ бы́ло пять [426] рабо́тников. Пять рабо́тников бы́ло у моего́ отца́.

Ско́лько [614] люде́й [228] рабо́тало здесь?—Здесь рабо́тало [426] шесть челове́к. [228] Шесть челове́к рабо́тало здесь.

Ско́лько люде́й ви́дело э́ту карти́ну?—Мно́го люде́й [228] ви́дело [614] её.

Ско́лько ученико́в пришло́ на уро́к вчера́?—Вчера́ пришло́ [426] оди́ннадцать ученико́в. Пришло́ [426] то́же пять учени́ц. [214]

Ско́лько лет [284] ва́шему бра́ту? [464]—Ему́ [464] уже́ оди́ннадцать лет. [284]

How old is your brother?—He is already eleven years old.

Ско́лько [123] вам лет?—Мне двена́дцать лет.

Ско́лько лет ва́шему сы́ну?—Ему́ то́лько два го́да. [284]

А ско́лько лет э́той де́вочке?—Ей четы́ре го́да.

Ско́лько лет до́чери [173] ва́шего дя́ди?—Ей семь лет.

Ско́лько лет его́ сы́ну?—Ему́ пять лет.

Ско́лько лет ва́шей сестре́?—Мое́й сестре́ де́сять лет.

То бы́ли хоро́шие дни. Э́ти три дня хоро́шие.

Those were beautiful days. These three days are beautiful.

Э́тих трёх дней [421] я никогда́ не забу́ду.

Все пять дней бы́ли хоро́шие.
Все пять дней его́ не́ было[609] до́ма.
Ка́ждые три дня он прихо́дит к нам.
Це́лые две но́чи (це́лых две но́чи)[417] он сиде́л за столо́м и писа́л.

Я покупа́ю два (три, четы́ре) кра́сных карандаша́.[418]

I am buying two (three, four) red pencils.

Я покупа́ю два (три, четы́ре) но́вых пера́.
Она́ покупа́ет две (три, четы́ре) но́вые (но́вых) кни́ги.
Мы покупа́ем две (три, четы́ре) краси́вые (краси́вых) карти́ны.
Он покупа́ет пять[420] (шесть, семь, во́семь, де́вять, де́сять, оди́ннадцать, двена́дцать) кра́сных карандаше́й (но́вых пе́рьев, но́вых книг, краси́вых карти́н).[421]
Я зна́ю двух[403] (трёх,[403] четырёх,[403] пять,[420] шесть, семь, во́семь, де́вять, де́сять. оди́ннадцать, двена́дцать) ру́сских госпо́д (до́брых америка́нцев).[419]
Он зна́ет двух[419] (трёх,[419] четырёх,[419] пять, шесть, семь, во́семь, де́вять, де́сять, оди́ннадцать, двена́дцать) ру́сских дам.

Я не покупа́ю э́тих двух (трёх, четырёх) карандаше́й.[421]

I am not buying these two (three, four) pencils.

Я не покупа́ю э́тих двух (трёх, четырёх) пе́рьев.
Я не покупа́ю э́тих двух (трёх, четырёх) книг.
Я не покупа́ю э́тих двух (трёх, четырёх) карти́н.
Я не зна́ю э́тих двух (трёх, четырёх) ру́сских госпо́д.[204]
Я не зна́ю э́тих двух (трёх, четырёх) америка́нцев.
Я не зна́ю э́тих двух (трёх, четырёх) дам.
Я не покупа́ю э́тих пяти́[403] (шести́, семи́, восьми́, девяти́, десяти́, оди́ннадцати, двена́дцати) карандаше́й (пе́рьев, книг, карти́н).
Я не зна́ю э́тих пяти́ госпо́д (рабо́тников, дам, учени́ц).

Ско́лько вели́ких ру́сских писа́телей вам знако́мы?[322]—Три вели́ких ру́сских писа́теля мне знако́мы.[322]

How many great Russian writers are known to you?—Three great Russian writers are known to me.

Ско́лько ру́сских книг лежи́т на э́том столе́?—На э́том столе́ лежа́т две ру́сские кни́ги и пять ру́сских журна́лов.
Ско́лько америка́нских пе́рьев у вас?—У меня́ два америка́нских пера́, но у нас в магази́не есть де́сять америка́нских пе́рьев.
Ско́лько[431] но́вых книг вы купи́ли?—Я купи́л две но́вые кни́ги.[418]
Ско́лько кра́сных карандаше́й вы име́ете?—Я име́ю три кра́сных карандаша́, но мой брат име́ет пять[420] кра́сных карандаше́й.

Ско́лько[431] ру́сских писа́телей вы зна́ете?—Я зна́ю трёх ру́сских писа́телей.[419]

How many Russian writers do you know?—I know three Russian writers.

Ско́лько ру́сских дам вы зна́ете?—Я зна́ю трёх ру́сских дам, но моя́ сестра́ зна́ет то́лько двух ру́сских дам.

Ско́лько иностра́нцев вы ви́дели в го́роде?—Вчера́ я ви́дел четырёх иностра́нцев, а сего́дня я ви́дел ещё двух.

Ско́лько англи́йских писа́телей вы зна́ете?—Я зна́ю мно́го англи́йских писа́телей, де́вять и́ли де́сять. Я то́же зна́ю пять[420] францу́зских писа́телей.

Ви́дели ли вы всех мои́х друзе́й?—Вчера́ я ви́дел двух ва́ших друзе́й, а сего́дня ви́дел ещё одного́.

Как до́лго вы чита́ли э́ту кни́гу?—Я чита́л её три часа́.

How long did you read in this book?—I read (in) it three hours.

Как до́лго вы рабо́тали сего́дня?—Я рабо́тал то́лько два часа́.

Как до́лго вы ду́маете рабо́тать за́втра?—За́втра я порабо́таю пять часо́в, а пото́м погуля́ю часа́ два.

Ско́лько часо́в в день[549] вы рабо́таете обыкнове́нно?—Обыкнове́нно я рабо́таю во́семь часо́в в день.

Ско́лько часо́в вы бы́ли в шко́ле вчера́?—Вчера́ я был в шко́ле весь день, всего́ часо́в де́сять и́ли оди́ннадцать.

Кото́рый[123] тепе́рь час? ог Ско́лько[123] тепе́рь вре́мени?[280]—Тепе́рь час. Тепе́рь два часа́.

What time is it now?—It is now one o'clock. It is now two o'clock.

Тепе́рь три часа́.	Тепе́рь во́семь часо́в.
Тепе́рь четы́ре часа́.	Тепе́рь де́вять часо́в.
Тепе́рь пять часо́в.	Тепе́рь де́сять часо́в.
Тепе́рь шесть часо́в.	Тепе́рь оди́ннадцать часо́в.
Тепе́рь семь часо́в.	Тепе́рь двена́дцать часо́в.

В кото́ром часу́[185] вы прихо́дите в шко́лу?—Я прихожу́ в шко́лу в во́семь[543] часо́в утра́.

At what time do you come to school?—I come to school at eight o'clock in the morning (8 A.M.).

В кото́ром часу́ вы ку́шаете?—Я ку́шаю в семь часо́в утра́, в двена́дцать часо́в дня и в шесть часо́в ве́чера.

Когда́ вы идёте на рабо́ту в магази́н?—Обыкнове́нно я иду́ в де́вять часо́в утра́, но сего́дня я пошёл в де́сять часо́в, а за́втра, ду́маю, пойду́ часо́в в оди́ннадцать.[432]

Когда́ бу́дет у вас америка́нец?—Он сказа́л, что придёт в шесть часо́в и́ли о́коло того́.

13
Тринадцатый урок (Lesson XIII)

АЛЕКСЕЙ ПАВЛОВИЧ

Доброе утро, Иван Петрович! Что вы делаете здесь на почте?

ИВАН ПЕТРОВИЧ

Здравствуйте, Алексей Павлович! Я посылаю подарки своим[382] родителям[233] в Старую Руссу. А вы тоже посылаете что-нибудь?

АЛЕКСЕЙ ПАВЛОВИЧ

Да, посылаю книги и журналы своим[382] дядям[235] и тёткам[234] в деревню.

ИВАН ПЕТРОВИЧ

А куда вы пойдёте отсюда?

АЛЕКСЕЙ ПАВЛОВИЧ

Сначала зайду в школу к детям,[283] а потом пойду к Петровым.[358]

ИВАН ПЕТРОВИЧ

Я пойду с вами. Мне нужно поговорить с вами о разных[305] делах.[238]

АЛЕКСЕЙ ПАВЛОВИЧ

Прекрасно. Мы пойдём по этой улице мимо садов[209] господина Семёнова, а потом через парк к школьным[305] зданиям.[239]

ИВАН ПЕТРОВИЧ

Хорошо. Мне всё равно.

АЛЕКСЕЙ ПАВЛОВИЧ

О чём вы хотели говорить со мной?

ALEXEY PAVLOVICH

Good morning, Ivan Petrovich. What are you doing here at the post office?

IVAN PETROVICH

How do you do, Alexey Pavlovich. I am sending presents to my parents in Staraya Russa. Are you also sending something?

ALEXEY PAVLOVICH

Yes, I am sending books and magazines to my uncles and aunts in the country.

IVAN PETROVICH

Where will you go from here?

ALEXEY PAVLOVICH

First, I shall call on my children at school, and then I shall go to the Petrovs.

IVAN PETROVICH

I am going with you. I have to have a talk with you about various matters.

ALEXEY PAVLOVICH

Fine. We shall go along this street past Mr. Semyonov's gardens, and then through the park to the school buildings.

IVAN PETROVICH

All right. It's all the same to me.

ALEXEY PAVLOVICH

About what did you want to talk to me?

ИВАН ПЕТРОВИЧ

Двена́дцатого ма́рта[547] мы с[112] това́рищами[231] пое́дем в Москву́. Не хоти́те ли вы пое́хать с на́ми?

IVAN PETROVICH

On March 12, I shall ride to Moscow with some comrades. Don't you want to ride with us?

АЛЕКСЕЙ ПАВЛОВИЧ

Как вы пое́дете, лошадьми́[276] и́ли по́ездом?[471]

ALEXEY PAVLOVICH

How are you going to ride, on horseback or by train?

ИВАН ПЕТРОВИЧ

Мы пое́дем на велосипе́дах.[231]

IVAN PETROVICH

We shall ride on bicycles.

АЛЕКСЕЙ ПАВЛОВИЧ

Я поду́маю об э́том и дам[599] вам отве́т на э́тих[382] днях.[233] А вот шко́ла мои́х дете́й. Я зайду́ туда́: мне ну́жно поговори́ть о де́тях[283] с не́которыми[305] учителя́ми.[233] Не хоти́те ли вы зайти́ со мной?

ALEXEY PAVLOVICH

I shall think this over and shall give you an answer soon (Literally: in these days). But here is my children's school. I am going in here: I must talk to some of the teachers about the children. Don't you want to go in with me?

ИВАН ПЕТРОВИЧ

Да, я, пожа́луй, то́же зайду́. Э́то хоро́ший слу́чай и мне поговори́ть о мои́х[382] бра́тьях.[274]

IVAN PETROVICH

Yes, I think I will also go in. This is a good opportunity for me to have a talk about my brothers.

АЛЕКСЕЙ ПАВЛОВИЧ

Я ви́жу како́е-то объявле́ние на дверя́х[236] шко́лы. Не зна́ете ли вы, о чём э́то?

ALEXEY PAVLOVICH

I see some announcement on the door of the school. Do you perhaps know what it is about?

ИВАН ПЕТРОВИЧ

Э́то объявление об экза́менах.[231]

IVAN PETROVICH

This announcement is about the examinations.

АЛЕКСЕЙ П⸱⸱ЛОВИЧ

Мои́м[382] де́тям[283] бу́дет о́чень мно́го[452] рабо́ты с э́тими[382] экза́менами.[231] Я не могу́[596] поня́ть, почему́ ученика́м[231] не даю́т[588] немно́го[452] о́тдыха пе́ред экза́менами.

ALEXEY PAVLOVICH

My children will have a lot of work with these examinations. I cannot understand why they don't give the pupils a little rest before the examinations.

ИВАН ПЕТРОВИЧ

А в каки́х[305] кла́ссах[231] ва́ши де́ти?

IVAN PETROVICH

In what classes (grades) are your children?

АЛЕКСЕЙ ПАВЛОВИЧ

Оди́н сын во второ́м кла́ссе, а друго́й в пя́том. Вот я ви́жу нача́льника шко́лы. Он бесе́дует с ученика́ми[231] и учени́цами.[234] Не бу́дем меша́ть ему́.

ALEXEY PAVLOVICH

One son is in the second grade, and the other one in the fifth. Here I see the principal of the school. He is chatting with some boy and girl pupils. We won't disturb him.

ИВАН ПЕТРОВИЧ

Коне́чно, мы подождём, а пока́ посмо́трим э́ти краси́вые карти́ны и ка́рты на сте́нах.[234]

IVAN PETROVICH

Of course, we shall wait, and in the meantime we shall look at these beautiful pictures and photographs on the walls.

АЛЕКСЕЙ ПАВЛОВИЧ

Я хочу́ посмотре́ть, каки́е э́то цветы́ стоя́т на о́кнах.[238] А почему́ в э́той ко́мнате ма́ло[452] сту́льев,[274] и что э́то[108] лежи́т на стола́х?[231]

ALEXEY PAVLOVICH

I want to see what kind of flowers these are standing in the windows. But why are there (so) few chairs in this room, and what is this lying on the tables?

ИВАН ПЕТРОВИЧ

Сту́лья почему́-то стоя́т по угла́м.[231] А на стола́х лежа́т газе́ты и журна́лы на иностра́нных[305] языка́х.[231]

IVAN PETROVICH

For some reason the chairs are standing in the corners. And newspapers and magazines in foreign languages are lying on the tables.

АЛЕКСЕЙ ПАВЛОВИЧ

Вот иду́т[424] два учи́теля, кото́рые мне нужны́. Я пойду́ к ним.[371]

ALEXEY PAVLOVICH

Here come two teachers whom I want to see (Literally: whom I need). I am going to them.

ИВАН ПЕТРОВИЧ

Хорошо́. А я посижу́ здесь и подожду́ свои́х бра́тьев.[274]

IVAN PETROVICH

All right. And I shall sit here and wait for my brothers.

АЛЕКСЕЙ ПАВЛОВИЧ

В тако́м слу́чае до свида́ния. Я уви́жу вас за́втра и тогда́ мы ещё поговори́м с ва́ми[112] о пое́здке в Москву́.

ALEXEY PAVLOVICH

In that case, good-by. I shall see you tomorrow and then you and I shall have another talk about the trip to Moscow.

ИВАН ПЕТРОВИЧ   IVAN PETROVICH

Óчень хорошó. До свидáния, Алексéй   Very well. Good-by, Alexey Pavlovich.
Пáвлович!

Exercises

Комý вы пишете письмó?—Я пишý свои́м[382] роди́телям.[233]

To whom are you writing a letter?—I am writing to my parents.

Чáсто ли вы пи́шете свои́м друзья́м?[275]—Да, я пишý мнóго[452] пи́сем:[222] и друзья́м, и
рóдственникам.[231]

Каки́м рóдственникам вы пи́шете?—Я пишý дя́дям,[235] тётям,[235] брáтьям[274] и сёстрам.[234]

Комý вы бýдете писáть вéчером?[476]—Я бýду писáть двум[423] товáрищам,[231] котóрым
я не писáл ужé мéсяца три.

Комý вы дади́те[599] эти кни́ги?—Я дам[423] их трём[403] друзья́м[275] и четырём[403] дáмам.[234]

Комý онá посылáет подáрки?—Онá посылáет подáрки двум хорóшим[305] англи́йским[305]
дéтям[283] и четырём рýсским мáльчикам.[231]

Комý он пи́шет письмó?—Он пи́шет пяти́[403] ученикáм[231] и мнóгим[305] другим[305] лю́дям.[282]

Комý вы давáли урóки?—Я давáл[423] урóки восьми́[403] мáльчикам и девяти́[403] дéвоч-
кам.[234]

К комý идёт этот граждани́н?—Он идёт к нáшим[382] сосéдям.[281]

To whom is this citizen going?—He is going to our neighbors.

Не[102] к вам ли идёт этот человéк?—Нет, он идёт не[102] к нам, а к вáшим[382] друзья́м.[275]

Кудá вы идёте?—Я идý к мои́м роди́телям.[233] Зáвтра я поéду к брáтьям[274] и сёстрам.[234]

К комý мы пойдём тепéрь?—Тепéрь мы пойдём к нóвым[305] знакóмым.[328]

Почемý ваш товáрищ пришёл ко мне со свои́м дéлом?—Я не знáю, почемý он не идёт
со свои́м дéлом к свои́м рóдственникам,[231] а идёт к мои́м друзья́м.

К скóльким[431] докторáм[231] вы ходи́ли в этом годý?—Я ходи́л к двум[422] докторáм, моя́
женá ходи́ла к трём[403] и́ли четырём[403] докторáм, а мои́ дéти ходи́ли к пяти́[422] докторáм.

Хóдят ли трамвáи по этим[382] ýлицам?[234]—Нет, по этим[382] ýлицам трамвáи не хóдят.

Do streetcars operate on these streets?—No, no streetcars operate on these streets.

Кудá вы идёте?—Я идý гуля́ть по ýлицам.

Почемý вáши дéти стоя́т по углáм[231] кóмнаты?—Вероя́тно, так нýжно.

Когдá гуля́ют лю́ди по ýлицам гóрода?—По ýлицам гóрода лю́ди гуля́ют и днём,[476] и
нóчью.[476]

Растýт[597] ли в вáшем гóроде дерéвья по ýлицам?—Нет, по ýлицам в нáшем гóроде
дерéвья не растýт, а тóлько в пáрках[231] и садáх.[231]

По каки́м у́лицам вы лю́бите ходи́ть?—Я люблю́ ходи́ть по у́лицам, по кото́рым[305] я ходи́л в шко́лу, когда́ я был ма́льчиком.[474]

Почему́ вы не хо́дите в теа́тр?—Здесь нет хоро́ших теа́тров, а я люблю́ ходи́ть то́лько в хоро́шие теа́тры. Я люблю́ ходи́ть то́лько по хоро́шим[305] теа́трам.[231]

Why don't you (ever) go to the theater?—There are no good theaters here, and I like to go only to good theaters.

Куда́ хо́дят ва́ши сёстры?—Мои́ сёстры и их подру́ги весь день хо́дят по ра́зным[305] магази́нам.[231]

Мой оте́ц не лю́бит ходи́ть по доктора́м.[231]

Мо́жете[596] ли вы назва́ть всех свои́х друзе́й[275] по имена́м?[280]—Коне́чно, могу́.[596]

Can you name all your friends by their first names (Do you know the first names of all your friends)?—Naturally, I can.[329-332]

Всех ли свои́х друзе́й вы называ́ете по имена́м?—То́лько бли́зких друзе́й я называ́ю по имена́м; други́х друзе́й и знако́мых я называ́ю по имена́м и о́тчествам;[238] а люде́й,[282] кото́рых я не зна́ю хорошо́, я называ́ю по фами́лиям.[235]

Отку́да вы зна́ете, что э́то[108] иду́т ва́ши сёстры?—Я узнаю́ их по шля́пам.[234]

Как могли́ вы говори́ть с мои́м дру́гом, кото́рого вы никогда́ не вида́ли?—Я говори́л с ним по телефо́ну.

Мы ча́сто ду́маем о де́тях[283] по их роди́телям,[233] а о роди́телях[233] ду́маем по их де́тям.[283]

По каки́м[305] дням[233] вы быва́ете в магази́не?—Я быва́ю в магази́не по вто́рникам[231] и четверга́м.[231]

On what days are you usually at the store?—I am at the store on Tuesdays and Thursdays.

По каки́м дням у вас быва́ют уро́ки ру́сского языка́?—Уро́ки ру́сского языка́ у меня́ быва́ют ка́ждую[548] неде́лю по понеде́льникам,[231] среда́м[234] и пя́тницам.[234]

Когда́ вы быва́ете до́ма?—Я быва́ю до́ма по суббо́там[234] и воскресе́ньям.[239]

Когда́ вы пи́шете свои́ пи́сьма?—Пи́сьма я обыкнове́нно пишу́ по вечера́м.[231]

Когда́ ваш брат лю́бит гуля́ть?—Он лю́бит гуля́ть по ноча́м.[237]

Что вы де́лаете по утра́м?[238]—По утра́м я рабо́таю по до́му.

Учи́тельница дала́ де́тям[283] по кни́ге.

The teacher gave each of the children a book.

Я дал ученика́м[231] по карандашу́ и по перу́.

Мы да́ли рабо́тникам[231] по рублю́ и по до́ллару.

Я дал свои́м рабо́тникам[231] по два и́ли три рубля́, а мои́ оте́ц дал им по пяти́[403] (по пять) рубле́й.

Учи́тель дал ученика́м по две кни́ги, а учи́тельница дала́ учени́цам[234] по шести́ (по шесть) ма́леньких ка́рточек.

Мы купи́ли по кни́ге, по карандашу́ и по перу́.

Мы получа́ли по два письма́ и по три газе́ты ка́ждый день, но на́ши друзья́[275] получа́ли по десяти́ (по де́сять) пи́сем и по девяти́[403] (по де́вять) газе́т ка́ждую[548] неде́лю.

Како́й руко́й[471] ма́льчик де́ржит кни́гу?—Он де́ржит её обе́ими[429] рука́ми[234]—кни́га о́чень больша́я,[324] а ма́льчик ма́ленький.[324]

With which hand is the boy holding the book?—He is holding it with both hands—the book is very big, and the boy is small.

Каки́ми[305] карандаша́ми[231] ма́льчики пи́шут пи́сьма?—Они́ пи́шут пи́сьма си́ними[305] карандаша́ми.[471]

Чем[378] вы де́ржите карандаши́?—Мы де́ржим карандаши́ рука́ми[234] и па́льцами.[231]

Что вы де́лаете рука́ми и па́льцами?—Рука́ми и па́льцами мы рабо́таем.

Что вы де́лаете карандаша́ми и пе́рьями?[274]—Карандаша́ми и пе́рьями мы пи́шем.

Что мы де́лаем глаза́ми?[231]—Глаза́ми мы смо́трим.

Что мы де́лаем зуба́ми?[231]—Зуба́ми мы ку́шаем.

Что вы де́лаете вечера́ми[231] зимо́й?[474]—Вечера́ми[474] зимо́й я обыкнове́нно чита́ю.

What do you do in the evenings in winter?—In winter I usually read in the evenings.

Когда́ вы пи́шете свои́ пи́сьма?—Пи́сьма я обыкнове́нно пишу́ вечера́ми.

Что де́лает ваш друг днём?[474]—Це́лыми дня́ми[474] он сиди́т без де́ла, а вечера́ми начина́ет свою́ рабо́ту.

С[478] кем бы́ли вы вчера́ в теа́тре?—Я был там с двумя́[422] това́рищами.[231]

With whom were you at the theater yesterday?—I was there with two comrades.

С кем разгова́ривает ваш брат?—Он разгова́ривает с тремя́[403] учителя́ми[233] и четырьмя́[403] учи́тельницами.[234]

С кем разгова́ривает ва́ша сосе́дка?—Она́ всегда́ разгова́ривает с детьми́,[283] кото́рых встреча́ет на у́лице. Вчера́ она́ говори́ла да́же с десятью́[403] ма́льчиками[231] и де́вочками.[234]

С каки́ми[305] людьми́[282] ваш дя́дя име́ет де́ло?—Он име́ет де́ло с америка́нцами,[231] англича́нами[204] и с кита́йцами,[231] а тётя име́ет де́ло с америка́нками,[234] англича́нками[234] и с китая́нками.[234]

С каки́ми иностра́нцами[231] у ва́шего дя́ди де́ло?—У него́ де́ло с ру́сскими,[305] с не́мцами[231] и с францу́зами.[231]

С кем живу́т ва́ши роди́тели?—Они́ живу́т с мои́ми[382] бра́тьями[274] и сёстрами.[234] А мой дя́дя всю зи́му[543] сиди́т в дере́вне оди́н со[541] свои́ми[382] соба́ками[234] и лошадьми́.[276]

С кем гуля́ет ва́ша сестра́?—Она́ гуля́ет со свои́ми[305] подру́гами.[234]

С кем рабо́тает э́тот рабо́тник?—Он рабо́тает с не́которыми[305] други́ми[305] рабо́тниками.[231]

Со[541] ско́лькими[431] ученика́ми[231] гуля́ет учи́тель в па́рке?—Он гуля́ет в па́рке с двена́дцатью[403] ученика́ми.[231]

Что за[478] э́тими[305] дома́ми?[231]—За ни́ми[371] большо́е по́ле.

What is (there) behind these houses?—A large field is behind them.

Где на́ши ло́шади?—Они́ за э́тими больши́ми[305] дере́вьями;[274] вы не мо́жете[596] ви́деть их отсю́да.

Где мы бу́дем сиде́ть?—Мы ся́дем за э́тими[305] стола́ми.[231]

Где ва́ши цветы́, я не ви́жу их на о́кнах?[238]—Они́ за о́кнами.[238]

За кем[378] шёл[701] ма́льчик?—Ма́льчик шёл ти́хо по у́лицам[234] за свои́ми роди́телями.[233]

Над[478] каки́ми стола́ми[231] висе́ли ла́мпы?—Ла́мпы висе́ли над стола́ми, за кото́рыми[305] сидя́т ученики́.

Де́ти бе́гали за дверя́ми[236] шко́лы, но в шко́лу не входи́ли.

Где стоя́ли де́ти?—Они́ стоя́ли за[422] двумя́[403] и́ли тремя́[403] дере́вьями.[274]

Где растёт[597] трава́?—Трава́ растёт за э́тими четырьмя́[403] дома́ми.[231]

За ско́лькими[431] стола́ми[231] сиде́ли лю́ди?—Ма́льчики сиде́ли за пятью́[403] стола́ми, а де́вочки с да́мами[234] за во́семью[403] стола́ми.

Что вы смо́трите за[478] э́ти дере́вья; кто там?—Я не смотрю́ за дере́вья, но я зна́ю, что за[478] дере́вьями[274] де́ти.

Кто бу́дет смотре́ть за до́мом и за детьми́,[283] когда́ вы уе́дете[700] в го́род?—И за до́мом, и за детьми́ бу́дут смотре́ть на́ши сосе́ди, с кото́рыми[305] я говори́л об э́том.

За[478] каки́ми веща́ми[237] вы е́дете в го́род?—Я е́ду в го́род за кни́гами,[234] газе́тами[234] и за карти́нами.[234]

For what kind of things are you driving to town?—I am driving to town for (to get) books, newspapers, and pictures.

Кто пойдёт за лошадьми́[276] в по́ле?—Вероя́тно, рабо́тники пойду́т за ни́ми.[371]

Куда́ вы идёте за пи́сьмами?[238]—За пи́сьмами я обыкнове́нно хожу́ на по́чту.

За чем[378] пое́хал дя́дя?—Он пое́хал за кни́гами,[234] о кото́рых[305] пи́шут мно́го в ру́сских газе́тах.[234]

За чем вы ходи́ли на по́чту?—Я ходи́л на по́чту за пи́сьмами, журна́лами[231] и други́ми[305] веща́ми.[237]

За ва́ми и́ли за мной прие́хал э́тот челове́к?—Он прие́хал ни за ва́ми, ни за мной, а за свои́ми[305] детьми́.[283]

Оте́ц пое́хал в го́род за людьми́,[282] с кото́рыми бу́дет рабо́тать э́тим ле́том.[476]

Кто хо́дит в шко́лу за детьми́?—Мать сама́ хо́дит в шко́лу за свои́ми сыновья́ми[275] и дочерьми́.[305]

Где сидя́т де́ти?—Они́ сидя́т под[478] те́ми[382] больши́ми[305] дере́вьями.[274]

Where are the children sitting?—They are sitting under those tall trees.

Не зна́ете ли вы, где моё письмо́?—Оно́, ка́жется, под кни́гами.[234]

Где лежа́ли газе́ты?—Газе́ты лежа́ли и на[480] стола́х,[231] и под стола́ми.[231]

Что растёт[597] под дере́вьями?—Под больши́ми дере́вьями растёт трава́.

Но́чью[476] под о́кнами[238] кто-то ходи́л.

Под дверя́ми[236] до́ма лежа́ло что-то бе́лое.[327]

О[480] чём[378] говоря́т ма́льчики?—Они́ говоря́т об[480] учителя́х.[233]

What are the boys talking about?—They are talking about the teachers.

О каки́х[305] учителя́х они́ говоря́т?—Они́ говоря́т об учителя́х свое́й шко́лы.

Что они́ говоря́т о них?[371]—Они́ говоря́т, что об их[371] учителя́х пи́шут в газе́тах.[234]

Что пи́шут в газе́тах об э́тих[305] учителя́х?—Пи́шут о них[372] хорошо́.

Пи́шут ли то́же и об учи́тельницах?[234]—Об э́том я не зна́ю; я сам не чита́л газе́т.

А пи́шут ли что-нибу́дь об ученика́х[231] и учени́цах?[234]—О том я то́же не зна́ю.

О чём вы ду́маете?—Я ду́маю о свои́х дела́х.[238]

О чём говори́л ваш учи́тель?—Он мно́го говори́л о города́х,[231] в кото́рых[305] он быва́л.

О ком говори́л э́тот господи́н с учителя́ми[233] и с учи́тельницами?[234]—Он говори́л о свои́х[385] де́тях.[283]

Где расту́т[597] больши́е дере́вья?—Больши́е дере́вья расту́т в[480] сада́х[231] и па́рках.[231]

Where do large trees grow?—Large trees grow in gardens and in parks.

Где я могу́ ви́деть высо́кие дома́?[203]—Вы мо́жете[596] ви́деть высо́кие дома́ в бо́льших[305] города́х[231] Соединённых Шта́тов Аме́рики.

Во[541] мно́гих[305] ли города́х Аме́рики быва́л э́тот иностра́нец?—Да, он быва́л во мно́гих—и больши́х, и ма́лых.[305]

Где я могу́[596] ви́деть таки́е краси́вые карти́ны?—Вы мо́жете ви́деть таки́е карти́ны в э́тих[382] ру́сских[305] и англи́йских кни́гах.[234]

Где рабо́тают э́ти лю́ди?—Они́ рабо́тают в ра́зных[305] места́х:[238] в шко́лах,[234] в магази́нах,[231] в поля́х[239] и в други́х[305] места́х.

Где живу́т иностра́нцы?—Мно́гие живу́т в города́х и в сёлах,[238] не́сколько[614] их[452] живёт то́же и в деревня́х.[235]

Что он говори́т там о[480] кро́ви?—Он говори́т не о кро́ви, а о челове́ке, кото́рый лежа́л в крови́.[186]

What is he saying there about blood?—He is not talking about blood, but about a man who was lying in blood.

Мо́жете ли вы рассказа́ть[462] нам что-нибу́дь о сте́пи[186] и ма́ло зна́ю о сте́пи.

Что ваш дя́дя пи́шет[462] вам о пе́чи?—Он пи́шет, что зимо́й он лю́бит лежа́ть на печи́.[186]

Что мать говори́т[462] де́тям[283] о пы́ли и о гря́зи?—Она́ говори́т им, что им нельзя́[464] бе́гать ни в пыли́,[186] ни в грязи́.[186]

Брат пи́шет о пы́ли и гря́зи в дере́вне ле́том.

Он быва́л в Москве́, в Твери́[186] и в други́х[305] больши́х[305] города́х,[231] но о Твери́ он почему́-то не лю́бит говори́ть.

Мать не лю́бит говори́ть де́тям о кро́ви.

Рабо́тник лежа́л весь день на печи́, а ве́чером говори́л, что он никогда́ не ду́мает о пе́чи.

В дверя́х[236] стоя́л ма́льчик весь в пыли́ и грязи́, а ру́ки его́ бы́ли в крови́.

Её пла́тье бы́ло в пыли́ и грязи́, но она́ не ду́мала ни о своём пла́тье, ни о пы́ли, ни о гря́зи, она́ говори́ла то́лько о свои́х де́тях. [283]

Где лежа́т журна́лы?—Журна́лы лежа́т[593] на[480] стола́х. [231]

Where are the magazines (lying)?—The magazines are on the tables.

Где вися́т карти́ны?—Карти́ны вися́т на стена́х. [234]

Где мои́ цветы́?—Ва́ши цветы́ на о́кнах. [238]

На чём сидя́т[595] лю́ди, когда́ ку́шают?—Когда́ лю́ди ку́шают, они́ сидя́т на сту́льях.[274]

На чём сидя́т э́ти[382] господа́,[204] когда́ они́ чита́ют газе́ты?—Когда́ чита́ют газе́ты, они́ сидя́т в кре́слах. [238]

Е́здят ли ва́ши де́ти в дере́вне на велосипе́дах?[231]—Нет, там они́ е́здят то́лько на лошадя́х. [276]

На ско́льких[431] языка́х[231] говори́т но́вый учи́тель?—Но́вый учи́тель говори́т на трёх[403] языка́х: по-ру́сски, по-англи́йски и по-неме́цки.

How many languages does the new teacher speak?—The new teacher speaks three languages: Russian, English, and German.

На ско́льких языка́х вы говори́те?—Я говорю́ то́лько на двух[403] языка́х: по-англи́йски и по-ру́сски.

На ско́льких языка́х говори́т тот иностра́нец, кото́рого вы встре́тили вчера́?—Он говори́т на[422] четырёх[403] и́ли пяти́[403] языка́х.

На каки́х языка́х говоря́т ва́ши три[417] но́вых дру́га?—Оди́н друг говори́т то́лько по-англи́йски, а други́е два говоря́т на англи́йском, ру́сском и францу́зском языка́х.

На како́м языке́ вы пи́шете пи́сьма, кото́рые посыла́ете в Росси́ю?—Я пишу́ на ра́зных[305] языка́х. Обыкнове́нно я пишу́ по-англи́йски, но сего́дня я напишу́ письмо́ на ру́сском языке́.

На э́тих[305] дня́х[233] я пое́ду в го́род и в пе́рвых[305] чи́слах[238] сле́дующего ме́сяца я начну́ свою́ рабо́ту там.

Very soon (one of these days) I shall go to the city, and at the beginning (during the first days) of next month I shall begin my work there.

На э́тих дня́х я чита́л о́чень интере́сную кни́гу о ру́сских лю́дях. [282]

Что вы бу́дете де́лать на э́тих дня́х?—На э́тих дня́х я уе́ду[502] в дере́вню.

Что он де́лал на э́тих дня́х?—Он всё вре́мя сиде́л до́ма и ничего́ интере́сного[327] не де́лал.

Когда́ вы ожида́ете своего́ бра́та?—Он писа́л, что бу́дет до́ма в пе́рвых чи́слах января́.

При[480] вас ли э́тот челове́к говори́л о свои́х сосе́дях?[281]—Нет, он говори́л не при мне, а при мои́х бра́тьях[274] и сёстрах. [234]

Did this man talk about his neighbors in your presence?—No, he talked (about them) not in my presence, but in the presence of my brothers and sisters.

Почему́ ма́льчик не говори́т нам о свои́х неме́цких[305] уро́ках? [231]—Я ду́маю, он не хо́чет[586] говори́ть э́того при свои́х това́рищах.[231]

При де́тях[283] роди́тели не говоря́т об учителя́х.[233]
Он при них[372] говори́л пло́хо о на́ших рабо́тниках.[231]
Учи́тель сказа́л мне э́то при ученика́х.[231]
Мы так не де́лали при да́мах[234] и де́вочках.[234]
При нас он говори́т хорошо́ о нас, а когда́ нас нет,[609] он говори́т о нас друго́е.[327]
При свои́х[305] де́тях[283] оте́ц говори́л ти́хо.

Мне[464] ну́жен каранда́ш.	**Мне нужна́ кни́га.**	**Мне ну́жно перо́.**
I need a pencil.	*I need a book.*	*I need a pen.*
Тебе́ ну́жен каранда́ш.	Тебе́ нужна́ кни́га.	Тебе́ ну́жно перо́.
Ему́ ну́жен каранда́ш.	Ему́ нажна́ кни́га.	Ему́ ну́жно перо́.
Ей ну́жен каранда́ш.	Ей нужна́ кни́га.	Ей ну́жно перо́.
Нам ну́жен каранда́ш.	Нам нужна́ кни́га.	Нам ну́жно перо́.
Вам ну́жен каранда́ш.	Вам нужна́ кни́га.	Вам ну́жно перо́.
Им ну́жен каранда́ш.	Им нужна́ кни́га.	Им ну́жно перо́.

Мне нужны́ карандаши́ (кни́ги, пе́рья).

I need pencils (books, pens).

Тебе́ нужны́ карандаши́ (кни́ги, пе́рья).
Ему́ нужны́ карандаши́ (кни́ги, пе́рья).
Ей нужны́ карандаши́ (кни́ги, пе́рья).
Нам нужны́ карандаши́ (кни́ги, пе́рья).
Вам нужны́ карандаши́ (кни́ги, пе́рья).
Им нужны́ карандаши́ (кни́ги, пе́рья).

Что вам[464] ну́жно?—Мне нужны́ ра́зные ве́щи.

What do you need?—I need various things.

Что ему́ ну́жно?—Ему́ нужны́ де́ньги. Ему́ ну́жно де́нег.[215]
Ученика́м[231] и учени́цам[234] нужны́ но́вые кни́ги.
На́шей шко́ле ну́жен учи́тель ру́сского языка́.
Мне ну́жен но́вый костю́м.
Вчера́ вы мне бы́ли нужны́, но сего́дня вы мне не нужны́.
Мое́й жене́ ну́жно но́вое пла́тье.
Нам нужна́ хоро́шая больша́я ко́мната.
Ей нужны́[427] две ко́мнаты.
Мне нужны́[427] три кра́сных[417] карандаша́.
Нам ну́жно[428] пять но́вых[417] пе́рьев.[274]
Мне нужны́ пе́рья.[274]
Ему́ нужны́[427] два пера́.
Я ничего́ не хочу́,[586] мне ничего́ не ну́жно.

14

Четы́рнадцатый уро́к (Lesson XIV)

ГРАЖДА́НКА НЕКРА́СОВА .

Здра́вствуйте, граждани́н Миха́йлов! Почему́ вы не рабо́таете сего́дня? Что случи́лось[725] с ва́ми?

MRS. NEKRASOV

How do you do, Mr. Mikhailov. Why are you not working today? What happened to you?

ГРАЖДАНИ́Н МИХА́ЙЛОВ

Здра́вствуйте, гражда́нка Некра́сова! Я нездоро́в.[322] Чу́вствую себя́[728] о́чень пло́хо.[550]

MR. MIKHAILOV

How do you do, Mrs. Nekrasov. I am not well. I feel very bad.

ГРАЖДА́НКА НЕКРА́СОВА

Что случи́лось?[730] Вы простуди́лись?[730]

MRS. NEKRASOV

What happened? Have you caught a cold?

ГРАЖДАНИ́Н МИХА́ЙЛОВ

Вероя́тно, простуди́лся.[725] У́тром я чу́вствовал себя́ хорошо́,[550] но на рабо́те я вдруг почу́вствовал себя́ пло́хо, поэ́тому верну́лся[725] домо́й.

MR. MIKHAILOV

I probably caught a cold. In the morning I felt fine, but during work I suddenly felt bad and, therefore, went back home.

ГРАЖДА́НКА НЕКРА́СОВА

Бы́ли ли вы у до́ктора?

MRS. NEKRASOV

Have you been to the doctor?

ГРАЖДАНИ́Н МИХА́ЙЛОВ

Нет, не́ был.[117] Мне не хо́чется[463] итти́ к до́ктору. Я наде́юсь,[724] что ничего́ серьёзного[327] нет.

MR. MIKHAILOV

No, I haven't. I don't like to go to the doctor. I hope there is nothing seriously wrong with me (Literally: there is nothing serious).

ГРАЖДА́НКА НЕКРА́СОВА

Вы всегда́ наде́етесь[724] и ничего́ не бои́тесь,[730] а тепе́рь свое́й прогу́лкой[471] вы мо́жете утоми́ться.[722]

MRS. NEKRASOV

You are always optimistic and are never afraid of anything, but now you may get tired out by your walk.

ГРАЖДАНИ́Н МИХА́ЙЛОВ

Я не оста́нусь[724] здесь до́лго[550] и ско́ро[550] верну́сь[724] домо́й.

MR. MIKHAILOV

I won't stay here long and shall return home soon.

ГРАЖДАНКА НЕКРАСОВА

Сейча́с стано́вится[124] сы́ро,[125] и э́то мо́жет быть вре́дно[125] для вас.

MRS. NEKRASOV

Right now it's getting damp, and this may be harmful for you.

ГРАЖДАНИН МИХАЙЛОВ

Не ну́жно[106] беспоко́иться, я бу́ду осторо́жен.[322]

MR. MIKHAILOV

You need not worry. I shall be careful.

ГРАЖДАНКА НЕКРАСОВА

Здоро́ва[323] ли ва́ша жена́?

MRS. NEKRASOV

Is your wife in good health?

ГРАЖДАНИН МИХАЙЛОВ

Сейча́с она́ не совсе́м здоро́ва. Бою́сь,[724] что она́ то́же простуди́лась.[725]

MR. MIKHAILOV

Right now she is not completely healthy. I am afraid that she has caught a cold too.

ГРАЖДАНКА НЕКРАСОВА

И ей и вам[464] ну́жно обрати́ться[727] к до́ктору. А как ва́ши де́ти?

MRS. NEKRASOV

Both she and you must go to the doctor. But how are your children?

ГРАЖДАНИН МИХАЙЛОВ

Благодарю́ вас. Де́ти здоро́вы.[323] Они́ сейча́с купа́ются[724] в о́зере.

MR. MIKHAILOV

Thank you. The children are fine. They are now bathing in the lake.

ГРАЖДАНКА НЕКРАСОВА

Не ду́маете ли вы, что купа́ться[727] ещё ра́но,[125] ведь тепе́рь то́лько май ме́сяц.[106]

MRS. NEKRASOV

Don't you think that it is still early for bathing (Literally: to bathe it is still early), for it is only (the month of) May now.

ГРАЖДАНИН МИХАЙЛОВ

Да, сего́дня трина́дцатое ма́я,[546] но уже́ тепло́.[125]

MR. MIKHAILOV

Yes, today is May 13, but it is already warm.

ГРАЖДАНКА НЕКРАСОВА

Зна́ете ли вы, когда́ мы бу́дем запи́сываться[727] на кани́кулы?

MRS. NEKRASOV

Do you know when we are going to sign up for (our) vacations?

ГРАЖДАНИН МИХАЙЛОВ

Ка́жется,[124] за́втра и послеза́втра, то есть четы́рнадцатого[547] и пятна́дцатого[547] ма́я.

MR. MIKHAILOV

It seems, tomorrow and the day after tomorrow, that is on May 14 and 15.

ГРАЖДАНКА НЕКРАСОВА

Куда́ вы собира́етесь[724] на кани́кулы?

MRS. NEKRASOV

Where do you plan to go for your vacation?

ГРАЖДАНИН МИХАЙЛОВ

Вероя́тно, вся моя́ семья́ оста́нется[730] в го́роде.

MR. MIKHAILOV

My whole family will probably stay in the city.

ГРАЖДАНКА НЕКРАСОВА

Почему́? Ра́зве вам не хо́чется[463] в дере́вню?

MRS. NEKRASOV

Why? Don't you like to go to the country?

ГРАЖДАНИН МИХАЙЛОВ

Мне хо́чется,[463] но жене́[462] не нра́вится[730] дере́вня и она́ отка́зывается[724] е́хать туда́.

MR. MIKHAILOV

I do, but my wife does not like the country and she refuses to go there.

ГРАЖДАНКА НЕКРАСОВА

Ра́зве ей не нра́вятся[724] цветы́ и све́жий во́здух?

MRS. NEKRASOV

Doesn't she like the flowers and the fresh air?

ГРАЖДАНИН МИХАЙЛОВ

Ничего́ с ней не сде́лаете. [705]

MR. MIKHAILOV

You can't do anything with her.

ГРАЖДАНКА НЕКРАСОВА

А ско́лько лет ва́шим де́тям?[465]

MRS. NEKRASOV

How old are your children?

ГРАЖДАНИН МИХАЙЛОВ

Одному́ ма́льчику[465] испо́лнилось[426] уже́ шестна́дцать лет, до́чери че́рез ме́сяц испо́лнится восемна́дцать лет, а друго́му сы́ну[465] уже́ два́дцать лет.

MR. MIKHAILOV

One boy is already sixteen years old, the daughter will be eighteen in a month, and the other son is already twenty years old.

ГРАЖДАНКА НЕКРАСОВА

Чем занима́ется[472] ва́ша дочь?

MRS. NEKRASOV

What does your daughter do?

ГРАЖДАНИН МИХАЙЛОВ

Она́ изуча́ет францу́зский язы́к.

MR. MIKHAILOV

She studies French.

ГРАЖДАНКА НЕКРАСОВА

Как до́лго[550] она́ у́чит[613] э́тот язы́к?

MRS. NEKRASOV

How long has she been studying this language?

ГРАЖДАНИН МИХАЙЛОВ	MR. MIKHAILOV
Вот ужé семнáдцать[415] мéсяцев и девятнáдцать[415] дней.	Already seventeen months and nineteen days.

ГРАЖДАНКА НЕКРАСОВА	MRS. NEKRASOV
Вѝдите ли вы, какóй нóмер э́того трамвáя?	Do you see what the number of this streetcar is?

ГРАЖДАНИН МИХАЙЛОВ	MR. MIKHAILOV
Кáжется,[124] двáдцать пéрвый.[437]	It seems to be twenty-one.

ГРАЖДАНКА НЕКРАСОВА	MRS. NEKRASOV
А мне нýжен трѝдцать вторóй.[437] Останáвливается[724] ли здесь трѝдцать вторóй нóмер?	But I need No. 32. Does No. 32 stop here?

ГРАЖДАНИН МИХАЙЛОВ	MR. MIKHAILOV
Да, здесь останáвливаются[724] и трѝдцать вторóй и трѝдцать девя́тый.	Yes, No. 32 and No. 39 stop here.

ГРАЖДАНКА НЕКРАСОВА	MRS. NEKRASOV
Вот, кáжется, идёт мой трамвáй. До свидáния, гражданѝн Михáйлов!	See, it looks like my streetcar is coming. Good-by, Mr. Mikhailov.

ГРАЖДАНИН МИХАЙЛОВ	MR. MIKHAILOV
До свидáния, граждáнка Некрáсова!	Good-by, Mrs. Nekrasov.

Exercises

У[449] меня́ в дóме or **В моём[381] дóме** *In my house*

У меня́ в кóмнате or В моéй кóмнате
У негó[371] в дóме or В егó дóме
У неё в кóмнате or В её кóмнате
У нас в дóме or В нáшем дóме
У вас в шкóле or В вáшей шкóле
У них в дóме or В их дóме

Я ви́дел ва́шего бра́та не́сколько раз, но я говори́л с ним то́лько оди́н раз.

I saw your brother several times, but I talked to him only once.

раз	*once*
два ра́за	*twice*
три ра́за	*three times*
четы́ре ра́за	*four times*
пять раз[227]	*five times*
шесть раз	*six times*
семь раз	*seven times*
мно́го раз	*many times*
не́сколько раз	*several times*
ско́лько раз?	*how many times?*

Како́е сего́дня число́?—Сего́дня пе́рвое[543] января́.

What date is today?—Today is January 1st.

Сего́дня второ́е февраля́.
Сего́дня тре́тье ма́рта.
Сего́дня четвёртос апре́ля.
Сего́дня пя́тое ма́я.
Сего́дня шесто́е ию́ня.
Сего́дня седьмо́е ию́ля.
Сего́дня восьмо́е а́вгуста.
Сего́дня девя́тое сентября́.
Сего́дня деся́тое октября́.
Сего́дня оди́ннадцатое ноября́.
Сего́дня двена́дцатое декабря́.
Сего́дня трина́дцатое.
Сего́дня четы́рнадцатое.
Сего́дня пятна́дцатое.
Сего́дня шестна́дцатое.
Сего́дня семна́дцатое.
Сего́дня восемна́дцатое.
Сего́дня девятна́дцатое.
Сего́дня двадца́тое.
Сего́дня два́дцать пе́рвое.
Сего́дня два́дцать второ́е.
Сего́дня два́дцать тре́тье.
Сего́дня два́дцать четвёртое.
Сего́дня два́дцать пя́тое.
Сего́дня два́дцать шесто́е.
Сего́дня два́дцать седьмо́е.
Сего́дня два́дцать восьмо́е.
Сего́дня два́дцать девя́тое.
Сего́дня тридца́тое.
Сего́дня три́дцать пе́рвое.

Какое число будет завтра?—Завтра будет двадцать восьмое февраля.

А какое число будет послезавтра?—Послезавтра будет первое марта.

Какое число было вчера?—Вчера было двадцать седьмое февраля.

Какое число было третьего дня (позавчера)?—Третьего дня (позавчера) было двадцать шестое февраля.

Когда это случилось?—Это случилось первого [547] **января.**

When did this happen?—This happened on January 1st.

Это случилось второго февраля.
Это случилось третьего марта.
Это случилось четвёртого апреля.
Это случилось пятого мая.
Это случилось шестого июня.
Это случилось седьмого июля.
Это случилось восьмого августа.
Это случилось девятого сентября.
Это случилось десятого октября.
Это случилось одиннадцатого ноября.
Это случилось двенадцатого декабря.
Это случилось тринадцатого.
Это случилось четырнадцатого.
Это случилось пятнадцатого.
Это случилось шестнадцатого.
Это случилось семнадцатого.
Это случилось восемнадцатого.
Это случилось девятнадцатого.
Это случилось двадцатого.
Это случилось двадцать первого.
Это случилось двадцать второго.
Это случилось двадцать третьего.
Это случилось двадцать четвёртого.
Это случилось двадцать пятого.
Это случилось двадцать шестого.
Это случилось двадцать седьмого.
Это случилось двадцать восьмого.
Это случилось двадцать девятого.
Это случилось тридцатого.
Это случилось тридцать первого.

Когда вы приехали сюда?—Я приехал восьмого [547] **января.**

When did you arrive here?—I arrived on January 8.

Когда приехал ваш брат?—Он ещё не приезжал. Я надеюсь, что он приедет скоро, вероятно девятнадцатого марта.

Когда́ вы ви́дели его́?—Я ви́дел его́ пя́того [547] октября́.

Когда́ вы уви́дите но́вого учи́теля?—Я уви́жу его́ деся́того ма́я.

Когда́ вы пое́дете в Росси́ю?—Я пое́ду туда́ три́дцать пе́рвого ию́ля.

Когда́ мы встре́тимся?—Мы встре́тимся пятна́дцатого ноября́.

Когда́ бу́дет ваш экза́мен?—Мой экза́мен бу́дет два́дцать шесто́го ма́я.

Когда́ начну́тся уро́ки?—Уро́ки начну́тся два́дцать восьмо́го сентября́.

В кото́ром часу́ прихо́дит по́езд из Ту́лы?—Он прихо́дит в де́вять три́дцать пя́ть ве́чера.

At what time does the train from Tula arrive?—It arrives at 9.35 P.M.

В час [543] дня	*At 1 P.M.*
В два часа́ дня	*At 2 P.M.*
В три часа́ дня	*At 3 P.M.*
В четы́ре часа́ дня	*At 4 P.M.*
В пять часо́в ве́чера	*At 5 P.M.*
В шесть часо́в ве́чера	*At 6 P.M.*
В семь часо́в ве́чера	*At 7 P.M.*
В во́семь часо́в ве́чера	*At 8 P.M.*
В де́вять часо́в ве́чера	*At 9 P.M.*
В де́сять часо́в ве́чера	*At 10 P.M.*
В оди́ннадцать часо́в ве́чера	*At 11 P.M.*
В двена́дцать часо́в но́чи ⎫ В по́лночь ⎭	*At midnight.*
В час но́чи	*At 1 A.M.*
В два часа́ но́чи	*At 2 A.M.*
В три часа́ но́чи	*At 3 A.M.*
В четы́ре часа́ но́чи	*At 4 A.M.*
В пять часо́в утра́	*At 5 A.M.*
В шесть часо́в утра́	*At 6 A.M.*
В семь часо́в утра́	*At 7 A.M.*
В во́семь часо́в утра́	*At 8 A.M.*
В де́вять часо́в утра́	*At 9 A.M.*
В де́сять часо́в утра́	*At 10 A.M.*
В оди́ннадцать часо́в утра́	*At 11 A.M.*
В двена́дцать часо́в дня ⎫ В по́лдень ⎭	*At noon.*

Кото́рый тепе́рь час? or **Ско́лько тепе́рь вре́мени?**

What time is it now?

Тепе́рь че́тверть пе́рвого	*It is now 12¼*	12.15
Тепе́рь че́тверть второ́го	*It is now 1¼*	1.15

Тепе́рь че́тверть тре́тьего	*It is now* 2¼	**2.15**
Тепе́рь че́тверть четвёртого	*It is now* 3¼	
Тепе́рь че́тверть пя́того	*It is now* 4¼	
Тепе́рь че́тверть шесто́го	*It is now* 5¼	
Тепе́рь че́тверть седьмо́го	*It is now* 6¼	
Тепе́рь че́тверть восьмо́го	*It is now* 7¼	
Тепе́рь че́тверть девя́того	*It is now* 8¼	
Тепе́рь че́тверть деся́того	*It is now* 9¼	
Тепе́рь че́тверть оди́ннадцатого	*It is now* 10¼	
Тепе́рь че́тверть двена́дцатого	*It is now* 11¼	

Тепе́рь пять мину́т пе́рвого	*It is now* 12.05
Тепе́рь две мину́ты второ́го	*It is now* 1.02
Тепе́рь три мину́ты тре́тьего	*It is now* 2.03
Тепе́рь во́семь мину́т четвёртого	*It is now* 3.08
Тепе́рь де́сять мину́т пя́того	*It is now* 4.10
Тепе́рь двена́дцать мину́т шесто́го	*It is now* 5.12
Тепе́рь восемна́дцать мину́т седьмо́го	*It is now* 6.18
Тепе́рь два́дцать мину́т восьмо́го	*It is now* 7.20
Тепе́рь два́дцать одна́ мину́та девя́того	*It is now* 8.21
Тепе́рь два́дцать две мину́ты деся́того	*It is now* 9.22
Тепе́рь два́дцать четы́ре мину́ты оди́ннадцатого	*It is now* 10.24
Тепе́рь два́дцать де́вять мину́т двена́дцатого	*It is now* 11.29

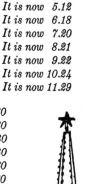

Тепе́рь полови́на пе́рвого	*It is now* 12.30
Тепе́рь полови́на второ́го	*It is now* 1.30
Тепе́рь полови́на тре́тьего	*It is now* 2.30
Тепе́рь полови́на четвёртого	*It is now* 3.30
Тепе́рь полови́на седьмо́го	*It is now* 6.30
Тепе́рь полови́на деся́того	*It is now* 9.30
Тепе́рь полови́на оди́ннадцатого	*It is now* 10.30
Тепе́рь полови́на двена́дцатого	*It is now* 11.30

Тепе́рь без че́тверти час	*It is now* 12.45
Тепе́рь без че́тверти два	*It is now* 1.45
Тепе́рь без че́тверти три	*It is now* 2.45
Тепе́рь без че́тверти четы́ре	*It is now* 3.45
Тепе́рь без че́тверти пять	*It is now* 4.45
Тепе́рь без че́тверти шесть	*It is now* 5.45
Тепе́рь без че́тверти оди́ннадцать	*It is now* 10.45
Тепе́рь без че́тверти двена́дцать	*It is now* 11.45

Тепе́рь без пяти́ два	*It is now* 1.55
Тепе́рь без десяти́ три	*It is now* 2.50
Тепе́рь без двадцати́ три	*It is now* 2.40

Тепе́рь без два́дцати трёх четы́ре	*It is now 3.37*
Тепе́рь без два́дцати четырёх семь	*It is now 6.36*
Тепе́рь без трина́дцати во́семь	*It is now 7.47*
Тепе́рь без шестна́дцати двена́дцать	*It is now 11.44*
до[449] ча́са	*before 1 (o'clock)*
до двух[403] (часо́в)	*before 2 (o'clock)*
до трёх[403] (часо́в)	*before 3 (o'clock)*
до четырёх[403] (часо́в)	*before 4 (o'clock)*
до пяти́ (часо́в)	*before 5 (o'clock)*
до шести́ (часо́в)	*before 6 (o'clock)*
до семи́ (часо́в)	*before 7 (o'clock)*
до восьми́ (часо́в)	*before 8 (o'clock)*
до девяти́ (часо́в)	*before 9 (o'clock)*
до десяти́ (часо́в)	*before 10 (o'clock)*
до оди́ннадцати (часо́в)	*before 11 (o'clock)*
до двена́дцати (часо́в)	*before 12 (o'clock)*
по́сле ча́са	*after 1 (o'clock)*
по́сле двух (часо́в)	*after 2 (o'clock)*
по́сле трёх (часо́в)	*after 3 (o'clock)*
по́сле четырёх (часо́в)	*after 4 (o'clock)*
по́сле пяти́ (часо́в)	*after 5 (o'clock)*
по́сле шести́ (часо́в)	*after 6 (o'clock)*
по́сле семи́ (часо́в)	*after 7 (o'clock)*
по́сле восьми́ (часо́в)	*after 8 (o'clock)*
по́сле девяти́ (часо́в)	*after 9 (o'clock)*
по́сле десяти́ (часо́в)	*after 10 (o'clock)*
по́сле оди́ннадцати (часо́в)	*after 11 (o'clock)*
по́сле двена́дцати (часо́в)	*after 12 (o'clock)*
ме́жду ча́сом и двумя́[403]	*between 1 and 2 (o'clock)*
ме́жду двумя́ и тремя́	*between 2 and 3 (o'clock)*
ме́жду тремя́ и четырьмя́	*between 3 and 4 (o'clock)*
ме́жду четырьмя́ и пятью́	*between 4 and 5 (o'clock)*
ме́жду пятью́ и шестью́	*between 5 and 6 (o'clock)*
ме́жду шестью́ и семью́	*between 6 and 7 (o'clock)*
ме́жду семью́ и восемью́	*between 7 and 8 (o'clock)*
ме́жду восемью́ и девятью́	*between 8 and 9 (o'clock)*
ме́жду девятью́ и десятью́	*between 9 and 10 (o'clock)*
ме́жду десятью́ и оди́ннадцатью	*between 10 and 11 (o'clock)*
ме́жду оди́ннадцатью и двена́дцатью	*between 11 and 12 (o'clock)*
ме́жду двена́дцатью и ча́сом	*between 12 and 1 (o'clock)*
о́коло ча́са	*about 1 (o'clock)*

о́коло двух (часо́в)	*about* 2 *(o'clock)*
о́коло трёх (часо́в)	*about* 3 *(o'clock)*
о́коло четырёх (часо́в)	*about* 4 *(o'clock)*
о́коло пяти́ (часо́в)	*about* 5 *(o'clock)*
о́коло шести́ (часо́в)	*about* 6 *(o'clock)*
о́коло семи́ (часо́в)	*about* 7 *(o'clock)*
о́коло восьми́ (часо́в)	*about* 8 *(o'clock)*
о́коло девяти́ (часо́в)	*about* 9 *(o'clock)*
о́коло десяти́ (часо́в)	*about* 10 *(o'clock)*
о́коло оди́ннадцати (часо́в)	*about* 11 *(o'clock)*
о́коло двена́дцати (часо́в)	*about* 12 *(o'clock)*
к ча́су	*about* 1 *(o'clock)*
к двум (часа́м)	*about* 2 *(o'clock)*
к трём (часа́м)	*about* 3 *(o'clock)*
к четырём (часа́м)	*about* 4 *(o'clock)*
к пяти́ (часа́м)	*about* 5 *(o'clock)*
к шести́ (часа́м)	*about* 6 *(o'clock)*
к семи́ (часа́м)	*about* 7 *(o'clock)*
к восьми́ (часа́м)	*about* 8 *(o'clock)*
к девяти́ (часа́м)	*about* 9 *(o'clock)*
к десяти́ (часа́м)	*about* 10 *(o'clock)*
к оди́ннадцати (часа́м)	*about* 11 *(o'clock)*
к двена́дцати (часа́м)	*about* 12 *(o'clock)*

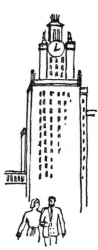

Бо́йтесь ли вы лошаде́й?—Лошаде́й я не бою́сь, а соба́к о́чень бою́сь.

Are you afraid of horses?—I am not afraid of horses, but I am very much afraid of dogs.

Чего́ ва́ша сестра́ боя́лась?[450] —Она́ боя́лась мно́гого.

Чего́ вы бои́тесь?—Я бою́сь простуди́ться. Мой ма́ленький ма́льчик бои́тся купа́ться. Он бои́тся[450] воды́.

Мне ка́жется, что вы бои́тесь рабо́ты.—Я не бою́сь рабо́ты. Я то́лько уста́л.

Почему́ вы веспоко́ились за дете́й зимо́й?—Я боя́лась, что они́ простуди́тся. Я и тепе́рь бою́сь, что они́ мо́гут простуди́ться.

Мой сосе́д купи́л большу́ю неме́цкую соба́ку, и мои́ де́ти боя́тся ходи́ть о́коло его́ до́ма. Когда́ я был ма́льчиком,[474] я то́же боя́лся соба́к.

Что с ва́шими детьми́?—Я бою́сь, что они́ простуди́лись.

Почему́ ва́ши сосе́ди не сказа́ли вам об э́том?—Сосе́д наде́ялся, что жена́ ска́жет, а она́ наде́ялась, что муж ска́жет.

Why didn't your neighbors tell you about this?—The neighbor hoped that his wife would tell us, and she hoped that her husband would tell us.

Хорошо́[464] ли вам бу́дет в дере́вне?—Бу́дем наде́яться, что всё бу́дет хорошо́.

Когда́ начнётся ва́ша рабо́та?—Я наде́юсь, что она́ начнётся ско́ро.
Мы наде́емся, что всё бу́дет хорошо́.
Пи́шет ли вам ваш сын?—Я наде́юсь ско́ро получи́ть письмо́ от него́.
Я наде́юсь, что за́втра я встре́чусь с ва́шим бра́том.

На кого́ вы наде́етесь?[724]—Я наде́юсь то́лько на самого́[374] себя́.[373]

In whom do you place your hope?—I place my hope only in myself.

На кого́ он наде́ется?—Он наде́ется то́лько на самого́[304] себя́[373].
На кого́ она́ наде́ется?—Она́ наде́ется то́лько на самоё[374] себя́.
На кого́ они́ наде́ются?—Они́ наде́ются то́лько на сами́х[382] себя́.
На кого́ вы с жено́й наде́етесь?—Мы наде́емся то́лько на сами́х[382] себя́.
Почему́ учени́к не у́чит уро́ки?[110] На что он наде́ется?—Он наде́ется, что вы́учит уро́ки за́втра.
Я ни[380] на кого́ не наде́юсь, а то́лько на себя́.[373]
Он наде́ялся на свои́х ро́дственников, а тепе́рь наде́ется на друзе́й.

Не утоми́тся ли ваш ма́льчик итти́ далеко́?[550]—Я наде́юсь, что он не утоми́тся.

Won't your boy get tired from walking so far (Literally: to walk far)?—I hope that he won't get tired.

Почему́ ваш муж сиди́т до́ма и не идёт пройти́сь с на́ми?—Он сего́дня рабо́тал по до́му и о́чень утоми́лся. Он всегда́ утомля́ется, когда́ рабо́тает до́ма.
Я о́чень утоми́лся, потому́ что занима́лся всю ночь.
Когда́ челове́к чу́вствует себя́ нездоро́вым, он бы́стро[550] утомля́ется.

Куда́ собира́ется итти́ ваш брат?—Он собира́ется итти́ в магази́н.

Where is your brother getting ready to go?—He is getting ready to go to the store.

Когда́ вы соберётесь к нам?—Я наде́юсь, что соберу́сь на сле́дующей неде́ле.

Я уже́ собра́лся.	*I am ready.*
Вот, я собра́лся итти́.	*I was just about to leave.*
Я собира́юсь в доро́гу	*I am getting ready for a trip.*
Он до́лго[550] собира́ется написа́ть мне.	*It takes him a long time before he writes to me.*
Я всё собира́юсь к вам, да вре́мя не позволя́ет.	*I have always in mind to visit you, but I don't have the necessary time.*
Я собира́юсь на уро́к.	*I am getting ready for the lesson.*

Она́ собира́лась е́хать в го́род, но пото́м оста́лась до́ма.

Когда́ вы уезжа́ете из до́ма, кто остаётся у вас в до́ме?—Обыкнове́нно остаётся одна́ рабо́тница.

Who stays in your house when you go away (by vehicle) from home?—Usually a (woman) worker stays (there).

Кто остава́лся у вас до́ма, когда́ вы бы́ли в теа́тре?—До́ма всегда́ остаю́тся одни́ де́ти.

Почему́ ваш брат остава́лся в магази́не весь день?—Ему́ нра́вилась рабо́та, поэ́тому и хоте́лось[720] ему́ остава́ться там.

Е́здила ли ва́ша дочь вчера́ в го́род?—Нет, она́ оста́лась до́ма.

Лю́бите ли вы гуля́ть о́сенью в саду́?—Днём мне ещё нра́вится, но ве́чером, когда́ стано́вится[124] сы́ро,[125] я не люблю́ остава́ться на во́здухе.

С кем оста́нутся ва́ши де́ти до́ма, когда́ вы пое́дете в дере́вню?—Они́ оста́нутся одни́.

Когда́ вы начнёте свою́ но́вую рабо́ту?—С сентября́ начина́ется моя́ но́вая рабо́та, а у бра́та рабо́та уже́ начала́сь.

When will you begin your new job?—My new job begins in September, but my brother's job has already started.

Когда́ начнётся ва́ша но́вая рабо́та?—Я ещё не зна́ю, когда́ она́ начнётся, но я наде́юсь, что ско́ро.[550]

Когда́ начина́лись уро́ки у вас в шко́ле в про́шлом[544] году́?—Обыкнове́нно уро́ки начина́лись в[543] де́вять часо́в утра́, но оди́н раз, пя́того[547] ию́ля, мой уро́к францу́зского языка́ нача́лся в во́семь часо́в.

В кото́ром часу́ начина́ются ва́ши уро́ки тепе́рь?—Тепе́рь уро́ки начина́ются в во́семь часо́в.

Когда́ бу́дут начина́ться уро́ки в[544] бу́дущем году́?—В бу́дущем году́ на́ши уро́ки опя́ть бу́дут начина́ться в де́вять часо́в.

Куда́ пошёл ваш това́рищ?—Он пошёл запи́сываться в шко́лу.

Where did your comrade go?—He went to register for school.

А вы записа́лись?—Да, я записа́лся вчера́, а мой брат запи́шется за́втра.

Кто не запи́сывался ещё из ва́ших знако́мых?—Мои́ сосе́ди ещё не запи́сывались.

Записа́лась ли ва́ша жена́?—Да, она́ то́же записа́лась.

Бу́дете ли вы запи́сываться на уро́ки ру́сского языка́ в бу́дущем году́?—Вероя́тно, мы[112] с жено́й запи́шемся, но тепе́рь ещё не зна́ем наве́рное.

Когда́ ваш сын вернётся из а́рмии?—Он уже́ верну́лся.

When will your son return from the army?—He has already returned.

Верну́лся ли ваш муж из дере́вни?—Нет, ещё не верну́лся, но я наде́юсь, что он вернётся сего́дня ве́чером и́ли за́втра у́тром.

Верну́лась ли ва́ша сестра́?—Да, она́ уже́ верну́лась.

А верну́лись ли ва́ши роди́тели?—Да, вся на́ша семья́ верну́лась. Верну́лись и роди́тели, и бра́тья, и сёстры.

Почему́ вы вчера́ верну́лись домо́й с прогу́лки ра́но?—Я верну́лся ра́но, потому́ что станови́лось[720] сы́ро и мне не хоте́лось[720] гуля́ть.

Когда́ вы верну́лись домо́й?—Я хоте́л верну́ться домо́й у́тром, но в магази́не бы́ло мно́го рабо́ты и я верну́лся то́лько к ве́черу.

Когда́ вернётесь вы домо́й за́втра?—За́втра я верну́сь в четы́ре часа́.

Когда́ обыкнове́нно возвраща́етесь вы домо́й с рабо́ты?—Обыкнове́нно я возвраща́юсь в пять часо́в, но мой оте́ц всегда́ возвраща́ется в три часа́. Э́тим ле́том я ка́ждый день бу́ду возвраща́ться в семь часо́в.

Когда́ возвраща́лись вы на про́шлой неде́ле?[545]—На про́шлой неде́ле я возвраща́лся в понеде́льник и в пя́тницу в пять часо́в, а в други́е дни[543] я возвраща́лся в четы́ре часа́.

Вчера́ мой това́рищ верну́лся из пое́здки; верну́лись то́же о́ба[429] его́ бра́та.

Беспоко́итесь ли вы, когда́ ва́ши де́ти не прихо́дят домо́й во́ время?—Сам[374] я не беспоко́юсь, но жена́ о́чень беспоко́ится.

Do you worry when your children do not get home on time?—I myself do not worry, but my wife worries very much.

За кого́ вы беспоко́ились зимо́й?—В январе́ я о́чень беспоко́ился за свои́х роди́телей. Они́ о́ба[429] бы́ли в дере́вне и чу́вствовали себя́[373] там не хорошо́.[550] Тепе́рь они́ живу́т со мной, и я уже́ не беспоко́юсь так о них.

Он остава́лся в шко́ле весь день, и его́ роди́тели о́чень беспоко́ились о нём.

Не бу́дете ли вы беспоко́иться, когда́ ваш муж бу́дет за-грани́цей?—Да, я бу́ду беспоко́иться о нём, потому́ что он легко́[550] мо́жет простуди́ться, когда́ я не смотрю́ за ним.

Случа́лось[720] ли вам обраща́ться за по́мощью к челове́ку, кото́рого вы не зна́ете?—И случа́лось, и случа́ется обраща́ться за по́мощью и к незнако́мым лю́дям.

Has it ever happened to you that you had to turn for help to a person whom you don't know?— It has happened (repeatedly) and it happens (occasionally) that one has to turn for help to strange people.

К кому́ вы тогда́ обрати́тесь за по́мощью?—Обращу́сь к ро́дственникам, друзья́м; обращу́сь и к вам.

К кому́ обраща́ется э́тот господи́н?—Ка́жется, что он обраща́ется к свое́й сосе́дке.

Мне не случа́лось встреча́ться с иностра́нцами.

Почему́ ваш сын вчера́ не́ был в шко́ле?—Он не чу́вствовал себя́ хорошо́. Он чу́вствовал себя́ нездоро́вым.[473]

Why was your son not in school yesterday?—He did not feel well.

Как чу́вствует себя́ ва́ша дочь?—Она́ то́же чу́вствует себя́ нездоро́вой.[473]

Что вы де́лаете, когда́ вы чу́вствуете себя́ нездоро́вым (нездоро́вой)?—Обыкнове́нно я иду́ к до́ктору, и́ли же зову́ до́ктора к себе́.[373]

Он простуди́лся и тепе́рь чу́вствует себя́ нездоро́вым.

Как вы бу́дете чу́вствовать себя́, когда́ у вас не бу́дет[610] ни друзе́й, ни знако́мых?—Я не зна́ю, как я тогда́ бу́ду чу́вствовать себя́.

Одна́ и́ли с учи́телем у́чится ва́ша дочь?—Пе́рвые два ме́сяца она́ учи́лась одна́, а тепе́рь у́чится с учи́тельницей, а зимо́й, вероя́тно, бу́дет учи́ться опя́ть одна́.

Does your daughter study alone or with the help of a teacher?—(During) the first two months she studied alone, but now she is studying with the help of a (woman) teacher, and in the winter she will probably again study alone.

Хорошо́[550] ли у́чится ваш ма́ленький ма́льчик?—Да, э́той зимо́й он у́чится о́чень хорошо́.

Чему́[378] вы у́читесь[462] тепе́рь?—Я тепе́рь учу́сь[462] ру́сскому[303] языку́.[169]

What are you studying now?—I am now studying Russian.

Чему́ вы учи́лись в[544] про́шлом году́?—Тогда́ я учи́лся исто́рии.[172]
А чему́ учи́лась ва́ша сестра́?—Она́ учи́лась хи́мии[172] и бота́нике.[171]
Чему́ ваш брат у́чится тепе́рь?—Он тепе́рь у́чится рабо́тать на ра́зных маши́нах.[234]

Вы говори́те, что ле́том ваш сын бу́дет учи́ться в дере́вне. Чему́[378] он мо́жет вы́учиться там?—Он хо́чет вы́учиться рабо́тать в по́ле.

You say that your son will study in the country in summer. What can he learn there?—He wants to learn how to work in the field.

Я учу́ уро́к	*I am doing my lesson.*
Он у́чит уро́к	*He is doing his lesson.*
Я вы́учу уро́к	*I shall learn the lesson.*

Почему́ учени́к не у́чит уро́ки?[110]—Он вы́учит уро́ки за́втра.
Ско́лько часо́в в день[549] вы у́чите ру́сскую грамма́тику?—Я учу́ ру́сскую грамма́тику два часа́ в день.
Чем[378] занима́ется[472] ваш друг?—Он у́чит в шко́ле. Он—учи́тель.
Кого́[378] он у́чит?—Он у́чит дете́й.[283] Он у́чит ма́льчиков[209] и де́вочек.[215]
Чему́[378] он у́чит их?—Он у́чит[462] их чте́нию[169] и письму́.[169]
Чем занима́лась ва́ша сестра́ э́тим ле́том?—Она́ всё ле́то рабо́тала в по́ле.
Чем бу́дут занима́ться де́ти, когда́ вас не бу́дет[610] до́ма?—Они́ займу́тся[472] свои́ми уро́ками.[231]

Мне хо́чется[463]	}	итти́ домо́й
Я хочу́		

I want to go home

Тебе́ хо́чется	}	итти́ домо́й
Ты хо́чешь		

Ему́ хо́чется	}	итти́ домо́й
Он хо́чет		

Ей хо́чется	}	итти́ домо́й
Она́ хо́чет		

Нам хо́чется ⎫
Мы хоти́м ⎭ итти́ домо́й

Вам хо́чется ⎫
Вы хоти́те ⎭ итти́ домо́й

Им хо́чется ⎫
Они́ хотя́т ⎭ итти́ домо́й

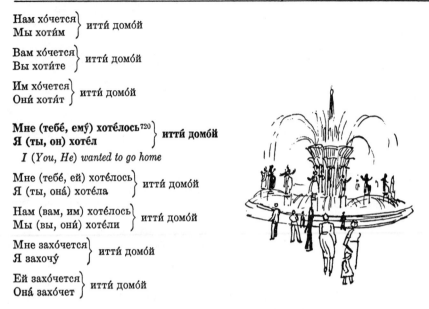

Мне (тебе́, ему́) хоте́лось[720] ⎫
Я (ты, он) хоте́л ⎭ итти́ домо́й

I (You, He) wanted to go home

Мне (тебе́, ей) хоте́лось ⎫
Я (ты, она́) хоте́ла ⎭ итти́ домо́й

Нам (вам, им) хоте́лось ⎫
Мы (вы, они́) хоте́ли ⎭ итти́ домо́й

Мне захо́чется ⎫
Я захочу́ ⎭ итти́ домо́й

Ей захо́чется ⎫
Она́ захо́чет ⎭ итти́ домо́й

Почему́ вы не чита́ете но́вой кни́ги?—Мне не хо́чется[463] сейча́с чита́ть.

Why don't you read the new book?—I don't feel like reading right now.

Вам и вчера́ не хоте́лось,[720] когда́ же вам захо́чется?—Таки́е кни́ги мне не нра́вятся, поэ́тому мне и не хо́чется чита́ть э́той кни́ги.

Мне (ему́, ей, нам, вам, им) не хо́чется рабо́тать.

Мне тепе́рь не хо́чется ку́шать.

Сего́дня мне не хо́чется учи́ться.

Когда́ она́ не чу́вствует себя́ хорошо́,[550] ей не хо́чется гуля́ть.

Кому́ не хо́чется рабо́тать, тому́ рабо́тать не нра́вится.[464] [395]

Кому́ рабо́та не нра́вится, тому́ не хо́чется рабо́тать.

Ма́льчику[169] хоте́лось[720] сказа́ть вам что-то, но он боя́лся и ничего́ не сказа́л.

Мне нра́вится[462] э́та кни́га. Мне нра́вится рабо́тать.

I like this book. I like to work.

Почему́ не нра́вится ва́шей жене́ но́вый дом?—Он не понра́вился[462] ей с пе́рвого ра́за, не нра́вится и тепе́рь.

Нра́вится ли ва́шему дя́де жить в дере́вне?—Сейча́с не о́чень нра́вится, но я наде́юсь, что, когда́ он поживёт там, ему́ бу́дет нра́виться.

Бы́ли ли вы в но́вой библиоте́ке?—Да, был, и она́ мне о́чень понра́вилась; я зна́ю, что она́ понра́вится и вам.

Мои́ сосе́ди мне не нра́вились, но когда́ я узна́л их хорошо́, [550]они́ мне о́чень нра́вятся. Мне нра́вится купа́ться ле́том в реке́.

Нра́вятся ли вам э́ти карти́ны?—Да, они́ мне о́чень нра́вятся, но мое́й жене́ они́ не нра́вятся.

Нра́вятся ли вам э́ти лю́ди?—Нет, они́ мне не нра́вятся, и я бою́сь, что и я им не нра́влюсь.

Почему́ э́тот рабо́тник отка́зывается итти́ на рабо́ту?—Он говори́т, что он утоми́лся[714] и не мо́жет рабо́тать.

Why does this worker refuse to go to work?—He says that he is tired and cannot work.

Почему́ вчера́ ва́ша сосе́дка отказа́лась помога́ть[642] вам?—Она́ не име́ла вре́мени. [280]

Почему́ де́ти всегда́ отка́зывались итти́ одни́ в шко́лу?—Они́ боя́лись[450] большо́й соба́ки сосе́да.

Почему́ ваш оте́ц рабо́тает оди́н?—Он обраща́лся к сосе́ду за по́мощью, но тот отказа́лся помога́ть.

Не мо́жете ли вы получи́ть по́мощь от друзе́й?—У меня́ то́лько оди́н друг, и я бою́сь, что он отка́жется мне помога́ть.

Мы никогда́ не отка́зывались помога́ть други́м лю́дям; мы и тепе́рь не отка́зываемся и никогда́ не бу́дем отка́зываться.

Сего́дня рабо́тники отка́зываются итти́ на рабо́ту. Я ду́маю, что они́ отка́жутся и за́втра.

Я купа́юсь ка́ждый день.

I take a bath every day.

Когда́ вы бы́ли в дере́вне, купа́лись ли вы там в реке́ и́ли в о́зере?—Да, я купа́лся там в реке́. Ле́том я о́чень люблю́ купа́ться и купа́юсь ка́ждый день.

Когда́ вы и ваш брат бу́дете купа́ться?—Я уже́ искупа́лся (вы́купался), а брат, вероя́тно, бу́дет купа́ться ве́чером.

Когда́ вы успе́ли искупа́ться?—Я искупа́лся у́тром, а моя́ сестра́ искупа́лась по́сле меня́. В де́вять часо́в мы о́ба[429] уже́ вы́купались.

Ча́сто ли вы купа́етесь?—Ле́том мы купа́емся ча́сто, почти́ ка́ждый день, но зимо́й мы не купа́емся так ча́сто.

А ва́ши друзья́ ча́сто ли[118] купа́ются?—Да, они́ купа́ются о́чень ча́сто.

15

Пятна́дцатый уро́к (Lesson XV)

АЛЕКСЕ́Й ИВА́НОВИЧ

О́льга Миха́йловна, останови́тесь![737] Подожди́те[737] меня́! Я хочу́ ко́е-что сказа́ть вам.

ОЛЬГА МИХА́ЙЛОВНА

Иди́те[737] сюда́. Я жду вас. В чём де́ло?

АЛЕКСЕ́Й ИВА́НОВИЧ

Здра́вствуйте, О́льга Миха́йловна! Извини́те,[737] пожа́луйста, куда́ вы идёте?

ОЛЬГА МИХА́ЙЛОВНА

Здра́вствуйте, Алексе́й Ива́нович! Я иду́ в сад.

АЛЕКСЕ́Й ИВА́НОВИЧ

Разреши́те[737] мне пойти́ с ва́ми. Я иду́ туда́ же.

ОЛЬГА МИХА́ЙЛОВНА

Хорошо́, идёмте[744] вме́сте.

АЛЕКСЕ́Й ИВА́НОВИЧ

То́лько, пожа́луйста, не спеши́те.[745] Я не могу́ итти́ так бы́стро.

ОЛЬГА МИХА́ЙЛОВНА

Но я тороплю́сь, ведь уже́ по́здно.

АЛЕКСЕ́Й ИВА́НОВИЧ

Вы ви́дите, сад не далеко́, и мы успе́ем туда́ во́ время.

ALEXEY IVANOVICH

Olga Mikhailovna, stop. Wait for me. I want to tell you something.

OLGA MIKHAILOVNA

Come here. I am waiting for you. What's the matter?

ALEXEY IVANOVICH

How do you do, Olga Mikhailovna. Excuse me, please, where are you going?

OLGA MIKHAILOVNA

How do you do, Alexey Ivanovich. I am going to the park.

ALEXEY IVANOVICH

Allow me to go with you. That's just where I am going.

OLGA MIKHAILOVNA

All right, let's go together.

ALEXEY IVANOVICH

Only, please, don't hurry. I cannot walk so fast.

OLGA MIKHAILOVNA

But I am in a hurry, for it is already late.

ALEXEY IVANOVICH

You see, the park is not far away, and we will get there in time.

ОЛЬГА МИХАЙЛОВНА	OLGA MIKHAILOVNA
Ну, хорошо, пусть[743] будет по вашему. Смотрите,[737] как много народу.	Well then, all right, be it as you wish (have it your own way). Look, what a crowd.

АЛЕКСЕЙ ИВАНОВИЧ	ALEXEY IVANOVICH
Позвольте[738] мне купить для вас цветы.	Allow me to buy some flowers for you.

ОЛЬГА МИХАЙЛОВНА	OLGA MIKHAILOVNA
Нет, этого не нужно. Давайте сядем[744] на эту скамейку и поговорим. Я хочу кое-что спросить у вас.	No, there is no need for this. Let's sit on this bench and talk. I want to ask you something.

АЛЕКСЕЙ ИВАНОВИЧ	ALEXEY IVANOVICH
Спрашивайте,[734] я к вашим услугам.	Ask, I am at your service.

ОЛЬГА МИХАЙЛОВНА	OLGA MIKHAILOVNA
Расскажите[737] мне, что вы делали сегодня?	Tell me, what did you do today?

АЛЕКСЕЙ ИВАНОВИЧ	ALEXEY IVANOVICH
Сегодня я немного читал, немного писал и много отдыхал.	Today I read a little, wrote a little, and rested a lot.

ОЛЬГА МИХАЙЛОВНА	OLGA MIKHAILOVNA
Не шутите,[745] я спрашиваю серьёзно.	Don't joke. I am asking in earnest.

АЛЕКСЕЙ ИВАНОВИЧ	ALEXEY IVANOVICH
Не сердитесь,[745] но я не шучу. А скажите,[737] что вы делали сегодня?	Don't be angry, but I am not joking. But tell me, what did you do today?

ОЛЬГА МИХАЙЛОВНА	OLGA MIKHAILOVNA
Я тоже немного читала, немного шила и много работала по дому.	I, too, read a little, sewed a little and did a lot of work around the house.

АЛЕКСЕЙ ИВАНОВИЧ	ALEXEY IVANOVICH
Теперь пойдёмте[744] немного погуляем, если вы хотите.	Now let's go for a little walk, if you wish.

ОЛЬГА МИХАЙЛОВНА	OLGA MIKHAILOVNA
Подождите,[737] я хочу ещё посидеть.	Wait a while, I want to sit for a while longer.

АЛЕКСЕЙ ИВАНОВИЧ

Покажи́те[737] мне, кака́я э́то у вас кни́га?

ALEXEY IVANOVICH

Show me what kind of book you have there.

ОЛЬГА МИХАЙЛОВНА

Э́то англи́йская кни́га.

OLGA MIKHAILOVNA

This is an English book.

АЛЕКСЕЙ ИВАНОВИЧ

Почита́йте[734] мне по-англи́йски.

ALEXEY IVANOVICH

Read to me in English for a while.

ОЛЬГА МИХАЙЛОВНА

Хорошо́, слу́шайте.[734]

OLGA MIKHAILOVNA

All right, listen.

АЛЕКСЕЙ ИВАНОВИЧ

Ну, дово́льно чита́ть. Закро́йте[734] кни́гу и положи́те[737] её на скаме́йку. Тепе́рь дава́йте[744] бу́дем счита́ть, ско́лько мы уви́дим здесь ва́ших и мои́х знако́мых.

ALEXEY IVANOVICH

Well now, that's enough reading. Close the book and put it on the bench. Now let's count how many of your and my acquaintances we will see here.

ОЛЬГА МИХАЙЛОВНА

Хорошо́, счита́йте.[734]

OLGA MIKHAILOVNA

All right, count.

АЛЕКСЕЙ ИВАНОВИЧ

Вот я ви́жу: оди́н, два, три, четы́ре, пять . . . два́дцать. Тепе́рь счита́йте вы.

ALEXEY IVANOVICH

Here is what I see: one, two, three, four, five . . . twenty. Now you count.

ОЛЬГА МИХАЙЛОВНА

Два́дцать оди́н, два́дцать два, два́дцать три . . . три́дцать, три́дцать оди́н . . . со́рок, со́рок оди́н . . . пятьдеся́т. Тепе́рь продолжа́йте[734] вы счита́ть.

OLGA MIKHAILOVNA

Twenty-one, twenty-two, twenty-three . . . thirty, thirty-one . . . forty, forty-one . . . fifty. Now you continue counting.

АЛЕКСЕЙ ИВАНОВИЧ

Пятьдеся́т оди́н, пятьдеся́т два . . . шестьдеся́т, шестьдеся́т оди́н . . . се́мьдесят, се́мьдесят оди́н, се́мьдесят два . . . во́семьдесят.

ALEXEY IVANOVICH

Fifty-one, fifty-two . . . sixty, sixty-one . . . seventy, seventy-one, seventy-two . . . eighty.

ОЛЬГА МИХАЙЛОВНА

Не торопи́тесь.[737] Тепе́рь я бу́ду продолжа́ть. Во́семьдесят оди́н, во́семьдесят два . . . девяно́сто, девяно́сто оди́н . . . сто.

OLGA MIKHAILOVNA

Don't hurry. Now I shall continue. Eighty-one. eighty-two . . . ninety, ninety-one . . . hundred.

АЛЕКСЕЙ ИВАНОВИЧ	ALEXEY IVANOVICH

Довóльно! Мы насчитáли цéлую сóтню. А считáли ли вы меня, ведь я тóже ваш знакóмый.

Enough. We have reached a full hundred. But did you count me? For I am also an acquaintance of yours.

ОЛЬГА МИХАЙЛОВНА	OLGA MIKHAILOVNA

Конéчно, считáла. Я началá с вас. Вы бы́ли мой нóмер пéрвый.

Of course, I counted you. I started with you. You were my No. 1.

АЛЕКСЕЙ ИВАНОВИЧ	ALEXEY IVANOVICH

Ну, вставáйте.[741] Идёмте[744] тепéрь гуля́ть.

Well now, get up. Let's walk now.

ОЛЬГА МИХАЙЛОВНА	OLGA MIKHAILOVNA

Идёмте!

Let's go.

Exercises

Сложéние

Addition

Оди́н да оди́н—два . . . . .1+1=2
два да два—четы́ре. . . . . .2+2=4
Три да два—пять. . . . . .3+2=5
Четы́ре да шесть—дéсять . . . . .4+6=10
Семь да дéвять—шестнáдцать. . . . . .7+9=16
Три́дцать шесть да пять—сóрок оди́н . . . . .36+5=41
Пятьдеся́т да сóрок—девянóсто. . . . . .50+40=90
Шестьдеся́т два да три́дцать оди́н—девянóсто три. . . . . .62+31=93
Сéмьдесят четы́ре да вóсемьдесят пять—сто пятьдеся́т дéвять. . . . . .74+85=159
Сто двáдцать два да двéсти девянóсто—четы́реста двенáдцать . . . . . . .122+290=412

Вычитáние

Subtraction

Скóлько бýдет пять без двух?[403]—Пять без двух—три.

How much is 5 minus 2?—5 minus 2 is 3.

Два без двух—ноль (нуль). . . . . .2−2=0
Четы́ре без одногó[402]—три. . . . . .4−1=3
Шесть без трёх[403]—три. . . . . .6−3=3

Де́сять без шести́[403]—четы́ре.............................10 − 6 = 4
Де́вять без четырёх[403]—пять.............................9 − 4 = 5
Во́семь без семи́[403]—оди́н...............................8 − 7 = 1
Два́дцать без восьми́[403]—двена́дцать....................20 − 8 = 12
Три́дцать без трина́дцати[403]—семна́дцать.................30 − 13 = 17
Се́мьдесят без сорока́[405]—три́дцать.....................70 − 40 = 30
Три́ста без двухсо́т[405]—сто.............................300 − 200 = 100
Ты́сяча без шестисо́т[406]—четы́реста.....................1,000 − 600 = 400
Девяно́сто без сорока́ семи́[411]—со́рок три.............90 − 47 = 43

Две́сти два́дцать два без шести́десяти трёх[411]—сто пятьдеся́т де́вять....222 − 63 = 159

Два из двух—ноль (нуль) ....2 − 2 = 0
Два из трёх—оди́н ....3 − 2 = 1
Три из шести́—три ....6 − 3 = 3
Пять из семи́—два ....7 − 5 = 2
Семь из трина́дцати—шесть ....13 − 7 = 6
Де́вять из семна́дцати—во́семь ....17 − 9 = 8

Два ми́нус два—ноль (нуль) ....2 − 2 = 0
Четы́ре ми́нус оди́н—три ....4 − 1 = 3
Шесть ми́нус три—три ....6 − 3 = 3
Де́сять ми́нус шесть—четы́ре ....10 − 6 = 4
Во́семь ми́нус семь—оди́н ....8 − 7 = 1

Умноже́ние

Multiplication

Оди́нажды оди́н—оди́н......................................1 × 1 = 1
Два́жды два—четы́ре.......................................2 × 2 = 4
Три́жды три—де́вять......................................3 × 3 = 9
Четы́режды четы́ре—шестна́дцать...........................4 × 4 = 16

Пя́тью[410] пять—два́дцать пять...........................5 × 5 = 25
Ше́стью[410] шесть—три́дцать шесть........................6 × 6 = 36
Се́мью[410] семь—со́рок де́вять...........................7 × 7 = 49
Во́семью[410] во́семь—шестьдеся́т четы́ре..................8 × 8 = 64
Де́вятью[410] де́вять—во́семьдесят оди́н...................9 × 9 = 81
Де́сятью[410] де́сять—сто ....10 × 10 = 100
Три́жды пять—пятна́дцать..................................3 × 5 = 15
Четы́режды шесть—два́дцать четы́ре........................4 × 6 = 24
Четы́режды семь—два́дцать во́семь.........................4 × 7 = 28
Четы́режды пять—два́дцать.................................4 × 5 = 20
Три́жды шесть—восемна́дцать...............................3 × 6 = 18
Три́жды де́сять—три́дцать.................................3 × 10 = 30

Пя́тью[410] шесть—три́дцать...5×6=30
Пя́тью[410] во́семь—со́рок ....5×8=40
Во́семью[410] шесть—со́рок во́семь.............................8×6=48
Во́семью[410] де́вять—се́мьдесят два.........................8×9=72

Два́дцать на пять—сто...20×5=100
Три́дцать на три—девяно́сто....................................30×3=90
Сто на сто—де́сять ты́сяч ....100×100=10,000

Деле́ние
Division

Два раздели́ть на два—оди́н.. 2÷2=1
Четы́ре раздели́ть на два—два .... 4÷2=2
Шесть раздели́ть на два—три .... 6÷2=3
Во́семь раздели́ть на четы́ре—два .... 8÷4=2
Де́вять раздели́ть на три—три .... 9÷3=3
Де́сять раздели́ть на пять—два ....10÷5=2
Де́сять раздели́ть на два—пять ....10÷2=5
Двена́дцать раздели́ть на шесть—два ....12÷6=2
Двена́дцать раздели́ть на четы́ре—три ....12÷4=3
Двена́дцать раздели́ть на три—четы́ре ....12÷3=4

Как до́лго вы бу́дете жить в э́том го́роде?—Я бу́ду жить здесь одну́ неде́лю.

How long will you live in this city?—I shall live here one week.

Я бу́ду жить здесь оди́н день.
Я бу́ду жить здесь оди́н ме́сяц.
Я бу́ду жить здесь оди́н год.
Я бу́ду жить здесь два дня (ме́сяца, го́да).
Я бу́ду жить здесь пять дней (ме́сяцев, лет).
Я бу́ду жить здесь две (три, четы́ре) неде́ли.
Я бу́ду жить здесь пять (шесть, семь, не́сколько) неде́ль.
Я бу́ду жить здесь о́коло неде́ли.
Я бу́ду жить здесь о́коло ме́сяца.
Я бу́ду жить здесь о́коло го́да.
Я бу́ду жить здесь о́коло двух неде́ль (ме́сяцев, лет).

Когда́ уе́хал ваш брат?—Он уе́хал в про́шлую сре́ду.[543]

When did your brother leave?—He left last Wednesday.

Когда́ уе́хала ва́ша учени́ца?—Она́ уе́хала в про́шлую пя́тницу и́ли суббо́ту.
Когда́ уе́хал учи́тель?—Он уе́хал в про́шлый понеде́льник и́ли вто́рник, его́ жена́ уе́хала в про́шлый четве́рг, а их де́ти уе́хали в про́шлое воскресе́нье.
Когда́ уе́хали ученики́?—Они́ уе́хали в про́шлый ме́сяц (в про́шлом ме́сяце).

Когда́ уе́хали ва́ши сосе́ди?—Они́ уе́хали в про́шлом году́. [544]
Когда́ уе́хали ва́ши друзья́?—Они́ уе́хали на про́шлой неде́ле. [545]

Когда́ вы уе́дете?—Я уе́ду на бу́дущей (сле́дующей) неде́ле. [545]

When will you leave?—I shall leave next week.

Когда́ уе́дет ваш учи́тель?—Он уе́дет в бу́дущий понеде́льник [543] и́ли вто́рник.
Когда́ уе́дет его́ жена́?—Она́ уе́дет в бу́дущую пя́тницу и́ли суббо́ту.
Когда́ вы с сестро́й уе́дете?—Мы уе́дем в бу́дущем ме́сяце. [544]
Когда́ уе́дут ва́ши роди́тели?—Оте́ц уе́дет в э́том году́, [544] а мать уе́дет в бу́дущем году́.

Когда́ вы пое́дете в Москву́?—Я пое́ду туда́ че́рез час.

When will you go to Moscow?—I shall go there in an hour.

Когда́ пое́дет ваш брат?—Он пое́дет че́рез два (три, четы́ре) часа́.
Когда́ пое́дете вы с жено́й?—Мы пое́дем че́рез пять (шесть, семь) часо́в.
Когда́ пое́дут ва́ши бра́тья?—Они́ пое́дут че́рез два (три, четы́ре) го́да.
Когда́ пое́дут ва́ши друзья́?—Они́ пое́дут че́рез пять (шесть) лет.
Я пое́ду че́рез неде́лю.
Он пое́дет че́рез две (три, четы́ре) неде́ли.
Она́ пое́дет че́рез пять (шесть, не́сколько) неде́ль.

Он прие́дет че́рез полтора́ [430] часа́.

He will arrive in an hour and a half.

Я уе́ду че́рез полтора́ [430] ме́сяца.
Мы уе́дем че́рез полтора́ го́да.
Они́ уе́дут че́рез полторы́ [430] неде́ли.
Он уе́дет че́рез полторы́ мину́ты.

Когда́ вы прие́хали сюда́?—Я прие́хал час тому́ наза́д.

When did you arrive here?—I arrived an hour ago.

Когда́ прие́хал ваш друг?—Он прие́хал два (три, четы́ре) часа́ тому́ наза́д.
Когда́ прие́хала ва́ша сестра́?—Она́ прие́хала пять (шесть, семь) часо́в тому́ наза́д.
Когда́ прие́хали ва́ши бра́тья?—Они́ прие́хали ме́сяц тому́ наза́д.
Когда́ прие́хали ва́ши друзья́?—Они́ прие́хали два (три, четы́ре) ме́сяца тому́ наза́д.
Когда́ прие́хали роди́тели ва́шего дру́га?—Они́ прие́хали пять (шесть, семь) ме́сяцев тому́ наза́д.
Когда́ прие́хали де́ти учи́теля?—Его́ де́ти прие́хали год тому́ наза́д.
Когда́ вы с бра́том прие́хали?—Мы прие́хали два (три, четы́ре) го́да тому́ наза́д.
Когда́ прие́хала подру́га ва́шей сестры́?—Она́ прие́хала пять (шесть, семь) лет тому́ наза́д.
А когда́ прие́хал её брат?—Он прие́хал о́коло го́да тому́ наза́д.

Когда́ прие́хал ваш сосе́д?—Он прие́хал о́коло двух[403] (трёх, четырёх, пяти́, шести́) лет тому́ наза́д.

В кото́ром[544] часу́ вы встаёте?[601]—Я встаю́[601] в семь[543] часо́в.

At what time do you get up?—I get up at seven o'clock.

В кото́ром часу́ начина́ется уро́к?—Уро́к начина́ется в во́семь йли де́вять часо́в.

В кото́ром часу́ ку́шаете вы?—Я ку́шаю в час йли в два часа́.

В кото́ром часу́ начина́ется конце́рт?—Конце́рт начина́ется в че́тверть девя́того (в во́семь пятна́дцать) ве́чера (*8.15 P.M.*).

Когда́ мы встре́тимся?—Мы встре́тимся за́втра в три часа́ дня (*3 P.M.*).

В кото́ром часу́ отхо́дит по́езд в Москву́?—Он отхо́дит в де́вять пятна́дцать ве́чера (*9.15 P.M.*) йли в де́вять пятна́дцать утра́ (*9.15 A.M.*). Друго́й по́езд отхо́дит в двена́дцать часо́в дня (*at 12 noon*).

В кото́ром часу́ э́то случи́лось?—Э́то случи́лось в пе́рвом часу́.[544]

At what time did this happen?—It happened after 12 o'clock (before 1 o'clock).

Э́то случи́лось во второ́м часу́.
Э́то случи́лось в тре́тьем часу́.
Э́то случи́лось в четвёртом часу́.
Э́то случи́лось в пя́том часу́.
Э́то случи́лось в шесто́м часу́.
Э́то случи́лось в седьмо́м часу́.
Э́то случи́лось в восьмо́м часу́.
Э́то случи́лось в девя́том часу́.
Э́то случи́лось в деся́том часу́.
Э́то случи́лось в оди́ннадцатом часу́.
Э́то случи́лось в двена́дцатом часу́.

Ка́ждый из нас получа́л по четы́ре рубля́. Им да́ли по[519] рублю́.

Each one of us received four roubles. They gave them each a rouble.

по два рубля́
по три рубля́
по четы́ре рубля́

по пяти́ (пять) рубле́й
по шести́ (шесть) рубле́й
по десяти́ (де́сять) рубле́й
по двадцати́ (два́дцать) рубле́й
по сорока́ (со́рок) рубле́й
по шести́десяти (шестьдеся́т) рубле́й
по девяно́сту (девяно́сто) рубле́й

по сту (сто) рублей
по двести рублей
по триста рублей
по четыреста рублей
по пятьсот (пятистам) рублей
по шестьсот (шестистам) рублей
по тысяче рублей
по миллиону рублей

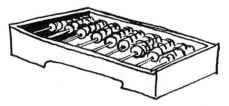

Сделайте[734] по[519] моему.

Do it the way I want it (Do it my way).

Я сделал по вашему, хотя мне так не нравится.

Мы говорили ему, как это сделать, но он не соглашался с нами, а в конце концов всё же сделал по нашему.

Мне не советовали делать так, но я всё равно сделал по вашему.

Они не хотят говорить со мной, так как я не сделал по ихнему.

Он не послушал меня и сделал по своему.

Не беспокойтесь[734] о том, что[397] говорят, делайте[734] по своему.

Упрямый человек всегда делает по своему.

Всякий человек думает по своему.

По моему, этого не нужно.

In my opinion this is not necessary.

По моему, у вас довольно времени сделать это.

Значит, по твоему, я написал плохо.

По нашему, не нужно было говорить об этом.

Что мне нужно было сделать, по вашему?

Где мне нужно жить, по ихнему?

Я ничего не узнаю, всё выглядит[646] по новому.

I don't recognize anything, everything appears in a new (modern) way.

Дети живут не по нашему, у них всё по новому.

Может быть это и было хорошо по старому, но теперь так не делают.[612]

Делайте[734] всё по старому, не меняйте[734] ничего.

Была и революция, но вся жизнь в стране идёт по старому.

Я много раз говорил ему, но он не слушает и по прежнему всё делает по своему.

Когда вы родились?—Я родился в тысяча девятьсот двадцать первом[438] году (в 1921 г.).[544]

When were you born?—I was born in (the year) 1921.

Когда родился ваш брат?—Он родился в тысяча девятьсот девятнадцатом[437] году (в 1919 г.).

Когда́ родили́сь ва́ши роди́тели?—Оте́ц роди́лся в ты́сяча восемьсо́т во́семьдесят восьмо́м году́ (в 1888 г.), а мать роди́лась в ты́сяча восемьсо́т девяно́сто тре́тьем году́ (в 1893 г.).

Когда́ начала́сь пе́рвая война́?—Пе́рвая война́ начала́сь в ты́сяча девятьсо́т четы́рнадцатом году́ (в 1914 г.).

А когда́ начала́сь втора́я война́?—Втора́я война́ начала́сь в ты́сяча девятьсо́т три́дцать девя́том году́ (в 1939 г.).

Когда́ роди́лся Ста́лин?—Ио́сиф Виссарио́нович Ста́лин роди́лся в ты́сяча восемьсо́т се́мьдесят девя́том году́ (в 1879 г.).

Когда́ роди́лся Ле́нин?—Влади́мир Ильи́ч Улья́нов-Ле́нин роди́лся в ты́сяча восемьсо́т семидеся́том году́ (в 1870 г.).

Когда́ вы роди́лись?—Я роди́лся девятна́дцатого ма́рта ты́сяча восемьсо́т девяно́сто девя́того го́да[547] **(19-го ма́рта 1899-го г.).**

When were you born?—I was born (on) March 19, 1899.

Когда́ родили́сь ва́ши роди́тели?—Мой оте́ц роди́лся шесто́го ноября́ ты́сяча восемьсо́т се́мьдесят тре́тьего го́да (6-го ноября́ 1873-го г.), а мать роди́лась двадца́того и́юля ты́сяча восемьсо́т шестьдеся́т восьмо́го го́да (20-го и́юля 1868-го г.).

Когда́ родили́сь ва́ши сёстры?—Одна́ сестра́ роди́лась оди́ннадцатого октября́ ты́сяча девятьсо́т пе́рвого го́да (11-го октября́ 1901-го г.), друга́я—второ́го апре́ля ты́сяча девятьсо́т тре́тьего го́да (2-го апре́ля 1903-го г.), а тре́тья—шестна́дцатого ма́я ты́сяча девятьсо́т четвёртого го́да (16-го ма́я 1904-го г.).

Когда́ родили́сь ва́ши бра́тья?—Оди́н брат роди́лся два́дцать пе́рвого сентября́ ты́сяча девятьсо́того го́да (21-го сентября́ 1900-го г.), а друго́й—восьмо́го февраля́ ты́сяча девятьсо́т седьмо́го го́да (8-го февраля́ 1907-го г.).

Когда́ роди́лся ру́сский писа́тель Пу́шкин?—Пу́шкин роди́лся шесто́го и́юня ты́сяча семьсо́т девяно́сто девя́того го́да (6-го и́юня 1799-го г.).

Когда́ роди́лся импера́тор Пётр Вели́кий?—Импера́тор Пётр Вели́кий роди́лся девя́того и́юня ты́сяча шестьсо́т се́мьдесят второ́го го́да (9-го и́юня 1672-го г.).

Когда́ роди́лся ру́сский писа́тель Ле́рмонтов?—Ле́рмонтов роди́лся четы́рнадцатого октября́ ты́сяча восемьсо́т четы́рнадцатого го́да (14-го октября́ 1814-го г.).

Когда́ роди́лся Ле́нин?—Ле́нин роди́лся деся́того апре́ля ты́сяча восемьсо́т семидеся́того го́да[547] (10-го апре́ля 1870-го г.).

Когда́ у́мерли роди́тели ва́шего дру́га?—Его́ оте́ц у́мер два́дцать пя́того января́ ты́сяча девятьсо́т тридца́того го́да[547] **(25-го января́ 1930-го г.), а его́ мать умерла́ пе́рвого ма́я ты́сяча девятьсо́т сороково́го го́да (1-го ма́я 1940-го г.).**

When did the parents of your friend die?—His father died (on) January 25, 1930 and his mother died (on) May 1, 1940.

Когда́ умерла́ сестра́ ва́шего му́жа?—Она́ умерла́ пя́того и́юня ты́сяча девятьсо́т со́рок второ́го го́да (5-го и́юня 1942-го г.).

Когда́ у́мер президе́нт Ру́звельт?—Он у́мер двена́дцатого апре́ля ты́сяча девятьсо́т со́рок пя́того го́да (12-го апре́ля 1945-го г.).

Когда́ у́мер Ле́нин?—Влади́мир Ильи́ч Улья́нов-Ле́нин у́мер два́дцать пе́рвого **января́ ты́сяча девятьсо́т два́дцать четвёртого го́да** (21-го января́ 1924-го г.).

Когда́ у́мер ру́сский писа́тель Пу́шкин?—Алекса́ндр Серге́евич Пу́шкин у́мер деся́того февраля́ ты́сяча восемьсо́т три́дцать седьмо́го го́да (10-го февраля́ 1837-го г.).

Когда́ у́мер ру́сский писа́тель Ле́рмонтов?—Михаи́л Ю́рьевич Ле́рмонтов у́мер два́дцать седьмо́го ию́ня ты́сяча восемьсо́т со́рок пе́рвого го́да (27-го ию́ня 1841-го г.).

Когда́ у́мер импера́тор Пётр Вели́кий?—Импера́тор Пётр Вели́кий у́мер восьмо́го февраля́ ты́сяча семьсо́т два́дцать пя́того го́да (8-го февраля́ 1725-го г.).

От кра́я до кра́я.

From border to border.

От го́рода до го́рода.
От одного́ до́ма до друго́го.
От него́ до меня́.
От его́ до́ма до моего́ до́ма.
От ва́шего ме́ста до моего́ ме́ста.
От на́ших мест до ва́ших мест.
От до́ма до по́ля.

С утра́ до ве́чера.

From morning till evening.

С воскресе́нья до среды́.
Со[541] вто́рника до пя́тницы.
С понеде́льника до суббо́ты.
Со среды́ до воскресе́нья.
С пя́того января́ до двадца́того февраля́.
С пе́рвого до деся́того ма́я.
С сороково́го до со́рок четвёртого го́да.
С двух до четырёх часо́в.
С девяти́ до двена́дцати часо́в.

Ле́нин жил с ты́сяча восемьсо́т семидеся́того[438] го́да до ты́сяча девятьсо́т два́дцать четвёртого го́да.

Импера́тор Пётр Вели́кий жил с ты́сяча шестьсо́т се́мьдесят второ́го го́да до ты́сяча семьсо́т два́дцать пя́того го́да.

Пусть[541] он ска́жет вам, что он хо́чет.

Let him tell you what he wants.

Кто хо́чет ку́шать, пусть рабо́тает.
Е́сли они́ хотя́т ку́шать, пусть рабо́тают.
Когда́ он бу́дет в на́шем го́роде, пусть придёт ко[541] мне.
Когда́ они́ бу́дут здесь, пусть приду́т ко мне в конто́ру.

Пусть он напи́шет письмо́, а пото́м он мо́жет де́лать, что хо́чет.

Тепе́рь ученики́ пусть пи́шут, а не чита́ют.

Здра́вствуйте, това́рищ! Как вы себя́ чу́вствуете?—Здра́вствуйте! Благодарю́ вас, я чу́вствую себя́ хорошо́.

How do you do, comrade. How do you feel?—How do you do. Thank you, I feel fine.

Скажи́те,[737] пожа́луйста, как ва́ше и́мя?—Ива́н Ива́нович Петро́в.

Не разгова́ривайте,[734] пожа́луйста, вы меша́ете нам слу́шать. Не меша́йте[734] нам.—Извини́те.[737]

Помоги́те[737] мне прочита́ть э́то ру́сское письмо́.—Хорошо́. Чита́йте,[734] как мо́жете, а я бу́ду помога́ть вам.

Скажи́те, пожа́луйста, ско́лько вам лет?—Мне два́дцать оди́н год, а моему́ бра́ту пятна́дцать лет.

Счита́йте[734] до пятна́дцати.[403]—Оди́н, два, три, четы́ре, пять, шесть, семь, во́семь, де́вять, де́сять, оди́ннадцать, двена́дцать, трина́дцать, четы́рнадцать, пятна́дцать.

Когда́ вы бу́дете писа́ть ва́шему отцу́, поблагодари́те[737] его́ от меня́ за пода́рок, кото́рый он мне присла́л.—Хорошо́, я напишу́. А почему́ вы са́ми[374] не напи́шете ему́?

Бу́дьте[738] осторо́жны и не простуди́тесь:[737] на у́лице о́чень сы́ро.[106]—Да, я зна́ю э́то, но мне[404] ну́жно итти́ в шко́лу.

Иди́те в ко́мнату, на у́лице сы́ро,[106] и вы просту́дитесь.—Я постою́ здесь мину́т пять, а пото́м пойду́.

Ско́лько дней в январе́?[544]—В январе́ три́дцать оди́н день.

How many days are there in January?—In January there are 31 days.

А ско́лько в феврале́?—В феврале́ два́дцать во́семь и́ли два́дцать де́вять дней.

Ско́лько дней в апре́ле?—В апре́ле три́дцать дней.

Ско́лько мину́т в часу́?[185]—В часу́ шестьдеся́т мину́т.

Ско́лько неде́ль в году́?[185]—В году́ пятьдеся́т две неде́ли.

А ско́лько ме́сяцев в году́?—В году́ двена́дцать ме́сяцев.

Ско́лько бу́дет пять и пятна́дцать?—Пять и пятна́дцать—два́дцать.

Ско́лько бу́дет шестна́дцать и двена́дцать?—Шестна́дцать и двена́дцать—два́дцать во́семь.

Смотри́те,[737] кто э́то[108] идёт по доро́ге?—Э́то како́й-то иностра́нец.

Look, who is this coming along the road?—It is some foreigner.

Пойди́те[737] к нему́ и спроси́те, что он хо́чет?—Не беспоко́йтесь, он сам[374] ска́жет, что он хо́чет.

Помоги́те э́тому челове́ку. Смотри́те, он не мо́жет итти́.—Он, ка́жется, утоми́лся и хо́чет отдохну́ть.

Скажи́те,[737] пожа́луйста, ско́лько тепе́рь вре́мени?—Два́дцать мину́т тре́тьего.

Tell me, please, what time is it?—It is 2.20.

Без двадцати́ три 2.40

Без двена́дцати во́семь 7.48

Десять минут одиннадцатого....10.10
Без десяти одиннадцать........10.50
Двенадцать часов.............12.00
Без пяти двенадцать..........11.55
Пять минут первого...........12.05
Около двенадцати.............

Почему вам не нравится тринадцатое[438] число?—Я сам[374] не знаю почему, но я не люблю этого числа.

Сколько деревьев растёт около вашего дома?—Там растёт много деревьев. Всего, кажется, около пятнадцати.

Сколько штатов в Соединённых Штатах Америки?—В Соединённых Штатах Америки сорок восемь штатов.

Я думаю, вы шутите, когда говорите, что в вашем классе сто учеников.—Да, я шучу. В нашем классе только пятьдесят два ученика.

О чём вы просите свою мать?—Я прошу дать мне десять долларов.

Что вы держите в руке?—Я держу коробку, в которой одиннадцать перьев. Держите[737] эту коробку в обеих[429] руках.

Купите ли вы мне книги, о которых я вас просил?—Сейчас уже без пяти минут шесть, а в шесть часов мне нужно быть в школе, поэтому я не могу купить вам книг сегодня. Купите[737] мне английскую газету.

Как долго вы сидите[613] здесь?—Я сижу[613] здесь уже часа три или четыре. Сидите[737] здесь и ждите[737] меня.

Куда вы положите вашу шляпу?—Я положу её сюда на стол. Положите[737] свои письма в стол, а мои оставьте[738] на столе.

Купаетесь ли вы зимой в реке?—Нет, зимой в реке я не купаюсь. Идите[737] и купайтесь[734] в реке.

Дома ли вы учитесь или в школе?—Я учусь и дома, и в школе. Учитесь,[737] как нужно это делать.

Где живёт ваш друг?—Он живёт на Тринадцатой улице в доме номер девяносто девять.

Как долго этот человек работает[613] у вас?—Он работает[613] у меня три месяца и четырнадцать дней.

О чём вы говорите?—Говорите[737] по-русски.

What are you talking about?—Speak Russian.

Купите[737] себе дом.
Не покупайте[734] дома.
Вы работайте[734] дома, а я буду работать в поле.
Сидите[737] и читайте[734] книгу.
Идите[737] домой.
Пойдёмте[744] в театр.
Ожидайте[734] меня на углу[185] Второй улицы.

Ждите[737] меня́ в пя́том часу́.

Сто́йте[734] здесь и смотри́те[737] на э́то де́рево.

Постойте[734] там и посмотри́те,[737] когда́ он пойдёт из шко́лы.

Не беги́те[737] так бы́стро.

Не бе́гайте[734] по у́лице.

Да́йте[741] мне пятна́дцать рубле́й.

Не дава́йте[741] э́тому ма́льчику кни́ги.

Пиши́те[737] письмо́ сейча́с и пошли́те[737] его́ сего́дня.

Сади́тесь[737] за э́тот стол.

Не ходи́те[737] по ко́мнате, а сиди́те[737] за столо́м.

Получи́те[737] ваш пода́рок.

По́мните,[739] о чём мы с ва́ми говори́ли!

По́мните ли, о чём мы с ва́ми говори́ли?

Закро́йте[734] дверь и окно́.

Закро́йте[734] окно́, а две́ри не закрыва́йте.[734]

Не торопи́тесь,[737] ещё то́лько двена́дцать мину́т пя́того.

Счита́йте[734] до ста.

Извини́те[737] меня́, что я не зна́ю своего́ уро́ка.

Заходи́те[737] ко мне сего́дня ве́чером.

Зайди́те[737] ко мне часо́в в семь.

Посети́те[737] ва́шего дру́га; он, ка́жется, нездоро́в.

Посеща́йте ва́ших ро́дственников ка́ждую неде́лю.

Не бо́йтесь[734] мое́й соба́ки.

Помоги́те[737·]э́тим де́тям писа́ть по-англи́йски.

Помога́йте[734] всегда́, когда́ вы э́то мо́жете.

Обрати́тесь[737] ко мне.

Не остана́вливайтесь[734] о́коло э́того рестора́на.

Останови́тесь[737] у э́того магази́на.

Собира́йтесь[734] е́хать в дере́вню.

Собери́тесь[737] сего́дня ве́чером, и за́втра мы пое́дем в дере́вню.

Наде́йтесь[734] на меня́.

Запиши́тесь[737] на англи́йский уро́к, а на францу́зский не запи́сывайтесь.[734]

16

Шестна́дцатый уро́к (Lesson XVI)

ТА́НЯ

О чём вы ду́маете, Ко́ля?

TANYA

What are you thinking about, Nick?

КО́ЛЯ

Я ду́маю о том, что[397] бы́ло бы,[746] е́сли бы[747] все лю́ди бы́ли бога́тыми?[474] Как вы ду́маете, Та́ня, что бы́ло бы тогда́?

NICK

I am thinking how (Literally: what) it would be if all people were rich. What do you think, Tanya, how would it be then?

ТА́НЯ

Я ду́маю, что тогда́ не́ бы́ло бы[746] бе́дных люде́й.

TANYA

I think that then there would be no poor people.

КО́ЛЯ

И то́лько?

NICK

Is that all?

ТА́НЯ

Э́то всё.

TANYA

Yes, that's all.

КО́ЛЯ

Вы меня́ не понима́ете. Я хочу́ сказа́ть, что лю́ди ста́ли бы[746] де́лать, е́сли бы[747] они́ все бы́ли бога́тыми?

NICK

You don't understand me. I want to say, what would people (begin to) do if they all were rich?

ТА́НЯ

Так вы поду́майте,[734] наприме́р, что вы са́ми[374]ста́ли бы де́лать, е́сли бы вы бы́ли бога́ты?

TANYA

In that case, consider for example: what would you yourself do if you were rich?

КО́ЛЯ

О, е́сли бы[747] я был бога́т, то пре́жде всего́ я отпра́вился бы путеше́ствовать. Я хоте́л бы[746] ви́деть весь свет. Я пое́хал бы на се́вер и на юг, на восто́к и на за́пад.

NICK

Oh, if I were rich, I would first of all go traveling. I would want to see the whole world. I would go north, south, east, and west.

132

ТАНЯ	**TANYA**

Как краси́во! Запиши́те,[737] что́бы не забы́ть.[754] Ну, а пото́м что вы де́лали бы?

How beautiful! Write it down so that you won't forget it. Well, and what would you do afterwards?

КОЛЯ	**NICK**

А пото́м я верну́лся бы домо́й и стал бы помога́ть[462] други́м лю́дям, и стара́лся бы сде́лать всех счастли́выми.[473]

And afterwards I would return home and start to help other people and I would try to make them all happy.

ТАНЯ	**TANYA**

Что́бы сде́лать[755] люде́й счастли́выми, ра́зве для э́того необходи́мо[464] быть бога́тым?[474] Ра́зве нельзя́[464] помога́ть лю́дям, когда́ мы бе́дны? Одни́м бога́тством без труда́ нельзя́ люде́й[128] сде́лать счастли́выми.[473]

Is it really necessary to be rich in order to make people happy? Do you mean to say that we cannot help people when we are poor? One cannot make people happy with wealth alone without some effort.

КОЛЯ	**NICK**

О, Та́ня, мне хоте́лось[463] бы,[746] что́бы[737] вы по́няли меня́, и тогда́, я уве́рен, вы согласи́лись бы со мной.

Oh, Tanya, I wish (Literally: I would wish) that you would understand me, and then, I am convinced, you would agree with me.

ТАНЯ	**TANYA**

Чем разгова́ривать и мечта́ть, заняли́сь бы вы де́лом и учи́ли бы свои́ уро́ки. Вы хоти́те, что́бы[756] я поняла́ вас, а я хочу́, что́бы[756] вы зна́ли одно́, что ничего́ нельзя́[464] стро́ить на «е́сли.» По́мните[739] посло́вицу: Е́сли бы во[541] рту росли́ бобы́, то[747] был бы не рот, а огоро́д. Ну, кака́я по́льза от того́, что[308] вы мечта́ете?

Instead of talking and dreaming you had better work and do your lessons (home work). You want me to understand you, and I want you to know one thing, namely, that one cannot build anything on "ifs". Remember the saying, "If beans would grow in one's mouth, it would not be a mouth, but a vegetable garden." Well, what good comes from your dreaming?

КОЛЯ	**NICK**

Как бы то ни[752] бы́ло, а всё таки́ я люблю́ мечта́ть.

Whatever there may be in what you are saying, nevertheless, I like to dream.

ТАНЯ	**TANYA**

Ну, хорошо́, я ве́рю[462] вам, что вы сде́лаете всех люде́й счастли́выми, е́сли то́лько[608] вы бу́дете бога́ты, но пока́ вы не бога́ты, то[126] учи́те[737] уро́ки, а пото́м идём гуля́ть.

Well, all right, I believe (you) that you will make all people happy if you are rich, but since you are not rich, study your lessons and then let's go for a walk.

<table>
<tr><td>

КОЛЯ

Подожди́те, [737] кто-то идёт. Как вы ду́маете, кто бы [746] э́то мог быть?

</td><td>

NICK

Wait, somebody is coming. What do you think, who might this be?

</td></tr>
<tr><td>

ТАНЯ

Вероя́тно, сосе́д. По обыкнове́нию бу́дет расска́зывать о себе́. И когда́ бы он ни [752] пришёл, он то́лько и говори́т о себе́.

</td><td>

TANYA

Probably the neighbor. As usual, he will talk about himself. Whenever he comes, he talks only about himself.

</td></tr>
<tr><td>

КОЛЯ

Ничего́. Е́сли то́лько [608] он не бу́дет до́лго говори́ть о свои́х дела́х, я успе́ю ещё вы́учить свои́ уро́ки.

</td><td>

NICK

Never mind. If only he doesn't talk long about his affairs, I shall yet manage to learn my lessons.

</td></tr>
<tr><td>

ТАНЯ

Е́сли бы [747] вы не мечта́ли, вы давно́ бы око́нчили свои́ уро́ки. Я и пришла́ сюда́ к вам, что́бы [754] напо́мнить [462] вам о ва́ших уро́ках и о на́шей прогу́лке, а вы здесь размечта́лись, а тепе́рь ещё сосе́д идёт. Так когда́ же вы ко́нчите свои́ уро́ки?

</td><td>

TANYA

If you hadn't been day-dreaming, you would have finished your lessons long ago. I have come here to you to remind you of your lessons and of our walk, but you have here given yourself up to dreaming, and now to top it off the neighbor is coming, too. When will you in this way finish your lessons?

</td></tr>
<tr><td>

КОЛЯ

Не серди́тесь, [737] Та́ня. Что бы ни [752] случи́лось, я ко́нчу свои́ уро́ки во́ время, и мы тогда́ отпра́вимся гуля́ть. А тепе́рь иди́те [737] и не меша́йте [734] мне!

</td><td>

NICK

Don't be angry, Tanya. Whatever may happen, I shall finish my lessons in time, and then we shall go for a walk. But now go away and don't disturb me.

</td></tr>
</table>

Recording ends

Exercises

<table>
<tr><td>

Мо́жно [464] ли мне ⎱
Могу́ [596] ли я ⎰ уйти́?

May (Can) I leave?

Мо́жно ли тебе́ ⎱
Мо́жешь ли ты ⎰ уйти́?

Мо́жно ли ему́ (ей) ⎱
Мо́жет ли он (она́) ⎰ уйти́?

</td><td>

</td></tr>
</table>

Мо́жно ли нам⎫ уйти́?
Мо́жем ли мы⎭

Мо́жно ли вам⎫ уйти́?
Мо́жете ли вы⎭

Мо́жно ли им⎫ уйти́?
Мо́гут ли они́⎭

Мо́жно ли (мне) итти́ с ва́ми?—(Вам) Нельзя́. [464]

May I go with you?—You may not.

Мо́жно ли (мне) войти́ в ко́мнату?—Мо́жно.

May I go into the room?—You may.

Вам нельзя́ входи́ть в э́ту ко́мнату, а мне мо́жно.
Ма́льчикам мо́жно говори́ть с ма́льчиками, но им нельзя́ говори́ть с де́вочками.
До́ма вам мо́жно спать, а в шко́ле нельзя́.
Мо́жно ли мне зайти́ к вам в пять часо́в?—Пожа́луйста.

Я ви́дел, как [127] он чита́л газе́ту.

I saw him read the newspaper.

Я ви́дел, как вы рабо́тали в по́ле.
Он ви́дел, как я рабо́тал в по́ле.
Мать ви́дела, как сын занима́лся уро́ками.
Оте́ц ви́дел, как дочь учи́ла уро́к.
Мы ви́дели, как ма́льчик шёл домо́й.
Я ви́дел, как он де́лал э́то.

Я слы́шал, как [127] ма́льчик чита́л по-англи́йски.
Я слы́шал, как де́вочка пла́кала.
Мы слы́шали, как дя́дя расска́зывал о свое́й пое́здке.
Но́чью я слы́шал, как он прие́хал.

Куда́ пошли́ бы вы ку́шать, е́сли бы [747] в го́роде не́ было рестора́нов?—Тогда́ я ку́шал бы до́ма.

Where would you go to eat if there were no restaurants in the city?—Then I would eat at home.

Пришли́ бы вы к нам, е́сли бы я не позва́л вас?—Да, я пришёл бы к вам во [541] вся́ком слу́чае.
Кому́ вы сказа́ли бы об э́том, е́сли бы я не зашёл к вам?—Тогда́ я никому́ не говори́л бы.
Что вы де́лали бы, е́сли бы ва́ши ро́дственники жи́ли в э́том го́роде?—Е́сли бы мои́ ро́дственники жи́ли здесь, я ходи́л бы к ним ка́ждый день.

Éсли бы я имéл дéньги, я давнó купи́л бы себé нóвый костю́м.

Éсли бы я не знал англи́йского языкá, то я не писáл бы э́того письмá по-англи́йски.

Éсли бы я знал навéрное, что дéти бýдут читáть таки́е кни́ги, я купи́л бы им э́ти нóвые кни́ги.

Не простуди́лись ли вы?—Не дýмаю. Éсли бы я простуди́лся, я давнó почýвствовал бы э́то.

Почемý вы не лю́бите э́того человéка?—Éсли бы вы знáли о нём всё, что я знáю, то[126] он не нрáвился бы и вам.

Почемý худóжник не закóнчил своéй рабóты вó время?—Он закóнчил бы свою́ рабóту вó[541] время, éсли бы емý не мешáли[462] дéти.

Почемý дерéвья[274] не растýт[597] зимóй?—Я дýмаю, что они́ не растýт потомý, что хóлодно. Éсли бы зимóй бы́ло теплó, то дерéвья росли́ бы и зимóй.

Éсли бы я знал всё, то[126] я не спрáшивал бы вас.

Éсли бы онá моглá, онá пришлá бы к вам.

Éсли бы я был богáтым,[747] то[126] мне кáжется, что я всю жизнь путешéствовал бы.

Éсли бы я был богáтым, не пять и не дéсять книг бы́ло[746] бы у меня́, а былá бы цéлая библиотéка.

Éсли бы я жил в гóроде, то[126] учи́лся бы весь год.

Éсли бы я жил и сто лет, я и тогдá не кóнчил бы рабóты.

Éсли бы у меня́ был свой дом да в кармáне дéньги, не жил бы я здесь.

Éсли бы её плáтье не бы́ло в грязи́, онá не говори́ла бы о грязи.

Éсли бы он не надéялся тóлько на други́х людéй, был бы он человéком.[747]

Éсли бы нé было ученикóв, то[126] не бы́ло бы и учителéй; не бы́ло бы и школ.

Он не мог возврати́ть мне кни́ги, éсли и хотéл бы, потомý что он не имéет её.

He was unable to return the book to me, even if he wanted to, because he does not have it.

Éсли бы не он, что бы[746] мы стáли дéлать?

If it were not (had not been) for him, what could we do (could we have done)?

Éсли бы не он, мы ничегó не могли́ бы дéлать.

Éсли бы не я, вы ничегó не могли́ бы дéлать.

Éсли бы не егó женá, он ужé давнó отказáлся бы рабóтать.

Éсли бы не егó друг, он ужé давнó уéхал бы.

Éсли бы не мои́ рóдственники, я не остáлся бы здесь и дня.

Éсли бы не собáки и не лóшади, то[126] дя́дя не жил бы в дерéвне зимóй.

Éсли б[758] не рабóта, лежáл бы я цéлый день и читáл бы свои́ кни́ги.

Éсли я не ошибáюсь,[749] э́то случи́лось вот как.

If I am not mistaken, it happened this way.

Éсли он не ошибáется, э́то случи́лось так.

Éсли мы не ошибáемся,[749] вы вчерá бы́ли в гóроде.

Éсли они́ не ошибáются, они́ имéют интерéсные нóвости.

Éсли вы пойдёте в кинó, я тóже пойдý.[698]

If you go to the movies, I shall go too.

Éсли у вас бýдут дéньги, вы смóжете поéхать в Еврóпу.
Éсли у меня́ бýдут дéньги, я поéду в Еврóпу.
Éсли вы придёте ко мнé, мы пойдём в кинó.
Éсли он придёт ко мнé, я дам емý дéньги.
Что вы мне дади́те, éсли я придý к вам?

Мне хотéлось бы, чтóбы вы остáлись[757] **ещё нéсколько дней.**

I wish you would stay a few more days. I would like you to stay a few more days.

Я хочý, чтóбы вы остáлись[756] **ещё нéсколько дней.**

I want you to stay a few more days.

Ваш отéц хóчет, чтóбы вы учи́лись хорошó.
Мой отéц хóчет, чтóбы я учи́лся рýсской истóрии.
Учи́тель хотéл, чтóбы мы писáли урóк перóм, а не карандашóм.
Что вы хоти́те, чтóбы я дéлал?[756]
Я хочý, чтóбы вы говори́ли ти́хо.
Я хочý, чтóбы он не мешáл мне.

Зачéм вы поéдете зá город?—Я поéду зá город, чтóбы[754] **подышáть свéжим вóздухом.**

Why will you drive out of the city (into the country)?—I shall drive out of the city in order to get a breath of fresh air.

Почемý вы живёте зá городом всё лéто?—Я живý зá городом, чтóбы имéть возмóжность дышáть свéжим вóздухом.
Зачéм вы хóдите в шкóлу?—Я хожý в шкóлу, чтóбы учи́ться рýсскому языкý.
Зачéм вáша мать идёт в магази́н?—Онá идёт тудá, чтóбы[754] купи́ть нóвую шля́пу и нóвое пальтó.

Кем[378] **хотéли бы вы быть,**[474] **когдá вы окóнчите свою́ шкóлу?—Я хотéл бы быть дóктором.**[474]

What would you like to be when you finish your school?—I would like to be a doctor.

Он хотéл бы быть богáтым:[474] он говори́л мне мнóго раз, что он был бы счáстлив, éсли бы имéл достáточно дéнег.
Почемý вы не хоти́те итти́ к дóктору тепéрь же?—Я хотéл бы итти́ к немý, но бою́сь, что тепéрь ужé пóздно, ведь сейчáс без пяти́ минýт оди́ннадцать.
Хотéли бы вы быть на мéсте нáшего начáльника?—Нет, я не хотéл бы быть на егó мéсте.
Почемý учи́тель не разрешáет[462] ученикáм итти́ домóй?—Он не мóжет[596] разреши́ть, éсли бы и хотéл. Это мóжет разреши́ть тóлько начáльник шкóлы.
Хотéли бы вы поéхать в Еврóпу?—Тепéрь не хотéл бы, но потóм, возмóжно, захочý.

Он э́то сде́лает, е́сли то́лько[698] э́то бу́дет возмо́жно.

He will do this if it is at all possible.

Он мо́жет говори́ть про себя́ це́лый день, е́сли то́лько есть[749] слу́шатели (or: бы́ли бы[750] то́лько слу́шатели).

Я приду́ к вам, е́сли то́лько меня́ не заде́ржат.[821]

Бы́ли бы[750] ру́ки, а рабо́та найдётся.

If only there were hands available, work would be found (Literally: work will be found).

Бы́ли бы[750] де́ньги, я купи́л бы мно́го но́вых книг.

Бы́ло бы вре́мя, мы всё сде́лаем.

Был бы он до́ма, не случи́лось бы э́того.[609]

Была́ бы она́ здесь, вы узна́ли бы её.

Знал бы он, не спра́шивал бы.

Не зна́ете ли вы, где я могу́ купи́ть хоро́ший ру́сский слова́рь?—В на́шем го́роде я мог бы вам сказа́ть, но здесь я не зна́ю хоро́ших магази́нов.

Do you perhaps know where I can buy a good Russian dictionary?—In our city I would be able to tell you, but here I don't know any good stores.

Моя́ сестра́ могла́ бы дать вам ру́сскую газе́ту, е́сли вы хоти́те.

Е́сли ва́ши друзья́ хотя́т, мы могли́ бы помога́ть им немно́го.

Е́сли вы мне[462] помо́жете,[698] я зако́нчу рабо́ту ско́ро.

If you help me, I shall finish my work soon.

Е́сли мы помо́жем ему́, он зако́нчит рабо́ту ско́ро.

Зако́нчите ли вы рабо́ту, е́сли я вам помогу́?

Е́сли бра́тья помо́гут ему́, он зако́нчит рабо́ту ско́ро.

Е́сли вы бу́дете мне помога́ть, я зако́нчу де́ло.

Е́сли бы вы мне помогли́, я зако́нчил бы рабо́ту ско́ро.

If you had helped me, I would have finished my work soon.

Е́сли бы он помо́г мне, я давно́ зако́нчил бы рабо́ту.

Е́сли бы мы помогли́ ма́тери, она́ не так утоми́лась бы.

Е́сли бы сестра́ помогла́ мне, я око́нчил бы уро́к во́ время.

Когда́ вы мне помога́ли, я зака́нчивал рабо́ту ско́ро.

(Every time) when you helped me, I finished my work soon.

Когда́ сестра́ помога́ла мне, яока́нчивал уро́ки во́ время.

Когда́ я помога́л вам, вы всегда́ зака́нчивали рабо́ту во́ время.

Когда́ вы мне помога́ете, я зака́нчиваю рабо́ту ско́ро.

Скажи́те[737] **мне,**[462] **е́сли вы не поймёте**[698] **меня́.**

Tell me if you don't understand me.

Я скажу́ вам, е́сли я не пойму́ [698] вас.
Е́сли я пойму́ э́того челове́ка, я расскажу́ вам, что он хо́чет.
Я напишу́ вам ско́ро, е́сли я пойму́ де́ло.
Когда́ я прочита́л э́то письмо́ пе́рвый раз, я ничего́ не по́нял.

Е́сли бы я не по́нял вас, я сказа́л бы вам.

If I did not understand you, I would tell you.

Е́сли бы она́ не поняла́ меня́, она́ мне сказа́ла бы.
Е́сли бы они́ не по́няли вас, они́ сказа́ли бы вам.

Когда́ она́ не понима́ет меня́, она́ мне[462] **говори́т.**

When she doesn't understand me, she tells me.

Я говорю́ вам, когда́ я не понима́ю вас.
Когда́ она́ не понима́ла меня́, она́ всегда́ мне говори́ла.
Когда́ я не понима́л учи́теля, я всегда́ ему́ говори́л.

Е́сли[749] **вы не ве́рите**[462] **мне, спроси́те**[737] **учи́теля.**

If you don't believe me, ask the teacher.

Я пове́рю вам, когда́ я уви́жу, что вы зако́нчили рабо́ту.
Вы не пове́рите, как он тепе́рь хорошо́ рабо́тает.
Я спроси́л его́ то́лько оди́н раз, но други́х я спра́шивал мно́го раз.
Я не спроси́л бы вас тепе́рь об э́том, е́сли бы я уже́ знал.
Она́ не спроси́ла бы вас об э́том, е́сли бы она́ уже́ зна́ла.

Е́сли вы не ве́рите мне, спра́шивайте[734] **други́х люде́й.**

If you don't believe me, ask other people.

Когда́ вы не понима́ете, спра́шивайте учи́теля.
Кого́ я бу́ду спра́шивать об э́том?
Не спра́шивайте так ча́сто.
Е́сли бы он знал, он не спра́шивал бы.

Е́сли вы дади́те[698] **мне э́ту кни́гу чита́ть, я возвращу́ вам её ско́ро.**

If you give me this book to read, I shall return it to you soon.

Он за́втра возврати́т вам де́ньги, кото́рые вы ему́ да́ли.
Они́ ско́ро возвратя́т мне кни́ги, кото́рые я дал им.
Учени́ца уже́ возврати́ла мне кни́гу, кото́рую я дал ей чита́ть.
Ученики́ всегда́ возвраща́ют кни́ги, кото́рые я даю́ им чита́ть.
Мои́ друзья́ всегда́ возвраща́ли кни́ги, кото́рые я дава́л им чита́ть.

Éсли бы[747] вы прожили це́лый год в на́шем го́роде, вы согласи́лись бы[747] со[541] мной, что здесь хорошо́ жить.

If you had lived in our city a whole year, you would agree with me that it is nice to live here.

Éсли бы она́ прожила́ здесь це́лый год, она́ согласи́лась бы с на́ми, что здесь хорошо́ жить.

Éсли бы он прожил здесь всё ле́то, он согласи́лся бы со мной, что здесь хорошо́ жить.

Éсли вы согласи́тесь,[698] вы мо́жете жить у нас.

Éсли он согласи́тся,[698] он мо́жет жить у меня́.

Éсли я соглашу́сь[698] дать вам э́ту кни́гу чита́ть, возврати́те ли вы её ско́ро?—Да, я возвращу́ вам кни́гу ско́ро.

Он соглаша́ется со[541] все́ми людьми́, с кото́рыми име́ет дела́.

Он никогда́ ни с кем[380] не соглаша́ется.

Она́ напомина́ет[462] мне о мое́й рабо́те.

She reminds me of my work.

Вчера́ она́ напо́мнила мне о мое́й рабо́те.

Я напо́мнил[462] вам то́лько раз об э́том, но други́м лю́дям я напомина́л не́сколько раз.

Я напо́мню ему́ об э́том ещё раз.

Мои́ друзья́ напомина́ли мне об э́том всё вре́мя и тепе́рь напомина́ют при вся́ком слу́чае, когда́ ви́дят меня́.

Знай[751] я э́то ра́ньше, я не посла́л бы ему́ пода́рка.

If I had known this earlier, I would not have sent him a present.

Не простуди́сь[751] я тогда́, я был бы на экза́менах.

Будь[751] у меня́ де́ти, я не пое́хал бы в Росси́ю.

Скажи́[751] царь одно́ сло́во, не бы́ло бы того́, что[397] ста́ло.

Знай[751] я все слова́, не смотре́л бы я в слова́рь.

Я пое́ду в го́род с пятичасовы́м по́ездом.

I am going to town with the five o'clock train.

Я пое́ду в го́род с шестичасовы́м по́ездом.

Он пое́дет в го́род с семичасовы́м по́ездом.

Мы уе́дем с восьмичасовы́м по́ездом.

Приезжа́йте[741] с девятичасовы́м по́ездом.

Они́ прие́хали с десятичасовы́м по́ездом.

Како́й э́то по́езд?—Э́то одиннадцатичасово́й по́езд.

А како́й э́то по́езд?—Э́то часово́й (двухчасово́й, трёхчвсово́й, четырёхчасово́й) по́езд.

17

Семнáдцатый урóк (Lesson XVII)

ПАВЕЛ ИВАНОВИЧ

Кудá вы идёте, Ивáн Васильевич?

PAUL IVANOVICH

Where are you going, John Vasilyevich?

ИВАН ВАСИЛЬЕВИЧ

Здрáвствуйте, Пáвел Ивáнович! Я идý в универсáльный[306] магазúн.

JOHN VASILYEVICH

How do you do, Paul Ivanovich? I am going to a department store.

ПАВЕЛ ИВАНОВИЧ

Что хотúте там купúть?

PAUL IVANOVICH

What do you want to buy there?

ИВАН ВАСИЛЬЕВИЧ

Мне нýжно мнóго[452] рáзных[306] вещéй.[265] Не знáю тóлько, найдý[623] ли[115] я всё там.

JOHN VASILYEVICH

I need all kinds of things (Literally: many things of various kinds). I only don't know whether I shall find everything there.

ПАВЕЛ ИВАНОВИЧ

Ну, в универсáльном магазúне вы всё найдёте. Там рáзве тóлько птúчьего[312] молокá нет, а то всё есть. Мóжно я пойдý с вáми?

PAUL IVANOVICH

Well, in a department store you can find everything. They may not have any bird's milk, but otherwise they have everything. May I come with you?

ИВАН ВАСИЛЬЕВИЧ

Пожáлуйста. Женá просúла меня посмотрéть для неё пальтó[285] на лúсьем[312] мехý.[185] Я боюсь, что такóе[310] пальтó стóит дóрого. Вы не знáете цены такúм[310] вещáм?[265]

JOHN VASILYEVICH

By all means. My wife asked me to look for a fox fur coat for her. I am afraid that such a coat is expensive. Do you perhaps know the price for such things?

ПАВЕЛ ИВАНОВИЧ

Нет, я не покупáл меховых[307] пальтó.[285] Вот мой двоюродный[306] брат хорошó умéет покупáть мехá[203] и всякую[308] одéжду.

PAUL IVANOVICH

No, I have never bought any fur coats. On the other hand, my cousin is an expert in buying furs and all kinds of clothing.

ИВАН ВАСИЛЬЕВИЧ

А он что, портнóй?[328]

JOHN VASILYEVICH

What is he, a tailor?

141

ПАВЕЛ ИВАНОВИЧ

Нет, он никогда не был [747] портным. [326] Он имеет рыбный [306] магазин на Октябрьской [308] улице.

PAUL IVANOVICH

No, he has never been a tailor. He has a fish store on October Street.

ИВАН ВАСИЛЬЕВИЧ

Ну, вот мы и здесь.

JOHN VASILYEVICH

Well, here we are.

ПАВЕЛ ИВАНОВИЧ

Смотрите, какая красивая мебель. Это для столовой, [326] а вон та—для гостиной. [326]

PAUL IVANOVICH

Look, what beautiful furniture. This is for the dining-room and that over there for the living-room.

ИВАН ВАСИЛЬЕВИЧ

Ну, мебель мне не нужна, разве только посмотреть вешалку для передней. [326] [311] Но это потом, а сейчас пойдёмте [744] в меховое [307] отделение.

JOHN VASILYEVICH

Well, I don't need any furniture, except that I might look for a clothes-tree for the hallway. But this (will come) later, and right now let's go into the fur department.

ПАВЕЛ ИВАНОВИЧ

Посмотрите на это кресло. Мы дома имеем такое же и называем [473] его бабушкиным. [313] Оно очень уютное и в нём [371] почему-то всегда спать хочется. [129]

PAUL IVANOVICH

Look at this armchair. We have one like it at home and we call it grandmother's (chair). It is very comfortable, and for some reason one gets always sleepy (when sitting) in it.

ИВАН ВАСИЛЬЕВИЧ

О, мне не нужны ни бабушкины, [313] ни дедушкины [313] кресла. [26]

JOHN VASILYEVICH

Oh, I need neither grandmother's nor grandfather's chairs.

ПАВЕЛ ИВАНОВИЧ

Подождите, [737] кстати, я зайду [623] в книжное [202] и писчебумажное [202] отделение и посмотрю там что-нибудь для подарка детям. [283]

PAUL IVANOVICH

Wait; while I am here (Literally: at this occasion), I shall go into the book and stationery department and look there for some present (Literally: for something for a present) for the children.

ИВАН ВАСИЛЬЕВИЧ

Подождите минуту. Смотрите сюда. Что это за насекомое [328] за этим стеклом?

JOHN VASILYEVICH

Wait a minute. Look here. What kind of insect is this under this glass?

ПАВЕЛ ИВАНОВИЧ

Это, кажется, японский или китайский жук; одним словом, что-то с Дальнего[311] Востока.

PAUL IVANOVICH

This, it seems, is a Japanese or Chinese beetle; in short, something from the Far East.

ИВАН ВАСИЛЬЕВИЧ

Ужасно неприятные[306] у него глаза,[203] точно стеклянные.[306] А знаете ли, пойдёмте[744] теперь в ресторан; у меня волчий[312] аппетит, так[129] есть[603] хочется.[463]

JOHN VASILYEVICH

It has terribly unpleasant eyes, as if of glass. But you know, let's now go to the restaurant. I am as hungry as a wolf (Literally: have a wolf's appetite), I am so hungry.

ПАВЕЛ ИВАНОВИЧ

Хорошо, идёмте,[744] а по дороге[254] купим вечёрнюю[319] газету.

PAUL IVANOVICH

All right, let's go, and on the way let's buy an evening paper.

ИВАН ВАСИЛЬЕВИЧ

Да, газету непременно нужно.[129] Там должны быть свежие[309] новости[264] о французских[308] делах[266] и об американских[308] президентских[308] выборах.[240]

JOHN VASILYEVICH

Yes, we must by all means get a newspaper. In it there must be fresh news about French affairs and about the American presidential elections.

ПАВЕЛ ИВАНОВИЧ

А что мы будем пить, столовое[306] вино или английскую[308] горькую?[308]

PAUL IVANOVICH

But what are we going to drink, table wine or English bitter (whisky)?

ИВАН ВАСИЛЬЕВИЧ

Я не пью ни того, ни другого: у меня сахарная[306] болезнь и доктор строго запретил мне пить.

JOHN VASILYEVICH

I drink neither the one nor the other: I have diabetes (Literally: sugar disease) and the doctor has strictly forbidden me to drink.

ПАВЕЛ ИВАНОВИЧ

Но я думаю, что чёшское[308] пиво вы пьёте?

PAUL IVANOVICH

But I think that you drink Bohemian beer?

ИВАН ВАСИЛЬЕВИЧ

Нет, я помню докторский[315] совет и женину[313] просьбу не пить никаких алкогольных[306] напитков.[241] Поэтому извините[737] меня.

JOHN VASILYEVICH

No, I remember my doctor's advice and my wife's request not to drink any alcoholic beverages. Therefore, excuse me.

ПАВЕЛ ИВАНОВИЧ	PAUL IVANOVICH

Ну, хорошо, тогда пейте[735] содовую[306] воду.

Well, all right, in that case drink soda water.

ИВАН ВАСИЛЬЕВИЧ	JOHN VASILYEVICH

Это, я знаю, можно.[129]

This, I know, I may.

Exercises

Я должен работать хорошо.

I must work well.

Ты должен работать хорошо.
Он должен работать хорошо.
Она должна работать хорошо.
Оно должно работать хорошо.
Мы должны работать хорошо.
Вы должны работать хорошо.
Они должны работать хорошо.

Не должны ли вы итти домой теперь?—Да, я теперь должен итти домой.

Shouldn't you go home now?—Yes, I should now go home.

Мой брат должен притти сейчас.
Моя сестра должна приехать сегодня.
Вы должны погулять с нами.
Наши дети должны итти спать.
Я должен пойти в город.
Вы должны это знать.

Он должен был притти в два часа.

He should have arrived at two o'clock.

Она должна была уехать в семь часов.
Вы должны были сказать мне это.
Вы не должны были работать так много.
Они должны будут приехать завтра.
Я должен буду писать своим родителям каждую неделю.
Должна ли она будет вернуться сюда?—Нет, она не должна будет вернуться.

Ско́лько он вам до́лжен?—Он мне до́лжен четы́ре рубля́.

How much does he owe you?—He owes me four roubles.

Ско́лько я вам до́лжен?—Вы мне должны́ пять рубле́й.
Ско́лько вы мне должны́?—Я вам до́лжен де́сять рубле́й.
Ско́лько вы бы́ли ему́ должны́?—Я был ему́ до́лжен пять рубле́й.
Ско́лько он был до́лжен?—Он ничего́ не был до́лжен.
Ско́лько он бу́дет вам до́лжен?—Он бу́дет мне до́лжен три рубля́.
Ско́лько мы бу́дем вам должны́?—Вы нам ничего́ не бу́дете должны́.

Я хоте́л бы[746] знать, придёт ли[115] он и́ли нет.

I would like to know whether he will come or not.

Мо́жете[560] ли вы мне сказа́ть, приду́т[623] ли к нам ва́ши роди́тели?
Мы не зна́ем, зако́нчил ли он рабо́ту.
Скажи́те[737] мне, зна́ет ли ваш оте́ц об э́том.
Я хоте́л бы знать, хорошо́ ли она́ говори́т по-ру́сски.
Мать хоте́ла бы знать, ско́ро ли я уе́ду.[625]
Мой друг хоте́л бы знать, до́лго ли вы жи́ли в Сове́тском Сою́зе.
Ма́льчик хоте́л бы знать, купи́л ли я пода́рок для него́.[371]
Де́ти спра́шивают у меня́, пойду́[623] ли я с ни́ми[371] в сад.
Я спроси́л у моего́ дру́га, далеко́ ли он живёт отсю́да.

Кто живёт в сосе́днем[311] до́ме?—Там живу́т на́ши[382] сосе́ди.[281]

Who lives in the neighboring house?—Our neighbors live there.

Кто идёт из сосе́днего до́ма?—Сын сосе́да идёт из сосе́днего до́ма.
Кто идёт к сосе́днему до́му?—Мой друг идёт к сосе́днему до́му.
Кто вхо́дит в сосе́дний дом?—Наш учи́тель идёт в сосе́дний дом.
Что растёт пе́ред сосе́дним до́мом?—Пе́ред сосе́дним до́мом растёт большо́е де́рево.
Что есть за сосе́дним до́мом?—За сосе́дним до́мом краси́вый сад.
Кому́ принадлежа́т[402] сосе́дние дома́?[203]—Сосе́дние дома́ принадлежа́т моему́ дя́де.

Что э́то за большо́е зда́ние впереди́ нас?—Э́то на́ше но́вое шко́льное зда́ние.[317]

What kind of big building is this in front of us?—This is our new school building.

Отку́да идёт э́та доро́га?—Она́ идёт от шко́льного зда́ния.
Где игра́ют де́ти?—Они́ игра́ют за шко́льным зда́нием.
Где живу́т ва́ши шко́льные учителя́?[317]—Они́ все живу́т в шко́льном зда́нии.
Живу́т ли ученики́ в шко́льном зда́нии?—Да, не́сколько ученико́в живёт там.
Ско́лько шко́льных зда́ний в на́шем го́роде?—У нас о́чень мно́го шко́льных зда́ний.
Где нахо́дятся ва́ши шко́льные зда́ния?—На́ши шко́льные зда́ния нахо́дятся на
    Октя́брьской у́лице.[315]
Хоро́ши[323] ли шко́льные зда́ния ва́ших городски́х[316] школ?—Да, все шко́льные зда́-
ния больши́е, чи́стые, све́тлые.

Сколько ученикóв в вáшей городскóй шкóле?[316]—Навéрное не знáю, но, кáжется, человéк трúста.

How many pupils are there in your city school?—I am not certain, but it seems that there are about 300 (persons).

Могý ли я вúдеть вáшу городскýю шкóлу?—Конéчно, мóжете.

Есть ли в вáшем гóроде городскúе шкóлы?—Да, есть нéсколько городскúх школ.

Вчерá в вечéрних[319] газéтах я читáл что-то о вáшей городскóй шкóле и о городскúх шкóлах другúх городóв.

Пойдёмте[744] к городскóй шкóле и посмóтрим нóвые шкóльные[317] здáния.

Знáете ли вы, где нахóдится городскáя шкóла?—Да, городскáя шкóла на Октя́брьской[315] ýлице.

Какóе интерéсное крéсло стоúт в том углý.—Это бáбушкино[313] крéсло.

What an interesting armchair is standing in that corner.—This is a grandmother's chair.

Почемý вы называ́ете[473] егó бáбушкиным, ведь у вас в дóме нет никакóй бáбушки?— Я сам не знáю почемý, но так все у нас зовýт егó.

Кудá вы положúли моú кнúги?—Я положúл их на бáбушкино крéсло.

Где моú кнúги?—Онú на бáбушкином крéсле.

Где вáша мáленькая дéвочка?—Онá сидúт там в углý[185] в бáбушкином крéсле.

Идúте[737] пря́мо до бáбушкина крéсла и там стóйте.[734]

Скажúте[737] э́тому молодóму человéку,[462] котóрый сидúт в бáбушкином крéсле, чтобы[756] он пошёл в гостúную.[326]

Не хотúте ли чáю?[168] У нас хорóший китáйский чай.—Нет, чáю[168] я не хочý, а хочý óчень кýшать; у меня́, пря́мо, вóлчий[312] аппетúт.

Do you perhaps want some tea? (Literally: Don't you want tea?) We have good Chinese tea.—No, I don't want tea, but I am very hungry (Literally: I want very much to eat). I have simply a ravenous appetite.

Эти лю́ди пóсле дóлгой рабóты кýшают с вóлчьим аппетúтом.

Вы говорúте, что у вас вóлчий аппетúт, а кýшаете так мáло.

Скóлько чáю[168] вы пьёте?[602]—Обыкновéнно я пью[602] два стакáна чáю[168] ýтром.

Из стакáна úли из чáшки вы пьёте чай?—Я пью чай из стакáна, как рýсские лю́ди.

Что ваш брат привёз интерéсного[327] с Дáльнего Востóка?—Он привёз мнóго[452] китáйского чáю.[168]

А что вы привезлú из Еврóпы?—Мы с брáтом[112] привезлú мнóго[452] книг, а нáша сестрá привезлá нéсколько[452] красúвых картúн.

Что вы привезёте, когдá вы вернётесь домóй?—Я ничегó не привезý.

Что вы обыкновéнно привóзите, когдá возвращáетесь домóй?—Обыкновéнно я привожý подáрки дéтям.[283]

Зна́ете ли вы, как называ́ется э́то краси́вое насеко́мое?[328]**—Нет, я не зна́ю назва́ний насеко́мых.**

Do you know what this beautiful insect is called?—No, I don't know the names of the insects

Смотри́те, како́е большо́е насеко́мое на столе́!—Да, о́чень большо́е. Я никогда́ не ви́дел тако́го большо́го насеко́мого.

О чём вы говори́те?—Мы говори́м о но́вом насеко́мом.

Что вы име́ете в э́той коро́бке?—В э́той коро́бке есть два больши́х насеко́мых.[441]

Что вы да́ли э́тому ма́льчику?—Я дал ему́ не́сколько краси́вых насеко́мых.

Не говори́те мне о япо́нском жуке́, я не люблю́ насеко́мых.

Куда́ вы убра́ли насеко́мых,[328] кото́рых[394] я вам дал?—Я положи́л их в коро́бку.

О чём тепе́рь пи́шут[612] **в газе́тах?—В газе́тах тепе́рь пи́шут мно́го о францу́зских дела́х.**

What do they write about now in the newspapers?—In the newspapers they write now a lot about French affairs.

Интересу́ют ли вас америка́нские[308] вы́боры?—Да, о́чень интересу́ют.

Интересу́етесь[472] ли вы америка́нскими[308] вы́борами?—Да, но я то́же интересу́юсь францу́зскими дела́ми.

Вот газе́ты со[541] све́жими[300] новостя́ми[264] о францу́зских дела́х.

Э́тот челове́к рассказа́л мно́го интере́сного[327] о францу́зских дела́х.

Где мы с ва́ми встре́тимся?—Я бу́ду ждать вас в кни́жном[317] **отделе́нии универса́льного магази́на.**

Where shall we meet?—I shall wait for you in the book section of the department store.

Ра́зве ваш брат рабо́тает в мехово́м отделе́нии?—Нет, он рабо́тает в кни́жном отделе́нии, а в мехово́м отделе́нии он был, что́бы[754] повида́ть Па́вла Ива́новича.

Где вы тепе́рь рабо́таете?—Я рабо́таю в писчебума́жном[317] отделе́нии одного́ большо́го магази́на на Октя́брьской[315] у́лице.

Заче́м вы идёте на Октя́брьскую у́лицу?—Я рабо́таю там в ры́бном[317] магази́не.

Отку́да вы идёте?—Иду́ с Октя́брьской у́лицы. Купи́л там ра́зные ве́щи.

Есть ли в ва́шем го́роде универса́льные магази́ны?—Да, у нас три[417] **универса́льных магази́на.**

Are there any department stores in your city?—Yes, we have three department stores.

За чем вы идёте в универса́льный магази́н?—В универса́льном магази́не я хочу́ купи́ть себе́ мехово́е пальто́. Без тако́го пальто́ в дере́вне пло́хо[106] жить.

Я хоте́л бы купи́ть жене́ пальто́ на ли́сьем меху́. Где я могу́ найти́ таку́ю вещь?—Таки́е ве́щи вы мо́жете найти́ то́лько в универса́льном магази́не.

Где вы купи́ли тако́е хоро́шее пальто́ на ли́сьем[312] меху́?—Я купи́л его́ в универса́льном магази́не.

В ско́льких[431] универса́льных магази́нах бы́ли вы сего́дня?—Я был в трёх[422] универса́льных магази́нах.

Есть ли у вас вече́рняя[319] газе́та?—Нет, у меня́ нет вече́рней газе́ты.

Do you have an evening paper?—No, I have no evening paper.

Каку́ю газе́ту чита́ете вы?—Я чита́ю вече́рнюю газе́ту.
В какой газе́те вы прочита́ли об э́том?—Я прочита́л э́то в вече́рней газе́те.
Покупа́ете ли вы вече́рние газе́ты?—Нет, вече́рних газе́т я не покупа́ю.
Что вы хоти́те мне[462] показа́ть?—Я хочу́ показа́ть вам карти́ну, кото́рая была́ в вече́рней газе́те.
О чём они́ говоря́т?—Они́ говоря́т о новостя́х,[264] кото́рые чита́ли в вече́рних газе́тах.
Каки́е све́жие но́вости в вече́рних газе́тах?—Там мно́го пи́шут об америка́нских вы́борах.
Зна́ете ли вы после́дние но́вости об америка́нских вы́борах?—Нет, я не чита́л ещё вече́рних газе́т.

Где тепе́рь ваш сын?—Он тепе́рь в а́рмии на Да́льнем Восто́ке.

Where is your son now?—He is now in the army in the Far East.

А бы́ли ли вы на Да́льнем Восто́ке?—Нет, я там ещё не́ был. На Да́льний Восто́к я собира́юсь в сле́дующем году́.
Почему́ э́та да́ма так хорошо́ зна́ет о Да́льнем Восто́ке?—Она́ жила́ на Да́льнем Восто́ке всё вре́мя войны́.
Отку́да вы получи́ли э́то письмо́?—Я получи́л его́ с Да́льнего Восто́ка.
Отку́да прие́хал тепе́рь э́тот писа́тель?—Он прие́хал с Да́льнего Восто́ка.
Где вы ви́дели япо́нских жуко́в?—Я ви́дел э́тих насеко́мых,[328] когда́ я жил на Да́льнем Восто́ке.

Где могу́ я купи́ть столо́вое вино́?—В на́ших магази́нах вы не мо́жете купи́ть тако́го вина́. Вы найдёте вся́кие ви́на в сосе́днем бо́льшом го́роде.

Where can I buy table wine?—You cannot buy such wine in our stores. You will find all kinds of wine in the neighboring big city.

Како́е э́то[108] вино́ стои́т на столе́?—Э́то хоро́шее столо́вое вино́.
Почему́ я не ви́жу на столе́ столо́вого вина́?—Мы никогда́ не пьём никако́го вина́, а пьём то́лько со́довую во́ду.
За чем пое́хал дя́дя в го́род?—Он пое́хал за столо́вым вино́м и со́довой водо́й.
О како́м вине́ говоря́т э́ти господа́?[204]—Они́ говоря́т о столо́вом вине́ и со́довой воде́.
Име́ете ли вы кита́йское столо́вое вино́?—Я никогда́ не слыха́л о кита́йском столо́вом вине́.

Ско́лько[452] **ко́мнат в ва́шем до́ме?—Всего́ у нас пять ко́мнат: пере́дняя,[311] гости́ная,[326] столо́вая,[326] спа́льня и ку́хня.**

How many rooms are there in your house?—We have five rooms all together: an entrance hall, a living-room, a dining-room, a bedroom and a kitchen.

Где ва́ша шля́па?—Я оста́вил её в пере́дней.

Че́рез каку́ю ко́мнату вы вхо́дите в гости́ную?—Я вхожу́ в гости́ную че́рез пере́днюю.

Ско́лько спа́лен[260] в ва́шем до́ме?—В но́вом до́ме две[417] ма́леньких спа́льни, а в ста́ром до́ме бы́ло пять больши́х спа́лен.

Где спит ваш брат?—Он спит в большо́й спа́льне.

Где тепе́рь ва́ша мать?—Она́ рабо́тает в ку́хне.

Ско́лько ку́хонь[216] в шко́льном зда́нии?—Там есть две ку́хни.

Где вы ку́шаете?—Мы ку́шаем в столо́вой.

Есть ли у вас гости́ная?—Нет, у нас нет ни гости́ной, ни пере́дней; у нас есть то́лько спа́льня и столо́вая.

Ско́лько столо́вых у вас?—У нас то́лько одна́ столо́вая.

Есть ли на ва́шей у́лице портно́й?[328]—На на́шей у́лице да́же три портны́х.[441]

Is there a tailor on your street?—On our street there are even three tailors.

Кто э́тот молодо́й челове́к?—Э́то портно́й, кото́рый живёт на Двена́дцатой у́лице.

Куда́ вы тепе́рь идёте?—Я иду́ к портно́му.

Кого́ вы ви́дели вчера́ в го́роде?—Я там встре́тил ва́шего портно́го.

С кем вы говори́ли?—Я говори́л с мои́м портны́м.

Что вы говори́те о на́шем портно́м?—Я говорю́ не то́лько о на́шем, а о портны́х вообще́.

Ско́лько[614] портны́х живёт здесь?—Здесь есть о́коло десяти́[403] портны́х.

С кем вы гуля́ли вчера́ в па́рке?—Я там гуля́л с двумя́[422] молоды́ми портны́ми.

Ско́лько[431] портны́х вы зна́ете?—Я зна́ю двух[410] портны́х.

От кого́ э́то письмо́?—Оно́ от моего́ двою́родного бра́та.

From whom is this letter?—It is from my (male) cousin.

О ком они́ говоря́т?—Они́ говоря́т о двою́родном бра́те на́шего но́вого портно́го.

С кем они́ говори́ли?—Они́ говори́ли с мои́м двою́родным бра́том.

С кем вы гуля́ли?—Мы гуля́ли с ва́шим двою́родным бра́том.

Кого́ вы ви́дели в го́роде?—Я там ви́дел ва́ших двою́родных бра́тьев.[225]

Куда́ вы тепе́рь идёте?—Тепе́рь я иду́ к своему́ двою́родному бра́ту, а за́втра я пойду́ к ва́шим двою́родным бра́тьям.

Ско́лько у вас двою́родных бра́тьев?—У меня́ два двою́родных бра́та в э́том го́роде, а в друго́м го́роде есть пять мои́х двою́родных бра́тьев.

Как зову́т[821] ва́шего двою́родного бра́та?—Его́ зову́т[821] Ива́н Васи́льевич.

От когó э́то письмó?—Онó от моéй двою́родной сестры́.

From whom is this letter?—It is from my (female) cousin.

О ком они́ говоря́т?—Они́ говоря́т о двою́родной сестре́ на́шей сосе́дки.
С кем она́ говори́ла?—Она́ говори́ла с моéй двою́родной сестрóй.
С кем вы гуля́ли?—Мы гуля́ли с ва́шими двою́родными сёстрами.
Когó вы ви́дели в гóроде?—Я там ви́дел ва́ших двою́родных сестёр.
Куда́ вы тепéрь идёте?—Тепéрь я иду́ к своéй двою́родной сестре́, а за́втра я пойду́
к ва́шим двою́родным сёстрам.
Скóлько у вас двою́родных сестёр?—У меня́ две двою́родные (двою́родных) сестры́
в э́том гóроде, а в другóм гóроде есть пять мои́х двою́родных сестёр.
Как зову́т ва́шу двою́родную сестру́?—Её зову́т А́нна Харитóновна.

**Как зову́т [821] ва́шего ру́сского учи́теля?—Егó зову́т Па́вел Ива́нович, [342] а фами́лии
его́ я не зна́ю.**

*What is the name of your Russian teacher?—His name is Paul Ivanovich, but I don't know
his surname.*

С кем вы собира́етесь éхать в гóрод?—Я собира́юсь éхать с Ива́ном Васи́льевичем.
Кому́ купи́ли вы э́ти подáрки?—Э́то меховóе пальтó я дам [599] Ива́ну Васи́льевичу, а
э́ти ра́зные вéщи я дам Па́влу Ива́новичу.
От когó э́то письмó с Да́льнего Востóка?—Э́то от моегó дру́га Ива́на Васи́льевича.
О чём она́ бесéдует [600] с Па́влом Ива́новичем?—Они́ бесéдуют о меховóм пальтó и о
каки́х-то насекóмых.
Почему́ вы торóпитесь?—Мы [112] с Ива́ном Васи́льевичем éдем в гóрод с двухчасовы́м
пóездом, а тепéрь ужé без чéтверти два.
О ком спра́шивает дóктор?—Он спра́шивает и́ли об Ива́не Васи́льевиче и́ли о Па́вле
Ива́новиче.
Где вы встрéтились с Ива́ном Васи́льевичем?—Я встрéтился [720] с ним в ры́бном [317]
магази́не на Октя́брьской у́лице.
Когда́ вы говори́ли обо мне́ Па́влу Ива́новичу?—Я говори́л с ним вчера́. Я встрéтил
его́ в универса́льном магази́не, где я хотéл купи́ть своéй сестре́ меховóе пальтó.
Где ожида́ет вас Па́вел Ива́нович?—Он ждёт меня́ óколо ры́бного магази́на, котóрый
на Октя́брьской у́лице.

Запреща́ете [462] ли вы свои́м дéтям [283] гуля́ть в городскóм [316] па́рке?—Нет, не запреща́ю.

Do you forbid your children to walk in the city park?—No, I don't.

Почему́ они́ запреща́ют свои́м дéтям гуля́ть в городскóм па́рке?—Вообщé они́ не
запреща́ют им гуля́ть там, но вчера́ запрети́ли потому́, что бы́ло [185] пóздно.
Кто запрети́л дéтям гуля́ть в городскóм саду́? [720]—Никтó не запреща́л им э́того.
Запрети́л ли дóктор ва́шему сы́ну пить алкогóльные напи́тки?—Да, он запрети́л
ему́ э́то.
Почему́ вы запреща́ете ва́шему сы́ну ходи́ть в шкóлу?—Я никогда́ не запреща́ла ему́.

Почему́ вы запрети́ли ва́шему сы́ну сего́дня итти́ в шко́лу?—Я запрети́ла ему́ по-
тому́, что бы́ло[720] хо́лодно.

Кто запрети́л вам пить алкого́льные напи́тки?—До́ктор запрети́л мне э́то.

Кто запрети́л вам употребле́ние алкого́льных напи́тков?—Мне никто́ не запреща́л
э́того.

В про́шлом году́ я запреща́л вам употребля́ть алкого́льные напи́тки, а в э́том году́
я не запреща́ю.

Вчера́ я запрети́л вам пить алкого́льные напи́тки, а сего́дня не запреща́ю.

Я не пью никаки́х алкого́льных напи́тков.

Я пью вся́кие алкого́льные напи́тки.

Не говори́те[737] мне об алкого́льных напи́тках: я не люблю́ их.

Каки́е алкого́льные напи́тки стоя́т в столо́вой на столе́?—Там стои́т столо́вое вино́ и
англи́йская го́рькая.

Есть ли там со́довая вода́?—Нет, со́довой воды́ нет.

Для кого́ э́та со́довая вода́?—Она́ для на́шего двою́родного бра́та.

Он не хо́чет со́довой воды́, а хо́чет вина́.

Не пе́йте[735] никако́го вина́, а пе́йте то́лько со́довую во́ду.

**От чего́[378] у́мер ваш сосе́д?—Он у́мер от са́харной[317] боле́зни. Его́ сестра́ умерла́ от
той же боле́зни.**

Of what did your neighbor die?—He died of diabetes. His sister died of the same illness.

Чем[378] был он бо́лен?—У него́ была́ са́харная боле́знь.

Чем она́ больна́?—У неё са́харная боле́знь.

Чем больны́ лю́ди, кото́рые лежа́т в э́той ко́мнате?—У них са́харная боле́знь.

О како́й боле́зни вы говори́те?—Мы говори́м о са́харной боле́зни.

Я вы́пью ещё оди́н стака́н ча́ю.[108]

I shall have[607] (drink) another glass of tea.

Ему́ нельзя́[464] пить пи́ва.[453]

Что вы пи́ли?

Она́ ничего́ не пила́.

Я ничего́ не бу́ду пить.

Не пе́йте[735] пи́ва,[453] пе́йте во́ду!

Мы ничего́ не бу́дем пить.

Я вы́пью стака́н воды́.[451]

Вы́пейте[740] э́тот стака́н воды́.

Что вы пьёте—во́ду и́ли пи́во?

18 Восемнáдцатый урóк (Lesson XVIII)

ГРАЖДАНКА Н.

Где вам, Вáня, нрáвится[462] жить—в гóроде или в дерéвне?

MRS. N.

Where do you like to live, Johnny, in the city or in the country?

ВАНЯ

Мне хорошó[464] жить в гóроде, но в дерéвне лýчше.[560] Осóбенно лéтом там хорошó.

JOHNNY

I like it (to live) in the city, but I like it better in the country. Especially in the summer it is nice there.

ГРАЖДАНКА Н.

Éсли вам нрáвится дерéвня бóльше,[560] то[747] почемý вы не живёте там всегдá?

MRS. N.

If you like the country better, why don't you always live there?

ВАНЯ

Этого я никáк не могý, потомý что я дóлжен ходить в городскýю шкóлу.

JOHNNY

This I cannot possibly do, because I must go to the city school.

ГРАЖДАНКА Н.

А когдá открывáется вáша шкóла?

MRS. N.

When does your school open?

ВАНЯ

Я ещё не знáю, но для меня чем[569] рáньше,[560] тем[569] лýчше,[560] так как я люблю учиться.

JOHNNY

I don't know yet, but for me the earlier the better, because I like to study.

ГРАЖДАНКА Н.

Вы такóй мáленький, а есть ли в вáшем клáссе мáльчики мéньше[560] вас?[460]

MRS. N.

You are so small, are there boys in your class smaller than you?

ВАНЯ

Да, там есть и мéньше[560] меня;[460] я не сáмый[571] мáленький.

JOHNNY

Yes, there are also smaller ones than I there; I am not the smallest.

ГРАЖДАНКА Н.

А кто у вас сáмый[571] большóй мáльчик?

MRS. N.

And who is the tallest boy in your group?

ВАНЯ

Са́мого [571] большо́го ма́льчика зову́т Иса́е-вым. [473] Он вы́ше всех [574] ро́стом, [477] силь-не́е [559] други́х [460] и умне́е [559] всех [574] ученико́в в кла́ссе.

JOHNNY

The tallest boy is called Isayev. He is the tallest of all in stature, stronger than the others, and the smartest of all pupils in the class.

ГРАЖДАНКА Н.

Зна́чит, его́ мо́жно назва́ть [473] сильне́й-шим [573] в кла́ссе?

MRS. N.

That means, one can call him the strongest in the class?

ВАНЯ

Да, и сильне́йшим [573] и умне́йшим. [573]

JOHNNY

Yes, the strongest and the smartest.

ГРАЖДАНКА Н.

А он ста́рше [560] вас [460] и́ли моло́же [460] го-да́ми? [477]

MRS. N.

Is he older or younger than you in years?

ВАНЯ

Я не зна́ю, ско́лько ему́ лет, но ду́маю, что он мне [465] рове́сник, тем не ме́нее [569] он вы́глядит мно́го ста́рше [560] меня́. [460]

JOHNNY

I don't know how old he is, but I think that he is of the same age as I; in spite of this, he looks much older than I.

ГРАЖДАНКА Н.

А ваш ста́рший [557] брат у́чится в э́той же шко́ле и́ли в друго́й?

MRS. N.

But is your older brother in the same school or in another one?

ВАНЯ

Мой брат у́чится уже́ в вы́сшей [557] шко́ле.

JOHNNY

My brother is already in college (Literally: higher school).

ГРАЖДАНКА Н.

А мла́дший? [557]

MRS. N.

And the younger one?

ВАНЯ

Мла́дший у́чится со [541] мной, но он у́чится пло́хо, мно́го ху́же [560] меня́; [460] он слабе́е [559] меня́ [460] по всем предме́там.

JOHNNY

The younger one studies with me, but he is a poor pupil, much poorer than I. He is weaker than I in all subjects.

ГРАЖДАНКА Н.

Хорошо́ ли вы зна́ете иностра́нные языки́?

MRS. N.

Do you know foreign languages well?

ВАНЯ	JOHNNY
Да, но францу́зский язы́к я зна́ю гора́здо лу́чше[560] неме́цкого.[460]	Yes, but I know French much better than German.

ГРАЖДАНКА Н.	MRS. N.
А како́й предме́т для вас трудне́е[559]— матема́тика и́ли исто́рия?	But which subject is harder for you—mathematics or history?

ВАНЯ	JOHNNY
Матема́тика для меня́ трудне́е, а исто́рия ле́гче;[560] са́мый[571] лёгкий предме́т для меня́ геогра́фия, я люблю́ её, и чем[569] бо́льше[560] я занима́юсь е́ю,[370] тем[569] бо́лее она́ меня́ интересу́ет.[600]	Mathematics is harder for me, and history easier. The easiest subject for me is geography. I like it, and the more I study it, the more it interests me.

ГРАЖДАНКА Н.	MRS. N.
Хорошо́. Вы говори́те, что ваш са́мый[571] люби́мый предме́т геогра́фия. Назови́те[737] мне[462] высо́кие го́ры в Евро́пе.	Fine. You say that geography is your favorite subject. Give me the names of some high mountains in Europe.

ВАНЯ	JOHNNY
Я зна́ю Ура́льские высо́кие го́ры, а вы́ше[560] их[460] Альпы, а са́мая[571] высо́кая гора́ в Евро́пе—Эльбру́с, на Кавка́зе.	I know the high Ural mountains, but the Alps are higher than they, and the highest mountain in Europe is the Elbrus in the Caucasus.

ГРАЖДАНКА Н.	MRS. N.
Пра́вильно. Геогра́фию вы зна́ете. Ну, а лю́бите вы гуля́ть и игра́ть?	Correct. You know geography. Well, do you like to walk and to play?

ВАНЯ	JOHNNY
Нет, я ма́ло гуля́ю, а игра́ю ещё ме́ньше.[560] Мне не́когда[465] игра́ть. До́ма я стара́юсь как мо́жно[562] скоре́е[559] учи́ть уро́ки и всегда́ иду́ спать пора́ньше,[563] что́бы[754] побо́льше[563] отдохну́ть.	No, I walk little, and I play still less. I have no time to play. At home I try to study my lessons as fast as possible and I always go to bed as early as possible in order to get as much rest as possible.

ГРАЖДАНКА Н.	MRS. N.
А куда́ вы идёте в[543] свобо́дное вре́мя?	But where do you go in your leisure time?

ВАНЯ

Я почти никуда не хожу⁶⁰¹ и нигде не бываю, да мне⁴⁶⁵ и некуда итти, так как все³⁸⁹ мои³⁸⁴ товарищи живут далеко.

JOHNNY

I go scarcely anywhere (Literally: almost nowhere) and visit hardly anywhere; and I have nowhere to go, because all my comrades live far away.

ГРАЖДАНКА Н.

Ну, Ваня, вы хороший мальчик. Учитесь и дальше⁵⁶⁰ так же хорошо, чтобы⁷³⁴ быть умнее,⁵⁵⁹ добрее⁵⁵⁹ и полезнее⁵⁵⁹ других.⁴⁶⁰

MRS. N.

Well, Johnny, you are a good boy. Keep on studying in the same fine way in order to become smarter, better and more useful than the others.

ВАНЯ

Спасибо. Я стараюсь учиться как можно⁵⁶² лучше. Хотя и трудно мне,⁴⁶⁴ но я знаю, что другим⁴⁶⁴ ещё труднее.⁵⁵⁹

JOHNNY

Thank you. I try to study as well as possible; although it is hard for me, but I know that for others it is still harder.

Exercises

Летом поля красивее,⁵⁵⁹ чем⁵⁶⁷ зимой.

In summer the fields are more beautiful than in winter.

У здорового человека кровь краснее,⁵⁵⁹ чем⁵⁶⁸ у нездорового.
Платье моей сестры белее,⁵⁵⁹ чем⁵⁶⁷ этой дамы.
В нашем городе улицы шире,⁵⁶⁰ чем⁵⁶⁸ в вашем.
В вашем городе улицы уже,⁵⁶⁰ чем в нашем.

Ваша шляпа белее⁵⁵⁹ моей,⁴⁶⁰ но шляпа вашего брата белее вашей.³⁸⁴

Your hat is whiter than mine, but your brother's hat is whiter than yours.

Летом деревья зелёные, но весной они ещё зеленее.⁵⁵⁹
Лошади моего дяди красивее⁵⁵⁹ ваших.³⁸⁴
Какой из ваших сыновей красивее—старший⁵⁵⁷ или младший?⁵⁵⁷—Младший⁵⁵⁷ красивее старшего.⁴⁶⁰
По моему мнению, русский язык труднее⁵⁵⁹ английского.⁴⁶⁰
Чем⁴⁶⁹ снег белее,⁵⁵⁹ тем⁴⁶⁹ в поле светлее.⁵⁵⁹
Летом дни длиннее,⁵⁵⁹ а зимой короче,⁵⁶⁰ и наоборот—зимой ночи длиннее, а летом короче.
Большой ли ваш дом?—Да, довольно большой, но дом моего дяди много больше⁵⁶⁰ нашего.³⁸⁴
Было бы лучше,⁵⁶⁰ если бы⁷⁴⁷ его речь была короче.⁵⁶⁰

В э́той ко́мнате чи́ще[560] и светле́е,[559] чем[568] в друго́й.

В до́ме жа́рче,[560] чем[568] на у́лице.

В ку́хне жа́рче,[560] чем[568] в гости́ной.

Мой каранда́ш коро́че[560] ва́шего. [460]

Кака́я кни́га вам тепе́рь нужне́е[559]—ру́сская и́ли англи́йская?—Англи́йская кни́га мне бо́лее[561] нужна́.

Which book do you need more urgently now, the Russian or the English?—I need the English book more.

Что лю́дям нужне́е[559] всего́?[574]—Я ду́маю, что здоро́вье нужне́е всего́[460] ино́го. [307]

Како́й каранда́ш вам тепе́рь нужне́е—си́ний и́ли кра́сный?—Кра́сный каранда́ш мне бо́лее[561] ну́жен.

Кто из вас ста́рше,[560] вы и́ли ва́ша сестра́?—Сестра́ ста́рше меня́.[460] Я моло́же[560] её[370] на три с полови́ной го́да.

Who of you is older, you or your sister?—My sister is older than I. I am three and a half years younger than she.

Мой друг каза́лся ста́рше моего́ бра́та[460] лет на пять.

Моя́ мать моло́же отца́ на два с полови́ной го́да.

Все[389] на́ши[384] де́ти ка́жутся ста́рше ва́ш их. [384]

Все мои́ бра́тья моло́же меня́.

Я ста́рше всех[389] мои́х бра́тьев и сестёр.

Мой оте́ц ста́рше меня́ на два́дцать пять лет.

С сентября́ ме́сяца пого́да обы́чно де́лается свеже́е.[559]

In September the weather usually becomes fresher (cooler).

У́тром бы́ло тепло́, а к ве́черу ста́ло свеже́е.

Хлеб, кото́рый принесла́ сестра́, был свеже́е моего́.[384]

По́сле прогу́лки в па́рке он чу́вствовал себя́ свеже́е.

В вече́рних[319] газе́тах но́вости бы́ли свеже́е.

Когда́ мой друг смея́лся, то[126] его́ широ́кое лицо́ де́лалось ещё ши́ре. [560]

Высо́кие дома́ со[541] вре́менем де́лаются ни́же.[560]

У́зкие у́лицы мне каза́лись ещё у́же.[560]

В высо́кой шля́пе высо́кий англича́нин каза́лся ещё вы́ше.[560]

У вас бо́лее[555] краси́вая шля́па, чем[568] у меня́.

You have a prettier hat than I.

Я рабо́таю в бо́льшей[560] конто́ре, чем[566] вы.

Мы живём на бо́лее[555] широ́кой у́лице, чем[566] на́ши друзья́.

У меня́ бо́лее[555] чи́стая и све́тлая ко́мната, чем[566] у вас.

Я пишу́ бо́лее[555] коро́тким карандашо́м, чем[566] мой брат.

Мы пи́шем бо́лее[555] но́выми пе́рьями, чем[566] вы.

Моя́ сестра́ купи́ла бо́лее краси́вую шля́пу, чем[566] я.

Интере́сна ли была́ ле́кция?—Не о́чень. Я слы́шал ле́кции други́х ле́кторов бо́лее[556] интере́сные.

Was the lecture interesting?—Not very. I have heard more interesting lectures by other lecturers.

Како́й предме́т для вас бо́лее[561] интере́сный?—Исто́рия для меня́ интере́снее[559] хи́мии.[460]

По́сле э́той пое́здки он чу́вствовал себя́ бо́лее[561] уста́лым.

Ста́рший[557] ма́льчик у́чится лу́чше[560] мла́дшего.[557]

The older boy is a better student (Literally: *studies better*) *than the younger one.*

Мла́дший[557] брат встал ра́ньше[560] ста́ршего.[309]

Я не ви́дел мла́дшего[309] ма́льчика, я то́лько ви́дел ста́ршего.

Я говори́л ра́ньше с мла́дшим[309] бра́том, а пото́м со[541] ста́ршим.[309]

Ста́рший брат дал мла́дшему[309] краси́вый пода́рок.

Мла́дший учени́к получи́л пода́рок от ста́ршего ученика́.

Ста́ршие[557] ученики́ помога́ют мла́дшим[309] учи́ться.

Я там встре́тил то́лько ста́рших[309] люде́й,[282] а мла́дших[309] совсе́м не вида́л.

Ста́ршая[560] де́вочка у́чится лу́чше мла́дшей.[309]

Мла́дшая[560] сестра́ вста́ла ра́ньше ста́ршей.[309]

Я не ви́дел мла́дшей де́вочки, я то́лько ви́дел ста́ршую.[309]

Ста́ршая[557] сестра́ дала́ мла́дшей[309] пода́рок.

Мла́дшая сестра́ игра́ет со[541] ста́ршей на у́лице.

Язы́к э́той кни́ги тру́дный;[324] да́йте мне каку́ю-нибу́дь кни́гу попро́ще.[563]

The language of this book is difficult; give me a book that is simpler.

В теа́тре я всегда́ беру́ ме́сто (, кото́рое) побли́же.[563]

Ста́рший сын присла́л мне дорого́й пода́рок, а пода́рок мла́дшего был подеше́вле.[563]

Э́тот каранда́ш не совсе́м хоро́ш, принеси́те мне полу́чше.[563]

Ваш костю́м о́чень све́тлый, я хоте́л бы купи́ть себе́ потемне́е.[563]

Я вы́брал шко́лу для свои́х дете́й побли́же[563] к до́му, что́бы[756] им бы́ло удобне́е[559] ходи́ть.

Ва́ше ста́рое пальто́[285] у́зко, купи́те себе́ друго́е пошире.[563]

На э́то ле́то я хоте́л бы пое́хать куда́-нибу́дь пода́льше.[563]

Како́й из э́тих[388] двух ма́льчиков ваш сын?—Тот, кото́рый повы́ше.[563]

Когда́ мой друг покупа́ет вино́, он берёт всегда́ подеше́вле[563] и покре́пче.[563]

Он не лю́бит молоды́х рабо́тников и всегда́ выбира́ет люде́й[282] постарше.[563]

Кого́ она́ бо́льше лю́бит—му́жа и́ли бра́та?—Она́ лю́бит му́жа бо́льше, чем[567] бра́та.

Whom does she love more, her husband or her brother?—She loves her husband more than her brother.

Он лю́бит отца́ бо́льше, чем[566] мать. Он лю́бит отца́ бо́льше ма́тери.[460]

Кого́ вы зна́ете лу́чше—А́нну Харито́новну и́ли Ива́на Харито́новича?—Я зна́ю Ива́на Харито́новича лу́чше, чем А́нну Харито́новну (лу́чше А́нны Харито́новны).

Како́й язы́к вы зна́ете лу́чше—испа́нский и́ли неме́цкий?—Я зна́ю испа́нский язы́к лу́чше, чем[566] неме́цкий. Я зна́ю испа́нский язы́к лу́чше неме́цкого.[460]

Како́й предме́т вы зна́ете лу́чше—геогра́фию и́ли исто́рию?—Я зна́ю геогра́фию лу́чше, чем[566] исто́рию. Я зна́ю геогра́фию лу́чше исто́рии.[460]

Скоро ли вы пое́дете в дере́вню?—Я ещё не зна́ю, но хоте́л бы пое́хать туда́ скоре́е.[564]

Will you go to the country soon?—I don't know yet, but I would like to go there as soon as possible (very soon).

Кто бежи́т быстре́е[559]—соба́ка и́ли ло́шадь?—Не́которые соба́ки бегу́т быстре́е ло́шади,[460] а други́е ме́дленнее.[559]

Почему́ вы идёте так ме́дленно, иди́те быстре́е.—Я уста́л и не могу́ итти́ быстре́е.

Как ра́но вы встаёте у́тром?—Обыкнове́нно зимо́й я встаю́ часо́в в во́семь, но ле́том ра́ньше[560]—часо́в в шесть.

Когда́ начина́ют свою́ рабо́ту ва́ши рабо́тники?—Не одина́ково: ле́том они́ начина́ют ра́ньше, чем[567] зимо́й, а зимо́й поздне́е (по́зже)[560] чем ле́том.

Хорошо́ ли вы говори́те по-ру́сски?—Да, доста́точно хорошо́, но моя́ жена́ говори́т лу́чше меня́,[460] и я то́же хоте́л бы говори́ть лу́чше.

Кто из вас говори́т по-англи́йски лу́чше?—На́ши де́ти говоря́т по-англи́йски лу́чше меня́ и мое́й жены́,[460] так как они́ прошли́ англи́йскую шко́лу.

Кто из вас у́чится лу́чше—вы и́ли ва́ша сестра́?—Сестра́ у́чится лу́чше меня́, я учу́сь ху́же её.

Не меша́ло бы, что́бы[757] вы е́хали немно́го скоре́е.

Этот портно́й нехорошо́ рабо́тает, его́ оте́ц рабо́тал лу́чше,[560] а лу́чше всех[574] их[370] рабо́тал его́ дя́дя.

Говори́те[737] ему́ про́ще,[560] и́наче он вас не поймёт.

Ти́ше е́дешь—да́льше бу́дешь.[570]

Иди́те[737] как мо́жно[562] ме́дленней.[559]

Walk as slowly as possible.

Отойди́те[737] от меня́ как мо́жно[562] да́льше.[560]
Остава́йтесь[734] у меня́ как мо́жно[562] до́льше.[560]
Сде́лайте[734] э́то как мо́жно[562] скоре́е.[559]
Я стара́юсь де́лать свою́ рабо́ту как мо́жно[562] лу́чше.[560]
Я помога́ю вам как мо́жно[562] бо́льше.[560]

Я о́тдал бы[746] **всё, что́бы**[754] **то́лько подо́льше**[563] **стоя́ть так и гляде́ть на вас.**

I would give up everything in order to stand here a little longer (or: as long as possible) and to look at you.

Я хоте́л бы [746] найти́ кварти́ру побли́же[563] к шко́ле.

Подойди́те[737] ко мне побли́же, я пло́хо ви́жу вас.

Отойди́те[737] пода́льше,[563] что́бы[756] он не ви́дел вас.

Пе́йте[735] вина́ поме́ньше,[563] а воды́ побо́льше,[563] и вы бу́дете здорове́е.[559]

Я проси́л бра́та, что́бы[756] он поскоре́е[563] написа́л мне об э́том де́ле.

Е́сли бы[747] я име́л вре́мя, я написа́л бы полу́чше.[563]

Ста́ньте[738] побли́же друг к дру́гу.[400]

Поста́вьте[738] э́ти столы́ пода́льше оди́н от друго́го.[400]

Иди́те[737] поти́ше, что́бы[756] нас не услыха́ли.[821]

Немно́го восто́чнее[559] **бы́ло на́ше по́ле.**

Somewhat farther to the east was our field.

Друга́я доро́га, за́паднее,[559] вела́ в го́род.

Ленингра́д лежи́т се́вернее[559] Москвы́.[460]

Южне́е[559] го́рода бы́ло небольшо́е село́.

Он путеше́ствовал бо́льше го́да.[460]

He traveled more than a year.

Я ждал вас бо́льше ча́са.[460]

Я ожида́л ва́шего письма́ бо́льше ме́сяца.[460]

Он был бо́лен бо́льше неде́ли.[460]

Мой друг жил в Росси́и бо́льше двух лет.[460]

Мы учи́лись[462] ру́сскому языку́ бо́льше трёх лет.[460]

Мы ждём[450] по́езда уже́ бо́льше четырёх часо́в.[460]

Мне ре́дко прихо́дится спать бо́льше семи́ часо́в,[460] ча́ще[560] же всего́[574] я сплю шесть часо́в.

Я прочита́л бо́льше ста[404] **страни́ц э́той кни́ги.**

I read more than a hundred pages of this book.

Она́ заплати́ла за ме́ньшую[557] кни́гу бо́льше двух до́лларов,[460] а я заплати́л за гора́здо бо́льшую[560] кни́гу то́лько не́сколько це́нтов бо́льше до́ллара.[460]

Вчера́ я ви́дел бо́льше двадцати́[403] на́ших друзе́й и знако́мых.

Он путеше́ствовал ме́ньше[560] **го́да.**[460]

He traveled less than a year.

Я сиде́л здесь ме́ньше ча́са.[460]

Он рабо́тал на э́той фа́брике ме́ньше ме́сяца. [460]
Он был бо́лен ме́ньше неде́ли. [460]
Он спал ме́ньше шести́ [403] часо́в.

Она́ тепе́рь зараба́тывает ме́ньше двадцати́ [403] до́лларов в неде́лю, но на сле́дующей неде́ле она́ зарабо́тает бо́льше двадцати́ пяти́ до́лларов.

She earns less than twenty dollars a week now, but next week she will earn more than twenty-five dollars.

Я зарабо́тал ме́ньше ста́ до́лларов.
Э́та кни́га сто́ит не ме́ньше четырёх рубле́й.
Э́тот сорт сто́ит не ме́ньше пяти́ рубле́й фунт.
Я не возьму́ ме́ньше восьми́ фу́нтов са́хару. [168]
Я заплати́л за кни́гу ме́ньше рубля́. [460]
Она́ прочита́ла ме́ньше страни́цы.

У кого́ бо́льше де́нег, [215] у вас и́ли у ва́шего бра́та?—У моего́ бра́та мно́го бо́льше де́нег, чем [568] у меня́.

Who has more money, you or your brother?—My brother has much more money than I.

Мно́го ли о́коло ва́шей шко́лы дере́вьев?—Дово́льно мно́го, но о́коло музе́я дере́вьев бо́льше.
Бо́льше и́ли ме́ньше ученико́в сего́дня бы́ло в шко́ле, чем [568] вчера́?—Сего́дня бы́ло ме́ньше, чем [568] вчера́.
В чьей кни́ге бо́льше страни́ц—в ва́шей и́ли в мое́й?—В ва́шей кни́ге бо́льше.
У меня́ ма́ло де́нег, у вас того́ [388] ме́ньше, [460] а у мое́й сестры́ ме́ньше всех; [574] бо́льше всех [574] де́нег у ва́шего бра́та.

За дом он получи́л ме́ньше, чем [568] наде́ялся получи́ть.

He received less for the house than he hoped to get.

Мы бы́ли там до́льше, чем [568] ду́мали быть.
Э́то сто́ит доро́же, чем [568] я могу́ заплати́ть.
Он зараба́тывает ме́ньше, чем [568] лю́ди ду́мают.

Я заплати́л за свой дом вдво́е бо́льше, чем [568] вы за свой.

I have paid twice as much for my house as you have for yours.

Сего́дня на уро́ке ученико́в бы́ло вдво́е бо́льше, чем [568] вчера́.
У него́ друзе́й во [541] мно́го раз бо́льше, чем [565] у меня́.
У меня́ тепе́рь вдво́е бо́льше де́нег, [215] чем [568] бы́ло вчера́.
Вы остава́лись в кино́ [285] вдво́е до́льше меня́. [460]
Он жил вдво́е до́льше, чем [566] его́ жена́.

Кто из ва́ших друзе́й са́мый интере́сный[571] челове́к?—Из всех мои́х друзе́й са́мый интере́сный челове́к писа́тель Ра́ев. Он зна́ет бо́льше всех[574] и лу́чше всех[574] уме́ет расска́зывать обо[480] всём.[389]

Who among your friends is the most interesting person?—The writer Rayev is the most interesting person among all my friends. He knows most of all and knows best of all how to talk about everything.

Краси́вые ли ва́ши де́ти?—Для меня́ они́ са́мые краси́вые[571] из всех дете́й.[283] Они́ красиве́е всех.[574]

Како́й язы́к для вас са́мый тру́дный?[571]—Для меня́ са́мый тру́дный язы́к кита́йский. Всю[389] ночь я писа́л письмо́ са́мому дорого́му[571] для меня́ челове́ку—мое́й ма́тери.

Са́мое ху́дшее[572] бы́ло то, что я не понима́л его́.

Са́мое лу́чшее[572] для него́[370] бы́ло уйти́ из до́ма.

Кто из ва́ших друзе́й вам нра́вится бо́льше всех?[574]—Бо́льше всех[574] мне нра́вится сын на́шего сосе́да.

Са́мый большо́й[571] день в году́ быва́ет в ию́не ме́сяце.

Э́ти лю́ди говоря́т о са́мом бога́том[571] челове́ке в на́шем го́роде.

Я был са́мый мла́дший[572] учени́к в кла́ссе.

Я был моло́же всех.[574]

Э́то са́мая бли́зкая доро́га[571] на ста́нцию.

Э́та доро́га са́мая бли́зкая.

Э́то са́мый лу́чший[572] сорт това́ра.

Э́тот сорт са́мый лу́чший.

Сего́дня са́мый жа́ркий[571] день в э́том году́.

Он живёт в са́мом высо́ком[571] до́ме на́шего го́рода.

Э́тот уро́к трудне́е всех.[574]

У́мные[324] ли ва́ши де́ти?—Мла́дший ма́льчик дово́льно у́мный, но де́вочка умне́е его́,[460] а ста́рший ма́льчик умне́йший[573] из всех.

Are your children smart?—The younger boy is quite smart, but the girl is smarter than he, and the older boy is the smartest of all.

Наш сосе́д добре́йший[573] челове́к.

Мой дя́дя был счастли́вейший[573] из всех, кого́[396] я знал.

Наш но́вый знако́мый был миле́йший[573] челове́к.

Он был богате́йший[573] челове́к.

Когда́-то он был богате́йшим[573] челове́ком, а тепе́рь он бедне́йший[573] во[541] всём[389] го́роде.

Кто э́тот господи́н?—Э́то оди́н из богате́йших[573] америка́нцев.

Бе́дный в мо́лодости, он с года́ми де́лался бедне́е[559] и к ста́рости он был бедне́йшим[573] челове́ком.

Кому́ ва́ши сёстры о́тдали свои́ ста́рые шля́пы?—Они́ о́тдали их де́вочкам бедне́йших[573] рабо́тников.

Нача́льник шко́лы был прекрасне́йший[573] челове́к.

То́лько к но́чи ма́льчик зако́нчил трудне́йшую[573] рабо́ту.

Я говори́л с отцо́м об одно́м трудне́йшем[573] для меня́ де́ле.
В про́шлом году́ мы име́ли холодне́йшую[573] зи́му.
Мы пое́хали на ближа́йшую[573] ста́нцию.
Он был мои́м ближа́йшим[573] ро́дственником.

19 Девятна́дцатый уро́к (Lesson XIX)*

НИНА ПАВЛОВНА	NINA PAVLOVNA

Ива́н Петро́вич, идёмте[744] сего́дня в му-зе́й. Там бу́дет чита́ть ле́кцию оди́н путеше́ствующий[760] господи́н.

John Petrovich, let's go to the museum to-day. A gentleman who is traveling around is going to give a lecture there.

ИВАН ПЕТРОВИЧ	JOHN PETROVICH

С удово́льствием. Я люблю́ слу́шать таки́е ли́кции. Неда́вно здесь была́ стра́н-ствующая[760] ле́кторша, так я ходи́л слу́-шать её три ра́за, хотя́ она́ и произвела́ на меня́ угнета́ющее[760] впечатле́ние.[770]

With pleasure. I like to listen to such lec-tures. Recently an itinerant woman lecturer was here. So I went three times to listen to her although she had a depressing effect on me.

НИНА ПАВЛОВНА	NINA PAVLOVNA

С кем[378] вы раскла́нялись? Кто э́ти[388] господа́?[204]

Whom did you greet? Who are these people?

ИВАН ПЕТРОВИЧ	JOHN PETROVICH

Э́то мой прия́тель, неда́вно прие́хавший[763] из Евро́пы,[772] а да́ма—его́ жена́, служи́в-шая[763] в Кра́сном Кресте́.[772]

This is a friend of mine recently arrived from Europe, and the lady is his wife who has served in the Red Cross.

НИНА ПАВЛОВНА	NINA PAVLOVNA

Не зна́ю, почему́-то они́ напомина́ют[462] мне моё уше́дшее[763] вре́мя. Где они́ жи-ву́т?

I don't know, (but) for some reason they remind me of my past. Where do they live?

ИВАН ПЕТРОВИЧ	JOHN PETROVICH

Сейча́с живу́т в гости́нице и всё вре́мя и́щут подходя́щую[760] кварти́ру.

Right now they live in a hotel, and all the time they are looking for a suitable apart-ment.

---

* Note that most of the participial constructions demonstrated in this lesson are characteristic of the written language and formal speech as used in addresses and lectures. Colloquial Russian uses relative clauses instead of participles, except for such participles that have become independent adjectives or nouns. The student who wishes to read Russian books and newspapers must familiarize himself with the forms and use of the various participles. The variants given in the Exercises show how such literary expressions are rendered in colloquial speech.

НИНА ПАВЛОВНА

В мину́вший[763] вто́рник мой знако́мый го-
вори́л, что он сдаёт[620] кварти́ру.

ИВАН ПЕТРОВИЧ

А я указа́л им на одну́ да́му, объявля́в-
шую[768] о сда́че кварти́ры.

НИНА ПАВЛОВНА

Смотри́те,[737] они́ подошли́ к стоя́щему[309]
на углу́ ни́щему,[773] кото́рый де́ржит что-
то в дрожа́щей[760] руке́. Они́ хотя́т по-
мо́чь[462] ему́.

ИВАН ПЕТРОВИЧ

Возмо́жно. А вот стра́нный слу́чай: про́ш-
лой зимо́й я хоте́л помо́чь дрожа́вшему[768]
от хо́лода ни́щему[773] и дал ему́ своё
ста́рое пла́тье, а он тут же о́тдал его́
проходи́вшей[768] ми́мо бе́дной де́вочке.

НИНА ПАВЛОВНА

Э́то зна́чит, что вы до́брый челове́к, но
он добре́е[559] вас.[460] Я зна́ю друго́й слу́чай:
я ка́к-то говори́ла с одни́м бы́вшим[770]
солда́том, и он уверя́л[667] меня́, что про-
ше́дшей[770] зимо́й он отморо́зил себе́[465] не
то́лько но́ги, а и костыли́.

ИВАН ПЕТРОВИЧ

Ну, дово́льно о ни́щих.[309] Скажи́те,[737] что
вы зна́ете об э́том путеше́ствующем[770]
ле́кторе и его́ ле́кции?

НИНА ПАВЛОВНА

Ни о нём, ни об интересу́ющей[309] вас ле́к-
ции я ничего́ не зна́ю.

ИВАН ПЕТРОВИЧ

Ви́дите э́ти дере́вья, расту́щие[772] о́коло
музе́я? Они́ о́чень краси́вы.

NINA PAVLOVNA

Last Tuesday an acquaintance of mine said
that he has an apartment for rent.

JOHN PETROVICH

And I directed them to a lady who was ad-
vertizing about letting an apartment.

NINA PAVLOVNA

Look, they went up to the beggar who is
standing at the corner and who is holding
something in his trembling hand. They want
to help him.

JOHN PETROVICH

Possible. But here is a strange incident: Last
winter I wanted to help a beggar who was
shivering with cold and I gave him an old
garment of mine, but he then and there gave
it away to a poor girl that went by.

NINA PAVLOVNA

This means that you are a kind person but
he is kinder than you. I know another incident: I somehow spoke to a former soldier,
and he tried to convince me that during the
past winter he froze not only his feet off but
also his crutches.

JOHN PETROVICH

Well, enough about beggars. Tell me what
do you know about this itinerant lecturer
and his lecture?

NINA PAVLOVNA

I don't know anything about him nor about
the lecture that interests you.

JOHN PETROVICH

Do you see these trees that are growing
near the museum? They are very beautiful.

| НИНА ПАВЛОВНА | NINA PAVLOVNA |

Вижу. А около них дети, тоже пришёд-шие[767] на лекцию.

I see them. And near them are children who have also come to the lecture.

| ИВАН ПЕТРОВИЧ | JOHN PETROVICH |

Оказывается, много есть людей, желаю-щих[772] послушать лекцию.

It turns out that there are many people wishing to listen to the lecture.

| НИНА ПАВЛОВНА | NINA PAVLOVNA |

А почему я не вижу на стенах картин, висевших[769] здесь раньше? Где они?

But why don't I see on the walls the pictures which were hanging here before? Where are they?

| ИВАН ПЕТРОВИЧ | JOHN PETROVICH |

Я ничего не знаю о картинах. Отойдите[737] в сторону и не мешайте[734] входящим[771] людям.

I don't know anything about the pictures. Step aside and don't hinder the people coming in.

| НИНА ПАВЛОВНА | NINA PAVLOVNA |

Да, народу[168] пришло много. Я думаю, что запоздавшим[767] уже не будет места.

Yes, a lot of people have come. I think that there will be no place for late-comers.

| ИВАН ПЕТРОВИЧ | JOHN PETROVICH |

А вот и лектор. Он разговаривает с маль-чиками, продающими[759] его книги.

And here is the lecturer, too. He is talking to the boys who are selling his books.

| НИНА ПАВЛОВНА | NINA PAVLOVNA |

Я говорила о нём с людьми,[282] знав-шими[772] его раньше. Все говорят, что он интересный лектор.

I have talked about him to people who have known him before. They all say that he is an interesting lecturer.

| ИВАН ПЕТРОВИЧ | JOHN PETROVICH |

А я узнал, что он будет говорить о вою-ющих[760] странах и о пострадавших[776] от войны.

And I have learned that he will talk about the belligerent countries and about the people who have suffered because of the war.

Exercises

Живу́щие[756] в на́шем го́роде америка́нцы.

The Americans living in our city.

Америка́нцы, кото́рые живу́т в на́шем го́роде.

The Americans who live in our city.

Не говори́те так $\begin{cases} \text{о живу́щих в на́шем го́роде америка́нцах.} \\ \text{об америка́нцах, кото́рые живу́т в на́шем го́роде.} \end{cases}$

Вот оди́н из $\begin{cases} \text{живу́щих в на́шем го́роде америка́нцев.} \\ \text{америка́нцев, кото́рые живу́т в на́шем го́роде.} \end{cases}$

Я зна́ю всех[389] $\begin{cases} \text{живу́щих на на́шей у́лице иностра́нцев.} \\ \text{иностра́нцев, кото́рые живу́т на на́шей у́лице.} \end{cases}$

Прие́хал англича́нин, $\begin{cases} \text{рабо́тающий[309] в Кра́сном Кресте́.} \\ \text{кото́рый рабо́тает в Кра́сном Кресте́.} \end{cases}$

Посмотри́те на челове́ка, $\begin{cases} \text{стоя́щего[309] у две́ри.[765]} \\ \text{кото́рый стои́т у две́ри.} \end{cases}$

Это ученики́ на́шей шко́лы, $\begin{cases} \text{иду́щие[759] на ле́кцию.} \\ \text{кото́рые иду́т на ле́кцию.} \end{cases}$

Я прошу́ всех, $\begin{cases} \text{стоя́щих на доро́ге,} \\ \text{кото́рые стоя́т на доро́ге,} \end{cases}$ отойти́ в сто́рону

Что даёт[588] ле́ктор $\begin{cases} \text{подходя́щим[759] к нему́ да́мам?} \\ \text{да́мам, кото́рые подхо́дят к нему́?} \end{cases}$

Ле́кция была́ по $\begin{cases} \text{интересу́ющему[759] меня́ вопро́су.} \\ \text{вопро́су, кото́рый интересу́ет меня́.} \end{cases}$

Помоги́те[737] э́той $\begin{cases} \text{дрожа́щей[309] от хо́лода ста́рой же́нщине.} \\ \text{ста́рой же́нщине, кото́рая дрожи́т от хо́лода.} \end{cases}$

Ма́льчик бежи́т[587] к $\begin{cases} \text{стоя́щему[309] на углу́ у́лицы дру́гу.} \\ \text{дру́гу, кото́рый стои́т на углу́ у́лицы.} \end{cases}$

Они́ шли к $\begin{cases} \text{стоя́щему в конце́ са́да ста́рому зда́нию.} \\ \text{ста́рому зда́нию, кото́рое стои́т в конце́ са́да.} \end{cases}$

Зна́ете ли вы кого́-нибу́дь $\begin{cases} \text{говоря́щего[309] на пяти́ языка́х?} \\ \text{кто говори́т на пяти́ языка́х?} \end{cases}$

Я хочу́ навести́ть одну́[402] да́му, $\begin{cases} \text{прожива́ющую[309] в гости́нице.[765]} \\ \text{кото́рая прожива́ет в гости́нице.} \end{cases}$

Он интересу́ется { вися́щей [309] в ва́шей ко́мнате карти́ной.
карти́ной, кото́рая виси́т в ва́шей ко́мнате.

Я хоте́л бы [746] поговори́ть с ва́ми об одно́м [402] { интересу́ющем меня́ де́ле.
де́ле, кото́рое интересу́ет меня́.

Мы говори́ли всю [389] ночь обо всём [389] { интересу́ющем [765] нас.
, что интересу́ет нас.

Рабо́чие,[309] возвраща́ющиеся[765] с рабо́ты, чита́ют вече́рние газе́ты.

The workers returning from work read the evening papers.

Де́ти встреча́ют рабо́чих, возвраща́ющихся[762] с рабо́ты.

Мно́го рабо́чих, возвраща́ющихся с рабо́ты, е́дут в э́том по́езде.

Я говорю́ с рабо́чими, возвраща́ющимися с рабо́ты.

Ко́мната, находя́щаяся[762] (=кото́рая нахо́дится) на второ́м этаже́, мне о́чень нра́вится.

I like very much the room (situated) on the second floor.

Я ви́дел, как да́ма вы́шла из ко́мнаты, находя́щейся на второ́м этаже́.

Я вошёл в ко́мнату, находя́щуюся на второ́м этаже́.

Мы жи́ли в ко́мнате, находя́щейся на тре́тьем[436] этаже́.

Дома́, находя́щиеся на Второ́й у́лице, высоки́.[321]

Э́то мой прия́тель, { неда́вно прие́хавший[309] из Евро́пы.[772]
кото́рый неда́вно прие́хал из Евро́пы.

This is my friend who has recently returned from Europe.

Я встре́тил прия́теля, { прие́хавшего[767] из Евро́пы.
кото́рый прие́хал из Евро́пы.

Я получи́л пода́рок от прия́теля, { прие́хавшего из Евро́пы.
кото́рый прие́хал из Евро́пы.

Я дам э́то прия́телю, { прие́хавшему из Евро́пы.
кото́рый прие́хал из Евро́пы.

Я ви́делся с прия́телем, { прие́хавшим из Евро́пы.
кото́рый прие́хал из Евро́пы.

Мы говори́ли о прия́теле, { прие́хавшем из Евро́пы.
кото́рый прие́хал из Евро́пы.

Э́то мои́ друзья́,[275] { прие́хавшие из Евро́пы.
кото́рые прие́хали из Евро́пы.

Я встре́тил друзе́й, { прие́хавших из Евро́пы.
кото́рые прие́хали из Евро́пы.

Мы получи́ли пода́рки от друзе́й, { прие́хавших из Евро́пы.
{ кото́рые прие́хали из Евро́пы.

Я дам э́то друзья́м, { прие́хавшим из Евро́пы.
{ кото́рые прие́хали из Евро́пы.

Мы ви́делись с друзья́ми, { прие́хавшими из Евро́пы.
{ кото́рые прие́хали из Евро́пы.

Мы говори́ли о друзья́х, { прие́хавших из Евро́пы.
{ кото́рые прие́хали из Евро́пы.

Э́то да́ма, { **служи́вшая**[769] **в Кра́сном Кресте́.**
{ **кото́рая служи́ла в Кра́сном Кресте́.**

This is a lady who has worked with the Red Cross.

Я встре́тил да́му, { служи́вшую в Кра́сном Кресте́.
{ кото́рая служи́ли в Кра́сном Кресте́.

Я получи́л письмо́ от да́мы, { служи́вшей[768] в Кра́сном Кресте́.
{ кото́рая служи́ла в Кра́сном Кресте́.

Я иду́ к да́ме, { служи́вшей[769] в Кра́сном Кресте́.
{ кото́рая служи́ла в Кра́сном Кресте́.

Я ви́делся с да́мой, { служи́вшей[768] в Кра́сном Кресте́.
{ кото́рая служи́ла в Кра́сном Кресте́.

Я говорю́ о да́ме, { служи́вшей[769] в Кра́сном Кресте́.
{ кото́рая служи́ла в Кра́сном Кресте́.

Э́то да́мы, { служи́вшие[769] в Кра́сном Кресте́.
{ кото́рые служи́ли в Кра́сном Кресте́.

Я встре́тил дам, { служи́вших[768] в Кра́сном Кресте́.
{ кото́рые служи́ли в Кра́сном Кресте́.

Я получи́л пи́сьма от дам, { служи́вших[768] в Кра́сном Кресте́.
{ кото́рые служи́ли в Кра́сном Кресте́.

Я иду́ к да́мам, { служи́вшим[769] в Кра́сном Кресте́.
{ кото́рые служи́ли в Кра́сном Кресте́.

Мы ви́делись с да́мами, { служи́вшими[768] в Кра́сном Кресте́.
{ кото́рые служи́ли в Кра́сном Кресте́.

Мы говори́ли о да́мах, { служи́вших[768] в Кра́сном Кресте́.
{ кото́рые служи́ли в Кра́сном Кресте́.

Это—пальто, $\begin{cases} \text{лежа́вшее}^{769} \text{ на окне́.} \\ \text{кото́рое лежа́ло на окне́.} \end{cases}$

This is the overcoat that was (had been) lying on the window sill.

Я не ви́жу пальто́, $\begin{cases} \text{лежа́вшего на окне́.} \\ \text{кото́рое лежа́ло на окне́.} \end{cases}$

Он взял своё пальто́, $\begin{cases} \text{лежа́вшее на окне́.,} \\ \text{кото́рое лежа́ло на окне́.} \end{cases}$

Я говорю́ о пальто́, $\begin{cases} \text{лежа́вшем на окне́.} \\ \text{кото́рое лежа́ло на окне́.} \end{cases}$

Где де́рево, [274] $\begin{cases} \text{ро́сшее}^{768} \text{ здесь ра́ньше?} \\ \text{кото́рое росло́ здесь ра́ньше?} \end{cases}$

Where is the tree that had been (growing) here before?

Я не ви́жу де́рева, $\begin{cases} \text{ро́сшего}^{769} \text{ здесь ра́ньше.} \\ \text{кото́рое росло́ здесь ра́ньше.} \end{cases}$

Я ничего́ не зна́ю о де́реве, $\begin{cases} \text{ро́сшем здесь ра́ньше.} \\ \text{кото́рое росло́ здесь ра́ньше.} \end{cases}$

Где дере́вья, $\begin{cases} \text{ро́сшие здесь ра́ньше?} \\ \text{кото́рые росли́ здесь ра́ньше?} \end{cases}$

Я не ви́жу дере́вьев, $\begin{cases} \text{ро́сших здесь ра́ньше.} \\ \text{кото́рые росли́ здесь ра́ньше.} \end{cases}$

Я ничего́ не зна́ю о дере́вьях, $\begin{cases} \text{ро́сших здесь ра́ньше.} \\ \text{кото́рые росли́ здесь ра́ньше.} \end{cases}$

Пострада́вший[309]
Челове́к, кото́рый пострада́л $\Big\}$ от войны́.

One who suffered because of the war.

Пострада́вшая[309]
Же́нщина, кото́рая пострада́ла $\Big\}$ от войны́.

One who suffered because of the war.

Пострада́вшие
Те,[388] кото́рые пострада́ли $\Big\}$ от войны́.

Those who suffered because of the war.

Все[389] пострада́вшие
Все[389] те,[388] кото́рые пострада́ли $\Big\}$ от войны́.

Помоги́те[737] пострада́вшим
Помоги́те тем,[388] кото́рые пострада́ли $\Big\}$ от войны́.

Он о́тдал ⎰дрожа́вшим от хо́лода ни́щим ⎱ все свои́ де́ньги.
⎰ни́щим, кото́рые дрожа́ли от хо́лода,⎱

Мы вы́несли из ко́мнаты ⎰все висе́вшие по стена́м карти́ны.
⎰все карти́ны, кото́рые висе́ли по стена́м.

Ле́ктор вы́шел к ⎰ожида́вшим его́ лю́дям.
⎰лю́дям, кото́рые ожида́ли его́.

Он разгова́ривал с ⎰верну́вшимися[764] с войны́ солда́тами.
⎰солда́тами, кото́рые верну́лись с войны́.

В газе́тах тепе́рь мно́го пи́шут ⎰о пострада́вших от войны́ европе́йцах.
⎰об еврене́йцах, кото́рые пострада́ли от войны́.

Газе́ты почему́-то ничего́ не пи́шут о ⎰прие́хавших из Евро́пы.
⎰тех, кото́рые прие́хали из Евро́пы.

Все проходи́вшие ⎱
Все те, кото́рые проходи́ли,⎰ с удивле́нием смотре́ли на меня́.

Прише́дшие[763] на ле́кцию по́здно ⎱
Те, кото́рые пришли́ на ле́кцию по́здно,⎰ не име́ли мест.

Запозда́вшие ⎱
Те, кото́рые запозда́ли,⎰ спеши́ли на свои́ места́.

Продава́вшим газе́ты ма́льчикам ⎱
Ма́льчикам,[464] кото́рые продава́ли газе́ты,⎰ бы́ло хо́лодно стоя́ть на у́лице.

У нас живёт солда́т, верну́вшийся[764] с войны́.[772]

A soldier who has returned from the war lives with us.

Я ещё не ви́дел верну́вшегося[764] с войны́ солда́та.[773]
Верну́вшиеся с войны́ солда́ты тепе́рь рабо́тают в конто́рах и на фа́бриках.
Мы встре́тили верну́вшихся с войны́ солда́т.[227]
Мы ви́делись с верну́вшимися с войны́ солда́тами.
Я получа́л пи́сьма от верну́вшихся с войны́ солда́т.[227]

Я ду́маю о своём бра́те, уе́хавшем в Росси́ю.[772]

I am thinking about my brother who has gone to Russia.

Я встре́тил своего́ дру́га, путеше́ствовавшего после́дние два го́да по Евро́пе и то́лько неда́вно прие́хавшего сюда́.
Учи́тель разгова́ривает с неда́вно прие́хавшим с Да́льнего Восто́ка писа́телем.[773]
Я пишу́ прие́хавшему в наш го́род европе́йцу.[773]
Я ду́маю пойти́ послу́шать прие́хавшую в наш го́род одну́ стра́нствующую ле́кторшу.[773]

Мне расска́зывала мно́го о жи́зни в Сове́тах одна́ да́ма, прожи́вшая[772] там о́коло трёх лет.

Укажи́те[737] мне господи́на, прожи́вшего после́дние два го́да в Росси́и.

Я хоте́л бы[746] поговори́ть с да́мой, жи́вшей ра́ньше в э́той кварти́ре.

В подходи́вшей[768] ко мне да́ме я не узна́л свое́й сестры́.

Ученики́ гро́мко говори́ли о проходи́вшей[768] ми́мо учи́тельнице.

Что говори́л он проходи́вшим[768] ми́мо ма́льчикам?—Я не слыха́л его́ слов.

Он останови́л проходи́вшего ма́льчика.

Я узна́л э́то от одно́й да́мы, служи́вшей го́да три в Кра́сном Кресте́ в Евро́пе.

Когда́ мы гуля́ли на у́лице, мы встре́тили солда́та, служи́вшего в а́рмии на Да́льнем Восто́ке.

Я по́мню имена́[280] всех[389] люде́й,[292] рабо́тавших у нас в про́шлом году́.[185]

Я хочу́ повида́ть одну́ учи́тельницу, неда́вно написа́вшую мне письмо́ о мои́х де́тях.

До́ктор посмотре́л на лежа́вшего пе́ред ним больно́го[307] и ничего́ не сказа́л.

Куда́ они́ убра́ли висе́вшую на э́той стене́ карти́ну?—Они́ пове́сили её в другу́ю ко́мнату.

Ма́льчик побежа́л к стоя́вшему в углу́[185] кре́слу.

Мы подошли́ к расска́зывавшей что-то ста́рой да́ме.

Ско́лько бы́ло ма́льчиков, продава́вших кни́ги ле́ктора?—Их[370] бы́ло[426] челове́к пять.

Писа́тель получи́л де́ньги от ма́льчиков, прода́вших его́ кни́ги.

Ле́ктор дал ма́льчикам, прода́вшим его́ кни́ги, интере́сные пода́рки.

Он взял своё пальто́, лежа́вшее на окне́, и бы́стро вы́шел из ко́мнаты.

Расскажи́те[737] нам о случи́вшемся[764] (= о том, что случи́лось) с ва́ми вчера́.—Я не люблю́ вспомина́ть о проше́дшем[763] (= о том, что прошло́); бу́дем лу́чше говори́ть о бу́дущем[309] (= о том, что бу́дет).

Tell us about what happened to you yesterday.—I don't like to reminisce about the past; we shall (had) better talk about the future.

Мы с бра́том[112] ча́сто вспомина́ем проше́дшее[309] вре́мя,[280] когда́ мы жи́ли в Евро́пе.

Никто́ и ничто́ не мо́жет[596] верну́ть нам проше́дшего вре́мени.

На бу́дущее вре́мя я прошу́[504] вас не де́лать э́того.

Почему́ вы не хоти́те[586] говори́ть об э́том?—По моему́ мне́нию, э́то[94] вопро́с бу́дущего, и тепе́рь об э́том ещё ра́но[106] говори́ть.

Когда́ он прие́хал?—Он прие́хал в мину́вший вто́рник.[543]

А когда́ он уе́дет?[625]—Он уе́дет в бу́дущий понеде́льник.[543]

О бу́дущем ле́те ещё ра́но[106] говори́ть.

Я ви́дел э́того челове́ка после́дний раз мину́вшим ле́том.[542]

Я ча́сто ви́жу[585] э́того ни́щего[309] стоя́щим[473] на э́том углу́.[185]

I often see this beggar standing at this corner.

Своего́ дру́га я нашёл лежа́вшим[473] под высо́ким де́ревом.

Я никогда́ не ви́жу своего́ ма́льчика игра́ющим[473] с други́ми детьми́.[283]
Иногда́ я встреча́ю своего́ дя́дю гуля́ющим[473] в на́шем саду́.[185]
Когда́ я приезжа́ю домо́й, я всегда́ нахожу́ отца́ рабо́тающим[473] в по́ле.
С пе́рвых же дней[213] но́вый до́ктор показа́л себя́ зна́ющим[473] своё де́ло.

В то[388] вре́мя,[543] как ⎫
Тогда́, как   ⎪
Пока́   ⎬ я спал, дождь переста́л.
Ме́жду[478] тем,[388] как ⎭

While I was sleeping, the rain stopped (it stopped raining).

В то вре́мя, как я говори́л, кто-то слу́шал за две́рью.
В то вре́мя, как я писа́л письмо́, оте́ц верну́лся из го́рода.
Тогда́, как де́ти бы́ли в шко́ле, оте́ц и мать уе́хали.
Ме́жду тем, как я пое́хал в Росси́ю, наш дом про́дали.[821]

Что вы несёте?—Я ничего́ не несу́.

What are you carrying?—I am not carrying anything.

Мать несёт домо́й ве́щи, кото́рые она́ купи́ла в магази́не.
Возьми́те[737] э́ту карти́ну и неси́те[737] её в ко́мнату.
Ма́льчик не мог нести́ всех[389] книг, поэ́тому не́которые из них понёс я сам.
Я понесу́ стол, а вы неси́те[737] стул.
В темноте́ я не мог ви́деть, что они́ несли́.
В темноте́ я не мог ви́деть, что они́ понесли́.
Я не мог ви́деть, что она́ несла́.
Я не мог ви́деть, что он нёс.
Я ви́дел, что он нёс газе́ты.
Ма́льчик, нёсший[763] ла́мпу, упа́л и разби́л её.

Мне[370] хо́лодно.[464]

I am cold.

Тебе́ хо́лодно.	Тебе́ жа́рко.
Ему́ тепло́.	Ему́ хо́лодно.
Ей жа́рко.	Нам тепло́.
Нам хо́лодно.	Ей ве́село.
Вам жа́рко.	Им ве́село.
Им тепло́.	Нам ску́чно.

Мне здесь ве́село.
Ей ску́чно.
Ему́ ску́чно.

Мне жаль[450] его.

Нам жаль[450] вас.

Нам жаль[450] э́тих[388] бе́дных[306] люде́й.[282]

Он пригласи́л всех жела́ющих[759] притти́ к нему́ на кварти́ру.

He invited to his apartment all those who wished to come to him.

Они́ ме́дленно подошли́ к вися́щим на стене́ карти́нам и до́лго рассма́тривали их.

Всем[389] путеше́ствующим[759] э́то[94] интере́сно знать.

Этот ле́ктор, мо́жно сказа́ть, челове́к хорошо́ зна́ющий[759] своё де́ло.

Всем зна́ющим мно́го всегда́ хо́чется[463] знать бо́льше.

Останови́те[737] э́тих бегу́щих[759] ма́льчиков.

Ваш друг раскла́нивается со все́ми[389] входя́щими[759] в ко́мнату да́мами.

Он держа́л что-то в дрожа́щих[760] рука́х.

Дрожа́щим[760] го́лосом ни́щий проси́л о по́мощи.

Могу́[596] ли я ви́деть господи́на, объявля́ющего[759] о кварти́ре?

Я хоте́л бы[746] поговори́ть с господи́ном, объявля́ющим[759] о сда́че кварти́ры.

Таки́е[310] стра́нствующие[760] ле́кторы меня́ ма́ло интересу́ют.

Мы говори́м об э́том стра́нствующем[760] господи́не.

Я о́чень люблю́ слу́шать стра́нствующих ле́кторов.

Смотри́те[737] на э́тих ма́льчиков, продаю́щих[759] газе́ты.

Эта да́ма, кото́рая разгова́ривает с ва́шей жено́й, америка́нка, жела́ющая[759] брать ру́сские уро́ки.

Вот интересу́ющий[759] меня́ вопро́с.

Говоря́т[612] мно́го о приезжа́ющей[759] в наш го́род ле́кторше, кото́рая мно́го путеше́ствовала.

Он напомина́л о себе́ при вся́ком подходя́щем[760] слу́чае.

Ле́ктор говори́л об уча́щих[759] и уча́щихся.[761]

20 Двадца́тый уро́к (Lesson XX)*

Дорого́й Друг:

Ва́ше письмо́ мно́ю[370] полу́чено.[802.475] Расска́занный[800] ва́ми[370] слу́чай,[475] кото́-рый вы называ́ете[473] неслы́ханным,[797] меня́ о́чень интересу́ет.[600] По всему́[389] ви́дно, что производи́мая[778] тепе́рь у вас реви́зия раскро́ет[678] тёмные леда́ и тогда́ вино́в-ные[306] полу́чат[692] сле́дуемое[774] им[370] наказа́ние.

Да́нный[800] слу́чай хорошо́[551] пока́зы-вает, что при́нятая[800] на́ми[370] шко́льная[317] систе́ма помо́жет[596] раскры́ть[678] скры́тое[790] недоброжела́тельство не́которых[306] учи-теле́й,[213] вражде́бно[551] относя́щихся[702] ко[541] всему́ но́вому.[327] Печа́льно всё э́то.

Я не зна́ю ни называ́емого[778] ва́ми[475] учи́теля, ни опи́сываемой[774] шко́лы, но заме́шанного[793] в э́том де́ле нача́льника шко́лы я хорошо́[551] по́мню по де́лу и́здан-ной[800] им[475] кни́ги о шко́лах. По моему́ мне́нию он челове́к ограни́ченный,[705] не-воспи́танный,[797] поступа́ющий[759] необду́-манно.[552] Я ду́маю,[105] он никогда́ не служи́л, как он называ́ет, люби́мому[780] им[475] де́лу учи́тельства. а скоре́е[564] был пре́дан[789] создава́емой[775] им же организа́-ции вреди́телей.[249] Удиви́тельно, как его́ терпе́ли.[821] Тепе́рь ему́ придётся[463] отве-ча́ть[462] при́сланному[800] на его́ ме́сто но́-вому нача́льнику и назна́ченной[800] для рассле́дования де́ла коми́ссии. Челове́к он неисправи́мый[787] и его́[450] ждёт[682] немину́емый[787] коне́ц. Э́то, что называ́ется, решено́ и подпи́сано.[802]

Dear Friend:

Your letter has been received by me. The incident related by you, which you call "unheard-of," interests me very much. From everything one can see that the inspection now being carried on at your place will uncover some shady dealings, and then the guilty ones will get the punishment coming to them.

The given incident shows well that the educational system adopted by us will help to reveal the hidden malevolence of some teachers who take a hostile attitude toward everything new. All this is sad.

I don't know the teacher named by you nor the school described, but the school principal mixed up in this affair I remember well from a book on schools published by him. In my opinion, he is a narrow-minded unmannerly person who acts rashly. I think that he has never served his "beloved cause of the teaching profession," as he calls it, but was rather devoted to the organization of evil-doers created by himself. It is amazing how they tolerated him. Now he will have to answer to the new principal sent in his place and to the committee appointed for the investigation of the matter. He is an incorrigible person and the inevitable end awaits him. This is "settled and signed," as the saying goes.

*In this Lesson, the following facts should be noted:
The passive participle, when used to express passive action, is accompanied by the instrumental case which indicates the agent by whom the action is performed.
The present passive participle is used only in the literary language.
The past passive participle is used in colloquial speech in the following circumstances:
    1. As an independent adjective both in attributive and predicative function,

Проси́мый[774] ва́ми журна́л и газе́ту, выпи́сываемую[779] на́шей семьёй,[261] я вам высыла́ю. Пре́данного[708] вам ва́шего дру́га я двано́[551] не вида́л, а его́ оби́женную[794] жену́[357] не встреча́л. Мне ли́чно[551] от того́[388] ни хо́лодно,[321] ни жа́рко.[321] Не зна́ю, почему́ вам интере́сны[321] э́ти[388] господа́,[204] а мне они́ безразли́чны[321] и я стара́юсь стоя́ть от таки́х[310] люде́й[282] пода́льше,[563] по посло́вице: Бережёного[789] и Бог бережёт.

I am sending you the magazine requested by you and the newspaper subscribed to by our family. I haven't seen for a long time your devoted (to you) friend, nor have I met his offended wife. Personally this leaves me cold (Literally: To me personally it is neither cold nor hot from this). I don't know why these people interest you, but to me they are of no interest and I try to stay as far away from such people as possible, in accordance with the proverb, God helps him who helps himself (Literally: guards him who is guarded).

Когда́ у вас бу́дет свобо́дное вре́мя, напиши́те[737] мне о том,[388] как[398] прошла́ у вас реви́зия. Пиши́те[737] про себя́ бо́льше.

When you have leisure time, write to me about how the inspection at your place came off. Write me more about yourself.

Жела́ю вам[462] успе́ха[450] в ва́ших дела́х.

I wish you success in your affairs.

Ваш пре́данный[798] друг

Your devoted friend

Ива́н Карса́вин.

JOHN KARSAVIN.

Exercises

Всё напомина́ло[462] ему́ { об оши́бках, кото́рые он сде́лал. / о сде́ланных[792] им[375] оши́бках.

Everything reminded him of the mistakes he had made (which had been made by him).

Мы напо́мнили ему́ { о слова́х, кото́рые он сказа́л. / о ска́занных[793] им слова́х.

Я напо́мнил ему́ { о веща́х,[265] кото́рые он обеща́л мне.[462] / об обе́щанных[793] мне веща́х.

Сосе́д расска́зывал о весёлых дня́х, { кото́рые он провёл в Росси́и. / проведённых[796] им в Росси́и.

Он чита́л нам { стихи́, кото́рые он написа́л. / напи́санные[793] им стихи́.

2. In predicative position and (short) form to express a completed passive action. The variants given in the Exercises show how the purely literary expressions are rendered in colloquial speech.

Учени́к не сдержа́л $\left\{\begin{array}{l}\text{сло́ва, кото́рое он дал.} \\ \text{да́нного}^{800}\text{ им сло́ва.}\end{array}\right.$

На́ши сосе́ди^{281} уже́ уе́хали из $\left\{\begin{array}{l}\text{до́ма, кото́рый они́ про́дали.} \\ \text{про́данного}^{793}\text{ и́ми до́ма.}\end{array}\right.$

Он вспо́мнил о $\left\{\begin{array}{l}\text{бе́дных ро́дственниках, кото́рых он забы́л.} \\ \text{забы́тых}^{790}\text{ им бе́дных ро́дственниках.}\end{array}\right.$

Возвраща́ю вам $\left\{\begin{array}{l}\text{кни́гу, кото́рую я взял у вас.} \\ \text{взя́тую}^{790}\text{ у вас кни́гу.}\end{array}\right.$

Он возврати́лся^{727} домо́й с $\left\{\begin{array}{l}\text{рабо́тниками, кото́рых он на́нял}^{674}\text{ в го́роде.} \\ \text{на́нятыми}^{790}\text{ им в го́роде рабо́тниками.}\end{array}\right.$

$\left.\begin{array}{l}\text{До́лго}^{551}\text{ жда́нный}^{789}\text{ гость} \\ \text{Гость, кото́рого до́лго жда́ли,}^{821}\end{array}\right\}$ наконе́ц прие́хал.

Он не хоте́л приня́ть $\left\{\begin{array}{l}\textbf{по́мощи, кото́рая была́ ему́}^{462}\textbf{ предло́жена.}^{789\ 805} \\ \textbf{предло́женной}^{795}\textbf{ ему́ по́мощи.}\end{array}\right.$

He did not want to accept the help which was (had been) offered him.

Весь ве́чер ма́льчик учи́л $\left\{\begin{array}{l}\text{уро́к, кото́рый был ему́ за́дан.}^{789\ 805} \\ \text{за́данный}^{793}\text{ ему́ уро́к.}\end{array}\right.$

$\left.\begin{array}{l}\text{Письмо́, кото́рое бы́ло по́слано,}^{805} \\ \text{По́сланное}^{793}\text{ письмо́}\end{array}\right\}$ верну́лось обра́тно.

$\left.\begin{array}{l}\text{Кни́га, кото́рая была́ прочи́тана,} \\ \text{Прочи́танная}^{793}\text{ кни́га}\end{array}\right\}$ лежа́ла под столо́м.

Он положи́л в сто́рону все $\left\{\begin{array}{l}\text{кни́ги, кото́рые бы́ли прочи́таны.} \\ \text{прочи́танные кни́ги.}\end{array}\right.$

Весь ве́чер мы бесе́довали о $\left\{\begin{array}{l}\text{до́ме, кото́рый был вновь ку́плен.}^{805} \\ \text{вновь ку́пленном}^{795}\text{ до́ме.}\end{array}\right.$

Все ма́льчики шути́ли над $\left\{\begin{array}{l}\text{това́рищем, кото́рый был нака́зан.}^{805} \\ \text{нака́занным}^{793}\text{ това́рищем.}\end{array}\right.$

$\left.\begin{array}{l}\text{Все кни́ги, кото́рые бы́ли вы́браны}^{702}\text{ мно́ю,} \\ \text{Все вы́бранные}^{792}\text{ мно́ю}^{370}\text{ кни́ги}\end{array}\right\}$ бы́ли по́сланы^{793} мне на дом.

$\left.\begin{array}{l}\text{Ма́льчики, кото́рые бы́ли приведены́}^{789}\text{ в шко́лу,} \\ \text{Приведённые}^{796}\text{ в шко́лу ма́льчики}\end{array}\right\}$ ти́хо^{551} стоя́ли о́коло две́ри.

Мы взя́ли $\left\{\begin{array}{l}\text{пода́рки, кото́рые бы́ли пригото́влены для нас.} \\ \text{пригото́вленные}^{795}\text{ для нас пода́рки.}\end{array}\right.$

Вы не должны́ пить $\left\{\begin{array}{l}\text{алкого́льных напи́тков, кото́рые запрещены́}^{789}\text{ вам.} \\ \text{запрещённых}^{795}\text{ вам алкого́льных напи́тков.}\end{array}\right.$

Я напо́мнил ему́ о $\left\{\begin{array}{l}\text{том,}^{397}\text{ что бы́ло ска́зано.}^{798} \\ \text{ска́занном.}^{793}\end{array}\right.$

Эта кни́га напомина́ла мне о {го́ре, кото́рое бы́ло забы́то.[789]
забы́том[790] го́ре.

Никто́ не интересу́ется[600][472] {де́лом,[472] кото́рое вновь на́чато.[789]
вновь на́чатым[790] де́лом.

Мы подошли́ к {дверя́м, кото́рые бы́ли закры́ты.[789]
закры́тым[790] дверя́м.

Де́ти стоя́ли о́коло {столо́в, кото́рые бы́ли накры́ты.[789]
накры́тых[790] столо́в.

Из око́н,[222] кото́рые бы́ли откры́ты,[789] } бы́ло слы́шно пе́ние.
Из откры́тых[790] око́н

Нача́льник шко́лы обрати́лся[727] к {ма́льчикам, кото́рые бы́ли при́няты[805] в ста́рший класс.
при́нятым[790] в ста́рший класс ма́льчикам.

Он всегда́ отка́зывается от {де́нежной по́мощи, кото́рую ему́ предлага́ют.[821]
предлага́емой[774] ему́ де́нежной по́мощи.

He always refuses financial aid (which is) offered him.

Он подпи́сывает своё и́мя на ка́ждой {бума́ге, кото́рую ему́ подаю́т.
подава́емой[775] ему́ бума́ге.

Почему́ он отка́зывается от {ме́ста учи́теля, кото́рое ему́ предлага́ют?
предлага́емого[777] ему́ ме́ста учи́теля?

Наконе́ц вхо́дит в ко́мнату {ле́кторша, кото́рую до́лго ожида́ют.[821]
до́лго[551] ожида́емая[774] ле́кторша.

Он получа́л все {газе́ты, кото́рые издаю́тся[731] в го́роде.
издава́емые[775] в го́роде газе́ты.

He received all the newspapers which are published in the city.

Пришли́те[737] мне {газе́ту, кото́рая издаётся[731] при ва́шей шко́ле.
издава́емую[775] при ва́шей шко́ле газе́ту.

О до́ме, кото́рый продаётся,[731] } почему́-то никто́ не говори́л.
О продава́емом[775] до́ме

Он никогда́ не говори́т о {вине́, кото́рое ему́ присыла́ется[731] из го́рода.
присыла́емом[774] ему́ из го́рода вине́.

Семе́йство, кото́рое посеща́ется[731] мое́й ма́терью, } живёт о́чень бе́дно.[551]
Посеща́емое[774] мое́й ма́терью семе́йство

Кни́ги, кото́рые присыла́лись,[731] } мы кла́ли на стол.
Присыла́емые[777] кни́ги

Отéц хóчет посмотрéть {дом, котóрый покупáет дя́дя.
покупáемый[774] дя́дей[475] дом.

Father wants to look over the house which my uncle is buying.

Мой друг óчень интересýется[727] {слýчаем,[245] котóрый вы расскáзываете.
расскáзываемым[774] вáми[370] слýчаем.

К сожалéнию, никтó не интересýется {дéлом, котóрое вы опи́сываете.
опи́сываемым[774] вáми дéлом.

Я проси́л своегó дрýга присла́ть мне {нóвый журнáл, котóрый он выпи́сывает.
выпи́сываемый[774] им нóвый журнáл.

Ученики́, о котóрых вы упоминáете в письмé,
Упоминáемые[774] в вáшем письмé ученики́ } бы́ли у меня́ вчерá.

Дóктор, котóрого все[389] хвáлят,
Хвали́мый[774] всéми[389] дóктор } живёт на нáшей ýлице.

Я не мог поня́ть {слов, котóрые он ти́хо[551] произноси́л.
ти́хо произноси́мых[774] им слов.

Книг, котóрые вы проси́ли,
Проси́мых[777] вáми книг } я не нашёл.

Есть ли у негó автомоби́ль?—Да, автомоби́ль[240] **он имéет, но не умéет управля́ть**[472]**им.**

Does he have an automobile?—Yes, he has an automobile, but he doesn't know how to drive it.

Есть ли у вас автомоби́ль?—Нет, у меня́ нет автомоби́ля,[240] но у всех[389] нáших[384] сосéдей[281] есть автомоби́ли.[240]

Умéете ли вы управля́ть автомоби́лем?[240]—Да, умéю, но я почти́ никогдá не управля́ю им.

Мнóго[452] ли автомоби́лей[240] в вáшем гóроде?—Да, в нáшем гóроде их[370] óчень мнóго.

Скóлько[452] автомоби́лей имéете вы?—У меня́ тóлько оди́н автомоби́ль, но у одногó[402] моегó сосéда есть два автомоби́ля.

Чáсто[640] ли вы éздите[639] на автомоби́ле?—Да, я чáсто éзжу[001] на нём. Я éзжу в автомоби́ле на рабóту кáждый день.

Кто там éдет[502] в том[388] автомоби́ле?—Это мой брат, котóрый éдет на пóчту.

Чáсто ли вы брéетесь?[078]**—Мой отéц брéется**[727] **кáждый день; мои́ брáтья**[274] **брéются тóже кáждый день, а я брéюсь чéрез день.**

Do you shave often?—My father shaves every day; my brothers too shave daily, but I shave every other day.

Почемý вы сегóдня не бри́ты?[790]—Я спеши́л на рабóту и не успéл побри́ться.

Кто брил егó, когдá он был бóлен?—Оди́н раз он попроси́л сы́на побри́ть егó, но потóм он не бри́лся нéсколько[452] дней[213] и никтó не брил егó.

Я слы́шал, что не́которые лю́ди бре́ют[678] не то́лько бо́роду, но и го́лову.
Борода́ его́ была́ не бри́та.[322]
Бри́тый[790] челове́к нра́вится[730] лю́дям[282] бо́льше небри́того.[460]
В ко́мнату вошёл челове́к с чи́сто[551] вы́бритым лицо́м.

Ученики́ бра́ли кни́ги, но не приноси́ли[653] их наза́д.

The pupils took the books, but did not bring them back.

Ученики́ принесли́[653] все кни́ги, кото́рые они́ взя́ли.
Учени́к принёс учи́тельнице пода́рок.
Дочь принесла́ ма́тери цветы́.
Она́ прино́сит ма́тери[276] цветы́ ка́ждую[665] неде́лю.
Не приноси́те[737] пе́рьев[274] на экза́мен, а принеси́те[737] то́лько карандаши́
Принесённое[296] от портно́го[326] пла́тье лежа́ло на полу́.[185]
Ку́пленные[295] кни́ги не́ были принесены́[789] во́ время.

Хотя́[814] он и знал, он не хоте́л отвеча́ть.

Although he knew it, he did not want to answer.

Хотя́ он и стар,[321] он рабо́тает мно́го.
Хотя́ он чу́вствовал себя́ пло́хо, он всё-таки пошёл на рабо́ту.
Хотя́ уро́к был лёгкий, ма́льчик не мог око́нчить его́ во́ время.
Я не купи́л пода́рка, хотя́ у меня́ де́ньги бы́ли.
Мой сын уже́ хо́дит в шко́лу, хотя́ ему́[465] то́лько пять лет.
Он наде́л тёплое пальто́, хотя́ на у́лице не́ было хо́лодно.

С каки́х[310] пор[253] вы зна́ете[613] его́?—Я зна́ю его́ с тех[388] пор, как он прие́хал в наш го́род.

Since when have you known him?—I have known him since the time when he arrived in our city.

Как давно́ вы зна́ете[613] его́?—Я зна́ю его́ со[541] вре́мени[280] после́дней войны́.
Где тепе́рь ваш друг и что он де́лает?—После́дний раз я ви́дел его́ у бра́та и с тех пор я ничего́ не зна́ю о нём.
Он уе́хал за-грани́цу, и с тех пор я ничего́ не слыха́л о нём.
Ста́рший брат уе́хал в а́рмию, и с тех пор я не вида́л его́.
Одна́ соба́ка напуга́ла его́, и с тех пор (с того́[388] вре́мени[280]) он бои́тся соба́к.[254]
С тех пор, как я вы́учил ру́сский язы́к, я стал чита́ть ру́сские газе́ты.
С тех пор, как он поступи́л в шко́лу, он стал други́м челове́ком.[473]
С тех пор, как он побыва́л в а́рмии, он о́чень измени́лся.

Пре́жде чем[248] покупа́ть ло́шадь, ну́жно име́ть де́ньги.

Before buying (Before one can buy) a horse, one must have the money.

Пре́жде чем говори́ть, ну́жно знать.

Пре́жде чем дава́ть пода́рки, [194] ну́жно их[370] купи́ть.
Пре́жде чем сади́ться ку́шать, ну́жно пригото́вить обе́д.
Пре́жде чем итти́ спать, он написа́л письмо́.

Пока́ не име́ете де́нег, [215] не покупа́йте[734] ло́шади. [276]

Don't buy the horse before you have the money.

Пока́ не зна́ете, не говори́те.[737]
Пока́ не купи́ли пода́рков, [209] не дари́те[737] их.
Пока́ не пригото́влен[795] обе́д, нельзя́[129] сади́ться ку́шать.
Он написа́л письмо́, пока́ ещё не пошёл спать.

Ка́ждую ве́сну он простужа́ется[730] и боле́ет.

Every spring he catches cold and is ill.

В про́шлом году́[185] моя́ сестра́ си́льно[551] боле́ла.
Я то́же си́льно боле́л.
Никто́ не лю́бит боле́ть.
Я ви́дел, что он был бо́лен.
И мать, и дочь бы́ли до́лго больны́.
Они́ боле́ют и лежа́т в посте́ли.

У меня́ голова́ боли́т.

I have a headache.

У меня́ си́льно[551] боли́т голова́.
Боли́т ли у вас что-нибу́дь?—Да, у меня́ зу́бы боля́т.
У них зу́бы боля́т.
У неё голова́ боли́т.
У него́ и зу́бы боля́т, и голова́ боли́т.

Что вам на́до:[464] постри́чь и́ли побри́ть?—Постриги́те[737] мне во́лосы и побре́йте[734] бо́роду.

What do you need: a haircut or a shave?—Cut my hair and shave my beard.

Кто вам стрижёт во́лосы?—Парикма́хер стрижёт мне во́лосы.
Уме́ете ли вы стричь?—Нет, я не уме́ю.
Где вы стрижёте во́лосы?—Я стригу́ их у парикма́хера.
Когда́ он постри́г вам во́лосы в после́дний раз?—Он постри́г мне во́лосы на про́шлой неде́ле. [545]
Остриже́те ли вы меня́ за́втра?—Да, я остригу́ вас.
Остриги́те[737] меня́ сейча́с же!
Дава́йте [744] я подстригу́ вам во́лосы, я хорошо́ уме́ю стричь.

Хорошо́, подстриги́те[737] мне во́лосы.
Ка́жется, ма́льчика ну́жно[129] остри́чь.
Я заме́тил, что он был хорошо́ остри́жен[796] и побри́т.[790]

Я хоте́л бы съесть что-нибу́дь.

I would like to eat something.

Он съел всё, что бы́ло.
Она́ съе́ла всё, что бы́ло.
Мы съеди́м всё.
Почему́ вы не еди́те? Ку́шайте,[734] пожа́луйста.
Я не ем, потому́ что я не чу́вствую себя́ хорошо́.
Почему́ они́ не едя́т хле́ба? Ра́зве наш хлеб им не нра́вится?
Ка́ждое у́тро он съеда́ет два куска́ хле́ба с ма́слом.
Еди́те ли вы ма́со в пя́тницу?—Нет, в пя́тницу я не ем мя́с.

У дя́ди был пожа́р: в по́лдень загоре́лся его́ большо́й дом; горе́л он часо́в пять и к ве́черу сгоре́л до тла.

There was a fire at my uncle's place; at noon his large house caught fire; it burned for about five hours and by evening it had burned to the ground.

Сыро́е де́рево не гори́т.
Э́то де́рево сгори́т: оно́ сухо́е.
Э́то де́рево не бу́дет горе́ть: оно́ сыро́е.
Зелёная трава́ не гори́т, а суха́я бы́стро сгора́ет.
Он ви́дел, как горе́л его́ дом.
На его́ глаза́х сгоре́л его́ дом.
Кто́-то зажёг дом, и он весь сгоре́л.
Дом до́лго горе́л.
В пожа́ре сгоре́ли все делово́е бума́ги.
В Моско́вский пожа́р[543] ты́сяча восемьсо́т двена́дцатого го́да сгоре́ла бо́льшая[560] часть го́рода.

Он жёг (сжига́л) каки́е-то бума́ги. Он сжёг каки́е-то бума́ги.

He was burning some papers. He (had) burned (up) some papers.

Он жжёт каки́е-то бума́ги.
Он сжига́ет каки́е-то бума́ги.
Она́ жгла ста́рые пи́сьма.
Она́ сожгла́ ста́рые пи́сьма.
Она́ сжига́ла ста́рые пи́сьма.
Я хочу́ сжечь траву́ о́коло до́ма; сосе́д уже́ сжёг у себя́.

За́втра я бу́ду жечь траву́ о́коло до́ма; сосе́д жжёт сего́дня.

Весь день я жёг траву́ о́коло до́ма и тепе́рь сжёг её всю.

Хотя́ я сказа́л не сжига́ть э́той травы́, но де́ти всё-таки сожгли́ её.

Кто сказа́л вам жечь э́то де́рево? Я не говори́л вам сжига́ть его́.

Не жги́те[737] сыро́го де́рева, а сожги́те[737] сухо́е.

Солда́ты жгли дом за до́мом и к ве́черу сожгли́ всю дере́вню.

С утра́ они́ на́чали жечь дере́вню и к ве́черу сожгли́ её всю.

Вчера́ со́лнце жгло дово́льно си́льно,[551] но сего́дня оно́ жжёт сильне́е.[559]

Со́лнце сожгло́ все цветы́; бою́сь, сожжёт и траву́.

Больно́й жа́ловался, что у него́ жжёт[124] в груди́.[186]

Зажги́те[737] ла́мпу.

Light the lamp.

Не зажига́йте[734] огня́.

Почему́ вы не зажгли́ папиро́сы?

Зажги́те спи́чку.

Она́ зажгла́ ла́мпу.

Обыкнове́нно я ложу́сь спать (иду́ спать) в де́вять часо́в ве́чера, но вчера́ я лёг в оди́ннадцать часо́в.

Usually I go to bed at nine o'clock in the evening, but yesterday I went (I lay down) at eleven o'clock.

Почему́ вы легли́ вчера́ так по́здно?

Иногда́ я ложу́сь отдохну́ть в по́лдень и лежу́ часа́ два.

До́ктор приказа́л больно́му ложи́ться спать как мо́жно ра́ньше.[562]

Когда́ я пришёл к това́рищу, он лежа́л на дива́не.

Не ложи́тесь[737] на дива́н, а иди́те[737] и ля́гте[741] в посте́ль.

Больно́й не мог лечь и всю ночь просиде́л в кре́сле.

Не лежи́те[737] на земле́, она́ ещё сыра́я.

Не ложи́тесь на зе́млю, она́ ещё сыра́я.

Я ля́гу на дива́н, а вы ложи́тесь на пол.

Я бу́ду лежа́ть на полу́, а вы ложи́тесь на дива́н.

На́ши де́ти не ложа́тся днём отдыха́ть, а ве́чером ложа́тся спать ра́но.

Никто́ из солда́т[227] не ложи́лся спать в э́ту ночь.[543]

Никто́ не хоте́л ложи́ться на э́тот дива́н.

Я пойду́ и ля́гу, так как чу́вствую себя́ не совсе́м хорошо́.

Я полежу́ немно́го, так как чу́вствую себя́ не совсе́м хорошо́.

21
Двадцать пе́рвый уро́к (Lesson XXI)*

АНТОН ГРИГОРЬЕВИЧ

Моё почте́ние, А́нна Петро́вна! И вы в па́рке? Могу́ ли я посиде́ть с ва́ми? Гуля́я[800] до́лго, я утоми́лся.

ANTON GRIGORYEVICH

How do you do (Literally: My respect), Anna Petrovna. You are also in the park? May I sit a while with you? I was walking around for a long time and (Literally: Walking around for a long time, I) got tired.

АННА ПЕТРОВНА

Здра́вствуйте, Анто́н Григо́рьевич! Пожа́луйста, сади́тесь;[737] о́чень бу́ду ра́да[325] поговори́ть с ва́ми, а то я, чита́я[811] газе́ту, почти́ что засну́ла.

ANNA PETROVNA

How do you do, Anton Grigoryevich. Please, sit down; I shall be very glad to talk to you (for a while); as it is, I have almost fallen asleep reading the newspaper.

АНТОН ГРИГОРЬЕВИЧ

Что но́вого[327] вы вы́читали в газе́те?

ANTON GRIGORYEVICH

What's the latest news you found in the newspaper?

АННА ПЕТРОВНА

Э́то смотря́[814] по тому́, каки́е но́вости вас интересу́ют.

ANNA PETROVNA

This depends on what kind of news interests you.

АНТОН ГРИГОРЬЕВИЧ

Я интересу́юсь[472] бо́льше городски́ми новостя́ми. Ну, коне́чно и обще́ственными дела́ми.

ANTON GRIGORYEVICH

I am mostly interested in town gossip. Well, of course, also in public affairs.

АННА ПЕТРОВНА

Больши́х новосте́й нет. На́ши обще́ственные де́ятели, живя́[800] в ти́хой обстано́вке, дре́млют[678] и почти́ что спят.[600] А как ва́ши дела́?

ANNA PETROVNA

There is no big news. Our civic leaders, living in a state of tranquillity, are napping and almost asleep. But how are things with you? (Literally: How are your affairs?)

---

*In view of the fact that the gerunds are elements of the literary language rather than of colloquial speech, the text recorded in this Lesson is not strictly conversational in all its details. In order to make it easier for the student to understand the Russian sentence structure, the English translation of the dialogue follows the pattern of the original as far as possible.

АНТОН ГРИГОРЬЕВИЧ

Не хваля́сь,[813] скажу́, что веду́ своё де́ло
хорошо́. Взяв[816] в свои́ ру́ки управле́ние
магази́ном,[472] я привёл расстро́енные дела́
в поря́док. Благодаря́[814] мои́м уси́лиям,
тепе́рь де́ло дви́жется[080] успе́шно.[551]

ANTON GRIGORYEVICH

Without boasting, I can say that I am doing nicely (Literally: I conduct my business
well). After having taken the management
of the store into my own hands, I put the
disorganized affairs into order. Thanks to
my efforts, my business is now doing nicely
(Literally: is moving successfully).

АННА ПЕТРОВНА

Не понима́я[812] хорошо́ торго́вого де́ла, я,
коне́чно, суди́ть не беру́сь,[082] но, ве́ря[806]
ва́шим слова́м,[462] могу́[081] вас поздра́вить.
А как ва́ше здоро́вье?

ANNA PETROVNA

Not understanding well the mercantile business, I am of course not in a position to
judge, but, believing your words, I can congratulate you. But how is your health?

АНТОН ГРИГОРЬЕВИЧ

В о́бщем говоря́,[806] чу́вствую себя́ ничего́,
но, са́ми зна́ете, челове́к, де́лаясь[723] ста́р-
ше,[560] уже́ не тако́й живо́й, как ра́ньше.[560]

ANTON GRIGORYEVICH

Generally speaking, I feel all right, but you
know yourself that a man, when he gets
older, is no longer as spry as formerly.

АННА ПЕТРОВНА

Коне́чно, понима́ю, прожи́вши[817] сто́льь-
ко[452] лет и порабо́тавши[816] так тру́дно,[551]
вы уже́ не бу́дете себя́ чу́вствовать[705] так,
как молодо́й челове́к. Я то́же, дожива́я[806]
шесто́й деся́ток[410] лет, ощуща́ю большу́ю
сла́бость.

ANNA PETROVNA

Of course, I understand, after having lived
so many years and worked so hard, you
can no longer feel like a young man. I, too,
having reached the age of sixty, feel rather
weak (Literally: feel a great weakness).

АНТОН ГРИГОРЬЕВИЧ

А как у вас в семье́?[261]

ANTON GRIGORYEVICH

But how is your family (Literally: How is
it in your family)?

АННА ПЕТРОВНА

Благодарю́ вас. Муж здоро́в.[322] Ста́р-
ший[557] сын, живя́[811] всё вре́мя в дере́вне,
скуча́ет. А дочь, проболе́вши[817] два ме́ся-
ца, тепе́рь поправля́ется.

ANNA PETROVNA

Thank you. My husband is in good health.
The older son, living all the time in the
country, is bored. But our daughter, after
having been sick for two months, is now
getting better.

АНТОН ГРИГОРЬЕВИЧ

А где ваш мла́дший[557] сын?

ANTON GRIGORYEVICH

But where is your younger son?

ANNA PETROVNA

Он в а́рмии. Не получа́я[812] от него́ до́лго
пи́сем,[222] мы с му́жем[112] беспоко́имся о
нём.

ANNA PETROVNA

He is in the army. Not having[613] received
any letters from him for a long time, my
husband and I are worried about him.

АНТОН ГРИГОРЬЕВИЧ

Я вполне́ вас понима́ю. Мой сын то́же
был в а́рмии и то́же нас беспоко́ил. Не
жела́я[812] трево́жить нас, он не писа́л о
том, что[398] был бо́лен, и мы узна́ли об
э́том, то́лько прочита́в[817] в газе́те.

ANTON GRIGORYEVICH

I fully understand you. My son was also in
the army and caused us also anxiety. Not
wishing to alarm us, he did not write (us)
about being sick (Literally: about the fact
that he was sick), and we learned about it
only when we read it in the newspaper
(Literally: having read in the newspaper).

АННА ПЕТРОВНА

Да, молоды́е лю́ди, не поду́мав[816] хорошо́,
огорча́ют роди́телей бо́льше тем, что[398] не
говоря́т о себе́, ду́мая,[806] что таки́м путём[476] они́ скро́ют[678] пра́вду.

ANNA PETROVNA

Yes, young people inadvertently (Literally:
not having thought it over well) cause their
parents more grief by not telling about
themselves (Literally: by the fact that they
do not tell about themselves), expecting that
in this way they can (Literally: will) hide
the truth.

АНТОН ГРИГОРЬЕВИЧ

Посмотри́те[737] на ту ма́ленькую пти́чку.
Накорми́вши[816] свои́х пте́нчиков и нае́в-
шись[816] сама́, она́ ти́хо дре́млет[678] на
ве́тке, зна́я,[806] что её де́тки в без-
опа́сности.

ANTON GRIGORYEVICH

Look at that little bird. Having fed its
fledgelings and having itself eaten its fill, it
slumbers peacefully on a twig, knowing that
its little babies are out of danger.

АННА ПЕТРОВНА

Я то́же не беспоко́илась бы[747] мно́го, е́сли
бы[747] зна́ла, что мой сын жив[322] и здоро́в.

ANNA PETROVNA

I, too, would not worry much if I knew
that my son is alive and in good health.

АНТОН ГРИГОРЬЕВИЧ

Ну, я отдохну́л и чу́вствую себя́ лу́чше.[560]
Тепе́рь, не спеша́,[813] пойду́ домо́й. До
свида́ния, А́нна Петро́вна. Жела́ю вам
скоре́е[564] получи́ть хоро́шие но́вости от
ва́шего сы́на.

ANTON GRIGORYEVICH

Well now, I have rested and am feeling better. Now I shall go home without hurrying.
Good-by, Anna Petrovna. I hope that you
will get good news from your son as soon as
possible.

<table>
<tr><td>АННА ПЕТРОВНА</td><td>ANNA PETROVNA</td></tr>
</table>

Всего[389] вам хорошего,[327] Антон Григорьевич.   Good luck to you, Anton Grigoryevich.

Exercises

Мальчики шумят { , мешая[801] / и мешают } учителю говорить.

The boys are making noise, disturbing the teacher who is speaking.

Мальчики шумели { , мешая / и мешали } учителю говорить.

Мальчик шумит { , мешая / и мешает } учителю говорить.

Девочка шумит { , мешая / и мешает } учительнице говорить.

Дети шумели { , мешая / и мешали } матери работать.

Он читал книгу, лёжа в постели.[811]

He read a book while lying in bed.

Он читает книгу, лёжа в постели.[811]

He is reading a book while lying in bed.

Бегая[806] около дома, дети громко[551] кричали.
Бегая около дома, дети громко кричат.
Стоя[806] около двери, сосед разговаривал с работником.
Живя[806] в деревне круглый год, мой брат выучился работать в поле.
Путешествуя[806] по России, лектор видел там много странного.[327]
Беседуя[806] с учениками, учитель рассказал им интересную историю.
Посылая[806] подарок матери,[462] сын написал ей трогательное письмо.
Гуляя[806] в парке, я встретил своего приятеля.

Отец вышел из комнаты, ничего не говоря.[813]

Father left the room without saying a word.

Не заходя в комнату,[813] он прошёл в сад.
Он кушал не спеша[813] и в то же время читал газету.

Не смотря́ на письмо́, я знал, что там напи́сано.
Он хорошо́ живёт, ничего́ не де́лая.
Он зараба́тывает мно́го, сам совсе́м не рабо́тая.

Чу́вствуя[812] себя́ не совсе́м хорошо́, брат $\Big\}$ не пошёл в теа́тр.
Так как брат чу́вствовал себя́ не совсе́м хорошо́, он

My brother did not go to the theater, since he did not feel very well.

Купа́ясь $\Big\}$ в холо́дную пого́ду в холо́дной воде́, он простуди́лся.
Так как он купа́лся

Ви́дя, $\Big\}$ как тру́дно он рабо́тает, я жале́л его́.
Так как я ви́дел,

Рабо́тая[812] ка́ждый день по десяти́ часо́в, мой дя́дя $\Big\}$ си́льно[551] устаёт.
Так как мой дя́дя рабо́тает ка́ждый день по десяти́ часо́в, он

Ду́мая, что его́ никто́ не ви́дит, ма́льчик $\Big\}$ взял что-то со стола́ и съел.
Так как ма́льчик ду́мал, что его́ никто́ не ви́дит, он

Не име́я[812] $\Big\}$ возмо́жности пойти́ ли́чно,[551] я написа́л письмо́ с извине́нием.
Так как я не име́л

Не получа́я $\Big\}$ письма́ от свои́х роди́телей, я стал беспоко́иться.
Так как я не получа́л

Не найдя́[810] $\Big\}$ письма́ от своего́ дру́га, я реши́л, что он заболе́л.
Так как я не нашёл

Бу́дучи[808] до́брым,[474] $\Big\}$ он всегда́ помога́л друзья́м.
Так как он до́брый,

Kind-hearted as he is, he always helped his friends.

Бу́дучи не совсе́м здоро́вым,[474] $\Big\}$ он не вы́шел к гостя́м.[249]
Так как он был не совсе́м здоро́в,

Прочита́в[818]
По́сле того́, как он прочита́л $\Big\}$ письмо́, он положи́л его́ на стол.
Когда́ он прочита́л

After he had read the letter, he put it on the table.

Получи́в[816]
По́сле того́, как я получи́л $\Big\}$ пода́рок, я написа́л письмо́, в кото́ром благодари́л за
Когда́ я получи́л $\qquad$ при́сланное.

Око́нчив[81о] ле́кцию, ле́ктор
По́сле того́, как ле́ктор око́нчил ле́кцию, он $\Big\}$ поклони́лся и сел.
Когда́ ле́ктор око́нчил ле́кцию, он

Увидев[816] меня, мой друг ⎫
Когда мой друг увидел меня, он⎭ обрадовался.

Поблагодарив[816] родителей, сын ⎫
После того, как сын поблагодарил родителей, он⎬ пошёл в свою комнату.
Когда сын поблагодарил родителей, он ⎭

Купивши[816] ⎫
После того, как мы купили⎬ всё нужное, мы с отцом вернулись домой.
Когда мы купили ⎭

Отдохнувши[816] ⎫
После того, как мы отдохнули⎬ немного, мы снова взялись за работу.
Когда мы отдохнули ⎭

Записавшись,[816] ученики ⎫
После того, как ученики записались, они⎬ садились на свои места.
Когда ученики записались, они ⎭

Подав[816] руку, он поздоровался.
Он подал руку и поздоровался.

После того, как я выучил урок, ⎫
я пошёл гулять.   ⎬ *After I had studied my lesson, I went for a walk.*
Выучив[817] урок, я пошёл гулять. ⎭

После того, как я поговорил с ним, я узнал, в чём дело.
Поговорив[816] с ним, я узнал, в чём дело.

После того, как прошёл дождь, земля освежилась.
После дождя земля освежилсь.

После того, как было объявлено,[795] мы знали, что нам делать.
После объявления мы знали, что нам делать.

После того, как собрались все ученики, учитель сел за стол.
Когда собрались все ученики, учитель сел за стол.

Мать ведёт[682] сына за руку.

Mother is leading her son by the hand.

Я поведу мальчика, а вы ведите[737] девочку.
Мне сказали,[821] что завтра меня поведут гулять в парк.
Отец вёл сына в школу.
Отец не мог вести сына в школу, поэтому повела его мать.
В нашу школу кто-то привёл мальчика пяти[403] лет.
Каждое утро матери приводили[653] своих детеи[283] в школу.
Завтра я приведу к вам своего приятеля.
Никто не приводит этого ребёнка,[283] он сам приходит

Я не понимаю, к чему[378] он ведёт.

I don't understand what he is leading up to.

Лектор повёл речь совсем по другому вопросу.
Учитель, объясняя[806] урок, привёл много хороших примеров.
Он не приводил примеров.

Больного[307] повезли[821] в больницу.

They took (drove) the patient to the hospital.

Я повезу[682] вас на станцию.
Я не имею времени[280] везти вас в город, пусть[743] брат повезёт.
Я повёз друга на станцию.
Моя сестра повезла меня на станцию.
Отец возит сына каждый день автомобилем[249] в школу.
Смотрите,[737] ваш сосед везёт дерево.
Я видел из окна, как он вёз дерево.
Я видел, как молодая женщина везла детей[283] в автомобиле.[249]

Смотрите,[737] этот мальчик очень устал. Он не может[681] итти и уже падает.

Look, this boy is very tired. He is unable to walk and is already falling.

Лошадь шла с трудом и несколько[452] раз[227] падала.
Лошадь не могла итти и упала.
Работник нёс тяжёлое дерево и упал под тяжестью[264] его.
Ребёнок упал на пол.
Помогите[737] этому падающему человеку.[462]
Я с сожалением смотрел на упавшего[763] около двери[264] нищего.[309]
Падая,[811] он громко закричал.
Упав[818] на землю, он что-то кричал.
Про неё говорили, что она павшая[763] женщина.
Павших[763] людей надо жалеть, а не судить.

Кто там кричит?

Who is shouting there?

Кто те[388] люди, которые там кричат?
Не кричите[737] громко в этой комнате.
На улице люди кричали.
На улице кто-то кричал.
Кто-то крикнул громким голосом.
Крикните[739] на него, и он замолчит.
Кричащий[759] голос был слышен далеко.
Крикнувший[763] мальчик быстро убежал.

Гро́мко крича́,[806] ма́льчик бежа́л по у́лице.
Кри́кнувши,[816] он закры́л дверь.

Дождева́я вода́ текла́ по стеклу́ окна́.

The rain water ran down the windowpane.

Пошёл дождь, и вода́ потекла́ ручьём.[247]
Дождь идёт, и вода́ течёт[683] ручья́ми.
Он закры́л окно́, что́бы[756] вода́ не текла́ в ко́мнату.
Вода́ течёт в ко́мнату че́рез окно́.
Е́сли вы не закро́ете[678] окна́, дождева́я вода́ потечёт[683] в ко́мнату.
Ско́ро вода́ потекла́ по ко́мнате.
Челове́к упа́л, и я ви́дел, как кровь потекла́ из его́ рта.

Его́ речь течёт пла́вно.[551]

His speech flows fluently (He speaks fluently).

Его́ речь текла́ пла́вно.
Он на́чал говори́ть, и речь его́ потекла́ ро́вно[551] и пла́вно.

Вчера́ я пове́сил карти́ны в столо́вой,[306] а за́втра бу́ду ве́шать в гости́ной.[306]

Yesterday I hung up the pictures in the dining-room and tomorrow I shall hang them in the living-room.

Оте́ц сказа́л нам ве́шать оде́жду в пере́дней.[311]
Мать сказа́ла мне пове́сить пальто́ в пере́дней.
Я всегда́ ве́шаю своё пальто́[285] в пере́дней, а вчера́ я пове́сил его́ в свое́й ко́мнате.
Когда́ я прие́хал к дру́гу, он ве́шал в до́ме карти́ны.
Мой друг сам пове́сил карти́ны в до́ме.
Кто бу́дет ве́шать карти́ны?
Кто пове́сит карти́ны?
Не[732] ве́шайте[734] э́той карти́ны в э́той ко́мнате, пове́сьте[738] её в столо́вой.
Карти́на была́ пове́шена[705] высоко́.[551]
В гости́ной упа́ла пове́шенная[705] там неда́вно[551] карти́на.
Пове́сивши[816] все карти́ны, рабо́тник ушёл домо́й.

Заче́м вы дви́жете (дви́гаете) руко́й? Не дви́гайте[734] руко́й![471]

Why do you move your hand? Don't move your hand!

Бы́ло заме́тно, как он дви́гал руко́й.
Мы ви́дели, как он дви́нул руко́й[471] кни́гу.
Я бу́ду дви́гать стол, а вы дви́гайте дива́н.
Помоги́те[737] мне дви́нуть э́тот стол.
Дви́ньте[738] э́тот стул бли́же[560] к окну́.
Дви́жимый[786] жа́лостью[264] он дал ни́щему[300] два рубля́.

Это колесо́ дви́жется.

This wheel is moving.

Колесо́ дви́галось.

Что-то дви́гается там в углу́.

Почему́ эти лю́ди не дви́гаются с ме́ста?

Дви́жущееся[762] колесо́ скрипе́ло.

Тро́ньте[738] руко́й[471] это де́рево,[732] и вы уви́дите, что оно́ сыро́е.[322]

Touch this wood with your hand, and you will see that it is wet.

Не тро́гайте[734] мои́х книг.[732]

Все подходи́ли к но́вой ло́шади и тро́гали её.

Никто́ не тро́нул поло́женных[795] на стол веще́й.[265]

Я тро́ну эту вещь здесь, а вы тро́гайте там—посмо́трим,[744] что бу́дет.[611]

Тро́нутый[790] бедо́й[575] сестры́, брат запла́кал.[630]

Мы печём[683] хлеб в ку́хне.

We bake bread in the kitchen.

Уме́ете ли вы печь хлеб?—Уме́ю, но тепе́рь не могу́,[681] так как нет вре́мени.[280]

Где они́ пеку́т[683] хлеб?—Они́ совсе́м не пеку́т хле́ба. Они́ всегда́ покупа́ют хлеб.

Когда́ я служи́л в а́рмии, я там пёк хлеб.

Мы испекли́ пять хле́бов.[203]

Он спёк себе́ спи́ну на со́лнце.

Она́ спекла́ себе́ спи́ну на со́лнце.

Смея́ться[679] не грешно́ над[478] тем,[388] что ка́жется смешно́.

To laugh at something that seems funny is not a sin.

Чему́ вы смеётесь?[679]—Ра́зве нельзя́ посмея́ться.

Вот весёлый челове́к, он всегда́ смеётся.[679]

Ребёнок[283] гро́мко[551] смея́лся.

Не серди́тесь,[745] я не говори́л серьёзно,[551] а то́лько посмея́лся.

Е́сли вы это ска́жете, над ва́ми[370] бу́дут[612] смея́ться.

Они́ не пойму́т[682] вас и то́лько посмею́тся над ва́ми.

Не сме́йтесь![734] В э́том[388] нет ничего́ смешно́го.

Наш сосе́д о́чень смешно́й челове́к.

Они́ посмея́лись над[478] ним, назва́в[816] его́ до́брым челове́ком.[473]

Не сме́йте [734]смея́ться!

Don't you dare to laugh!

Никто́ не посме́л посмея́ться над бе́дным челове́ком.

Она́ не сме́ла говори́ть и сло́ва.

Долго [551] я берёг эти деньги, но всё-таки не сберёг [670] их.

I saved this money for a long time but nevertheless could not hold on to it.

Я сберегу свои книги, но сбережёте ли вы свои?
Я буду беречь эти книги.
Сберегите [737] деньги!
Она сберегла свои деньги до сих пор.
Мы не берегли денег.
Я достал всё сбережённое [700] и отдал [711] отцу.

Берегите [737] здоровье!

Take care of your health! Watch your health!

Берегите вашего сына.
Берегите его.

Берегитесь!

Look out!

Берегись!
Пусть он бережётся.
Пусть они берегутся.

GRAMMAR

LETTERS AND SOUNDS

1. Russian is written in the Cyrillic alphabet. The following is the order of the 32 Russian letters with their Roman equivalents, Russian names, and approximate pronunciation. The student is advised to memorize this order at the earliest since the end vocabulary in this book, following the example of all Russian dictionaries, is arranged according to it.

	Letters		Roman Equivalents		Names of Letters	Script	Approximate Pronunciation
1	А	а	A	a	ah	𝒜 𝒶	*a* as in *father*
2	Б	б	B	b	beh	𝐵 𝛿	*b* as in *bed*
3	В	в	V	v	veh	𝐵 𝓋	*v* as in *veal*
4	Г	г	G	g	geh	𝒥 𝓏	*g* as in *good*
5	Д	д	D	d	deh	𝒟 𝜕, 𝓎	*d* as in *door*
6	Е	е	E	e	yeh	𝓔 𝓮	a) *ye* as in *yet* b) *e* as in *shell*
	Ё	ё	Ё	ё	yoh		c) *yo* as in *York* d) *o* as in *short*
7	Ж	ж	ZH	zh	zheh	𝒥𝒞 𝓍	*s* as in *pleasure*
8	З	з	Z	z	zeh	3 𝔷,3	*z* as in *zoo*
9	И	и	I	i	ee	𝒰 𝓊	a) *ee* as in *eel* b) *yea* as in *yeast*
10	Й	й	J	j	short ee	𝒰̆ ǔ	*y* as in *day*
11	К	к	K	k	kah	𝒦 𝓀	*k* as in *kettle*
12	Л	л	L	l	ell	𝒜 𝓁	*l* as in *bill* or *lead*
13	М	м	M	m	emm	𝑀 𝓂	*m* as in *mad*
14	Н	н	N	n	enn	𝓝 𝓃	*n* as in *no* or *new*
15	О	о	O	o	oh	𝒪 𝑜	*o* as in *short*
16	П	п	P	p	peh	𝓃,𝜋 𝑛 𝒯𝒾,	*p* as in *spit*
17	Р	р	R	r	err	𝒫 𝓅	*r* as in Spanish *rio*
18	С	с	S	s	ess	𝒞 𝓍	*s* as in *salt*
19	Т	т	T	t	teh	𝑀 𝓂,𝓂̄,𝒥	*t* as in *star*
20	У	у	U	u	oo	𝒴 𝓎	*u* as in *push*
21	Ф	ф	F	f	eff	𝒫 𝜑	*f* as in *four*
22	Х	х	KH	kh	khah	𝒳 𝓍	*ch* as in German *Loch* or Scottish *loch*
23	Ц	ц	TS	ts	tseh	𝒰 𝓊	*ts* as in *its*
24	Ч	ч	CH	ch	cheh	𝒞 𝓇	*ch* as in *chicken*
25	Ш	ш	SH	sh	shah	𝒰𝓁 𝓊𝓁, 𝓊𝓁	*sh* as in *short*
26	Щ	щ	SHCH	shch	shcheh	𝒰𝓁 𝓊𝓁	*sh-ch* as in *fresh cherries*

27	Ъ ъ		separation (hard)sign	*ъ*	Denotes no sound
28	Ы ы	Y y	yery	*ы*	No exact equivalent in English. The American *i* in *bill* comes fairly close.
29	Ь ь		soft sign	*ь*	Indicates softness of the preceding consonant.
30	Э э	E e	eh	*Э э*	*e* as in *bet*
31	Ю ю	JU ju	yu	*Ю ю*	*u* as in *union* or *yu* as in *Yule*.
32	Я я	JA ja	yah	*Я я*	*ya* as in *yard*

2. Although this course is primarily planned to teach the spoken form of the language, it is highly recommended that the student learn to write Russian at the very beginning. Moreover, copying words and phrases is very helpful in memorizing. When writing Russian, use script rather than imitate the printed letters. Below is a specimen of Russian handwriting with an identical text taken from XXI, lines 54-65.

Посмотрите на ту маленькую птичку. Накормивши своих птенчиков и наевшись сама, она тихо дремлет на ветке, зная, что ее детки в безопасности.

Я тоже не беспокоилась бы много, если бы знала, что мой сын жив и здоров.

Ну, я отдохнул и чувствую себе лучше. Теперь, не спеша, пойду домой. До свидания, Анна Петровна. Желаю вам скорее получить хорошие новости от вашего сына.

In Russian script, several letters may be written in more than one form, e.g., capital П, capital Т, and the small letters д, з, т, ш, ь. Beside the form given in section 1 (under the heading Script) for т, the printed form of this letter may also be used in script. Small т is commonly written in a form which looks like a handwritten ш placed upside down. Since in fast writing the two letters may become undistinguishable, a horizontal stroke is frequently added and placed above the letter in the case of т, but below it in the case of ш. Small т may also be written in the form of a printed capital Т, however with the horizontal bar only half-way up from the base-line, while the vertical stroke reaches below the base-line. The second form of ь may be used at the end of a word. Concerning the use of the two forms of capital П, capital Т, small д, small з, and small т, there are no prescriptions or restrictions.

Watch the difference between з and э, г and ч, л and г, Ч and У.

The letters л, м, я are started with a short downstroke. This important detail must be observed especially when these letters are connected with a preceding letter, e.g.,

был	время	если
знал	имели	мало
меня	пил	дремлет
тетя	фамилия	посмотрите
до свидания		

3. You can hear the Russian alphabet in the first part of the Record on Pronunciation. Note that the tenth letter is called и кра́ткое (short и); the twenty-seventh, отдели́тельный знак (separation sign); and the twenty-ninth, мя́гкий знак (soft sign). There is a special name, еры́, for the twenty-eight letter. However, when reciting the alphabet, Russians usually do not use this name but merely pronounce the vowel sound of the letter.

Recording begins (Record #22)

1

А Б В Г Д Е Ж З И и кра́ткое К Л М Н О П Р С Т У Ф Х Ц Ч Ш Щ Отдели́тельный знак Ы Мя́гкий знак Э Ю Я.

2

ба́ба - па́па, ве́тер - фетр, души́ть - туши́ть, вози́ть - носи́ть, год - кот, жар - шар.

3

чай, молодо́й, до́брый, ру́сский, фойе́. - час, хочу́, черни́ла, чёрный, чита́ть, дочь. - щади́ть, щу́пать, щека́, щётка, щипцы́, вещь. - кружо́к, жук, уже́, жена́, жёны, жить, живо́т, мужья́, жюри́. - шала́ш, ше́я, шёлк, маши́на, слы́шишь. - царь у́лица, цыга́н, це́лый, цена́, цинк.

4

ба́лка – бе́лка, гроб – грабь! вор – ве́ра, гото́в – гото́вь! кни́га – в кни́ге,
ма́зать – мазь, дади́те!, де́ло, дя́дя, дю́жина, рука́ – в руке́, бал – жаль,
балла́ст – бале́т, лот – лёд, мо́ре – ме́ра, на – не, ладонь, па́ра, перо́, пи́во.
рабо́та, ре́дко, сад, се́вер, там, те́ло, тётя, тюльпа́н, говори́т – говори́ть,
фарфор, февра́ль, хо́лодно, хи́мия.

5

май, рабо́тать, е́хать, ёлка, бе́лый, беру́, прое́зд, чита́ет, пи́шет, здоро́вье, моё,
песнь – пье́са, Пётр – пьёт, сесть – съесть, обе́д – объе́кт; их, пить, они́,
се́мьи, хоро́ший; он – она́, хо́дит – ходи́ть, мой – моя́; у́ксус, нау́ка; был,
ста́рый; э́тот, экза́мен; юри́ст, июнь, чита́ю, люблю́, курю́; вре́мя – семья́, тётя –
бра́тья, де́вять – девя́тый.

Recording ends

4. Of the 32 Russian letters, 21 serve for the expression of consonants: б,
в, г, д, ж, з, й, к, л, м, н, п, р, с, т, ф, х, ц, ч, ш, щ;
   nine are used as symbols for vowels and diphthongs: а, е, и, о, у, ы, э, ю,
я;
   two are merely orthographic signs without any sound of their own: ъ, ь.

Consonants

5. The following consonant groups are repeatedly referred to in the grammar:

Gutturals:	г, к, х	Sibilants: з, с
Dentals:	д, т	Hissing sounds: ж, ч, ш, щ
Labials:	б, в, м, п, ф	

HARD AND SOFT CONSONANTS
(See parts 2-4 of Record on Pronunciation)

6. Russian consonants may be pronounced hard or soft and this distinction is
fundamental for Russian pronunciation. Substitution of one for the other may
result in a change of meaning. Cf. the pairs гото́в – гото́вь, лот – лёд,
говори́т – говори́ть Гото́в is an adjective, as in он гото́в (he is ready), while
гото́вь is the second person singular imperative of the verb гото́вить (to prepare). Лот means 'lead, plummet', but лёд means 'ice'. In colloquial speech
there is no difference in pronunciation between final -т and -д. Говори́т is
the third person singular present tense of a verb, the infinitive of which is
говори́ть (to speak).

7. The consonants й, ч, щ are always pronounced soft, regardless of the letter written after them. See the first three lines of the third part of the
Record on Pronunciation and listen to the recording.

8. The consonants ж, ш, ц are always hard, regardless of the letter following after them. See lines 4-6 of the third part of the Record on Pronunciation and listen to the recording.

9. The remaining consonants (б, в, г, д, з, к, л, м, н, п, р, с, т, ф, х) are pronounced hard when followed by another consonant or by the letters а, о, у, ы, э, or when they are at the end of a word. They are pronounced soft, when they are followed by the letters е, ё, и, ь, ю, я.

10. Except for specific peculiarities pointed out elsewhere (especially in sections 19-25), it may be said that in general the hard consonants are similar to the corresponding English sounds.

11. The soft consonants are palatalized. When pronouncing a soft consonant, the lips and the tongue make the same movements as are made in pronouncing the corresponding hard sounds, but the tongue assumes the position and shape necessary for the pronunciation of the vowel 'e' or 'ee' in English 'he', 'need'. With the tongue ready for the vowel 'ee', the speaker forms the desired consonant, without pronouncing the prepared vowel. If in a Russian word the consonant is actually followed by the vowel и, the soft pronunciation (palatalization) of the consonant offers no difficulty. Difficulties do arise, however, when the consonant is directly followed by the letters е, ё, ю, я, without the letter ь between them. Since a good pronunciation can only be acquired by imitating someone who speaks correctly and by constant practice, the learner is urged to listen carefully to the recordings and to repeat aloud all words and sentences heard. For the pronunciation of soft consonants see especially Part 4 of the Record on Pronunciation. A description of the soft vowels in question is given in sections 39, 48, 51, 54, and 57. In such combinations the student is inclined to insert a 'y' (as in English 'yes, you, yard') between the consonant and the vowel, which is wrong.

The letter ь (soft sign) at the end of a word or between two consonants merely indicates that the preceding consonant is soft (palatalized), without adding any vowel (see section 76).

VOICED AND VOICELESS CONSONANTS
(See especially Part 2 of Record on Pronunciation)

12. The consonants, both hard and soft, are divided into two groups, voiced and voiceless.

Voiced consonants: б, в, д, г, ж, з, л, м, н, р, й.

Voiceless consonants: к, п, с, т, ф, х, ц, ч, ш, щ.

There is a correlation between certain sounds of the two groups, there being six pairs of counterparts, namely:

	Voiced		Voiceless
Gutturals:	г	corresponds to	к
Dentals:	д		т
Labials:	б		п
	в		ф
Sibilants:	з		с
Hissers:	ж		ш

The difference in pronunciation between the two groups is the same as in English.

13. The voiced consonants б, в, г, д, ж, з, both hard and soft, are pronounced like the corresponding voiceless consonants п, ф, к, т, ш, с under the circumstances given in sections 14 and 15.

14. These consonants in final position, i.e., at the end of a word, are pronounced like their corresponding voiceless equivalents in the following examples:

хлеб	хлеп	обéд	обéт
зыбь	зыпь	медь	меть
Мóлотов	Мóлотоф	ёж	ёш
готóвь!	готóфь!	рожь	рошь
рог	рок	раз	рас

15. In medial or initial position (within the word or at its beginning), if immediately followed by a voiceless consonant, these voiced consonants are pronounced like their corresponding voiceless equivalents, e.g.,

всё	фсё	готовьте!	готóфьте!
попрáвка	попрáфка	лóжка	лóшка
	везтú	вестú	

However, г before к and ч is pronounced like a x, e.g.,

лёгкий лёхкий

16. The voiceless consonants are pronounced like the corresponding voiced consonants, before the voiced consonants б, г, д, ж, з, but not before any others, not even before в, e.g.,

прóсьба	прóзьба	сдéлать	здéлать
отгадáть	одгадáть	отдáть	оддáть

17. In general it should be noted that two adjacent consonants are pronounced either both voiced or both voiceless and that the first consonant is always assimilated to the second. If the second consonant is voiced then both are voiced, if it is voiceless then both are voiceless. In writing, this assimilation is clearly expressed in the spelling of a number of prefixes. The prefixes из-, низ-, воз-, вз-, раз-, без-, чрез-, через-, appear with the letter з only before vowels and all voiced consonants, including л, м, н, р. If the word to which these prefixes are joined begins with a voiceless consonant, з is replaced by с both in pronunciation and spelling and the prefixes appear in the following forms: ис-, нис-, вос-, вс-, рас-, бес-, чрес-, черес-.

18. The above-mentioned assimilations (sections 15-17) take place also at the end of words in fluent speech, that is to say, when no stop is made after the word. In such cases voiced consonants in final position may remain voiced. Prepositions, which are usually unaccented (proclitics) and lean on the modified noun for support, fall under this rule. The prepositions в, к, с, although written separately, are always pronounced as a part of the following word. Examples:

в город	вгород	к учúтелю	кучúтелю
в клáссе	фклассе	к дрýгу	гдрýгу
в своё мéсто	фсвоё мéсто	с вáми	свáми
к вам	квам	с дéтства	здéтства

19. г, normally pronounced *g* (voiced stop) as in *good*, is pronounced *v* in the endings —ого and —его of the genitive singular masculine and neuter of pronouns and adjectives, e.g., его́, чего́, кого́, никого́, одного́, моего́, како́го, э́того, ру́сского, бе́лого. This pronunciation appears also in the adverb сего́дня (today) and in ничего́ (nothing), since both forms were originally genitive constructions. In the word мно́го *much*, on the other hand, г is part of the word stem and therefore pronounced *g*. See also section 15.

20. In the southern dialects of the Russian language area (as well as in Ukrainian and White Russian), г is pronounced as a fricative, like *h* in English *house*. This South Russian fricative appears in standard Russian in the following words: Госпо́дь *the Lord, God*, the inflected forms of Бог *God* (e.g., Бо́га, Бо́гу), богаты́рь *hero*, убо́гий *poor, miserable*, бла́го *welfare* and its derivaties (e.g., благодари́ть *to thank*), где *where*, нигде́ *nowhere*, всегда́ *always*, когда́ *when*, никогда́ *never*.

21. The Russian р is rolled. It is pronounced quite clearly and uniformly in all positions, at the beginning, in the middle, and at the end of a word. Examples: Part 2 of Record on Pronunciation:

ве́тер	*wind*	фетр	*felt*
жар	*heat*	шар	*ball*

Part 3 of Record on Pronunciation: до́брый *kind, good*, ру́сский *Russian*, черни́ла *ink*, чёрный *black*, кружо́к *circle*, царь *tsar*.

Part 4 of Record on Pronunciation: гроб *coffin*, грабь! *rob*, вор *thief*, ве́ра *faith*, рука́ *hand, arm*, мо́ре *sea*, ме́ра *measure*, па́ра *pair*, перо́ *pen*, рабо́та *work*, ре́дко *rarely*, се́вер *north*, говори́ть *to speak*, фарфо́р *porcelain*, февра́ль *February*.

Part 5 of Record on Pronunciation: рабо́тать *to work*, беру́ *I take*, прое́зд *journey*, здоро́вье *health*, Пётр *Peter*, хоро́ший *good*, ста́рый *old*, юри́ст *lawyer*, курю́ *I smoke*, вре́мя *time*, бра́тья *brothers*.

22. There is a marked difference between hard and soft л, as is clearly brought out by comparing the words бал *dance* and жаль *it is a pity*, балла́ст *ballast* and бале́т *ballet*, лот *lead* and лёд *ice*. (See part 4 of Record on Pronunciation).

An American student will have no trouble in pronouncing the hard л, since that sound is very close to the American *l*, especially that occurring at the end of such words as *all, full, mill*. The difficulty for an American is to pronounce the soft л, which is like the German or French *l*. Other words with soft л appearing in the Record on Pronunciation are: у́лица *street*, тюльпа́н *tulip*, февра́ль *February*.

When listening to the recordings of the various lessons you will notice that Speaker C has a hard л which is more extreme than that of the other two speakers. It comes closer to the Polish ł, although this specific speaker is a pure native Russian without any Polish background. All four speakers, however agree fully in their pronunciation of the soft л.

23. Hard н sounds like English *n*, except that it remains a dental sound even before gutturals, e.g., банк *bank*.

Soft н sounds like French *gn* or Spanish *ñ*. See не *not* and ладо́нь *palm of the hand* in Part 4 of the Record on Pronunciation.

24. The letter х denotes a voiceless fricative. It sounds like the *ch* in standard German, but without the harsh, rasping quality of the Yiddish or Swiss *ch*. The American student will be inclined to substitute the sound *k* for it. This is wrong. Rather than do this, the learner should pronounce the English *h* as strongly as possible. See хо́лодно *cold*, хи́мия *chemistry* in Part 4 of Record on Pronunciation, and хоро́ший *good*, хо́дит *he goes*, ходи́ть *to go* in Part 5.

25. The consonants к, п, т (voiceless stops) must always be pronounced without aspiration. In this respect, these Russian sounds differ greatly from the corresponding consonants commonly used in American English. Americans pronounce their *k's*, *p's*, and *t's*, especially at the beginning of a word before a vowel (except when appearing as the second part of the clusters *sk, sp, st*), with a strong *h* (aspiration) added. This *h* should not be heard in the pronunciation of Russian п, т, or к. When pronouncing these Russian consonants, use the *k* of English *skit*, the *p* of English *spit*, the *t* of English *star*.

26. The sound й, called и кра́ткое *short ee*, appears in Russian words only after vowels as the second part of diphthongs: ай, ей, ий, ой, уй, ый, e.g. чай *tea*, май *May*, мой *my*, молодо́й *young*, ру́сский *Russian*, до́брый *good*, чёрный *black*, кофе́йник *coffee-pot*, море́й genitive plural of мо́ре *sea*, карандаше́й genitive plural of каранда́ш *pencil*.

27. In words taken over from foreign languages the letter й is also used before vowels, e.g. фойе́ *lounge*, фейерве́рк *fire-works*, райо́н *region*.

VOWELS

28. All Russian vowels, even in accented syllables, are short.

29. The pronunciation of the vowels as described in section 1 applies primarily to vowels in the accented position, i.e., when the main stress of the word falls on them. In the unstressed position all vowels, already short in stressed position, are shortened even more. While this shortening does not affect the sound quality of и, у, ы, ю, it does very definitely affect the sound quality of а, о, е, я, э.

30. а, и, о, ы, э are always pronounced as clear-cut single sounds (monophthongs). An exception in the pronunciation of и is given in section 58.

31. Two vowels following directly one after the other are pronounced separately and do not form a diphthong, e.g. нау́ка = на-у́-ка, пое́хать = по-е́-хать.

32. The vowel и following after another vowel may change into the consonant й and thus produce a diphthong (section 26), e.g. по+иду́ = пойду́, за+иду́ = зайду́.

HARD AND SOFT VOWELS

33. There are hard and soft vowels, just as there are hard and soft consonants, However, in contrast with the consonants, where one and the same letter is used to designate now a hard consonant now the corresponding soft one, the vowel letters normally do not change their sound quality (exceptions are discussed in sections 45-59). Hard consonants and hard vowels, soft consonants and soft vowels are attuned to each other in such a way that a hard consonant can only be followed by a hard vowel and a soft consonant by a soft vowel.

34. The hard vowels are: а, о, у, ы, э.

35. The soft vowels are: е, и, ю, я.

36. While there are only nine vowel letters, there are five full pairs of corresponding hard and soft vowel sounds. The additional sound is represented by the modified letter ё. which, however, is usually written with a plain e. The corresponding pairs of hard and soft vowels are: а - я, о - ё, у - ю, ы - и, э - е.

37. When the vowels а, е, о are directly followed by a soft consonant, their sound quality changes slightly. e and о are open vowels before hard consonants, but close before soft consonants. а before a hard consonant has a darker sound than before a soft consonant.

38. The letters е, ё, ю, я may represent monophthongs or diphthongs, according to their position in the word.

39. The letters е, ё, ю, я are pronounced as monophthongs when they follow immediately after consonants without the letters ъ or ь separating them (see sections 11, 48, 50, 51, 54, 57, 73 and 76).

40. The letters е, ё, ю, я are pronounced as diphthongs (two sounds), *ye, yo, you, ya*, when they appear in the positions indicated in sections 41-44.

41. At the beginning of a word: е́хать *to ride*, ёлка *fir tree*, юри́ст *lawyer*, я *I*.

42. After a vowel: прое́зд *journey*, моё *my*, моя́ *my*, ру́сская кни́га *a Russian book*, ию́нь *June*, я чита́ю *I read*.

43. After the soft sign ь (see section 76): здоро́вье *health*, пье́са *play, piece*, он пьёт *he drinks*, я пью *I drink*, семья́ *family*, бра́тья *brothers*, мужья́ *husbands*.

44. After the separation sign ъ (see section 73): объе́кт *object*, съесть *to eat up*, объём *size, volume*, разъярённый *infuriated*.

45. The letter e is used for several quite different sounds as indicated in sections 46-52.

46. *ye* as in English *yet* (see sections 40-44).

47. *e* as in English *get*: simple clear-cut *e*, like the sound of Russian э, in the combinations же, ше, ще, че, це, e.g., уже́ *already*, ше́я *neck*, чей *whose*, ще́дрый *generous*, це́лый *entire*.

48. *e* as in English *get*, with palatalization (softening) of the immediately preceding consonant (see section 11). Care should be taken not to insert a consonantal *y* between the consonant and the vowel. Examples: бе́лка *squirrel*, ве́ра *faith*, де́ло *business*, в руке́ *in the hand*, бале́т *ballet*, ме́ра *measure*, не *not*, ре́дко *rarely*, се́вер *north*, те́ло *body* (see Part 4 of Record on Pronunciation), бе́лый *white*, песнь *song*, сесть *to sit down*, обе́д *dinner*, се́мьи *families*, вре́мя *time*, де́вять *nine* (Part 5 of Record on Pronunciation.

49. *yo* as in *York* (see sections 40-44)

50. *o* as in *short*, i.e., a simple clear-cut *o*, like the sound of stressed Russian о in the combinations же, ше, ще, че, e.g., чёрный *black*, щётка *brush*, жёны *wives*, шёлк *silk*. (see Part 3 of Record on Pronunciation).

51. *o* as in *short*, with palatalization (softening) of the preceding consonant. Care should be taken not to insert a consonantic *y* between the consonant

and the vowel. Examples: лёд *ice*, тётя *aunt* (see Part 4 of Record on Pronunciation), Пётр *Peter* (Part 5 of same Record).

52. The pronunciation of sections 49-51 can only occur when e is accented. As soon as the syllable loses the accent, the o pronunciation vanishes. But not every accented e gets the o pronunciation. In this book the o pronunciation of the letter e is indicated by the modified symbol ё, a practice adopted from the Russian grammarians. In normal Russian spelling, the two dots on the letter ё are absent. Note that the syllable in which the letter ё appears is always accented.

53. The letter ю is pronounced as a diphthong *you* in the positions indicated in sections 41-44.

54. The letter ю represents a single sound *u* (as in English *pull*) after soft consonants (see section 11), e.g., дюжина *dozen*, тюльпан *tulip*, люблю *I love*, курю *I smoke*.

55. The letter ю is frequently used in words taken over from foreign languages to render French *u* or German *ü*, e.g. жюри *jury*.

56. The letter я is pronounced as a clear diphthong *ya* (as in English *yard*) in the positions indicated in sections 41-44

57. The letter я represents a single vowel, namely a sound like *a* in English *hat*, after soft consonants (section 11), if not separated from those consonants by ь, e.g., дядя *uncle*, время *time*, тётя *aunt*, девятый *ninth*.

58. и, normally pronounced like *ee* in *eel* or *heed*, sounds like *yea* (as in *yeast*) after the letter ь, e.g., семьи, genitive singular of семья *family*, семьи, nominative plural of the same noun.

59. In the combinations жи, ши, ци, the letter и is pronounced like ы (see section 60), e.g., жить *to live*, живот *abdomen*, машина *machine*, слышишь *you hear*, цинк *zinc* (see Part 3 of the Record on Pronunciation), хороший *good* (see Part 5).

60. The correct pronunciation of the sound ы presents some difficulty. It occurs also in Polish, where it is written with the Roman letter *y*. In American English the *i* in *bill* has a certain similarity. This Russian sound is somewhere between the *i* of *bill* and the *oo* of *good*. It can be closely approximated by pronouncing the German *ü* (or French *u*) with spread (instead of rounded) lips. The following words with ы are to be found in the Record on Pronunciation: щипцы *tongs*, цыган *gipsy* (Part 3), был *was* (Part 5). Adjectives with the ending -ый in the nominative singular masculine are: добрый *kind, good*, чёрный *black*, белый *white*, старый *old*, девятый *ninth*. On the pronunciation of this ending see section 72.

61. э sounds like *e* in English *bet* or *egg* and should not be confused with Russian e. It appears only in a few Russian pronouns (always in initial position) and in borrowed foreign words. It is a mistake to write e for э and vice versa.

UNACCENTED VOWELS

62. The difference between hard and soft vowels is maintained even in the unaccented position.

63. In the syllable immediately preceding the accented syllable, a sounds

exactly like stressed a. In all other positions it sounds like the last vowel in the English word *drama*, e.g., рабо́та, рабо́тать, па́ра, шала́ш, маши́на, нау́ка, англича́нин.

64. Unaccented a following after ч or щ sounds like a very short и tending toward э, e.g., щади́ть, часы́.

65. In the syllable immediately preceding the accented syllable, о sounds like stressed a, in all other positions like the last vowel in the English word *drama*, e.g., она́, ходи́ть, моя́, говори́ть, обе́д, объе́кт, те́ло, ре́дко.

66. This is the Moscow pronunciation which is now generally accepted for standard Russian. There are, however, large regions of the Russian language area where о is pronounced о in the unaccented position even by educated people. Our students are urged to acquire the Moscow pronunciation, although they will recognize a slight tendency toward о in the pronunciation of one of the speakers on our recordings.

67. Unaccented е after ц or the hard hissing sounds ж and ш sounds like a very short ы tending toward э, e.g. жена́, цена́, пи́шет, шесто́й.

68. Unaccented е after a soft consonant or after a vowel and unaccented я in the medial position sound like a very short и tending toward э, e.g., беру́, девя́тый, перо́, ве́тер, черни́ла, щека́; чита́ет; де́вять, де́сять, девятьсо́т.

69. Unaccented е and я at the very beginning of a word sound like *yea* (as in English *yeast*) with a very short vowel и tending toward э, e.g., его́, её, еще́; язы́к, янва́рь.

70. At the very end of a word, unaccented я sounds like *ya* with a very much weakened y and a vowel like the second *a* in English *drama*, e.g., вре́мя, тётя, дя́дя. This same sound appears also in the plural endings -ям, -ями, -ях. If unaccented я is preceded by a vowel or ь, the y of *ya* is pronounced very distinctly, e.g., фами́лия, хи́мия, ста́нция, Мари́я, бра́тья, бра́тьями, бра́тьях.

71. Unaccented э sounds like a very short и tending toward э, e.g., экза́мен.

72. The adjective endings (nominative singular masculine) -ный, -гий, -кий, -хий are usually pronounced as if they contained a weak unaccented vowel a (see section 59) and as if they were written -ай, -гай, -кай, -хай, e.g., бе́лый, стро́гий, ру́сский, ти́хий.

ORTHOGRAPHIC SIGNS

73. The letter ъ, traditionally called твёрдый знак *the hard sign*, is now called отдели́тельный знак *separation sign*. It is now only used in compound words after the prefixes в-, из-, об-, от-, под-, раз-, с-, when the following letter is either е (ё) or я. It indicates that the following vowel is to be pronounced *ye* (as in *yet*), *yo* (as in *York*) or *ya* (as in *yard*) and that that vowel does not belong to the same syllable as the preceding consonant. Compare the different syllabications of the following words: обе́дать *to eat dinner* = о-бе́-дать, but объедини́ть *to unite* = объ-е-ди-ни́ть. See section 44.

74. In the old orthography, which was abrogated in 1917, the letter ъ appeared after each hard consonant at the end of a word to indicate absence of palatalization. That is why it was called the *hard sign*.

75. Immediately after the Revolution the letter ъ was completely avoided and an apostrophe used in its place after the above mentioned prefixes. The apostrophe is still used occasionally in posters, but not in books.

76. The letter ь, called мягкий знак *the soft sign*, has no sound of its own. It is only used after consonants, either at the end of a word or inside a word. It indicates that the preceding consonant is palatalized (soft). It serves also as a *separation sign*, inasmuch as the letters е, ё and о, ю, я, и, following immediately after it must be pronounced *ye* (as in *yet*), *yo* (as in *York*), *you* or *yu* (as in *you* or *yule*), *ya* (as in *yard*), *yea* (as in *yeast*). See section 43.

77. The letter ь cannot stand at the beginning of a word nor can it ever be followed by the vowel letters а, у, ы, э. The combination ьо (pronounce *yo*) occurs only in foreign words, e.g., почтальо́н *mailman*, батальо́н *battalion*.

78. In books printed before 1917 (and in publications of the Russian emigrés even after 1917), the two letters і and ѣ are very frequently found. They are to be read like и and е respectively. However, their use was strictly regulated. Thus, і (and not и) had to be used before other vowels and before й, e.g., іюнь, фамилія, русскій, англійскій. The use of the letter ѣ was limited to certain words and certain suffixes, e.g., ѣздить, ѣхать, ѣсть, вѣдѣніе, вѣкъ, бѣлый, имѣть, синѣть, etc. These two letters are now completely discarded and і is replaced by и and ѣ by е. Consequently, the above-mentioned words are now spelled thus: июнь, фамилия, русский, английский; ездить, ехать, есть, ведение, век, белый, иметь, синеть.

79. The rules of pronunciation given in this chapter are illustrated by the special Record on Pronunciation. Listen carefully to the record. Watch especially the words appearing in pairs with only slight phonetic differences, e.g., hard and soft consonants. Repeat aloud the words heard on the record. Correct pronunciation is an essential part of a spoken language, but only continuous practice on your part will enable you to acquire a fair pronunciation.

80. The learner desirous of knowing more about ways to acquire a correct pronunciation is referred to Noyes-Patrick, *An Elementary Guide to Russian Pronunciation*, Pitman Publishing Corp., New York, 1944.

81. It should be mentioned here that the pronunciation of many Russian speakers of the educated class is greatly influenced by the spelling and, moreover, that there are some regional differences in the pronunciation even of standard Russian.

Accentuation

82. Russian has so-called free accent, that is to say, there is no general hard and fast rule fixing the main accent or stress of words of two or more syllables to any specific position. Some words are accented on the last syllable, as уро́к, учени́к, рука́, others on the one before the last, as у́гол, тётя, бума́га, others even farther back, as учи́тельница, де́рево, etc.

83. In inflectional paradigms (declension and conjugation) the accent of the basic form may be maintained in the same position throughout or it may be shifted to another syllable, e.g.,

Nominative Singular	Nominative Plural
урóк *lesson*	урóки *lessons*
ученúк *pupil*	ученикú *pupils*
учúтельница *teacher*	учúтельницы *teachers*
ýгол *corner*	углы́ *corners*
рукá *hand, arm*	рýки *hands, arms*
дéрево *tree*	дерéвья *trees*

84. For each word there is normally only one correct accent and one type of accent shift. Where exceptions to this rule do occur, they are due to regional differences (e.g., библиотéка – библиóтека) or social distinctions (e.g., Марúя – Мáрия).

85. There are certain definite rules concerning the accentuation of various word categories. They are pointed out in the corresponding parts of the grammar.

86. The Russian word accent is dynamic in character, that is to say, the stressed syllable is pronounced with stronger force than the unstressed syllables. As a result, the vowels of the unstressed syllables are somewhat neglected and reduced.

87. No accent signs are used in normal spelling, neither in its printed nor in its handwritten form.

RULES OF SPELLING

88. ы is never written after the four hissing sounds ж, ч, ш, щ and the three gutturals г, к, х. In such positions, ы is always replaced by и.

89. я and ю are never written after ц or the four hissing sounds ж, ч, ш, щ. In such positions, я is replaced by а, and ю by у. Exceptions occur in the spelling of foreign words.

90. After ж, ч, ш, щ, ц, accented о remains unchanged, while unaccented о changes to е.

91. The combination of certain consonants with a following ю (first person singular of the present tense) brings about the following changes:

(a) Dentals:	–дю	becomes	–жу
	–тю	"	–чу
(b) Sibilants:	–зю	becomes	–жу
	–сю	"	–шу
(c) Labials:	–бю	becomes	–блю
	–вю	"	–влю
	–мю	"	–млю
	–пю	"	–плю
	–фю	"	–флю

92. All common nouns, adjectives, and pronouns (including я *I*) are written with small initial letters, except when beginning a sentence. Capitalized are only proper names, i.e., names of individual persons (Christian names, patronymics, surnames), institutions, inhabited places (villages, cities) provinces countries. Names of peoples and the adjectives derived from them are written with a small initial letter.

93. There is no article (either definite or indefinite) in Russian. The word книга, therefore, may mean: *book, a book, the book.*

94. The form э́то is used for *this is, that is, it is, these are, those are,* irrespective of gender and number of the noun or pronoun following.

95. Direct questions may be asked in the form of declarative sentences, except that the voice is raised at the end of the sentence. The order of words in such interrogative sentences usually does not differ from that in similar declarative sentences.

96. The possessive adjectives мой *my*, наш *our*, and ваш *your*, appear in the masculine form when used with masculine nouns, in the feminine form моя́, на́ша, and ва́ша when used with feminine nouns, and in the neuter form моё, на́ше, and ва́ше when used with neuter nouns. On the other hand, the possessive pronouns его́ *his*, её *her*, and их *their* remain unchanged in all positions, irrespective of the gender and number of the noun with which they are used.

97. In affirmative answers the meaning *yes* is frequently expressed not by the word да, but rather by simply repeating the word about which the question is asked. Thus Э́то она́? *Is this she?* Она́. *Yes, it is.* In the answer to a question the subject pronoun is usually omitted in colloquial speech.

98. Notice that где *where* is used both as an interrogative adverb and a conjunction.

99. In direct questions introduced by special interrogative words (e.g., как, что, почему́, како́й, etc.) the word order differs according to the type of subject used.
If the subject consists merely of a personal pronoun (я, ты, он, она́, оно́, мы, вы, они́), there is straight word order: (1) interrogative element, (2) subject pronoun, (3) verb. Other parts of speech may be inserted between these three basic elements. Cf.

> Что я де́лаю?   Что он (она́, оно́) де́лает?   Что вы там де́лаете?
>
> Почему́ вы не чита́ете?   Каку́ю кни́гу вы чита́ете?   Како́й ещё язы́к вы зна́ете?

If the subject is a noun (with or without attributes), there is inverted word order: (1) interrogative element, (2) verb, (3) subject, e.g.,

> Что де́лает ваш друг?   Что де́лает ваш брат и ва́ша сестра́?
>
> Как говори́т э́тот господи́н?

100. Notice that что *what* is used both as an interrogative and a relative pronoun. As a relative pronoun it means *what* or *that which*, but never *which*. Notice also that Speaker B consistently pronounces что as *chto*, while Speakers A and C now say *shto* now *chto*. The student is advised to acquire the pronunciation *shto*.

101. ли is an interrogative particle. It is used immediately after the word about which the question is asked. When this particle is used, the word in question (the emphasized word) always stands first in the sentence. Thus, ли always follows immediately after the first word or phrase of the sentence. It is always unstressed. ли must not be used in sentences beginning with an interrogative adverb (как, где, etc.), pronoun (кто, что), or adjective (како́й). The use of ли is not compulsory in affirmative direct questions. See section 95.

Дóма ли он? ⎫
Дóма он? ⎬ *Is he at home?*
Он дóма? ⎭

Он там? ⎫
Там ли он? ⎬ *Is he there?*
Он ли там? ⎭ *Is it he who is there?*

For the position of ли, prepositional phrases are treated as a single word.

Со мнóй ли вы говори́те? *Are you talking to me?*

102. The negative particle не (usually unstressed) is put immediately before the verb which it negates. Although it is not written together with the verb, it must be considered as an inseparable verbal prefix. No other word or particle can ever be placed between не and the verb.

When a part of speech other than the verb is negated, the negative particle is placed before that word, e.g.,

Он чита́ет не кни́гу, а журна́л. *He is not reading a book, but a maga-*
zine.

He is actually reading and consequently it is not the verb that is negated.

103. Notice that in Russian there is nothing corresponding to the English *do* or *does* in interrogative and negative sentences.

104. Russian uses two negatives where standard English has only one. The negative expressions ни, ни – ни, ничегó, and all others of similar formation (e.g., никогдá, нигдé, никтó), when used in a sentence containing a verb, must be accompanied by the regular negative particle не, about which see section 102.

105. In colloquial speech, the conjunction что *that* is sometimes omitted, e.g.,

Я ду́маю, (что) я бу́ду здесь до *I think (that) I shall be here until*
ию́ня. *June.*

See also section 109.

106. The English expressions *it is, is it?* are not translated in Russian. Examples:

Какóе врéмя гóда в а́вгусте? *What season is it in August?*
В а́вгусте лéто. *It is summer in August.*
Хорошó и́ли плóхо у вас тепéрь? *Is it nice at your place now or not?*
Весной здесь óчень хорошó. *It is very nice here in spring.*
Óсенью здесь плóхо. *It is not nice here in autumn.*
Не ну́жно беспокóиться. (XIV, 23)) *It is not necessary to worry.*
Тепéрь тóлько май мéсяц. (XIV, 33) *It is only May now.*
Ещё ра́но (XIV, 33) *It is still (too) early.*
Уже́ теплó. (XIV, 35) *It is already warm.*

107. The interrogative particle ли (see section 101) is omitted where it would be immediately followed by и́ли *or*. Example:

Э́той и́ли слéдующей зимóй вы *Will you be in the country this winter*
бу́дете в дерéвне? *or next?*

108. Это *this is* may accompany (for emphasis) any part of a sentence without affecting the structure of that sentence, e.g.,

Это пе́рвый понеде́льник я сижу́　　This is the first Monday that I
до́ма без де́ла.　　　　　　　　　have been staying home idle.

We would expect a conjunction (e.g., как) before я сижу́, since пе́рвый понеде́льник, an adverbial complement to я сижу́ до́ма, is at the same time also the predicate of э́то. Another example:

Отку́да вы зна́ете, что э́то иду́т　　How do you know that these are
ва́ши сёстры?　　　　　　　　　　your sisters coming?

Что э́то лежи́т на стола́х?　　　What is this lying on the tables?
　　　　　　(XIII, 51)

109. In complex and compound sentences with identical subject in both parts, the second verb is usually given without the subject pronoun.

Он не понима́ет, что чита́ет.　　He does not understand what he
　　　　　　　　　　　　　　　is reading.

Я не зна́ю, но ду́маю, что он　　I do not know, but I think that he
бу́дет здесь во вто́рник.　　　　will be here on Tuesday.

The subject pronoun must be repeated in sentences of the type mentioned in section 105 where the conjunction что is omitted.

110. The rule that in the negative sentence the direct object appears in the genitive case (see section 453) is not always strictly observed. We find quite often accusatives as direct object in negative sentences, without being able to set up any rules for such exceptions. Example:

Варва́ру Миха́йловну я не зна́ю.　　I don't know Barbara Mikhailovna.
　　　　　　(VIII, 55)

Почему́ учени́к не у́чит уро́ки?　　Why does the pupil not study his
　　　　　　　　　　　　　　　lessons?

Его́ оби́женную жену́ (я) не　　I have not met his offended wife.
встреча́л. (XX, 39)

111. Notice the difference between э́то господи́н *this is a (the) gentleman* and э́тот господи́н *this gentleman*. Consequently:

Тот ли са́мый господи́н,　　　　Is this the same gentleman who..?
кото́рый.,

112. In combination with the preposition с *(together) with* with the instrumental, the first person plural of the verb may be substituted for the first person singular (see section 116). Examples.

Мы с бра́том е́дем в го́род.　　　My brother and I (literally: we
　　　　　　　　　　　　　　　with the brother) go into town.

Мы с това́рищами пое́дем　　　　Some comrades and I shall ride to
в Москву́. (XIII, 19)　　　　　　Moscow.

Тогда́ мы ещё поговори́м с ва́ми.　Then I shall have another talk
　　　　　　(XIII, 61)　　　　　with you.

Мы с му́жем беспоко́имся.   *My husband and I are worried.*
(XXI, 43)

113. Occasionally, inverted word order appears in declarative sentences, e.g.,

Ду́маю, пойду́ я к бра́ту.   *I think I am going to my brother.*

Она́ не писа́ла, но писа́л дя́дя.   *She did not write, but (my) uncle wrote.*

114. A question formed with the interrogative particle ли (see section 101) and the imperfective future is started with the auxiliary verb бу́ду, бу́дешь, etc., followed by ли. The other parts of the sentence may appear in straight or inverted word order (see section 99). Examples:

Бу́дет ли ва́ша семья́ жить зимо́й   *Will your family live in town in*
в го́роде? (IX, 28)   *the winter?*

Бу́дете ли вы разгова́ривать   *Will you talk to him?*
с ним? (IX, 66)

Бу́дет ли знать ва́ша сестра́, что *Will your sister know that we are*
мы и́щем её?   *looking for her?*

115. Indirect questions with *whether* are rendered in Russian exactly like direct questions formed with the interrogative particle ли (see section 101) but without a conjunction. Examples:

Я не зна́ю, узна́ет ли он меня́.   *I don't know whether he will*
                 recognize me.

Кто зна́ет, уви́жу ли я вас за́втра. *Who knows whether I shall see you*
                 tomorrow.

Уви́дит ли мать сы́на, того́ не   *Whether the mother will see her son,*
зна́ет ни он, ни она́.   *that neither he nor she knows.*

116. The connective *and* which normally is rendered in Russian by и may be expressed by the preposition с *together with* with the instrumental. A subject expanded in this way may take the verb in the plural (see section 112). Examples:

Жена́ с до́черью бу́дут до́ма.   *My wife and daughter (literally:*
(X, 28)   *with the daughter) will be at*
                 home.

Брат с сестро́й пойду́т за́втра.   *My brother and sister will go*
                 tomorrow.

117. In the phrases не́ был, не́ было, не́ были, the stress is on the negative particle while the verb is unstressed; but не была́.

118. The following sentences seem to contradict the statement made in section 101 about the place of the interrogative particle ли:

А вы всё ли по́няли?   *But you, did you understand every-*
                 thing?

А вы са́ми писа́ли ли отцу́?   *But you yourself, did you write to*
                 your father?

While a normal question contains only one emphatic element, there are two emphatic parts uttered with great force in each of these sentences. The emphatic character of one part (А вы; А вы сами) is brought out by its place at the beginning of the sentence in the form of an independent exclamation (vocative).

119. Это may mean *this is* or *these are* (see section 94). Compare the following constructions:

Чьи это дети?	*Whose children are these?*
Это наши дети.	*These are our children.*
Чьи эти перья?	*Whose are these pens?*
Эти перья наши.	*These pens are ours.*
Хороший ли это карандаш?	*Is this a good pencil?*
Хорош ли этот карандаш?	*Is this pencil good?*

When used for the past tense, this pronoun takes on the verb forms был, была, было, были, which are used in agreement with the number and gender of the predicate noun, e.g.,

Это были немки и француженки.	*Those were German and French women.*

120. Compared with English syntax, the use of the nominative plural in Russian is somewhat restricted, since nouns accompanied by cardinal numerals cannot appear in the nominative plural as we would expect. See sections 402, 414-416.

121. While normally the genitive follows after the modified noun or an adverb of quantity, in relative clauses the genitive (expressed by the relative pronoun) precedes the adverb of quantity, e.g.,

которых у меня очень много	*of which I have very many*

122. The attributive adjective which normally precedes the modified noun may follow after it for emphasis, especially in contrasts. Example:

У меня пять уроков русских и шесть немецких (instead of пять русских и шесть немецких уроков).	*I have five Russian and six German lessons.*

123. Frequently prepositional phrases or other parts of the sentence are inserted between the interrogatives, сколько? *how much? how many?*, который? *which?*, and the noun governed by them. Examples:

Сколько у вашего друга братьев и сестёр?	*How many brothers and sisters does your friend have?*
Сколько теперь времени? Который теперь час?	*What time is it now?*
Сколько в году месяцев?	*How many months are there in a year?*

Similarly:

Много ли у вас книг?	*Do you have many books?*

124. In impersonal sentences the English subject *it* is omitted in Russian so that such sentences seem to be without a subject (see section 106). Examples:

Сейчас становится сыро.	*Right now it is getting damp.*
(XIV, 21)	

| Ка́жется (XIV, 38) | *It seems* |
| У него́ жжёт в груди́. | *He has a burning pain in his chest* (Literally: *It burns in his chest*). |

125. The predicate adjective of the subject э́то *this (is)* as well as of impersonal sentences appears always in the short form of the neuter singular (see sections 321-323, 550). Examples:

Э́то мо́жет быть вре́дно. (XIV, 22)	*This may be harmful*
Ещё ра́но. (XIV, 35)	*It is still early*
Уже́ тепло́. (XIV, 35)	*It is already warm*
Сейча́с стано́вится сы́ро. (XIV, 21)	*Right now it is getting damp*

126. The particle то *so, then*, mentioned in section 747 as correlative to е́сли, may also be used with other conjunctions, e.g., пока́ *since, as long as*, когда́ *when*. It is usually left untranslated in English.

127. The verbs ви́деть *to see*, слы́шать *to hear* and similar ones cannot be followed by an infinitive. An adverbial clause with как *how* must be used instead. Examples:

| Я ви́дел, как он де́лал э́то. | *I saw him do this* (Literally: *I saw how he did this*). |
| Я слы́шал, как де́вочка пла́кала. | *I heard the girl cry* (Literally: *I heard how the girl cried*). |

128. Note on word order: An infinitive may follow after its own direct object instead of preceding it. Example:

| Нельзя́ люде́й сде́лать счастли́выми (XVI, 29) instead of Нельзя́ сде́лать люде́й счастли́выми. | *It is not possible to make people happy.* |

129. The dative мне, нам, etc., in impersonal sentences is frequently omitted. Examples:

Так есть хо́чется. (XVII, 49) for Мне так есть хо́чется.	*I am so hungry* (Literally: *I want so to eat*).
Э́то (мне) мо́жно. (XVII, 69)	*I may.*
Газе́ту (нам) непреме́нно ну́жно (купи́ть). (XVII, 52)	*We must by all means buy a newspaper.*
Пока́ не пригото́влен обе́д, нельзя́ сади́ться ку́шать.	*One must not sit down to eat before dinner is ready.*
Ма́льчика ну́жно остри́чь.	*One must sheer the boy (the boy needs a haircut.*

GENERAL REMARKS ON DECLENSION

130. The Russian language has six cases: nominative, genitive, dative, accusative, instrumental, and prepositional (also called locative). Each of these cases has both a singular and a plural form.

131. Declined are: nouns, adjectives, pronouns, numerals.

132. When declining a noun, one must know the special set of endings characteristic of the respective declension, as well as the accentuation type of that particular noun. Declension and accentuation type are independent of each other, except that words formed with the same suffix would naturally show identical accentual movement and that there are certain recurring regularities, especially in the neuter and feminine declensions. Except for specific rules to be pointed out in due course, even if we know the right accent for the nominative singular, we cannot know, unless we are told, whether the word has shifting or fixed accent.

We shall first study the cases in the singular, postponing the plural for later.

133. There are three genders: masculine, feminine, and neuter. Adjectives agree in number and gender with the noun modified, but they have their own declensions.

134. All nouns ending in a hard consonant or -й in the nominative singular are masculine. Masculine are also quite a few nouns ending in -ь (soft ending) as well as all nouns denoting male persons, irrespective of their ending. Masculine nouns ending in -ь are marked with the abbreviation *m.* in the vocabulary.

135. Nouns ending in -а, -я (not -мя), and -ь in the nominative singular are usually feminine. For exceptions, see section 134. All feminine nouns ending in -ь are marked with the abbreviation *f.* in the vocabulary.

136. Nouns ending in -е (-ё), -о, and -мя (see section 280) in the nominative singular are neuter.

137. It is characteristic of Russian to have separate masculine and feminine forms of nouns denoting persons. The suffixes -ка and -ица are most frequently used for the feminine form.

138. As has been pointed out in section 134, all nouns ending in a hard consonant or in -й, as well as some ending in -ь, are masculine. When reference is made to the masculine declension or to masculine nouns in general, only nouns of this type are meant. Masculine nouns ending in -а or -я (always designating male persons) always follow the feminine declension.

139. The feminine declension consists of:
    a) all nouns ending in -а,
    b) all nouns ending in -я, except a few which are neuter (see section 280),
    c) those nouns in -ь which are not masculine.

140. There are quite a few nouns ending in -а or -я which designate male persons. They are declined exactly like the feminine nouns of the respective declensions.

ACCENTUATION OF NOUNS IN THE SINGULAR

141. The accentuation of the genitive singular of masculine nouns is indicative of that of the dative, instrumental, and prepositional singular. If the accent is on the ending in the genitive, it is also on the ending in the other cases of the singular. If the accent is not on the ending in the geni-

tive, it remains on the same syllable throughout the whole singular.

142. Neuter nouns have only two accentuation types in the singular, both recognizable from the nominative form:
- a) All neuter nouns not accented on the ending (-o, -e) in the nominative have fixed accent throughout the whole singular.
- b) All neuter nouns accented on the ending (-ó, -ё) in the nominative are accented on the ending throughout the whole singular.

143. a) Feminine nouns ending in -a and -я not accented on the ending in the nominative singular have fixed accent not only throughout the singular but also throughout the plural.

144. b) Feminine nouns ending in accented -á or -я́ fall into two groups:
1) Those accented on the ending in all cases of the singular, e.g.,

    nominative   сестра́

    accusative   сестру́

2) Those accented on the ending only in five cases (nominative, genitive, dative, instrumental, prepositional) of the singular, while in the accusative singular the accent is on the stem, e.g.,

    nominative   рука́, стена́

    accusative   ру́ку, сте́ну

145. c) Feminine nouns ending in -ь follow the rules given for masculine nouns (see section 141).

146. Concerning the arrangement of the material in the end vocabulary of this book, the user should take notice of the following:

MASCULINE NOUNS

The declension tables of sections 240-252 (to which reference is made in the vocabulary) present the inflectional endings of the most frequent structural types. In sections 242-252 the accentuation pattern is always identical with the one in the particular section referred to. On the other hand, reference to sections 240-241 is made solely for the inflectional endings and not for the accentuation type. Whenever a noun has a reference to sections 240 or 241 the following instructions should be observed:

If only one form (nominative singular) of the noun is given, this form is used as the stem form and the accent is fixed throughout the singular and plural.

A single form added in parentheses without any explanation is the genitive singular. If it is accented on the ending, the word accent is also on the ending in all other cases of the singular and plural except occasionally for the nominative plural, such exceptions being indicated by further appropriately marked additions in parentheses.

If only plural forms are added in parentheses, all cases of the singular are accented on the same syllable as the lead word (nominative).

NEUTER NOUNS

No neuter noun presents any irregularity in the accentuation in the singular (see section 142) If a neuter noun is listed only in the nominative singular, its plural cases are accented on the same syllable as the singular cases (see section 148). If the plural cases are accented on a different syllable, the necessary indications are added in parentheses.

FEMININE NOUNS

The declension tables of sections 253-265 (to which reference is made in the vocabulary) present the inflectional endings of various structural types. In sections 255-258 and 261-265 the accentuation pattern is always identical with the one given in the particular section referred to. Feminine nouns with fixed accent are given merely in the nominative form. Feminine nouns ending in accented –á or –я́ are accented on the ending in all cases of the singular, except that some accent the stem in the accusative, such exceptions being indicated in parentheses. Where the accentuation of the plural differs from that of the singular the necessary indications are given in parentheses.

147. Nouns with the nominative ending in unaccented –a or –я have normally fixed accent throughout the whole declension, singular and plural. Examples of this type are:

америка́нка	да́ма	кни́га
англича́нка	дя́дя	рабо́тница
не́мка	газе́та	учи́тельница
а́рмия	доро́га	

The feminine noun   дере́вня   has fixed accent only in the singular.

148. All neuter nouns ending in –ание, –е́ние, –ство, e.g., зда́ние, о́чество, have fixed accent throughout the singular and plural.

149. All masculine nouns formed with the suffixes –и́тель, –а́тель, as учи́тель, писа́тель, have fixed accent throughout the singular, and normally also throughout the plural. The word учи́тель happens to be the only exception in the plural (see section 279, 10).

150. All masculine nouns formed like америка́нец (америка́нца), не́мец (не́мца) па́лец (па́льца), i.e., with an unaccented suffix –ец, have fixed accent throughout the whole declension, singular and plural.

In contrast, see оте́ц (отца́) *father*, where the suffix is accented.

FORMATION OF THE ACCUSATIVE SINGULAR

151. The accusative singular of neuter nouns, adjectives, and pronouns is identical with the nominative singular. Consequently, words like де́ло, перо́, сло́во, зда́ние, пла́тье, по́ле, и́мя or expressions like на́ше перо́, мое́ и́мя, ру́сское перо́, англи́йское сло́во, ма́ленькое зда́ние, францу́зское пла́тье may be used either as the subject or the direct object of a sentence.

152. The accusative singular of masculine nouns denoting inanimate objects (e.g., дом, каранда́ш, музе́й, слова́рь, чай, журна́л, язы́к) is always identical

with the nominative singular. The accusative of adjectives and pronouns accompanying such masculine nouns is always identical with the nominative, e.g.,

Nominative	Accusative
америка́нский каранда́ш	америка́нский каранда́ш
кита́йский чай	кита́йский чай
ру́сский слова́рь	ру́сский слова́рь
ру́сский язы́к	ру́сский язы́к
францу́зский журна́л	францу́зский журна́л
ма́ленький дом	ма́ленький дом
како́й язы́к	како́й язы́к
э́тот дом	э́тот дом
наш дом	наш дом
мой каранда́ш	мой каранда́ш

153. Feminine nouns with the ending –ь in the nominative singular (e.g., вещь, ло́шадь) have this same form also in the accusative singular. All feminine nouns and adjectives ending in –а and –я in the nominative singular take –у and –ю respectively in the accusative singular. Notice that the attributive adjective has a double suffix, –а-я and –у-ю.

Nominative	Accusative
ма́ленькая вещь	ма́ленькую вещь
америка́нская рабо́тница	америка́нскую рабо́тницу
англи́йская кни́га	англи́йскую кни́гу
неме́цкая кни́га	неме́цкую кни́гу
кака́я кни́га	каку́ю кни́гу
кака́я дере́вня	каку́ю деревню
ру́сская а́рмия	ру́сскую а́рмию

154. In contrast to the regular adjectives, the feminine form of the pronominal adjectives э́та (demonstrative) and на́ша, ва́ша (possessive) takes simple –у (and not –ую) in the accusative singular. The accusative singular of моя́ is мою́.

Nominative	Accusative
э́та да́ма	э́ту да́му
ва́ша сестра́	ва́шу сестру́
моя́ сестра́	мою́ сестру́

155. Concerning the accusative singular of masculine nouns denoting individual animate beings, see section 456. Masculine nouns ending in –а or –я form their accusative singular like feminine nouns of the respective declensions, e.g., дя́дя – дя́дю.

FORMATION OF THE GENITIVE SINGULAR OF NOUNS

156. The genitive singular of masculine and neuter nouns ends in -а or -я. (An exception is the neuter nouns ending in -я in the nominative singular, for which see section 280).

Here are the nominative and genitive forms of the masculine and neuter nouns introduced in our first three lessons:

		Nominative	Genitive	Nominative	Genitive
Masculine:	a)	англича́нин	англича́нина	каранда́ш	карандаша́
		брат	бра́та	язы́к	языка́
		господи́н	господи́на		
		дом	до́ма	америка́нец	америка́нца
		друг	дру́га	не́мец	не́мца
		журна́л	журна́ла	оте́ц	отца́
		рабо́тник	рабо́тника	па́лец	па́льца
		уро́к	уро́ка	у́гол	угла́
		челове́к	челове́ка		
	b)	музе́й	музе́я	чай	ча́я
	c)	слова́рь	словаря́	учи́тель	учи́теля
Neuter:	a)	де́ло	де́ла	перо́	пера́
		окно́	окна́	сло́во	сло́ва
	b)	зда́ние	зда́ния	по́ле	по́ля
		пла́тье	пла́тья		

157. Masculine nouns ending in a hard consonant add the ending -а to the nominative form. Some words retain the accent on the syllable which has it in the nominative. Other words move the accent on to the ending. Frequently, the stem form to which the genitive ending is joined is not completely identical with the nominative. Some masculine nouns have in their nominative form an auxiliary (inserted) vowel (either о or е), which is absent in all other cases except the accusative singular, which is identical with the nominative. Thus the genitive singular gives an indication as to the stem form to which the inflectional endings are to be joined. The genitive form reveals whether a vowel appearing in the last syllable of the nominative is part of the stem or merely an auxiliary vowel. Cf. nominative-accusative уро́к, у́гол and the respective genitive forms уро́ка, угла́, the first word retaining the vowel о, the latter dropping it. The vowel е is dropped in the genitive by the words америка́нец (америка́нца), оте́ц (отца́), па́лец (па́льца), and similar ones, while челове́к retains the vowel and forms a genitive челове́ка. We get the stem of these masculine nouns by taking off the genitive ending -а: уро́к-, угл-́, америка́нц-, отц-́, па́льц-, челове́к-.

158. Masculine nouns ending in -й form the genitive singular by replacing -й with the ending -я.

159. Masculine nouns ending in a soft consonant, i.e., a consonant followed by -ь, form the genitive singular by replacing -ь with the ending -я, which may be accented or unaccented.

160. Neuter nouns ending in -о form the genitive singular by replacing -о with -a.

161. Neuter nouns ending in -e (or -ё) form the genitive singular by replacing -e with -я (or -ё with -я).

Neuter nouns ending in -же, -че, -ше, -ще, -це form the genitive singular in -a instead of -я, in accordance with the rule given in section 89.

162. The genitive singular of feminine nouns ends in -ы or -и. Here are the nominative and genitive forms of feminine nouns introduced in the first three lessons:

	Nominative	Genitive	Nominative	Genitive
a)	рабо́тница	рабо́тницы	газе́та	газе́ты
	да́ма	да́мы	сестра́	сестры́
	стена́	стены́	учи́тельница	учи́тельницы
b)	америка́нка	америка́нки	англича́нка	англича́нки
	не́мка	не́мки	рука́	руки́
	доро́га	доро́ги	кни́га	кни́ги
c)	а́рмия	а́рмии	дя́дя	дя́ди
	дере́вня	дере́вни		
d)	вещь	ве́щи	ло́шадь	ло́шади

163. Feminine nouns ending in -a preceded by any consonant, except г, к, х, ж, ч, ш, щ, form the genitive singular by replacing the ending -a with the ending -ы.

164. Feminine nouns ending in -a preceded by г, к, х, ж, ч, ш, щ form the genitive singular by replacing the ending -a with the ending -и. For details of pronunciation cf. sections 7, 8, 59, 88.

165. Feminine nouns with the ending -я in the nominative singular form the genitive singular by replacing -я with -и.

Of course, дядя *uncle* is a masculine noun. Nevertheless it is declined exactly like a feminine of this class.

166. Feminine nouns ending in -ь form the genitive singular with the ending -и, which in the spelling replaces the letter -ь.

167. The feminine noun мать *mother* has its own declension. Its genitive singular is ма́тери, while the accusative is мать, like the nominative.

168. Genitive Singular in (-ю)

A few masculine nouns ending in a hard consonant or -й have, in addition to the regularly formed possessive genitive singular in -a or -я, a second genitive singular (so-called partitive genitive) in -у or -ю. The nouns most frequently appearing in the partitive form are:

горо́х	–	горо́ху	*peas*
мёд	–	мёду	*honey, mead*
мел	–	ме́лу	*chalk*
наро́д	–	наро́ду	*people*
	(also наро́да)		

песо́к	— песку́	*sand*
са́хар	— са́хару	*sugar*
таба́к	— табаку́	*tobacco*
чай	— ча́ю	*tea*
шёлк	— шёлку	*silk*

The partitive genitive is used:
a) after the expressions mentioned in sections 451 and 452;
b) in a general partitive sense, e.g., *some tea, some tobacco, some sugar;*
c) in negative sentences.

Examples:

ку́бок мёду	*a cup of mead*
кусо́чек ме́лу	*a little piece of chalk*
мно́го наро́ду (наро́да)	*many people*
ку́ча песку́	*a heap of sand*
кусо́к са́хару	*a lump of sugar*
из шёлку	*made of silk*
ни (одного́) ра́зу	*not (even) once*
Ско́лько ча́ю вы пьёте?	*How much tea do you drink?*
Я пью два стака́на ча́ю	*I drink two glasses of tea*
Ча́ю я не хочу́	*I don't want any tea*

Some masculine nouns may have a genitive form in -y in some special prepositional phrases. Frequently the main stress rests on the preposition, the noun
being completely unstressed. Examples:

о́т роду ⎫	
с ро́ду ⎭	*since birth, during the whole lifetime*
с ве́рху	*from above*
До́ дому бли́зко	*It is not far to the house*
Он шёл и́з дому	*He was coming from home, out of the house*

FORMATION OF THE DATIVE SINGULAR OF NOUNS

169. Masculine and neuter nouns which end in -a in the genitive singular
have the ending -y in the dative singular, while those ending in -я in the
genitive end in -ю in the dative. The accent is the same as in the genitive
(see sections 141-142).

Here are the dative forms of the masculine and neuter nouns introduced in
our first four lessons:

Masculine: a) америка́нцу, англича́нину, бра́ту, господи́ну, до́ктору, до́му,
дру́гу, журна́лу, карандашу́, ма́льчику, не́мцу, отцу́, па́льцу, пода́рку, рабо́тнику,
столу́, сы́ну, углу́, уро́ку, ученику́, хле́бу, челове́ку, ящику; b) музе́ю, ча́ю;
c) словарю́, учи́телю.

Neuter: a) де́лу, окну́, перу́, письму́, сло́ву; b) зда́нию, пла́тью, по́лю.

In accordance with the rule given in section 89, neuter nouns ending in
-же, -че, -ше, -ще, -це form their dative singular in -y instead of -ю.

170. The dative singular of feminine nouns ends in -e or -и. The word accent
is on the same syllable as in the nominative (see sections 143-144, 147).

171. The dative ending -e is used by all feminine nouns ending in -a and by
those ending in -я preceded by a consonant or -ь, e.g.,

a) Nouns ending in -a: америка́нке, англича́нке, газе́те, да́ме, де́вочке, доро́ге,
кни́ге, не́мке, подру́ге, рабо́тнице, руке́, сестре́, стене́, учени́це, учи́тельнице,
шля́пе.

b) Nouns ending in -я preceded by a consonant: (дере́вня) дере́вне, (дя́дя)
дя́де.

172. The dative ending -и is used by all feminine nouns ending in -ия (-я
preceded by -и-) or -ь (see section 166) in the nominative singular, e.g.
(а́рмия) а́рмии, (вещь) ве́щи, (ло́шадь) ло́шади.

173. The dative singular of дочь and мать is до́чери, ма́тери.

FORMATION OF THE INSTRUMENTAL SINGULAR OF NOUNS

174. The instrumental singular of masculine and neuter nouns ends in -ом or
-ем. Those masculine and neuter nouns which end in -a in the genitive singular
have normally the ending -ом in the instrumental, while those ending in -я in
the genitive end always in -ем in the instrumental. The accent is the same as
in the genitive (see sections 141-142).

175. In accordance with the rule given in section 90, nouns with ж, ч, ш, щ,
ц before the ending, which would be expected to end in -ом, actually have the
ending -ем, if this ending is unstressed. About the pronunciation of this ending see section 47. Examples: му́жем, това́рищем, америка́нцем.

176. If the ending -ем of the type of nouns mentioned in sections 148, 159,
and 161 is accented, it is pronounced -ём, e.g., словарём. About the pronunciation of this vowel ё see sections 49 and 51.

177. Here are the instrumental forms of the masculine and neuter nouns introduced in our first five lessons:

Masculine: a) англича́нином, бра́том, го́родом, господи́ном, до́мом, дру́гом, жур-
на́лом, карандашо́м, ма́льчиком, отцо́м, пода́рком, рабо́тником,
са́дом, сосе́дом, столо́м, сы́ном, угло́м, уро́ком, ученико́м, хле́-
бом, челове́ком, языко́м.

b) америка́нцем, не́мцем, па́льцем.

c) музе́ем, ча́ем.

d) словарём, учи́телем.

Neuter: a) де́лом, де́ревом, окно́м, перо́м, письмо́м, сло́вом.

b) зда́нием, пла́тьем, по́лем.

178. Nouns which have the ending -a in the nominative singular end normally
in -ой in the instrumental singular. The word accent is on the same syllable
as in the nominative (see sections 143-144, 147).

The instrumental ending -ой is changed to -ей after ж ч ш щ ц, when the ending is unstressed (see section 90), e.g., рабо́тницей.

179. All feminine nouns which have the ending -я in the nominative singular end in -ей in the instrumental singular. The word accent is on the same syllable as in the nominative (see sections 143-144, 147).

180. All feminine nouns which have the ending -ь in the nominative singular end in -ью in the instrumental singular. The word accent normally is on the same syllable as in the nominative. This ending is also used for дочь and мать: до́черью, ма́терью.

181. Here are the instrumental forms of feminine nouns introduced in our first five lessons:

a) америка́нкой, англича́нкой, бума́гой, газе́той, да́мой, де́вочкой, дорбгой, кни́гой, не́мкой, подру́гой, руко́й, сестро́й, соба́кой, сосе́дкой, стено́й, шко́лой, шля́пой.

b) рабо́тницей, учени́цей, учи́тельницей.

c) дере́вней, дя́дей, тётей, а́рмией.

d) ве́щью, ло́шадью; до́черью, ма́терью.

PREPOSITIONAL SINGULAR OF NOUNS

182. All masculine nouns (except those in -ий), all feminine nouns (except those in -ия and -ь), and all neuter nouns (except those in -ие and -мя) have the ending -е in the prepositional singular. This ending takes the place of the genitive ending (see sections 156-165) and the accent is on the same syllable as in the genitive (see sections 141-146). Examples:

	Nominative	Genitive	Prepositional
Masculine:	америка́нец	америка́нца	об америка́нце
	англича́нин	англича́нина	об англича́нине
	брат	бра́та	о бра́те
	го́род	го́рода	о го́роде
	па́лец	па́льца	о па́льце
	слова́рь	словаря́	о словаре́
	чай	ча́я	о ча́е
	учи́тель	учи́теля	об учи́теле
Neuter:	де́ло	де́ла	о де́ле
	де́рево	де́рева	о де́реве
	окно́	окна́	об окне́
	перо́	пера́	о пере́
	сло́во	сло́ва	о сло́ве
	по́ле	по́ля	о по́ле
	пла́тье	пла́тья	о пла́тье

Feminine:	америка́нка	америка́нки	об америка́нке
	бесе́да	бесе́ды	о бесе́де
	бума́га	бума́ги	о бума́ге
	война́	войны́	о войне́
	рабо́тница	рабо́тницы	о рабо́тнице
	дере́вня	дере́вни	о дере́вне
	тётя	тёти	о тёте

183. All feminine nouns which have the ending -ь in the nominative singular end in -и in the prepositional singular. The word accent is normally on the same syllable as in the nominative. Examples:

Nominative	Genitive	Prepositional
вещь	ве́щи	о ве́щи
ло́шадь	ло́шади	о ло́шади
дочь	до́чери	о до́чери
мать	ма́тери	о ма́тери

184. All masculine, neuter, and feminine nouns whose word stem ends in -и- and whose nominative endings consequently are -ий (masculine), -ие (neuter), -ия (feminine), end in -ии in the prepositional singular, e.g.,

	Nominative	Genitive	Prepositional
Masculine:	пролета́рий	пролета́рия	о пролета́рии
	Григо́рий	Григо́рия	о Григо́рии
	Васи́лий	Васи́лия	о Васи́лии
Neuter:	зда́ние	зда́ния	о зда́нии
	сочине́ние	сочине́ния	о сочине́нии
Feminine:	геогра́фия	геогра́фии	о геогра́фии
	исто́рия	исто́рии	об исто́рии
	Росси́я	Росси́и	о Росси́и
	фами́лия	фами́лии	о фами́лии

185. A number of masculine nouns ending in a hard consonant or -й (see section 134) take the ending -у́, -ю́ (always accented) after the prepositions в (во) and на, while they have the regular ending -е with other prepositions. A qualifying pronoun or adjective may be inserted between the preposition and the noun without affecting the construction. Many expressions of this type are used adverbially or only in a limited meaning, while the regular form is used with another meaning. Here is a list of the most important expressions:

ад : в аду́ *in hell*
бал : на балу́ *at the ball, at the dance*
бег : на бегу́ *on the run, while running*
бе́рег : на берегу́ *on the shore, bank;*
на берегу́ мо́ря *at the seashore*
бой : на бою́ *in combat*

бок : на боку́ on the side, on one's side
бред : на бреду́ in delirium, fever
вал : на валу́ on the rampart
век : на моём веку́ during my life(time);
на на́шем веку́ in our era, in our time

верх : на са́мом верху́ at the very top;
наверху́ above, upstairs

вид : быть в виду́ to be visible
глаз : в глазу́ in the eye
год : в году́ (VII, 26) in the year;
в э́том году́ this year;
в про́шлом году́ last year;
в бу́дущем году́ next year;
в два́дцать пе́рвом году́ in (the year) '21

гроб : в гробу́ in the coffin, in the grave
долг : в долгу́ in debt
дом : на дому́ at home. Он принима́ет у себя́ на дому́.
He receives (entertains) company at home.

Дон : на Дону́ on the Don;
Росто́в на Дону́ Rostov-on-the-Don

дух : говори́ть как на духу́ to speak very frankly, to reveal one's
innermost thoughts

дым : в дыму́ (also в ды́ме) in smoke
край : в (родно́м) краю́ in the fatherland, in the old country;
на краю́ at the border, at the edge, on the verge

круг : в кругу́ in the circle
Крым : в Крыму́ in the Crimea
лад : в ладу́ in harmony, in accord
лёд : на льду́ on the ice
лоб : на лбу́ on the brow, on the forehead
лес : в лесу́ in the forest
лёт : на лету́ while flying, in flight, on the wing, in the air
мёд : на меду́ (pastry) on honey
мех : на меху́ fur-lined, (a coat) lined with fur
мост : на мосту́ on the bridge
мох : во мху́ in the moss
низ : в са́мом низу́ at the very bottom;
внизу́ below, downstairs

нос : в носу́ in the nose
о́тпуск : быть в отпуску́ to be on a vacation, on furlough
плот : на плоту́ on the raft
пол : на полу́ on the floor
полк : в полку́ in the regiment;
в пе́рвом полку́ in the first regiment

пух : в пуху́ in thin hair, (covered) with thin hair
пыл : в пылу́ in the blaze, heat
рай : в раю́ in paradise
ров : во рву́ in the ditch, trench

род : в роду́ *in the family*
рой : в пчели́ном рою́ *in a swarm of bees*
рот : во рту́ *in the mouth*
сад : в саду́ (VI,8; VII,41) *in the garden;*
    в на́шем саду́ *in our garden*

снег : на снегу́ (also на сне́ге) *on the snow;*
    в снегу́ *in the snow*

сок : в соку́ *in the prime of life (in the juice)*
сук : на суку́ *on a twig, branch*
у́гол : в углу́ (VI,10) *in the corner;*
    на углу́ *at the corner*

ход : в ходу́ *in motion, while walking*
чад : в чаду́ *dazed, in a daze*
час : в кото́ром часу́? *at what hour? at what time?*
    в пе́рвом часу́ *between twelve and one o'clock.*
    But: В ча́се шестьдеся́т мину́т. *There are 6o minutes in an hour.*

шёлк : на шелку́ *lined with silk, silk-lined*
шкаф : в шкафу́ *in the cupboard, closet*

186. After the prepositions в and на, a number of feminine nouns ending in
–ь take the accented ending –и́ in the prepositional singular. They have the
regular unaccented ending -и (see section 183) with other prepositions. Compare:

о гру́ди	в груди́	о пы́ли	в пыли́
о гря́зи	в грязи́	о сте́пи	в степи́
о кро́ви	в крови́	о Тве́ри	в Твери́
о пе́чи	в печи, на печи́		

PLURAL OF NOUNS

187. The plural of nouns presents a system quite independent of the singular.
Frequently the distinction of gender is subordinated to a dominating general
pattern of plural formation. The genitive plural ending -ов (not -ев) is the
only form used exclusively by nouns of one gender. It is characteristically
masculine, but not all masculine nouns have it.

188. Sometimes the final stem consonant of masculine and neuter nouns changes
in the plural. Involved in this are only the gutturals г, к, х.

189. There are some masculine and neuter nouns with only one form in the
singular but two or even three different forms in the plural, each with a special meaning.

190. All neuter nouns form their accusative plural always like the nominative plural.

191. For masculine and feminine nouns denoting inanimate objects the form
of the nominative plural is used as accusative plural.

192. All masculine and feminine nouns denoting animate beings use the form
of the genitive plural as accusative plural. It should be kept in mind that
this rule is all-embracing in the plural while in the singular it applies
only to masculine nouns (see section 456).

FORMATION OF THE NOMINATIVE PLURAL OF NOUNS

193. The basic nominative plural ending of masculine nouns ending in a hard consonant (see section 134) is -ы which is added to the word stem (see section 157) and may be accented or unaccented:

год – го́ды		америка́нец – америка́нцы	
до́ллар – до́ллары		иностра́нец – иностра́нцы	
журна́л – журна́лы		кита́ец – кита́йцы	
сад – сады́		Пётр – Петры́	
стол – столы́		Ива́н – Ива́ны	
час – часы́		Алекса́ндр – Алекса́ндры	

цветы́ *flowers* is the plural of цвето́к *flower*.

194. In accordance with the rule given in section 88, the basic ending -ы of the nominative plural is replaced by -и after the three gutturals г, к, х, and the four hissing sounds ж, ч, ш, щ. For details of pronunciation see sections 7, 8, 59. Examples:

вто́рник – вто́рники		пода́рок – пода́рки	
ма́льчик – ма́льчики		четве́рг – четверги́	
парк – па́рки		каранда́ш – карандаши́	
рабо́тник – рабо́тники		това́рищ – това́рищи	
уро́к – уро́ки		Ива́нович – Ива́новичи	
язы́к – языки́		Петро́вич – Петро́вичи	

195. The masculine nouns ending in -й form the nominative plural by replacing -й with -и. Examples:

геро́й – геро́и		Андре́й – Андре́и	
май – ма́и		Васи́лий – Васи́лии	
трамва́й – трамва́и		Никола́й – Никола́и	
евре́й – евре́и		Григо́рий – Григо́рии	

196. The masculine nouns ending in -ь, form the nominative plural by replacing -, with the ending -и which may be accented or unaccented. Examples:

автомоби́ль – автомоби́ли		писа́тель – пича́тели	
день – дни		слова́рь – словари́	

197. The feminine nouns ending in -а preceded by any consonant, except г, к, х, ж, ч, ш, щ, form the nominative plural by replacing the ending -а with the ending -ы which may be accented or unaccented. In the official orthography the nominative plural of these nouns looks like the genitive singular. However, accentuation and even pronunciation differ frequently. The e in the stem syllable of some words is pronounced ё when accented. Examples:

Nominative Singular	Genitive Singular	Nominative Plural
газе́та	газе́ты	
да́ма	да́мы	

картина	картины
контора	конторы
минута	минуты
улица	улицы
Анна	Анны
Ивановна	Ивановны

война	войны́	войны
зима	зимы́	зимы
среда	среды́	среды
стена	стены́	стены
весна	весны́	вёсны
жена	жены́	жёны
сестра	сестры́	сёстры

198. The feminine nouns ending in -a preceded by г, к, х, ж, ч, ш, щ, form the nominative plural by replacing the ending -a with the ending -и. For details of pronunciation see sections 7, 8, 59, 88. Examples:

Nominative Singular	Genitive Singular	Nominative Plural
американка		американки
гражданка		гражданки
книга		книги
Саша		Саши
бумага		бумаги
Ольга		Ольги

199. The feminine nouns ending in -я form the nominative plural by replacing -я with -и. Examples:

Nominative Singular	Genitive Singular	Nominative Plural
деревня		деревни
дядя		дяди
неделя		недели
Ваня		Вани
семья	семьи́	семьи
фамилия		фамилии

200. The feminine nouns ending in -ь form the nominative plural by replacing -ь with -и. Examples:

Nominative Singular	Genitive Singular	Nominative Plural
вещь		вещи
лошадь		лошади
мать		матери

201. The neuter nouns ending in -o, and those ending in -e preceded by ж, ч, ш, щ, ц, form the nominative plural by replacing -o or -e with -a. Usually the nominative plural differs from the genitive singular only by the place of the word accent. Sometimes the two forms are completely identical. Examples:

Nominative Singular	Genitive Singular	Nominative Plural
де́ло	де́ла	дела́
сло́во	сло́ва	слова́
лицо́	лица́	ли́ца
окно́	окна́	о́кна
письмо́	письма́	пи́сьма
село́	села́	сёла
кре́сло		кре́сла
о́тчество		о́тчества
жили́ще		жили́ща
со́лнце		со́лнца

202. The neuter nouns ending in -e (or -ё) preceded by л, р, и, ь, form the nominative plural by replacing -e with -я. Examples:

Nominative Singular	Genitive Singular	Nominative Plural
мо́ре	мо́ря	моря́
по́ле	по́ля	поля́
ружьё	ружья́	ру́жья
воскресе́нье		воскресе́нья
зда́ние		зда́ния
сочине́ние		сочине́ния

203. Some masculine nouns form the nominative plural with accented -á. Examples:

бе́рег – берега́	го́род – города́
ве́чер – вечера́	до́ктор – доктора́
глаз – глаза́	дом – дома́
го́лос – голоса́	по́езд – поезда́

Here also: учи́тель – учителя́ (see section 149).

цвета́ (plural of цвет) means *colors*, while цветы́ (plural of цвето́к) means *flowers* (see section 189).

Two plural forms, each with a separate meaning, are also found in the following nouns:

мех : меха́ (section 244) *furs,*	мехи́ (section 241) *bellows;*
о́браз : образа́ (section 244) *images,*	о́бразы (section 240?) *forms;*
счёт : счета́ (section 244) *accounts,*	счёты (section 240?) *abacus;*
хлеб : хлеба́ (section 244) *grain, cereals,*	хле́бы (section 240?) *loaves.*

204. A group of masculine nouns ending in -ин, all designating male persons, shows irregular plural formations. All of them drop the suffix -ин in the plural. The most important ones are:

Nominative Singular	англича́нин	господи́н	граждани́н	хозя́ин
Nom.	англича́не	господа́	гра́ждане	хозя́ева
Gen.	англича́н	госпо́д	гра́ждан	хозя́ев
Dat.	англича́нам	господа́м	гра́жданам	хозя́евам
Acc.	англича́н	госпо́д	гра́ждан	хозя́ев
Instr.	англича́нами	господа́ми	гра́жданами	хозя́евами
Prep.	англича́нах	господа́х	гра́жданах	хозя́евах

(Plural)

205. A group of some masculine and neuter nouns has the ending -ья (unaccented) in the nominative plural:

Masculines: брат – бра́тья   стул – сту́лья
             лист – ли́стья   сук – су́чья
Neuters: де́рево – дере́вья   пла́тье – пла́тья
             перо́ – пе́рья   у́стье – у́стья

206. A few masculine nouns have the ending -ья́ (accented) in the nominative plural. Examples:

друг – друзья́; муж – мужья́; сын – сыновья́.

207. сосе́д has an irregular plural: сосе́ди.

208. The plural of челове́к is лю́ди.

FORMATION OF THE GENITIVE PLURAL OF NOUNS

209. The basic genitive plural ending of masculine nouns ending in a hard consonant (see section 134) is -ов, which is added to the word stem (see section 157). Normally the accent is on the same syllable as in the nominative plural. Included in this group are the nouns ending in г, к, х, but excluded are those ending in ж, ч, ш, щ, and some of those ending in ц. Examples:

Nominative Singular	Genitive Singular	Nominative Plural	Genitive Plural
ро́дственник	ро́дственника	ро́дственники	ро́дственников
до́ллар	до́ллара	до́ллары	до́лларов
журна́л	журна́ла	журна́лы	журна́лов
уро́к	уро́ка	уро́ки	уро́ков
рабо́тник	рабо́тника	рабо́тники	рабо́тников
теа́тр	теа́тра	теа́тры	теа́тров
худо́жник	худо́жника	худо́жники	худо́жников
бе́рег	бе́рега	берега́	берего́в
ве́чер	ве́чера	вечера́	вечеро́в
го́лос	го́лоса	голоса́	голосо́в
до́ктор	до́ктора	доктора́	докторо́в

кусо́к	куска́	куски́	куско́в
лев	льва	львы	льво́в
лёд	льда	льды	льдо́в
орёл	орла́	орлы́	орло́в
пасту́х	пастуха́	пастухи́	пастухо́в
сад	са́да	сады́	садо́в
цвет	цве́та	цвета́	цвето́в
цвето́к	цветка́	цветы́	цвето́в
шаг	ша́га	шаги́	шаго́в
язы́к	языка́	языки́	языко́в

210. In accordance with the rule given in section 90, nouns with ц before the ending have the ending -ОВ only if this ending is stressed, but -ев (for pronunciation see section 47) if the ending is unaccented (see section 175). Examples:

Nominative Singular	Genitive Singular	Nominative Plural	Genitive Plural
бое́ц	бойца́	бойцы́	бойцо́в
коне́ц	конца́	концы́	концо́в
оте́ц	отца́	отцы́	отцо́в
америка́нец	америка́нца	америка́нцы	америка́нцев
за́яц	за́йца	за́йцы	за́йцев
иностра́нец	иностра́нца	иностра́нцы	иностра́нцев
ме́сяц	ме́сяца	ме́сяцы	ме́сяцев
па́лец	па́льца	па́льцы	па́льцев

211. Masculine nouns ending in ж, ч, ш, щ form the genitive plural by adding the ending -ей (for pronunciation see section 47) to the word stem. The accent is on the same syllable as in the nominative plural. Examples:

Nominative Singular	Genitive Singular	Nominative Plural	Genitive Plural
Ива́нович	Ива́новича	Ива́новичи	Ива́новичей
масса́ж	масса́жа	масса́жи	масса́жей
това́рищь	това́рища	това́рищи	това́рищей
Ильи́ч	Ильича́	Ильичи́	Ильиче́й
каранда́ш	карандаша́	карандаши́	карандаше́й
ключ	ключа́	ключи́	ключе́й
паде́ж	падежа́	падежи́	падеже́й

212. Masculine nouns ending in -й form the genitive plural by replacing -й with -ев (-ёв if accented). The accent is on the same syllable as in the nominative plural Examples:

Nominative Singular	Genitive Singular	Nominative Plural	Genitive Plural
Алексе́й	Алексе́я	Алексе́и	Алексе́ев
бой	бо́я	бои́	бое́в
геро́й	геро́я	герои́	гербев
евре́й	евре́я	евре́и	евре́ев
Никола́й	Никола́я	Никола́и	Никола́ев

пролета́рий	пролета́рия	пролета́рии	пролета́риев
солове́й	соловья́	соловьи́	соловьёв
чай	ча́я	чаи́	чаёв

213. **Masculine nouns** ending in -ь form the genitive plural by replacing -ь with -ей. Examples:

Nominative Singular	Genitive Singular	Nominative Plural	Genitive Plural
автомоби́ль	автомоби́ля	автомоби́ли	автомоби́лей
госуда́рь	госуда́ря	госуда́ри	госуда́рей
ле́карь	ле́каря	ле́кари	ле́карей
оле́нь	оле́ня	оле́ни	оле́ней
писа́тель	писа́теля	писа́тели	писа́телей
вождь	вождя́	вожди́	вожде́й
день	дня	дни	дней
дождь	дождя́	дожди́	дожде́й
ого́нь	огня́	огни́	огне́й
рубль	рубля́	рубли́	рубле́й
слова́рь	словаря́	словари́	словаре́й
царь	царя́	цари́	царе́й
гусь	гуся́	гу́си	гусе́й
ка́мень	ка́мня	ка́мни	камне́й
конь	коня́	ко́ни	коне́й
ломо́ть	ломтя́	ло́мти	ломте́й
но́готь	но́гтя	но́гти	ногте́й
учи́тель	учи́теля	учителя́	учителе́й

214. **Feminine nouns** ending in -a form the genitive plural by dropping the ending -a of the nominative singular. Examples:

Nominative Singular	Nominative Plural	Genitive Plural
А́нна	А́нны	Анн
библиоте́ка	библиоте́ки	библиоте́к
Варва́ра	Варва́ры	Варва́р
газе́та	газе́ты	газе́т
да́ма	да́мы	дам
карти́на	карти́ны	карти́н
кни́га	кни́ги	книг
ла́мпа	ла́мпы	ламп
музыка́нтша	музыка́нтши	музыка́нтш
писа́тельница	писа́тельницы	писа́тельниц
река́	ре́ки	рек
рука́	ру́ки	рук
учени́ца	учени́цы	учени́ц
учи́тельница	учи́тельницы	учи́тельниц

215. **All feminine nouns** formed with the suffix -ка and some others with a cluster of two or more consonants before the ending insert the vowel -e- or -o- in the genitive plural. In words with the suffix -ка, the vowel -e- is inserted after a hissing sound (ж, ч, ш, щ, ц), otherwise -o-.

-й- before -ка changes to -e-. Examples:

Nominative Singular	Nominative Plural	Genitive Plural
америка́нка	америка́нки	америка́нок
англича́нка	англича́нки	англича́нок
ба́бушка	ба́бушки	ба́бушек
де́вочка	де́вочки	де́вочек
де́душка	де́душки	де́душек
	де́ньги	де́нег
ка́рточка	ка́рточки	ка́рточек
копе́йка	копе́йки	копе́ек
сестра́	сёстры	сестёр
сосе́дка	сосе́дки	сосе́док
францу́женка	францу́женки	францу́женок
ча́шка	ча́шки	ча́шек

216. Feminine nouns ending in -я preceded by a consonant form the genitive plural by replacing -я of the nominative singular with ь. Where necessary, a vowel is inserted. Examples:

Nominative Singular	Nominative Plural	Genitive Plural
ба́ня	ба́ни	бань
дере́вня	дере́вни	дереве́нь
земля́	зе́мли	земе́ль
ку́хня	ку́хни	ку́хонь
неде́ля	неде́ли	неде́ль

217. Some nouns ending in -ня have a hard -н (without -ь) in the genitive plural. Examples:

Nominative Singular	Nominative Plural	Genitive Plural
бо́йня	бо́йни	бо́ен
спа́льня	спа́льни	спа́лен
чита́льня	чита́льни	чита́лен

218. Nouns ending in -ья have the following form in the genitive plural:

Nominative Singular	Nominative Plural	Genitive Plural
свинья́	свины́и	свине́й
семья́	се́мьи	семе́й
статья́	статьи́	стате́й
Илья́	Ильи́	Илий
колду́нья	колду́ньи	колду́ний
шалу́нья	шалу́ньи	шалу́ний

219. Nouns ending in -я preceded by a vowel form the genitive plural by replacing -я with -й. Examples:

Nominative Singular	Nominative Plural	Genitive Plural
а́рмия	а́рмии	а́рмий
исто́рия	исто́рии	исто́рий
Мари́я	Мари́и	Мари́й
сва́я	сва́и	свай
со́я	со́и	сой
ста́нция	ста́нции	ста́нций
струя́	струи́	струй
фами́лия	фами́лии	фами́лий
ше́я	ше́и	шей

220. The genitive plural forms of дя́дя and тётя are дя́дей and тётей.

221. The feminine nouns ending in -ь form the genitive plural by changing -ь to -ей. Examples.

Nominative Singular	Nominative Plural	Genitive Plural
вещь	ве́щи	веще́й
ло́шадь	ло́шади	лошаде́й
но́вость	но́вости	новосте́й
ночь	но́чи	ноче́й
часть	ча́сти	часте́й
дочь	до́чери	дочере́й
мать	ма́тери	матере́й

222. The neuter nouns ending in -о and those ending in -е preceded by ж, ч, ш, щ, ц, have no ending in the genitive plural. A few words ending in a consonant cluster insert a vowel. Examples:

Nominative Singular	Nominative Plural	Genitive Plural
де́ло	дела́	дел
колесо́	колёса	колёс
лицо́	ли́ца	лиц
ме́сто	места́	мест
о́зеро	озёра	озёр
о́тчество	о́тчества	о́тчеств
село́	сёла	сёл
сло́во	слова́	слов
жили́ще	жили́ща	жили́щ
ло́же	ло́жа	лож
со́лнце	со́лнца	солнц
учи́лище	учи́лища	учи́лищ
кре́сло	кре́сла	кре́сел
окно́	о́кна	око́н
письмо́	пи́сьма	пи́сем
се́рдце	сердца́	серде́ц

223. The neuter nouns ending in -е preceded by л or р form the genitive plural by changing -е to -ей. Examples:

Nominative Singular	Nominative Plural	Genitive Plural
мо́ре	моря́	море́й
по́ле	поля́	поле́й

224. The neuter nouns ending in -ье or -ие take the ending -ий in the genitive plural. Examples:

Nominative Singular	Nominative Plural	Genitive Plural
воскресе́нье	воскресе́нья	воскресе́ний
копье́	ко́пья	ко́пий
зда́ние	зда́ния	зда́ний
назва́ние	назва́ния	назва́ний
сочине́ние	сочине́ния	сочине́ний

225. The masculine and neuter nouns listed in section 205 form the genitive plural with the ending -ьев: бра́тьев, сту́льев, ли́стьев, су́чьев; дере́вьев, пла́тьев, пе́рьев, у́стьев.

226. The masculine nouns listed in section 206, form the genitive plural in the following manner: друзе́й, муже́й, сынове́й.

227. The following masculine nouns have no ending in the genitive plural:

Nominative Singular	Nominative Plural	Genitive Plural
во́лос	во́лосы, волоса́	воло́с
глаз	глаза́	глаз
раз	разы́	раз
солда́т	солда́ты	солда́т
счёт	счёты	счёт
челове́к	лю́ди	челове́к
чуло́к	чулки́	чуло́к

228. The genitive plural челове́к is used only with definite numbers. Compare:

мно́го люде́й	*many people, many persons*
ско́лько люде́й?	*how many people?*
шесть челове́к	*six persons, six men*

FORMATION OF THE DATIVE, INSTRUMENTAL, AND PREPOSITIONAL PLURAL

229. The dative, instrumental, and prepositional plural of adjectives, substantivized adjectives, pronominal adjectives, and surnames are formed with the endings -ым, -ыми, -ых or -им, -ими, -их. See sections 305, 328, 358, 382.

230. The ending of the dative plural of nouns is either -ам or -ям, the ending of the instrumental plural -ами or -ями, the ending of the prepositional plural -ах or -ях. All three cases have the accent on the same syllable. A noun which has -а- in the ending of the dative plural has the same vowel in the other two cases, just as a noun which has -я- in one of these cases has

that same vowel also in the other two. Consequently, if form and accent of **one** of these three cases are known, the student can also form the other two.

231. All masculine nouns ending in a hard consonant (see section 209), including г, к, х, and ц (see section 210), and ж, ч, ш, щ (see section 211), form the dative, instrumental, and prepositional plural with the endings -ам, ‒ами, ‒ах. The endings are joined to the word stem (see section 157). The accent is on the same syllable as in the genitive plural. Examples:

SINGULAR Nominative	Dative	PLURAL Instrumental	Prepositional
америка́нец	америка́нцам	америка́нцами	америка́нцах
бе́рег	берега́м	берега́ми	берега́х
ве́тер	ве́трам	ве́трами	ве́трах
ве́чер	вечера́м	вечера́ми	вечера́х
глаз	глаза́м	глаза́ми	глаза́х
до́ктор	доктора́м	доктора́ми	доктора́х
журна́л	журна́лам	журна́лами	журна́лах
зуб	зуба́м	зуба́ми	зуба́х
Ива́нович	Ива́новичам	Ива́новичами	Ива́новичах
каранда́ш	карандаша́м	карандаша́ми	карандаша́х
класс	кла́ссам	кла́ссами	кла́ссах
коне́ц	конца́м	конца́ми	конца́х
ме́сяц	ме́сяцам	ме́сяцами	ме́сяцах
оте́ц	отца́м	отца́ми	отца́х
падёж	падежа́м	падежа́ми	падежа́х
пасту́х	пастуха́м	пастуха́ми	пастуха́х
по́езд	поезда́м	поезда́ми	поезда́х
сад	сада́м	сада́ми	сада́х
стол	стола́м	стола́ми	стола́х
у́гол	угла́м	угла́ми	угла́х
учени́к	ученика́м	ученика́ми	ученика́х
цвет	цвета́м	цвета́ми	цвета́х
час	часа́м	часа́ми	часа́х
четве́рг	четверга́м	четверга́ми	четверга́х
эта́ж	этажа́м	этажа́ми	этажа́х
язы́к	языка́м	языка́ми	языка́х

232. All masculine nouns ending in -й (see section 212) form the dative, instrumental, and prepositional plural with the endings -ям, ‒ями, ‒ях. Examples:

SINGULAR Nominative	Dative	PLURAL Instrumental	Prepositional
Андре́й	Андре́ям	Андре́ями	Андре́ях
бой	боя́м	боя́ми	боя́х
воробе́й	воробья́м	воробья́ми	воробья́х
геро́й	геро́ям	геро́ями	геро́ях
жре́бий	жре́биям	жре́биями	жре́биях
евре́й	евре́ям	евре́ями	евре́ях
Никола́й	Никола́ям	Никола́ями	Никола́ях
пролета́рий	пролета́риям	пролета́риями	пролета́риях
руче́й	ручья́м	ручья́ми	ручья́х

слу́чай	слу́чаям	слу́чаями	слу́чаях
солове́й	соловья́м	соловья́ми	соловья́х
трамва́й	трамва́ям	трамва́ями	трамва́ях
чай	ча́ям	ча́ями	ча́ях

233. All masculine nouns ending in -ь (see section 213) form the dative, instrumental, and prepositional plural with the endings -ям, ‑ями, ‑ях. Examples:

SINGULAR		PLURAL	
Nominative	Dative	Instrumental	Prepositional
автомоби́ль	автомоби́лям	автомоби́лями	автомоби́лях
вождь	вождя́м	вождя́ми	вождя́х
госуда́рь	госуда́рям	госуда́рями	госуда́рях
гусь	гуся́м	гуся́ми	гуся́х
день	дням	дня́ми	днях
жи́тель	жи́телям	жи́телями	жи́телях
ка́мень	камня́м	камня́ми	камня́х
конь	коня́м	коня́ми	коня́х
ле́карь	ле́карям	ле́карями	ле́карях
ломо́ть	ломтя́м	ломтя́ми	ломтя́х
но́готь	ногтя́м	ногтя́ми	ногтя́х
ого́нь	огня́м	огня́ми	огня́х
оле́нь	оле́ням	оле́нями	оле́нях
писа́тель	писа́телям	писа́телями	писа́телях
роди́тель	роди́телям	роди́телями	роди́телях
рубль	рубля́м	рубля́ми	рубля́х
слова́рь	словаря́м	словаря́ми	словаря́х
учи́тель	учителя́м	учителя́ми	учителя́х
царь	царя́м	царя́ми	царя́х

234. All feminine nouns ending in -a (see sections 214-215) form the dative, instrumental, and prepositional plural with the endings -ам, ‑ами, ‑ах, which take the place of the nominative singular ending -a. Examples:

SINGULAR		PLURAL	
Nominative	Dative	Instrumental	Prepositional
америка́нка	америка́нкам	америка́нками	америка́нках
англича́нка	англича́нкам	англича́нками	англича́нках
ба́бушка	ба́бушкам	ба́бушками	ба́бушках
библиоте́ка	библиоте́кам	библиоте́ками	библиоте́ках
газе́та	газе́там	газе́тами	газе́тах
да́ма	да́мам	да́мами	да́мах
де́вочка	де́вочкам	де́вочками	де́вочках
(де́ньги)	деньга́м	деньга́ми	деньга́х
карти́на	карти́нам	карти́нами	карти́нах
китая́нка	китая́нкам	китая́нками	китая́нках
копе́йка	копе́йкам	копе́йками	копе́йках
музыка́нтша	музыка́нтшам	музыка́нтшами	музыка́нтшах
не́мка	не́мкам	не́мками	не́мках
писа́тельница	писа́тельницам	писа́тельницами	писа́тельницах
река́	река́м	река́ми	река́х

рука́	рука́м	рука́ми	рука́х
сестра́	сёстрам	сёстрами	сёстрах
среда́	среда́м	среда́ми	среда́х
стена́	стена́м	стена́ми	стена́х
у́лица	у́лицам	у́лицами	у́лицах
францу́женка	францу́женкам	францу́женками	францу́женках
цена́	це́нам	це́нами	це́нах
шко́ла	шко́лам	шко́лами	шко́лах

235. All feminine nouns ending in -я (sections 216-220) form the dative, instrumental, and prepositional plural with the endings -ям, -ями, -ях, which take the place of the nominative singular ending -я. Examples:

SINGULAR		PLURAL	
Nominative	Dative	Instrumental	Prepositional
а́рмия	а́рмиям	а́рмиями	а́рмиях
ба́ня	ба́ням	ба́нями	ба́нях
дере́вня	деревня́м	деревня́ми	деревня́х
дя́дя	дя́дям	дя́дями	дя́дях
земля́	зе́млям	зе́млями	зе́млях
Илья́	Илья́м	Илья́ми	Илья́х
колду́нья	колду́ньям	колду́ньями	колду́ньях
ку́хня	ку́хням	ку́хнями	ку́хнях
свинья́	свинья́м	свинья́ми	свинья́х
спа́льня	спа́льням	спа́льнями	спа́льнях
тётя	тётям	тётями	тётях
ше́я	ше́ям	ше́ями	ше́ях

236. The feminine nouns ending in -ь normally form the dative, instrumental, and prepositional plural with the endings -ям, -ями, -ях. For exceptions, see sections 237 and 276. Examples:

SINGULAR		PLURAL	
Nominative	Dative	Instrumental	Prepositional
дверь	дверя́м	дверя́ми	дверя́х
но́вость	новостя́м	новостя́ми	новостя́х
часть	частя́м	честя́ми	частя́х

237. The feminine nouns whose nominative singular ends in -чь or -щь form the dative, instrumental, and prepositional plural with the endings -ам, -ами, -ах. Examples:

SINGULAR		PLURAL	
Nominative	Dative	Instrumental	Prepositional
вещь	веща́м	веща́ми	веща́х
ночь	ноча́м	ноча́ми	ноча́х
печь	печа́м	печа́ми	печа́х

238. Neuter nouns ending in -о and those ending in -е preceded by ж, ч, ш, щ, ц, form the dative, instrumental, and prepositional plural with the endings -ам, -ами, -ах. The accent is on the same syllable as in the nominative plural Examples:

SINGULAR Nominative	Dative	PLURAL Instrumental	Prepositional
де́ло	дела́м	дела́ми	дела́х
жили́ще	жили́щам	жили́щами	жили́щах
колесо́	колёсам	колёсами	колёсах
кре́сло	кре́слам	кре́слами	кре́слах
лицо́	ли́цам	ли́цами	ли́цах
ме́сто	места́м	места́ми	места́х
о́зеро	озёрам	озёрами	озёрах
окно́	о́кнам	о́кнами	о́кнах
о́тчество	о́тчествам	о́тчествами	о́тчествах
письмо́	пи́сьмам	пи́сьмами	пи́сьмах
село́	сёлам	сёлами	сёлах
се́рдце	сердца́м	сердца́ми	сердца́х
сло́во	слова́м	слова́ми	слова́х
со́лнце	со́лнцам	со́лнцами	со́лнцах
у́тро	утра́м	утра́ми	утра́х
число́	чи́слам	чи́слами	чи́слах

239. The neuter nouns ending in -e preceded by л, р, ь, и form the dative, instrumental, and prepositional plural with the endings –ям, –ями, –ях. Examples:

SINGULAR Nominative	Dative	PLURAL Instrumental	Prepositional
воскресе́нье	воскресе́ньям	воскресе́ньями	воскресе́ньях
зда́ние	зда́ниям	зда́ниями	зда́ниях
копьё	ко́пьям	ко́пьями	ко́пьях
мо́ре	моря́м	моря́ми	моря́х
назва́ние	назва́ниям	назва́ниями	назва́ниях
объявле́ние	объявле́ниям	объявле́ниями	объявле́ниях
по́ле	поля́м	поля́ми	поля́х
свида́ние	свида́ниям	свида́ниями	свида́ниях
сочине́ние	сочине́ниям	сочине́ниями	сочине́ниях

DECLENSION TABLES
MASCULINE GENDER

240.   Singular / Plural

	Singular		Plural	
Nom.	стол	францу́з	столы́	францу́зы
Gen.	стола́	францу́за	столо́в	францу́зов
Dat.	столу́	францу́зу	стола́м	францу́зам
Acc.	стол	францу́за	столы́	францу́зов
Instr.	столо́м	францу́зом	стола́ми	францу́зами
Prep.	столе́	францу́зе	стола́х	францу́зах

241.   Singular / Plural

	Singular		Plural	
Nom.	кусо́к	ма́льчик	куски́	ма́льчики
Gen.	куска́	ма́льчика	куско́в	ма́льчиков
Dat.	куску́	ма́льчику	куска́м	ма́льчикам
Acc.	кусо́к	ма́льчика	куски́	ма́льчиков
Instr.	куско́м	ма́льчиком	куска́ми	ма́льчиками
Prep.	куске́	ма́льчике	куска́х	ма́льчиках

242.	Singular		Plural	
Nom.	ме́сяц	америка́нец	ме́сяцы	америка́нцы
Gen.	ме́сяца	америка́нца	ме́сяцев	америка́нцев
Dat.	ме́сяцу	америка́нцу	ме́сяцам	америка́нцам
Acc.	ме́сяц	америка́нца	ме́сяцы	америка́нцев
Instr.	ме́сяцем	америка́нцем	ме́сяцами	америка́нцами
Prep.	ме́сяце	америка́нце	ме́сяцах	америка́нцах

243.	Singular		Plural	
Nom.	коне́ц	оте́ц	концы́	отцы́
Gen.	конца́	отца́	концо́в	отцо́в
Dat.	концу́	отцу́	конца́м	отца́м
Acc.	коне́ц	отца́	концы́	отцо́в
Instr.	концо́м	отцо́м	конца́ми	отца́ми
Prep.	конце́	отце́	конца́х	отца́х

244.	Singular		Plural	
Nom.	ве́чер	до́ктор	вечера́	доктора́
Gen.	ве́чера	до́ктора	вечеро́в	докторо́в
Dat.	ве́черу	до́ктору	вечера́м	доктора́м
Acc.	ве́чер	до́ктора	вечера́	докторо́в
Instr.	ве́чером	до́ктором	вечера́ми	доктора́ми
Prep.	ве́чере	до́кторе	вечера́х	доктора́х

245.	Singular		Plural	
Nom.	трамва́й	евре́й	трамва́и	евре́и
Gen.	трамва́я	евре́я	трамва́ев	евре́ев
Dat.	трамва́ю	евре́ю	трамва́ям	евре́ям
Acc.	трамва́й	евре́я	трамва́и	евре́ев
Instr.	трамва́ем	евре́ем	трамва́ями	евре́ями
Prep.	трамва́е	евре́е	трамва́ях	евре́ях

246.	Singular	Plural
Nom.	бой	бои́
Gen.	бо́я	боёв
Dat.	бо́ю	боя́м
Acc.	бой	бои́
Instr.	бо́ем	боя́ми
Prep.	бо́е	боя́х

247.	Singular		Plural	
Nom.	руче́й	воробе́й	ручьи́	воробьи́
Gen.	ручья́	воробья́	ручьёв	воробьёв
Dat.	ручью́	воробью́	ручья́м	воробья́м
Acc.	руче́й	воробья́	ручьи́	воробьёв
Instr.	ручьём	воробьём	ручья́ми	воробья́ми
Prep.	ручье́	воробье́	ручья́х	воробья́х

248.	Singular		Plural	
Nom.	жре́бий	пролета́рий	жре́бии	пролета́рии
Gen.	жре́бия	пролета́рия	жре́биев	пролета́риев
Dat.	жре́бию	пролета́рию	жре́биям	пролета́риям
Acc.	жре́бий	пролета́рия	жре́бии	пролета́риев
Instr.	жре́бием	пролета́рием	жре́биями	пролета́риями
Prep.	жре́бии	пролета́рии	жре́биях	пролета́риях

249.	Singular		Plural	
Nom.	автомоби́ль	писа́тель	автомоби́ли	писа́тели
Gen.	автомоби́ля	писа́теля	автомоби́лей	писа́телей
Dat.	автомоби́лю	писа́телю	автомоби́лям	писа́телям
Acc.	автомоби́ль	писа́теля	автомоби́ли	писа́телей
Instr.	автомоби́лем	писа́телем	автомоби́лями	писа́телями
Prep.	автомоби́ле	писа́теле	автомоби́лях	писа́телях

250.	Singular		Plural	
Nom.	рубль	царь	рубли́	цари́
Gen.	рубля́	царя́	рубле́й	царе́й
Dat.	рублю́	царю́	рубля́м	царя́м
Acc.	рубль	царя́	рубли́	царе́й
Instr.	рублём	царём	рубля́ми	царя́ми
Prep.	рубле́	царе́	рубля́х	царя́х

251.	Singular		Plural	
Nom.	масса́ж	това́рищь	масса́жи	това́рищи
Gen.	масса́жа	това́рища	масса́жей	това́рищей
Dat.	масса́жу	това́рищу	масса́жам	това́рищам
Acc.	масса́ж	това́рища	масса́жи	това́рищей
Instr.	масса́жем	това́рищем	масса́жами	това́рищами
Prep.	масса́же	това́рище	масса́жах	това́рищах

252.	Singular		Plural	
Nom.	каранда́ш	Ильи́ч	карандаши́	Ильичи́
Gen.	карандаша́	Ильича́	карандаше́й	Ильиче́й
Dat.	карандашу́	Ильичу́	карандаша́м	Ильича́м
Acc.	каранда́ш	Ильича́	карандаши́	Ильиче́й
Instr.	карандашо́м	Ильичо́м	карандаша́ми	Ильича́ми
Prep.	карандаше́	Ильиче́	карандаша́х	Ильича́х

FEMININE GENDER

253.	Singular		Plural	
Nom.	шля́па	да́ма	шля́пы	да́мы
Gen.	шля́пы	да́мы	шляп	дам
Dat.	шля́пе	да́ме	шля́пам	да́мам
Acc.	шля́пу	да́му	шля́пы	дам
Instr.	шля́пой	да́мой	шля́пами	да́мами
Prep.	шля́пе	да́ме	шля́пах	да́мах

254.	Singular		Plural	
Nom.	кни́га	подру́га	кни́ги	подру́ги
Gen.	кни́ги	подру́ги	книг	подру́г
Dat.	кни́ге	подру́ге	кни́гам	подру́гам
Acc.	кни́гу	подру́гу	кни́ги	подру́г
Instr.	кни́гой	подру́гой	кни́гами	подру́гами
Prep.	кни́ге	подру́ге	кни́гах	подру́гах

255.	Singular		Plural	
Nom.	ча́шка	де́вочка	ча́шки	де́вочки
Gen.	ча́шки	де́вочки	ча́шек	де́вочек
Dat.	ча́шке	де́вочке	ча́шкам	де́вочкам
Acc.	ча́шку	де́вочку	ча́шки	де́вочек
Instr.	ча́шкой	де́вочкой	ча́шками	де́вочками
Prep.	ча́шке	де́вочке	ча́шках	де́вочках

256.	Singular		Plural	
Nom.	пя́тка	тётка	пя́тки	тётки
Gen.	пя́тки	тётки	пя́ток	тёток
Dat.	пя́тке	тётке	пя́ткам	тёткам
Acc.	пя́тку	тётку	пя́тки	тёток
Instr.	пя́ткой	тёткой	пя́тками	тётками
Prep.	пя́тке	тётке	пя́тках	тётках

257.	Singular		Plural	
Nom.	но́ша	Ната́ша	но́ши	Ната́ши
Gen.	но́ши	Ната́ши	нош	Ната́ш
Dat.	но́ше	Ната́ше	но́шам	Ната́шам
Acc.	но́шу	Ната́шу	но́ши	Ната́ш
Instr.	но́шей	Ната́шей	но́шами	Ната́шами
Prep.	но́ше	Ната́ше	но́шах	Ната́шах

258.	Singular		Plural	
Nom.	у́лица	учени́ца	у́лицы	учени́цы
Gen.	у́лицы	учени́цы	у́лиц	учени́ц
Dat.	у́лице	учени́це	у́лицам	учени́цам
Acc.	у́лицу	учени́цу	у́лицы	учени́ц
Instr.	у́лицей	учени́цей	у́лицами	учени́цами
Prep.	у́лице	учени́це	у́лицах	учени́цах

259.	Singular		Plural	
Nom.	неде́ля	земля́	неде́ли	зе́мли
Gen.	неде́ли	земли́	неде́ль	земе́ль
Dat.	неде́ле	земле́	неде́лям	зе́млям
Acc.	неде́лю	зе́млю	неде́ли	зе́мли
Instr.	неде́лей	землёй	неде́лями	зе́млями
Prep.	неде́ле	земле́	неде́лях	зе́млах

260.

	Singular	Plural
Nom.	спа́льня	спа́льни
Gen.	спа́льни	спа́лен
Dat.	спа́льне	спа́льням
Acc.	спа́льню	спа́льни
Instr.	спа́льней	спа́льнями
Prep.	спа́льне	спа́льнях

261.

	Singular	Plural
Nom.	статья́ свинья́	статьи́ сви́ньи
Gen.	статьи́ свиньи́	стате́й свине́й
Dat.	статье́ свинье́	статья́м свинья́м
Acc.	статью́ свинью́	статьи́ свине́й
Instr.	статьёй свиньёй	статья́ми свинья́ми
Prep.	статье́ свинье́	статья́х свинья́х

262.

	Singular	Plural
Nom.	тётя дя́дя	тёти дя́ди
Gen.	тёти дя́ди	тётей дядей
Dat.	тёте дя́де	тётям дя́дям
Acc.	тётю дя́дю	тётей дя́дей
Instr.	тётей дя́дей	тётями дя́дями
Prep.	тёте дя́де	тётях дя́дях

263.

	Singular	Plural
Nom.	коми́ссия Мари́я	коми́ссии Мари́и
Gen.	коми́ссии Мари́и	коми́ссий Мари́й
Dat.	коми́ссии Мари́и	коми́ссиям Мари́ям
Acc.	коми́ссию Мари́ю	коми́ссии Мари́й
Instr.	коми́ссией Мари́ей	коми́ссиями Мари́ями
Prep.	коми́ссии Мари́и	коми́ссиях Мари́ях

264.

	Singular	Plural
Nom.	но́вость	но́вости
Gen.	но́вости	новосте́й
Dat.	но́вости	новостя́м
Acc.	но́вость	но́вости
Instr.	но́востью	новостя́ми
Prep.	но́вости	новостя́х

265.

	Singular	Plural
Nom.	ночь	но́чи
Gen.	но́чи	ноче́й
Dat.	но́чи	ноча́м
Acc.	ночь	но́чи
Instr.	но́чью	ноча́ми
Prep.	но́чи	ноча́х

NEUTER GENDER

266.

	Singular		Plural	
Nom.	сло́во	о́тчество	слова́	о́тчества
Gen.	сло́ва	о́тчества	слов	о́тчеств
Dat.	сло́ву	о́тчеству	слова́м	о́тчествам
Acc.	сло́во	о́тчество	слова́	о́тчества
Instr.	сло́вом	о́тчеством	слова́ми	о́тчествами
Prep.	сло́ве	о́тчестве	слова́х	о́тчествах

267.

	Singular		Plural	
Nom.	село́	колесо́	сёла	колёса
Gen.	села́	колеса́	сёл	колёс
Dat.	селу́	колесу́	сёлам	колёсам
Acc.	село́	колесо́	сёла	колёса
Instr.	село́м	колесо́м	сёлами	колёсами
Prep.	селе́	колесе́	сёлах	колёсах

268.

	Singular	Plural
Nom.	ло́же	ло́жа
Gen.	ло́жа	лож
Dat.	ло́жу	ло́жам
Acc.	ло́же	ло́жа
Instr.	ло́жем	ло́жами
Prep.	ло́же	ло́жах

269.

	Singular		Plural	
Nom.	по́ле	воскресе́нье	поля́	воскресе́нья
Gen.	по́ля	воскресе́нья	поле́й	воскресе́ний
Dat.	по́лю	воскресе́нью	поля́м	воскресе́ньям
Acc.	по́ле	воскресе́нье	поля́	воскресе́нья
Instr.	по́лем	воскресе́ньем	поля́ми	воскресе́ньями
Prep.	по́ле	воскресе́нье	поля́х	воскресе́ньях

270.

	Singular	Plural
Nom.	зда́ние	зда́ния
Gen.	зда́ния	зда́ний
Dat.	зда́нию	зда́ниям
Acc.	зда́ние	зда́ния
Instr.	зда́нием	зда́ниями
Prep.	зда́нии	зда́ниях

271.

	Singular		Plural	
Nom.	я́блоко	плечо́	я́блоки	пле́чи
Gen.	я́блока	плеча́	я́блок	плеч
Dat.	я́блоку	плечу́	я́блокам	плеча́м
Acc.	я́блоко	плечо́	я́блоки	пле́чи
Instr.	я́блоком	плечо́м	я́блоками	плеча́ми
Prep.	я́блоке	плече́	я́блоках	плеча́х

272.

	Singular		Plural	
Nom.	у́хо	о́ко	у́ши	о́чи
Gen.	у́ха	о́ка	уше́й	оче́й
Dat.	у́ху	о́ку	уша́м	оча́м
Acc.	у́хо	о́ко	у́ши	о́чи
Instr.	у́хом	о́ком	уша́ми	оча́ми
Prep.	у́хе	о́ке	уша́х	оча́х

273.

	Singular	Plural
Nom.	коле́но	коле́ни
Gen.	коле́на	коле́ней
Dat.	коле́ну	коле́ням
Acc.	коле́но	коле́ни
Instr.	коле́ном	коле́нями
Prep.	коле́не	коле́нях

IRREGULAR PATTERNS

274.

	Singular				Plural			
Nom.	стул	брат	перо́	пла́тье	сту́лья	бра́тья	пе́рья	пла́тья
Gen.	сту́ла	бра́та	пера́	пла́тья	сту́льев	бра́тьев	пе́рьев	пла́тьев
Dat.	сту́лу	бра́ту	перу́	пла́тью	сту́льям	бра́тьям	пе́рьям	пла́тьям
Acc.	стул	бра́та	перо́	пла́тье	сту́лья	бра́тьев	пе́рья	пла́тья
Instr.	сту́лом	бра́том	перо́м	пла́тьем	сту́льями	бра́тьями	пе́рьями	пла́тьями
Prep.	сту́ле	бра́те	пере́	пла́тье	сту́льях	бра́тьях	пе́рьях	пла́тьях

Like стул – сту́лья also лист – ли́стья; like перо́ – пе́рья also де́рево – дере́вья; like пла́тье – пла́тья also у́стье – у́стья.

275.

	Singular			Plural		
Nom.	друг	муж	сын	друзья́	мужья́	сыновья́
Gen.	дру́га	му́жа	сы́на	друзе́й	муже́й	сынове́й
Dat.	дру́гу	му́жу	сы́ну	друзья́м	мужья́м	сыновья́м
Acc.	дру́га	му́жа	сы́на	друзе́й	муже́й	сынове́й
Instr.	дру́гом	му́жем	сы́ном	друзья́ми	мужья́ми	сыновья́ми
Prep.	дру́ге	му́же	сы́не	друзья́х	мужья́х	сыновья́х

276.

	Singular			Plural		
Nom.	дочь	мать	ло́шадь	до́чери	ма́тери	ло́шади
Gen.	до́чери	ма́тери	ло́шади	дочере́й	матере́й	лошаде́й
Dat.	до́чери	ма́тери	ло́шади	дочеря́м	матеря́м	лошадя́м
Acc.	дочь	мать	ло́шадь	дочере́й	матере́й	лошаде́й
Instr.	до́черью	ма́терью	ло́шадью	дочерьми́	матерьми́	лошадьми́
Prep.	до́чери	ма́тери	ло́шади	дочеря́х	матеря́х	лошадя́х

277.		Singular		Plural
Nom.	Nom.	Госпо́дь	путь	пути́
	Gen.	Го́спода	пути́	путе́й
	Dat.	Го́споду	пути́	путя́м
	Acc.	Го́спода	путь	пути́
	Instr.	Го́сподом	путём	путя́ми
	Prep.	Го́споде	пути́	путя́х

278.	Singular		Plural	
Nom.	котёнок	волчо́нок	котя́та	волча́та
Gen.	котёнка	волчо́нка	котя́т	волча́т
Dat.	котёнку	волчо́нку	котя́там	волча́там
Acc.	котёнка	волчо́нка	котя́т	волча́т
Instr.	котёнком	волчо́нком	котя́тами	волча́тами
Prep.	котёнке	волчо́нке	котя́тах	волча́тах

279. Masculine nouns with double meaning and two plurals:

1) зуб *tooth*: For singular see section 240.
   Plural: зу́бы (gen. зубо́в, 240) *teeth in the mouth;*
   зу́бья (274) *teeth of a comb, cogs.*

2) ко́рень (ко́рня) *root*: For singular see section 249.
   Plural: ко́рни (gen. корне́й, 250) *roots of plants;*
   коре́нья (274) *root vegetables.*

3) лист (листа́) *leaf, sheet*: For singular see section 240.
   Plural: ли́стья (274) *leaves (of plants);*
   листы́ (240) *sheets (of paper).*

4) мех *hide*: For singular see section 241.
   Plural: мехи́ (241) *bellows;*
   меха́ (244) *hides, furs.*

5) муж *husband*: For singular see section 275.
   Plural: мужья́ (275) *husbands;*
   му́жи (gen. муже́й, 252) *heroes.*

6) о́браз *form, image*: For singular see section 240.
   Plural: о́бразы (240) *forms;*
   образа́ (244) *images.*

7) сват *matchmaker, father of a son- or daughter-in-law*: For singular see
section 240.   Plural: сваты́ (240) *matchmakers;*
   сватья́ (gen. сватьёв, dat. сватья́м) *relatives.*

8) счет *account, bill*: For singular see section 240.
   Plural: счёты (gen. счёт, 227) *abacus;*
   счета́ (244) *accounts, bills, statements.*

9) сын *son*: For singular see section 275.
   Plural: сыновья́ (275) *children of male sex;*
   сыны́ (gen. сыно́в)(240) *sons of the Fatherland*(poetic,
   rhetorical).

10) учи́тель *teacher*: For singular see section 249.
   Plural: учителя́ (gen. учителе́й, dat. учителя́м) *school teachers,*
   учи́тели (gen. учи́телей, 249) *great teachers of mankind.*

11) хлеб *bread:* For singular see section 240.
          Plural: хлебы (gen. хлебов, 240) *loaves;*
                  хлеба (gen. хлебов, 244) *grain crop, cereals.*

12) цвет *color, bloom:* For singular see section 240.
          Plural: цветы (240) *flowers;*
                  цвета (244) *colors.*

280. Neuter nouns in -мя are declined as follows:

	Singular	Plural
Nom.	время *time*	времена
Gen.	времени	времён
Dat.	времени	временам
Acc.	время	времена
Instr.	временем	временами
Prep.	времени	временах

The following nouns are declined like время; вымя *udder,* имя *(first) name, Christian name,* племя *tribe.* The two nouns семя *seed* and стремя *stirrup* have the same declension (with identical accentuation), except for the genitive plural, which is семян, стремян (with я instead of ё). The declension of знамя *flag, banner* is identical with that of время in the written form. However, the plural is accented differently, namely, знамёна, знамён, знамёнам, знамёна, знамёнами, знамёнах. Declined like время, but used only in the singular, are: бремя *burden,* пламя *flame,* темя *top of the head.*

281. The plural forms of сосед are: Nom. соседи, Gen. соседей, Dat. соседям, Acc. соседей, Instr. соседями, Prep. соседях.

282. The declension of люди is: Nom. люди, Gen. людей, Dat. людям, Acc. людей, Instr. людьми, Prep. людях.

283. The singular of дети *children* is дитя, a neuter noun. However, the singular forms of this word are little used today. The masculine noun ребёнок has taken its place and can be considered as the singular of дети. On the other hand, ребёнок has its own plural ребята with the meaning *kids, lads.*

	Singular		Plural	
Nom.	дитя	ребёнок	дети	ребята
Gen.	дитяти	ребёнка	детей	ребят
Dat.	дитяти	ребёнку	детям	ребятам
Acc.	дитя	ребёнка	детей	ребят
Instr.	дитятею	ребёнком	детьми	ребятами
Prep.	дитяти	ребёнке	детях	ребятах

284. год *year* has the following plural forms: Nom.-Acc. годы, Gen. лет, Dat. годам, Instr. годами, Prep. годах. The genitive form лет is taken from the declension of лето *summer.* Compare the following examples:

один год	*one year*
первый (второй, пятый) год	*the first (second, fifth) year*
первые годы	*the first years*
два (три, четыре) года	*two (three, four) years*

пять (шесть, семь) лет	*five (six, seven) years*
ско́лько лет?	*how many years?*
мно́го лет	*many years*

285. пальто́ *overcoat* and кино́ *movie theater* are indeclinable nouns. They have one and the same form in all cases of the singular and plural. Modifying adjectives are in the neuter gender. Examples:

тако́е пальто́	*such an overcoat, an overcoat like this*
ва́ше ста́рое пальто́	*your old overcoat*
Вы остава́лись в кино́ вдво́е бо́льше меня́.	*You stayed in the movie theater twice as long as I.*

ADJECTIVES

286. Adjectives agree in number and gender with the noun modified. In our vocabulary, adjectives are listed in the form of the nominative singular masculine, followed by the endings of the feminine and neuter.

287. The Russian adjectives fall in four classes; namely,

I. Adjectives whose stem ends in a hard consonant (see sections 6-10), with five subdivisions: бе́лый -ая -ое (Ia), молодо́й -а́я -о́е (Ib), ру́сский -ая -ое (Ic), хоро́ший -ая -ее (Id), тако́й -а́я -о́е (Ie).

II. Adjectives whose stem ends in a soft consonant (see section 11): си́ний -яя -ее.

III. So-called relative adjectives of the type во́лчий -ья -ье.

IV. Personal adjectives, with two subdivisions: type же́нин -а -о (IVa) and type Ива́нов -а -о (IVb).

288. There are two sets of adjective endings, a hard one and a soft one. Adjectives whose stem ends in a hard consonant (see sections 6-10) take the hard set of endings, while adjectives whose stem ends in a soft consonant (see section 11) take the soft set of endings.

289. The hard set of endings is characterized by the nominative singular forms -ый (masculine), -ая (feminine), -ое (neuter). Adjectives of this type have a uniform feminine ending -ой for the genitive, dative, instrumental, and prepositional singular, while the corresponding masculine and neuter forms are -ого (genitive), -ому (dative), -ым (instrumental), and -ом (prepositional).

All adjectives with the masculine nominative singular ending -ый, as well as the interrogative and relative pronoun кото́рый, кото́рая, кото́рое are declined in this manner. The ending is always unstressed. For full declension table see section 306.

290. A first variation of the main type discussed in section 289 is represented by the type молодо́й, молода́я, молодо́е. The first syllable of the ending is stressed throughout. See table in section 307.

291. A second variation of the main type discussed in section 289 is represented by adjectives whose stem ends in к, г, х, after which the sound and letter ы of the ending is replaced by и, in accordance with section 88. Affected are the nominative singular masculine, the instrumental singular masculine and

neuter, and all plural forms. For full declension see table in section 308.
For the pronunciation of the nominative singular masculine see section 72.

292. A third variation of the main type discussed in section 289 is represented by adjectives whose stem ends in ж ч ш щ. In accordance with section 88, ы appears as и after these consonants, while, in accordance with section 90, unaccented о changes to е.

See table in section 309. For the pronunciation of и in this paradigm see section 59.

293. A fourth variation of the main type discussed in section 289 is represented by adjectives ending in accented -о́й, -а́я, -о́е (see section 290) with the stem ending either in к г х or in ж ч ш щ (see sections 88 and 90). ы is replaced bu и, while о remains unchanged. See table in section 310.

In како́й-то, како́й-нибудь only the first part is inflected.

294. The soft set of endings is characterized by the nominative singular forms -ий (masculine), -яя (feminine), -ее (neuter). Adjectives of this type have a uniform feminine ending -ей (pronounced =*yey*) for the genitive, dative, instrumental, and prepositional singular, while the corresponding masculine and neuter forms are -его (genitive), -ему (dative), -им (instrumental), and -ем (prepositional). See table in section 311.

THE ACCUSATIVE SINGULAR OF ADJECTIVES

295. The form of the accusative singular of masculine adjectives is determined by the character of the noun which they modify.

(a) If the modified noun denotes an inanimate object, the accusative singular of the modifying adjective is identical in form with the nominative singular.

(b) If the modified noun denotes an animate being, the modifying adjective is identical in form with the genitive singular.

296. The accusative singular of feminine adjectives is formed in the following way:

Adjectives with the nominative singular ending -а have the ending -y in the accusative singular.

Adjectives with the nominative singular ending -я have the ending -ю in the accusative singular.

Adjectives with the nominative singular ending -ая have the ending -ую in the accusative singular.

Adjectives with the nominative singular ending -яя have the ending -юю in the accusative singular.

297. The accusative singular of neuter adjectives is identical with the nominative singular.

THE GENITIVE SINGULAR OF ADJECTIVES

298. The genitive singular of the common adjectives and pronominal adjectives introduced in the first three lessons, as well as of the numeral оди́н is formed

in the following way:

299.	Nominative			Genitive	
Masculine	Neuter	Feminine		Masculine-Neuter	Feminine
америка́нский	–ское	–ская		америка́нского	америка́нской
англи́йский	–ское	–ская		англи́йского	англи́йской
бе́лый	бе́лое	бе́лая		бе́лого	бе́лой
кита́йский	–ское	–ская		кита́йского	кита́йской
ма́ленький	–кое	–кая		ма́ленького	ма́ленькой
неме́цкий	–цкое	–цкая		неме́цкого	неме́цкой
ру́сский	ру́сское	ру́сская		ру́сского	ру́сской
францу́зский	–ское	–ская		францу́зского	францу́зской

300.					
мой	моё	моя́		моего́	мое́й
свой	своё	своя́		своего́	свое́й
наш	на́ше	на́ша		на́шего	на́шей
ваш	ва́ше	ва́ша		ва́шего	ва́шей

301.					
како́й	како́е	кака́я		како́го	како́й
тако́й	тако́е	така́я		тако́го	тако́й
э́тот	э́то	э́та		э́того	э́той
оди́н	одно́	одна́		одного́	одно́й

302. Note that the letter г appearing in the genitive singular masculine and neuter of all adjectives and pronouns is pronounced like English *v* (see section 19).

THE DATIVE, INSTRUMENTAL, AND PREPOSITIONAL SINGULAR OF ADJECTIVES

303. Those common and pronominal adjectives (masculine and neuter), which have the ending -ого (-о́го, -ого́) in the genitive singular, end in -ому (-о́му, -ому́) in the dative singular, while those with -его (-его́) in the genitive have -ему (-ему́) in the dative, e.g.

    a) америка́нский – америка́нского – америка́нскому,
       ру́сский – ру́сского – ру́сскому,
       ма́ленький – ма́ленького – ма́ленькому,
       бе́лый – бе́лого – бе́лому,
       э́тот – э́того – э́тому,
       большо́й – большо́го – большо́му,
       друго́й – друго́го – друго́му,
       како́й – како́го – како́му,
       никако́й – никако́го – никако́му,
       тако́й – тако́го – тако́му,
       оди́н – одного́ – одному́,
       сам – самого́ – самому́,

    b) мой – моего́ – моему́,
       свой – своего́ – своему́,
       наш – на́шего – на́шему,
       ваш – ва́шего – ва́шему,

чей – чьего́ – чьему́,
хоро́ший – хоро́шего – хоро́шему.

304. In the dative, instrumental, and prepositional cases of the singular, the feminine form of all common and pronominal adjectives is the same as that of the genitive (see sections 299-301). The feminine ending –ой is used if the corresponding masculine forms end in –ого, –ому, etc., while the feminine ending –ей is used if the corresponding masculine forms end in –его, –ему, etc.

Nominative		Genitive	Gen., Dat., Instr., Prepos.
Masculine	Feminine	Masculine	Feminine
бе́лый	бе́лая	бе́лого	бе́лой
большо́й	больша́я	большо́го	большо́й
друго́й	друга́я	друго́го	друго́й
како́й	кака́я	како́го	како́й
никако́й	никака́я	никако́го	никако́й
тако́й	така́я	тако́го	тако́й
э́тот	э́та	э́того	э́той
оди́н	одна́	одного́	одно́й
сам	сама́	самого́	само́й
ру́сский	ру́сская	ру́сского	ру́сской
ма́ленький	ма́ленькая	ма́ленького	ма́ленькой
мой	моя́	моего́	мое́й
свой	своя́	своего́	свое́й
наш	на́ша	на́шего	на́шей
ваш	ва́ша	ва́шего	ва́шей
чей	чья	чьего́	чьей
хоро́ший	хоро́шая	хоро́шего	хоро́шей

PLURAL OF ADJECTIVES

305. In the plural the adjective has only one form for all three genders. The nominative plural ending is either -ые or -ие with the following distribution:

-ые : types бе́лый, молодо́й (see sections 289-290);

-ие : types ру́сский, хоро́ший, тако́й, большо́й, си́ний (see sections 291-294).

The vowel –ы– or –и– in the ending appears in all plural cases. Throughout the entire plural the accent is on the same syllable as in the singular.

The form of the accusative plural of all adjectives is determined by the character of the noun which they modify, regardless of the gender of the noun.

(a) If the modified noun designates an inanimate object, the accusative plural of the modifying adjective is identical in form with the nominative plural.

(b) If the modified noun designates an animate being, the modifying adjective is identical in form with the genitive plural. While in the singular this rule applies only to adjectives modifying masculine nouns (see section 458), in the plural it is valid for all three genders. However, the neuter nouns entering in this category are limited to the type mentioned in section 328.

TABLES OF ADJECTIVE DECLENSION

306. Type бе́лый (Ia):

| | SINGULAR | | | PLURAL |
	Masculine	Feminine	Neuter	All Genders
Nom.	бе́лый	бе́лая	бе́лое	бе́лые
Gen.	бе́лого	бе́лой	бе́лого	бе́лых
Dat.	бе́лому	бе́лой	бе́лому	бе́лым
Acc.	N. or G.	бе́лую	бе́лое	N. or G.
Instr.	бе́лым	бе́лой	бе́лым	бе́лыми
Prep.	бе́лом	бе́лой	бе́лом	бе́лых

The following adjectives, including passive participles and ordinal numerals, follow this pattern in every detail:

алкого́льный, бе́дный, безразли́чный, бе́лый, бережёный, бога́тый, бри́тый, бы́стрый, весёлый, взя́тый, ви́дный, вино́вный, возвращённый, восемна́дцатый, восто́чный, восьмидеся́тый, восьмисо́тый, вре́дный, встре́ченный, вы́бранный, вы́бритый, вы́писанный, выпи́сываемый, вы́питый, вы́сланный, вы́ученный, гости́ная, гре́шный, дава́емый, да́нный, двадцатиты́сячный, двадца́тый, двена́дцатый, дви́жимый, двою́родный, двухсо́тый, двухты́сячный, девяно́стый, девятидеся́тый, девятисо́тый, девятна́дцатый, девя́тый, де́нежный, десятиты́сячный, деся́тый, дешёвый, дли́нный, до́брый, жда́нный, забы́тый, за́данный, заде́ржанный, заинтересо́ванный, зако́нченный, закры́тый, заме́ченный, заме́шанный, за́нятый, за́падный, запи́санный, запла́ченный, запрещённый, здоро́вый, зелёный, знако́мый, извинённый, издава́емый, и́зданный, иностра́нный, интере́сный, исполненный, ка́ждый, кни́жный, ко́нченный, кото́рый, краси́вый, кра́сный, кру́глый, ку́пленный, люби́мый, ма́лый, миллио́нный, ми́лый, но́вый, ну́жный, пе́рвый, по́лный, при́нятый, приглашённый, про́шлый, пя́тый, ра́зный, са́мый, све́тлый, си́льный, сла́бый, твёрдый, тёмный, тёплый, тру́дный, удо́бный, чи́стый, шко́льный, ю́жный.

307. Type молодо́й (Ib):

| | SINGULAR | | | PLURAL |
	Masculine	Feminine	Neuter	All Genders
Nom.	молодо́й	молода́я	молодо́е	молоды́е
Gen.	молодо́го	молодо́й	молодо́го	молоды́х
Dat.	молодо́му	молодо́й	молодо́му	молоды́м
Acc.	N. or G.	молоду́ю	молодо́е	N. or G.
Instr.	молоды́м	молодо́й	молоды́м	молоды́ми
Prep.	молодо́м	молодо́й	молодо́м	молоды́х

The following adjectives and ordinal numerals follow this pattern in every detail:

больно́й, восьмичасово́й, восьмо́й, второ́й, двухчасово́й, девятичасово́й, делово́й, десятичасово́й, дождево́й, живо́й, ино́й, мехово́й, молодо́й, одиннадцатичасово́й, просто́й, пятичасово́й, седьмо́й, семичасово́й, смешно́й, сороково́й, сыро́й, Толсто́й, трёхчасово́й, часово́й, четырёхчасово́й, шестичасово́й, шесто́й, портно́й.

308. Type ру́сский (Ic):

	SINGULAR			PLURAL
	Masculine	Feminine	Neuter	All Genders
Nom.	ру́сский	ру́сская	ру́сское	ру́сские
Gen.	ру́сского	ру́сской	ру́сского	ру́сских
Dat.	ру́сскому	ру́сской	ру́сскому	ру́сским
Acc.	N. or G.	ру́сскую	ру́сское	N. or G.
Instr.	ру́сским	ру́сской	ру́сским	ру́сскими
Prep.	ру́сском	ру́сской	ру́сском	ру́сских

The following adjectives follow this pattern in every detail:

америка́нский, англи́йский, бли́зкий, вели́кий, вся́кий, высо́кий, глубо́кий, го́рький, Го́рький, гро́мкий, далёкий, до́кторский, до́лгий, Достое́вский, евре́йский, европе́йский, жа́ркий, Желихо́вский, испа́нский, кита́йский, коро́ткий, кре́пкий, лёгкий, ма́ленький, мно́гие, моско́вский, мя́гкий, неме́цкий, ни́зкий, октя́брьский, президе́нтский, ре́дкий, ру́сский, сла́дкий, сове́тский, социалисти́ческий, стро́гий, ти́хий, то́нкий, у́зкий, ура́льский, фотографи́ческий, францу́зский, че́шский, широ́кий, япо́нский.

309. Type хоро́ший (Id):

	SINGULAR			PLURAL
	Masculine	Feminine	Neuter	All Genders
Nom.	хоро́ший	хоро́шая	хоро́шее	хоро́шие
Gen.	хоро́шего	хоро́шей	хоро́шего	хоро́ших
Dat.	хоро́шему	хоро́шей	хоро́шему	хоро́шим
Acc.	N. or G.	хоро́шую	хоро́шее	N. or G.
Instr.	хоро́шим	хоро́шей	хоро́шим	хоро́шими
Prep.	хоро́шем	хоро́шей	хоро́шем	хоро́ших

The following adjectives, including attributive comparatives and superlatives, as well as all active participles, follow this pattern.

бегу́щий, бедне́йший, ближа́йший, богате́йший, бо́льший, бу́дущий, бы́вший, висе́вший, вися́щий, вою́ющий, входя́щий, вы́сший, говоря́щий, гуля́ющий, добре́йший, дрожа́вший, дрожа́щий, жела́ющий, живу́щий, жи́вший, запозда́вший, зна́вший, зна́ющий, игра́ющий, иду́щий, интересу́ющий, кри́кнувший, крича́щий, лежа́вший, лежа́щий, лу́чший, ме́ньший, миле́йший, мину́вший, мла́дший, написа́вший, нёсший, ни́щий, о́бщий, объявля́ющий, ожида́вший, па́вший, подходи́вший, подходя́щий, пострада́вший, поступа́ющий, прекра́снейший, приезжа́ющий, прие́хавший, прише́дший, продава́вший, прода́вший, продаю́щий, прожива́ющий, прожи́вший, проходи́вший, проше́дший, путеше́ствовавший, путеше́ствующий, рабо́тавший, рабо́тающий, рабо́чий, расска́зывающий, расту́щий, ро́сший, све́жий, сильне́йший, сле́дующий, служи́вший, ста́рший, стоя́вший, стоя́щий, стра́нствующий, счастли́вейший, трудне́йший, угнета́ющий, уе́хавший, умне́йший, упа́вший, уча́щий, уше́дший, холодне́йший, хоро́ший, ху́дший.

310. Type тако́й (Ie):

	SINGULAR			PLURAL
	Masculine	Feminine	Neuter	All Genders
Nom.	тако́й	така́я	тако́е	таки́е
Gen.	тако́го	тако́й	тако́го	таки́х
Dat.	тако́му	тако́й	тако́му	таки́м

Acc.	N. or G.	такую	такое	N. or G.
Instr.	таки́м	тако́й	таки́м	таки́ми
Prep.	тако́м	тако́й	тако́м	таки́х

The following adjectives are declined according to this pattern: большо́й, городско́й, дорого́й, друго́й, како́й, небольшо́й, никако́й, плохо́й, сухо́й, тако́й.

311. Type си́ний (II):

	SINGULAR			PLURAL
	Masculine	Feminine	Neuter	All Genders
Nom.	си́ний	си́няя	си́нее	си́ние
Gen.	си́него	си́ней	си́него	си́них
Dat.	си́нему	си́ней	си́нему	си́ним
Acc.	N. or G.	си́нюю	си́нее	N. or G.
Instr.	си́ним	си́ней	си́ним	си́ними
Prep.	си́нем	си́ней	си́нем	си́них

The following adjectives belong in this group:

вече́рний, да́льний, пере́дний, по́здний, после́дний, пре́жний, ранний, си́ний, сосе́дний.

RELATIVE ADJECTIVES

312. Type во́лчий (III):

	SINGULAR			PLURAL
	Masculine	Feminine	Neuter	All Genders
Nom.	во́лчий	во́лчья	во́лчье	во́лчьи
Gen.	во́лчьего	во́лчьей	во́лчьего	во́лчьих
Dat.	во́лчьему	во́лчьей	во́лчьему	во́лчьим
Acc.	во́лчий	во́лчью	во́лчье	в о́лчьи
Instr.	во́лчьим	во́лчьей	во́лчьем	во́лчьими
Prep.	во́лчьем	во́лчьей	во́лчьем	во́лчьих

This type of adjective, derived from some animal or (less frequently) human names, is used exclusively in attributive position together with a noun, forming thus a compound (both components of which are declined), e.g., во́лчий аппети́т *a wolf's appetite*. In such combinations the adjective expresses a genitive relation of the noun from which it is derived to the noun which it modifies. Relative adjectives are frequently used in scientific (e.g., botanical) terminology. Examples:

Бог *God* : Бо́жий Бо́жья Бо́жье Бо́жьи.
волк *wolf* : во́лчий во́лчья во́лчье во́лчьи.
каза́к *cossack* : каза́чий каза́чья каза́чье каза́чьи.
коза́ *goat* : ко́зий ко́зья ко́зье ко́зьи.
коро́ва *cow* : коро́вий коро́вья коро́вье коро́вьи.
ко́шка *cat* : коша́чий коша́чья коша́чье коша́чьи;
        ко́шечий ко́шечья ко́шечье ко́шечьи.
ку́рица *hen* : ку́рий ку́рья ку́рье ку́рьи.
лиса́ *fox* : ли́сий ли́сья ли́сье ли́сьи.
лягу́шка *frog* : лягу́шечий лягу́шечья лягу́шечье лягу́шечьи.

медве́дь *bear* : медве́жий медве́жья медве́жье медве́жьи.
му́ха *fly* : му́ший му́шья му́шье му́шьи.
оле́нь *deer* : оле́ний оле́нья оле́нье оле́ньи.
охо́тник *hunter* : охо́тничий охо́тничья охо́тничье охо́тничьи.
пти́ца *bird* : пти́чий пти́чья пти́чье пти́чьи.
ребя́та *boys, children*: ребя́чий ребя́чья ребя́чье ребя́чьи.
ры́ба *fish* : ры́бий ры́бья ры́бье ры́бьи.
соба́ка *dog* : соба́чий соба́чья соба́чье соба́чьи.
челове́к *man, human* : челове́чий челове́чья челове́чье челове́чьи.

313. Type же́нин (IVa):

	SINGULAR			PLURAL
	Masculine	Feminine	Neuter	All Genders
Nom.	же́нин	же́нина	же́нино	же́нины
Gen.	же́нина	же́ниной	же́нина	же́ниных
Dat.	же́нину	же́ниной	же́нину	же́ниным
Acc.	N. or G.	же́нину	же́нино	N. or G.
Instr.	же́ниным	же́ниной	же́ниным	же́ниными
Prep.	же́нином	же́ниной	же́нином	же́ниных

This type is derived from feminine and masculine nouns ending in −а or −я
(proper names included) by means of the suffix −ин (−ын after ц). Although appearing only in the short form, it is used exclusively in attributive position.
The adjective expresses a genitive (possessive) relation of the noun from which
it is derived to the noun which it modifies, e.g., ба́бушкино кре́сло *grandmother's chair*, же́нина про́сьба *my wife's request*, се́стрин дом *the sister's
house*. Examples:

ба́бушка *grandmother* : ба́бушкин ба́бушкина ба́бушкино ба́бушкины.
Ва́ня *Johnny* : Ва́нин Ва́нина Ва́нино Ва́нины.
де́душка *grandfather* : де́душкин де́душкина де́душкино де́душкины.
дя́дя *uncle* : дя́дин дя́дина дя́дино дя́дины.
жена́ *wife* : же́нин же́нина же́нино же́нины.
Ники́та *Nicetas (Victor)* : Ники́тин Ники́тина Ники́тино Ники́тины.
Са́ша *Alexander* : Са́шин Са́шина Са́шино Са́шины.
Серёжа *Sergius* : Серёжин Серёжина Серёжино Серёжины.
сестра́ *sister* : се́стрин се́стрина се́стрино се́стрины.
сестри́ца *little sister* : сестри́цын сестри́цына сестри́цыно сестри́цыны.
цари́ца *empress* : цари́цын цари́цына цари́цыно цари́цыны.

314. Type Ива́нов(Ивано́в) (IVb):

	SINGULAR			PLURAL
	Masculine	Feminine	Neuter	All Genders
Nom.	Ива́нов	Ива́нова	Ива́ново	Ива́новы
Gen.	Ива́нова	Ива́новой	Ива́нова	Ива́новых
Dat.	Ива́нову	Ива́новой	Ива́нову	Ива́новым
Acc.	N. or G.	Ива́нову	Ива́ново	N. or G.
Instr.	Ива́новым	Ива́новой	Ива́новым	Ива́новыми
Prep.	Ива́новом	Ива́новой	Ива́новом	Ива́новых

This type of adjectives is derived from masculine nouns (including proper
names, especially Christian names) by means of the suffixes −ов and −ев (−ёв).

–ов is added to hard stems, –ев to soft stems. The suffix –ев is used for derivation from Christian names ending in –ай, –ей, –ий. The deslension of adjectives ending in –ев is the same as that of the adjectives ending in –ов. The adjective expresses a genitive (possessive) relation of the noun from which it is derived to the noun which it modifies, e.g., Иванов дом *John's house*, Иванова сетра *John's sister*, Ивановы дома *John's houses*, атамановы глаза *the eyes of the ataman (chieftain)*, Рождество Христово *the birth of Christ*. Examples:

Александр *Alexander* : Александров Александрова Александрово Александровы.

Алексей *Alexius* : Алексеев Алексеева Алексеево Алексеевы.

Андрей *Andrew* : Андреев Андреева Андреево Андреевы.

Василий *Basil* : Васильев Васильева Васильево Васильевы.

Григорий *Gregory* : Григорьев Григорьева Григорьево Григорьевы.

Иван *John* : Иванов Иванова Иваново Ивановы or
Иванов Иванова Иваново Ивановы.

Михаил *Michael* : Михайлов Михайлова Михайлово Михайловы.

Николай *Nicholas* : Николаев Николаева Николаево Николаевы.

Павел *Paul* : Павлов Павлова Павлово Павловы.

Пётр *Peter* : Петров Петрова Петрово Петровы.

Роман *Romanus* : Романов Романова Романово Романовы.

Сергей *Sergius* : Сергеев Сергеева Сергеево Сергеевы.

Христос *Christ* : Христов Христова Христово Христовы.

царь *tsar* : царёв царёва царёво царёвы.

OTHER TYPES OF RELATIVE ADJECTIVES
(see section 312)

315. Suffix –ский (see section 308).

дети *children*	: детская рука *a child's hand*
доктор *physician*	: докторский совет *the physician's advice*
капитан *captain*	: капитанскиая дочка *the captain's daughter*
Москва *Moscow*	: московский пожар *the fire (conflagration) of Moscow*
	московский митрополит *the metropolitan of Moscow*
совет *council*	: Советский Союз *The Soviet Union*

316. Suffix –ской (see section 310).

город *city*	: городская дума *city council*
	городские школы *the city schools*
	городской парк *the city park*
Дон *the Don river*	: донской казак *Don cossack*

317. Suffix –ный (see section 305).

книга *book*	: книжный магазин *book store*
	книжное отделение *the book department*
рыба *fish*	: рыбный магазин *fish store*
сахар *sugar*	: сахарная болезнь *sugar disease (diabetes)*

це́рковь *church* : церко́вное окно́ *a church window*
шко́ла *school* : шко́льное зда́ние *school building*
школьный учи́тель *school teacher*
шко́льная систе́ма *school system*

318. Suffix –но́й (see section 307).

река́ *river*   речна́я волна́ *a river wave*

319. Suffix –ний (see section 311).

ве́чер *evening* : вече́рняя газе́та *evening paper*
вече́рний звон *the ringing of the evening bell*

сосе́д *neighbor* : сосе́дний дом *the neighbor's house*

SHORT FORM OF ADJECTIVES

320. A comparison of the nominative singular (masculine, feminine, neuter) and the nominative plural forms of the four adjective classes shows that the endings in class IV are shorter than in classes I and II, while in class III only the feminine and neuter singular and the plural forms differ from those of the first two classes.

321. However, many adjectives of class I have, beside the regular or long form with which the student has become acquainted so far, yet a short form for the nominative singular and plural, that is one form each for the masculine, feminine, and neuter singular, and one for the nominative plural. Occasionally, even adjectives of class II appear in a shorter form. The short forms differ often in their accentuation from the long forms.

Adjectives with the suffix –ский (ру́сский, америка́нский, англи́йский, etc.) have no short form.

Where the shortening of the nominative singular masculine would result in a form ending in two consonants, the vowel е or о is inserted between those consonants, e.g., интере́сный – интере́сен, по́лный – по́лон.

| | SINGULAR | | | PLURAL |
	Masculine	Feminine	Neuter	All Genders
Long Forms	высо́кий	высо́кая	высо́кое	высо́кие
Short Forms	высо́к	высока́	высоко́	высоки́
Long Forms	интере́сный	интере́сная	интере́сное	интере́сные
Short Forms	интере́сен	интере́сна	интере́сно	интере́сны
Long Forms	краси́вый	краси́вая	краси́вое	краси́вые
Short Forms	краси́в	краси́ва	краси́во	краси́вы
Long Forms	но́вый	но́вая	но́вое	но́вые
Short Forms	нов	нова́	но́во	но́вы
Long Forms	плохо́й	плоха́я	плохо́е	плохи́е
Short Forms	плох	плоха́	пло́хо	пло́хи
Long Forms	по́лный	по́лная	по́лное	по́лные
Short Forms	по́лон	полна́	по́лно	по́лны
Long Forms	хоро́ший	хоро́шая	хоро́шее	хоро́шие
Short Forms	хоро́ш	хороша́	хорошо́	хороши́

Long Forms	широкий	широкая	широкое	широкие
Short Forms	широк	широка	широко	широки

In the vocabulary the short forms of adjectives are added in parentheses to the long forms.

322. The short forms of adjectives can be used only as predicate adjectives and not as attributive or descriptive adjectives. On the other hand, the long forms must be used in attributive function and may be used in predicative function. The short form of an adjective is always predicative, no matter what its position in the sentence, whether it precedes the noun (subject) or follows after it. Examples:

Attributive Adjective	Predicate Adjective
красивый дом *the (a) beautiful house*	дом красив *the house is beautiful*
красивая картина *the (a) beautiful picture*	картина красива *the picture is beautiful*
новое перо *the (a) new pen*	перо ново. *the pen is new*
полные коробки *(the) full boxes*	коробки полны *the boxes are full*

323. Short forms in questions:

Хороши ли школы в Москве? (XI,18)	*Are the schools in Moscow good?*
Красив ли дом вашего соседа?	*Is the house of your neighbor beautiful?*
Ново ли это перо?	*Is this pen new?*
Полон ли трамвай?	*Is the streetcar full?*

324. Long forms as predicate adjectives:

Думаю, что школы там хорошие (XI,20)	*I think that the schools there are good*
Летом поля зелёные, а зимой они белые.	*In summer the fields are green, but in winter they are white.*

325. A few adjectives appear only in the predicative (short) form, e.g.,

рад рада радо рады	*glad, pleased*
Очень буду рада поговорить с вами (XXI, 5)	*I shall be very glad to talk to you.*

SUBSTANTIVIZED ADJECTIVES

326. Some adjectives are used as nouns while retaining their adjective declension. They can take on qualifying pronouns or adjectives. If they are masculines denoting animate beings, the genitive is used as accusative. Examples:

Masculine:	знакомый (see section 289)	*an acquaintance*
	портной (see section 290)	*tailor*
	рабочий (see section 292)	*worker*
Feminine:	гостиная (see section 289)	*living room*
	столовая (see section 289)	*dining room*

Neuter:	животное	(see section 289)	*animal*
	насекомое	(see section 289)	*insect*

Declension in the singular

Nom.	мой знакомый	русский рабочийй
Gen.	моего знакомого	русского рабочего
Dat.	моему знакомому	русскому рабочему
Acc.	моего знакомого	русского рабочего
Instr.	моим знакомым	русским рабочим
Prep.	о моём знакомом	о русском рабочем

327. The neuter singular form of the adjective may assume the function of a noun with the meaning 'something of the kind' expressed by the adjective, e.g.,

интересное	*something interesting*
хорошее	*something good*

Such expressions appear usually together with an indefinite pronoun or an adverb of quantity, and then most frequently in the genitive case. Examples:

что-нибудь нового } что-нибудь новое	*something (anything) new*
что-нибудь хорошего } что-нибудь хорошее	*something (anything) good, nice*
что-то белое	*something white*
много интересного	*much of interest, many interesting things*
много странного	*many strange things*
что есть интересного?	*what is there of interest?*
всего хорошего!	*good luck! (of everything that is good)*
ничего нового	*nothing new*
другое	*something different*
всё новое	*everything (that is) new*

328. The rule given in section 192 applies likewise to the substantivized adjectives (see section 326.), including even those of neuter gender. Examples:

Nominative Singular	Masculine	Feminine	Neuter
	портной	горничная	насекомое
⌐ Nom.	портные	горничные	насекомые
а Gen.	портных	горничных	насекомых
ь Dat.	портным	горничным	насекомым
⊐ Acc.	портных	горничных	насекомых
⌐ Instr.	портными	горничными	насекомыми
⌐ Prep.	портных	горничных	насекомых

THE RUSSIAN NAME SYSTEM

329. Each Russian, man or woman, has three names, (a) a first or Christian name (и́мя), (b) a so-called patronymic (о́тчество) derived from the name of the father and indicating that the person so named is the son or the daughter of ....., (c) a surname or family name (фами́лия), e.g., Ива́н Ива́нович Ива́нов *John, son of John, Ivanov*; Ольга Ива́новна Ива́нова *Olga, daughter of John, Ivanov*.

330. Russians have only one first name. The first name alone (not accompanied by the patronymic) is used only in addressing people with whom the speaker is on intimate terms. However, people addressing each other by the first name may still retain the polite pronoun вы as shown in the dialogue of lesson XVI. When used alone, first names appear frequently in an abbreviated (diminutive) form and have then endearing meaning, e.g., Бо́ря (Бори́с), Ва́ня (Ива́н), Ва́ся (Васи́лий), Ко́ля (Никола́й), Са́ша (Алекса́ндр), Та́ня (Татья́на).

331. When addressing people or referring to people not personally known or known only slightly, one uses the word граждани́н *citizen, Mr.* with the surname. For women, married or unmarried, the word гражда́нка with the feminine form of the surname is used (see sections 343, 345, 347, 349, 351, 353, 355, 357).

332. Men and women acquainted with each other normally use the first name and the patronymic, omitting the surname.

333. Masculine Christian names are declined like masculine nouns of similar formation. They usually have fixed accent on the stem. But some of them stress the ending in all inflected cases.

334. Feminine Christian names are declined like feminine nouns of similar formation. They have always fixed accent (see section 143).

335. All masculine names (Christian names, patronymics, surnames) use the genitive form as accusative (case of the direct object) both in the singular and plural (see section 456). This rule applies also to surnames appearing in adjective form (see sections 458 and 339). Masculine nouns used as names of cities and countries are treated like names of inanimate objects (see section 152). As a result, a distinction is made in the formation of the accusative of such masculine nouns which, being originally surnames, are also used as names of cities, e.g., Кали́нин, Мо́лотов, Го́рький.

336. Patronymics appear in a masculine and a feminine form. They are always capitalized. Both masculine and feminine patronymics are declined like common nouns of similar formation. They are derived from the full form of the Christian name of the father, usually by means of the suffixes –ович or –евич (masculine) and –овна or –евна (feminine). The suffix –ович –овна is used with first names ending in a hard consonant (e.g., Ива́н : Ива́нович Ива́новна), but the suffix –евич –евна with first names ending in –ь or –й (e.g., И́горь : И́горевич И́горевна, Андре́й : Андре́евич Андре́евна). Occasionally there are slight changes of sound or accent, e.g.

Миха́ил *Michael* : Миха́йлович –овна

Я́ков *Jacob* : Я́ковлевич –евна

It should be noted that patronymics are not derived from diminutive or endearing forms like Ва́ня *Johnny* or Ко́ля *Nick*.

337. The following patronymics are formed irregularly:

Илья́	*Elias*	: Ильи́ч	Ильи́нична
Кузьма́	*Cosmas*	: Кузьми́ч	Кузьми́нична
Лука́	*Luke*	: Луки́ч	Луки́нична
Ники́та	*Nicetas*	: Ники́тич	Ники́тична
Са́вва	*Sabbas*	: Са́ввич	Са́ввична
Фома́	*Thomas*	: Фоми́ч	Фоми́нична

Concerning the declension of some of these patronymics see section 354.

338. Russian surnames appear in a masculine and a feminine form. The masculine form ends most frequently in -ов, -ев, or -ин, and the corresponding feminine forms in -ова, -ева, or -ина. The surnames in -ов and -ев are derived from the same basis as the patronymics in -ович and -евич (see section 336). The declension is almost identical with that of the masculine and feminine forms of the so-called personal adjectives described in section 314. Only the prepositional singular of the masculine form differs.

339. Some surnames have the form of regular adjectives, masculine and feminine, e.g., Толсто́й Толста́я (see section 290), Желихо́вский Желихо́вская (see section 291), Достое́вский (see section 291), Го́рький (see section 291).

340. Non-Russian surnames have no separate feminine form. Instead of граждани́н, the word господи́н *gentleman, Mr.* is usually employed with names of foreigners, especially foreign diplomats, e.g., господи́н Бернс *Mr. Burns, Byrnes.* Masculine foreign names, when declined, follow the regular masculine declension with fixed accent, e.g., *Mark Twain*: nom. Марк Твэн, gen. Ма́рка Твэ́на, dat. Ма́рку Твэ́ну, acc. Ма́рка Твэ́на, instr. Ма́рком Твэ́ном, prep. о Ма́рке Твэ́не.

341. The vowel of the name Пётр *Peter* is pronounced *yo* only in the nominative singular, because in all other cases this word is accented on the ending (see section 49).

DECLENSION TABLES OF PERSONAL NAMES
(first name, patronymic, surname)

342. Ива́н Ива́нович Ива́нов (Ивано́в) *John, son of John, Ivanov.*

Nom.	Ива́н	Ива́нович	Ива́нов	(Ивано́в)
Gen.	Ива́на	Ива́новича	Ива́нова	(Ивано́ва)
Dat.	Ива́ну	Ива́новичу	Ива́нову	(Ивано́ву)
Acc.	Ива́на	Ива́новича	Ива́нова	(Ивано́ва)
Instr.	Ива́ном	Ива́новичем	Ива́новым	(Ивано́вым)
Prep.	Ива́не	Ива́новиче	Ива́нове	(Ивано́ве)

All masculine patronymics, except those mentioned in section 354 are declined like Ива́нович, that is with fixed accent and the ending -ем in the instrumental singular (see section 175). Like Ива́н (with fixed accent) are declined the following Christian names:

Алекса́ндр, Анто́н, Гаври́н, Дави́д, Макси́м, Михаи́л, Рома́н, Семён, Степа́н, Я́ков. For their plural see section 240.

343. Óльга Ивáновна Ивáнова (Иванóва) *Olga, daughter of John, Ivanov.*

Nom.	Óльга	Ивáновна	Ивáнова (Иванóва)
Gen.	Óльги	Ивáновны	Ивáновой (Иванóвой)
Dat.	Óльге	Ивáновне	Ивáновой (Иванóвой)
Acc.	Óльгу	Ивáновну	Ивáнову (Иванóву)
Instr.	Ольгой	Ивáновной	Ивáновой (Иванóвой)
Prep.	Óльге	Ивáновне	Ивáновой (Иванóвой)

344. Пётр Петрóвич Петрóв *Peter, son of Peter, Petrov.*

Nom.	Пётр	Петрóвич	Петрóв
Gen.	Петрá	Петрóвича	Петрóва
Dat.	Петрý	Петрóвичу	Петрóву
Acc.	Петрá	Петрóвича	Петрóва
Instr.	Петрóм	Петрóвичем	Петрóвым
Prep.	Петрé	Петрóвиче	Петрóве

All masculine surnames in -ов or -óв are declined like Петрóв. The oblique cases are stressed on the same syllable as the nominative, e.g., Мóлотов, Мóлотова, etc.

345. Анна Петрóвна Петрóва *Anna, daughter of Peter, Petrov.*

Nom.	Áнна	Петрóвна	Петрóва
Gen.	Áнны	Петрóвны	Петрóвой
Dat.	Áнне	Петрóвне	Петрóвой
Acc.	Áнну	Петрóвну	Петрóву
Instr.	Áнной	Петрóвной	Петрóвой
Prep.	Áнне	Петрóвне	Петрóвой

All feminine surnames in -ова are declined like Петрóва.

346. Николáй Николáевич Николáев *Nicholas, son of Nicholas, Nikolayev.*

Nom.	Николáй	Николáевич	Николáев
Gen.	Николáя	Николáевича	Николáева
Dat.	Николáю	Николáевичу	Николáеву
Acc.	Николáя	Николáевича	Николáева
Instr.	Николáем	Николáевичем	Николáевым
Prep.	Николáе	Николáевиче	Николáеве

Declined like Николáев: Тургéнев.

347. Нúна Николáевна Николáева *Nina, daughter of Nicholas, Nikolayev.*

Nom.	Нúна	Николáевна	Николáева
Gen.	Нúны	Николáевны	Николáевой
Dat.	Нúне	Николáевне	Николáевой
Acc.	Нúну	Николáевну	Николáеву
Instr.	Нúной	Николáевной	Николáевой
Prep.	Нúне	Николáевне	Николáевой

348. Андрéй Андрéевич Андрéев *Andrew, son of Andrew, Andreyev.*

Nom.	Андрéй	Андрéевич	Андрéев
Gen.	Андрéя	Андрéевича	Андрéева
Dat.	Андрéю	Андрéевичу	Андрéеву
Acc.	Андрéя	Андрéевича	Андрéева
Instr.	Андрéем	Андрéевичем	Андрéевым
Prep.	Андрéе	Андрéевиче	Андрéеве

349. Со́фия (Со́фья) Андре́евна Андре́ева *Sophie, daughter of Andrew, Andreyev.*

Nom.	Со́фия	(Со́фья)	Андре́евна	Андре́ева
Gen.	Со́фии	(Со́фьи)	Андре́евны	Андре́евой
Dat.	Со́фии	(Со́фье)	Андре́евне	Андре́евой
Acc.	Со́фию	(Со́фью)	Андре́евну	Андре́еву
Instr.	Со́фией	(Со́фьей)	Андре́евной	Андре́евой
Prep.	Со́фии	(Со́фье)	Андре́евне	Андре́еве

350. Васи́лий Васи́льевич Васи́льев *Basil, son of Basil, Vasilyev.*

Nom.	Васи́лий	Васи́льевич	Васи́льев
Gen.	Васи́лия	Васи́льевича	Васи́льева
Dat.	Васи́лию	Васи́льевичу	Васи́льеву
Acc.	Васи́лия	Васи́льевича	Васи́льева
Instr.	Васи́лием	Васи́льевичем	Васи́льевым
Prep.	Васи́лии	Васи́льевиче	Васи́льеве

351. Мари́я (Ма́рия, Ма́рья) Васи́льевна Васи́льева *Mary, daughter of Basil, Vasilyev.*

Nom.	Мари́я	(Ма́рия,	Ма́рья)	Васи́льевна	Васи́льева
Gen.	Мари́и	(Ма́рия,	Ма́рьи)	Васи́льевны	Васи́льевой
Dat.	Мари́и	(Ма́рии,	Ма́рье(	Васи́льевне	Васи́льевой
Acc.	Мари́ю	(Ма́рию	Ма́рью)	Васи́льевну	Васи́льеву
Instr.	Мари́ей	(·Ма́рией	Ма́рьей)	Васи́льевной	Васи́льевой
Prep.	Мари́и	(Ма́рии,	Ма́рье)	Васи́льевне	Васи́льевой

352. Григо́рий Рома́нович Буха́рин *Gregory, son of Roman, Bukharin.*

Nom.	Григо́рий	Рома́нович	Буха́рин
Gen.	Григо́рия	Рома́новича	Буха́рина
Dat.	Григо́рию	Рома́новичу	Буха́рину
Acc.	Григо́рия	Рома́новича	Буха́рина
Instr.	Григо́рием	Рома́новичем	Буха́риным
Prep.	Григо́рии	Рома́новиче	Буха́рине

Other surnames declined like Буха́рин are: Кали́нин, Ла́пин, Ле́нин, Пу́шкин, Ста́лин, etc.

353. Варва́ра Рома́новна Буха́рина *Barbara, daughter of Roman, Bukharin.*

Nom.	Варва́ра	Рома́новна	Буха́рина
Gen.	Варва́ры	Рома́новны	Буха́риной
Dat.	Варва́ре	Рома́новне	Буха́риной
Acc.	Варва́ру	Рома́новну	Буха́рину
Instr.	Варва́рой	Рома́новной	Буха́риной
Prep.	Варва́ре	Рома́новне	Буха́риной

354. Илья́ Ильи́ч Желихо́вский *Elias, son of Elias, Zhelikhovskiy.*

Nom.	Илья́	Ильи́ч	Желихо́вский
Gen.	Ильи́	Ильича́	Желихо́вского
Dat.	Илье́	Ильичу́	Желихо́вскому
Acc.	Илью́	Ильича́	Желихо́вского
Instr.	Илье́й	Ильичо́м	Желихо́вским
Prep.	Илье́	Ильиче́	Желихо́вском

The following three masculine patronymics are declined like Ильи́ч, that is with the endings accented and the termination –ом in the instrumental singular (see section 174): Кузьми́ч, Луки́ч, Фоми́ч (see section 337).

355. Ве́ра Ильи́нична Желихо́вская *Vera, daughter of Elias, Zhelikhovskiy.*

Nom.	Ве́ра	Ильи́нична	Желихо́вская
Gen.	Ве́ры	Ильи́ничны	Желихо́вской
Dat.	Ве́ре	Ильи́ничне	Желихо́вской
Acc.	Ве́ру	Ильи́ничну	Желихо́вскую
Instr.	Ве́рой	Ильи́ничной	Желихо́вской
Prep.	Ве́ре	Ильи́ничне	Желихо́вской

356. Граждани́н Андре́ев *Mr. Andreyev*

Nom.	Граждани́н	Андре́ев
Gen.	Граждани́на	Андре́ева
Dat.	Граждани́ну	Андре́еву
Acc.	Граждани́на	Андре́ева
Instr.	Граждани́ном	Андре́евым
Prep.	Граждани́не	Андре́еве

357. Гражда́нка Никола́ева *Mrs. Nikolayev*

Nom.	Гражда́нка	Никола́ева
Gen.	Гражда́нки	Никола́евой
Dat.	Гражда́нке	Никола́евой
Acc.	Гражда́нку	Никола́еву
Instr.	Гражда́нкой	Никола́евой
Prep.	Гражда́нке	Никола́евой

358. In the plural, surnames have only one form for both genders. Examples:

	Masculine	Feminine
Singular	Петро́в (see section 344)	Петро́ва (see section 345)

Plural		
Nom.	Петро́вы
Gen.	Петро́вых
Dat.	Петро́вым
Acc.	Петро́вых
Instr.	Петро́выми
Prep.	Петро́вых

	Masculine	Feminine
Singular	Буха́рин (see section 352)	Буха́рина (see section 353)

Plural		
Nom.	Буха́рины
Gen.	Буха́риных
Dat.	Буха́риным
Acc.	Буха́риных
Instr.	Буха́риными
Prep.	Буха́риных

NAMES OF CITIES

359. Names of cities are declined-like masculine, feminine or neuter nouns, according to their form. Some names of cities are made up of two parts, an adjective and a noun. Both parts of such names are inflected. Masculine names of cities always use the form of the nominative as accusative case.

Examples of masculine names of cities:

Nom.	Ленингра́д	Севасто́поль	Пари́ж	Ха́рьков	Го́рький
Gen.	Ленингра́да	Севасто́поля	Пари́жа	Ха́рькова	Го́рького
Dat.	Ленингра́ду	Севасто́полю	Пари́жу	Ха́рькову	Го́рькому
Acc.	Ленингра́д	Севасто́поль	Пари́ж	Ха́рьков	Го́рький
Instr.	Ленингра́дом	Севасто́полем	Пари́жем	Ха́рьковом	Го́рьким
Prep.	Ленингра́де	Севасто́поле	Пари́же	Ха́рькове	Го́рьком

Nom.	Криво́й Рог	Ни́жний Но́вгород
Gen.	Криво́го Ро́га	Ни́жнего Но́вгорода
Dat.	Криво́му Ро́гу	Ни́жнему Но́вгороду
Acc.	Криво́й Рог	Ни́жний Но́вгород
Instr.	Кривы́м Ро́гом	Ни́жним Но́вгородом
Prep.	Криво́м Ро́ге	Ни́жнем Но́вгороде

Like Ленингра́д are declined: Сталингра́д, Тифли́с, Ло́ндон.

Like Ха́рьков are declined the following city names: Азо́в, Ана́ньев, Берди́чев, Берёзов, Бори́сов, Бочае́в, Браи́лов, Василько́в, Ка́нев, Ки́ев, Кишинёв, Кра́ков, Льво́в, Могилёв, Никола́ев, Оча́ков, Проску́ров, Псков, Росто́в, Сара́тов, Тамбо́в, Та́рнов, Фа́стов, Черни́гов, Чугу́ев, etc.

Examples of feminine names of cities:

Nom.	Оде́сса	Москва́	Ста́рая Ру́сса
Gen.	Оде́ссы	Москвы́	Ста́рой Ру́ссы
Dat.	Оде́ссе	Москве́	Ста́рой Ру́ссе
Acc.	Оде́ссу	Москву́	Ста́рую Ру́ссу
Instr.	Оде́ссой	Москво́й	Ста́рой Ру́ссой
Prep.	Оде́ссе	Москве́	Ста́рой Ру́ссе

360. The neuter singular of adjectives of types IVa and IVb (see sections 313 and 314) has a different ending in the prepositional case when it is used as a place name. Examples:

Nom.	Ста́лино	Аста́пово
Gen.	Ста́лина	Аста́пова
Dat.	Ста́лину	Аста́пову
Acc.	Ста́лино	Аста́пово
Instr.	Ста́линым	Аста́повым
Prep.	Ста́лине	Аста́пове

PRONOUNS

361. Pronouns appear in the same cases as nouns and adjectives and under the same conditions, but they have their own declensions.

PERSONAL PRONOUNS

362.

	Nominative		Genitive		Accusative	
я	*I*	меня́		меня́	*me*
ты	*you*	тебя́		тебя́	*you*
он	*he*	его́		его́	*him*
она́	*she*	её		её	*her*
оно́	*it*	его́		его́	*it*
мы	*we*	нас		нас	*us*
вы	*you*	вас		вас	*you*
они́	*they*	их		их	*them*

363. ТЫ is the pronoun of the second person singular, while ВЫ (see section 364) is that of the second person plural. ТЫ can be used only in addressing a single person with whom the speaker is on very intimate terms, e.g., between members of a family, children, lovers, intimate friends, peasants, workers, party members, and adults speaking to children. While ВЫ is polite and respectful (e.g., used by children in addressing adults, by subordinates in addressing their superiors), ТЫ may be outright offensive, expressing undue familiarity and even contempt. On the other hand, ТЫ is used in addressing animals, in prayers to God and the saints, and in exalted poetic language (cf. English *thou*), e.g., in songs addressed to cities and rivers and in patriotic proclamations.

364. ВЫ is used a) in addressing several persons at a time, b) as a polite form in addressing a single person.

365. Pronouns must agree in gender and number with the nouns for which they stand. Thus, the use of ОН, ОНА́, and ОНО́ is determined by its antecedent. If the antecedent is a masculine noun, ОН is to be used, even though a thing is referred to and the pronoun *it* is required in English. The pronoun ОНО́ *it* is used only (and must be used) after a neuter antecedent. The plural form ОНИ́ *they* is used for all three genders. See also sections 106, 109, 124.

366. его́, её, их appear in three quite different functions as indicated in sections 367-369.

367. его́, её, их are first of all genitive forms of ОН, ОНО́, ОНА́, ОНИ́ (see section 365 and section 362).

Я его́ не понима́ю (III,6)	*I don't understand it.*
Я не чита́ю её (III,9)	*I am not reading it.*
У меня́ их дю́жина (XII,47)	*I have a dozen of them.*

368. In the second place, его́, её, их are accusative forms of ОН, ОНО́, ОНА́, ОНИ́ respectively (see section 365 and section 362).

Я покупа́ю его́ (III,73)	*I am buying it.*
Я его́ пишу́ (IV,6)	*I write it.*
Он даёт его́ (IV,21)	*He is giving it.*
Я посыла́ю его́ (IV,23)	*I am sending him.*

369. As has been pointed out in section 96, его́, её, их are also used as possessive pronouns with the meaning of *his, its, her, hers,* and *their, theirs.* These possessive pronouns remain unchanged regardless of the changes undergone by the nouns they modify. Compare:

Nominative	Genitive	Accusative
его́ сестра́	его́ сестры́	его́ сестру́
её оте́ц	её отца́	её отца́
их мать	их ма́тери	их мать

370. Declension of personal pronouns.

SINGULAR

	First Person	Second Person	Masculine		Feminine		Neuter	
					Third Person			
			Masculine		Feminine		Neuter	
			он	**With preposition**	она́	**With preposition**	оно́	**With preposition**
Nom.	я	ты	он		она́		оно́	
Gen.	меня́	тебя́	его́	него́	её	неё	его́	него́
Dat.	мне	тебе́	ему́	нему́	ей	ней	ему́	нему́
Acc.	меня́	тебя́	его́	него́	её	неё	его́	него́
Instr.	мной	тобо́й	им	ним	е́ю	не́ю, ней	им	ним
Prep.	мне	тебе́		нём		ней		нём

PLURAL

			With preposition
Nom.	мы	вы	они́
Gen.	нас	вас	их	них
Dat.	нам	вам	им	ним
Acc.	нас	вас	их	них
Instr.	на́ми	ва́ми	и́ми	ни́ми
Prep.	нас	вас		них

Beside the instrumentals мной and тобо́й longer forms мно́ю and тобо́ю occur in the literary language.

371. The inflected forms of он, она́, оно́, они́ begin with н- when they are used with a preposition, while the forms without н- are used when there is no prepositions:

без него́, к нему́, в него́, с ним, о нём;

без неё, к ней, в неё, с ней, о ней;

без них, к ним, в них, с ни́ми, о них

Note that a pronoun gets this euphonic н- only when it is directly governed by the preposition which it follows. Consequently, when the genitive form его́, её, их have the possessive meaning *his, its, her, their*, they do not change to него́, неё, них, even though they come immediately after a preposition. In such cases, the preposition rules the noun which in turn is modified by the possessive pronoun which usually stands between preposition and noun, but may also come after the noun, e.g.,

с его́ бра́том	*with his brother*
с бра́том его́	
с её бра́том	*with her brother*
с бра́том её	
с их бра́том	*with their brother*

372. In accordance with sections 371 and 479, the prepositional case of он, она́, оно́, они́ must always begin with н-:

	нём		*him, it*		нём		*him, it*	
о	ней	*about*	*her, it*	на	ней	*on*	*her, it*	
	них		*them*		них		*them*	
	нём		*him, it*		нём		*his, its*	
в	ней	*in*	*her, it*	при	ней	*in*	*her, its*	*presence*
	них		*them*		них		*their*	

THE REFLEXIVE PRONOUN

373. The inflected forms of all personal pronouns are replaced by the reflexive pronoun if they refer back to the subject of the clause in which they occur. The same form of the reflexive pronoun is used regardless of the gender or number of the subject. The reflexive pronoun has the following forms:

Genitive себя́, Dative себе́, Accusative себя́, Instrumental собо́й (or собо́ю), Prepositional себе́.

Я де́лаю		*I am doing this for myself.*
Ты де́лаешь		*You are doing this for yourself.*
Он де́лает		*He is doing this for himself.*
Она́ де́лает		*She is doing this for herself.*
Оно́ де́лает	э́то для себя́.	*It is doing this for itself.*
Мы де́лаем		*We are doing this for ourselves.*
Вы де́лаете		*You are doing this for yourselves.*
Они́ де́лают		*They are doing this for themselves.*

Я говорю́		*I am talking to myself.*
Ты говори́шь		*You are talking to yourself.*
Он говори́т		*He is talking to himself.*
Она́ говори́т		*She is talking to herself.*
Оно́ говори́т	с собо́й.	*It is talking to itself.*
Мы говори́м		*We are talking to ourselves.*
Вы говори́те		*You are talking to yourselves.*
Они́ говоря́т		*They are talking to themselves.*

Он отморо́зил себе́ но́ги. (section 465).	*He froze his feet off.*
Сестра́ мне расска́зывает о себе́.	*My sister is telling me about herself.*
Я зна́ю ко́е-что о себе́.	*I know something about myself.*
Что вы ду́маете о себе́?	*What are you thinking about yourself?*
Дя́дя де́ржит соба́ку при себе́.	*The uncle keeps the dog with him.*

The dative of the reflexive pronoun is often used without precise connotation:

Он стро́ил себе́ дом.	*He built (for) himself a house.*

INTENSIVE PRONOUN

374. The pronoun сам сама́ само́ which is used to reinforce a noun or a pronoun (see section 375) has a somewhat irregular declension:

	SINGULAR			PLURAL
	Masculine	Feminine	Neuter	All Genders
Nom.	сам	сама́	само́	са́ми
Gen.	самого́	само́й	самого́	сами́х
Dat.	самому́	само́й	самому́	сами́м
Acc.	самого́	самоё	само́	сами́х
Instr.	сами́м	само́й	сами́м	сами́ми
Prep.	само́м	само́й	само́м	сами́х

Special attention is drawn to the form of the accusative singular feminine. The following examples illustrate the use of this pronoun.

Сам я не беспоко́юсь.   *I myself do not worry.*

Почему́ вы са́ми не напи́шете ему́?   *Why won't you write to him yourself?*

375. The reflexive pronoun is sometimes reinforced by means of the pronoun сам (masculine), сама́ (feminine), само́ (neuter), са́ми (plural), which agrees with the subject in gender and number (see section 467).

Он говори́т о само́м себе́ (VI, 59).   *He talks about himself.*

Она́ пи́шет о само́й себе́ (VI, 52).   *She is writing about herself.*

Они́ говоря́т о сами́х себе́.   *They talk about themselves.*

INTERROGATIVE PRONOUNS

376.

Nominative	Genitive	Accusative
кто? *who?*	кого́?	кого́? *whom?*
что? *what?*	чего́?	что? *what?*

377. The interrogative pronouns кто? что? are often reinforced by the addition of the adjective тако́й така́я тако́е *such.*

кто тако́й?   *who? what kind of?* (inquiring about a man)

кто така́я?   *who? what kind of?* (inquiring about a woman)

что тако́е?   *what?*

378. Declension of the interrogative pronouns: кто? *who?* and что? *what?*

Nom.	кто?	что?
Gen.	кого́?	чего́?
Dat.	кому́?	чему́?
Acc.	кого́?	что?
Instr.	кем?	чем?
Prep.	о ком?	о чём?

In the indefinite expressions кто́-то, кто-нибу́дь, что́-то, что-нибу́дь only the first part is inflected, e.g.,

кого́-то, кого́-нибу́дь, кому́-то, кому́-нибу́дь, ке́м-то, кем-нибу́дь, о ко́м-то, о ком-нибу́дь;

чего́-то, чего́-нибу́дь, чему́-то, чему́-нибу́дь, че́м-то, чем-нибу́дь, о чём-то, о чём-нибу́дь.

NEGATIVE PRONOUNS

379.

Nominative		Genitive	Accusative	
ничто́	*nothing*	ничего́	ничего́	*nothing*
ничего́				
никто́	*nobody*	никого́	никого́	*nobody*

380. Declension of the negative pronouns никто́ and ничто́.

Nom.	никто́	ничто́
Gen.	никого́	ничего́
Dat.	никому́	ничему́
Acc.	никого́	ничего́ (ничто́)
Instr.	нике́м	ниче́м
Prep.	ни о ко́м	ни о чём

When used with prepositions, the component parts of these words, as well as those of никако́й никака́я никако́е, are separated and the prepositions are placed between them:

ни у кого́, ни для кого́, ни от кого́, ни к кому́, ни за кого́, ни про кого́, ни на кого́, ни с кем, ни за кем, ни о ком;

ни для чего́, ни от чего́, ни за что, ни на что, ни с чем, ни за чем, ни о чём;

ни с каки́м, ни с како́й, ни за каки́м, ни за како́й, etc.

Я не разгова́риваю ни с кем.	*I am not talking with anybody.*
Я не гуля́ю ни с како́й да́мой.	*I don't promenade with any lady.*
Мы не́ расста́немся с тобо́й ни за что́ на све́те.	*Not for anything in the world will I (see section 327) part with you.*

PRONOMINAL ADJECTIVES

381. Instrumental and prepositional singular of pronominal adjectives:

Nominative			Instrumental			Prepositional		
э́тот	э́та	э́то	э́тим	э́той	э́тим	э́том	э́той	э́том
оди́н	одна́	одно́	одни́м	одно́й	одни́м	одно́м	одно́й	одно́м
сам	сама́	само́	сами́м	само́й	сами́м	само́м	само́й	само́м
чей	чья	чьё	чьим	чьей	чьим	чьём	чьей	чьём
мой	моя́	моё	мои́м	мое́й	мои́м	моём	мое́й	моём
твой	твоя́	твоё	твои́м	твое́й	твои́м	твоём	твое́й	твоём
свой	своя́	своё	свои́м	свое́й	свои́м	своём	свое́й	своём
наш	на́ша	на́ше	на́шим	на́шей	на́шим	на́шем	на́шей	на́шем
ваш	ва́ша	ва́ше	ва́шим	ва́шей	ва́шим	ва́шем	ва́шей	ва́шем

382. Plural of Pronominal Adjectives (see sections 303, 304, 381).

382. Plural of Pronominal Adjectives (see sections 303, 304, 381).

	SINGULAR Nominative			PLURAL All three genders			
Masc.	Fem.	Neuter	Nom.	Gen.	Dat.	Instr.	Prep.
весь	вся	всё	все	всех	всем	все́ми	всех
оди́н	одна́	одно́	одни́	одни́х	одни́м	одни́ми	одни́х
сам	сама́	само́	са́ми	сами́х	сами́м	сами́ми	сами́х
э́тот	э́та	э́то	э́ти	э́тих	э́тим	э́тими	э́тих
тот	та	то	те	тех	тем	те́ми	тех
чей	чья	чьё	чьи	чьих	чьим	чьи́ми	чьих
мой	моя́	моё	мои́	мои́х	мои́м	мои́ми	мои́х
твой	твоя́	твоё	твои́	твои́х	твои́м	твои́ми	твои́х
свой	своя́	своё	свои́	свои́х	свои́м	свои́ми	свои́х
на́ша	на́ша	на́ше	на́ши	на́ших	на́шим	на́шими	на́ших
ваш	ва́ша	ва́ше	ва́ши	ва́ших	ва́шим	ва́шими	ва́ших

The accusative plural is omitted in this table since its forms are supplied by the nominative or genitive plural, as pointed out in section 305.

все (plural) has the meaning *all*:

все журна́лы	*all (the) magazines*
все америка́нцы	*all Americans*
все лю́ди	*all people*

POSSESSIVE PRONOMINAL ADJECTIVES

383. The English forms *my, mine, your, yours, our, ours*, are all rendered in Russian by means of the pronominal adjectives mentioned in section 96. Their inflectional forms introduced in the first three lessons are given in section 300. The form твой твоя́ твоё *your, yours* is only used in such situations where the personal pronoun ты *you* is used (see section 363). It is declined like мой (see section 300).

384. Declension of Possessive Pronominal Adjectives.

	SINGULAR						PLURAL All Genders	
	Masculine		Feminine		Neuter			
Nom.	мой	наш	моя́	на́ша	моё	на́ше	мои́	на́ши
Gen.	моего́	на́шего	мое́й	на́шей	моего́	на́шего	мои́х	на́ших
Dat.	моему́	на́шему	мое́й	на́шей	моему́	на́шему	мои́м	на́шим
Acc.	N. or G.		мою́	на́шу	моё	на́ше	N. or G.	
Instr.	мои́м	на́шим	мое́й	на́шей	мои́м	на́шим	мои́ми	на́шими
Prep.	моём	на́шем	мое́й	на́шей	моём	на́шем	мои́х	на́ших

твой and свой are declined like мой. ваш is declined like наш.

385. The basic meaning of свой (своя́, своё) (see section 300) is *one's own*. It always refers back to the subject of the sentence, indicating that the subject is the owner, and is therefore called a reflexive possessive adjective, e.g., Име́ет ли э́тот челове́к свою́ ло́шадь? (III,27) *Does this man have his own horse (a horse of his own)?*   In this sentence челове́к is the subject and the adjective свою́ refers back to it. It would be wrong to use the pronoun его́ *his*

in this sentence, because егó, её, их (see section 369) always refer to a person other than the subject. Here are some other examples of свой in its basic meaning:

У негó нет своéй лóшади (III,45)	*He does not have a horse of his own.*
Свой ли у вас дом? (III,40)	*Do you have a house of you own?* *(Does your house belong to you?)*
У нас нет своегó дóма (III,41)	*We don't have a house of our own.* *(We don't own the house)*

386. The English pronouns *his, its, her, hers, their, theirs* must be rendered in Russian by свой (своя́, своё), when they refer to the subject of the sentence. It does not make any difference whether that subject is in the singular or plural or in what gender it is. On the other hand, if these possessive pronouns refer to somebody or something else, not the subject, the Russian pronouns егó, её, их (see section 369) must be used.

Онá пи́шет своéй подру́ге (IV,4)	*She is writing to her (own) friend.*
Он идёт к своему́ отцу́ (IV,55)	*He is going to his (own) father.*
Они́ ви́дят свой дом	*They see their (own) house.*
Они́ иду́т к своему́ отцу́	*They are going to their (own) father.*

With the preceding sentences, contrast:

Я чита́ю егó кни́гу.	*I am reading his book.*
Я пишу́ её отцу́.	*I am writing to her father.*
Мы ви́дим их дом.	*We see their house.*
Онá пи́шет её подру́ге.	*She is writing to her (another woman's) friend.*
Он идёт к егó отцу́.	*He is going to his (another boy's) father.*
Они́ иду́т к их отцу́.	*They are going to their (other children's) father.*

387. The reflexive form свой (своя́, своё) may be used instead of мой, твой, наш, ваш, whenever the possessive adjective refers back to the subject of the sentence. However, this rule is not compulsory. Thus, one may say:

Я зна́ю мой уро́к or Я зна́ю свой уро́к	*I know my lesson.*
Ты зна́ешь твой уро́к or Ты зна́ешь свой уро́к	*You know your lesson.*
Мы зна́ем наш уро́к or Мы зна́ем свой уро́к	*We know our lesson.*
Вы зна́ете ваш уро́к or Вы зна́ете свой уро́к	*You know your lesson.*

Examples from recordings:

Зна́ете ли вы ваш уро́к? (III,1)	*Do you know your lesson?*
Я не зна́ю моегó уро́ка (III,2)	*I don't know my lesson.*

Я покупа́ю его́ для свое́й ма́тери.   *I am buying it for my mother.*
(III, 73)

Я пишу́ письмо́ своему́ дру́гу.   *I am writing a letter to my friend.*
(IV, 2)

Вы пи́шете своему́ дя́де. (IV, 7)   *You write to your uncle.*

DECLENSION OF DEMONSTRATIVE ADJECTIVES

388.

	Masculine		SINGULAR Feminine		Neuter		PLURAL All Genders	
Nom.	э́тот	тот	э́та	та	э́то	то	э́ти	те
Gen.	э́того	того́	э́той	той	э́того	того́	э́тих	тех
Dat.	э́тому	тому́	э́той	той	э́тому	тому́	э́тим	тем
Acc.	N. or G.		э́ту	ту	э́то	то	N. or G.	
Instr.	э́тим	тем	э́той	той	э́тим	тем	э́тими	те́ми
Prep.	э́том	том	э́той	той	э́том	том	э́тих	тех

See sections 94, 108, 111, 119, 125.

389.

	Masculine	SINGULAR Feminine	Neuter	PLURAL All Genders
Nom.	сей	сия́	сие́, сё	сии́
Gen.	сего́	сей	сего́	сих
Dat.	сему́	сей	сему́	сим
Acc.	N. or G.	сию́, сю	сие́, сё	N. or G.
Instr.	сим	сей	сим	си́ми
Prep.	сем, сём	сей	сем, сём	сих

INDEFINITE ADJECTIVE

390.

	Masculine	SINGULAR Feminine	Neuter	PLURAL All Genders
Nom.	весь	вся	всё	все
Gen.	всего́	всей	всего́	всех
Dat.	всему́	всей	всему́	всем
Acc.	N. or G.	всю	всё	N. or G.
Instr.	всем	всей	всем	все́ми
Prep.	всём	всей	всём	всех

POSSESSIVE INTERROGATIVE

391.

	Masculine	SINGULAR Feminine	Neuter	PLURAL All Genders
Nom.	чей	чья	чьё	чьи
Gen.	чьего́	чьей	чьего́	чьих
Dat.	чьему́	чьей	чьему́	чьим
Acc.	N. or G.	чью	чьё	N. or G.
Instr.	чьим	чьей	чьем	чьи́ми
Prep.	чьём	чьей	чьём	чьих

392. чей? (чья?, чьё?) *whose?* is an interrogative possessive adjective. In contrast to English *whose*, which remains unchanged, чей is declined like мой *my*.

Nominative:

Чей э́тот журна́л? (III,17)	*Whose magazine is this?*
Чья э́та газе́та? (III,20)	*Whose newspaper is this?*
Чьё э́то перо́? (III,23)	*Whose pen is this?*

Genitive:

о́коло чьего́ до́ма?	*near whose house?*
от чьего́ бра́та?	*from whose brother?*
от чьей сестры́	*from whose sister?*
из чьего́ окна́?	*out of whose window?*

Accusative:

Чей дом вы ви́дите?	*Whose house do you see?*
Чьего́ бра́та вы зна́ете?	*Whose brother do you know?*
Чью сестру́ вы зна́ете?	*Whose sister do you know?*
Чьё зда́ние вы ви́дите?	*Whose building do you see?*

чей? (чья?, чьё?) can only be used in direct or indirect questions, but never in relative clauses. See section 399.

RELATIVE CLAUSES

393. Relative clauses are usually started with the relative pronoun кото́рый, кото́рая, кото́рое which is to be rendered in English by *who, which, that*. This relative pronoun must always have an antecedent even though the English version may not have any. If the antecedent is a masculine noun, the form кото́рый is to be used, while кото́рая must be used with feminine antecedents. The relative pronoun is declined according to the pattern given in section 289. The relative clause is always set off by a comma.

Челове́к, кото́рый говори́т	*The man who talks*
Пода́рок, о кото́ром он не говори́т	*The present about which he does not speak*
Дама́, о кото́рой я говорю́ (VI,69)	*The lady about whom I am talking*

The neuter кото́рое is only used when the antecedent is a neuter noun. If the antecedent is a neuter pronoun, что is used as relative pronoun.

Письмо́, о кото́ром я ничего́ не зна́ю	*The letter about which I don't know anything*
Письмо́, в кото́ром он пи́шет о нас	*The letter in which he writes about us*
Всё, что я зна́ю	*Everything I know*
То, о чём он говори́т.	*What (That which) he is talking about.*

394. Relative pronouns referring to nouns denoting animate beings use the genitive form as accusative under the same conditions as the respective nouns. Examples:

Куда́ вы убра́ли насеко́мых, кото́рых я вам дал? | *Where have you put the insects which I gave you?*

395. Кто can be used as a relative pronoun only together with the demonstrative тот. The clause introduced with кто usually comes first. The combination кто...тот is to be translated *he who*. Example:

Кому́ не хо́чется рабо́тать, тому́ рабо́та не нра́вится. | *He who does not want to work (in general) does not enjoy work.*

396. The interrogative кто *who* is occasionally used as relative pronoun (standing for a person) with the verb in the singular although the antecedent may be in the plural, especially after все or все те *all those (who)*. Examples:

все те, кото́рые уе́хали
все те, кто уе́хал | *all those who left*

все те, кото́рые рабо́тают здесь
все те, кто рабо́тает здесь | *all those who work here*

Мой дя́дя был счастли́вейший из всех, кого́ я знал. | *My uncle was the happiest (luckiest) person I knew.*

397. The relative pronoun что *which, that* frequently has an antecedent in the form of the neuter demonstrative то. Examples:

Я зна́ю то́лько то, что и вы зна́ете | *I know only what (literally: that which) you also know.*

Мой дя́дя пи́шет нам о том, что он де́лает | *My uncle writes us what (literally: about that which) he is doing.*

The same construction is used when что has the meaning of an interrogative pronoun in indirect questions, e.g.,

Я ду́маю о том, что мне сейча́с де́лать. | *I am thinking about what I should do now.*

398. The construction discussed in the preceding section is even used when что is a conjunction. Examples:

Я зна́ю то́лько то, что он хоро́ший челове́к. | *I know only that he is a fine man.*

Я ду́маю о том, что сейча́с мне не́чего де́лать. | *I am thinking about the fact that I have nothing to do right now.*

This same construction is even used with other conjunctions, e.g.,

Напиши́те мне о том, как прошла́ у вас реви́зия. (XX, 47) | *Write to me about how the inspection at your place came off.*

399. English *whose* is rendered in Russian in two ways, according to whether it appears in a question or in a relative clause.

(a) In direct or indirect questions, *whose* is rendered by the interrogative чей? чья? чьё? чьи? (see section 392).

(b) In relative clauses, *whose* is rendered by the genitive of котóрый котóрая котóрое котóрые (preceded by the modified noun). Notice that relative clauses are always set off by a comma. Examples:

господи́н, жена́ котóрого бу́дет у нас	*the gentleman whose wife will be at our house*
учи́тельница, брат котóрой живёт на на́шей у́лице	*the teacher whose brother lives in our street*
Дом принадлежи́т господи́ну, сы́ну котóрого вы даёте уро́к ру́сского языка́ ка́ждую сре́ду.	*This house belongs to the gentleman to whose son you give Russian instruction every Wednesday.*
Эта кни́га ученика́, об отце́ котóрого тепе́рь идёт бесе́да.	*This book belongs to the pupil about whose father there is some talk going on now.*
Это пла́тье да́мы, бра́та котóрой мы встреча́ем здесь.	*This dress belongs to the lady whose brother we meet here.*

400. English *each other*, referring to human beings, is expressed in Russian as follows:

Acc.:	Они́ люби́ли друг дру́га	*They loved each other*
Dat.	Они́ сказа́ли друг дру́гу	*They told each other*
	Ста́ньте побли́же друг к дру́гу	*Stand a little closer to each other.*
Instr.	Мы говори́ли друг с дру́гом	*We spoke to each other.*
Prep.	Они́ ду́мали друг о дру́ге	*They thought about each other.*

Referring to inanimate objects and animals, as follows:

Поста́вьте э́ти столы́ пода́льше оди́н от друго́го	*Place these tables a little farther away from each other*
О́бе соба́ки бе́гали одна́ за друго́й	*The two dogs were running after each other*

401.
NUMERALS

CARDINAL NUMERALS				ORDINAL NUMERALS		
оди́н, одна́, одно́	1	пе́рвый, пе́рвая, пе́рвое	1st	шесть 6	шесто́й, шеста́я, шесто́е	6th
два, две, два	2	второ́й, втора́я, второ́е	2nd	семь 7	седьмо́й, седьма́я, седьмо́е	7th
три 3		тре́тий, тре́тья, тре́тье	3rd	во́семь 8	восьмо́й, восьма́я, восьмо́е	8th
четы́ре 4		четвёртый, четвёртая, четвёртое	4th	де́вять 9	девя́тый, девя́тая, девя́тое	9th
пять 5		пя́тый, пя́тая, пя́тое	5th	де́сять 10	деся́тый, деся́тая, деся́тое	10th

13	тринáдцать	13th	тринáдцатый, −тая, −тое[276]
14	четы́рнадцать	14th	четы́рнадцатый, −тая, −тое[276]
15	пятнáдцать	15th	пятнáдцатый, −тая, −тое[276]
16	шестнáдцать	16th	шестнáдцатый, −тая, −тое[276]
17	семнáдцать	17th	семнáдцатый, −тая, −тое[276]
18	восемнáдцать	18th	восемнáдцатый, −тая, −тое[276]
19	девятнáдцать	19th	девятнáдцатый, −тая, −тое[276]
20	двáдцать	20th	двадцáтый, −тая, −тое[276]
	двáдцать одúн		двáдцать пéрвый
21	двáдцать однá	21st	двáдцать пéрвая
	двáдцать однó		двáдцать пéрвое
22	двáдцать два	22nd	двáдцать вторóй, −óе
	двáдцать две		двáдцать вторáя
30	трúдцать	30th	тридцáтый, −тая, −тое
	трúдцать одúн		трúдцать пéрвый
31	трúдцать однá	31st	трúдцать пéрвая
	трúдцать однó		трúдцать пéрвое
32	трúдцать два	32nd	трúдцать вторóй, −óе
	трúдцать две		трúдцать вторáя
33	трúдцать три	33rd	трúдцать трéтий, −тья, −тье
34	трúдцать четы́ре	34th	трúдцать четвёртый, −тая, −тое
35	трúдцать пять	35th	трúдцать пя́тый, −тая, −тое
36	трúдцать шесть	36th	трúдцать шестóй, −тáя, −тóе
37	трúдцать семь	37th	трúдцать седьмóй, −мáя, −мóе
38	трúдцать вóсемь	38th	трúдцать восьмóй, −мáя, −мóе
39	трúдцать дéвять	39th	трúдцать девя́тый, −тая, −тое

сóрок   40   сороковóй, −вáя, −вóе 40th

$\begin{cases} \text{сóрок одúн}^{411} \\ \text{сóрок однá} \\ \text{сóрок однó} \end{cases} 41$ $\begin{cases} \text{сóрок пéрвый} \\ \text{сóрок пéрвая} \\ \text{сóрок пéрвое} \end{cases} 41\text{st}$

$\begin{cases} \text{сóрок два}^{411} \\ \text{сóрок две} \end{cases} 42$ $\begin{cases} \text{сóрок вторóй} \\ \text{сóрок вторáя} \end{cases} 42\text{nd}$

сóрок три[411] 43   сóрок трéтий, −тья, −тье 43rd

сóрок четы́ре 44   сóрок четвёртый, −тая, −тое 44th

сóрок пять 45   сóрок пя́тый, −тая, −тое 45th

сóрок шесть 46   сóрок шестóй, −тáя, −тóе 46th

сóрок семь 47   сóрок седьмóй, −мáя, −мóе 47th

сóрок вóсемь 48   сóрок восьмóй, −мáя, −мóе 48th

сóрок дéвять 49   сóрок девя́тый, −тая, −тое 49th

пятьдеся́т 50   пятидеся́тый, −тая, −тое 50th
шестьдеся́т 60   шестидеся́тый, −тая, −тое 60th
сéмьдесят 70   семидеся́тый, −тая, −тое 70th
вóсемьдесят 80   восьмидеся́тый, −тая, −тое 80th

девянóсто 90 $\begin{cases} \text{девянóстый, −тая, −тое} \\ \text{девятидеся́тый, −тая, −тое} \end{cases} 90\text{th}$

сто   100   сóтый, −тая, −тое 100th
сто дéвять 109   сто девя́тый, −тая, −тое 109th
сто двáдцать 120   сто двадцáтый, −тая, −тое 120th

140	сто со́рок[411]	140th	сто сороково́й, –ва́я, –во́е
200	две́сти	200th	двухсо́тый, –тая, –тое
300	три́ста	300th	трехсо́тый, –тая, –тое
400	четы́реста	400th	четырехсо́тый, –тая, –тое
500	пятьсо́т	500th	пятисо́тый, –тая, –тое
600	шестьсо́т	600th	шестисо́тый, –тая, –тое
700	семьсо́т	700th	семисо́тый, –тая, –тое
800	восемьсо́т	800th	восьмисо́тый, –тая, –тое
900	девятьсо́т	900th	девятисо́тый, –тая, –тое
1,000	ты́сяча	10,000th	десятиты́сячный, –ная, –ное
2,000	две ты́сячи[410]	20,000th	двадцатиты́сячный, –ная, –ное
1,000,000,000	миллиа́рд	40,000th	сорокаты́сячный, –ная, –ное
2,000,000,000	два миллиа́рда[409]	50,000th	пятидесятиты́сячный, –ная, ное
5,000,000,000	пять миллиа́рдов[409]	100,000th	стоты́сячный, –ная, –ное

DECLENSION OF CARDINAL NUMERALS

402. The cardinal numeral for *one* is оди́н, одна́, одно́. It has a special form for each gender and is used as an attributive adjective, i.e., it appears in the same case as the noun which it modifies (see section 301).

		SINGULAR		PLURAL
	Masculine	Feminine	Neuter	All Genders
Nom.	оди́н	одна́	одно́	одни́
Gen.	одного́	одно́й	одного́	одни́х
Dat.	одному́	одно́й	одному́	одни́м
Acc.	N. or G.	одну́	одно́	N. or G.
Instr.	одни́м	одно́й	одни́м	одни́ми
Prep.	одно́м	одно́й	одно́м	одни́х

403. SING. Masc. Fem. Neuter — PLURAL -- All Genders

	Masc.	Fem.	Neuter			
Nom.	два, две	три	четы́ре	пять	во́семь	оди́ннадцать
Gen.	двух	трёх	четырёх	пяти́	восьми́	оди́ннадцати
Dat.	двум	трём	четырём	пяти́	восьми́	оди́ннадцати
Acc.	Nominative or Genitive			пять	во́семь	оди́ннадцать
Instr.	двумя́	тремя́	четырьмя́	пятью́	восемью́	оди́ннадцатью
Prep.	двух	трёх	четырёх	пяти́	восьми́	оди́ннадцати

Шесть, семь, де́вять, де́сять, два́дцать, три́дцать follow the declension of пять. The numerals 11-19 follow the pattern of оди́ннадцать.

404.

	Nom.	со́рок	девяно́сто	сто
	Gen.	сорока́	девяно́ста	ста
	Dat.	сорока́	девяно́ста	ста
	Acc.	со́рок	девяно́сто	сто
	Instr.	сорока́	девяно́ста	ста
	Prep.	сорока́	девяно́ста	ста

405.

	Nom.	пятьдеся́т	во́семьдесят
	Gen.	пяти́десяти	восьми́десяти
	Dat.	пяти́десяти	восьми́десяти
	Acc.	пятьдеся́т	во́семьдесят
	Instr.	пятью́десятью	восемью́десятью
	Prep.	пяти́десяти	восьми́десяти

шестьдеся́т and се́мьдесят follow the pattern of пятьдеся́т.

406.			
Nom.	две́сти	три́ста	четы́реста
Gen.	двухсо́т	трёхсо́т	четырёхсо́т
Dat.	двумста́м	тремста́м	четырёмста́м
Acc.	две́сти	три́ста	четы́реста
Instr.	двумя́ста́ми	тремя́ста́ми	четырьмя́ста́ми
Prep.	двухста́х	трёхста́х	четырёхста́х

Nom.	пятьсо́т	восемьсо́т
Gen.	пятисо́т	восьмисо́т
Dat.	пятиста́м	восьмиста́м
Acc.	пятьсо́т	восемьсо́т
Instr.	пятьюста́ми	восемьюста́ми
Prep.	пятиста́х	восьмиста́х

шестьсо́т, семьсо́т, девятьсо́т follow the pattern of пятьсо́т.

407. ты́сяча *thousand* is a feminine noun and declined like но́ша (see section 257).

408. миллио́н *million* and миллиа́рд *billion* are masculine nouns and declined like стол (see section 240) but with immobile accent.

409. Compound numbers like две ты́сячи *(2,000)*, три ты́сячи *(3,000)*, пять ты́сяч *(5,000)*, де́сять ты́сяч *(10,000)*, два миллио́на *(2,000,000)*, пять миллио́нов *(5,000,-000)* etc., are subject to the rules given in sections 422-423. The numerals ты́сяча and миллио́н take the place of the modified noun. The counted object, however, appears in the genitive plural.

410. Notice the accentuation пя́тью, ше́стью, се́мью, во́семью, де́вятью, де́сятью in the multiplication table, in contrast to the regular accentuation of these instrumental forms as given in section 403.

411. In cardinal compound numerals like *21-29, 31-39, 101*, etc., each part is declined separately (see sections 402, 414, 415). Examples.

	21 days	21 pages
Nom.	два́дцать оди́н день	два́дцать одна́ страни́ца
Gen.	двадцати́ одного́ дня	двадцати́ одно́й страни́цы
Dat.	двадцати́ одному́ дню	двадцати́ одно́й страни́це
Acc.	два́дцать оди́н день	два́дцать одну́ страни́цу
Instr.	двадцатью́ одни́м днём	двадцатью́ одно́й страни́цей
Prep.	двадцати́ одно́м дне	двадцати́ одно́й страни́це

	33 books	35 soldiers
Nom.	три́дцать три кни́ги	три́дцать пять солда́т
Gen.	тридцати́ трёх книг	тридцати́ пяти́ солда́т
Dat.	тридцати́ трём кни́гам	тридцати́ пяти́ солда́там
Acc.	три́дцать три кни́ги	три́дцать пять солда́т
Instr.	тридцатью́ тремя́ кни́гами	тридцатью́ пятью́ солда́тами
Prep.	тридцати́ трёх кни́гах	тридцати́ пяти́ солда́тах

132 roubles

Nom.	сто тридцать два рубля́
Gen.	ста тридцати́ двух рубле́й
Dat.	ста тридцати́ двум рубля́м
Acc.	сто тридцать два рубля́
Instr.	ста тридцатью́ двумя́ рубля́ми
Prep.	ста тридцати́ двух рубля́х

USE OF CARDINAL NUMERALS

412. **Notice the various special uses of the numeral** оди́н одна́ одно́:

то́лько одно́ сло́во	*only one word*
то́лько одни́ па́льцы	*only the fingers*
оди́н учени́к из мое́й шко́лы	*a (certain) pupil from my school*
Вчера́ рабо́тал оди́н оте́ц.	*Father worked alone yesterday.*
Она́ пойдёт одна́.	*She will go alone.*
Я ходи́л оди́н.	*I went alone.*

413. ещё оди́н means *one more, one in addition, still another.*

414. The numerals два две *two*, три *three*, четы́ре *four* have the counted object in the genitive singular. два is used with masculine and neuter nouns, две with feminine. три and четы́ре have no separate form for the feminine gender.

два три четы́ре	америка́нца, бра́та, господи́на, дру́га, учи́теля, челове́ка, до́ма, музе́я, па́льца, словаря́, угла́, уро́ка, языка́, etc.
два три четы́ре	окна́, пера́, сло́ва, зда́ния, пла́тья, поля́
две три четы́ре	сестры́, да́мы, рабо́тницы, кни́ги, руки́, а́рмии, америка́нки, дере́вни, ве́щи, ло́шади, etc.

415. The numerals above *four* have the counted object in the genitive plural, with the restriction, however, that in compound numerals of two or more digits the case form of the counted object is determined by the last digit. Consequently, numerals like 21, 31, 41, etc., 101, 121, 131, 241, 451, etc., follow the rule given in section 184, while numerals like 22 to 24, 32 to 34, 42 to 44, etc., 102 to 104, 132 to 134, etc., follow the rule given in section 414. The numerals 5 to 20, 25 to 30, 35 to 40, 45 to 50, 55 to 60, 65 to 70, 75 to 80, 85 to 90, 95 to 100, 105 to 120, 125 to 130, 135 to 140 etc., 1,000, etc., are therefore followed by the genitive plural.

416. The genitive plural is used after certain nouns indicating number, such as па́ра *pair*, дю́жина *dozen*, деся́ток (a group or series of) *ten, decade*, and after the following so-called collective numerals: дво́е *two*, тро́е *three*, че́тверо *four*, пя́теро *five*, ше́стеро *six*, се́меро *seven*, во́сьмеро *eight*, де́вятеро *nine*, деся́теро *ten*. Examples:

двóе детéй	*two (a couple of) children*
чéтверо часóв	*four watches*
пáра перчáток	*a pair of gloves*
дю́жина карандашéй	*a dozen pencils*
у меня́ их дю́жина (XII, 47)	*I have a dozen of them*
шестóй деся́ток лет (XXI, 34)	*the age of sixty*

The collective numerals must be used with nouns that appear only in the plural or if a noun has a certain meaning only in the plural, e.g., час *hour*, четы́ре часá *four hours*, contrasted with часы́ *watch, clock* – чéтверо часóв *four watches, four clocks*. Consequently also: пять часóв *five hours*, but пя́теро часóв *five watches, five clocks*.

417. The following rules are to be observed in using numerals together with an attributive adjective and a noun (modified by the adjective):

(a) два три четы́ре with masculine or neuter nouns: The adjective is in the genitive plural, the noun in the genitive singular, e.g.,

Masculine: два (три, четы́ре) нóвых   *two (three, four) new pencils*
                 карандашá

Neuter: два (три, четы́ре) нóвых   *two (three, four) new pens*
          перá

(b) две три четы́ре with feminine nouns: The adjective is in the nominative or genitive plural, the noun in the genitive singular, e.g.

         две (три, четы́ре) нóвые   *two (three, four) new books*
         (нóвых) кни́ги

(c) Numerals above *four* (see section 415) take both the attributive adjective and t e noun in the genitive plural, e.g.,

         пять крáсных карандашéй   *five red pencils*

         пять рýсских дам   *five Russian ladies*

418. If a noun (in the genitive form) denoting an inanimate object is governed by a numeral, this same combination (without any change) may also serve as direct object, e.g.,

         Онá изучáет два языкá   *She is studying two languages*

         Вы имéли два урóка (XII, 16)   *You had two lessons*

         Онá купи́ла шесть плáтьев   *She bought six dresses*

419. Numerals with nouns denoting animate beings as direct object: Instead of два (две), три, четы́ре, the genitive forms двух, трёх, четырёх followed by the genitive plural must be used.

         Я знáю двух дóбрых америкáнцев. *I know two kind Americans.*

         Он знáет трёх рýсских дам. *He knows three Russian ladies.*

420. The numerals пять, шесть, etc., followed by the genitive plural may be used as subject or as direct object of the verb, without any change.

421. In the negative sentence, numeral, attributive adjective (or pronoun), and modified noun used as direct object appear in the genitive plural. Examples:

Affirmative	Negative
Я покупа́ю два кра́сных карандаша́	Я не покупа́ю э́тих двух карандаше́й
I am buying two red pencils	*I am not buying these two pencils.*
Он покупа́ет пять кра́сных карандаше́й	Он не покупа́ет э́тих пяти́ карандаше́й
He is buying five red pencils	*He is not buying these five pencils.*

422. Numerals which are governed by prepositions must take the case form required by the preposition. The modified noun (counted object) takes the required case form in the plural. Compare the following examples:

Subject	Prepositional Phrase
два америка́нца	для двух америка́нцев
two Americans	*for two Americans*
три англича́нина	для трёх англича́н
three Englishmen	*for three Englishmen*
четы́ре ру́сские да́мы	для четырёх ру́сских дам
four Russian ladies	*for four Russian ladies*
мои́ два дру́га	от мои́х двух друзе́й
my two friends	*from my two friends*
три подру́ги мое́й жены́	от трёх подру́г мое́й жены́
three friends of my wife	*from three friends of my wife*
два до́ктора	к двум доктора́м
two doctors	*to two doctors*
пять докторо́в	к пяти́ доктора́м
five doctors	*to five doctors*
два това́рища	с двумя́ това́рищами
two comrades	*with two comrades*
пять столо́в	за пятью́ стола́ми
five tables	*at five tables*
четы́ре языка́	на четырёх языка́х
four languages	*in four languages*
пять языко́в	на пяти́ языка́х
five languages	*in five languages*

423. When a combination made up of a cardinal numeral and a noun (counted object) functions as complement (without the aid of a preposition) of a verb, both the numeral and the noun take the case form required by the verb. The modified noun takes the required case form in the plural. Examples:

Я бу́ду писа́ть двум това́рищам	*I shall write to two friends*
Я дам кни́ги трём друзья́м и четырём да́мам	*I shall give the books to three friends and (to) four ladies.*
Я дава́л уро́ки восьми́ ма́льчикам и девяти́ де́вочкам	*I gave lessons to eight boys and (to) nine girls*

424. A subject formed by the numerals два (две), три, четы́ре (with the counted object in the genitive singular) takes the verb in the third person plural:

У нас рабо́тали две рабо́тницы	*Two women workers worked at our place.*
Мои́ два сы́на ду́мают сиде́ть до́ма	*My two sons expect to stay at home.*
Где рабо́тают ва́ши два бра́та?	*Where do your two brothers work?*

425. By way of exception to the rule given in section 424, the past tense form of the verb may be in the neuter singular when the verb precedes the subject два, три, четы́ре.

У моего́ бра́та бы́ло два рабо́тника	*My brother had two workers.*
Два рабо́тника бы́ли у моего́ бра́та	*Two workers were at my brother's home.*

426. A subject formed by the numerals пять, шесть, etc., and the counted object in the genitive plural (with the restriction mentioned in section 415) may take the verb in the third singular (the neuter form in the past tense), or in the third plural. Examples:

Пять сынове́й моего́ дя́ди бы́ли на войне́	*Five sons of my uncle were in the war.*
Вчера́ пришло́ оди́ннадцать ученико́в	*Eleven male pupils arrived yesterday*
Пришло́ пять учени́ц	*Five female pupils arrived*
У моего́ отца́ бы́ло пять рабо́тников or Пять рабо́тников бы́ло у моего́ отца́	*My father had five workers*
Здесь рабо́тало шесть челове́к or Шесть челове́к рабо́тало здесь	*Six persons were working here*
Ма́льчику испо́лнилось уже́ шестна́дцать лет (XIV, 51)	*The boy is already sixteen years old (sixteen years have been completed for the boy)*

427. Combinations with два, три, четы́ре as subject have the predicate adjective in the plural (see section 424). Examples:

Ей нужны́ две ко́мнаты	*She needs two rooms*
Ему́ нужны́ два пера́	*He needs two pens*
Мне нужны́ три кра́сных карандаша́	*I need three red pencils*

428. пять, шесть, etc., have the predicate adjective in the neuter singular (see section 426). Example:

Нам ну́жно пять но́вых пе́рьев	*We need five new pens*

429. о́ба, о́бе *both* are used like два, две (see sections 414, 418, 419, 420, 424). The declension is as follows:

	Masculine	Feminine	Neuter
Nom.	о́ба	о́бе	о́ба
Gen.	обо́их	обе́их	обо́их
Dat.	обо́им	обе́им	обо́им
Acc.	Nom. or Gen.		о́ба
Instr.	обо́ими	обе́ими	обо́ими
Prep.	обо́их	обе́их	обо́их

Вернýлись óба егó брáта	*Both his brothers have returned*
Они óба бы́ли в дерéвне	*Both of them were in the country*
В дéвять часóв мы óба ужé вы́купались	*At nine o'clock both of us had already finished bathing*
обéими рукáми	*with both hands*
в обéих рукáх	*in both hands*

430. полторá *one and a half* is used with the genitive singular of masculine and neuter nouns, while полторы́ is used with the genitive singular of feminine nouns. Examples:

полторá часá	*an hour and a half*
полторá мéсяца	*a month and a half*
полторá гóда	*a year and a half*
полторы́ минýты	*a minute and a half*
полторы́ недéли	*a week and a half*

431. скóлько *how many* is declined in the following way:

Nom. скóлько, Gen. скóльких, Dat. скóльким, Acc. скóлько, Instr. скóлькими, Prep. скóльких.

The inflected forms are used under the conditions stated in sections 422 and 423. Examples:

Скóлько рýсских писáтелей вы знáете?	*How many Russian writers do you know?*
Скóлько урóков у вас в недéлю? (XII,10)	*How many lessons a week do you have?*
к скóльким докторáм?	*to how many doctors?*
со скóлькими ученикáми?	*with how many pupils?*
за скóлькими столáми?	*at how many tables?*
на скóльких языкáх?	*in how many languages?*
в скóльких магазúнах?	*in how many stores?*

432. Numerals following after the noun (counted object) indicate an approximate number, e.g., гóда три úли четы́ре *about three or four years*, минýты три *about three minutes*.

DECLENSION OF ORDINAL NUMERALS

433. The ordinal numerals are regular adjectives. They have no short forms. Their basic forms (nominative singular masculine, feminine, and neuter) are listed in section 401.

434. пéрвый, четвёртый, пя́тый, девя́тый, деся́тый, and all others ending in -ый, -ая, -ое, -ые follow the basic adjective type Ia presented in section 306.

435. вторóй, шестóй, седьмóй, восьмóй, сороковóй are declined like молодóй. See section 307.

436. третий follows the declension of Class III (see section 312).

	Masculine	SINGULAR Feminine	Neuter	PLURAL All Genders
Nom.	тре́тий	тре́тья	тре́тье	тре́тьи
Gen.	тре́тьего	тре́тьей	тре́тьего	тре́тьих
Dat.	тре́тьему	тре́тьей	тре́тьему	тре́тьим
Acc.	N. or G.	тре́тью	тре́тье	N. or G.
Instr.	тре́тьим	тре́тьей	тре́тьим	тре́тьими
Prep.	тре́тьем	тре́тьей	тре́тьем	тре́тьих

Special attention is called to the nominative and accusative forms of the feminine and neuter singular and also to the nominative and accusative plural.

437. In ordinal compound numerals only the last word has the form of an ordinal numeral and is declined like an adjective while the first part appears in the form of the cardinal numeral and remains unchanged. Examples:

	the 21st house	(the) 22nd street
Nom.	два́дцать пе́рвый дом	два́дцать втора́я у́лица
Gen.	два́дцать пе́рвого до́ма	два́дцать второ́й у́лицы
Dat.	два́дцать первому дому	два́дцать второ́й у́лице
Acc.	два́дцать пе́рвый дом	два́дцать втору́ю у́лицу
Instr.	два́дцать пе́рвым до́мом	два́дцать второ́й у́лицей
Prep.	два́дцать пе́рвом до́ме	два́дцать второ́й у́лице

438. In dates, the year is always expressed with the ordinal numeral. Similarly, instead of saying *No. 10* or *page 20*, etc., the Russian prefers to say *the tenth number, the twentieth page*, etc.

439. Fractions whose numerator is *1* are declined as follows:

	Nominative	Accusative	Gen., Dat., Instr., Prep.
1/2	(полови́на) одна́ втора́я	(полови́ну) одну́ втору́ю	одно́й второ́й
1/3	(треть) одна́ тре́тья	(треть) одну́ тре́тью	(тре́ти, тре́тью) одно́й тре́тьей
1/4	(че́тверть) одна́ четвёртая	(че́тверть) одну́ четвёртую	(че́тверти, че́твертью) одно́й четвёртой
1/5	одна́ пя́тая	одну́ пя́тую	одно́й пя́той
1/6	одна́ шеста́я	одну́ шесту́ю	одно́й шесто́й
1/7	одна́ седьма́я	одну́ седьму́ю	одно́й седьмо́й
1/8	одна́ восьма́я	одну́ восьму́ю	одно́й восьмо́й
1/9	одна́ девя́тая	одну́ девя́тую	одно́й девя́той
1/10	одна́ деся́тая	одну́ деся́тую	одно́й деся́той
1/11	одна́ оди́ннадцатая	одну́ оди́ннадцатую	одно́й оди́ннадцатой
1/20	одна́ двадца́тая	одну́ двадца́тую	одно́й двадца́той
1/21	одна́ два́дцать пе́рвая	одну́ два́дцать пе́рвую	одно́й два́дцать пе́рвой
1/22	одна́ два́дцать втора́я	одну́ два́дцать втору́ю	одно́й два́дцать второ́й

440. Fractions whose nominator is *2 or more* are declined as follows:

	Nom.-Acc.	Gen.-Prep.	Dative	Instrumental
2/8	две восьмых	двух восьмих	двум восьмым	двумя восьмыми
3/8	три восьмых	трёх восьмых	трём восьмым	тремя восьмыми
4/8	четыре восьмых	четырёх восьмых	четырём восьмым	четырьмя восьмыми
5/8	пять восьмых	пяти восьмых	пяти восьмым	пятью восьмыми

441. In combination with the cardinal numerals два (две), три, четыре, substantivized adjectives appear in the genitive plural. Fractions (see section 440) are treated like substantivized adjectives. Examples:

три портных	*three tailors*
В этой коробке есть два больших насекомых	*Two big insects are in this box*

USE OF THE ACCUSATIVE

442. The accusative case is used (a) as direct object of transative verbs in affirmative sentences, (b) with certain prepositions, (c) without a preposition in adverbial phrases.

443. In the sentence *I read a book*, the pronoun *I* is the subject and the expression *a book* the direct object. In Russian the subject appears in the nominative case, but the direct object in the accusative case.

444. The prepositions requiring the accusative case are listed in sections 520-529.

445. For examples of adverbial use of the accusative see sections 543 and 548.

USE OF THE GENITIVE

446. The genitive case is used in various ways. The most important uses are:

1) The possessive genitive.

2) The genitive with certain prepositions (see sections 482-516).

3) The genitive without preposition, required as the complement of certain verbs.

4) The partitive genitive, especially in negative clauses.

5) The genitive with numerals.

6) The genitive as accusative.

7) The genitive after a comparative.

447. The possessive genitive corresponds in part to the possessive case in English, e.g., книга матери *mother's book*, карандаш учителя *the teacher's pencil*. It should be noticed, however, that the word order is different. In Russian, the genitive of a noun modifying another noun usually follows the modified noun. English expressions like *mother's book* and *the teacher's pencil* must first be rearranged to read *the book of mother* and *the pencil of the teacher* before they can be translated. If the modified noun appears in another case than the nominative, this in no way affects either the form or the position of the possessive genitive.

448. Another type of possessive genitive appears in the following sentences:

Этот журна́л ру́сского учи́теля (III, 18)	*This magazine is the Russian teacher's or belongs to the Russian teacher.*
Эта газе́та америкиа́нской да́мы (III, 21)	*This newspaper is the American lady's or belongs to the American lady.*

449. There are nearly forty prepositions requiring the genitive case. Some of the most important ones are introduced in Lesson III. They are: без *without*, для *for*, до *to, till,* из *out of, from,* из-за *from behind,* о́коло *near, about,* от *from,* у *at, by.* See sections 482-516.

450. A list of the most important verbs requiring the genitive without a preposition includes the following:

боя́ться	*to fear, to dread, to be afraid of*
жале́ть – пожале́ть	*to pity, to feel sorry for*
ждать	*to wait for, to await, to expect*
жела́ть	*to wish, to desire*
избега́ть – избежа́ть	*to avoid*
иска́ть	*to look for, to seek*
каса́ться – косну́ться	*to touch, to come in contact with: to concern*
лиша́ть – лиши́ть	*to deprive of*
лиша́ться – лиши́ться	*to lose*
ожида́ть	*to wait for, to expect*
проси́ть	*to ask for*
Мне жаль э́тих бе́дных люде́й	*I feel sorry for these poor people*
что каса́ется э́того де́ла	*as to this matter; as far as this matter is concerned*

451. The partitive genitive expresses a quantity of something and is used with measures and similar expressions, e.g.,

фунт мя́са	*a pound of meat*
кусо́к хле́ба	*a piece of bread*
стака́н молока́	*a glass of milk*

452. The partitive genitive is also used after the following adverbs of quantity:

мно́го	*much, many*	бо́льше	*more*
немно́го	*a little, not much, not many*	ме́ньше	*less, fewer*
немно́жко		дово́льно	*enough, sufficient*
ма́ло	*little, few*	доста́точно	
нема́ло	*quite some, quite a few*	ско́лько?	*how much, how many*

| сто́лько | *so much, so many* | не́сколько | *some, several, a few* |

Such adverbs may be followed by the genitive singular or the genitive plural:

мно́го рабо́ты	*much work*
ма́ло наро́ду	*few people*
ско́лько де́нег?	*how much money?*
не́сколько ученико́в	*a few pupils*
не́сколько их	*some of them*

453. The direct object stands in the accusative case (see section 443) only if the sentence is affirmative. In the negative sentence the direct object appears in the genitive. Compare the following pairs of affirmative and negative, but otherwise identical, sentences:

Он зна́ет свой уро́к	*He knows his lesson*
Он не зна́ет своего́ уро́ка	*He does not know his lesson*
Я чита́ю кни́гу	*I am reading a book*
Я не чита́ю кни́ги	*I am not reading a book*
Он име́ет свою́ ло́шадь	*He owns a horse*
Он не име́ет свое́й ло́шади	*He does not own a horse*
Я ви́жу зда́ние	*I see the building*
Я не ви́жу зда́ния	*I do not see the building*

Note that the attributive adjectives are in the same case as the modified noun.

454. The rule given in section 453 is also observed in negative questions, e.g.,

| Почему́ вы не зна́ете ва́шего уро́ка? (III, 4-5) | *Why do you not know your lesson?* |

455. For the use of the genitive with numerals see sections 414-416.

456. Masculine nouns ending in a hard consonant, in –й and in –ь, when denoting individual animate beings, use the genitive form as accusative, both in the singular and plural, while masculine nouns denoting inanimate objects use the nominative form as accusative (see section 152). This rule is rigidly observed. However, masculine nouns: ending in –а or –я are not affected by this rule in the singular, since they are treated like feminine nouns of the respective declensions (see section 155).

457. The following table presents the nominative, genitive, and accusative singular of all masculine nouns introduced in the first three lessons:

	Nominative	Genitive	Accusative
a) Inanimate Objects:	дом	до́ма	дом
	журна́л	журна́ла	журна́л
	каранда́ш	карандаша́	каранда́ш
	музе́й	музе́я	музе́й
	па́лец	па́льца	па́лец
	слова́рь	словаря́	слова́рь
	у́гол	угла́	у́гол

	урóк	урóка	урóк
	чай	чáя	чай
	язы́к	языкá	язы́к
b) Animate Beings:	американец	американца	американца
	англичáнин	англичáнина	англичáнина
	брат	брáта	брáта
	господи́н	господи́на	господи́на
	друг	дрýга	дрýга
	нéмец	нéмца	нéмца
	отéц	отцá	отцá
	рабóтник	рабóтника	рабóтника
	учи́тель	учи́теля	учи́теля
	человéк	человéка	человéка
c) Feminine Form:	дя́дя	дя́ди	дя́дю

458. Attributive adjectives which accompany masculine nouns denoting animate
beings (see section 456) always use the genitive form (singular and plural) as
accusative, even when the modified noun is declined like a feminine (see section 155). Subject to this rule are not only the common adjectives, like америкáнский, рýсский, мáленький, бéлый, etc., but also pronominal adjectives, like
какóй, такóй, э́тот, мой, твой, свой, наш, ваш, and the numerals.

Я знáю э́того человéка	I know this man.
Знáете ли вы такóго человéка?	Do you know such a man?
(III, 62)	
Я знáю однóго человéка (III, 60)	I know a (certain) man.
Знáете ли вы рýсского рабóтника?	Do you know a Russian worker?
Я имéю американского дя́дю	I have an American uncle.
Я знáю вáшего отцá	I know your father.
Он знáет моегó дя́дю	He knows my uncle.

459. Since masculine nouns denoting animate beings use the genitive as accusative (see section 456), the change mentioned in section 453 does not take
place with such nouns. One and the same form is used both in affirmative and
negative sentences, as is shown by the following examples:

Я там ви́жу человéка	I see a man over there
Я не ви́жу человéка	I don't see the man
Я знáю вáшего отцá	I know your father
Я не знáю вáшего отцá	I don't know your father
Знáете ли вы э́того рабóтника?	Do you know this worker?
Я не знáю э́того рабóтника	I don't know this worker

460. After the comparative degree of an adjective or adverb, the compared
noun (together with its attributes), adjective, or pronoun appears in the genitive and the English conjunction *than* is not translated at all. This rule applies only if the compared word would otherwise appear in the nominative or
accusative (see section 566), but not if the compared word is already in the
genitive or any other case (see section 567). Nor does it apply when verbs,
simple adverbs, or prepositional phrases are compared (see section 568).

Я ста́рше ва́шей сестры́	*I am older than your sister.*
Он вы́ше моего́ отца́	*He is taller than my father.*
Моя́ ко́мната красиве́е ва́шей	*My room is nicer than yours.*
ме́ньше вас (XVIII, 15)	*smaller than you*
ме́ньше меня́ (XVIII, 16)	*smaller than I*
ста́рше меня́ (XVIII, 30)	*older than I*
вы́ше их (XVIII, 53)	*higher than they*
сильне́е други́х (XVIII, 21)	*stronger than the others*
Он у́чится ху́же меня́ (XVIII, 36)	*He is a poorer student than I (He learns less well than I).*
Францу́зский язы́к я зна́ю гора́здо лу́чше неме́цкого (XVIII, 40-41)	*I know French much better than German.*
поле́знее други́х (XVIII, 68)	*more useful than others*
Он лю́бит отца́ бо́льше ма́тери (see section 566)	*He loves his father more than his mother.*
Здоро́вье нужне́е всего́ ино́го	*Good health is more needed than everything else.*
бо́льше ча́са (четырёх часо́в, семи́ часо́в, го́да, двух лет, трёх лет, неде́ли, ме́сяца, рубля́, до́ллара, двух до́лларов)	*more than an hour (four hours, seven hours, a year, two years, three years, a week, a month, a rouble, a dollar, two dollars)*
ме́ньше ча́са (шести́ часо́в, неде́ли, ме́сяца, го́да, до́ллара, рубля́)	*less than an hour (six hours, a week, a month, a year, a dollar, a rouble)*
того́ ме́ньше	*less than that*

USE OF THE DATIVE

461. The dative case is used (a) to express the indirect object of the verb, (b) in impersonal sentences, (c) with certain prepositions.

462. The dative case without a preposition expresses the indirect object. It denotes the person (or thing) toward whom (or which) the action is directed or in whose interest the action is performed. Note that in such expressions the English preposition *to* has no counterpart in Russian. A list of the most important verbs taking the dative without a preposition includes the following:

ве́рить – пове́рить	*to believe (a person)*
дава́ть – дать	*to give to*
де́лать – сде́лать	*to do (something) to*
говори́ть – сказа́ть	*to tell, to say to (a person)*
грози́ть – погрози́ть, пригрози́ть	*to threaten (a person)*
жела́ть – пожела́ть	*to wish (a person something)*

кла́няться – поклони́ться	to greet (a person)
запреща́ть – запрети́ть	to forbid (a person)
меша́ть – помеша́ть	to disturb (a person)
напомина́ть – напо́мнить	to remind (a person)
нра́виться – понра́виться	to be pleasing to, to make a good impression on
обеща́ть	to promise
отвеча́ть – отве́тить	to answer (a person)
передава́ть – переда́ть	to hand over to
писа́ть – написа́ть	to write to
плати́ть – заплати́ть	to pay (a person)
позволя́ть – позво́лить	to allow, to permit (a person)
пока́зывать – показа́ть	to show to
покупа́ть – купи́ть	to buy for (a person)
помога́ть – помо́чь	to help (a person)
посыла́ть – посла́ть	to send to
предлага́ть – предложи́ть	to offer to
принадлежа́ть	to belong to
присыла́ть – присла́ть	to send to
продава́ть – прода́ть	to sell to
разреша́ть – разреши́ть	to allow, to permit (a person)
расска́зывать – рассказа́ть	to tell, to relate to (a person)
сове́товать – посове́товать	to advise (a person)
сообща́ть – сообщи́ть	to communicate to
учи́ть (кого́ чему́)	to teach (something)
учи́ться (чему́)	to learn (something)
чита́ть – почита́ть	to read to

463. The dative without a preposition is required by some impersonal reflexive verbs, e.g.,

Мне (Нам) ка́жется	It seems to me (us)
Мне хо́чется = я хочу́	I want to
Мне не ве́рится = Я не могу́ ве́рить	I cannot believe
Мне прихо́дится (придётся, пришло́сь)	I have to (shall have to, had to)
Мне не спи́тся = Я не могу́ спать	I cannot sleep
Мне сни́лось	I dreamed

464. The dative is used with a large number of predicative neuter adjectives in sentences where the idea of the verb *to be* is to be supplied in the present tense, while бы́ло must be used for the past, and бу́дет for the future. Such expressions may be followed by an infinitive.

Мне хорошо́	*I am fine; I feel fine; I like it*
Мне пло́хо	*I feel bad*
Мне хо́лодно	*I am cold*
Мне тепло́	*I am warm*
Мне легко́	*It is easy for me*
Мне тру́дно	*It is difficult (hard) for me*
Мне ну́жно	
Мне на́до	*I have to, I must*
Мне необходи́мо	
Мне мо́жно	*I may; I can*
Мне нельзя́	*I may not; I must not; I cannot*
Мне жа́лко	*I am sorry, I feel sorry*
Мне жаль	

Here belong also expressions like the following:

Как вам?	*How do you feel?*
Как мне де́лать э́то?	*How am I to do this?*
Как мне сказа́ть?	*How shall I say?*
Что мне де́лать?	*What am I to do?*
	What is there for me to do?
Мне не́чего де́лать	*There is nothing for me to do.*
Куда́ мне итти́?	*Where am I to go?*
Тебе́ до́ма сиде́ть и за до́мом смотре́ть	*It is your duty to stay at home and to take care of the house*

465. The dative is used in a number of idiomatic expressions, e.g.,

Мне не́когда	*I have no time*
Мне не́куда итти́	*I have nowhere to go*
Ему́ де́сять лет	*He is ten years old*
Ма́льчику четы́ре го́да	*The boy is four years old*
Он отморо́зил себе́ но́ги (XIX, 36)	*He froze his feet off*
Он мне рове́сник (XVIII, 29)	*He is my contemporary*

466. With the infinitive быть, the predicative adjective can appear in the dative, usually agreeing with a preceding dative (the logical subject). This is especially the case in impersonal expressions, when быть is combined with a present passive participle to form a passive infinitive, e.g., быть принима́ему *to be admitted.*

467. Words qualifying the logical subject, e.g., оди́н (одна́, одно́), *alone or*

сам (сама́, само́) *oneself,* appear in the dative when they accompany an infinitive, e.g.,

Тут ве́чером опа́сно ходи́ть одному́   *It is dangerous to pass there alone in the evening*

Ма́льчику э́то тру́дно де́лать самому́   *It is difficult for a boy to do this by himself*

468. A list of the prepositions requiring the dative is given in sections 517-519.

469. The preposition к (ко) with the dative is used after verbs expressing *motion toward or motion in the direction of a person or an object.* Its meaning differs from that of the prepositions до (with genitive) and в (with accusative). Compare:

Я е́ду к го́роду   *I am riding in the direction of the city*

Я е́ду в го́род   *I am riding into town*

Я е́ду до го́рода   *I am riding to the city limits*

With personal pronouns this preposition is used in the following way:

ко мне   *to me*

	(тебе́)		*(you)*
	нему́		*him, it*
	ней		*her*
к	нам	*to*	*us*
	вам		*you*
	ним		*them*

USE OF THE INSTRUMENTAL

470. The instrumental case is used (a) without a preposition, (b) with certain prepositions.

471. The instrumental case without a preposition normally denotes the instrument, tool, manner, means, by which something is done.

Чем вы пи́шете? (V, 1)   *With what do you write?*

Я пишу́ перо́м (V, 3)   *I write with a pen*

Соба́ка отлича́ется ве́рностью   *The dog distinguishes itself by loyalty*

Он дви́нул руко́й кни́гу   *He moved the book with his hand*

Тро́ньте руко́й э́то де́рево   *Touch this wood with your hand*

The English expressions *with, by, by means of* are most frequently used to render a simple Russian instrumental. Note the following expressions:

дви́гать руко́й   *to move a hand*

кача́ть голово́й   *to shake one's head*

472. The following verbs express the object of the action with the instrumental without a preposition:

владе́ть	*to own, to master*
горди́ться	*to be proud of*
дыша́ть	*to breathe*
же́ртвовать	*to sacrifice*
занима́ться	*to be occupied (with), to be engaged (in), to do, to study*
заня́ться	*to get busy (with)*
интересова́ться	*to be interested in*
по́льзоваться	*to use, to make use of, to profit from*
управля́ть	*to manage, to drive (a car)*

Even nouns of action derived from such verbs demand the instrumental (instead of the genitive, as we might expect), e.g.,

управле́ние магази́ном (XXI, 20)	*the management of the store*
Чем занима́ется ва́ша дочь? (XIV, 55)	*What does your daughter do (study)?*
Они́ займу́тся свои́ми уро́ками	*They will get busy with their lessons.*

473. The instrumental is used with verbs meaning *to become, to appear as, to feel, to develop into, to grow into, to find, to see, to consider, to call, to appoint, to make,* to express the predicate which may be a noun (in English a second accusative) or an adjective.

Его́ мо́жно назва́ть сильне́йшим (XVIII, 23)	*One can call him the strongest*
Ма́льчика зову́т Иса́евым (XVIII, 19-20)	*The boy is called Isayev*
Слу́чай, кото́рый вы называ́ете неслы́ханным (XX, 4)	*The incident which you call unheard-of*
С пе́рвых дней но́вый до́ктор показа́л себя́ зна́ющим своё де́ло	*From the first days on the new doctor showed himself as a man who knows his business*
Он чу́вствовал себя́ бо́лее уста́лым	*He felt more tired*
Я ча́сто ви́жу э́того ни́щего стоя́щим на э́том углу́	*I often see this beggar standing at this corner*
Своего́ дру́га я нашёл лежа́щим под высо́ким де́ревом	*I found my friend lying under a tall tree*
Он стал други́м челове́ком	*He became a different man*

474. With the past and future tenses of быть, the predicate noun or adjective appears in the instrumental if a temporary function or quality (in contrast to an innate quality of character) is indicated.

Кем вы бу́дете?	*What will you be?*

Я бу́ду учи́телем	*I shall be a teacher*
Он был солда́том	*He was a soldier*

In the present tense, where the verb *to be* is not expressed, the predicate noun or adjective must be in the nominative. With the past tense the nominative is used whenever an innate quality of character is indicated.

Он учи́тель	*He is a teacher*
Он был хоро́ший учи́тель	*He was a good teacher*
Он был настоя́щий солда́т	*He was a real soldier*

The adjective or participle used with the infinitive or gerund appears usually in the instrumental (see also section 466), e.g.

быть подходя́щим	*to be suitable*
бу́дучи до́брым	*being kind-hearted*
бу́дучи не совсе́м здоро́вым	*being not in the best of health*
Бей пе́рвый, е́сли не хо́чешь быть би́тым!	*Strike first, if you don't want to be (get) hit!*

475. In passive sentences (including sentences with reflexive verbs of passive meaning), the performer of the action is indicated by the instrumental without a preposition.

Ва́ше письмо́ мно́ю полу́чено (XX, 2)	*Your letter has been received by me*
Расска́занный ва́ми слу́чай (XX, 3)	*The incident related by you*
И́зданная им кни́га (XX, 20)	*A book published by him*
Газе́та выпи́сываемая на́шей семьёй (XX, 36)	*The newspaper subscribed to by our family*
Тро́нутый бедо́й сестры́, брат запла́кал	*Touched by the misery of his sister, the brother burst out in tears*

476. The instrumental without preposition is frequently used in an adverbial sense, especially in some expressions of time, e.g.

таки́м путём (XXI, 52)	*in this way, in this manner*
таки́м о́бразом	
ле́том (VII, 55)	*in the summer*
о́сенью (VII, 58)	*in the autumn*
зимо́й (VII, 48)	*in the winter*
весно́й (VII, 52)	*in spring*
днём (VII, 43)	*during the day, in the daytime*
но́чью	*at night*
ве́чером (VII, 44)	*in the evening*
у́тром (VII, 43)	*in the morning*
про́шлой зимо́й (XIX, 28)	*last winter*
проше́дшей зимо́й (XIX, 36)	

минýвшим лéтом	*last summer*
слéдующей веснóй (VII,69)	*next spring*
слéдующей óсенью (VII,70)	*next autumn*

The instrumental plural is used occasionally:

вечерáми	*in the evenings*
цéлыми днями	*entire days long, day in day out*

477. The instrumental without preposition is used in an explanatory way in the following examples:

Он вы́ше всех рóстом (XVIII,20)	*He is the tallest of all in stature*
Он стáрше вас годáми (XVIII,27)	*He is older than you in years*

478. The instrumental is used with the following prepositions:

с, со	*with, together with, with the help of*
за	*behind; for, after (to get something)*
под, пóдо	*under*
над, нáдо	*above, over*
пéред, пéредо	*in front of, before*
мéжду	*between, among*

Some of these prepositions take also other cases, but then they have a different meaning, e.g., с, со with genitive means *from*. The prepositions за *behind* and под *under* take the instrumental in answer to the question гдé? *where (is something)?*, but the accusative in answer to the question кудá? *where to?* (indicating direction).

За этим здáнием сад (V,36)	*Behind this building there is a garden.*
Собáка бежит за господином (V,30)	*The dog is running behind the gentleman.*
Она идёт за это здáние (V,53)	*She is going behind this building*
Газéта под столóм (V,67)	*The newspaper is under the table*
Я смотрю под стол (V,69)	*I am looking under the table*
мéжду тем	*meanwhile*
мéжду тем, как	*while (conjunction)*

See also sections 530-535.

USE OF THE PREPOSITIONAL

479. The prepositional case can only be used together with certain prepositions, therefore its name. It is conventional in grammars to present this case with the preposition о *about*. Any of the other prepositions demanding the prepositional could of course be used instead.

The designation locative is used in some grammars for this case.

480. The most important prepositions used with the prepositional case are

о, об, óбо	*about, concerning, of*

в, во	*in*
на	*on*
при	*in the presence of; by, with; in (the) service of), at*

About the use of во instead of в, see section 541.

The preposition о is used before a consonant, e.g., о ма́тери (VI,58), о войне́ (VI,43), о ру́сском учи́теле (VI,39).

The preposition об is used before a vowel, e.g., об а́рмии (VI,43), об отце́ (VI,58), об англи́йском словаре́ (VI,48).

The preposition о́бо is used before мне (prepositional of я), всём, всей, всех (prepositional of весь, вся, всё, все).

See also sections 536-540.

481. The prepositions в (во) and на take the prepositional case only in answer to the question где? *where (is something)?*, e.g.,

Перо́ в кра́сной коро́бке (VI,12)	*The pen is in the red box*
Она́ в магази́не	*She is at the store*
Я живу́ в го́роде (VI,2)	*I live in the city*
Каранда́ш лежи́т на столе́	*The pencil in lying on the table*

These same prepositions take the accusative case in answer to the question куда́ *where to?* (indicating direction), e.g.,

Он кладёт каранда́ш на стол	*He puts the pencil on the table*
Они́ кладу́т бума́гу в кни́гу	*They put the paper into the book*
Я иду́ в го́род	*I am going into town*
Он идёт в магази́н	*He is going to the store*
Я смотрю́ на карти́ну	*I am looking at the picture*

PREPOSITIONS REQUIRING THE GENITIVE CASE

482. без, безо *without*

без меня́ (нас, вас)	*without me (us, you), in my (our, your) absence*
без него́ (неё, них)	*without him (it, her, them)*
без хле́ба	*without bread*
без ма́сла	*without butter*
без шля́пы	*without a hat*
без де́нег	*without money*
без копе́йки	*penniless*
без ма́лого год	*a little less than a year*
без пяти́ два	*five minutes of two, 1:55*
без че́тверти два	*a quarter of two, 1:45*
бе́зо вся́кого пра́ва	*without any right*

483. близ *near*

близ меня (нас, вас)   near me (us, you)
близ него (неё, них)   near him (it, her, them)
Наш дом стоит близ реки   Our house stands near the river

484. вблизи = близ
вблизи от = близ
Река протекала вблизи села   A river flowed by near the village

485. вдоль *along*
вдоль него (неё, них)   along him (it, her, them)
вдоль дороги   along the road
вдоль стены   along the wall
вдоль моря   along the seashore

486. вместо *instead of*
вместо меня (нас, вас)   instead of me (us, you)
вместо него неё, них)   instead of him (it, her, them)
Он кушает картофель вместо хлеба   He eats potatoes instead of bread
Вместо него я послал сестру   I sent my sister in his place

487. вне *outside*
Я предпочитаю жить вне города   I prefer to live outside the city
вне очереди   without having to wait for one's
                                                    turn

вне этого   beyond this
Он был   He was beside himself (with anger)
Она была   вне себя   She was beside herself (with anger)

488. внутри *inside*
внутри страны   inside, within the country
внутри дома   inside the house

489. во время *during*
во время войны   during the war

490. возле *beside, near, alongside*
возле меня (нас, вас)   near me (us, you) next to (close by)
                                                    me (us, you)

возле него (неё, них)   near him (it, her, them)
Она стояла возле меня   She was standing next to me
Деревья растут возле дома   There are trees (growing) beside the
                                                    house

491. вокруг *around, round*
вокруг меня (нас, вас)   around me (us, you)

вокруг него (неё, них)	*around him (it, her, them)*
вокруг стола	*around the table*
вокруг сада	*around the garden*
Дети бегают вокруг дома	*The children are running around the house*

492. впереди *in front of, ahead of*

впереди меня (нас, вас)	*in front of me (us, you)*
впереди него (неё, них)	*in front of him (it, her, them)*
Впереди полка идёт командир	*The commander walks at the head of the regiment*

493. для *for*

для меня (нас, вас)	*for me (us, you)*
для него (неё, них)	*for him (it, her, them)*
Это для вас	*This is for you*
для этого	*for this purpose*
для кого?	*for whom?*
вагон для курящих (некурящих)	*car for smokers (non-smokers)*
Я купил книгу для друга	*I bought the book for a friend*
для того чтобы	*in order that*

494. до (a) *till, up to;* (b) *before*

от края до края	*from border to border*
до вечера!	*till to-night!*
до свидания	*good-by*
до сих пор	*until now*
Он работал всю ночь до утра	*He worked all night till morning*
До вокзала далеко	*It is far (a long way) to the station.*
До города только три километра	*It's only three kilometres to the city*
До школы недалеко ⎱	*It is not far to school*
До школы близко ⎰	
от двух до трёх	*from two or three*
до ста	*up to a hundred*
до пяти	*till five o'clock*
Я занят до шести	*I am busy till six*
Мне до него (неё, них) дела нет	*I won't have anything to do with him (her, them)*
в 44-ом (сорок четвёртом) году до Р.Х. (Рождества Христова)	*in the year 44 B.C.*
до войны	*before the war*
до обеда	*before dinner*

до него́	*before his time*
Мы прие́хали за три мину́ты до отхо́да по́езда	*We arrived three minutes before the departure of the train*

495. из, и́зо *out of, from*

из него́ (неё, них)	*out of him (it, her, them)*
Он вы́нул де́ньги из карма́на	*He took money out of his pocket*
Он выхо́дит из ко́мнаты	*He comes (goes) out of the room*
Он уе́хал из го́рода	*He left the city*
Мы вы́ехали из Москвы́	*We left Moscow*
Она́ написа́ла из Ленингра́да	*She wrote from Leningrad*
Что он вам привёз из дере́вни?	*What did he bring you from the country?*
Вы из Сове́тского Сою́за?	*Are you from the Soviet Union?*
из го́рода в го́род	*from one city (town) to another*
Кто из них бога́че?	*Who of them is the richest?*
Два из трёх один	*Two out of three is one*
Буке́т из кра́сных роз	*A bunch of red roses*
оди́н из госте́й	*one of the guests*
оди́н из нас	*one of us*
оди́н из них	*one of them*
не́которые из них	*some of them*
Эта кни́га состои́т из двухсо́т стран´	*This book consists of (has) 200 pages*
эпизо́ды из мое́й жи́цни	*episodes from my life*
Он уда́рил проти́вника и́зо всех сил	*He hit his opponent with all his strength*
и́зо дня в день	*from day to day*
Он выпуска́ет дым и́зо рта	*He emits smoke from his mouth*

496. и́з-за (a) *from behind;* (b) *because of, on account of, owing to*

и́з-за стола́	*from behind the table*
Они́ вста́ли и́з-за стола́	*They got up from the table*
и́з-за меня́ (нас, вас)	*because of me (us, you)*
и́з-за него́ (неё, них)	*because of him (her, them)*
Они́ и́з-за него́ не прие́хали	*They did not come on account of him*
прие́хать и́з-за грани́цы	*to come from abroad*

497. и́з-под *from under*

и́з-под стола́	*from under the table*
и́з-под меня́ (нас, вас)	*from under me (us, you)*
и́з-под него́ (неё, них)	*from under him (her, them)*

498. кро́ме *beside, except, in addition to*

кро́ме меня́ (нас, вас)	*except, in addition to me (us, you)*
кро́ме него́ (неё, них)	*except, in addition to him (her, them)*
кро́ме того́, что . . .	*except for the fact that*
Кро́ме бра́та он ни с кем не говори́т	*He speaks to nobody except his brother*

499. круго́м = вокру́г

круго́м меня́ (него́, неё, них)	*around me (him, her, them)*
Мы гуля́ли круго́м са́да	*We walked around the garden*

500. меж, ме́жду *through (between)*

Звёзды я́рко блесте́ли ме́жду ветве́й дере́вьев	*The stars shone brightly through the branches of the trees*
Меж дере́вьев све́тится огонёк Ме́жду дере́вьев	*A light is shining through the trees*

501. ми́мо *past, by*

ми́мо меня́ (нас, вас)	*past me (us, you)*
ми́мо него́ (неё, них)	*past him (her, them)*
Автомоби́ль промча́лся ми́мо меня́	*An automobile whizzed past me*

502. напро́тив (a) *opposite;* (b) *against*

Они́ сиде́ли напро́тив меня́	*They sat opposite me*

503. о́коло (a) *near, by;* (b) *about, approximately*

о́коло меня́ (нас, вас)	*near me (us, you)*
о́коло него́ (неё, них)	*near him (her, them)*
О́коло стола́ стои́т стул	*A chair stands near the table*
о́коло на́шего до́ма	*near, about our house*
о́коло на́шей библиоте́ки	*near our library*
Я ждал его́ о́коло двух часо́в	*I waited for him about two hours*
Я ду́маю, что тепе́рь о́коло двух часо́в	*I think it is now about two o'clock*
Ей о́коло тридцати́ лет	*She is about thirty (years old)*
о́коло сорока́ ученико́в	*about forty pupils*
Я про́жил там о́коло го́да	*I lived there about a year*

504. от, о́то (a) *from, away from;* (b) *because of, as a result of*

от меня́ (тебя́, нас, вас)	*from me (you, us, you)*
от него́ (неё, них)	*from him (her, them)*
от кра́я до кра́я	*from border to border*
от двух до трёх	*from two to three*
день о́то дня	*from day to day*

недалеко́ от вокза́ла	*not far from the railroad station*
далеко́ от шко́лы	*far from school*
Письмо́ бы́ло от бра́та	*The letter was from (my) btother*
впра́во (вле́во) от доро́ги	*to the right (to the left) of the road*
Это не зави́сит от меня́	*This does not depend on me*
Я не могу́ изба́виться от него́	*I cannot get rid of him*
Я слы́шал это от очеви́дцев	*I heard this from eyewitnesses*
ключ от мое́й ко́мнаты	*the key to my room*
Отста́ньте от меня́!	*Stay away from me!*
Отойди́те от меня́!	*Go away from me!*
отказа́ться от ме́ста	*to resign from a position*
Он дрожа́л от хо́лода	*He was shivering with cold*
Она́ трясла́сь от стра́ха	*She trembled with fear*
пострада́ть от войны́	*to suffer because of the war*

505. по́дле = во́зле

по́дле меня́ (нас, вас)	*near me (us, you)*
по́дле него́ (нее́, них)	*near him (her, them)*
Я стоя́л по́дле до́ма	*I was standing near the house*

506. позади́ *behind*

позади́ меня́ (нас, вас)	*behind me (us, you)*
позади́ него́ (нее́, них)	*behind him (her, them)*

507. попере́к *across, athwart*

Попере́к доро́ги лежа́ло де́рево	*A tree was lying across the road*

508. по́сле *after*

по́сле меня́ (нас, вас)	*after me (us, you)*
по́сле него́ (нее́, них)	*after him (her, them)*
Он пришёл по́сле меня́	*He arrived after me*
по́сле теа́тра	*after the theater*
по́сле обе́да	*after dinner, in the afternoon*
Он всегда́ отдыха́ет по́сле обе́да	*He always rests after dinner*

509. посреди́ *in the midst of, in the middle of, among*

жить посреди́ чужи́х люде́й	*to live among strangers*
Посреди́ реки́ плыла́ ло́дка	*A boat was floating in the middle of the river*

510. пре́жде *before*

пре́жде всего́	*first of all*

511. против = напротив

про́тив меня́ (нас, вас)	*opposite me (us, you)*
про́тив него́ (не́ё, них)	*opposite him (her, them)*
про́тив друг дру́га	*opposite each other*
Про́тив до́ма вы́росла берёза	*A birch tree had grown up opposite the house*
воева́ть про́тив врага́	*to wage war against the enemy*
Я ничего́ не име́ю про́тив вас	*I have nothing against you*

512. ра́ди　*for the sake of, because of*

ра́ди меня́ (нас, вас)	*for my (our, your) sake*
ра́ди него́ (неё, них)	*for his (her, their) sake*
Ра́ди тебя́ я э́то сде́лал	*For your sake I have done this*
Не де́лайте э́того, ра́ди Бо́га!	*For heaven's sake, don't do this*
Он прие́хал сюда́ ра́ди здоро́вья	*He came here for his health*

513. с, со　(a) *from, from – on, since;*　(b) *after verbs meaning to begin, to*
start: *in, on*

Он не дви́гается с ме́ста	*He doesn't move from the spot*
Кни́га упа́ла со стола́	*The book fell from the table*
верну́ться с рабо́ты	*to return from work*
верну́ться с войны́	*to return from the war*
с обе́их сторо́н	*from both sides; on both sides*
со всех сторо́н	*from all sides; on all sides*
с э́того дня	*from that day on*
с того́ вре́мени	*since that time*
с тех пор	
с каки́х пор?	*since when?*
со вре́мени войны́	*since (the time of) the war*
с тех пор, как (conj.)	*since (the time when)*
Они́ на́чали с утра́	*They started in the morning*
Он на́чал с апре́ля ме́сяца	*He started in April*
Он стал рабо́тать с пе́рвого дня	*He started to work on the first day*

514. сверх　*in addition to, beyond, over*

Он ничего́ не де́лает сверх свои́х обя́занностей	*Beyond his duties he does not do anything*

515. среди́ = посреди́

среди́ друзе́й	*among friends*
усло́вия, среди́ кото́рых живу́т лю́ди	*the conditions under which people live*

516. y *at, near, by, with, at the house of, in the possession of*

стоя́ть у окна́	*to stand by the window*
у до́ма	*near the house*
Я был у до́ктора	*I was at the doctor's*
Он был у меня́	*He was at my house*
Я был у неё (него́)	*I was at her (his) place*
Де́ньги у неё	*She has the money*
У меня́ нет де́нег	*I have no money*
Я был у себя́ в ко́мнате	*I was in my room*
У нас в до́ме хо́лодно	*It is cold in our house*
У нас го́сти	*We have guests*
У меня́ к вам про́сьба	*I want to ask you something*
У меня́ к вам де́ло	*I have something to discuss with you*
У меня́ голова́ боли́т	*I have a headache*
спроси́ть кое́-что у кого́	*to ask a person something (information)*
купи́ть у кого́	*to buy from somebody*

PREPOSITIONS REQUIRING THE DATIVE CASE

517. вопреки́ *against, in spite of*

вопреки́ зако́ну	*against the law*

518. к, ко *to, toward, in the direction of*

к нему́ (ней, нам, вам, ним)	*to him (it, her, us, you, them)*
ко мне	*to me, toward me*
итти́ к до́ктору	*to go to the doctor*
Приходи́те ко мне!	*Come to me! Come and see me!*
моя́ любо́вь к ней	*my love for her*
проси́ть кого́ к у́жину	*to invite somebody for supper*
Он обрати́лся к сы́ну	*He addressed (himself to) his son*
Э́та у́лица ведёт к вокза́лу	*This street leads to(ward) the railroad station*
к ве́черу	*toward evening*
к но́чи	*toward night, late in the evening*
к восто́ку	*toward the east*
к го́роду	*toward the city*
к ста́рости	*toward old age*
к ва́шим услу́гам	*at your service*
к сожале́нию	*to my regret, unfortunately*

519. по **(a)** *according to, in agreement (in accordance) with, by;*
     (b) *through, in, on, around, about, along;*
     (c) with dat. plural: *to;*
     (d) with dat. sing. of neuter adj. or poss. pron.: *in a ... way, manner;*
     (e) distributive: *(so many) each*

На́до всё по зако́ну	*Everything must be (done) according to the law*
по мо́ему мне́нию	*in my opinion*
по по́воду	*apropos of*
Он забы́л по́вод, по кото́рому он расказа́л	*He forgot what had made him talk (about something)*
по и́мени	*by (his, her) name*
по у́лице	*through (along) the street*
по направле́нию к го́роду	*in the direction of the city*
по утра́м	*in the morning (habitually)*
по понеде́льникам	*on Mondays*
ходи́ть по магази́нам	*to go to the stores*
по но́вому	*in a new (modern) way*
по ста́рому	*as of old*
Он дал всем по рублю́	*He gave each a rouble*
На други́х двух отро́стках бы́ло на ка́ждом по цветку́	*There was a flower on each of the other two shoots*

PREPOSITIONS REQUIRING THE ACCUSATIVE CASE

520. в, во **(a)** after verbs of motion indicating direction: *into, to;*
     (b) in expressions of time: *on, at, in* (see section 543)

входи́ть в ко́мнату	*to come (go) into a room*
е́хать в го́род	*to drive into town*
ходи́ть в шко́лу	*to go to school*
в него́ (неё, них)	*into him (it, her, them)*
е́хать в А́нглию	*to go to England*
пое́хать в Сове́тский Сою́з	*to make a trip to the Soviet Union*
посла́ть письмо́ в Москву́ (в Ленингра́д, в Ки́ев)	*to send a letter to Moscow (to Leningrad, to Kiev)*
смотре́ть в окно́	*to look into (through) the window*
Я получи́л э́то в пода́рок	*I received this as a present*
в знак благода́рности	*as a sign of gratitude*
в понеде́льник	*on Monday*
во вто́рник	*on Tuesday*

в мину́вший вто́рник	*last Tuesday*
в э́ту ночь	*(during) that night*
в э́тот ве́чер	*(on) that evening*
в холо́дный ноя́брский ве́чер	*on a cold November evening*
в свобо́дное вре́мя	*in the free (leisure) time*
в то вре́мя	*at that time, then*
в те времена́	*in those times*
во всё вре́мя, пока́	*all the time while*
во вре́мя войны́	*during the war*
во́-время	*in time, on time*
в ту мину́ту	*(during) that minute*
в после́дний раз	*the last time*
в пе́рвый раз	*(for) the first time*
в со́тый раз	*for the hundredth time*
во мно́го раз бо́льше	*many times more*
в холо́дную пого́ду	*when the weather is (was) cold*
в дождь	*in rainy weather, when it rains*
в вече́рние часы́	*in the evening hours*
в час	*at one o'clock*
в два (три, четы́ре) часа́	*at two (three, four) o'clock*
в пять (шесть, семь) часо́в	*at five (six, seven) o'clock*
раз в день	*once a day*
два ра́за в неде́лю	*twice a week*
два ра́за в ме́сяц	*twice a month*
ско́лько в неде́лю?	*how much a week?*

521. **за** (a) **after verbs of motion denoting direction:** *behind;*
      (b) *for, in behalf of, in favor of, for (a price), because of;*
      (c) *about, by;*
      (d) *during*

за меня́ (нас, вас)	*for (behind) me (us, you)*
за него́ (неё, них)	*for (behind) him (it, her, them)*
пое́хать за́ город	*to drive out of town*
сесть за стол	*to sit down at the table*
уе́хать за грани́цу	*to go abroad*
держа́ть за́ руку	*to hold by the hand*
боро́ться за во́лю	*to fight for freedom*
за два рубля́	*for two roubles*
за после́дние два ме́сяца	*during the last two months*

522. на (a) after verbs of motion denoting direction: *on to, to, at;*
   (b) *for (a length of time);*
   (c) in certain expressions of time: *on, in;*
   (d) in multiplication and division: *by*

на него́ (неё, нас, вас, них)	*on to him (it, her, us, you, them)*
положи́ть каранда́ш на стол	*to put the pencil on the table*
смотре́ть на карти́ну	*to look at a picture*
итти́ на рабо́ту	*to go to work*
итти́ на уро́к	*to go to class*
итти́ на конце́рт	*to go to a concert*
итти́ на конфере́нцию	*to go to a conference*
итти́ на вокза́л ⎫ итти́ на ста́нцию ⎭	*to go to the railroad station*
итти́ на по́чту	*to go to the post office*
итти́ на телегра́ф	*to go to the telegraph office*
итти́ на заво́д ⎫ итти́ на фа́брику ⎭	*to go to the factory*
е́хать на се́вер (восто́к, юг, за́пад)	*to go north (east, south, west)*
отве́тить на вопро́с	*to answer a question*
уе́хать на неде́лю	*to go away for a week*
на сле́дующий день	*on the following day*
на четвёртый день	*on the fourth day*
Два́дцать на пять – сто	*Twenty times five is a hundred*
Шесть раздели́ть на два – три	*Six divided by two is three*

523. о, об *against, about*

опере́ться о стол	*to lean against a table*
вытира́ть сапоги́ о половик	*to wipe one's boots on a mat*
об э́ту по́ру	*about this (that) time*

524. по (a) *till, up to, to;*
   (b) distributive: *(so many) each, at*

с ма́я по октя́брь	*from May to October*
с седьмо́го по деся́тое ма́рта	*from the 7th to the 10th of March*
по шесть рубле́й шту́ка	*at six roubles apiece*

525. под after verbs of motion denoting direction: *under*

бро́сить газе́ту под стол	*to throw a newspaper under the table*
смотре́ть под стол	*to look under the table*
Он упа́л под стол	*He fell under the table*

526. про *concerning, about, of*

говори́ть про же́нщину	*to talk about a woman*

узна́ть про что-то	to hear (learn) about something
про меня́ (тебя́, нас, вас)	about me (you, us, you)
про него́ (неё, них)	about him (it, her, them)
Про него́ говоря́т, что	It is said of him that
Про тебя́ идёт сла́ва гро́мкая	Thy fame is loudly proclaimed
Я слыха́л про вас	I have heard of you
Я про себя́ скажу́	I am going to tell about myself
про себя́	to oneself
ду́мать про себя́	to think to oneself
чита́ть про себя́	to read (to oneself)

527. **сквозь** *through*

| сквозь решето́ | through the sieve |
| сквозь тума́н | through the fog |

528. **че́рез** (a) *across, over, through;*
(b) *in, after (the lapse of);*
(c) *through, by way of*

че́рез плечо́	over one's shoulder
перебежа́ть че́рез у́лицу	to run across the street
итти́ че́рез лес	to go through a forest
пройти́ (прое́хать) че́рез го́род	to pass through a city
перее́хать че́рез ре́ку	to cross a river
че́рез два часа́	in two hours, after two hours
часа́ че́рез два	about two hours later
мину́т че́рез де́сять	about ten minutes later
че́рез неде́лю	after a week, in a week's time
че́рез день	every other day
Я э́то узна́л че́рез моего́ дру́га	I heard about this through (from) my friend
че́рез него́ (неё, них)	through, from him (it, her, them)
Че́рез него́ я получи́л ме́сто	It was through him (his help) that I got the position

529. **несмотря́ на** *in spite of*

| несмотря́ на плоху́ю пого́ду | in spite of the bad weather |
| несмотря́ на то, что я был там,... | in spite of the fact that I was there |

PREPOSITIONS REQUIRING THE INSTRUMENTAL CASE

530. **за** (a) *behind* (denoting position);
(b) *after, for* (in order to fetch or to get)

| Ма́льчик сиди́т за столо́м | A boy is sitting at the table |

За зда́нием сад   *There is a garden behind the building*

жить за́ го́родом   *to live out of town*

жить за грани́цей   *to live abroad*

дом за до́мом   *one house after the other*

Я е́ду в го́род за хле́бом   *I am driving to town to get bread*

Он идёт в по́ле за ло́шадью   *He is going into the field to catch a horse*

посла́ть за до́ктором   *to send for a doctor*

за мно́й (тобо́й, на́ми, ва́ми)   *behind (after, for) me (you, us, you)*

за ним (ней, ни́ми)   *behind (after, for) him (it, her, them)*

531. ме́жду *between, among*

ме́жду столо́м и окно́м   *between the table and the window*

ме́жду Москво́й и Ки́евом   *between Moscow and Kiev*

ме́жду тремя́ и четырьмя́   *between three and four*

ме́жду на́ми (ва́ми, ни́ми)   *among us (you, them)*

ме́жду про́чим   *among other things*

ме́жду тем   *meanwhile, in the meantime*

ме́жду тем, как (conj.)   *while*

532. над, на́до *above, over*

над де́ревом   *above, over the tree*

на́до мной   *above me, over me*

над на́ми (ва́ми)   *above (over) us (you)*

над ним (ней, ни́ми)   *above (over) him (it, her, them)*

533. пе́ред, пе́редо *in front of, before*

пе́ред музе́ем   *in front of the museum*

пе́ред кем?   *in front of whom?*

пе́ред о́кнами   *in front of the windows*

пе́ред шко́лой   *in front of the school*

пе́редо мной   *in front of me, before me*

пе́ред на́ми (ва́ми)   *in front of (before) us (you)*

пе́ред ним (ней, ни́ми)   *in front of (before) him (it, her, them)*

пе́ред револю́цией   *before the revolution*

534. под, по́до *under* (denoting position)

Газе́та под столо́м   *The newspaper is under the table*

Бума́га лежи́т под кни́гой   *The paper is (lying) under the book*

Он сиди́т под де́ревом   *He is sitting under a tree*

подо мной   *under me*

под ним (ней, ни́ми)   *under him (it, her, them)*

535. с, со *(together) with, with (the help of), to*

Он гуля́ет с учи́телем.	*He is taking a walk with the teacher.*
С кем он идёт?	*With whom is he going?*
Я е́ду с бра́том.	*I am riding with my brother.*
Я говорю́ с дру́гом.	*I am talking with (to) my friend.*
Я разгова́риваю с сосе́дом.	*I am engaged in conversation with my neighbor.*
Я перевожу́ со словарём.	*I translate with (the help of) a dictionary.*
с удово́льствием	*with pleasure*
со вре́менем	*in the course of time*
со мной	*with me*
с тобо́й (на́ми, ва́ми)	*with you (us, you)*
с ним (ней, ни́ми)	*with him (it, her, them)*
мы с бра́том	*my brother and I*
мы с това́рищами	*some comrades and I*
Мы ещё поговори́м с ва́ми.	*You and I shall have another talk.*
Что случи́лось с ва́ми?	*What has happened to you?*

PREPOSITIONS REQUIRING THE PREPOSITIONAL (LOCATIVE) CASE

536. в, во **(a)** *in* (denoting a position) (see sections 185-186, 481);
(b) in expressions of time (see section 544).

Он в а́рмии.	*He is in the army.*
Я чита́л э́то в газе́те.	*I have read this in the newspaper.*
Он тепе́рь в шко́ле.	*He is now in school.*
Он был в Росси́и.	*He was in Russia.*
Он тепе́рь в Аме́рике.	*He is now in America.*
Он в А́нглии.	*He is in England.*
Он живёт в Сиби́ри.	*He lives in Siberia.*
Он жил во Фра́нции.	*He lived in France.*
Она́ жила́ в Москве́.	*She lived in Moscow.*
в безопа́сности	*in safety, out of danger*
в о́бщем	*in general*
в январе́	*in January*
в э́том году́	*this year*
во мной	*in me*
в нас (вас)	*in us (you)*
в нём (ней, них)	*in him (it, her, them)*

537. на (a) *on, at, in* (denoting a position) (see sections 185-186, 481);
     (b) in expressions of time (see section 545).

Он тепе́рь на вокза́ле.	*He is now at the railroad station.*
Он рабо́тает на заво́де. ⎫	
Он рабо́тает на фа́брике.⎭	*He works in a factory.*
Он живёт на Кавка́зе.	*He lives in the Caucasus.*
Я был на се́вере.	*I was in the north.*
Я был на восто́ке.	*I was in the east.*
Я был на ю́ге.	*I was in the south.*
Я был на за́паде.	*I was in the west.*
Он тепе́рь на уро́ке.	*He is now in class.*
Он был на конце́рте.	*He was at a concert.*
Он был на ле́кции.	*He was at a lecture.*
на мне́ (тебе́, нас, вас)	*on me (you, us, you)*
на нём (ней, них)	*on him (it, her, them)*
на про́шлой неде́ле	*last week*

538. о, об, о́бо *about, concerning, of* (see section 480).

Я ду́маю о ва́с.	*I am thinking about (of) you.*
Я зна́ю об э́том.	*I know about this.*
Он говори́т о́бо всём.	*He talks about everything.*
о́бо мне́	*about me*
Мы беспоко́имся о нём.	*We are worried about him.*
проси́ть о по́мощи	*to ask for help*
Он не писа́л о том, что был бо́лен.	*He did not write that he was sick.*

539. по *after, on*

по истече́нии неде́ли	*after the lapse of a week, after a week had passed*
по получе́нии письма́	*(up)on receipt of the letter, after the letter had been received*

540. при (a) *in the presence of;* (b) *by, with;* (c) *in (the service of), at, attached to*

при мне́ (нас, вас)	*in my (our, your) presence*
при нём (ней, них)	*in his (her, their) presence*
У меня́ нет при себе́ де́нег.	*I have no money with me.*
при ва́шей шко́ле	*at your school*
при вся́ком слу́чае	*at every occasion*

541. The prepositions к (ко), с (со), в (во), над (на́до), пе́ред (пе́редо).
The prepositions к (with dative), с (with genitive or instrumental), в (with accusative or prepositional), над and пе́ред (with instrumental) appear as ко, со, во, на́до, пе́редо under the following circumstances:

(a) All five, before words beginning with the consonant clusters, мн-, вс-, вр-:

ко мне, со мной, во мне, ко мно́гим лю́дям, со мно́гими людьми́, во мно́гих места́х; на́до мной, пе́редо мной;

ко всем лю́дям, ко всему́, со все́ми людьми́, во всех места́х, во всём;

ко вре́мени, со вре́мени, во́ время, во вре́мя войны́.

(b) с and в only, if the following word begins with two or more consonants the first of which is identical with that of the preposition:

со стола́, со ста́рым челове́ком, со ста́рой да́мой, со словарём (V, 25),

со свое́й подру́гой (V, 9);

во вто́рник, во второ́м кла́ссе.

These rules are not strictly observed. Occasionally forms with -о appear also in other positions.

EXPRESSIONS OF TIME

542. With the instrumental (without a preposition): днём, но́чью, у́тром, ве́чером; весно́й, ле́том, о́сенью, зимо́й; сле́дующей весно́й, сле́дующей о́сенью; see section 476. Other examples:

вчера́ ве́чером	*last night, yesterday evening*
сего́дня у́тром	*this morning*
сего́дня ве́чером	*this evening, tonight*
за́втра у́тром	*tomorrow morning*
за́втра ве́чером	*tomorrow evening*
в пя́тницу у́тром	*(on) Friday morning*
вс вто́рник ве́чером	*(on) Tuesday evening*
в сле́дующую пя́тницу ве́чером	*next Friday evening*

543. With в and the accusative. This is the most common way of giving specific indications of time. It is always used with the names of the days of the week:

в како́й день?	*on what day?*
в воскресе́нье	*on Sunday*
в понеде́льник	*on Monday*
во вто́рник	*on Tuesday*
в сре́ду	*on Wednesday*
в пе́рвое воскресе́нье	*on the first Sunday*
в э́тот вто́рник	*this (coming) Tuesday*
в сле́дующую суббо́ту	*on the following Saturday*

In other specific expressions of time:

в час	*at one o'clock*
в два часа́	*at two o'clock*

в де́вять три́дцать пять	*at 9:35*
в че́тверть девя́того	*at 8:15*
в э́ту ночь	*during that night*
в свобо́дное вре́мя	*in the leisure time*
в то вре́мя, как	*at the time when*
в дождь	*during the rain*
в холо́дную пого́ду	*during cold weather*
в како́е вре́мя го́да? (VII,71)	*in which season?*
в оди́н день	*in one day*

The plain accusative without a preposition is occasionally used as an adverb of time, e.g.,

э́ту зи́му (IX,30)	*this winter*
после́дние го́ды	*(during) the last years*

544. **With в and the prepositional singular.** This expression is used when certain shorter or longer periods, especially months, are indicated; e.g., в январе́, в феврале́, в ма́рте, в апре́ле, в ма́е, в ию́не, в ию́ле, в а́вгусте, в сентябре́, о октябре́, в ноябре́, в декабре́, *in January, in February,* etc. Other examples:

в како́м ме́сяце?	*in what month?*
в сле́дующем ме́сяце	*next month, in the following month*
в э́том году́	*this year*
в про́шлом году́	*last year*
в бу́дущем году́ ⎫ в сле́дующем году́ ⎭	*next year*
в ты́сяча девятьсо́т два́дцать пе́рвом году́	*in (the year) 1921*
в кото́ром часу́?	*at what time?*
в пя́том часу́	*between four and five o'clock*

545. **With на and the prepositional:**

на э́той неде́ле	*this week*
на про́шлой неде́ле	*last week*
на бу́дущей неде́ле ⎫ на сле́дующей неде́ле ⎭	*next week*

546. In answer to the question, *What date is it?*, dates are given in the nominative singular neuter form of the ordinal numeral which indicates the day of the month while the month follows in the genitive, e.g.,

Сего́дня трина́дцатое ма́я (XIV,34)	*Today is May 13 (= the thirteenth of May)*

The year follows after the month in the form of the genitive singular of the ordinal numeral followed by the noun го́да, e.g.,

| пе́рвое января́ ты́сяча девятьсо́т четы́рнадцатого го́да (1-ое января 1914-го г.) | *January 1, 1914 (= the first of January of the 1914th year)* |

547. In answer to the question, when?, dates are given in the genitive singular neuter form of the ordinal numeral, e.g.,

| четы́рнадцатого и пятна́дцатого ма́я (XIV, 39) | *on May 14 and 15* |
| Ле́нин роди́лся деся́того апре́ля ты́сяча восемьсо́т семидеся́того го́да (10-го апреля 1870-го г.) | *Lenin was born April 10, 1870.* |

548. Expressions of time with the pronominal adjective ка́ждый, *every, each* are given in the accusative without preposition, e.g.,

ка́ждый день	*every day*
ка́ждый ме́сяц	*every month*
ка́ждый дека́брь	*every December, every year in December*
ка́ждый ве́чер	*every evening*
ка́ждое у́тро	*every morning*
ка́ждое ле́то	*every summer*
ка́ждую неде́лю	*every week*
ка́ждую зи́му	*every winter*
ка́ждую суббо́ту	*every Saturday*
ка́ждую пя́тницу	*every Friday*

549. Notice the following use of the preposition в with the accusative of nouns designating a certain space of time:

два ра́за в неде́лю	*twice a week*
два ра́за в ме́сяц	*twice a month*
(оди́н) раз в день	*once a day*
два и́ли три дня в ме́сяц	*two or three days a (each) month*
ско́лько в неде́лю?	*how much a week?*

ADVERBS

550. Adverbs derived from adjectives end in -о (see section 551). Examples:

ATTRIBUTIVE ADJECTIVE	ADVERB
бе́дный *poor*	бе́дно *poorly*
бы́стрый *fast, prompt*	бы́стро *fast*
враждо́бный *hostile*	враждо́бно *in a hostile way*
высо́кий *high*	высоко́ *high up*
гро́мкий *loud*	гро́мко *loudly*
далёкий *distant*	далеко́ *far*

ATTRIBUTIVE ADJECTIVE	ADVERB
дешёвый *cheap*	дёшево *cheaply*
до́лгий *long (lasting)*	до́лго *a long time*
дорого́й *dear, expensive*	до́рого *dearly, expensively*
лёгкий *easy*	легко́ *easily*
ли́чный *personal*	ли́чно *personally*
плохо́й *bad*	пло́хо *badly*
серьёзный *serious*	серьёзно *seriously*
си́льный *strong*	си́льно *strongly*
ско́рый *fast*	ско́ро *fast, soon*
ти́хий *quiet, silent*	ти́хо *quietly, silent*
тру́дный *difficult*	тру́дно *with difficulty*
хоро́ший *good*	хорошо́ *well*
чи́стый *clean*	чи́сто *cleanly*

These adverbs are identical with the short (predicative) form of the neuter singular of the corresponding adjective (see section 321). As a result, these forms are used in two ways:

a) as real adverbs modifying verbs (see section 551);

b) as predicate adjectives in impersonal sentences or with a neuter subject and the linking verb быть, e.g.,

легко́	*it is easy*	э́то легко́	*this is easy*
пло́хо	*it is bad*	э́то пло́хо	*this is bad*
тру́дно	*it is difficult*	э́то тру́дно	*this is difficult*
хорошо́	*it is well, good*	э́то хорошо́	*this is good*

551. In the following a few examples of simple adverbs modifying verbs are given. Some of these examples may be considered as idiomatic expressions.

жить бе́дно	*to live in poor circumstances, in poverty*
вражде́бно относи́ться (XX, 14)	*to take a hostile attitude (literally: to behave in a hostile manner)*
Карти́на была́ пове́шена высоко́.	*The picture was hung up high (in a high place)*
гро́мко крича́ть	*to shout loudly*
гро́мко смея́ться	*to laugh loudly*
до́лго жда́нный	*long awaited*
пойти́ ли́чно	*to go in person, personally*
Его́ речь течёт пла́вно.	*He speaks with great ease (literally: His speech flows fluently)*
чу́вствовать себя́ пло́хо	*to feel not well*
говори́ть серьёзно	*to talk seriously*

сильно боле́ть	*to be seriously ill*
у меня́ си́льно боли́т голова́.	*I have a terrible headache.*
си́льно устава́ть	*to get very tired*
Со́лнце жгло дово́льно си́льно.	*The sun was quite hot.*
ти́хо стоя́ть	*to stand silently*
ти́хо произноси́ть	*to pronounce softly*
рабо́тать тру́дно	*to work hard*
Де́ло дви́жется успе́шно. (XXI,22)	*Business is doing nicely.* (Literally: *is moving successfully*)
Я хорошо́ по́мню. (XX,20)	*I remember well.*
хорошо́ пока́зывает (XX,10)	*shows well, clearly*
чи́сто вы́бритое лицо́	*a clean-shaven face*

552. Adverbs may also be formed from passive participles and especially from the verbal adjectives mentioned in sections 786, 787, 797. Example:

| поступа́ть необду́манно (XX,22) | *to act rashly* |

553. Adjectives ending in –ский form their adverb in –ски. See also section 554. Examples:

периоди́ческий	*periodical*	периоди́чески	*periodically*
теорети́ческий	*theoretical*	теорети́чески	*theoretically*
техни́ческий	*technical*	техни́чески	*technically*

554. The forms по-ру́сски, по-англи́йски, по-неме́цки, по-францу́зски, etc. are adverbs and mean *in (the) Russian (way)*, etc. They are mostly used with the verbs говори́ть *to speak,* чита́ть *to read,* писа́ть *to write,* понима́ть *to understand,* but may also be used with other verbs, e.g.,

| рабо́тать по-америка́нски | *to work American style* |

Notice the difference between the endings of these adverbs and their corresponding adjectives ру́сский, англи́йский, etc.

COMPARATIVE DEGREE

555. The comparative of attributive adjectives (that is adjectives preceding the modified noun) is normally formed by placing the adverb бо́лее *more* before the adjective. The adjective is declined like any attributive adjective (see section 322), but the adverb бо́лее remains unchanged. Examples:

бо́лее краси́вая шля́па	*a prettier hat*
бо́лее широ́кая у́лица	*a wider street*
бо́лее чи́стая ко́мната	*a cleaner room*
бо́лее све́тлая ко́мната	*a brighter room*
бо́лее коро́ткий каранда́ш	*a shorter pencil*
бо́лее но́вые пе́рья	*newer pens*

556. For emphasis the attributive adjective may occasionally follow after

the modified noun. This changed word order may be found with comparatives too. Example:

Я слы́шал ле́кции други́х ле́кторов бо́лее интере́сные	*I have heard more interesting lectures by (literally: of) other lecturers.*

557. Certain adjectives (the most important ones are listed in section 560) have a special attributive comparative without the adverb бо́лее. All forms of this type are declined like хоро́ший (see section 309). Examples:

мла́дший брат	*the younger brother*
ваш ста́рший брат	*your older brother*
вы́сшая шко́ла	*the higher school*
Мла́дший брат встал ра́ньше ста́ршего.	*The younger brother got up earlier than the older.*
Ста́ршие ученики́ помога́ют мла́дшим учи́ться.	*The older pupils help the younger (with their) study.*
Ста́ршая сестра́ дала́ мла́дшей пода́рок.	*The older sister gave the younger one a present.*
Она́ заплати́ла за ме́ньшую кни́гу бо́льше двух до́лларов.	*She paid for a smaller book more than two dollars.*

558. The comparative of predicative adjectives and of adverbs (see sections 550 and 551) is identical. There is only one form for the singular (masculine, feminine, neuter) and plural of the adjective and the adverb.

559. The most common way of forming the comparative of predicate adjectives and of adverbs is by replacing the adjective endings -ый, -ий, -ой or the adverbial ending -о with the ending -ее which is sometimes contracted to -ей. Irregular comparatives of predicate adjectives and of adverbs are listed in section 560. Examples of regular formation:

POSITIVE FORM OF ADJECTIVE AND ADVERB	PREDICATE COMPARATIVE
бе́дный бе́дно	бедне́е
бе́лый	беле́е
бы́стрый бы́стро	быстре́е
дли́нный	длинне́е
до́брый	добре́е
здоро́вый	здорове́е
зелёный	зелене́е
краси́вый	красиве́е
кра́сный	красне́е

ми́лый	миле́е
ну́жный ⎱ ну́жно ⎰	нужне́е
по́здний	поздне́е
све́жий	свеже́е
све́тлый ⎱ светло́ ⎰	светле́е
си́льный си́льно	сильне́е
ско́рый ⎱ ско́ро ⎰	скоре́е
сла́бый	слабе́е
тёмный ⎱ темно́ ⎰	темне́е
тру́дный ⎱ тру́дно ⎰	трудне́е
у́мный	умне́е
холо́дный ⎱ хо́лодно ⎰	холодне́е
ю́жный	южне́е

- - -

восто́чный	восто́чнее
за́падный	за́паднее
ме́дленно	ме́дленнее, ме́дленней
поле́зный	поле́знее
се́верный	се́вернее
счастли́вый	счастли́вее
удо́бный	удо́бнее

- - -

Сего́дня со́лнце жжёт сильне́е   *Today the sun is (literally: burns)*
                                 hotter.

560. The most important irregular comparatives

POSITIVE FORM OF ADJECTIVE AND ADVERB	ATTRIBUTIVE COMPARATIVE OF ADJECTIVE		PREDICATE COMPARATIVE OF ADJECTIVE AND ADVERB
M. бли́зкий		⎧ бли́зкий	
F. бли́зкая	бо́лее	⎨ бли́зкая	⎱ ⎰ бли́же
N. бли́зкое		⎩ бли́зкое	
Adv. бли́зко			бли́же

M. богáтый		богáтый	
F. богáтая	бóлее	богáтая	богáче
N. богáтое		богáтое	
M. большóй	бóльший		
F. большáя	бóльшая		бóльше
N. большóе	бóльшее		
M. высóкий	вы́сший		
F. высóкая	вы́сшая		вы́ше
N. высóкое	вы́сшее		
Adv. высокó			вы́ше
глубóкий, –ая, –ое	бóлее глубóкий, –ая, –ое		глýбже
грóмкий, –ая, –ое	бóлее грóмкий, –ая, –ое		грóмче
грóмко			грóмче
далёкий, –ая, –ое	бóлее далёкий, –ая, –ое		дáльше
далекó			дáльше
дёшево			дешéвле
дешёвый, –ая, –ое	бóлее дешёвый, –ая, –ое		дешéвле
дóлгий, –ая, –ое	бóлее дóлгий, –ая, –ое		дóльше
дóлго			дóльше
дóрого			дорóже
дорогóй, –áя, –óе	бóлее дорогóй, –áя, –óе		дорóже
жáркий, –ая, –ое	бóлее жáркий, –ая, –ое		жáрче
корóткий, –ая, –ое	бóлее корóткий, –ая, –ое		корóче
крéпкий, –ая, –ое	бóлее крéпкий, –ая, –ое		крéпче
лёгкий, –ая, –ое	бóлее лёгкий, –ая, –ое		лéгче
легкó			лéгче
мáленький, –ая, –ое	мéньший, –ая, –ее		мéньше
мáло			мéньше
мнóго			бóльше
молодóй, –áя, –óе	бóлее молодóй, –áя, –óе млáдший, –ая, –ее		молóже
мя́гкий, –ая, –ое	бóлее мягкий, –ая, –ое		мя́гче
ни́зкий, –ая, –ое	ни́зший, –ая, –ее		ни́же
ни́зко			ни́же
плóхо			хýже
плохóй, –áя, –óе	хýдший, –ая, –ее		хýже
пóздний, –яя, –ее	бóлее пóздний, –яя, –ее		пóзже позднéе
пóздно			пóзже

про́сто		про́ще
просто́й, –а́я, –о́е	бо́лее просто́й, –а́я, –о́е	про́ще
ра́нний, –яя, –ее	бо́лее ра́нний, –яя, –ее	ра́ньше
ра́но		ра́ньше
ре́дкий, –ая, –ое	бо́лее ре́дкий, –ая, –ое	ре́же
ре́дко		ре́же
сла́бый, –ая, –ое	бо́лее сла́бый, –ая, –ое	слабе́е / сла́бже
сла́дкий, –ая, –ое	бо́лее сла́дкий, –ая, –ое	сла́ще
ста́рый, –ая, –ое	бо́лее ста́рый, –ая, –ое / ста́рший, –ая, –ее	ста́рше
твёрдый, –ая, –ое	бо́лее твёрдый, –ая, –ое	твёрже
ти́хий, –ая, –ое	бо́лее ти́хий, –ая, –ое	ти́ше
ти́хо		ти́ше
то́лстый, –ая, –ое	бо́лее то́лстый, –ая, –ое	то́лще
то́нкий, –ая, –ое	бо́лее то́нкий, –ая, –ое	то́ньше
у́зкий, –ая, –ое	бо́лее у́зкий, –ая, –ое	у́же
хоро́ший, –ая, –ее	лу́чший, –ая, –ее	лу́чше
хорошо́		лу́чше
ча́сто		ча́ще
ча́стый, –ая, –ое	бо́лее ча́стый, –ая, –ое	ча́ще
чи́стый, –ая, –ое	бо́лее чи́стый, –ая, –ое	чи́ще
широ́кий, –ая, –ое	бо́лее широ́кий, –ая, –ое	ши́ре

561. The predicate comparative may also be formed by means of the adverb бо́лее and the short or long form of the basic adjective. Examples:

Англи́йская кни́га мне бо́лее нужна́.	*I need the English book more.* (Literally: *The English book is more necessary to me.*)
Кра́сный каранда́ш мне бо́лее ну́жен.	*I need the red pencil more.*
Како́й предме́т для вас бо́лее интере́сный?	*What subject is more interesting to you?*
По́сле э́той пое́здки он чу́вствовал себя́ бо́лее уста́лым.	*After that excursion he felt more tired.*

562. как мо́жно with the comparative

как мо́жно скоре́е (XVIII, 59)	*as fast as possible*
как мо́жно лу́чше (XVIII, 70)	*as well as possible*
как мо́жно ме́дленней	*as slowly as possible*
как мо́жно бо́льше	*as much as possible*
как мо́жно да́льше	*as far as possible*

| как мóжно дóльше | *as long as possible* |
| как мóжно рáньше | *as early as possible* |

563. The prefix по- attached to a predicate comparative expresses either *a somewhat higher degree* or *a degree as high as possible* (see section 562). The context will tell which of the two meanings applies in a particular situation. The following examples are given with the meaning occurring in this book.

Я идý спать порáньше, чтóбы подóльше отдохнýть. (XVIII, 60-61)	*I go to bed as early as possible in order to get as much rest as possible.*
поблúже	*a little closer; as near as possible*
побóльше	*a little more; as much as possible*
повы́ше	*somewhat taller*
подáльше	*a little farther away; as far away as possible*
подешéвле	*somewhat cheaper; as cheap as possible*
подóльше	*a little longer; as long as possible*
покрéпче	*as strong as possible*
полýчше	*somewhat better*
помéньше	*a little less*
попрóще	*somewhat simpler*
поскорéе	*as soon as possible*
постáрше	*as old as possible*
потемнéе	*somewhat darker*
потúше	*as noiselessly as possible*
поши́ре	*somewhat wider*

564. The comparative скорéе has several meanings: 1) *faster, sooner;* 2) *as soon as possible, very soon;* 3) *rather* (XX, 25).

565. About the use of the genitive case after the comparative degree of an adjective or an adverb, see section 460.

566. *Than* after an attributive adjective in the comparative degree is rendered by чем. Sometimes this conjunction is used instead of the construction described in section 460. The conjunction чем is usually set off by a comma. Examples:

Моя́ сестрá купúла бóлее красúвую шля́пу, чем я.	*My sister bought a prettier hat than I.*
Мы живём в бóлее широ́кой ýлице, чем нáши друзья́.	*We live on a wider street than our friends.*
Он лю́бит отцá бóльше, чем мать. (See section 460)	*He loves his father more than his mother.*
Он жил вдвóе дóльше, чем егó женá.	*He lived twice as long as his wife.*

567. чем for *than* must be used if the compared word is in the genitive or any other case (see section 460). Examples:

Пла́тье мое́й сестры́ беле́е, чем э́той да́мы.	*The dress of my sister is whiter than that of this lady.*
Ле́том поля́ красиве́е, чем зимо́й.	*In summer the fields are more beautiful than in winter.*
Она́ лю́бит му́жа бо́льше, чем бра́та.	*She loves her husband more than her brother.*

568. чем for *than* must be used when verbs, simple adverbs, or compound adverbial expressions (prepositional phrases) are compared with each other (see section 460). Examples:

Мы бы́ли там до́льше, чем ду́мали быть.	*We were there longer than we expected to be.*
Сего́дня бы́ло ме́ньше, чем вчера́.	*Today there were less than yesterday.*
В на́шем го́роде у́лицы ши́ре, чем в ва́шем.	*In our city the streets are wider than in yours.*
В э́той ко́мнате чи́ще и светле́е, чем в друго́й.	*In this room it is cleaner and brighter than in the other one.*
В ку́хне жа́рче, чем в гости́ной.	*In the kitchen it is hotter than in the living room.*
У здоро́вого челове́ка кровь красне́е, чем у нездоро́вого.	*The blood of a healthy person is redder than that of a sick one.*
У него́ друзе́й во мно́го раз бо́льше, чем у меня́.	*He has many times more friends than I.*

569. чем . . . тем with the comparative:

Чем бо́льше я занима́юсь е́ю, тем бо́лее она́ меня́ интересу́ет. (XVIII, 46-47)	*The more I study it, the more it interests me.*
Чем ра́ньше, тем лу́чше. (XVIII, 11-12)	*The earlier the better.*
Чем снег беле́е, тем в по́ле светле́е.	*The whiter the snow, the brighter it is in the field.*

570. Ти́ше е́дешь – да́льше бу́дешь. *The calmer you drive the farther you get (haste makes waste).* This proverb is formed without the conjunctions чем . . . тем expected in accordance with section 569. It shows moreover that the second person singular of the verb, with omission of the subject pronoun ты (see section 363), is used to express action by an indefinite subject, e.g., *one, people.* This is very common practice. Note that it is the second person singular, and not the second plural, that is used in this sense. See also section 612.

SUPERLATIVE DEGREE

571. The superlative degree of attributive adjectives is formed by putting the pronominal adjective са́мый са́мая са́мое (see section 306) before the basic form (positive degree) of the adjective. Both words are declined together with the modified noun. Examples:

са́мый бога́тый челове́к в го́роде	*the richest man in town*
са́мая бли́зкая доро́га	*the nearest road*
са́мый большо́й ма́льчик (XVIII, 18)	*the tallest boy*
са́мый большо́й день в году́	*the longest day in the year*
Са́мого большо́го ма́льчика зову́т Иса́евым. (XVIII, 19)	*The tallest boy is called Isayev*
са́мый высо́кий дом	*the tallest house*
са́мая высо́кая гора́ (XVIII, 53)	*the highest mountain*
са́мый дорого́й челове́к	*the dearest person*
са́мый жа́ркий день	*the hottest day*
са́мый интере́сный челове́к	*the most interesting person*
са́мые краси́вые де́ти	*the best looking children*
са́мый лёгкий предме́т (XVIII, 45)	*the easiest subject*
ваш са́мый люби́мый предме́т (XVIII, 49)	*your favorite (best liked) subject*
са́мый ма́ленький (XVIII, 17)	*the smallest*
са́мый тру́дный язы́к	*the most difficult language*

572. Adjectives with a special attributive comparative (see sections 557 and 560) form the superlative by putting the pronominal adjective са́мый са́мая са́мое (see section 306) before the comparative form. Examples:

са́мый лу́чший сорт	*the best kind*
са́мое лу́чшее	*the best (thing)*
са́мый мла́дший учени́к	*the youngest pupil*
са́мое ху́дшее	*the worst (thing)*

573. An attributive superlative can also be formed with the ending –ейший (–айший after hissing sounds), declined like хоро́ший (see section 309). Sometimes these forms express *an exceedingly high degree*. Examples:

бедне́йший	*the poorest*
ближа́йший	*the nearest*
богате́йший	*the richest*
добре́йший	*the kindest*
миле́йший	*the dearest*
прекра́снейший	*exceedingly fine*
сильне́йший	*the strongest*
счастли́вейший	*the happiest*

труднéйший	*the most difficult*
умнéйший	*the smartest*
холоднéйший	*the coldest, exceedingly cold*

574. The superlative of predicate adjectives and of adverbs is formed by adding всех *of all* or всегó *of everything* to the comparative. Examples:

Он вы́ше всех. (XVIII, 20)	*He is the tallest of all.*
Он умнéе всех учеников в клáссе. (XVIII, 21)	*He is the smartest of all pupils in the class.*
Они́ красивéе всех.	*They are the most attractive.*
Он был молóже всех.	*He was the youngest.*
Э́тот урок труднéе всех.	*This lesson is the most difficult.*
Лýчше всех их рабóтал егó дя́дя.	*His uncle worked best of all.* (Literally: *better than all of them.*)
мéньше всех	*least of all*
бóльше всех	*most of all*
лýчше всех	*best of all*
Что лю́дям нужнéе всегó?	*What do people need most (of all)?*
Чáще всегó я сплю шесть часóв.	*Most frequently I sleep six hours.*

VERBS

575. The forms of the present tense of the verb *to be (am, is, are)* are as a rule not expressed in Russian.

576. Russian has no progressive or emphatic form of the verb corresponding to the English *I am reading, I do read.* я читáю is the only equivalent to the English expressions, *I read, I am reading,* and *I do read.*

577. Most verbs ending in –ать in the infinitive belong in the First Conjugation. To form the present tense take off the infinitive ending –ть and replace it with the personal endings –ю, –ешь, –ет, –ем, –ете, –ют, e.g.,

читá-ть: я читá-ю, ты читá-ешь, он (онá, онó) читá-ет, мы читá-ем, вы читá-ете, они́ читá-ют. (II, 46)

дéла-ть: я дéла-ю, ты дéла-ешь, он (онá, онó) дéла-ет, мы дéла-ем, вы дéла-ете, они́ дéла-ют. (II, 46)

Notice that all verbs of this type are in all forms of the present tense accented on the same syllable as in the infinitive. The verbs, знать, изучáть, покупáть, понимáть, рабóтать are conjugated in this manner.

578. Most verbs with the infinitive ending –ить belong in the Second Conjugation. To form the present tense, take off the full ending –ить and replace it with the personal endings –ю, –ишь, –ит, –им, –ите, –ят, e.g.,

говор-и́ть: я говор-ю́, ты говор-и́шь, он (онá, онó) говор-и́т, мы говор-и́м, вы говор-и́те, они говор-я́т. (II, 46)

579. For the classification of verbs, see sections 673-692. Note that in the vocabulary of this book each verb is followed by a numeral. This numeral indicates the class to which the verb belongs. Classes 1-6 belong to the First Conjugation (see sections 678-683), while Classes 7-10 belong to the Second Conjugation (see sections 689-692).

580. име́ть and ожида́ть belong in the First Conjugation, specifically Class 1 (see section 678). That is why in the vocabulary they are followed by the numeral 1. The inflection of ожилать, see section 577 (я ожида́-ю, ты ожида́-ешь, etc.). име́ть is conjugated the same way (я име́-ю, ты име́-ешь, он име́-ет, мы име́-ем, вы име́-ете, они́ име́-ют).

581. итти́ belongs in the First Conjugation, specifically Class 5 (see section 682). That is why in the vocabulary it is followed by the numeral 5. Its present tense stem is ид-, to which the second set of endings (see section 676) is added with accentuation type b (see section 674):

я ид-у́, ты ид-ёшь, он (она́, оно́) ид-ёт, мы ид-ём, вы ид-ёте, они́ ид-у́т

582. ви́деть, смотре́ть, стоя́ть are verbs of the Second Conjugation (see sections 684-692). смотре́ть and стоя́ть belong in Class 7 (see section 689) and are therefore followed by the numeral 7. ви́деть belongs in Class 9 (see section 691). That is why in the vocabulary this verb is followed by the numeral 9.

583. The verb смотре́ть is conjugated like говори́ть (see section 578), but it has accentuation type c (see section 674):

я смотр-ю́, ты смо́тр-ишь, он (она́, оно́) смо́тр-ит, мы смо́тр-им,

вы смо́тр-ите, они́ смо́тр-ят

584. The present tense of стоя́ть (see section 689) is:

я сто-ю́, ты сто-и́шь, он (она́, оно́) сто-и́т, мы сто-и́м, вы сто-и́те,

они́ сто-я́т

585. The verb ви́деть has basically the same present tense endings as говори́ть (see section 578). However, in accordance with section 91, the first person singular is ви́жу, while in all other forms the consonant д of the stem is retained. See also section 691. Here are the present tense forms of this verb:

я ви́жу, ты ви́д-ишь, он (она́, оно́) ви́д-ит, мы ви́д-им, вы ви́д-ите,

они́ ви́д-ят

586. хоте́ть is an irregular verb (see section 673):

я хочу́, ты хо́чешь, он (она́, оно́) хо́чет, мы хоти́м, вы хоти́те, они́ хотя́т

Note the alternation between o and a in the pronunciation of the stem vowel, according to whether it is stressed or not (see section 65).

587. The present tense of бежа́ть is irregular (see section 673):

я бегу́, ты бежи́шь, он (она́, оно́) бежи́т, мы бежи́м, вы бежи́те, они бегу́т

588. дава́ть belongs in the First Conjugation, Class 2 (see section 679) and is, therefore, followed in the vocabulary by the numeral 2. Its present tense stem is да- to which the first set of endings (see section 676) is added with accentuation type b (see section 674):

я да-ю́, ты да-ёшь, он (она́, оно́) да-ёт, мы да-ём, вы да-ёте, они да-ю́т

589. писа́ть belongs in the First Conjugation, Class 3. Its present tense stem is пиш-, to which the second set of endings (see section 676) is added with accentuation type c (see section 674):

я пиш-у́, ты пи́ш-ешь, он (она́, оно́) пи́ш-ет, мы пи́ш-ем, вы пи́ш-ете, они́ пи́ш-ут

590. принадлежа́ть belongs in the Second Conjugation, Class 10 (see section 692). Its present tense stem is принадлеж-, to which the fifth set of endings (see section 684) is added with accentuation type b (see section 674):

я принадлеж-у́, ты принадлеж-и́шь, он (она́, оно́) принадлеж-и́т,
мы принадлеж-и́м, вы принадлеж-и́те, они́ принадлеж-а́т

591. The verbs бе́гать, гуля́ть, разгова́ривать form the present tense according to the patterns given in section 577.

592. е́хать forms the present tense from a stem ед- with the second set of endings (see section 676) and accentuation type a (see section 674):

я е́д-у, ты е́д-ешь, он (она́, оно́) е́д-ет, мы е́д-ем, вы е́д-ете, они́ е́д-ут

593. The present tense of лежа́ть is formed with the fifth set of endings (see section 684) and accentuation type b:

я леж-у́, ты леж-и́шь, он (она́, оно́) леж-и́т, мы леж-и́н, вы леж-и́те, они́ леж-а́т

594. проси́ть belongs in the Second Conjugation, Class 9 (see section 691). In the first person singular the present tense stem is прош- (see section 91), in all other forms of the present it is прос-. The fourth set of endings (see section 684) is used with accentuation type c (see section 674):

я прош-у́, ты про́с-ишь, он (она́, оно́) про́с-ит, мы про́с-им, вы про́с-ите, они́ про́с-ят

595. сиде́ть forms the present tense like ви́деть (see section 585), except that it has accentuation type b (see section 674).

596. мочь belongs in the First Conjugation, Class 4 (see section 681). Its present tense stem is мог- which changes to мож- before the vowel е:

я мог-у́, ты мо́ж-ешь, он (она́, оно́) мо́ж-ет, мы мо́ж-ем, вы мо́ж-ете, они́ мо́г-ут

597. расти́ belongs in the First Conjugation, Class 5 (see section 682). Its present tense stem is раст- to which the second set of endings (see section 676) is added with accentuation type b (see section 674):

я раст-у́, ты раст-ёшь, он (она́, оно́) раст-ёт, мы раст-ём, вы раст-ёте, они́ раст-у́т

598. ходи́ть belongs in the Second Conjugation, Class 9 (see section 691). In the first person singular the present tense stem is хож- (see section 91), in all other forms of the present it is ход-. The fourth set of endings (see section 684) is used with accentuation type c (see section 674):

я хож-у́, ты хо́д-ишь, он (она́, оно́) хо́д-ит, мы хо́д-им, вы хо́д-ите, они́ хо́д-ят

Note the alternation between o and a in the pronunciation of the stem vowel, according to whether it is stressed or not (see section 65).

599. дать *pf. to give (once)* is an irregular verb (see section 673). Moreover, because of the perfective character of this verb, (see section 648), its "present tense" forms have future meaning and are really a future tense:

я дам	*I shall give (once)*
ты дашь	*you will give (once)*
он (она́, оно́) даст	*he (she, it) will give (once)*
мы дади́м	*we shall give (once)*
вы дади́те	*you will give (once)*
они́ даду́т	*they will give (once)*

The real present tense forms are provided by the iterative verb дава́ть (see sections 588 and 648).

600. Most verbs of the type of путеше́ствовать, i.e., with the infinitive ending -ова-ть, form their present tense by changing -ова- to -y- and then adding the first set of endings (see sections 676 and 678):

я путеше́ству-ю, ты путеше́ству-ешь, он (она́, оно́) путеше́ству-ет,

мы путеше́ству-ем, вы путеше́ству-ете, они́ путеше́ству-ют

601. Notice the irregular present tense of встава́ть (see section 588):

я встаю́, ты встаёшь, он (она́, оно́) встаёт, мы встаём, вы встаёте, они́ встаю́т

602. The verb пить *to drink* forms its present tense as follows:

я пью, ты пьёшь, он (она́, оно́) пьёт, мы пьём, вы пьёте, они́ пьют

бить, вить, лить, шить are conjugated in the present tense like пить. For the imperative of these verbs, see section 735. For the indicative of вы́пить, see section 621.

603. The verb есть *to eat* is irregular in the present tense (see section 673):

я ем, ты ешь, он (она́, оно́) ест, мы еди́м, вы еди́те, они́ едя́т

For the imperative, see section 741. Note that есть *to eat* and есть *(there) is, (there) are* are homonyms.

604. As has been indicated in section 575, the present tense forms of the verb *to be* are as a rule not rendered in Russian. Actually, the present tense of быть *to be* is defective. Only the third person singular есть is in common use and has the meaning *is, there is, are, there are*:

Тут есть кни́га.	*There is a book here.*

But even the form есть is usually omitted in statements. On the other hand, it is generally used in questions with the meaning *is there? are there?* and in affirmative answers to such questions as:

Тут есть кни́га?	*Is there a book here?*
Есть.	*Yes, there is.*

The negative form of есть is нет *there is (are) not (no)* with the genitive:

| нет книги | *there is no book* |
| нет карандаша́ | *there is no pencil* |

605. The English verb *to have* can be rendered in two ways. It may be rendered with the verb име́ть (see section 580) and when this verb is used the sentence structure is the same as in English, except that in negative clauses, in accordance with section 453, the accusative is replaced by the genitive. Compare the following affirmative and negative sentences:

Я име́ю одну́ кни́гу.	*I have one book.*
Я не име́ю ни одно́й кни́ги.	*I have not even one (not a single) book.*
Я име́ю оди́н карандаш (III, 48)	*I have one pencil.*
Я не име́ю карандаша́.	*I don't have a pencil.*
Име́ет ли э́тот челове́к свою́ ло́шадь? (III, 43)	*Does this man have a horse of his own?*
Он не име́ет свое́й ло́шади.	*He does not have a horse of his own.*

606. A second way of rendering the English verb *to have* is achieved by means of the verb *to be* (usually not rendered in the present tense, as pointed out in section 604) together with the preposition у and the genitive. What in English is the direct object of the sentence and therefore in the accusative, appears in Russian as the subject and in the nominative. Before the sentence *I have one book* can be translated in this way, it must be rearranged to read *By me (there is) one book* У меня́ одна́ кни́га. In negative sentences, the negative нет *there is not, there are not* is used and the nominative replaced by the genitive: У меня́ нет кни́ги *I have no book* or У меня́ нет ни одно́й кни́ги *I have not even one (not a single) book*. Compare the following sentences:

У вас есть кни́га. (III, 25)	*You have a book.*
У мое́й сестры́ нет кни́ги. (III, 27)	*My sister has no book.*
У кого́ нет кни́ги? (III, 26)	*Who has no book?*
Есть ли у вас неме́цкий слова́рь? (III, 36)	*Do you have a German dictionary?*
У меня́ нет неме́цкого словаря́. (III, 38)	*I have no German dictionary.*

607. English idiomatic expressions as *to have a cup of tea, to have breakfast,* etc., cannot be translated in the way indicated in sections 605-606. In rendering such expressions the actual situation must be considered and the verb chosen according to the action involved. Thus, in the expression *to have a cup of tea,* the action is drinking and the Russian says *to drink a cup of tea.* On the other hand, for the expressions *to have breakfast, to have dinner, to have supper,* the Russian has separate specific verbs.

608. (a) For the present tense of быть *to be,* see section 604.
  (b) The future tense of this verb is:

я бу́ду	мы бу́дем
ты ду́дешь	вы бу́дете
он	они́ бу́дут
она́ } бу́дет	
оно́	

When used alone (without an infinitive), я бу́ду means *I shall be*, etc., e.g.,

Я бу́ду там.	*I shall be there.*
Я бу́ду учи́телем. (See section 474)	*I shall be a teacher.*
Я бу́ду бога́т. }	*I shall be rich.*
Я бу́ду бога́тым. }	
Она́ бу́дет бога́та. }	*She will be rich.*
Она́ бу́дет бога́той. }	

The forms бу́ду, бу́дешь, etc. are never omitted.

609. **нет (see section 604) with the genitive of personal pronouns:**

меня́ нет до́ма	*I am not at home*
тебя́ нет до́ма	*you are not at home*
его́ нет до́ма	*he is not at home*
её нет до́ма	*she is not at home*
нас нет до́ма	*we are not at home*
вас нет до́ма	*you are not at home*
их нет до́ма	*they are not at home*
когда́ нас нет	*when we are not present*

In these negative sentences the subject appears in the genitive. The same change takes place with a number of other intransitive verbs when used in a negative sentence. Example:

Был бы он до́ма, не случи́лось бы э́того.	*If he had been at home, this would not have happened.*

610. **The future tense of нет is не бу́дет and the past tense, не́ было.**

Де́нег не бу́дет.	*There won't be any money.*
У вас не бу́дет друзе́й.	*You won't have any friends.*
Меня́ не бу́дет до́ма.	*I shall not be at home.*
Де́нег не́ было.	*There was no money.*
Нас не́ было до́ма.	*We were not at home.*

611. **The third person singular of the verbs быть and стать in the future and past tenses and of быва́ть in the present tense may have the meaning *to happen*. Examples:**

быва́ет	*it happens*
Посмо́трим, что бу́дет.	*Let's see what will happen.*
бы́ло }	*it happened*
ста́ло }	

| Скажи́ царь одно́ сло́во, не́ бы́ло бы того́, что ста́ло. | *If the tsar had said one word the things that* (literally: *that what*) *did happen would not have happened.* |

612. English indefinite expressions like *one does, they do, people do* are rendered in Russian by the third person plural of the verb without the subject pronoun они́ *they*, e.g.,

| В по́ле рабо́тают. (VII,54) | *They work (people work, one works) in the field.* |
| Над ва́ми бу́дут смея́ться. | *People will laugh at you.* |

613. The present perfect of such English expressions as *I have been working two days* (action started in the past and continuing without interruption up to the present moment and still going on) is rendered in Russian by the present tense, as if the English were *I am working two days*. Examples:

С како́го ме́сяца вы рабо́таете при шко́ле? (VII,8)	*Since what month have you been working at school?*
Я рабо́таю здесь два дня.	*I have been working here two days.*
Как до́лго вы живёте в на́шем го́роде? (VII,39)	*How long have you been living in our city?*
Я живу́ здесь тре́тий день.(VII,40)	*This is the third day that I have been living here.*

As a result of this, Russian sentences like Как до́лго вы рабо́таете? may have a double meaning: *How long have you been working?* or *How long do you work?* Which of the two meanings is intended in a specific occurrence is indicated by the given situation.

614. The expressions of quantity, мно́го *much, many*, ско́лько? *how much? how many?*, сто́лько *so (as) many, so (as) much*, не́сколько *a few, several*, ма́ло *few*, when used as subject, take the verb in the singular no matter whether they are followed by a genitive singular or plural. Examples:

В э́том го́роде живёт мно́го иностра́нцев.	*Many foreigners live in this town.*
Ско́лько иностра́нцев живёт в э́том го́роде?	*How many foreigners live in this city?*
Ско́лько дете́й бе́гает в па́рке?	*How many children are running around in the park?*
В па́рке бе́гает мно́го ма́льчиков и де́вочек.	*Many boys and girls are running around in the park.*
При на́шей шко́ле рабо́тает сто́лько же учителе́й, ско́лько и при ва́шей.	*At our school work as many teachers as at yours.*
Ско́лько ва́ших ро́дственников бы́ло на войне́?	*How many of your relatives were in the war?*
Мно́го люде́й ви́дело э́ту карти́ну.	*Many people saw this picture.*

GENERAL REMARKS ON THE VERBAL SYSTEM

615. The Russian verb is either active or reflexive. The reflexive verb is formed by attaching a reflexive particle to the end of the active verb.

616. The Russian verb has the following forms:

ACTIVE	REFLEXIVE
Infinitive	Infinitive
Present Tense	Present Tense
Imperative	Imperative
Past Tense	Past Tense
Present Active Participle	Present Participle
Present Gerund	Present Gerund
Present Passive Participle	
Past Active Participle	Past Participle
Past Gerund	Past Gerund
Past Passive Participle	

617. Each verb has two stems: an infinitive stem and a present tense stem. From the infinitive stem are derived: the past tense, the past active participle, the past gerund, and the past passive participle.
From the present tense stem are derived: the present (and perfective future) tense, the imperative, the present active participle, the present gerund, and the present passive participle.

618. In this grammar, in accordance with general practice, all verbs are listed in their infinitive form followed (in parentheses) by the form of the first person singular of the present (or perfective future) tense. Additional information is given where necessary.

619. The past tense is formed independently from the formation of the present tense. Verbs which are "irregular" in the present tense system may be quite regular in the past tense and vice versa. The classification of verbs presented in this grammar is based on the formation of the present tense. An independent future tense, as we know it from other languages, is lacking in Russian.

620. There are simple verbs and prefixed verbs. As a rule, the prefixed verbs have exactly the same endings and the same accentuation as the simple verbs on which they are based. Consequently, prefixed verbs belong in the same class as the basic verb from which they are derived. If the basic verb is one of the irregulars listed in section 673, its compounds have exactly the same inflectional forms, e.g.,

дава́ть (даю́, даёшь, даёт, даём, даёте, даю́т) iter. *to give*
из-дава́ть (издаю́, издаёшь, . . . издаю́т) ipf. *to give out, to publish*
от-дава́ть (отдаю́, отдаёшь, . . . отдаю́т) ipf. *to give away*
пере-дава́ть (передаю́, передаёшь, . . . передаю́т) ipf. *to hand over, to transmit*
по-дава́ть (подаю́, подаёшь, . . . подаю́т) ipf. *to serve*
про-дава́ть (продаю́, продаёшь, . . . продаю́т) ipf. *to sell*
с-дава́ть (сдаю́, сдаёшь, . . . сдаю́т) ipf. *to hire out, to let*

дать (дам, дашь, даст, дадим, дадите, дадут) pf. *to give*

из-да́ть (изда́м, изда́шь, изда́ст, издади́м, издади́те, издаду́т) pf. *to give out, to publish*

от-да́ть (отда́м, отда́шь, отда́ст, отдади́м, отдади́те, отдаду́т) pf. *to give away*

пере-да́ть (переда́м, переда́шь, переда́ст, передади́м, передади́те, передаду́т) pf. *to hand over, to transmit*

по-да́ть (пода́м, пода́шь, пода́ст, подади́м, подади́те, подаду́т) pf. *to serve*

про-да́ть (прода́м, прода́шь, прода́ст, продади́м, продади́те, продаду́т) pf. *to sell*

с-дать (сдам, сдашь, сдаст, сдади́м, сдади́те, сдаду́т) pf. *to hire out, to let*

621. Exceptions to the general rule given in section 620 appear in the following cases:

(a) In perfective verbs formed with the prefix вы-, the word stress is always (in the infinitive and all forms derived from the infinitive and present tense stems) on that prefix вы-. If, as a result of this, an end syllable with the vowel ë loses the accent, this vowel is no longer pronounced ë but e. Consequently, such verbs move into a different class, e.g.,

пить 2b ipf. *to drink:* Present: пью, пьёшь, пьёт, пьём, пьёте, пьют

Past: пил, пила́, пи́ло, пи́ли

вы́-пить 1a pf. *to drink:* Future: вы́пью, вы́пьешь, вы́пьет,

вы́пьем, вы́пьете, вы́пьют

Past: вы́пил, вы́пила, вы́пило, вы́пили

In imperfective verbs with the prefix вы-, this prefix is always unstressed. Cf. imperfective выбира́ть *to choose* and perfective вы́брать *to choose.* вы́глядеть *to look (well, etc.)* is the only exception to this rule, being imperfective in spite of the otherwise characteristically perfective accentuation.

622. (b) A number of other perfective verbs withdraw the word stress back to the prefix in the past tense, e.g., по́нял, о́тдал, про́дал, про́жил.

623. Some verbs with an initial vowel и change that vowel in the prefixed forms, e.g.,

итти́ (иду́, идёшь): зайти́ (зайду́, дайдаёшь)

пойти́ (пойду́, пойдёшь)

отойти́ (отойду́, отойдёшь)

притти́ (приду́, придёшь)

войти́ (войду́, войдёшь)

вы́йти (вы́йду, вы́йдешь)

найти́ (найду́, найдёшь)

игра́ть (игра́ю): сыгра́ть (сыгра́ю)

624. Verbal compounds made up of a prefix ending in a consonant and a simple verb beginning with several consonants insert the vowel o between prefix and

verb stem. However, this o vanishes again in those forms of the same compound where the simple verb begins with only one consonant. Examples:

ото-бра́ть (от-беру́, от-берёшь, . . . от-беру́т): отбира́ть (-а́ю)

разо-бра́ть (раз-беру́, раз-берёшь, . . . раз-беру́т): разбира́ть (-а́ю)

с-жечь (со-жгу́, со-жжёшь; с-жёг, со-жгла́, со-жгло́, со-жгли́)

In the following verbs the spelling -ью, -ьёшь, etc., contains the consonant y, and consequently the general rule applies here also:

раз-би́ть (разо-бью́, разо-бьёшь, . . . разо-бью́т)

с-вить (со-вью́, во-вьёшь, . . . со-вью́т)

с-лить (со-лью́, со-льёшь, . . . со-лью́т)

с-шить (со-шью́, со-шьёшь, . . . со-шью́т)

625. The compound forms of е́хать and е́здить are: при-е́хать (при-е́ду), у-е́хать (у-е́ду), but при-езжа́ть (-а́ю), у-езжа́ть (-а́ю).

THE VERBAL ASPECTS

626. The so-called verbal aspects play an important role in the Russian verbal system. The term verbal aspect, as used in Russian grammars, denotes a semantic category cutting across all form categories, such as conjugations, voices, moods, etc. There are two main verbal aspects in Russian, a perfective aspect and an imperfective aspect, and each Russian verb, active or reflexive, is either perfective or imperfective. This division results from the fact that not all verbs can express action going on in the present. Both types of verbs have present tense forms, but only the present tense forms of imperfective verbs function as a true Present Tense, while the present tense forms of perfective verbs have the meaning and function of a Future Tense.

627. Both the perfective and the imperfective aspect may be subdivided, with four perfective and two imperfective types:

Perfective	1. Inchoative action	
	2. Momentary action	
	3. Effective action	Completed action
	4. Limited duration	
Imperfective	5. Simple imperfective or single-occurrence imperfective action	
	6. Iterative action	

628. The basic form of the verbal system is the single-occurrence imperfective verb (Type 5). The perfective types (with some exceptions in Types 2 and 3) are derived from Type 5 by means of verbal prefixes. Any prefix added to a verb of Type 5 has a double effect:

(a) The meaning of the verb is changed in accordance with the inherent meaning of the prefix.

(b) The prefixed verb is perfective and, consequently, its present tense forms have future meaning.

629. In this book the following abbreviations are used to indicate the aspect of a verb:

> pf. for perfective aspect (Types 1-4),
>
> ipf. for imperfective aspect (Types 5-6),
>
> iter. for iterative aspect (Type 6).

630. An inchoative verb (Type 1) expresses the beginning of an action. Most inchoative verbs are derived from Type 5 by means of the prefix за-. Occasionally the prefixed (perfective) verb appears in the reflexive form, while the basic (imperfective) verb is active. It should also be noted that not all verbs that have the prefix за- are inchoative. Examples of inchoative formations:

боле́ть	*to be ill*	заболе́ть	*to fall ill*
горе́ть	*to be on fire*	загоре́ться	*to catch fire*
жечь	*to make burn*	зажёчь	*to set on fire*
жить	*to live*	зажи́ть	*to begin to live*
молча́ть	*to be silent*	замолча́ть	*to start to be silent, to stop talking*
пла́кать	*to weep*	запла́кать	*to start to weep*

Inchoative meaning appears also in the following formations: по-нра́виться, по-чу́вствовать, рас-серди́ться.

631. Verbs of Type 2 (momentary action) express the idea of suddenness, of abruptness, or of extreme rapidity. Here belong a number of verbs ending in -ну-ть, e.g., кри́кнуть, скри́пнуть, тро́нуть. These verbs are perfective by nature, without the help of any prefix.

632. A peculiarity of the Russian language is to be mentioned in this connection. A certain number of interjections, all expressing a noise or motion, can be used with a quasi-verbal value, and in imitation of this use, certain perfectives in -ну-ть (Type 2) have a personal uninflected form which can be used for all genders, numbers, or persons as a substitute for any inflected form. Examples:

Бо́ря бух на се́но и кувы́рк на нём.	*Little Boris jumped into the hay and made a somersault in it.*
Он сбро́сил с себя́ всё пла́тье — и булты́х в во́ду.	*He threw off all his clothes — and splash! he plunged into the water.*
Они́ подошли́ к до́му и стук в окно́.	*They went up to the house and rapped on the window.*

In the last sentence, стук is the uninflected form of сту́кнуть pf. *to knock* (ipf. стуча́ть).

633. Momentary action is also expressed by об-ра́доваться and по-смея́ться.

634. In their basic meaning, verbs of Type 4 (limited duration) always denote a completed action of very short duration. The adverbial modifier немно́го *a little* usually accompanies (either explicitly or merely implicitly) the verbs of this type. However, adverbial modifiers indicating longer (but definitely limited) duration may also be used, especially in an enumeration of successive completed actions.

635. All verbs of Type 4 are derived from the basic type (5) by means of the prefix по-, but not every verb having this prefix expresses limited duration. The basic verbs from which this type is derived are very frequently intransitive and express a state or a situation, or some kind of continuous development. Examples:

побы́ть	to stay awhile
поговори́ть	to talk awhile, to have a talk
погуля́ть	to promenade awhile
подержа́ть	to hold awhile
поду́мать	to think awhile
пожи́ть	to live (somewhere) awhile
порабо́тать	to work awhile
посмотре́ть	to look awhile
поспа́ть	to sleep awhile, to take a nap
постоя́ть	to stand awhile
почита́ть	to read awhile

подо-жда́ть *to wait awhile* is an exception to the rule that all verbs of Type 4 have the prefix по-.

636. The great majority of the perfective verbs are of Type 3 (effective action). They are derived from the basic imperfective type (5) by means of any available prefix, including за- and по-. However, there are also a few verbs of this type which are perfective by nature, without a prefix.

Verbs of this type express a single completed action with special attention drawn to its end and result or effect. Compare the following two sentences:

PERFECTIVE	IMPERFECTIVE
(Type 3)	(Type 5)
Я написа́л письмо́. *I wrote (I have written, finished writing) a letter. (As a result, the letter was or is ready for mailing.)*	Я писа́л письмо́. *I was writing a letter*

637. The simple imperfective aspect (Type 5) expresses a single continuous action or describes a situation. The attention is drawn to the action itself, the process, the way in which the action takes place, and not to its end or result. Examples:

Я бу́ду е́хать бы́стро (IX,13)	*I shall ride fast.*
Я бу́ду итти́ ме́дленно. (IX,5)	*I shall walk slowly.*

In these sentences the adverbs characterize the action and, therefore, imperfective verb forms must be used.

Imperfective verbs are also used when simply the meaning of a verb (e.g., the action of *writing* or *reading* and not some other action) is to be expressed, e.g.,

Один писал а другой читал.   *One was writing and the other reading.*

638. The iterative aspect (Type 6) expresses a repeatedly performed or habitual action, e.g.,

Я бу́ду встреча́ть его́ ка́ждый день.   *I shall meet him every day.*
Я встреча́л его́ два ра́за.   *I met him twice.*
Я начина́л писа́ть мно́го раз.   *I started to write many times.*

There are primary and secondary iteratives. The secondary iteratives which are extremely numerous are derived from perfective verbs, but only from Types 1-3, and not from Type 4.

PRIMARY ITERATIVES

639. There is a group of about seventeen verbs of motion with two forms for the imperfective aspect, one single-occurrence imperfective (Type 5), the other iterative (Type 6). The single-occurrence imperfective form expresses motion in one direction only, while the iterative expresses either motion back and forth or repeated or habitual action. Those most frequently used are listed here:

SINGLE-OCCURRENCE IMPERFECTIVE		ITERATIVE	
итти́	*to go (on foot) once*	ходи́ть	*to go (on foot) habitually*
е́хать	*to ride (once)*	е́здить	*to ride habitually*
бежа́ть	*to run (once)*	бе́гать	*to run around*
лете́ть	*to fly (once)*	лета́ть	*to fly around*
вести́	*to lead (once)*	води́ть	*to lead habitually*
везти́	*to cart (once)*	вози́ть	*to cart habitually*
нести́	*to carry (once)*	носи́ть	*to carry habitually*

Primary iteratives are also быва́ть *to be (habitually)* and дава́ть *to give.*

Куда́ вы тепе́рь идёте?   *Where are you going now?*
Ка́ждый ли день вы хо́дите в   *Do you go (on foot) to school every*
шко́лу? (VII, 34)   *day?*

640. It would be a mistake to use the verbs итти́ and others of that same group with the adverbial expressions ка́ждый день *every day*, ка́ждое у́тро *every morning*, ка́ждый год *every year*, всегда́ *always*, ча́сто *often*, and similar ones implying repetition of the action.

641. As was pointed out in section 639, primary iteratives express motion back and forth, while the corresponding single-occurrence imperfectives indicate motion in one direction only. Examples:

SINGLE-OCCURRENCE IMPERFECTIVE

Он шёл в шко́лу.   *He was on his way to school.*
Вы куда́-то бы́стро шли.   *You were going somewhere fast.*

PRIMARY ITERATIVE

Он бе́гал о́коло до́ма.   *He was running around near the house.*
Я ходи́л к до́ктору.   *I went to the doctor (and returned).*
Рабо́тник ходи́л в го́род вчера́.   *The worker went to town (and came back) yesterday.*
Брат е́здил в го́род.   *My brother drove into town (and returned).*

ASPECTS AND TENSES

642. Both the perfective and the imperfective aspect can be expressed in the infinitive, the future tense, and the past tense, while for the present tense there is only one aspect, the imperfective. In other words, the perfective verb has only two tenses (past and future), while the imperfective verb has three tenses (past, present, future).

Here is a table of the distribution of the various verbal forms:

Imperfective	*Perfective*
Infinitive	Infinitive
Present Tense	
Future Tense	Future Tense
Past Tense	Past Tense
Imperative	Imperative
Present Active Participle	
Present Passive Participle	
Present Gerund	
Past Active Participle	Past Active Participle
	Past Passive Participle
	Past Gerund

FORMATION OF ASPECTS

643. Simple (non-compound, primary) verbs are usually imperfective. As soon as a prefix is added to single-occurrence imperfective verbs (Type 5), they become perfective, in addition to having their meaning changed. Iterative verbs (Type 6), however, are not affected by this perfectivization. Each of the prefixes по- and про- added to the imperfective читáть *to read* imparts to the compound a specific meaning: почитáть *to read awhile*, прочитáть *to read (a book, an article) through, to read to the end*. In addition to this specific meaning, both prefixed forms are perfective, i.e., their present tense forms have the function of the perfective future tense: я почитáю *I shall read awhile*, я прочитáю *I shall read through*.

644. Sometimes the change of meaning seems so slight as to be almost imperceptible in the English translation. Then one says that the prefix used merely "perfectivizes" the verb and thus provides a basis for the perfective future and the other perfective forms. However, this term is only a subterfuge used to justify an abridged treatment of the problem, and in reality each perfective verb is a separate lexical unit necessitating a separate definition, a situation which is fully taken into account by the good dictionaries. With this reservation in mind, the traditional way of grammatical presentation is also followed in this book. The prefix по- is most frequently used in this perfectivizing function, e.g., по-благодарúть, по-брúть, по-везтú, по-вéрить, по-вестú, по-дышáть, по-éхать, по-жалéть, по-желáть, по-звáть, по-здорóваться, по-искáть, пойтú (иттú), по-кýшать, по-нестú, по-просúть, по-слýшать, по-смéть, по-смотрéть, по-совéтовать, по-спешúть, по-стáвить, по-стáраться, по-страдáться, по-стрúчь, по-стрóить, по-судúть, по-терпéть, по-тéчь, по-торопúться, по-шутúть, по-хвалúть.

Other prefixes used in such function are:

вс–: вс-по́мнить, вс-трево́жить

вы–: вы́-брить, вы́-купаться, вы́-пить, вы́-слать, вы́-учить

за–: за-хоте́ть

на–: на-корми́ть, на-писа́ть, на-пуга́ть

про–: про-боле́ть, про-рабо́тать, про-сиде́ть, про-чита́ть

рас–: рас-кла́няться

с–: с-бере́чь, с-де́лать, с-мочь, с-шить, съ-есть, с-уме́ть

у–: у-ви́деть, у-зна́ть, у-па́сть, у-слы́шать.

645. In a few cases the formation of the perfective is irregular

IMPERFECTIVE	PERFECTIVE
брать	взять
ве́шать	по-ве́сить
говори́ть	сказа́ть
кла́няться	поклони́ться
класть	по-ложи́ть

чита́ть has two perfective forms, e.g., про-чита́ть and про-че́сть. Consequently also from счита́ть: со-счита́ть and счесть.

646. There are a few compound verbs which are always imperfective (Type 5) in spite of the prefix with which they are formed: вы́глядеть, зави́сеть, наде́яться, принадлежа́ть, состоя́ть. There are no corresponding perfectives.

647. Verbs ending in –и́ровать are both perfective and imperfective. As a result, they have the same form for the imperfective present and the perfective future tenses. The general meaning of the sentence will tell whether the action is going on now or will take place at some future time. Examples:

INFINITIVE	IMPERFECTIVE PRESENT TENSE	PERFECTIVE FUTURE TENSE
импорти́ровать	я импорти́рую	я импорти́рую
ликвиди́ровать	я ликвиди́рую	я ликвиди́рую
телеграфи́ровать	я телеграфи́рую	я телеграфи́рую

648. There are a number of verbs which are perfective by nature, without having a prefix. We call them primary perfectives.

Here belong first of all about three hundred verbs ending in –нуть, e.g., верну́ть, дви́нуть, кри́кнуть, скри́пнуть, тро́нуть. However, not all verbs ending in –нуть are perfective.

In the group of primary perfectives belong also about thirty other verbs of varied formations.

Each of these primary perfectives is accompanied by an independent imperfective form which differs from the corresponding perfective in its conjugation and may even be from a different root.

When a primary perfective is prefixed it remains perfective.

Here is a list of primary perfectives with the corresponding imperfectives:

PERFECTIVE	IMPERFECTIVE
бро́сить	броса́ть
верну́ть	воз–враща́ть
дать	дава́ть
дви́нуть	дви́гать
ко́нчить	конча́ть
кри́кнуть	крича́ть
купи́ть	по–купа́ть
лечь	ложи́ться
пасть	па́дать
пусти́ть	пуска́ть
реши́ть	реша́ть
сесть	сади́ться
стать	{ станови́ться –става́ть
ступи́ть	ступа́ть

The form –става́ть is only used in compounds.

пасть was originally a primary perfective. Except for the past participle and the past gerund, it is little used in the simple form today.

SECONDARY ITERATIVES

649. It should be noted that every prefix, beside "perfectivizing" an imperfective verb, changes the general meaning of the verb, e.g., я чита́ю *I read, I am reading*: я прочита́ю *I shall read to the end*, or я рабо́таю *I work, I am working*: я зарабо́таю *I shall earn (through work)*. In order to express the new meaning in the present tense, an iterative form (Type 6) is derived from the prefixed verb: я прочи́тываю *I read to the end*, я зараба́тываю *I earn*. This is possible since an iterative verb is not perfectivized when it takes on a prefix. Only iterative verbs can take on a prefix and still remain imperfective.

650. Iterative verbs are usually derived from perfective verbs by means of changes in the stem (change of vowel or insertion of a special syllable or both), e.g.,

я опозда́ю	pf.	*I shall be late*
я опа́здываю	ipf.	*I am (usually) late*

In this book the abbreviation iter. is used only to indicate primary iteratives. The secondary iterative formations are marked with the general abbreviation ipf.

651. It should be noted that the prefix вы– is always accented in the perfective aspect but unaccented in the imperfective aspect, e.g.,

PERFECTIVE	IMPERFECTIVE
вы́писать	выпи́сывать
вы́слать	высыла́ть

652. On the basis of the secondary iterative formations, we get a number of patterns of the perfective-imperfective pairs.

653. PATTERN 1. Compounds derived from the verbs mentioned in section 639 (which have two basic imperfective forms) deserve special attention. Perfective verbs can be derived (by prefixation) only from the single-occurrence imperfective forms (Type 5). On the other hand, prefixes added to the primary iteratives do not make these perfective. Such prefixed iteratives furnish the imperfective companions to the perfectives derived from the corresponding forms of Type 5. Some of the imperfective forms listed in section 648 (imperfective companions to primary perfectives) are treated like primary iteratives. In the following list both types are represented.

BASIC VERB	PERFECTIVE	ITERATIVE
бежа́ть -- бе́гать	у-бежа́ть	у-бега́ть
быть -- быва́ть	за-бы́ть	за-быва́ть
вести́ -- води́ть	при-вести́	при-води́ть
	про-вести́	про-води́ть
	произ-вести́	произ-води́ть
везти́ -- вози́ть	при-везти́	при-вози́ть
дать -- дава́ть	за-да́ть	за-дава́ть
	из-да́ть	из-дава́ть
	от-да́ть	от-дава́ть
	по-да́ть	по-дава́ть
	про-да́ть	про-дава́ть
	с-дать	с-дава́ть
	соз-да́ть	соз-дава́ть
дви́нуть -- дви́гать	при-дви́нуть	при-двига́ть
знать -- -знава́ть	у-зна́ть	у-знава́ть
е́хать -- е́здить	при-е́хать	при-езжа́ть
	про-е́хать	про-езжа́ть
	у-е́хать	у-езжа́ть
итти́ -- ходи́ть	вы́йти	вы-ходи́ть
	зайти́	за-ходи́ть
	найти́	на-ходи́ть
	отойти́	от-ходи́ть
	подойти́	под-ходи́ть
	притти́	при-ходи́ть
	пройти́	про-ходи́ть
	уйти́	у-ходи́ть
купи́ть -- -купа́ть	вы́-купить	вы-купа́ть
нести́ -- носи́ть	вы́-нести	вы-носи́ть
	при-нести́	при-носи́ть
	произ-нести́	произ-носи́ть

пасть — па́дать	у–па́сть	у–пада́ть
пусти́ть — пуска́ть	про–пусти́ть	про–пуска́ть
реши́ть — реша́ть	раз–реши́ть	раз–реша́ть
стать — –става́ть	в–стать	в–става́ть
	до–ста́ть	до–става́ть
	о–ста́ться	о–става́ться
	пере–ста́ть	пере–става́ть
	у–ста́ть	у–става́ть
ступи́ть — ступа́ть	по–ступи́ть	по–ступа́ть

Notes: бе́гать, дви́гать, and па́дать change their accentuation whenever a prefix is added.

е́здить changes to –езжа́ть whenever it takes a prefix.

The verbs знать and стать form their iterative compounds by means of –знава́ть and –става́ть which are inflected exactly like дава́ть, but do not occur independently.

654. PATTERN 2. The iterative form, always ending in –а́ть, –а́ю (Class 1 of the First Conjugation), is derived from the perfective infinitive by means of the suffix –ва́–, without change of the stem vowel:

BASIC VERB	PERFECTIVE	ITERATIVE
бить	из–би́ть	из–бива́ть
	раз–би́ть	раз–бива́ть
	у–би́ть	у–бива́ть
вить	об–ви́ть	об–вива́ть
	при–ви́ть	при–вива́ть
деть	на–де́ть	на–дева́ть
	о–де́ть	о–дева́ть
	раз–де́ть	раз–дева́ть
жить	до–жи́ть	до–жива́ть
	по–жи́ть	по–жива́ть
	про–жи́ть	про–жива́ть
–крыть	за–кры́ть	за–крыва́ть
	на–кры́ть	на–крыва́ть
	от–кры́ть	от–крыва́ть
	рас–кры́ть	рас–крыва́ть
	с–крыть	с–крыва́ть
лить	в–лить	в–лива́ть
	на–ли́ть	на–лива́ть
	об–ли́ть	об–лива́ть
	пере–ли́ть	пере–лива́ть
	раз–ли́ть	раз–лива́ть
	с–лить	с–лива́ть

мыть	у–мы́ть	у–мыва́ть
пить	вы́–пить	вы–пива́ть
	на–пи́ться	на–пива́ться
	про–пи́ть	про–пива́ть
спеть	у–спе́ть	у–спева́ть
шить	вы́–шить	вы–шива́ть
	об–ши́ть	об–шива́ть

655. PATTERN 3. The iterative form, ending in –ать, –аю (Class 1 of the First Conjugation), is derived from the perfective by means of the unstressed suffix –ыва– (–ива– after г, к, х, ж, ч, ш, щ and after vowels or soft consonants), without change of the stem vowel:

BASIC VERB	PERFECTIVE	ITERATIVE
грани́чить	о–грани́чить	о–грани́чивать
держа́ть	за–держа́ть	за–де́рживать
	с–держа́ть	с–де́рживать
–каза́ть	на–каза́ть	на–ка́зывать
	о–каза́ть	о–ка́зывать
	от–каза́ться	от–ка́зываться
	по–каза́ть	по–ка́зывать
	при–каза́ть	при–ка́зывать
	рассказа́ть	расска́зывать
	с–каза́ть	с–ка́зывать
	у–каза́ть	у–ка́зывать
кла́няться	рас–кла́няться	рас–кла́ниваться
меша́ть	за–меша́ть	за–ме́шивать
писа́ть	вы́–писать	вы–пи́сывать
	за–писа́ть	за–пи́сывать
	о–писа́ть	о–пи́сывать
	под–писа́ть	под–пи́сывать
– –	простуди́ться	простужи́ваться
чита́ть	вы́–читать	вы–чи́тывать
	нас–чита́ть	нас–чи́тывать
	про–чита́ть	про–чи́тывать

656. PATTERN 4. The iterative form, ending in –ать, –аю (Class 1 of the First Conjugation), is derived from the perfective by means of the unstressed suffix –ыва– (–ива– after г, к, х, ж, ч, ш, щ and after vowels or soft consonants), with the vowel o of the stem changing to a which is always accented. Some of these verbs are derived from nouns or adverbs.

BASIC VERB	PERFECTIVE	ITERATIVE
ко́нчить	за–ко́нчить	за–ка́нчивать
	о–ко́нчить	о–ка́нчивать

молча́ть	за–молча́ть	за–ма́лчивать
моро́зить	от–моро́зить	от–мора́живать
(по́здно)	за–поздать	за–па́здывать
проси́ть	с–проси́ть	с–пра́шивать
рабо́тать	за–рабо́тать	за–раба́тывать
(разгово́р)	– – –	разгова́ривать
смотре́ть	рас–смотре́ть	рас–сма́тривать
–станови́ть	о–станови́ть	о–стана́вливать
стро́ить	рас–стро́ить	рас–стра́ивать

657. PATTERN 5. An iterative in –я́ть (Class 1) is derived from a perfective in –ить (Class 7):

BASIC FORM	PERFECTIVE	ITERATIVE
ве́рить	у–ве́рить	у–веря́ть
вини́ть	из–вини́ть	из–виня́ть
(во́ля)	поз–во́лить	поз–воля́ть
дели́ть	раз–дели́ть	раз–деля́ть
–едини́ть	со–едини́ть	со–единя́ть
–мени́ть	из–мени́ться	из–меня́ться
(по́лно)	ис–по́лнить	ис–полня́ть
–ясни́ть	объ–ясни́ть	объ–ясня́ть

658. PATTERN 6. An iterative in –ля́ть (Class 1) is derived from a perfective in –ить (Class 8):

BASIC FORM	PERFECTIVE	ITERATIVE
гото́вить	при–гото́вить	при–готовля́ть
(здра́вый)	по–здра́вить	по–здравля́ть
потреби́ть	у–потреби́ть	у–потребля́ть
пра́вить	от–пра́виться	от–правля́ться
	по–пра́виться	по–правля́ться
ста́вить	о–ста́вить	о–ставля́ть
томи́ть	у–томи́ться	у–томля́ться
яви́ть	объ–яви́ть	объ–явля́ть

659. PATTERN 7. An iterative in –а́ть preceded by a hissing sound (Class 1) is derived from a perfective in –ить (Class 9) or –еть (Class 9):

PERFECTIVE	ITERATIVE
возврати́ть	возвраща́ть
встре́тить	встреча́ть
заме́тить	замеча́ть
запрети́ть	запреща́ть
навести́ть	навеща́ть
оби́деть	обижа́ть

обрати́ться	обраща́ться
отве́тить	отвеча́ть
ощути́ть	ощуща́ть
посети́ть	посеща́ть
пригласи́ть	приглаша́ть
простуди́ться	простужа́ться
согласи́ться	соглаша́ться

660. PATTERN 8. An iterative in -а́ть (Class 1) is derived from a perfective in -ить (Class 10):

PERFECTIVE	ITERATIVE
изучи́ть	изуча́ть
назна́чить	назнача́ть
огорчи́ть	огорча́ть
освежи́ться	освежа́ться
получи́ть	получа́ть
продо́лжить	продолжа́ть
случи́ться	случа́ться

661. PATTERN 9. The verbs ending in -чь (Classes 4 and 6) and a few others form the iterative in -а́ть which is added to the present tense stem:

BASIC FORM	PERFECTIVE	ITERATIVE
горе́ть: гор-	с-горе́ть	с-гора́ть
	за-горе́ться	за-гора́ться
есть: ед-	на-е́сться	на-еда́ться
	съ-есть	съ-еда́ть
жечь: жг-	за-же́чь	за-жига́ть
	с-жечь	с-жига́ть
мочь: мог-	по-мо́чь	по-мога́ть
стричь: стриг-	о-стри́чь	о-стрига́ть
	под-стри́чь	под-стрига́ть

662. PATTERN 10. Iterative ending in -а́ть, with the vowel ы or и in the stem.

BASIC VERB	PERFECTIVE	ITERATIVE
брать	вы́-брать	вы-бира́ть
	со-бра́ться	со-бира́ться
	у-бра́ть	у-бира́ть
звать	на-зва́ть	на-зыва́ть
-мереть	умере́ть	умира́ть
	нача́ть	начина́ть
-нять	за-ня́ть	за-нима́ть
	на-ня́ть	на-нима́ть

–нять (cont'd)	по–ня́ть	по–нима́ть
	при–ня́ть	при–нима́ть
по́мнить	вс–по́мнить	вс–помина́ть
	на–по́мнить	на–помина́ть
слать	вы́–слать	вы–сыла́ть
	по–сла́ть	по–сыла́ть
	при–сла́ть	при–сыла́ть

663. IRREGULAR PATTERNS

PERFECTIVE	ITERATIVE
засну́ть	засыпа́ть
ошиби́ться	ошиба́ться
отдохну́ть	отдыха́ть
предложи́ть	предлага́ть
просну́ться	просыпа́ться
упомяну́ть	упомина́ть

USE OF THE ASPECTS

664. The correct use of verbs of types 1, 2, 4, 6 should not cause too much difficulty, since it is indicated by the meaning. The difficulties lie primarily in the choice between Type 3 and Type 5. The difficulties are easily overcome if the student keeps in mind that the perfective aspect always denotes a single occurrence, e.g., дать *to give once,* купи́ть *to buy once:*

665. As the perfective aspect always denotes a single occurrence, it cannot be used with words that imply repetition of the action. Therefore, with such adverbs as *always, often, many times, how many times?, seldom, rarely, occasionally, usually, every day, every week, every year, every time, once a week, twice, three times,* etc., the imperfective (mostly iterative) aspect must be used.

666. The imperfective infinitive must be used after such verbs as *to begin, to start, to stop, to continue to,* etc.

667. The imperfective verb maý express an (unsuccessful) attempt to do something (attempted action), e.g.,

Он уверя́л меня́ (XIX, 35)   *He tried to convince me.*

668. There is a general tendency to prefer the imperfective aspect of the verb in questions and negative sentences.

669. The perfective aspect may be used for emphasis. Moreover, the perfective aspect must be used in questions and negative sentences when there is a definitely perfective situation (single-occurrence completed action).

670. In a negative sentence the perfective form may express inability, e.g.,

Я не уви́жу вас из окна́.   *I won't be able to see you from the window.*

Он не написа́л письма́.   *He was not able to finish (writing) the letter.*

671. In the past and future, the perfective form must always be used in enumerations of successive actions or events, e.g.,

Я постою́ здесь две мину́ты, а   *I shall stand here two minutes and*
потóм пойду́. (IX,56-57)   *then I shall go.*

За́втра я пойду́ в магази́н,   *Tomorrow I shall go to the store, I*
посмотрю́ там нóвый журна́л и   *shall look at a new magazine there*
куплю́ кни́гу.   *and buy a book.*

Она́ посмотре́ла на у́лицу и уви́дела   *She looked out into the street*
вас.   *(through the window) and saw you.*

672. The imperfective form must be used in enumerations of actions that go on simultaneously, e.g.,

Я рабóтала дóма, а сестра́   *I worked at home and my sister was*
помога́ла мне. (X,44)   *helping me.*

Ма́льчик сиде́л за столóм и чита́л   *The boy sat at the table and was*
кни́гу.   *reading a book.*

FORMATION OF THE PRESENT (AND PERFECTIVE FUTURE) TENSE

673. The Russian verbs fall into two conjugations. In addition, there are five irregular verbs (plus the compounds derived from them) which do not fit in this classification. They are:

1. бежа́ть ipf. *to run* (see section 587);
2. хоте́ть ipf. *to want* (see section 586);
3. есть ipf. *to eat* (see section 603);
4. дать pf. *to give* (see section 599);
5. быть ipf. *to be* (see section 608).

674. The accent of the present (and perfective future) tense is not uniform. The verbs of the First and Second Conjugation are divided into three accentuation types marked in this book, a, b, c.

Type a is accented on the stem and shows no accent shift.

Type b is accented on the ending throughout the whole present (and perfective future) tense.

Type c is accented on the ending in the first person singular, but on the stem in the other forms of the present (and perfective future) tense.

675. The personal endings are affixed to the present tense stem which differs frequently from the infinitive stem.

FIRST CONJUGATION

676. There are two basic sets of endings for the present (and perfective future) tense of the First Conjugation:

1. -ю, -ешь, -ет, -ем, -ете, -ют.

2. -у, -ешь, -ет, -ем, -ете, -ут.

The letter e in the second and third person singular and the first and second plural is characteristic of the First Conjugation. This e represents three different pronunciations:

1. *i*, as in English *pit*, if the ending is not accented (accentuation type a or c).

2. *yo*, if the ending is accented (accentuation type b), except after the hissing sounds ж, ш, ч, щ.

3. *o*, similar to the *o* in English *short*, after the hissing sounds ж, ш, ч, щ, if the ending is accented (accentuation type b).

When the endings are accented, the e is written ё in this book, but in normal spelling the simple letter e is used.

677. In this book (and especially in the end vocabulary) the verbs of the First Conjugation are divided into six classes numbered 1-6, according to their present tense formation.

678. CLASS 1: Verbs with the endings -ю, -ешь, -ет, -ем, -ете, -ют, and accentuation types a or c. The verb stem, usually ending in a vowel, remains unchanged, i.e., throughout the whole singular and plural it is the same as in the first person singular. Most of the verbs having an infinitive ending in -ать and -еть belong here, as do all those in -ыть. Examples: де́лать *to do* (я де́ла-ю), чита́ть *to read* (я чита́-ю), уме́ть *to know how* (я уме́-ю), мыть *to wash* (я мо́-ю), закры́ть pf. *to close* (я закро́-ю), раскры́ть pf. *to uncover* (я раскро́-ю), скрыть pf. *to hide* (я скро́-ю), гуля́ть *to take a walk* (я гуля́-ю), та́ять *to thaw, to melt* (я та́-ю), брить *to shave* (я бре́-ю). The verbs with the suffix -овать or -евать demand special attention, since their present tense stem ends in -у- or -ю-, respectively, instead of -ова-, -ева-, as might be expected, e.g., импорти́ровать *to import* (я импорти́ру-ю), малева́ть *to paint* (я малю́-ю), ночева́ть *to pass the night* (я ночу́-ю). Some verbs with a present tense stem ending in -л- or -р- belong here, e.g., моло́ть *to grind (grain)* (я мел-ю́, ты ме́л-ешь), стлать *to spread* (я стел-ю́, ты сте́л-ешь), поро́ть *to unstitch* (я пор-ю́, ты по́р-ешь). Here belong also колеба́ть *to rock* (я коле́бл-ю, ты коле́бл-ешь, ... они́ коле́бл-ют), дрема́ть *to slumber* (я дремл-ю́, ты дре́мл-ешь, ... они́ дре́мл-ют), сы́пать *to scatter* (я сы́пл-ю, ты сы́пл-ешь, ... они́ сы́пл-ют), with an inserted л throughout the whole present tense paradigm (but not in the infinitive).

679. CLASS 2: Verbs with the accented endings -ю́, -ёшь, -ёт, -ём, -ёте, -ю́т. The stem remains unchanged. The verbs of this class appear in various infinitive forms, e.g., дава́ть *to give* (я да-ю́), посла́ть pf. *to send* (я пошл-ю́), плева́ть *to spit* (я плю-ю́), пить *to drink* (я пь-ю́), петь *to sing* (я по-ю́), смея́ть-ся *to laugh* (я сме-ю́-сь, ты сме-ёшь-ся, ... они́ сме-ю́т-ся).

680. CLASS 3: Verbs with the endings -у, -ешь, -ет, -ем, -ете, -ут, and accentuation types a or c. The stem remains unchanged. Many of the verbs of this class have an infinitive ending in -ать, but the present tense stem ends always in a consonant which is frequently a modification of a different consonant appearing in the infinitive, e.g., писа́ть *to write* (я пиш-у́, ты пи́ш-ешь), пла́кать *to cry* (я пла́ч-у), сказа́ть pf. *to tell* (я скаж-у́, ты ска́ж-ешь), стать pf. *to become, to begin* (я ста́н-у), иска́ть *to seek* (я ищ-у́, ты и́щ-ешь), е́хать

to ride (я е́д-у), тяну́ть *to pull* (я тян-у́, ты тя́н-ешь), деть *to put* (я де́н-у), сесть pf. *to sit down* (я ся́д-у), бры́згать *to splash* (я бры́зг-у, ты бры́зж-ешь), дви́гать-ся *to move* (я дви́ж-у-сь, . . . он дви́ж-ет-ся.

681. CLASS 4: Verbs with the endings –у, –ешь, –ет, –ем, –ете, –ут, and accentuation types a or c. The stem ends in a guttural which before the vowel e changes into the corresponding hissing consonant. The infinitive ends in –чь. Examples: мочь *to be able* (я мог-у́, ты мо́ж-ешь, . . . они́ мо́г-ут), лечь pf. *to lie down* (я ля́г-у, ты ля́ж-ешь, . . . они́ ля́г-ут).

682. CLASS 5: Verbs with the accented endings –у́, –ёшь, –ёт, –ём, –ёте, –у́т. The stem remains unchanged. The infinitive appears in various forms. Examples: итти́ *to go on foot* (я ид-у́), нести́ *to carry* (я нес-у́), везти́ *to transport* (я вез-у́), вести́ *to lead* (я вед-у́), брать *to take* (я бер-у́), бра́ть-ся *to undertake* (я бер-у́-сь, ты бер-ёшь-ся, . . . они́ бер-у́т-ся), ждать *to wait* (я жд-у, ты жд-ёшь, . . . они́ жд-ут), класть *to put* (я клад-у́), взять pf. *to take* (я возьм-у́), поня́ть pf. *to understand* (я пойм-у́), проче́сть pf. *to read through* (я прочт-у́), ошиби́ть-ся pf. *to make a mistake* (я ошиб-у́-сь, ты ошиб-ёшь-ся).

683. CLASS 6: Verbs with the accented endings –у́, –ёшь (pronounced –*ósh*), –ёт (pronounced –*ót*), –ём (pronounced –*óm*), –ёте (pronounced –*óte*), –у́т. The stem ends in a guttural which before the vowel ё changes to a hissing consonant. The infinitive ends mostly in –чь. Examples: жечь *to burn* (я жг-у́, ты жж-ёшь, . . . они́ жг-у́т), сжечь pf. *to burn* (я сожг-у́, ты сожж-ёшь, . . . они́ сожг-у́т), печь *to bake* (я пек-у́, ты печ-ёшь, . . . они́ пек-у́т), течь *to run, to flow* (я тек-у́, ты теч-ёшь, . . . они́ тек-у́т), отре́чь-ся pf. *to renounce* (я отрек-у́сь, ты отреч-ёшься, . . . они́ отрек-у́тся), стричь *to shear* (я стриг-у́, ты стриж-ёшь, . . . они́ стриг-у́т), толо́чь *to knock* (я толк-у́, ты толч-ёшь, . . . они́ толк-у́т). Here belong also лгать *to lie, to tell a falsehood* (я лг-у́, ты лж-ёшь, . . . они́ лг-у́т), ткать *to weave* (я тк-у́, ты тч-ёшь, . . . они́ тк-у́т), and, though without any consonant change, ржать *to neigh* (я рж-у́, ты рж-ёшь, . . . они́ рж-у́т).

SECOND CONJUGATION

684. There are three sets of personal endings, numbered 3-5, for the present (and perfective future) tense of the Second Conjugation:

3. –ю, –ишь, –ит, –им, –ите, –ят;

4. –у, –ишь, –ит, –им, –ите, –ят;

5. –у, –ишь, –ит, –им, –ите, –ат.

The first set represents the basic endings and the other two are merely phonetic modifications, in accordance with the general rule that after the consonants ж, ш, ч, щ, ц the vowels ю and я change to у and а respectively.

685. The following infinitive endings occur in the Second Conjugation:

1. –ить. All verbs with this infinitive ending (except monosyllables like бить, вить, лить, пить, шить, жить) belong here.

2. –еть. These verbs differ from those of the First Conjugation with the same infinitive ending (Class 1) in the formation of the present tense stem inasmuch as there the personal endings are added to a vowel but here to a consonant.

3. –ать, usually preceded by one of the following hissing consonants: ж, ш, ч, щ.

4. —ять, after a vowel, e.g., стоя́ть, боя́ться.

686. With almost no exceptions, the present tense stem is identical with that part of the infinitive which is left after cutting off the infinitive endings —ить, —еть, —ать, —ять.

687. In accordance with certain general rules, the final consonant of the stem is very frequently changed in the first person singular. All other persons of the singular and the plural use the unchanged consonant of the infinitive.

688. The verbs of the Second Conjugation are divided into four classes numbered 7-10, according to their present (and perfective future) tense formation.

689. CLASS 7: Here belong the verbs not specifically included in classes 8, 9, 10. The third set of endings (—ю, —ишь, —ит, —им, —ите, —ят) is used and no change in the final consonant of the stem takes place. Accentuation types a, b, c. Examples: по́мнить *to remember* (я по́мн-ю, ты по́мн-ишь, . . .они́ по́мн-ят), говори́ть *to speak, to say* (я говор-ю́, ты говор-и́шь, . . .они́ говор-я́т), смотре́ть *to look* (я смотр-ю́, ты смо́тр-ишь, . . .они́ смо́тр-ят), веле́ть *to order* (я вел-ю́, ты вел-и́шь, . . .они́ вел-я́т), стоя́ть *to stand* (я сто-ю́, ты сто-и́шь, . . .они́ сто-я́т). With an irregular stem: гнать *to chase* (я гон-ю́, ты го́н-ишь, . . .они́ го́н-ят).

690. CLASS 8: The stem ends in a labial consonant (б, п, в, ф, м). Between these consonants and the —ю of the first person singular, the consonant л is inserted. This л does not occur in any of the other forms. The third set of endings (—ю, —ишь, —ит, —им, —ите, —ят) is used. Accentuation types a, b, c. Examples: люби́ть *to love* (я любл-ю́, ты лю́б-ишь, . . .они́ лю́б-ят), дави́ть *to press, to crush* (я давл-ю́, ты да́в-ишь, . . .они́ да́в-ят), терпе́ть *to suffer* (я терпл-ю́, ты те́рп-ишь, . . .они́ те́рп-ят), шуме́ть *to make noise* (я шумл-ю́, ты шум-и́шь, . . .они́ шум-я́т). Here belongs also спать *to sleep* (я спл-ю, ты сп-ишь, . . .они́ сп-ят).

691. CLASS 9: The stem ends in one of the consonants д, т, з, с. In the first person singular these consonants are changed in the following manner:

д	changes to	ж
т	"	" ч or щ
ст	"	" щ
з	",	" ж
с	"	" ш

In all other forms the consonant appearing in the infinitive is used. The fourth set of endings (—у, —ишь, —ит, —им, —ите, —ят) is used. Accentuation types a, b, c. Examples: ходи́ть *to walk* (я хож-у́, ты хо́д-ишь, . . .они́ хо́д—ят), е́здить *to drive* (я е́зж-у, ты е́зд-ишь, . . .они́ е́зд-ят), ви́деть *to see* (я виж-у, ты ви́д-ишь, . . .они́ ви́д-ят), по́ртить *to spoil* (я по́рч-у, ты по́рт-ишь, . . .они́ по́рт-ят), посети́ть pf. *to visit* (я посещ-у́, ты посет-и́шь, . . .они посет-я́т), чи́стить *to clean* (я чи́щ-у, ты чи́ст-ишь, . . .они́ чи́ст-ят), вози́ть *to transport* (я вож-у́, ты во́з-ишь, . . .они́ во́з-ят), висе́ть *to hang, to be suspended* (я виш-у́, ты вис-и́шь, . . .они́ вис-я́т).

692. CLASS 10: The stem ends in a hissing consonant: ж, ш, ч, щ. No change in the final consonant of the stem. The infinitive ends either in —ать or —ить.

The fifth set of endings (-y, -ишь, -ит, -им, -ите, -ат) is used. Accentuation types a, b, c. Examples: лежа́ть *to lie (on something)* (я леж-у́, ты леж-и́шь, . . . они́ леж-а́т), слы́шать *to hear* (я слы́ш-у, ты слы́ш-ишь, . . . они́ слы́ш-ат), молча́ть *to be silent* (я молч-у́, ты молч-и́шь, . . . они́ молч-а́т), ко́нчить pf. *to finish* (я ко́нч-у, ты ко́нч-ишь, . . . они́ конч-ат), получи́ть pf. *to get* (я получ-у́, ты получ-и́шь, . . . они́ получ-ат), положи́ть pf. *to put* (я полож-у́, ты поло́ж-ишь, . . . они́ поло́ж-ат).

THE FUTURE TENSES

693. In Russian there are two ways of expressing action expected to occur at some future time, the perfective future tense and the imperfective future tense. The perfective future tense is formed with perfective verbs only and the imperfective future tense only with imperfective verbs.

694. The perfective future is formed like the imperfective present, with the same endings and conjugations. It is actually the present tense of the perfective verbs, and we could even call it 'perfective present,' but we would have to keep in mind that the perfective 'present' has always future meaning.

The student has to learn by rote whether a given verb is imperfective or perfective and, consequently, whether what looks like its present tense is really present or future.

695. If a verb is marked as ipf. or iter., its present tense forms are a true present tense. If, on the other hand, a verb is marked as pf., its present tense forms actually express future action and are therefore called perfective future.

PRESENT TENSE	PERFECTIVE FUTURE TENSE
говори́ть ipf. *to speak*	поговори́ть pf. *to speak (awhile)*
я говорю́ *I speak, I am speaking,*	я поговорю́ *I shall speak (awhile),*
ты говори́шь etc.	ты поговори́шь etc.
он	он
она́ } говори́т	она́ } поговори́т
оно́	оно́
мы говори́м	мы поговори́м
вы говори́те	вы поговори́те
они́ говоря́т	они́ поговоря́т
покупа́ть ipf. *to buy*	купи́ть pf. *to buy*
я покупа́ю *I buy, I am buying,*	я куплю́ *I shall buy,*
ты покупа́ешь etc.	ты ку́пишь etc.
он	он
она́ } покупа́ет	она́ } ку́пит
оно́	оно́
мы покупа́ем	мы ку́пим
вы покупа́ете	вы ку́пите
они́ покупа́ют	они́ ку́пят

Both members of the pair говори́ть–поговори́ть are conjugated exactly alike, according to the Second Conjugation. In the pair покупа́ть–купи́ть, on the other hand, the imperfective verb belongs to the First Conjugation, but the perfective verb to the Second Conjugation.

696. The imperfective future is a compound tense made up of the forms of the auxiliary я бу́ду, ты бу́дешь, etc. (see section 608) and the imperfective (ipf. and iter.) infinitive. Examples:

<table>
<tr><td>чита́ть ipf. to read</td><td>говори́ть ipf. to speak</td></tr>
<tr><td>я бу́ду чита́ть I shall read,</td><td>я бу́ду говори́ть I shall speak,</td></tr>
<tr><td>ты бу́дешь чита́ть   etc.</td><td>ты бу́дешь говори́ть   etc.</td></tr>
<tr><td>он бу́дет чита́ть</td><td>он бу́дет говори́ть</td></tr>
<tr><td>она́ бу́дет чита́ть</td><td>она́ бу́дет говори́ть</td></tr>
<tr><td>оно́ бу́дет чита́ть</td><td>оно́ бу́дет говори́ть</td></tr>
<tr><td>мы бу́дем чита́ть</td><td>мы бу́дем говори́ть</td></tr>
<tr><td>вы ву́дете чита́ть</td><td>вы бу́дете говори́ть</td></tr>
<tr><td>они́ бу́дут чита́ть</td><td>они́ бу́дут говори́ть</td></tr>
</table>

ходи́ть iter. *to walk*
я бу́ду ходи́ть *I shall walk,*
ты бу́дешь ходи́ть   etc.
он бу́дет ходи́ть
она́ бу́дет ходи́ть
оно́ бу́дет ходи́ть
мы бу́дем ходи́ть
вы бу́дете ходи́ть
они́ бу́дут ходи́ть

697. The verbs occurring in Lessons I-IX form their present and future as follows:

INFINITIVE	PRESENT	PERFECTIVE FUTURE	IMPERFECTIVE FUTURE
бе́гать iter.	бе́гаю		бу́ду бе́гать
бежа́ть ipf.	бегу́	побегу́	бу́ду бежа́ть
благодари́ть ipf.	благодарю́	поблагодарю́	бу́ду благодари́ть
ви́деть ipf.	ви́жу	уви́жу	бу́ду ви́деть
висе́ть ipf.	вишу́	повишу́	бу́ду висе́ть
{ встреча́ть ipf.	встреча́ю		бу́ду встреча́ть
{ встре́тить pf.		встре́чу	
говори́ть ipf.	говорю́	{ поговорю́ { (скажу́)	бу́ду говори́ть
гуля́ть ipf.	гуля́ю	погуля́ю	бу́ду гуля́ть
{ дава́ть iter.	даю́		бу́ду дава́ть
{ дать pf.		дам	

де́лать ipf.	де́лаю	сде́лаю	бу́ду де́лать
держа́ть ipf.	держу́	подержу́	бу́ду держа́ть
ду́мать ipf.	ду́маю	поду́маю	бу́ду ду́мать
е́хать ipf.	е́ду	пое́ду	бу́ду е́хать
жить ipf.	живу́	⎧ поживу́ ⎩ проживу́	бу́ду жить
⎧ зайти́ pf.		зайду́	
⎩ заходи́ть ipf.	захожу́		бу́ду заходи́ть
захоте́ть pf.	(хочу́)	захочу́	
звать ipf.	зову́	позову́	бу́ду звать
знать ipf.	зна́ю	узна́ю	бу́ду знать
зна́чить ipf.	зна́чит		бу́дет зна́чить
⎧ изуча́ть ipf.	изуча́ю		бу́ду изуча́ть
⎩ изучи́ть pf.		изучу́	
име́ть ipf.	име́ю		бу́ду име́ть
иска́ть ipf.	ищу́	поищу́	бу́ду иска́ть
итти́ ipf.	иду́	пойду́	бу́ду итти́
класть ipf.	кладу́	(положу́)	бу́ду класть
купи́ть pf.	(покупа́ю)	куплю́	
ку́шать ipf.	ку́шаю	поку́шаю	бу́ду ку́шать
лежа́ть ipf.	лежу́	полежу́	буду лежа́ть
мочь ipf.	могу́	смогу́	
написа́ть pf.	(пишу́)	напишу́	
⎧ нача́ть pf.		начну́	
⎩ начина́ть ipf.	начина́ю		бу́ду начина́ть
ожида́ть ipf.	ожида́ю		бу́ду ожида́ть
писа́ть ipf.	пишу́	напишу́	бу́ду писа́ть
побежа́ть pf.	(бегу́)	побегу́	
поговори́ть pf.	(говорю́)	поговорю́	
погуля́ть pf.	(гуля́ю)	погуля́ю	
подержа́ть pf.	(держу́)	подержу́	
поду́мать pf.	(ду́маю)	поду́маю	
пое́хать pf.	(е́ду)	пое́ду	
позва́ть pf.	(зову́)	позову́	
пойти́ pf.	(иду́)	пойду́	
покупа́ть ipf.	покупа́ю	(куплю́)	бу́ду покупа́ть
поку́шать pf.	(ку́шаю)	поку́шаю	
полежа́ть pf.	(лежу́)	полежу́	
положи́ть pf.	(кладу́)	положу́	

получа́ть ipf.	получа́ю		бу́ду получа́ть
получи́ть pf.		получу́	
понима́ть ipf.	понима́ю		бу́ду понима́ть
поня́ть pf.		пойму́	
порабо́тать pf.	(рабо́таю)	порабо́таю	
посиде́ть pf.	(сижу́)	посижу́	
посла́ть pf.		пошлю́	
посыла́ть ipf.	посыла́ю		бу́ду посыла́ть
посмотре́ть pf.	(смотрю́)	посмотрю́	
постоя́ть pf.	(стою́)	постою́	
почита́ть pf.	(чита́ю)	почита́ю	
приезжа́ть ipf.	приезжа́ю		бу́ду приезжа́ть
прие́хать pf.		прие́ду	
принадлежа́ть ipf.	принадлежу́		бу́ду принадлежа́ть
присла́ть pf.		пришлю́	
присыла́ть ipf.	присыла́ю		бу́ду присыла́ть
притти́ pf.		приду́	
приходи́ть ipf.	прихожу́		бу́ду приходи́ть
прожи́ть pf.	(живу́)	проживу́	
прорабо́тать pf.		прорабо́таю	
проси́ть ipf.	прошу́	попрошу́	бу́ду проси́ть
прочита́ть pf.		прочита́ю	
рабо́тать ipf.	рабо́таю	порабо́таю	бу́ду рабо́тать
разгова́ривать ipf.	разгова́риваю		бу́ду разгова́ривать
рассказа́ть pf.		расскажу́	
расска́зывать ipf.	расска́зываю		бу́ду расска́зывать
расти́ ipf.	расту́		бу́ду расти́
сде́лать pf.	(де́лаю)	сде́лаю	
сиде́ть ipf.	сижу́	посижу́	бу́ду сиде́ть
сказа́ть pf.	(говорю́)	скажу́	
смотре́ть ipf.	смотрю́	посмотрю́	бу́ду смотре́ть
смочь pf.	(могу́)	смогу́	
спеши́ть ipf.	спешу́	поспешу́	бу́ду спеши́ть
стоя́ть ipf.	стою́	постою́	бу́ду стоя́ть
уви́деть pf.	(ви́жу)	уви́жу	
узнава́ть ipf.	узнаю́		
узна́ть pf.		узна́ю	
уйти́ pf.		уйду́	
уходи́ть ipf.	ухожу́		бу́ду уходи́ть

ходи́ть iter.	хожу́		бу́ду ходи́ть
хоте́ть ipf.	хочу́	захочу́	
чита́ть ipf.	чита́ю	почита́ю	бу́ду чита́ть

USE OF THE FUTURE TENSE

698. The future tense (perfective or imperfective) must be used with the conjunction е́сли *if*, whenever the condition expressed refers to something that is yet to happen, e.g.,

Е́сли то́лько он не бу́дет до́лго
говори́ть о свои́х дела́х, я
успе́ю ещё вы́учить свои́ уро́ки.
(XVI, 54)

If only he doesn't talk long about
his affairs, I shall yet manage
to learn my lessons.

Е́сли вы пойдёте в кино́, я то́же
пойду́.

If you go to the movies, I shall go
too.

699. The perfective future must be used when any of the conditions enumerated in sections 630, 631, 634, 636, 664 are met. Single-occurrence completed action expected to take place in the future must be expressed by the perfective form. Perfective forms are also used ın an enumeration of actions following each other. Example:

Сего́дня он поду́мает о нём, а
за́втра напи́шет (IX, 26-27)

Today he will think it over and to-
morrow he will write (it).

700. The English future perfect is usually rendered by the Russian perfective future. The conjunction когда́, in the sense of *when, after,* introducing subordinate clauses has the perfective future. The English version may have a future perfect. Examples:

Я узна́ю его́, когда́ уви́жу. (IX, 7)

I shall recognize him when I see him.

Когда́ захочу́, тогда́ я скажу́.
(IX, 62-63)

When I (shall) want to, (then) I
shall tell (you).

701. Continuous action or development of unlimited duration and a state of permanency in the future are expressed by the imperfective form.

702. The imperfective future must be used whenever there is repeated action, even if several successive actions are involved.

703. If an action accompanies another action, i.e., takes place simultaneously with it, the imperfective aspect is used.

Ма́льчик побежи́т к нему́, а де́вочка
бу́дет бежа́ть о́коло ма́льчика.
(IX, 48)

The boy will run up to him and the
girl will run beside (along with)
the boy.

In this sentence, the action of the boy occurs only once and is therefore expressed by the perfective form побежи́т (Aspect Type 3), while the girl's action is simultaneous with that of the boy and consequently expressed by the imperfective future бу́дет бежа́ть.

Я посижу́ здесь и бу́ду смотре́ть за   *I shall sit here (awhile) and (during* де́вочкой. (IX, 53)   *that time) look after the little girl.*

In this sentence, посижу́ is a perfective of limited duration (Type 4). *During that (limited) time I shall look after the girl.* This is simultaneous action and therefore expressed by the imperfective бу́ду смотре́ть.

704. In answers, the imperfective future is sometimes given in an abridged form by leaving out the infinitive. Examples:

Сейча́с я не бу́ду (разгова́ривать   *I shall not (talk to him) just now.* с ним). (IX, 67)

Я ду́маю, что бу́дет (расти́).   *I think it (the grass) will (grow).*

705. Frequently the future tense, both perfective and imperfective, is best rendered in English by the auxiliary *can* with the infinitive. Examples:

Сде́лаете ли вы то?   *Can you do that?*

вы найдёте   *you can find*

я скажу́   *I can say*

Вы уже́ не бу́дете себя́ чу́вствовать   *You can no longer feel like a young* так, как молодо́й челове́к.   *man.* (XXI, 32)

706. Sometimes the present tense of итти́ and е́хать is used where we would expect the future. Examples:

Мой дя́дя за́втра идёт в магази́н.   *My uncle is going to the store tomorrow.*

Куда́ вы е́дете э́тим ле́том?   *Where are you going this summer?*

FORMATION OF THE PAST TENSE

707. The formation of the past tense is peculiar inasmuch as it is determined by the grammatical gender of the subject, while on the other hand it makes no difference whether the subject is in the first or second or third person. In the plural, there is only one single ending for all three persons and genders. In the singular, there are three different forms, one for the masculine, one for the feminine and one for the neuter gender. If the subject of the verb is masculine the verb appears in the masculine form, while a feminine or neuter subject demands a feminine or neuter form respectively of the verb. In practical life this means that a man or a boy uses the masculine form for the first person singular, but a woman or girl the feminine form. On the other hand, the masculine form must be used if the person (child, friend, relative) addressed is a boy or a man, but the feminine form if the person addressed is a girl or woman.

708. The masculine ending of the singular is   -л   First
The feminine ending of the singular is   -ла   Second
The neuter ending of the singular is   -ло   Third
The plural ending is   -ли

The past tense of бежа́ть *to run* shall serve as an example:

я бежа́л (said by a man or boy)
я бежа́ла (said by a woman or girl) } *I ran*

ты бежа́л (addressing a man or boy)
ты бежа́ла (addressing a woman or girl) } *you ran*

он бежа́л	*he ran*
она́ бежа́ла	*she ran*
оно́ бежа́ло	*it ran*
мы бежа́ли	*we ran*
вы бежа́ли	*you ran*
они́ бежа́ли	*they ran*

Ladies studying Russian should always remember to use the feminine form for the first person singular. If they don't they expose themselves to ridicule.

709. The past tense is formed from the infinitive, regardless of the formation of the present tense. Verbs which are "irregular" in the present tense system may be quite regular in the past tense and vice versa. The past tense of the verbs with the infinitive ending –ть preceded by a vowel (so-called vocalic stems) is formed by replacing the infinitive ending –ть with –л, –ла, –ло, –ли. Examples:

бежа́–ть: бежа́–л, –ла, –ло, –ли
дава́–ть: дава́–л, –ла, –ло, –ли
держа́–ть: держа́–л, –ла, –ло, –ли
дрема́–ть: дрема́–л, –ла, –ло, –ли
е́ха–ть: е́ха–л, –ла, –ло, –ли
импортирова–ть: импортирова–л, –ла, –ло, –ли
иска́–ть: иска́–л, –ла, –ло, –ли
рабо́та–ть: рабо́та–л, –ла, –ло, –ли
чита́–ть: чита́–л, –ла, –ло, –ли

гуля́–ть: гуля́–л, –ла, –ло, –ли
стоя́–ть: стоя́–л, –ла, –ло, –ли

смотре́–ть: смотре́–л, –ла, –ло, –ли
уме́–ть: уме́–л, –ла, –ло, –ли
хоте́–ть: хоте́–л, –ла, –ло, –ли

би–ть: би–л, –ла, –ло, –ли
бри–ть: бри–л, –ла, –ло, –ли
говори́–ть: говори́–л, –ла, –ло, –ли
положи́ть: положи́–л, –ла, –ло, –ли
по́мни–ть: по́мни–л, –ла, –ло, –ли
сто́и–ть: сто́и–л, –ла, –ло, –ли

молóть: молóл, –ла, –ло, –ли

мы–ть: мы–л, –ла, –ло, –ли

Usually all forms of the past tense are accented on the same syllable as the infinitive. Deviations from this rule are indicated in the vocabulary, e.g., быть, дать, жить, пить, спать.

710. The verbs of Classes 4 and 6 (ending in –чь), those ending in –ти and a few others with the infinitive ending –ть preceded by a consonant have no –л in the masculine singular form. However, the other three forms have the regular endings, e.g., мочь: мог, моглá, моглó, моглú. Those which had originally a dental consonant in their stem lose the dental, but have –л in the masculine form, e.g., вестú (ведý): вёл, велá, велó, велú.
The past tense of иттú is шёл, шла, шло, шли.
All these irregularities are indicated in the vocabulary.

711. Normally, compound verbs have their accent on the same syllable as the corresponding simple verb. However, a number of perfective verbs, mostly compounds of быть, дать, жить, –нять, accent the prefix in the masculine, neuter, and plural forms, but the ending –ла in the feminine singular form, e.g.,

отдáть: óтдал, отдалá, óтдало, óтдали

понять: пóнял, понялá, пóняло, пóняли

принять: прúнял, принялá, прúняло, прúняли

продáть: прóдал, продалá, прóдало, прóдали

прожúть: прóжил, прожилá, прóжило, прóжили

712. The verbs occurring in Lessons I-X form their past tense as follows:

INFINITIVE	PAST TENSE Singular	PAST TENSE Plural
бегать iter.	бéгал, –а, –о	бéгали
бежáть ipf.	бежáл, –а, –о	бежáли
благодарúть ipf.	благодарúл, –а, –о	благодарúли
быть	был, былá, бýло	бýли
видáть ipf.	видáл, –а, –о	видáли
вúдеть ipf.	вúдел, –а, –о	вúдели
висéть ipf.	висéл, –а, –о	висéли
встречáть ipf.	встречáл, –а, –о	встречáли
встрéтить pf.	встрéтил, –а, –о	встрéтили
говорúть ipf.	говорúл, –а, –о	говорúли
гулять ipf.	гулял, –а, –о	гуляли
давáть iter.	давáл, –а, –о	давáли
дать pf.	дал, далá, далó	дáли
дéлать ipf.	дéлал, –а, –о	дéлали
держáть ipf.	держáл, –а, –о	держáли
дýмать ipf.	дýмал, –а, –о	дýмали

éздить iter.	éздил, -а, -о	éздили
éхать ipf.	éхал, -а, -о	éхали
жить ipf.	жил, жила́, жи́ло	жи́ли
зайти́ pf.	зашёл, зашла́, зашло́	зашли́
заходи́ть ipf.	заходи́л, -а, -о	заходи́ли
захоте́ть pf.	захоте́л, -а, -о	захоте́ли
звать ipf.	звал, звала́, зва́ло	зва́ли
знать ipf.	знал, зна́ла, зна́ло	зна́ли
зна́чить ipf.	зна́чил, -а, -о	зна́чили
изуча́ть ipf.	изуча́л, -а, -о	изуча́ли
изучи́ть pf.	изучи́л, -а, -о	изучи́ли
име́ть ipf.	име́л, -а, -о	име́ли
иска́ть ipf.	иска́л, -а, -о	иска́ли
итти́ ipf.	шёл, шла, шло	шли
класть ipf.	клал, кла́ла, кла́ло	кла́ли
купи́ть pf.	купи́л, -а, -о	купи́ли
ку́шать ipf.	ку́шал, -а, -о	ку́шали
лежа́ть ipf.	лежа́л, -а, -о	лежа́ли
мочь ipf.	мог, могла́, могло́	могли́
написа́ть pf.	написа́л, -а, -о	написа́ли
нача́ть pf.	на́чал, начала́, на́чало	на́чали
начина́ть ipf.	начина́л, -а, -о	начина́ли
ожида́ть ipf.	ожида́л, -а, -о	ожида́ли
отдыха́ть ipf.	отдыха́л, -а, -о	отдыха́ли
писа́ть ipf.	писа́л, -а, -о	писа́ли
побежа́ть pf.	побежа́л, -а, -о	побежа́ли
поговори́ть pf.	поговори́л, -а, -о	поговори́ли
погуля́ть pf.	погуля́л, -а, -о	погуля́ли
подержа́ть pf.	подержа́л, -а, -о	подержа́ли
поду́мать pf.	поду́мал, -а, -о	поду́мали
пое́хать pf.	пое́хал, -а , -о	пое́хали
позва́ть pf.	позва́л, -а, -о	позва́ли
пойти́ pf.	пошёл, пошла́, пошло́	пошли́
покупа́ть ipf.	покупа́л, -а, -о	покупа́ли
полежа́ть pf.	полежа́л, -а, -о	полежа́ли
положи́ть pf.	положи́л, -а, -о	положи́ли
получа́ть ipf.	получа́л, -а, -о	получа́ли
получи́ть pf.	получи́л, -а, -о	получи́ли
помога́ть ipf.	помога́л, -а, -о	помога́ли
понима́ть ipf.	понима́л, -а, -о	понима́ли

поня́ть pf.	по́нял, поняла́, по́няло	по́няли
порабо́тать pf.	порабо́тал, –а, –о	порабо́тали
посиде́ть pf.	посиде́л, –а, –о	посиде́ли
посла́ть pf.	посла́л, –а, –о	посла́ли
посыла́ть ipf.	посыла́л, –а, –о	посыла́ли
посмотре́ть pf.	посмотре́л, –а, –о	посмотре́ли
постоя́ть pf.	постоя́л, –а, –о	постоя́ли
почита́ть pf.	почита́л, –а, –о	почита́ли
приезжа́ть ipf.	приезжа́л, – а, –о	приезжа́ли
прие́хать pf.	прие́хал, –а, –о	прие́хали
принадлежа́ть ipf.	принадлежа́л, –а, –о	принадлежа́ли
присла́ть pf.	присла́л, –а, –о	присла́ли
присыла́ть ipf.	присыла́л, –а, –о	присыла́ли
притти́ pf.	пришёл, пришла́, пришло́	пришли́
приходи́ть ipf.	приходи́л, –а, –о	приходи́ли
прое́хать pf.	прое́хал, –а, –о	прое́хали
прожи́ть pf.	про́жил, прожила́, про́жило	про́жили
прорабо́тать pf.	прорабо́тал, –а, –о	прорабо́тали
проси́ть ipf.	проси́л, –а, –о	проси́ли
прочита́ть pf.	прочита́л, –а, –о	прочита́ли
путеше́ствовать ipf.	путеше́ствовал, –а, –о	путеше́ствовали
рабо́тать ipf.	рабо́тал, –а, –о	рабо́тали
разгова́ривать ipf.	разгова́ривал, –а, –о	разгова́ривали
рассказа́ть pf.	рассказа́л, –а, –о	рассказа́ли
расска́зывать ipf.	расска́зывал, –а, –о	расска́зывали
расти́ ipf.	рос, росла́, росло́	росли́
сде́лать pf.	сде́лал, –а, –о	сде́лали
сиде́ть ipf.	сиде́л, –а, –о	сиде́ли
сказа́ть pf.	сказа́л, –а, –о	сказа́ли
слы́шать ipf.	слы́шал, –а, –о	слы́шали
смотре́ть ipf.	смотре́л, –а, –о	смотре́ли
смочь pf.	смог, смогла́, смогло́	смогли́
спеши́ть ipf.	спеши́л, –а, –о	спеши́ли
стоя́ть ipf.	стоя́л, –а, –о	стоя́ли
уви́деть pf.	уви́дел, –а, –о	уви́дели
уе́хать pf.	уе́хал, –а, –о	уе́хали
узнава́ть ipf.	узнава́л, –а, –о	узнава́ли
узна́ть pf.	узна́л, –а, –о	узна́ли
уйти́ pf.	ушёл, ушла́, ушло́	ушли́
уста́ть pf.	уста́л, –а, –о	уста́ли

уходи́ть ipf.	уходи́л, –а, –о	уходи́ли
ходи́ть iter.	ходи́л, –а, –о	ходи́ли
хоте́ть ipf.	хоте́л, –а, –о	хоте́ли
чита́ть ipf.	чита́л, –а, –о	чита́ли

USE OF THE PAST TENSE

713. The perfective verb in the past tense may be rendered in English in three different ways, in accordance with the particular situation.

он ушёл   (a) *he left,*

           (b) *he has left (is gone now),*

           (c) *he had left (was gone at the given time).*

Мы купи́ли всё ну́жное.	*We bought everything that was needed.*
По́сле того́, как мы купи́ли всё ну́жное, мы с отцо́м верну́лись домо́й.	*After we had bought everything that was needed, father and I returned home.*
Когда́ мой друг уви́дел меня́, он обра́довался.	*When my friend saw me, he rejoiced.*

714. Frequently a Russian past tense may best be rendered in English by a present tense. Such situations arise when an action that actually took place in the past shows its effect now, e.g., я уста́л or я утоми́лся *I am tired* for *I got tired.* Он уже́ пришёл *He is already here* for *He has already arrived.*

715. Concerning the proper use of perfective or imperfective forms of the past tense, reference is herewith made to the general rules given in sections 664-672. In addition, the following hints should prove useful.

716. Continuous action or development of unlimited duration or a state of permanency in the past are expressed by the imperfective form (Type 5).

717. The iterative form (Type 6) must be used whenever there is repeated action, even if successive actions are involved. Consequently, the English expressions with *used to* are to be rendered by the iterative form of the past tense.

718. The English progressive forms of the past tense are to be rendered in Russian by the imperfective aspect (Type 5).

Он чита́л кни́гу.   *He was reading a book.*

719. An action which took place once in the past and was completed is expressed by a perfective verb. Examples:

PERFECTIVE	IMPERFECTIVE
Я прое́хал весь юг Росси́и. (X, 12) *I made a trip through all of southern Russia.*	Я путеше́ствовал по всей европе́йской Росси́и. (X, 15) *I have traveled (at various times) all through European Russia.*

Он шёл в шко́лу, когда́ я его́ встре́тил. *He was on his way to school when I met him.*

вчера́, когда́ вы встре́тили его́ *yesterday when you met him*

Когда́ она́ встреча́ла его́, он всегда́ начина́л говори́ть о свое́й семье́. *Every time she met him he started to talk about his family.*

720. In the past tense the verb of impersonal sentences takes the form of the neuter singular. Examples:

Бы́ло по́здно.	*It was late.*
Бы́ло хо́лодно.	*It was cold.*
Станови́лось сы́ро.	*It became damp.*
Случа́лось. ⎫ Случи́лось. ⎭	*It happened.*
Каза́лось.	*It seemed.*
Ему́ хоте́лось остава́ться там.	*He wanted to stay there.*
Мне хоте́лось итти́ домо́й.	*I wanted to go home.*
Мне не хоте́лось гуля́ть.	*I did not want to go for a walk.*

THE REFLEXIVE VERB

721. All forms of the Russian verbal system, except the passive participles (see sections 705-736.), may appear in the reflexive form which is obtained by attaching the reflexive particle -ся or -сь to the end of the active form.

722. The particle -ся is used with:

(a) the infinitive: де́лать-ся, учи́ть-ся.

(b) the present participle: де́лающий-ся, де́лающая-ся, де́лающее-ся, де́лающие-ся.

(c) the past participle: (с)де́лавший-ся, (с)де́лавшая-ся, (с)де́лавшее-ся, (с)де́лавшие-ся.

(d) those forms of the present and past tenses which end in a consonant: де́лаешь-ся, де́лает-ся, де́лаем-ся, де́лают-ся; де́лал-ся.

(e) the imperative endings -й, -ь: сме́й-ся; подви́нь-ся.

723. The particle -сь is used with:

(a) those forms of the present and past tenses which end in a vowel: де́лаю-сь, де́лаетесь; де́лала-сь, де́лало-сь, де́лали-сь.

(b') the gerunds: де́лая-сь, сде́лавши-сь.

(c') the imperative forms ending in a vowel: учи́-сь, учи́те-сь; сме́йте-сь.

724. PRESENT TENSE. (It should be noted that the reflexive particle is always written together with its verb in one word. Here the particle is set off simply in order better to show the formation.)

PRESENT TENSE

стара́ть-ся	наде́ять-ся	каза́ть-ся
я стара́ю-сь	наде́ю-сь	кажу́-сь
ты стара́ешь-ся	наде́ешь-ся	ка́жешь-ся
он она́ } стара́ет-ся оно́	наде́ет-ся	ка́жет-ся
мы стара́ем-ся	наде́ем-ся	ка́жем-ся
вы стара́ете-ся	наде́ете-ся	ка́жете-ся
они́ стара́ют-ся	наде́ют-ся	ка́жут-ся

нра́вить-ся	учи́ть-ся	смея́ть-ся
я нра́влю-сь	учу́-сь	смею́-сь
ты нра́вишь-ся	у́чишь-ся	смеёшь-ся
он она́ } нра́вит-ся оно́	у́чит-ся	смеёт-ся
мы нра́вим-ся	у́чим-ся	смеём-ся
вы нра́вите-ся	у́чите-сь	смеёте-сь
они́ нра́вят-ся	у́чат-ся	смею́т-ся

Note that the infinitive ending –ться and the ending –тся of the third person singular and the third plural are always pronounced as if they were written –цца: стара́ться = стара́цца, стара́ется = стара́ецца, стара́ются = стара́юцца; учи́ться = учи́цца, у́чится = у́чицца, у́чатся = у́чацца.

725. In the past tense the reflexive verb adds –ся to the masculine singular form, but –сь to the other three, e.g., наде́яться: наде́ялся, наде́ялась, наде́ялось, наде́ялись.

Normally, the reflexive verb has the same accent as the active verb. However, deviations from this rule are frequent. They are indicated in the vocabulary.

USE OF REFLEXIVE VERBS

726. With respect to their meaning, reflexive verbs may be divided into four groups:

727. (a) REFLEXIVES PROPER: These are transitive verbs with the action directed toward the subject of the clause, e.g.,

бри́ться -- побри́ться	*to shave (oneself)*
возвраща́ться -- возврати́ться	*to come back (to bring oneself back)*
запи́сываться -- записа́ться	*to register oneself*
интересова́ться чем	*to be interested (to interest oneself) in*
купа́ться	*to bathe oneself, to take a bath*

ложи́ться	to lie down (to lay oneself down)
мы́ться	to wash oneself
обраща́ться — обрати́ться	to turn (oneself) to
одева́ться — оде́ться	to dress oneself, to get dressed
сади́ться	to sit down (to set oneself)

начина́ться — нача́ться *to begin* and конча́ться — ко́нчиться *to come to an end* may be placed here or in group (d).

728. Some transitive verbs take the accusative form of the reflexive pronoun (written separately) instead of affixing the reflexive particle, e.g.,

| чу́вствовать себя́ | to feel (well, etc.) |

729. (b) RECIPROCAL VERBS:

встреча́ться — встре́титься	to meet (each other)
ви́деться — уви́деться	to see (each other)
перепи́сываться — переписа́ться	to correspond (with each other)

Note that in such sentences the grammatical subject may be in the singular, e.g.,

| Я встре́тился с ним в па́рке. | I met him in the park. |
| Вчера́ она́ ви́делась со свое́й подру́гой. | Yesterday she met her girl friend. |

730. (c) VERBS WITHOUT A CORRESPONDING ACTIVE (TRANSITIVE) FORM. These are used (either always or in a specific meaning) only in the reflexive form. They are mostly intransitive. Examples:

боро́ться	to struggle
боя́ться (with gen.)	to fear, to be afraid of
горди́ться чем	to be proud of
каза́ться — показа́ться	to seem
каса́ться (with gen.)	to refer to, to concern
наде́яться	to hope
нра́виться — понра́виться	to be pleasing to
остава́ться — оста́ться	to remain
ошиба́ться	to be mistaken •
ошиби́ться	to make a mistake
простуди́ться — простужа́ться	to catch cold
случа́ться — случи́ться	to happen
станови́ться	to become
стара́ться — постара́ться	to try

731. (d) PASSIVE. The reflexive verb can be used to express the passive voice. Usually only imperfective verbs are used in this sense. The agent is expressed by the instrumental. Examples:

| Здесь газе́ты продаю́тся. | Newspapers are sold here. |

Это пи́шется не так.	*This is not written this way.*
Газе́ты продава́лись ма́льчиками.	*Newspapers were sold by boys.*
Тре́буется ру́сский учи́тель.	*A Russian teacher (is) wanted.*
Семе́йство, кото́рое посеща́ется мое́й ма́терью.	*The family which is visited by my mother.*

THE IMPERATIVE

732. The imperative may be perfective as well as imperfective. The general rules for the use of the two aspects are as follows.

a) Affirmative imperative: Normally perfective aspect for completed action of single occurrence; imperfective aspect for polite address and when continuous character or repetition of action is emphasized.

b) Negative imperative: Normally imperfective aspect; perfective aspect for expression of urgency or impatience and when completed single-occurrence action is emphasized.

The negative imperative (prohibition) is usually expressed by the imperfective aspect. But even for the affirmative imperative (order, command, request) the use of the imperfective aspect is common enough. The perfective imperative being more urgent than the imperfective, an order expressed by an imperfective is less abrupt, more polite, and more of the character of a request or an invitation, than an order given in the perfective form. For the same reason the perfective aspect is possible in prohibitions whenever urgency or impatience are expressed. Of course, the perfective aspect is necessary both in the affirmative and negative imperative when the perfective idea (completed action of single occurrence, reference to a particular instance) is emphasized. On the other hand, the imperfective aspect is obligatory in the affirmative imperative when continuous or repeated action is specifically demanded. Examples:

PERFECTIVE	IMPERFECTIVE
возьми́те *take*	не бери́те *do not take*
ся́дьте *sit down*	сади́тесь, пожа́луйста *please, be seated*
приди́те *come (once)*	приходи́те *come (repeatedly), please come*
Не забу́дьте нас. *Do not forget us* (in a particular instance)	Не забыва́йте нас. *do not forget us; think of us* (in general).
Напиши́те э́то письмо́. *Write this letter.*	Пиши́те. *Go on writing.*
Прочита́йте (прочти́те) э́ту статью́. *Read this article (through).*	Чита́йте. *Go on reading.*
Тро́ньте руко́й э́то де́рево. *Touch this wood with your hand.*	Не тро́гайте мои́х книг. *Do not touch my books.*

- - - -

Не ве́шайте э́той карти́ный в э́той ко́мнате, пове́сьте её в столо́вой.	*Don't hang this picture up in this room, hang it up in the dining room.*

733. The direct imperative referring to the person or persons directly addressed by the speaker appears in two forms, a singular (used in addressing a child or a person with whom the speaker is on intimate terms) and a plural (for several persons at a time and in polite address). It is based on the first person singular (with which it agrees in matters of accentuation as far as possible) of the present tense for the imperfective, and of the perfective future for the perfective aspect. The plural is formed by adding the ending –те (which is always unstressed) to the singular form.

The imperative of reflexive verbs is formed by attaching the reflexive particle to the end of the underlying active form (see section 724). For the correct form of the reflexive particle to be used, see sections 722 and 723.

For the formation of the imperative the following rules are to be observed.

734. When the first person singular ends in a vowel + –ю:

The ending –ю is replaced by –й for the imperative singular and by –йте for the plural. Examples:

INFINITIVE	FIRST SING. INDICATIVE	IMPERATIVE SINGULAR	IMPERATIVE PLURAL
бе́гать	бе́га-ю	бе́гай	бе́гайте
беспоко́иться	беспоко́-ю-сь	беспоко́йся	беспоко́йтесь
боя́ться	бо-ю́-сь	бо́йся	бо́йтесь
брить	бре́-ю	брей	бре́йте
бри́ться	бре́-ю-сь	бре́йся	бре́йтесь
ве́шать	ве́ша-ю	ве́шай	ве́шайте
дви́гать	дви́га-ю	дви́гай	дви́гайте
де́лать	де́ла-ю	де́лай	де́лайте
ду́мать	ду́ма-ю	ду́май	ду́майте
забыва́ть	забыва́-ю	забыва́й	забыва́йте
зажига́ть	зажига́-ю	зажига́й	зажига́йте
закрыва́ть	закрыва́-ю	закрыва́й	закрыва́йте
закры́ть	закро́-ю	закро́й	закро́йте
запи́сываться	запи́сыва-ю-сь	запи́сывайся	запи́сывайтесь
купа́ться	купа́-ю-сь	купа́йся	купа́йтесь
ку́шать	ку́ша-ю	ку́шай	ку́шайте
меня́ть	меня́-ю	меня́й	меня́йте
меша́ть	меша́-ю	меша́й	меша́йте
наде́яться	наде́-ю-сь	надейся	наде́йтесь
ожида́ть	ожида́-ю	ожида́й	ожида́йте
остана́вливаться	остана́влива-ю-сь	остана́вливайся	остана́вливайтесь
побри́ть	побре́-ю	побре́й	побре́йте
поду́мать	поду́ма-ю	поду́май	поду́майте
покупа́ть	покупа́-ю	покупа́й	покупа́йте
помога́ть	помога́-ю	помога́й	помога́йте

постоя́ть	посто-ю́	посто́й	посто́йте
почита́ть	почита́-ю	почита́й	почита́йте
приезжа́ть	приезжа́-ю	приезжа́й	приезжа́йте
продолжа́ть	продолжа́-ю	продолжа́й	продолжа́йте
прочита́ть	прочита́-ю	прочита́й	прочита́йте
рабо́тать	рабо́та-ю	рабо́тай	рабо́тайте
разгова́ривать	разгова́рива-ю	разгова́ривай	разгова́ривайте
сде́лать	сде́ла-ю	сде́лай	сде́лайте
слу́шать	слу́ша-ю	слу́шай	слу́шайте
сметь	сме́-ю	смей	сме́йте
смея́ться	сме-ю́-сь	сме́йся	сме́йтесь
собира́ться	собира́-ю-сь	собира́йся	собира́йтесь
сове́товать	сове́ту-ю	сове́туй	сове́туйте
спра́шивать	спра́шива-ю	спра́шивай	спра́шивайте
стоя́ть	сто-ю́	стой	сто́йте
счита́ть	счита́-ю	счита́й	счита́йте
тро́гать	тро́га-ю	тро́гай	тро́гайте
чита́ть	чита́-ю	чита́й	чита́йте

735. The following verbs and their compounds form their imperative from the infinitive (instead of the first person singular), by changing the infinitive vowel -и- to -е-:

INFINITIVE	FIRST SING. INDICATIVE	IMPERATIVE SINGULAR	IMPERATIVE PLURAL
бить	бью	бей	бе́йте
вить	вью	вей	ве́йте
вы́-лить	вы́лью	вы́лей	вы́лейте
вы́-пить	вы́пью	вы́пей	вы́пейте
лить	лью	лей	ле́йте
пить	пью	пей	пе́йте
по-би́ть	побью́	побе́й	побе́йте
с-вить	совью́	свей	све́йте
с-лить	солью́	слей	сле́йте
с-шить	сошью́	сшей	сше́йте

736. When the first person singular ends in a consonant + -ю or -у:

Consonant stems of the Second Conjugation (see sections 689-692) form the imperative in this manner. However, the verbs of Classes 8 and 9 (sections 690 and 691) use the stem consonant of the infinitive.

737. The endings -ю and -у, when accented, are replaced by accented -и́, -и́те. Examples:

INFINITIVE	FIRST SING. INDICATIVE	IMPERATIVE SINGULAR	IMPERATIVE PLURAL
бежа́ть	бег–у́	беги́	беги́те
бере́чь	берег–у́	береги́	береги́те
брать	бер–у́	бери́	бери́те
вести́	вед–у́	веди́	веди́те
взять	возьм–у́	возьми́	возьми́те
говори́ть	говор–ю́	говори́	говори́те
дари́ть	дар–ю́	дари́	дари́те
держа́ть	держ–у́	держи́	держи́те
ждать	жд–у	жди	жди́те
жечь	жг–у	жги	жги́те
жить	жив–у́	живи́	живи́те
заже́чь	зажг–у́	зажги́	зажги́те
зайти́	зайд–у́	зайди́	зайди́те
записа́ть	запиш–у́	запиши́	запиши́те
записа́ться	запиш–у́–сь	запиши́сь	запиши́тесь
заходи́ть[736]	захож–у́	заходи́	заходи́те
извини́ть	извин–ю́	извини́	извини́те
итти́	ид–у́	иди́	иди́те
крича́ть	крич–у́	кричи́	кричи́те
купи́ть[736]	купл–ю́	купи́	купи́те
лгать	лгу	лги	лги́те
лежа́ть	леж–у́	лежи́	лежи́те
ложи́ться	лож–у́–сь	ложи́сь	ложи́тесь
моло́ть	мел–ю́	мели́	мели́те
назва́ть	назов–у́	назови́	назови́те
нача́ть	начн–у́	начни́	начни́те
нести́	нес–у́	неси́	неси́те
обрати́ться[736]	обращ–у́–сь	обрати́сь	обрати́тесь
останови́ть[736]	остановл–ю́	останови́	останови́те
останови́ться[736]	остановл–ю́–сь	останови́сь	остановите́сь
остри́чь	остриг–у́	остриги́	остриги́те
отойти́	отойд–у́	отойди́	отойди́те
писа́ть	пиш–у́	пиши́	пиши́те
поблагодари́ть	поблагодар–ю́	поблагодари́	поблагодари́те
подожда́ть	подожд–у́	подожди́	подожди́те
подойти́	подойд–у́	подойди́	подойди́те
подстри́чь	подстриг–у́	подстриги́	подстриги́те
пойти́	пойд–у́	пойди́	пойди́те

показа́ть	покаж-у́	покажи́	покажи́те
положи́ть	полож-у́	положи́	положи́те
получи́ть	получу́	получи́	получи́те
помо́чь	помог-у́	помоги́	помоги́те
посети́ть[736]	посещ-у́	посети́	посети́те
посла́ть	пошл-ю́	пошли́	пошли́те
посмотре́ть	посмотр-ю́	посмотри́	посмотри́те
постри́чь	постриг-у́	постриги́	постриги́те
принести́	принес-у́	принеси́	принеси́те
приноси́ть[736]	принош-у́	приноси́	приноси́те
присла́ть	пришл-ю́	пришли́	пришли́те
простуди́ться[736]	простуж-у́-сь	простуди́сь	простуди́тесь
разреши́ть	разреш-у́	разреши́	разреши́те
рассказа́ть	расскаж-у́	расскажи́	расскажи́те
сади́ться[736]	саж-у́-сь	сади́сь	сади́тесь
сбере́чь	сберег-у́	сбереги́	сбереги́те
серди́ться[736]	серж-у́-сь	серди́сь	серди́тесь
сжечь	сожг-у́	сожги́	сожги́те
сиде́ть[736]	сиж-у́	сиди́	сиди́те
сказа́ть	скаж-у́	скажи́	скажи́те
смотре́ть	смотр-ю́	смотри́	смотри́те
собра́ться	собер-у́-сь	собери́сь	собери́тесь
спеши́ть	спеш-у́	спеши́	спеши́те
спроси́ть[736]	спрош-у́	спроси́	спроси́те
торопи́ться[736]	торопл-ю́-сь	торопи́сь	торопи́тесь
тяну́ть	тян-у́	тяни́	тяни́те
указа́ть	укаж-у́	укажи́	укажи́те
учи́ться	уч-у́-сь	учи́сь	учи́тесь
ходи́ть[736]	хож-у́	ходи́	ходи́те
шути́ть[736]	шуч-у́	шути́	шути́те

738. Unaccented -ю and -у are replaced by -ь, -ьте. Examples:

INFINITIVE	FIRST SING. INDICATIVE	IMPERATIVE SINGULAR	IMPERATIVE PLURAL
бро́сить[736]	брош-у	брось	бро́сьте
быть	бу́д-у	будь	бу́дьте
ве́рить	ве́р-ю	верь	ве́рьте
вы́нуть	вы́н-у	вынь	вы́ньте
дви́нуть	дви́н-у	двинь	дви́ньте
оста́вить[736]	оста́вл-ю	оста́вь	оста́вьте

пла́кать	пла́ч-у	плачь	пла́чьте
пове́сить[736]	пове́ш-у	пове́сь	пове́сьте
подви́нуться	подви́н-у-сь	подви́нься	подви́ньтесь
позво́лить	позво́л-ю	позво́ль	позво́льте
поста́вить[736]	поста́вл-ю	поста́вь	поста́вьте
сесть	ся́д-у	сядь	ся́дьте
стать	ста́н-у	стань	ста́ньте
тро́нуть	тро́н-у	тронь	тро́ньте

Also:

сы́пать[736]	сы́пл-ю	сыпь	сы́пьте

739. Full (unaccented) и is substituted for ь after consonant clusters.
Examples:

INFINITIVE	FIRST SING. INDICATIVE	IMPERATIVE SINGULAR	IMPERATIVE PLURAL
ги́бнуть	ги́бн-у	ги́бни	ги́бните
кри́кнуть	кри́кн-у	кри́кни	кри́кните
ме́длить	ме́дл-ю	ме́дли	ме́длите
по́мнить	по́мн-ю	по́мни	по́мните
чи́стить	чи́щ-у	чи́сти	чи́стите

740. Perfective compound verbs with the stressed prefix вы- form the impera-
tive with the same endings (but always unstressed) as their non-compound
(simple) verb. Examples:

	INFINITIVE	FIRST SING. INDICATIVE	IMPERATIVE SINGULAR	IMPERATIVE PLURAL
Simple Verb	брать	бер-у́	бери́	бери́те
	итти́	ид-у́	иди́	иди́те
	писа́ть	пиш-у́	пиши́	пиши́те
	пить	пь-ю	пей	пе́йте
Compound Verb	вы́брать	вы́бер-у	вы́бери	вы́берите
	вы́йти	вы́йд-у	вы́йди	вы́йдите
	вы́писать	вы́пиш-у	вы́пиши	вы́пишите
	вы́пить	вы́пь-ю	вы́пей	вы́пейте

741. The following verbs have irregular imperatives:

INFINITIVE	FIRST SING. INDICATIVE	IMPERATIVE SINGULAR	IMPERATIVE PLURAL
е́хать	е́д-у	поезжа́й	поезжа́йте
есть	ем	ешь	е́шьте
лечь	ля́г-у	ляг	ля́гте
дать	дам	дай	да́йте
дава́ть	да-ю́	дава́й	дава́йте

−ставáть[653]	−стаю́	−ставáй	−ставáйте
вставáть	встаю́[601]	вставáй	вставáйте
оставáться	остаю́сь	оставáйся	оставáйтесь
−знавáть[653]	−знаю́	−знавáй	−знавáйте

742. Some verbs, though having both aspects in the indicative mode, have no perfective imperative at all, using always the imperfective form, e.g. кóнчить pf., кончáть ipf.: imperative кончáй, кончáйте.

743. An indirect imperative (with hortatory or permissive meaning) addressed to a third person (singular or plural) is formed by пусть (or пускáй) followed by the third person of the indicative present (imperfective) or future (perfective). Examples:

пусть (он) придёт	*let him come, may he come*
пусть (они́) рабóтают	*let them work*
пусть (онá) подýмает	*let her think (it) over*
пусть брат повезёт	*let the brother drive (you)*
пусть бýдет!	*be it!*

744. Similarly the first person plural of the indicative present, and especially of the perfective or imperfective future, with omission of the subject pronoun, is used as an indirect imperative. In this use, the verb commonly affixes the particle −те for a more polite expression. Frequently the verb is preceded by the interjection давáйте. With this interjection the first person singular may even be used. Examples:

идём, идёмте ⎫	
пойдём, пойдёмте ⎭	*let's go*
дви́гаемся, дви́гаемтесь	*let's start, let's get going*
посмóтрим	*let us see*
давáйте ся́дем	*let us sit down*
давáйте бýдем считáть	*let us count*
Давáйте я подстригý вам вóлосы.	*Let me trim your hair.*

745. The negative imperative (prohibition) is formed by placing the particle не before the affirmative imperative (see section 103). Although не is written as a separate word, it is in reality a (mostly unstressed) verbal prefix forming together with the verb a speech unit. No other word may be placed between the negative particle and the verb. Examples:

не бери́те	*do not take*
не беспокóйтесь	*do not worry*
не бóйтесь	*do not be afraid, have no fear*
не мешáйте	*do not disturb*
не простуди́тесь	*don't catch cold*
не серди́тесь	*don't be angry*
не смéйтесь	*don't laugh*
не шути́те	*don't joke*

THE CONDITIONAL MOOD

746. The particle **бы** together with the past tense expresses the conditional mood. Examples:

Я хоте́л бы ви́деть весь свет. (XVI,17)	*I would want to see the whole world.*
Мне хоте́лось бы. (XVI,'31)	*I would like to.*
Что лю́ди ста́ли бы де́лать? (XVI,10)	*What would people begin to do?*
Что бы́ло бы? (XVI,4)	*What would be?*
Не́ бы́ло бы бе́дных люде́й. (XVI,5)	*There would be no poor people.*

The particle **бы** usually follows after the finite verb. However, in questions it may come immediately after the interrogative pronoun. Examples:

Кто бы э́то мог быть? (XVI,50)	*Who might this be?*
Что бы мы ста́ли де́лать?	*What could we do?*

747. The conditional mood is used to express a condition contrary to fact. It is used both in the subordinate clause introduced with the conjunction **е́сли** *if* (protasis) and in the main clause or conclusion (apodosis). In both parts the particle **бы** is essential. In the *if* part the particle **бы** follows immediately after the conjunction **е́сли**, while in the conclusion it either precedes or follows the verb. The apodosis is sometimes started with the demonstrative particle **то** *then* which in most cases need not be translated. Examples:

Е́сли бы я был бога́т, то я отпра́вился бы путеше́ствовать. (XVI,15)	*If I were rich I would go traveling.*
Е́сли бы вы не мечта́ли, вы давно́ бы око́нчили свои́ уро́ки. (XVI,57)	*If you hadn't been daydreaming you would have finished your lessons long ago.*
Бы́ло бы лу́чше, е́сли его́ речь была́ бы коро́че.	*It would be better if his speech were shorter.*

The subordinate clause is always set off by a comma, no matter whether the main clause or the subordinate clause comes first.

748. No distinction is made between a "present conditional" and a "past conditional." **куда́ пошли́ бы вы?** may mean either *where would you go?* or *where would you have gone?* The specific situation will indicate which translation is to be chosen.

749. A real condition is expressed by **е́сли** without the particle **бы**. See also section 698. Examples:

Е́сли вы не ве́рите мне.	*If you don't believe me.*
Е́сли мы не ошиба́емся, вы вчера́ бы́ли в го́роде.	*If we are not mistaken you were in town yesterday.*
Он мо́жет говори́ть про себя́ це́лый день, е́сли то́лько есть слу́шатели.	*He can talk about himself all day long if only (as long as) there are (any) listeners.*

750. A condition contrary to fact can be expressed without the conjunction
éсли. In such expressions the subordinate clause is started with the verb (in
the past tense) followed by the particle бы. Example:

Бы́ли бы де́ньги, я купи́л бы мно́го   *If there were money (If I had money)*
    но́вых книг.   *I would buy many new books.*

751. A peculiar way of expressing condition contrary to fact is made possible
by a special use of the imperative mood of the verb. The subordinate clause
starts out with the imperative singular, no matter whether the subject is in
the singular or plural. Both the conjunction éсли and the particle бы are absent. Examples:

Знай я э́то ра́ньше   *If I had known this earlier*

Знай я все слова́, не смотре́л бы   *If I knew all the words I would not*
    я в слова́рь.   *look into the dictionary. (I would*
                                             not look the words up in the dictionary)

Будь у меня́ де́ти, я не пое́хал бы   *If I had children I would not have*
    в Росси́ю.   *gone to Russia.*

Не простуди́сь я тогда́, я был бы   *If I had not caught a cold at that*
    на экза́менах.   *time I would have been at the*
                                             examinations.

Скажи́ царь одно́ сло́во, не бы́ло   *If the tsar had said only one word,*
    бы того́, что ста́ло.   *what happened would have been averted.*

752. Interrogative pronouns and adverbs followed by бы ни and the past tense:

кто бы ни   *Who(so)ever, anybody who*
что бы ни   *what(so)ever*
как бы ни   *however, in whatever way*
когда́ бы ни   *whenever*
Как бы то ни бы́ло (XVI, 42)   *However that may be (Be it as it may)*
Когда́ бы он ни пришёл (XVI, 52)   *Whenever (Every time) he comes*
Что бы ни случи́лось (XVI, 63)   *Whatever may happen*

753. ітобы or, more formally, для того́, что́бы *in order that, in order to* are
used in purpose clauses. The conjunction is followed either by the infinitive
or the past tense.

754. The infinitive is used with что́бы when the subject of the subordinate
clause is identical with the subject of the main clause. Examples:

Я всегда́ иду́ спать пора́ньше,   *I always go to bed as early as possi-*
    что́бы побо́льше отдохну́ть.   *ble in order to get as much rest*
    (XVIII, 61)   *as possible.*

Она́ идёт в магази́н, что́бы   *She goes to the store (in order) to*
    купи́ть но́вую шля́пу.   *buy a new hat.*

я пое́ду за́ город, что́бы подыша́ть   *I shall drive out of the city in*
    све́жим во́здухом.   *order to get a breath of fresh air.*

Он был в меховóм отделéнии, чтóбы повидáть Пáвла Ивáновича.	*He was in the fur department in order to see Paul Ivanovich.*
Запишúте (э́то), чтóбы не забы́ть. (XVI,20)	*Write it down so that you won't forget it.*

755. чтóбы takes the infinitive even with impersonal expressions as long as the logical subjects of the main clause and the subordinate clause are identical. Example:

Чтóбы сдéлать людéй счастлúвыми, рáзве для э́того необходúмо быть богáтым? (XVI,25)	*Is it really necessary to be rich in order to make people happy?*

756. чтóбы takes the past tense whenever the subject of the subordinate clause is different from the subject of the main clause. Examples:

Скажúте э́тому человéку, чтóбы он пошёл в гостúную.	*Tell this man to go (literally: that he should go) into the living room*
Я просúл брáта, чтóбы он поскорéе написáл мне об э́том дéле.	*I asked my brother to write me about this matter as soon as possible.*
Я вы́брал шкóлу для своúх детéй поблúже к дóму, чтóбы им бы́ло удóбнее ходúть.	*I selected a school for my children as near by our house as possible in order that it might be more convenient for them to walk (there).*
Я хочу́, чтóбы вы знáли однó (XVI,37)	*I want you to know one thing (literally: I want that you know)*
Вы хотúте, чтóбы я понялá вас (XVI,36)	*You want me to understand you (literally: You want that I understand)*
Что вы хотúте, чтóбы я дéлал?	*What do you want me to do? (Literally: What do you want that I do?)*
Идúте потúше, чтóбы нас не услыхáли.	*Go as noiselessly as possible in order to avoid that we might be heard.*
Отойдúте подáльше, чтóбы он не вúдел вас.	*Go farther away in order to avoid that he might see you.*
Он закры́л окнó, чтóбы водá не теклá в кóмнату.	*He closed the window in order that the (rain) water should not run into the room.*

757. With impersonal expressions чтóбы takes the past tense as long as the logical subject is different from the subject in the other clause. Examples:

Мне хотéлось бы, чтóбы вы пóняли меня́. (XVI,31)	*I wish that you would understand me.*
Не мешáло бы, чтóбы вы éхали немнóго скорéе.	*It would not be amiss if you would drive a little bit faster.*

758. The particle бы is sometimes reduced to a mere б.

Если б не рабо́та.   *If it were not for the work.*

THE PRESENT ACTIVE PARTICIPLE

759. Only imperfective verbs have a present active participle. It is formed from the third person plural of the present tense, with the accent of the first person singular, by replacing the personal ending –т with the adjective endings –щий, –щая, –щее, –щие. It is declined like the adjective хоро́ший (see section 309), except that there are no short forms. Examples:

INFINITIVE	FIRST SINGULAR	THIRD PLURAL	PRESENT ACTIVE PARTICIPLE
бежа́ть	бегу́	бегу́–т	бегу́–щий
знать	зна́ю	зна́ю–т	зна́ю–щий
жить	живу́	живу́–т	живу́–щий
интересова́ть	интересу́ю	интересу́ю–т	интересу́ю–щий
кури́ть	курю́	ку́ря–т	куря́–щий
итти́	иду́	иду́–т	иду́–щий
лежа́ть	лежу́	лежа́–т	лежа́–щий
подходи́ть	подхожу́	подхо́дя–т	подходя́–щий
продава́ть	продаю́	продаю́–т	продаю́–щий
учи́ть	учу́	у́ча–т	уча́–щий

760. The present active participle is only used in attributive function, usually in place of a relative clause. In normal colloquial speech the participle is avoided and the relative clause used instead, while in the written language the participial construction is preferred. However, a number of original present active participles have become independent adjectives and as such are now part of the colloquial speech of the educated class, e.g.,

вою́ющий	*belligerent*
дрожа́щий	*trembling*
зна́ющий	*erudite, learned*
подходя́щий	*suitable*
путеше́ствующий	*traveling, itinerant*
сле́дующий	*following, next*
стра́нствующий	*traveling, itinerant*
угнета́ющий	*depressing*

Some are even used as nouns, e.g.,

куря́щий	*smoker*
некуря́щий	*non-smoker*
бу́дущее	*the future*

In the written language, such words appear in both meanings, as present active participles and as independent adjectives, e.g., подходя́щий has the meaning *coming up to, approaching* when used as participle, but *suitable* when used as a plain adjective.

PRESENT REFLEXIVE PARTICIPLE

761. Present reflexive participles are formed by adding the participle –ся to the active forms. Examples:

INFINITIVE	FIRST SINGULAR	THIRD PLURAL	PRESENT PARTICIPLE
де́лать–ся	де́лаю–сь	де́лаю–т–ся	де́лаю–щий–ся
интересова́ть–ся	интересу́ю–сь	интересу́ю–т–ся	интересу́ю–щий–ся
каза́ть–ся	кажу́–сь	ка́жу–т–ся	кажу́–щий–ся
наде́ять–ся	наде́ю–сь	наде́ю–т–ся	наде́ю–щий–ся
находи́ть–ся	нахожу́–сь	нахо́дя–т–ся	находя́–щий–ся
нра́вить–ся	нра́влю–сь	нра́вя–т–ся	нра́вя–щий–ся
обраща́ть–ся	обраща́ю–сь	обраща́ю–т–ся	обраща́ю–щий–ся
смея́ть–ся	смею́–сь	смею́–т–ся	смею́–щий–ся
стара́ть–ся	стара́ю–сь	стара́ю–т–ся	стара́ю–щий–ся
учи́ть–ся	учу́–сь	у́ча–т–ся	уча́–щий–ся

762. Reflexive participles are declined by adding the particle –ся to the inflected forms of the corresponding active participles.

DECLENSION OF PRESENT REFLEXIVE PARTICIPLE

	SINGULAR			PLURAL
	MASCULINE	FEMININE	NEUTER	ALL GENDERS
Nom.	дви́жущийся	дви́жущаяся	дви́жущееся	дви́жущиеся
Gen.	дви́жущегося	дви́жущейся	дви́жущегося	дви́жущихся
Dat.	дви́жущемуся	дви́жущейся	дви́жущемуся	дви́жущимся
Acc.	= N. or G.	дви́жущуюся	дви́жущееся	= N. or G.
Instr.	дви́жущимся	дви́жущейся	дви́жущимся	дви́жущимися
Prep.	дви́жущемся	дви́жущейся	дви́жущемся	дви́жущихся

THE PAST ACTIVE PARTICIPLE

763. Every active verb, perfective and imperfective, has a past active participle. It is formed from the masculine singular of the past tense, by replacing the ending –л with –вший, –вшая, –вшее, –вшие. Verbs which have no –л in the masculine singular of the past tense add the ending –ший, –шая, –шее, –шие to that past tense form. There are some irregular formations. The accent is normally on the same syllable as in the infinitive. However, verbs with the infinitive ending –ти́ accent their past active participle on the root syllable. This participle is always declined like the adjective хоро́ший (see section 309), except that there are no short forms. Reflexive participles of this type are formed by adding the particle –ся to all active forms. Examples:

INFINITIVE	PAST TENSE MASC. SINGULAR	PAST ACTIVE PARTICIPLE
бере́чь	берёг	берёгший
быть	был	бы́вший
везти́	вёз	вёзший
вести́	вёл	ве́дший
взять	взял	взя́вший
висе́ть	висе́л	висе́вший
войти́	вошёл	воше́дший
вы́учить	вы́учил	вы́учивший
говори́ть	говори́л	говори́вший
дрожа́ть	дрожа́л	дрожа́вший
жить	жил	жи́вший
зайти́	зашёл	заше́дший
запозда́ть	запозда́л	запозда́вший
знать	знал	зна́вший
интересова́ть	интересова́л	интересова́вший
интересова́ться	интересова́лся	интересова́вшийся
итти́	шёл	ше́дший
кри́кнуть	кри́кнул	кри́кнувший
купи́ть	купи́л	купи́вший
найти́	нашёл	наше́дший
написа́ть	написа́л	написа́вший
нести́	нёс	нёсший
обрати́ться	обрати́лся	обрати́вшийся
обраща́ться	обраща́лся	обраща́вшийся
отда́ть	о́тдал	отда́вший
отойти́	отошёл	отоше́дший
пасть	пал	па́вший, па́дший
печь	пёк	пёкший
пода́ть	по́дал	пода́вший
пойти́	пошёл	поше́дший
поня́ть	по́нял	поня́вший
привезти́	привёз	привёзший
привести́	привёл	приве́дший
прие́хать	прие́хал	прие́хавший
принести́	принёс	принёсший
приня́ть	при́нял	приня́вший
притти́	пришёл	прише́дший

продава́ть	продава́л	продава́вший
прода́ть	про́дал	прода́вший
прожи́ть	про́жил	прожи́вший
пройти́	прошёл	проше́дший
расти́	рос	ро́сший
стричь	стриг	стри́гший
уйти́	ушёл	уше́дший
умере́ть	у́мер	уме́рший
упа́сть	упа́л	упа́вший, упа́дший

764. Past reflexive participles are declined in the same way as the present reflexive participles, i.e., the particle –ся is added to the inflected forms of the corresponding active participles, e.g.,

	MASCULINE	SINGULAR FEMININE	NEUTER	PLURAL ALL GENDERS
Nom.	верну́вшийся	верну́вшаяся	верну́вшееся	верну́вшиеся
Gen.	верну́вшегося	верну́вшейся	верну́вшегося	верну́вшихся
Dat.	верну́вшемуся	верну́вшейся	верну́вшемуся	верну́вшимся
Acc.	= N. or G.	верну́вшуюся	верну́вшееся	= N. or G.
Instr.	верну́вшимся	верну́вшейся	верну́вшимся	верну́вшимися
Prep.	верну́вшемся	верну́вшейся	верну́вшемся	верну́вшихся

USE OF THE PRESENT AND PAST ACTIVE PARTICIPLES

765. When a relative clause is transformed into a participial construction, the present tense forms of the finite verb are replaced by the present active (or reflexive) participle.

RELATIVE CLAUSE	PARTICIPIAL CONSTRUCTION
Челове́к, кото́рый стои́т у две́ри	Челове́к стоя́щий у две́ри

The man who is standing by the door

| Да́ма, кото́рая прожива́ет в гости́нице | Да́ма, прожива́ющая в гости́нице |

The lady who lives at the hotel

| Всё, что интересу́ет нас | Всё интересу́ющее нас |

Everything that interests us

| Рабо́чие, кото́рые возвраща́ются с рабо́ты | Рабо́чие, возвраща́ющиеся с рабо́ты |

The workers who are returning from work

766. In transforming the past tense of a verb appearing in a relative clause into a participial construction, the past active (or reflexive) participle must be used. If the finite verb is perfective, the participle derived from it is also perfective. If the finite verb is imperfective, the participle derived from it is also imperfective. The participial construction must have the same verbal aspect as the corresponding finite verb.

767. The *PERFECTIVE PAST ACTIVE PARTICIPLE* expresses action which is fully completed at the time when the main action takes place. If the verb of the main clause is in the present tense, the perfective past active participle is translated differently than if the main verb is in the past tense. Examples:

PERFECTIVE PAST ACTIVE PARTICIPLE	WITH PRESENT TENSE IN MAIN CLAUSE	WITH PAST TENSE IN MAIN CLAUSE
приехавший	*one who has arrived*	*one who had arrived*
пришедший	*one who has come*	*one who had come*
запоздавший	*one who is late*	*one who was late*
пострадавший	*one who has suffered*	*one who had suffered*
вернувшийся	*one who has returned*	*one who had returned*
продавший	*one who has sold*	*one who had sold*
уехавший	*one who has left*	*one who had left*
проживший	*one who has lived*	*one who had lived*

768. If the verb of the main clause is in the past tense, the *IMPERFECTIVE PAST ACTIVE PARTICIPLE* expresses something that was going on contemporaneously with the main action. These participles can then be translated as follows:

бывший	*one who was*
висевший	*one that was hanging*
дрожавший	*one who was trembling*
живший	*one who was living*
знавший	*one who knew*
лежавший	*one that was lying*
нёсший	*one who was carrying*
объявлявший	*one who was advertising*
ожидавший	*one who was waiting*
подходивший	*one who was approaching*
продававший	*one who was selling*
проходивший	*one who was going past*
путешествовавший	*one who was traveling*
работавший	*one who was working*
рассказывавший	*one who was telling (relating)*
росший	*one that was growing*
служивший	*one who was serving*
стоявший	*one who was standing*

769. If the verb of the main clause is in the present tense, the *IMPERFECTIVE PAST ACTIVE PARTICIPLE* expresses some continuous action that took place in the past or some past situation. Examples:

Я не вижу на стенах картин, висевших здесь раньше.

I don't see on the walls the pictures which were hanging here before.

Это да́ма, служи́вшая в Кра́сном Кресте́.	*This is a lady who has worked with the Red Cross.*
Я не ви́жу де́рева, ро́сшего здесь ра́ньше.	*I don't see the tree that had been (growing) here before.*

770. The present and past active participles, when used as independent adjectives, precede the noun which they modify, e.g.,

в дрожа́щей руке́	*in the trembling hand*
подходя́щая кравти́ра	*a suitable apartment*
путеше́ствующий ле́ктор	*a traveling lecturer*
стра́нствующая ле́кторша	*an itinerant woman lecturer*
угнета́ющее впечатле́ние	*a depressing effect*
бы́вший солда́т	*a former soldier*
мину́вший вто́рник	*last Tuesday*
проше́дшая зима́	*last winter*
моё уше́дшее вре́мя	*my past (time)*

771. When replacing a relative clause, the present and past active participles always precede the modified noun, if they have no complement, e.g.,

Не меша́йте входя́щим лю́дям.	*Don't hinder the people (who are) coming in.*

772. When the active participles have a complement, they may retain the same word order as the corresponding relative clauses, that is to say, they follow the modified noun. In such a case, a comma is used to set off the participle from the modified noun. Examples:

его́ жена́, служи́вшая в Кра́сном Кресте́	*his wife who has served in the Red Cross*
дере́вья, расту́щие о́коло музе́я	*the trees that are growing near the museum*
мно́го люде́й, жела́ющих послу́шать ле́кцию	*many people wishing to listen to the lecture*
с людьми́, зна́вшими его́ ра́ньше	*with people who knew him before*
прия́тель, неда́вно прие́хавший из Евро́пы	*a friend who has recently arrived from Europe*

773. Very frequently the participle together with its complement is placed before the modified noun. Since this sentence structure is strange to the English language, it must be studied especially carefully. Here two sentences are given both in the participial construction and with a relative clause.

RELATIVE CLAUSE	PARTICIPIAL CONSTRUCTION
Они́ подошли́ к ни́щему, кото́рый сто́ит на углу́.	Они́ подошли́ к стоя́щему на углу́ ни́щему.

They went up to the beggar who is standing at the corner.

Я хотел помочь нищему, который   Я хотел помочь дрожавшему от холода
дрожал от холода.   нищему.

I wanted to help a beggar who was shivering with cold.

THE PRESENT PASSIVE PARTICIPLE

774. Only imperfective (transitive) verbs can have a present passive participle. It is formed from the first person plural of the present tense (see exceptions in section 775), with the accent of the infinitive, by replacing the
final -м with the adjective endings -мый, -мая, -мое, -мые. It is declined
like the adjective белый (see section 306).

INFINITIVE	FIRST PLURAL	PRESENT PASSIVE PARTICIPLE
любить	любим	любимый
называть	называем	называемый
производить	производим	производимый
просить	просим	просимый
следовать	следуем	следуемый

775. Compounds of -давать and -знавать (iteratives of -дать and -знать) form
their present passive participle from the infinitive by replacing the infinitive ending -ть with the endings -емый, -емая, -емое, -емые.

INFINITIVE	FIRST PLURAL	PRESENT PASSIVE PARTICIPLE
издавать	издаём	издаваемый
подавать	подаём	подаваемый
продавать	продаём	продаваемый
создавать	создаём	создаваемый
узнавать	узнаём	узнаваемый

776. There are some imperfective-transitive verbs which have no present passive participle, although they or their perfective companions may have a past
passive participle, e.g., ждать (жданный), петь (спетый). жданный *expected,
awaited* may be used in place of the non-existent present passive participle of
that verb and with very much the same meaning as ожидаемый.

777. The present passive participle expresses an unfinished (continuous or
iterative) passive action, "something that is being done" at a given time. It
is primarily used in attributive function, usually in place of a relative
clause. The agent by whom the action is performed is given in the instrumental.
This construction appears only in the literary language. In colloquial speech
it is replaced by a finite verb of imperfective aspect, either passive (reflexive) or active, in the present or past tense -- according to whether the action
is taking place now or was taking place in the past.

Example of action in the present:

Он отказывается от предлагаемого   *He is declining a teaching position*
ему места учителя (= которое   *which is offered him (= which they*
ему предлагают)   *are offering him)*

Examples of action in the past:

Присыла́емые кни́ги (= кни́ги, кото́рые присыла́лись) мы кла́ли на стол.	*We put (regularly) the books which were sent us on the table.*
Проси́мых ва́ми книг (= кото́рые вы проси́ли) я не нашёл.	*I did not find the books you were asking for.*

778. The attributive (long) form of the present passive participle, together with its complement, usually precedes the modified noun. Since this sentence structure is strange to the English language, it should be studied and practiced especially carefully. The normal word order is: (1) participle, (2) instrumental expressing the agent, (3) complement (adverb, indirect object, other case form with preposition), (4) modified noun. Some adverbs may precede the participle.

PARTICIPIAL CONSTRUCTION	RELATIVE CLAUSE
производи́мая тепе́рь у вас реви́зия (XX, 6)	реви́зия, кото́рая тепе́рь у вас произво́дится
	реви́зия, кото́рую тепе́рь у вас произво́дят

the inspection which is now made at your place

называ́емый ва́ми учи́тель (XX, 16)	учи́тель, о кото́ром вы говори́те

the teacher named by you

779. The attributive form of the present passive participle may also follow the modified noun. In such a case, a comma is used to set off the participle from the modified noun, e.g.,

газе́та, выпи́сываемая на́шей семьёй (XX, 36)	*the newspaper subscribed to by our family*

780. Some original present passive participles have become independent adjectives and as such are now part of the colloquial form of speech, e.g., люби́мый *favorite*, *beloved*, сле́дуемый *deserved*, *proper*, *due*. In the written language, such words appear in both meanings, as present participles and as independent adjectives. When used as participles, they are accompanied by the instrumental of the acting person, e.g.,

люби́мое им де́ло учи́тельства (XX, 24)	*the cause of the teaching profession loved by him*

781. The present passive participle, employed as a predicate, serves for the expression of a continuous or iterative passive action taking place in the past, present or future. The present tense is formed without any auxiliary verb, and the predicative participle appears always in its short form (nominative). The past and future tenses are formed with the corresponding forms of the auxiliary verb быть *to be*, and the predicative participle may be in the nominative (short form) or instrumental. The infinitive can only be formed with the instrumental: быть люби́мым *to be loved*.

782. PRESENT TENSE

я люби́м (said by a man or boy)
я люби́ма (said by a woman or girl) } *I am loved*

ты люби́м (addressing a man or boy)
ты люби́ма (addressing a woman or girl) } *you are loved*

он люби́м	*he is loved*
она́ люби́ма	*she is loved*
оно́ люби́мо	*it is loved*
мы люби́мы	*we are loved*
вы люби́мы	*you are loved*
они́ люби́мы	*they are loved*

783. PAST TENSE

Masculine	я ты } был люби́м он	я ты } был люби́мым он
Feminine	я ты } была́ люби́ма она́	я ты } была́ люби́мой она́
Neuter	оно́ бы́ло люби́мо	оно́ бы́ло люби́мым
Plural	мы вы } бы́ли люби́мы они́	мы вы } бы́ли люби́мыми они́

784. FUTURE TENSE

Masculine	я бу́ду ты бу́дешь } люби́м он бу́дет	я бу́ду ты бу́дешь } люби́мым он бу́дет
Feminine	я бу́ду ты бу́дешь } люби́ма она́ бу́дет	я бу́ду ты бу́дешь } люби́мой она́ бу́дет
Neuter	оно́ бу́дет люби́мо	оно́ бу́дет люби́мым
Plural	мы бу́дем вы бу́дете } люби́мы они́ бу́дут	мы бу́дем вы бу́дете } люби́мыми они бу́дут

785. The agent of the action appears in the instrumental.

Э́та газе́та издава́ема мои́м дру́гом.	*This newspaper is published by a friend of mine.*
Э́та газе́та была́ издава́ема мои́м дру́гом.	*This newspaper was published by a friend of mine.*

Эта газе́та бу́дет издава́ема мои́м *This newspaper will be published by*
дру́гом.   *a friend of mine.*

786. An adjective indicating that the action expressed by the verb is possible (feasible, capable of happening) is sometimes formed on the basis of a present passive participle. However, contrary to the basic rule that present passive participles can only be formed from imperfective verbs, this type of adjective may also be derived from perfective verbs. Examples:

INFINITIVE			ADJECTIVE	
ви́деть ipf.	*to see*		ви́димый	*visible*
испо́лнить pf.	*to carry out*		исполни́мый	*practicable, realizable*
обозре́ть pf.	*to take in at a glance*	обозри́мый	*visible at a glance*
дви́гать ipf.	*to move*		дви́жимый	*movable, moved*

787. On the basis mentioned in section 786 an adjective of impossibility is frequently formed by means of the negative particle не- which is prefixed. Examples:

неви́димый	*invisible*
недели́мый	*indivisible*
неисправи́мый (XX, 32)	*incorrigible*
немину́емый (XX, 32-33)	*inevitable*

THE PAST PASSIVE PARTICIPLE

788. Only perfective and transitive verbs can have a past passive participle. There are, to be sure, a number of similar formations from imperfective verbs. But such words can only be used as adjectives and not as real participles, i e., they do not have a complement. It happens frequently with compound verbs derived from one and the same basic form that some have a past passive participle while others don't have any: the former are transitive and the latter intransitive, e.g., итти́ *to go* is intransitive and so are most of its compounds, but найти́ *to find* is transitive, and пройти́ is intransitive in the sense *to pass by* but transitive in the sense *to go through*.

789. The past passive participle is formed from the infinitive in two different ways, by replacing the infinitive ending –ть either with –нный or with –тый. Each past passive participle has an attributive form which is declined like бе́лый (section 306) and a predicative form. The predicative forms of the participles ending in –тый are always: –т, –та, –то, –ты; e.g., откры́тый: откры́т, откры́та, откры́то, откры́ты. The participles ending in –нный have a single –н- in their predicative forms; e.g., да́нный: дан, дана́, дано́, даны́. Only one –н- appears also in participial adjectives derived from the verb without a prefix; e.g., бережёный, печёный in contrast to сбережённый, испечённый. The past passive participles of particular verbs are given in the vocabulary. Therefore, some general remarks may suffice here.

790. The suffix –тый is used by all verbs ending in –ыть, –уть and –нять; also by the following verbs or their compounds: взять, деть, греть, жать, запере́ть, мять, нача́ть, петь, прокля́сть, тере́ть; бить, брить, вить, жить, лить, пить, шить. Normally, the accentuation of the past passive participle is regu-

lated the same way as that of the past tense of the same verb. If the accent
is withdrawn to the prefix in the past tense it is also withdrawn in the past
passive participle (see section 711). For the accentuation of the predicative
forms consult the vocabulary. Verbs ending in -нуть accent the past passive
participle on the same syllable as in the infinitive if their present tense
follows accentuation types a or b, but withdraw their accent to the preceding
syllable if their present tense follows accentuation type c (see section 674).
Examples:

INFINITIVE	PAST PASSIVE PARTICIPLE
взять	взя́тый
вы́пить	вы́питый
забы́ть	забы́тый
накры́ть	накры́тый
наня́ть	на́нятый
нача́ть	на́чатый
откры́ть	откры́тый
(по)бри́ть	(по)бри́тый
приня́ть	при́нятый
прожи́ть	про́житый
скры́ть	скры́тый

791. All other verbs form their past passive participle with the suffix
-нный.

792. All verbs ending in -ать (of all classes) or -овать (Class 1) form
their past passive participle in -анный. If the infinitive is not accented on
the ending, the past passive participle has the same accent as the infinitive,
e.g.,

вы́брать	—	вы́бранный
де́лать	—	сде́ланный
слы́шать	—	услы́шанный

793. However, if the infinitive is accented on the ending, the past passive
participle withdraws the accent to the preceding syllable, e.g.,

замеша́ть	—	заме́шанный
изда́ть	—	и́зданный
интересова́ть	—	заинтересо́ванный
написа́ть	—	напи́санный
обеща́ть	—	обе́щанный
подписа́ть	—	подпи́санный
посла́ть	—	по́сланный
преда́ть	—	пре́данный
присла́ть	—	при́сланный
прода́ть	—	про́данный

прочита́ть	—	прочи́танный
рассказа́ть	—	расска́занный
сказа́ть	—	ска́занный

794. Verbs ending in —еть form their past passive participle with the suffix —енный. The accent is withdrawn to the preceding syllable if the present tense follows accentuation type c (see section 674), e.g.,

(у)ви́деть	—	(у)ви́денный
смотре́ть	—	посмо́тренный
терпе́ть	—	поте́рпенный
оби́деть	—	оби́женный (formed irregularly)

795. Verbs of Classes 7-10 ending in —ить form the past passive participle with the suffix —енный. The same consonant changes which take place in the first person singular of the present tense (Classes 8 and 9; see sections 690-691) occur also in the formation of the past passive participle. The suffix is accented (—ённый) if the present tense follows accentuation type b, but the accent is withdrawn to the preceding syllable if the present tense follows accentuation type c, while in the case of accentuation type a the accent is on the same syllable as in the infinitive.

INFINITIVE	PRESENT (FUTURE) TENSE	PAST PASSIVE PARTICIPLE
испо́лнить	испо́лню	испо́лненный
уве́рить	уве́рю	уве́ренный
купи́ть	куплю́	ку́пленный
объяви́ть	объявлю́	объя́вленный
пригото́вить	пригото́влю	пригото́вленный
заплати́ть	заплачу́	запла́ченный
запрети́ть	запрещу́	запрещённый
посети́ть	посещу́	посещённый
пове́сить	пове́шу	пове́шенный
попроси́ть	попрошу́	попро́шенный
спроси́ть	спрошу́	спро́шенный
назна́чить	назна́чу	назна́ченный
ограни́чить	ограни́чу	ограни́ченный
(о)ко́нчить	(о)ко́нчу	(о)ко́нченный
положи́ть	положу́	поло́женный
предложи́ть	предложу́	предло́женный
реши́ть	решу́	решённый

796. Verbs ending in a consonant (Classes 4, 5, 6) add the ending —енный to the present tense stem. Verbs of Classes 4 and 6 have the same consonant changes as in the present tense (see sections 681, 683). The accentuation is regulated the same way as in section 795.

INFINITIVE	PRESENT (FUTURE) TENSE	PAST PASSIVE PARTICIPLE
привести́	приведу́	приведённый
провести́	проведу́	проведённый
принести́	принесу́	принесённый
(с)бере́чь	(с)берегу́	бережёный, сбережённый
(ис)пе́чь	(ис)пеку́	печёный, испечённый
съесть	съем	съе́денный
остри́чь	остригу́	остри́женный
найти́	найду́	на́йденный
пройти́	пройду́	про́йденный

The last three verbs in the above list have irregular accentuation.

797. Independent adjectives of negative meaning may be formed from any past passive participle with the negative prefix не-. Examples:

невоспи́танный (XX, 21-22)	*unmannerly*
неопи́санный	*indescribable*
неслы́ханный (XX, 4)	*unheard of*

798. The past passive participle expresses a completed passive action. It may be used in attributive or predicative function. In attributive function, it may be used either as an independent adjective or as a real participle. When used as a real participle, it usually replaces a relative clause. Examples:

ADJECTIVE:

ваш пре́данный друг (XX, 50) *your devoted friend*

PARTICIPLE:

пре́данный вам ваш друг (XX, 37) *your friend who is devoted to you*

799. Frequently a past passive participle replaces an adverbial clause, e.g.,

Тро́нутый бедо́й сестры́, брат *Touched by the misery of his sister,*
запла́кал. *the brother broke out in tears.*

800. The attributive (long) form of the past passive participle, together with its complement, usually precedes the modified noun. The normal word order is: (1) participle, (2) instrumental expressing the agent (if expressed), (3) other complement (adverb, indirect object, other case form with preposition), (4) other attribute (adjective, possessive pronoun), (5) modified noun. Examples:

да́нный слу́чай (XX, 10)	*the given incident*
расска́занный ва́ми слу́чай (XX, 3)	*the incident related by you*
и́зданная им кни́га (XX, 19-20)	*the book published by him*
пове́шенная там неда́вно карти́на	*a picture which had been hung up there recently*
назна́ченная для рассле́дования де́ла коми́ссия (XX, 30)	*the committee appointed for the investigation of the matter*

| принятая нами школьная система (XX, 11) | the school system adopted by us |
| присланный на его место новый начальник (XX, 29) | the new principal sent in his place |

801. The attributive form of the past passive participle may also follow the modified noun. In such a case, a comma is used to set off the participle from the noun, e.g., комиссия, назначенная для расследования дела (see section 800) *the committee appointed for the investigation of the matter.* This word order is preferred when the expression is lifted out of the context of the sentence, as for instance in headlines.

802. The short form of the past passive participle is employed as a predicate. It may be used either as an independent adjective or as a real participle. When used as a real participle, it serves for the expression of a completed passive action.

Examples of past passive participles used as adjectives:

Окно открыто.	The window is open.
Окно было открыто.	The window was open.
Окно будет открыто.	The window will be open.

Examples of real participial use:

Ваше письмо получено. (XX, 2)	Your letter has been received; i.e., I have your letter.
Это решено и подписано. (XX, 34)	This is (has been) settled and signed.
Картина была повешена высоко.	The picture was (had been) hung up high.

803. The present tense of the completed passive is formed without any auxiliary verb. The past tense is formed with the past tense forms of быть (был, была, было, были), the future tense with the forms буду, будешь, etc., and the short forms of the past passive participle. The infinitive is formed with the instrumental of the long form: быть записанным, быть приведённым, быть принятым. Conjugation tables are given here only for the present and past tenses.

804. PRESENT TENSE

Masculine	я ты он	записан приведён принят	I have you have he has	been	registered brought accepted
Feminine	я ты она	записана приведена принята	I have you have she has	been	registered brought accepted
Neuter	оно	записано приведено принято	it has been		registered brought accepted
Plural	мы вы они	записаны приведены приняты	we you they	have been	registered brought accepted

805. PAST TENSE

Masculine	я ты он	был	записан приведён принят	I you he	had been	registered brought accepted
Feminine	я ты она	была	записана приведена принята	I you she	had been	registered brought accepted
Neuter	оно было		записано приведено принято	it had been		registered brought accepted
Plural	мы вы они	были	записаны приведены приняты	we you they	had been	registered brought accepted

THE PRESENT GERUND

806. Only imperfective verbs, both active and reflexive, have a present gerund. It is formed from the third person plural of the present tense with the accent of the first person singular. The ending –я is substituted for –ют, –ут, –ат, while –a takes the place of –ат. –a appears also for –ут after ж, ч, ш, щ. The verbs of Classes 4 and 6 either have no present gerund at all or form it irregularly. In reflexive verbs the particle –сь is added to the basic form. Examples:

INFINITIVE	FIRST SINGULAR	THIRD PLURAL	PRESENT GERUND
бегать	бегаю	бега-ют	бега-я
беседовать	беседую	беседу-ют	беседу-я
благодарить	благодарю	благодар-ят	благодар-я
верить	верю	вер-ят	вер-я
видеть	вижу	вид-ят	вид-я
жечь	жгу	жг-ут	(сжигая)
заходить	захожу	заход-ят	заход-я
искать	ищу	ищ-ут	ищ-а
купаться	купаюсь	купа-ют-ся	купа-я-сь
лежать	лежу	леж-ат	леж-а
печь	пеку	пек-ут	печ-а
писать	пишу	пиш-ут	пиш-а
смотреть	смотрю	смотр-ят	смотр-я
спешить	спешу	спеш-ат	спеш-а
стоять	стою	сто-ят	сто-я
стричь	стригу	стриг-ут	стриж-а
толочь	толку	толк-ут	толоч-а
хвалиться	хвалюсь	хвал-ят-ся	хвал-я-сь

807. Verbs ending in –авать (Class 2) form their present gerund from the infinitive by substituting –я for –ть. Examples:

INFINITIVE	THIRD PLURAL	PRESENT GERUND
вставáть	встаю́т	вставáя
давáть	даю́т	давáя
издавáть	издаю́т	издавáя
оставáться	остаю́тся	оставáясь
продавáть	продаю́т	продавáя
узнавáть	узнаю́т	узнавáя

808. The present gerund of быть is бу́дучи.

809. Occasionally forms with irregular accentuation occur. They may now be considered as independent adverbs and not gerunds, e.g., лёжа *in a lying position*, мо́лча *in silence*.

810. Some perfective verbs form what looks like a present gerund. However, any such perfective form has the function of a past gerund and is, therefore, to be considered as such (see section 816).

811. The present gerund is a feature of the literary language. It expresses a secondary contemporaneous action of the subject of the sentence. It stands in apposition to the subject and appears only in one unchangeable form, no matter what the gender (masculine, feminine, neuter), number (singular, plural), or word type (noun, pronoun) of the subject may be. It is rendered in English by the present participle (*living, lying, reading*) or the conjunction *while* with the present participle. Frequently it is best to translate a present gerund in the form of a subordinate clause introduced with the conjunction *while* or *even while*.

The finite verb expressing the main action may be in the present or past or future tense. Examples:

MAIN ACTION IN THE PRESENT TENSE

Он читáет кни́гу, лежá в посте́ли.	*He is reading a book while lying in bed.*
Сын, живя́ всё вре́мя в дере́вне, скучáет. (XXI,38)	*The son, living all the time in the country, is bored.*

MAIN ACTION IN THE PAST TENSE

Он читáл кни́гу, лежá в посте́ли.	*He read a book while lying in bed.*
Я, читáя газе́ту, почти́ что заснýла. (XXI,6-7)	*I have almost fallen asleep, while reading (even while I was reading) the newspaper.*

812. Very frequently the present gerund expresses the cause or motivation for the main action. Then it is best translated by a subordinate clause introduced with the conjunctions *since, because, inasmuch as*. Examples:

Рабóтая кáждый день по десяти́ часóв, мой дя́дя си́льно устаёт.	*Since my uncle works ten hours every day, he gets very tired.*

Не имея возможности пойти лично,	Since I was unable to go in person,
я написал письмо с извинением.	I wrote a letter with an excuse.
Не понимая хорошо торгового дела,	Since I don't understand well the
я судить не берусь. (XXI,23)	mercantile business, I am not in
	a position to judge.

813. The present gerund preceded by the negative particle не is frequently best rendered by *without* and the present participle, e.g.,

не хвалясь (XXI,18)	*without boasting*
не спеша (XXI,62)	*without hurrying*
ничего не говоря	*without saying anything*
не заходя в комнату	*without entering the room*

814. Some present gerunds have assumed the function of prepositions or conjunctions, e.g.,

хотя	*although*
благодаря (with dative)	*thanks to*
смотря по тому (как, что)	*depending on (how, what)*
несмотря на (with accusative)	*in spite of, despite*

THE PAST GERUND

815. Only perfective verbs, both active and reflexive, have a past gerund. It always expresses a secondary action which precedes the main action, that is to say, an action which is completed by the time the main action begins. Action going on simultaneously with a main action of the past may be expressed by the present gerund.

816. The past gerund is normally formed from the nominative singular masculine of the past active participle (see section 763) and is accented on the same syllable as the past active participle. Past active participles ending in plain –ший drop –й, while those ending in –вший may drop either only –й or –ший. Thus, the past gerund ends in –(в)ши or –в. The reflexive past gerund, which always uses the particle –сь, can only be formed with –ши and –вши, but not with –в. Verbs with the infinitive ending –ти (occasionally also perfective verbs of the Second Conjugation) form the past gerund in the same manner as the present gerund (see section 806), except that the present gerund can only be formed from imperfective verbs and the past gerund only from perfective verbs. Examples:

INFINITIVE	PAST ACTIVE PARTICIPLE	PAST GERUND
взять	взявший	взяв (ши)
выйти	вышедший	выйдя
выучить	выучивший	выучив (ши)
зайти	зашедший	зайдя
записаться	записавшийся	записавшись

кри́кнуть	кри́кнувший	кри́кнув (ши)
купи́ть	купи́вший	купи́в (ши)
назва́ть	назва́вший	назва́в (ши)
нае́сться	нае́вшийся	нае́вшись
найти́	наше́дший	найдя́
накорми́ть	накорми́вший	накорми́в (ши)
око́нчить	око́нчивший	око́нчив (ши)
пове́сить	пове́сивший	пове́сив (ши)
поговори́ть	поговори́вший	поговори́в (ши)
пода́ть	пода́вший	пода́в (ши)
подойти́	подоше́дший	подойдя́
поду́мать	поду́мавший	поду́мав (ши)
пойти́	поше́дший	пойдя́
положи́ть	положи́вший	положи́в, положа́
порабо́тать	порабо́тавший	порабо́тав (ши)
привезти́	привёзший	привезя́
привести́	приве́дший	приведя́
принести́	принёсший	принеся́
притти́	прише́дший	придя́
проболе́ть	проболе́вший	проболе́в (ши)
прожи́ть	прожи́вший	прожи́в (ши)
пройти́	проше́дший	пройдя́
уви́деть	уви́девший	уви́дев, уви́дя
упа́сть	упа́вший, упа́дший	упа́в (ши), упа́дши

817. The past gerund is not declined. It represents a subordinate clause and can only be used in apposition to the subject of the sentence, that is to say, it is only used when the subject of the main clause is also the subject of the subordinate clause. Its meaning is *having done something* or *after having done something*, e.g., прочита́в *(after) having read*, уви́дев *(after) having seen*, взяв *(after) having taken*. The finite verb of the main clause may be in any tense (present, past, or future). Examples:

Дочь, проболе́вши два ме́сяца, тепе́рь поправля́ется. (XXI, 39)	*The daughter, after having been ill for two months, is now getting better.*
Вы́учив уро́к, я пошёл гуля́ть.	*After having studied my lesson, I went for a walk.*
Прожи́вши сто́лько лет, вы уже́ не бу́дете себя́ чу́вствовать так, как молодо́й челове́к. (XXI, 30-33)	*After having lived so many years, you can (future) no longer feel like a young man.*

818. The past gerund is a feature of the literary language. In colloquial Russian it is usually replaced with subordinate clauses introduced with the prepositions по́сле того́, как *after*, когда́ *when, after*, or even так как *since*, e.g.,

Прочита́в письмо́, он положи́л его́ на стол.	
По́сле того́, как он прочита́л письмо́, он положи́л его́ на стол.	*After he had read the letter, he put it on the table.*
Когда́ он прочита́л письмо́, он положи́л его́ на стол.	
Не найдя́ письма́ от своего́ дру́га, я реши́л, что он заболе́л.	*Since I had not found a letter from my friend, I concluded that he had fallen ill.*
Так как я не наше́л письма́ от своего́ дру́га, я реши́л, что он заболе́л.	

THE PASSIVE VOICE

819. The passive voice is rendered in Russian in various ways. There are first of all the passive participles with or without the auxiliary быть. The present passive participle is used to express unfinished passive action (see sections 774-787) and the past passive participle to express completed passive action (see sections 788-805).

820. Continuous, unfinished passive action is most frequently expressed by the reflexive form of imperfective verbs (see section 731).

821. The passive voice may also be rendered by the third person plural of transitive verbs with the subject of the passive sentence appearing as direct object in the accusative case. In such expressions the pronoun *they* is left untranslated. Examples:

Его́ зову́т Степа́н Серге́евич (VIII, 21)	*(They call him =) He is called Stephan Sergeyevich.*
Её зову́т Мари́я Анто́новна. (VIII, 27)	*She is called Maria Antonovna.*
Ма́льчика зову́т Иса́евым. (XVIII, 19)	*The boy is called Isayev.*
Говоря́т, что он пи́шет кни́гу. (VIII, 57)	*(They say =) It is said that he (He is said to be) writing a book*
Мне сказа́ли	*I was told*

ENGLISH SUBORDINATING CONJUNCTIONS AND
THEIR RUSSIAN EQUIVALENTS

822. *after*   по́сле того́, как; когда́; **see also sections** 817-818

although   хотя́; несмотря́ на то́, что

as.
because } так как; потому́ что; **see also section** 812

as long as пока́

before   пока́ не; пре́жде чем

how	как
if	е́сли
if only	е́сли то́лько; introducing a wish: хоть бы with past tense.
in order to	что́бы; чтоб with infinitive
in order that	что́бы, чтоб; для того́ что́бы with past tense
since	a) с тех пор, как; b) потому́ что; так как; see also section 812
till *until*	пока́; до тех пор, пока́
when	когда́; see also section 818
whenever	когда́ (бы) ни with past tense
while	пока́; ме́жду тем как; в то вре́мя как; see also section 811
where	где
wherever	где (бы) ни with past tense
why	почему́
without	see section 813
that	что; что́бы
though	хотя́; несмотря́ на то, что
unless	е́сли не

SUBJECT INDEX

Numbers refer to sections of the grammar.

Numbers refer to sections of the grammar. Italics indicate that the Russian rendering of the English word so written is explained in the section referred to.

Accentuation in general 82-87

Accentuation of adjectives 289, 290, 305, 321

Accentuation of nouns 132, 141-150, 157, 159, 185, 193, 196, 197, 201, 203, 205, 206, 209-212, 230, 231, 238, 712

Accentuation of verbs: prefixed verbs 620, 621; present tense 577, 674; past tense 622, 709, 711; present active participle 759; past active participle 763; present passive participle 774; past passive participle 790, 792-796; present gerund 806, 809; past gerund 816

Accusative 442-445, 478, 481, 520-529

Accusative as direct object in negative sentences 110

Accusative in expressions of time 543, 548

Accusative of numerals 418-420

Accusative singular: masculine nouns 152, 155, 326, 359, 456, 457; masculine adjectives and pronouns 152, 458; feminine nouns, adjectives, and pronouns 153, 154; neuter nouns, adjectives, and pronouns 151; substantivized adjectives 326

Accusative plural: masculine nouns 191, 192, 328; feminine nouns 191, 192, 328; neuter nouns 190, 328; adjectives 305, 328, 458; pronominal adjectives 382; substantivized adjectives 328

Action: See Attempted, Completed, Contemporaneous, Continuous, Effective, Habitual, Imperfective, Inchoative, Iterative, Limited duration, Momentary

Active participles 292, 309, 759, 760, 763, 765-773

Address, Form of 363, 364

Adjectives in general 92, 131, 133, 151-154, 286-287

Adjectives: Class I 289-293, 306-310; Class II 294, 311; Class III 312; Class IV 313, 314

Adjectives with hard endings 288-293, 306-310

Adjectives with soft endings 118, 294, 311

Adjectives: interrogative possessive 391, 392; possessive 96, 154; possessive pronominal 383-387; reflexive possessive 385-387; relative 312

Adjective of impossibility 787

Adjective of feasibility 786

Adjective, Attributive 122, 305; comparative degree 292, 555-557; 560; superlative degree 571-573

Adjective, Predicative 125, 321, 325, 464, 466, 550

Adjectives in long and short form 320, 321, 322, 325

Adjectives used as nouns 326-328

Adjectives used as surnames 339

Adjectives: neuter singular 125, 327, 464, 466, 550

Adjectives with infinitive 474

Adjectives with numerals 417, 421

Adjective declension 306-314

Adjective declension in the singular: genitive 289-294, 298-302, 381; dative 289-294, 303, 304, 381; accusative 151-153, 295-297, 381, 458; instrumental 289-294, 304, 381; prepositional 289-294, 304, 381

Adjective declension in the plural 229, 305, 328, 382

Adjective suffixes 291, 313-319, 360, 554

Adverbial clause 799

Adverbial expressions 185

Adverbial expressions in the instrumental 476, 477

Adverbs 500-554, 809; comparative degree 558-560, 562; superlative degree 574

after 817

Alphabet 1,3

and 116

Animate beings 192, 305, 328, 394, 419, 456, 457

Answer to a question 105; affirmative 97

Apposition 811, 817

Article: absent 93

Aspect: see Action

Assimilation 15-18

Attempted action 667

Attributive adjective: see Adjectives

be 464, 474, 575, 604, 608

because 812

by (means of) 471

can 705

Cardinal numerals 120, 131, 402-411, 414-428, 430, 432, 441

Cases 130

Cause 812

Changes of sounds: see Phonetic changes

Classification of adjectives 287, 306-314; of verbs 677-683; 688-692; of nouns 134-136

Collective numerals 416

Colloquial speech 777, 780, 818

Comparative degree 292, 460, 555-570

Complement in the genitive 450

Completed action 627, 634, 699, 719

Compound verbs 620-625, 643-663, 711, 788

Condition, real 698, 749; contrary to fact 747, 750, 751

Conditional mood 746-748

Conjugations: First 676-683; Second 684-692

Conjunctions 98, 105, 115, 398, 814, 822

Conjunctionless subordinate clauses 570, 750, 751

Consonants 4, 5-27

Contemporaneous action 811

Continuous action 701, 716

Date 438, 546, 547

Dative 129, 461-469, 517-519

Dative singular: masculine nouns 169; masculine adjectives 303, 289-294, 381; feminine nouns 303, 304; feminine adjectives 304, 289-294, 381; neuter nouns 169; neuter adjectives 289-294, 303, 381

Dative plural: nouns 230-239; adjectives 229, 305; pronominal adjectives 382; surnames 229, 358

Declension 130-132; nouns 240-277; adjectives 289-294, 306-314; pronominal adjectives 384, 388, 389, 391; personal pronouns 370; cardinal numerals 402-411, 430; ordinal numerals 429, 433-436; fractions 439, 440

Demonstrative pronouns 111, 388

Dentals 5, 91, 691

Diminutives 330, 336

Direct object 110, 443, 453, 454; with numerals 418-421

Direct question: see Question

do 103

each other 400

Effective action 627, 636

Emphasis 99, 108, 122

Epenthetic н- 371

Euphonic н- 371

Feminine declension 139, 140

Feminine nouns 135, 137, 139, 253-265; accentuation 132, 143-147; denoting animate beings 192, 328; genitive singular 162-167; dative singular 170-173; accusative singular 153; instrumental singular 178-181; prepositional singular 182-184; nominative plural 191, 197-200; genitive plural 192, 214-221; dative plural 230, 234-237; accusative plural 191, 192; instrumental plural 230, 234-237; prepositional plural 230, 234-237

Feminine nouns in -а 253-258; genitive singular 162-164; dative singular 171; accusative singular 153; instrumental singular 178, 181; prepositional singular 182; nominative plural 197, 198; genitive plural 214, 215; dative, instrumental, prepositional plural 234

Feminine nouns in -га, -ка, -ха 164, 198, 254-256

Feminine nouns in -ка: genitive plural 215

Feminine nouns in -жа, -ча, -ша, -ща 164, 178, 198, 257

Feminine nouns in -ца 178, 181, 258

Feminine nouns in -я 259-263; genitive singular 162, 165; dative singular 171, 172; accusative singular 153; instrumental singular 179, 181; prepositional singular

182; nominative plural 199; genitive plural 216-220; dative, instrumental, prepositional plural 235

Feminine nouns in –ия 263; dative singular 172; prepositional singular 184; genitive plural 219

Feminine nouns in –ь 264, 265; genitive singular 162, 166; dative singular 172, 173; accusative singular 153; instrumental singular 180-181; prepositional singular 183, 186; nominative plural 200; genitive plural 221; dative, instrumental, prepositional plural 236, 237

First conjugation 577, 580, 581, 676-683

Foreign names 340

Fractions declined 439, 440

Future tense 608, 619, 626, 642, 643, 693-705, 784

Gender 96, 133-137, 365, 707, 708

Genitive 110, 168, 305, 328, 335, 402, 414-416, 446-454, 456-460, 547, 565, 604, 605, 609

Genitive after comparative 565

Genitive in dates 547

Genitive in negative sentence: instead of nominative 604, 609; instead of accusative 110, 605

Genitive partitive 168

Genitive used as accusative 305, 328, 335

Genitive singular: masculine nouns 156-159; masculine adjectives 289-294, 298-302, 381; feminine nouns 162-167; feminine adjectives 289-294, 298-301, 381; neuter nouns 156, 160, 161; neuter adjectives 289-294, 298-302, 381

Genitive plural: nouns 209-228, 281, 282, 284; adjectives 305; pronominal adjectives 382; substantivized adjectives 328; surnames 358

Genitive plural in –ев 210, 212, 225

Genitive plural in –ей 211, 213, 221, 223, 226

Genitive plural in –ов 187, 209, 210

Gerund 474, 616, 642, 723, 806-818

Gutturals 5, 88, 188, 194, 198

Habitual action 638, 717

Handwriting 2

have 605-607

her 371, 386

hers 386

his 371, 386

Hissing sounds 5, 88, 89, 161, 169, 175, 178, 181, 194, 198, 201, 215, 222

Hortatory meaning of verbs 743, 744

Imperative 616, 642, 722, 723, 732-745, 751

Imperfective verbs 626-629, 637-642, 648, 649, 667, 668, 672, 759, 768, 769, 774, 776, 777, 788, 806; imperfective in spite of prefix 646, 649; future tense 114, 693, 696, 698, 701-704; imperative 732; infinitive 666, 696; past tense 716-718; patterns of perfective-imperfective pairs 652-663

Impersonal expressions 463, 464, 466, 757

Impersonal sentences 106, 124, 125, 129, 550, 720

Inability expressed by perfective verb in negative sentence 670

Inanimate objects 152, 191, 305, 418

inasmuch as 812

Inchoative action 627, 630

Indeclinables 285, 811, 817

Indefinite pronouns 378

Indefinite subject 612

Indirect imperative 743-744

Indirect object 423, 462

Indirect question 115, 397, 399

Infinitive 466, 467, 474, 478, 616, 722, 724, 803

Infinitive stem 617

Infinitive with чтобы in purpose clauses 754, 755

Inserted sounds 91, 157, 215, 222, 624, 678, 690

Instrumental 470-478, 530-535, 803; in expressions of time 542; agent in passive sentences 777, 785

Instrumental singular: masculine nouns 174-177; masculine adjectives 189-194, 381; feminine nouns 178-181; feminine adjectives 189-194; 304, 381; neuter nouns 174-177; neuter adjectives 189-194, 381

Instrumental plural: nouns 230-239; adjectives 229, 305; pronominal adjectives 382; surnames 229, 358

Interjections 632, 744

Interrogative sentence 103, 123

Interrogative words 99, 101; adjectives 101, 391, 392; adverbs 98, 101; particle 101, 107, 114, 115, 118; pronouns 100, 101, 376-378, 397

Intransitive verbs 730, 788

Inversion 99

Irregular verbs 673

it 106, 124

Iterative verbs 627, 629, 638-641, 643, 649-663, 717, 719

its 371, 386

Labials 5, 91, 678, 690

Limited duration 627, 634, 635

Literary language 777, 780, 811, 818

Locative 479

Logical subject in the dative 466, 467

Masculine declension 138

Masculine names in -a 337

Masculine nouns 134, 240-252; accentuation 141, 146, 149, 150; designating animate beings 192, 328, 456, 457; designating inanimate objects 152, 191; with several plural formations 189, 203, 279; with nominative plural in -á 203, 244; with nominative plural in -ья 205; with nominative plural in -ья́ 206.

Masculine nouns: genitive singular 138, 156-159, 168; dative singular 152, 155, 326, 359, 456, 457; instrumental singular 174-177; prepositional singular 182, 185; nominative plural 191, 193-196; genitive plural 192, 209-213; dative plural 230, 231-233; accusative plural 191, 192; instrumental plural 230, 231-233; prepositional plural 230, 231-233

Masculine nouns in -a, -я 138, 140, 155, 165, 456

Masculine nouns in -ин 204

Masculine nouns in hard consonant 134, 240-244; genitive singular 156, 157, 168; dative singular 169; instrumental singular 174, 177; prepositional singular 182, 185; nominative plural 193; genitive plural 209; dative, instrumental, prepositional plural 231

Masculine nouns in -ц 242, 243; instrumental singular 175, 177; genitive plural 210

Masculine nouns in -г, -к, -х 209, 241; nominative plural 194

Masculine nouns in -ж, -ч, -ш, -щ 251, 252; instrumental singular 175; nominative plural 194; genitive plural 211

Masculine nouns in -й 245-248; genitive singular 156, 158; dative singular 169; instrumental singular 174, 176, 177; prepositional singular 182, 185; nominative plural 195; genitive plural 212; dative, instrumental, prepositional plural 232

Masculine nouns in -ий 248; prepositional singular 184

Masculine nouns in -ь 134, 135, 249, 250; genitive singular 156, 159; dative singular 169; instrumental singular 174, 176, 177; prepositional singular 182; nominative plural 196; genitive plural 213; dative, instrumental, prepositional plural 233

mine 383, 387

Momentary action 627, 631-633

Multiplication table 410

my 383, 387

Names: Christian names 92, 329, 330, 332-337; names of cities and countries 92, 335, 359; names of foreigners 340

Name system 329-357

Negative adjectives 787, 797

Negative imperative 732, 745

Negative particle 102, 117, 813

Negative pronouns 379, 380

Negative sentences 102-104, 110, 421, 453, 454, 459, 604, 605, 668-670

Neuter nouns 136, 266-273; accentuation 132, 142, 146, 148; denoting animate beings 328; with several plural formations 189; with nominative plural in -ья 205

Neuter nouns: genitive singular 156, 160-161; dative singular 169; accusative singular 151; instrumental singular 174-177; prepositional singular 182; nominative plural 201, 202; genitive plural 222-225; accusative plural 190; dative, instrumental, prepositional plural 238-239

Neuter nouns in -e 268-270; genitive singular 156, 161; dative singular 169; instrumental singular 174-177; prepositional singular 182; nominative plural 202; genitive plural 222-224; dative, instrumental, prepositional plural 238, 239

Neuter nouns in -же, -че, -ше, -ще, -це 268; genitive singular 161; dative singular 169; instrumental singular 175; nominative plural 201; genitive plural 222; dative, instrumental, prepositional plural 238

Neuter nouns in -ие 270; prepositional singular 184; genitive plural 224

Neuter nouns in -ье 269

Neuter nouns in -o 266, 267, 271-273; genitive singular 160; dative singular 169; instrumental singular 174, 177; prepositional singular 182; nominative plural 201; genitive plural 222; dative, instrumental, prepositional plural 238

Neuter nouns in -мя 136, 280

Nominative 443

Nominative plural: limited use 120.

Nouns 92, 131, 240-278; see also Feminine, Masculine, Neuter nouns, Animate beings, Inanimate objects, Names

Nouns denoting persons 134, 137

Nouns ending in a hard consonant 134; see also Masculine nouns

Nouns ending in -a 135; see also Feminine nouns

Nouns ending in -e 136; see also Neuter nouns

Nouns ending in -ица 137, 178, 181, 258; see also Feminine nouns

Nouns ending in -и 134; see also Masculine nouns

Nouns ending in -ка 137; see also Feminine nouns

Nouns ending in -мя 136, 280

Nouns ending in -o 136; see also Neuter nouns

Nouns ending in -ь 134, 135; see also Masculine nouns, Feminine nouns

Nouns ending in -я 135; see also Feminine nouns

Number, Approximate 432

Numberals: see Cardinal numerals, Ordinal numerals

Object: see Direct object, Indirect object

Object of verb in the instrumental 472

Object of verb in the genitive 450, 453, 454

Obsolete letters 78

Ordinal numerals 433-437; used in dates 438, 546, 547

Orthographic signs 4, 73-77

our 383, 387

ours 383, 387

Palatalization 11

Participles: present active 292, 616, 642, 759, 760; present passive 466, 616, 642, 774-785; past active 292, 616, 642, 763, 765-769; past passive 616, 642, 776, 788-805; reflexive 722, 762-764

Participles used as independent adjectives 760, 780, 788, 802

Particles: interrogative 101, 107, 114, 115, 118; negative 102, 604, 745; reflexive 721-723, 724, 725; —те 744

Partitive genitive 451, 452

Passive action: completed 798, 802-805; continuous or iterative 777, 781-785

Passive infinitive 466, 474

Passive participles 552, 721, 774-785, 788-805

Passive voice 475, 731, 819-821

Past gerund 810, 815-818

Past tense 619, 642, 707-712, 713-719; passive 783, 805; reflexive verbs 722, 723, 725; impersonal sentences 720; neuter singular used with numerals 425, 426; used to form conditional mood 746-748, 752; with чтобы in purpose clauses 756, 757

Patronymics 211, 329, 332, 335-337

Perfective verbs 626-628, 642-644, 664, 669-671, 767, 788, 810, 815, 816; irregular formation 645; perfective without prefix 631, 632, 636, 648; future tense 643, 644, 647, 693-695, 698-700; imperative 732, 740, 742, 744; past tense 622, 713, 719; patterns of perfective-imperfective pairs 652-663

Perfectivization 643, 644

Performer of action indicated by instrumental 475

Permissive 743

Personal pronouns: see Pronouns

Phonetic changes: е changed to ё 212, 222; unaccented о changed to е 90, 210; ы changed to и 88, 164, 291-293; я changed to a 89; ю changed to y 89; dentals, sibilants, labials changed by ю 91

Place names in —ино, —ово 360

Plural of adjectives 305, 328, 382

Plural of nouns 187-192

Plural of surnames 358

Polite address 330, 363, 364

Polite expression 732, 744

Possessive adjectives: see Adjectives

Possessive genitive 447, 448

Possessive interrogative pronouns: see Pronouns

Possessive pronominal adjectives: see Adjectives

Possessive pronouns: see Pronouns

Predicate adjective after numerals 427, 428

Predicate complement in the instrumental 472-474

Predicate noun with это 119

Predicative adjectives 125, 322-325, 427, 428, 550; neuter 125, 550; comparative degree 558-561; superlative degree 574

Predicative form of past passive participle 789

Prefixation 653

Prefixed iteratives 653

Prefixed verbs: see Compound verbs

Prefixes, Verbal 620-625, 628, 643, 644; with perfectivizing power 643; вы- 621, 651; за- 630, 636; по- 635, 636; without perfectivization 649

Prepositional 479

Prepositional of он, она́, оно́, они́ 372

Prepositional phrases 101, 168, 568

Prepositional: nouns 182-184; in -у́, -ю́ 185; in -и́ 186; adjectives 189-194, 381

Prepositional plural: nouns 230-239; adjectives 229, 305; pronominal adjectives 382; surnames 229, 358

Prepositions 18, 814

Prepositions governing the genitive 449, 478, 541

Prepositions governing the dative 469, 519

Prepositions governing the accusative 478, 481, 541, 543

Prepositions governing the instrumental 478, 541, 621

Prepositions governing the prepositional 185, 186, 479-481, 541, 544, 545

Prepositions with numerals 422; with pronouns 371, 481; with negative pronouns 380

Present gerund 806-814

Present tense 576, 577, 619, 626, 642, 647, 673-692; passive 782, 803, 804; stem 617, 675, 686; reflexive verbs 722-724

Present tense instead of future 706

Present tense used for English present perfect 613

Primary iteratives 639, 641

Primary perfectives 648

Progressive form of the English verb 576, 718

Prohibition 732, 745

Pronominal adjectives 154, 381, 384, 388-391

Pronouns 94, 131, 361, 365, 378, 380, 381; accusative singular masculine 152, 458; accusative singular neuter 151

Pronouns: indefinite 378; intensifying 374; interrogative 100, 101, 376-378, 397; negative 379, 380; personal 92, 112, 362-365, 370, 371, 373, 481; possessive 96, 371; possessive interrogative 391, 392; reflexive 373, 375; relative 393; demonstrative 111, 388, 389

Pronunciation 1, 3, 6, 7, 11, 13, 14, 15, 16, 17, 19-72, 79-81

Pronunciation of г in the genitive 19

Pronunciation of accented e 52

Punctuation 566, 779, 801

Purpose clauses 753-757

Quantity, Expressions of 121, 614

Questions 95, 99, 101, 114, 115, 118, 323, 399, 668, 669, 746

Real condition 698

Reciprocal verbs 729

Reflexive 806

Reflexive verbs 463, 475, 630, 721-731, 733, 742, 815, 816
Reflexive participles 761, 762, 764
Reflexive possessive adjective 385-387
Reflexive pronoun 373, 375
Relative adjectives 314, 338
Relative clauses 121, 393, 399, 760, 765, 766, 771, 773, 777, 798
Relative pronouns 100, 393-397
Repeated action 638, 640, 665, 702, 717, 719
Script 2
Second conjugation 578, 582-585, 684-692
Sentences, Complex and Compound 109
Sibilants 5, 91
since 812
Simultaneous action 703
Single-occurrence completed action in the future 699
Single-occurrence imperfective action 627, 628, 637, 639, 641, 643
Singular of nouns 141-150
Soft consonants 6, 7, 9, 11
Spelling 52, 87, 88-91, 92
State of permanency in the future 701
Straight word order 99
Subject, indefinite 570, 612
Subject pronoun omitted 105, 109
Subject-verb relationship 116
Subordinate clauses 817, 818
Substantivized adjectives 326, 328, 441
Substantivized participles 760
Suffixes: -ка, -ица 137; -ёнок/-я́та, -о́нок/-а́та 278, 283; -ин, -ина, -ов, -ова 358; -ев, -ов in city names 359; -ский 315, 321; -ско́й 316; -ный 317; -но́й 318; -ний 319; -ейший 573; -айший 573; -тый 789, 790; -нный 789, 791-797
Superlative degree 571-574
Surnames 229, 329, 331, 332, 335, 338-340, 358
Surnames used as names of cities 335
Tenses 619
than 460, 566-568
their 371, 386
theirs 386
Time expressions 476, 542-549
to 462
Transcription 2
Transitive verbs 727, 728, 774, 776, 778, 821

Verb: accentuation 622, 674, 711; endings of the present tense 620, 676, 684; stems 617; prefixed 620-625, 630, 635, 636, 643, 644; imperfective in spite of prefix 646, 649; active 615, 616; reflexive 463, 475, 615, 616, 721-731; third person plural as indefinite subject 612; second person singular as indefinite subject 570; way of listing in this grammar 618; in negative sentence 102; verb with expressions of quantity 614; with a numeral as subject 424-426, 614

Verbal aspects 626-640, 642-672

Verbal compounds 620-625, 643, 644

Verbal system 608, 615-640, 642-706

Verbs 579-597, 604-607, 697; classification 619, 673-692; Class 1 678; Class 2 679; Class 3 680; Class 4 681, 796, 806; Class 5 682, 796; Class 6 683, 796, 806; Class 7 689, 736, 795; Class 8 690, 736, 795; Class 9 691, 736, 795; Class 10 692, 736, 795

Verbs in -ать 577, 678, 680, 685, 692, 709, 710, 792; -евать 678; -еть 678, 685, 689-691, 709, 794; -ировать 647; -ить 578, 679, 685, 689-692, 709, 795; -ну-ть 631, 632, 648; -нять 790; -овать 600, 709, 792; -оть 709; -сть 682, 710; -ти 682, 710; -уть 790; -чь 661, 681, 683, 710; -ыть 678, 709, 790; -ять 678, 685, 689, 709

Verbs of motion with two forms for the imperfective aspect 639

Verbs of two aspects (perfective and imperfective) 647

Verbs requiring the dative 462, 463

Verbs requiring the genitive 450

Verbs requiring the instrumental 472

Vowels 4, 28-72; see also Inserted sounds

whether 115

while 811

whose 392, 399

with 471

without 813

Word order 95, 99, 101, 102, 113, 114, 121-123, 128, 432, 556, 746, 747, 770-773, 778-779, 800-801

yes 97

your 383, 387

yours 383, 387

VOCABULARY

Concerning the numbers (1-10) following immediately after a verb, see Section 579 of the grammar. The letters a, b, c following such numbers indicate the accentuation type for which see Section 674 of the grammar. All other numbers refer to sections of the grammar where full explanation can be found. For accentuation of nouns, see Section 146.

LIST OF ABBREVIATIONS

acc.	accusative	*noun–adj.*	noun declined like an adjective, substantivized adjective
adj.	adjective		
adv.	adverb		
attr.	attributive	*p.a.p.*	past active participle
attrib.	attributive	*part.*	participle
comp.	comparative	*pf.*	perfective
conj.	conjunction	*p.gd.*	past gerund
dat.	dative	*pl.* or *plur.*	plural
f.	feminine noun, feminine	*p.p.p.*	past passive participle
fem.	feminine	*pred.*	predicative
g. or *gen.*	genitive	*p.refl.p.*	past reflexive participle
imper.	imperative	*prep.*	preposition
instr.	instrumental	*prepos.*	prepositional
interj.	interjection	*pres.*	present (tense)
interrog.	interrogative	*pres.a.p.*	present active participle
intrans.	intransitive	*pres.gd.*	present gerund
ipf.	imperfective	*pres.p.p.*	present passive participle
iter.	iterative	*pres.refl.p.*	present reflexive participle
m.	masculine noun, masculine	*pron.*	pronoun
masc.	masculine	*p.t.*	past tense
n.	neuter noun	*sing.*	singular
nom.	nominative	*trans.*	transitive

– – – –

A

a first letter of the Russian alphabet, 1, 4, 9, 29, 30, 34, 36, 37, 63-64

a *conj.* but, and; *interj.* ah!

-a *nom. sing. ending of masc. nouns,* 138, 140, 155, 165, 337, 456; *fem. nouns,* 153, 162-164, 171, 178, 181, 182, 197, 198, 214, 215, 234, 253-258

-á *nom. plur. ending of masc. nouns,* 203, 244

áвгуст *m.* August, 146, 240

автомобиль *m.* automobile, motorcar, 249

Алекса́ндр *m.* Alexander *(Christian name),* 240, 333, 342

Алекса́ндрович *m.* the son of Alexander, 251, 342

Алекса́ндровна *f.* the daughter of Alexander, 343

Алексе́евич *m.* the son of Alexis, 251, 348

Алексе́евна *f.* the daughter of Alexis, 349

Алексе́й *m.* Alexis, 245, 348

алкого́льный, -ая, -ое, -ые alcoholic, 306

Áльпы *(gen.* Альп*) f. pl.* the Alps, 253
Амéрика *f.* America, 146, 254
америкáнец (-кáнца) *m.* American (man), 242
америкáнка *(gen.pl.* америкáнок*) f.* American (woman), 256
америкáнский, -ая, -ое, -ие American *(adj.),* 308, 321, 553
англи́йский, -ая, -ое, -ие English, 308, 321, 553
англичáнин *m.* Englishman; *for singular, see section* 240, *for plural,* 204
англичáнка *(gen. pl.* англичáнок*) f.* Englishwoman, 256
Андрéев *m. a surname,* 348, 356, 358
Андрéева *f. a surname,* 349, 358
Андрéевич *m.* the son of Andrew, 251, 348
Андрéевна *f.* the daughter of Andrew, 349
Андрéй *m.* Andrew, 245, 348
Áнна *f.* Anna, Anne, 253, 345
Антóн *m.* Anthony, 240, 333, 342
Антóнович *m.* the son of Anthony, 251, 342
Антóновна *f.* the daughter of Anthony, 343
аппети́т *m.* appetite, 240
апрéль *m.* April, 249
áрмия *f.* army, 219, 263
Астáпово *n. a place name (the place where Leo Tolstoy died),* 360

В

б second letter of the Russian alphabet, 1, 4, 5, 9, 12, 13, 16, 91
б = бы, 758
бáбушка *(gen. pl.* бáбушек*) f.* grandmother, 255
бáбушкин, -ина, -ино, -ины grandmother's, 313
бáня *f.* bath, bathhouse, 216, 259
бéгать (-аю) 1a *iter.* to run around, 591, 636, 653, 678, 697, 712, 734
бéгая *gerund of* бéгать, 806
бегу́, бегу́т, *see* бежáть
бегу́щий, -ая, -ее, -ие *pres.a.p. of* бежáть, 759
бедá *f.* misfortune, misery, 253
бéден, *see* бéдный
беднéе *pred. comp.* poorer, 559
беднéйший, -ая, -ее, -ие the poorest, 573, 715
бéдно *adv.* in poor circumstances, 550, 559
бéдность, *f.* poverty, 264
бéдный, -ая, -ое, -ые (бéден, беднá, бéдно, бéдны) poor, 306, 321, 559
бежáть *ipf.,* по-бежáть *pf.* to run, 587, 639, 653, 673, 697, 708, 712, 737

бежи́м, бежи́т, бежи́те, бежи́шь, *see* бежáть
без *prep. with gen.* without, 449, 482
без- *prefix,* 17
безопáсность *f.* safety, 264
безразли́чный, -ая, -ое, -ые (-ли́чен, -ли́чна, -ли́чно, -ли́чны) indifferent, of no interest, 306, 321
белéе *pred. comp.* whiter, 559
бéлый, -ая, -ое, -ые (бел, белá, бéло, бéлы) white, 289, 299, 306, 321, 559
бéрег *m.* shore, bank, 203, 244
берёг *p.t. of* берéчь
береги́те *imper. of* берéчь, 737
береглá, берегли́, береглó, *p.t. of* берéчь
бережёный (-ногс) *m. noun-adj.* one who is well taken care of, one who is well looked after, 306, 789
берéчь (берегу́, бережёшь; *p.t.* берёг, береглá, -лó, -ли́) 6 *ipf.* to take care of, to look after; to save; to watch, to guard; *see* с-берéчь
берéчься (берегу́сь, бережёшься; *p.t.* берёгся, береглáсь, -лóсь, -ли́сь) 6 *ipf.;* по-берéчься *pf.* to look out, to watch one's step
беру́, *see* брать
беру́сь, *see* брáться
бес- *prefix,* 17
бесéда *f.* conversation, talk, 143, 253
бесéдовать (бесéдую, бесéдуешь) 1a *ipf.* to talk, to chat, 600
бесéдуя *pres. gerund of* бесéдовать, 806
беспокóить (-кóю, -кóишь) 7a *ipf.* (когó) to cause (a person) anxiety, to worry, 689
беспокóиться (-кóюсь, -кóишься) 7a *ipf.* to be disturbed, to be uneasy, to worry, 689, 724, 734
библиотéка *f.* library, 84, 146, 254
бить (бью, бьёшь) 2 ipf., по-би́ть *pf.* to beat; *p.p.p.* поби́тый, 602, 654, 735, 790
благодари́ть (-дарю́, -дари́шь) 7b *ipf.;* по-благодари́ть *pf.* (когó) to thank (a person), 689, 697, 712
благодаря́ *pres. gerund of* благодари́ть
благодаря́ *prep. with dat.* thanks to, 806, 814
ближáйший, -ая, -ее, -ие the nearest, 309, 573
бли́же *pred. comp.* nearer, 560
близ *prep. with gen.* near, 483
бли́зкий, -ая, -ое, -ие (бли́зок, бли́зка, бли́зко, бли́зки) near, close, 308, 321, 560
бли́зко *adv.* near, 550, 560

боб (боба́) *m.* bean, 240

Бог *(vocative* Бо́же!; *pl.* бо́ги, бого́в) *m.*
God, 241

богате́йший, –ая, –ее, –ие the richest,
very rich, 309, 573

бога́тство *n.* wealth, 266

бога́тый, –ая, –ое, –ые (бога́т, богата́,
бога́то, бога́ты) rich, wealthy, 306, 321,
560

бога́че *pred. comp.* richer, 560

бое́ц (бойца́) *m.* fighter, 243

бои́тся, see боя́ться

бой (бо́я; *pl.* бои́) *m.* battle, fight, 246

бо́йня *f.* slaughterhouse, 217, 260

бо́лее *adv.* more *(used in the formation of
the comparative degree of adjectives),*
555, 561

боле́знь *f.* illness, sickness, 264

бо́лен, see больно́й

1. боле́ть (–е́ю, –е́ешь) la *ipf.* to be ill;
си́льно боле́ть, to be seriously ill

2. боле́ть (боли́т, боля́т) 7b *ipf.* to ache;
у меня́ голова́ боли́т I have a headache;
у меня́ зу́бы боля́т I have a toothache

больна́я (–о́й) *f. noun-adj.* woman patient,
307

больни́ца *f.* hospital, 258

больно́й (–о́го) *m. noun-adj.* patient (man),
307

больно́й, –а́я, –о́е, –ы́е (бо́лен, больна́,
больны́) ill, sick, 307, 321

бо́льше *pred. comp. adj. and adv.* larger,
bigger, greater; more, 560

бо́льший, –ая, –ее, –ие *attrib. comp.*
larger, bigger, greater, 309, 560

большо́й, –а́я, –о́е, –и́е large, big, great,
293, 303, 310, 560

Бори́с *m.* Boris *(Christian name),* 333, 342,
358

Бо́ря *(diminutive form of* Бори́с), 259, 330

борода́ (бо́роду) *f.* beard, 253

бота́ника *f.* botany, 146, 254

боя́ться (бою́сь, бои́шься) 7b *ipf.* to fear,
to dread, to be afraid of, 450, 689,
724, 734

брат *m.* brother, 205, 225, 274

бра́тец (бра́тца) *m.* dear, little brother,
242

брать (беру́, берёшь, *p.t.* брал, брала́,
бра́ло, бра́ли) 5 *ipf.* взять (возьму́,
возьмёшь, *p.t.* взял, взяла́, взя́ло,
взя́ли) 5 *pf.* to take; брать уро́ки to
take lessons; *p.p.p.* взя́тый; взят,
взята́, взя́то, взя́ты, 645, 737, 790

бра́ться (беру́сь, берёшься; *p.t.* бра́лся *or*
брался́, брала́сь, –ло́сь, ли́сь) 5 *ipf.*,
взя́ться (возьму́сь, возьмёшься; *p.t.*
взялся́ *or* взя́лся, взяла́сь, –ло́сь, –ли́сь)
5 *pf.* to undertake, to take upon oneself; взя́ться за рабо́ту to begin to work

бра́тья *pl.* of брат

бри́тый, –ая, –ое, –ые (брит, бри́та, бри́то,
бри́ты) shaved, shaven, 306, 790

брить (бре́ю, бре́ешь) 1a *ipf.*; по-бри́ть *pf.*
to shave (somebody); *p.p.p.* побри́тый,
734, 790

бри́ться (бре́юсь, бре́ешься) 1a *ipf.*,
по-бри́ться *pf.* to shave (oneself), 734

бро́сить (бро́шу, бро́сишь) 10a *pf.*, броса́ть
(–а́ю) 1a *ipf.* to throw, to give up, 648,
738

бу́дем, бу́дет, бу́дете, бу́дешь, бу́ду, бу́дут,
see быть, 608, 696

бу́дучи being; *pres. gerund of* быть, 808

бу́дущее (–его) *neuter noun-adj.* the future,
309

бу́дущий, –ая, –ее, –ие future, coming,
next, 309

будь, бу́дьте, *imper. of* быть, 738

бума́га *f.* paper, 143, 254

Буха́рин *m. a surname,* 352, 358

Буха́рина *f. a surname,* 353, 358

бы, *see* sections 746, 747, 750, 758; е́сли
бы if; когда́ бы ни whenever; како́й бы
то ни был whatever, whatsoever, 621

быва́ть (быва́ю) 1a *iter.* to be usually,
habitually; to have a habit of being
somewhere; to visit (habitually); *see*
быть, 611, 639, 653

бы́вший –ая, –ее, –ие former, 309

бы́стро *adv.* fast, 550, 559

бы́стрый, –ая, –ое, –ые fast, prompt,
306, 559

быть *(pres.* есть; *future* бу́ду, бу́дешь;
p.t. был, была́, бы́ло, бы́ли) to be,
466, 474, 575, 604, 606, 608, 611,
619, 653, 696, 712, 738, 781, 783,
784, 808; *see* быва́ть

В

в third letter in the Russian alphabet,
1, 4, 5, 8, 12, 13, 91

в *prep. with acc.* into, to *(indicating
direction after verbs of motion),* 18,
481, 520; *prep. with acc.* on, at, in
(in expressions of time); 520, 543,
549; *prep. with prepos.* in *(denoting a*

position), 185, 186, 372, 480, 481, 536, 541; *prep. with prepos. in expressions of time*, 536, 544

вам *dat. of* вы you, 370

вами *instr. of* вы

Ваня *(diminutive form of* Иван), 262, 330

Варвара *f.* Barbara, 253, 353

вас *gen., acc., prepositional of* вы you, 362, 370

василёк (василька) *m.* cornflower, 209, 241

Василий *m.* Basil, 248, 350

Васильев *m. a surname* 350, 358

Васильева *f. a surname*, 351, 358

Васильевич *m.* the son of Basil, 251, 350

Васильевна *f.* the daughter of Basil, 351

Вася *(diminutive form of* Василий), 259; 330

ваш *m. possessive pron.* your, yours, 96, 382-384, 387

ваша *f. possessive pron.* your, yours, 96, 154, 382-384, 387

ваше *neuter possessive pron.*, your, yours, 96, 382-384, 387

вашему: по вашему in your judgment, in your opinion, your way, in your manner

вблизи *prep. with gen.* near, 484

вдвое *with comparative:* вдвое больше twice as much

вдоль *prep. with gen.* along, 485

вдруг suddenly

ведёшь, ведёт, *see* вести

ведите *imper. of* вести, 737

ведь namely, you see, for *(used for the most part to confirm or explain what has just been said)*

вёз, везла, везли, везло *p.t. of* везти

везти (везу, везёшь; *p.t.* вёз, везла, -о, -и) 5 *ipf.;* по-везти *pf.* to drive (somebody), to transport; *p.p.p.* повезённый, 639, 653

вёл, вела, вели, вело, *p.t. of* вести

великий, -ая, -ое, -ие (велик, велика, велико, велики) great, 308, 321

велосипед *m.* bicycle, 146, 240

Вера *f.* Vera (Faith), 253, 355

верить (верю, веришь) 7a *ipf.,* по-верить *pf.* to believe, 462, 738

вернувшийся, -аяся, -ееся, -иеся *p.refl.p. of* вернуться, 764

вернуть (верну, вернёшь) 5 *pf.* to return, to give back, 648, 682; *see* возвращать

вернуться (вернусь, вернёшься) 5 *pf.* to return, to come back, to go back; *see* возвращаться

вероятно probably 550

веря *pres. gerund of* верить, 806

весело *pred. neuter and adv.* gaily, merrily; мне весело I have a good time, 550

весёлый, -ая, -ое, -ые (весел, весела, весело, веселы) gay, merry, 306, 321

весна *f.* spring(time), 146, 253

весной in spring(time), 476

вести (веду, ведёшь; *p.t.* вёл, вела, вело, вели) 5 *ipf.;* по-вести *pf.* to lead, to conduct, 639, 653, 737

весь *m. pron.* all, the whole, entire; весь день all day long, the whole day, 382, 390

ветер (ветра) *m.* wind, 209, 240

ветка *(gen. pl.* веток) *f.* twig, 256

вечер *(pl.* вечера) *m.* evening, 203, 244

вечерний, -яя, -ее, -ие evening *(adj.);* вечерняя газета evening (news)paper, 311, 319

вечером in the evening, 476

вешалка *(gen. pl.* вешалок) *f.* rack, stand (for clothes), 256

вешать (вешаю) 1a *ipf.,* повесить (-вешу, -весишь) 9c *pf.* to hang up; *p.p.p.* повешенный, 306, 645, 734, 738, 795

вещь *f.* thing, 265

вз- *prefix*, 17

взяв *p. gerund of* взять, 816

взятый, -ая, -ое, -ые (взят, взята, взято, взяты) taken, 306, 321, 790

взять, *see* брать

взяться, *see* браться

видать *(p.t.* видал) *iter.* to see (occasionally). *Used chiefly in the infinitive and past forms, and more particularly with the negative particle* не, 712

видеть (вижу, видишь) 9a *ipf.,* у-видеть *pf.* to see, 127, 582, 585, 691, 697, 712; *p.p.p.* (у)виденный

видеться (вижусь, видишься) с кем to meet somebody

видно it can be seen, it is obvious, one can see, 550

видный, -ая, -ое, -ые (виден, видна, видно, видны) visible, 306, 321

видя, *pres. gerund of* видеть, 806

винить (-ню) 7b *ipf.* to blame

вино *(pl.* вина) *n.* wine, 266

виновный, -ая, -ое, -ые (виновен, виновна, виновно, виновны) guilty, 306, 321

висевший, -ая, -ее, -ие, *p.a.p. of* висеть, 763

висеть (вишу, висишь 9b *ipf.,* по-висеть

pf. to hang, to be suspended, 691, 697, 712

Виссарио́н *m.* Vissarion *(Christian name)*, 240, 333, 342

Виссарио́нович *m.* the son of Vissarion, 251, 342

Виссарио́новна *f.* the daughter of Vissarion, 343

вися́щий, -ая, -ее, -ие *pres.a.p.* of висе́ть, 759

вить (вью, вьёшь; *p.t.* вил, вила́, ви́ло, ви́ли) 2 *ipf.*, с-вить (со-вью́, со-вьёшь) 2 *pf.* to twine, to twist; to wind; *p.p.p.* сви́тый, 602, 624, 654, 735, 790

владе́ть (-е́ю) 1a *ipf.* to own, to possess, to master, 472

Влади́мир *m.* Vladimir *(a Christian name)*, 240, 333, 342

в-лить (во-лью́, во-льёшь) 2 *pf.*, влива́ть (-а́ю) 1a *ipf.*, to pour in(to); *p.p.p.* вли́тый, 624, 654, 790

вме́сте together

вме́сто *prep. with gen.* instead of, 486

вне *prep. with gen.* outside, 487

вновь again

внутри́ *prep. with gen.* inside, 488

во = в, 480, 520, 536, 541

во вре́мя *prep. with gen.* during, 489

вода́ (во́ду; *pl.* во́ды, вод, вода́м) *f.* water, 146, 253

води́ть (вожу́, во́дишь) 9c *iter.* to lead, 639, 653, 691

вождь (вождя́) *m.* leader, 250

воз- *prefix,* 17

возврати́ть (-вращу́, -врати́шь) 9b *pf.*, 691, возвраща́ть (-а́ю) 1a *ipf.* 678, to return, to give back; *p.p.p.* возвращён-ный, -ая, -ое, -ые, 659, 79 5; *see* верну́ть

возврати́ться (-вращу́сь, -врати́шься) 9b *pf.*, возвраща́ться (-а́юсь, -а́ешься) 1a *ipf.*, to return, to go back, to come back, 727; *see* верну́ться

возвраща́ть, *see* возврати́ть

возвраща́ться, *see* возврати́ться

возвраща́ющийся, -аяся, -ееся, -иеся; *pres. refl. p.* of возвраща́ться, 761, 762

во́здух *m.* air; на́ во́здухе in the open air, 146, 241

вози́ть (вожу́, во́зишь) 9c *iter.* to drive (somebody), to transport, 639, 653

во́зле *prep. with gen.* beside, near, alongside, 490

возмо́жно possibly; it is possible, 550

возмо́жность *f.* possibility, opportunity, chance, 264

возьму́, *see* взять

война́ (*pl.* во́йны, во́ен, во́йнам) *f.* war, 146, 253

войти́ (войду́, войдёшь; *p.t.* вошёл, вошла́, вошло́, вошли́) 5 *pf.* 682, в-ходи́ть *ipf.* to enter, to come in, to go in, 623

вокру́г *prep. with gen.* around, round, 491

во́лос (*pl.* во́лосы *or* волоса́, воло́с, волоса́м) *m.* hair, 227, 244

во́лчий, -чья, -чье, -чьи wolf's; во́лчий аппети́т a ravenous appetite, 312

волчо́нок (*pl.* волча́та) *m.* young wolf, baby wolf, 278

во́ля *f.* will; freedom, 259

вон тот (та, то)! see that over there!

вообще́ in general, generally

вопреки́ *prep. with dat.* against, in spite of, 517

вопро́с *m.* question, 240

воробе́й (воробья́) *m.* sparrow, 247

вос- *prefix,* 17

воземна́дцатый, -ая, -ое, -ые eighteenth, 306, 434

воземна́дцать eighteen, 403

во́семь eight, 403, 410

во́семьдесят eighty, 405

восемьсо́т eight hundred, 406

воскресе́нье *n.* Sunday, 202, 224, 269

восто́к *m.* east, 146, 241

восто́чнее *pred. comp.* farther (to the) east, 559

восто́чный, -ая, -ое, -ые eastern, 306, 559

восьмидеся́тый, -ая, -ое, -ые eightieth, 306

восьмисо́тый, -ая, -ое, -ые eight hundredth, 306

восьмичасово́й по́езд the eight o'clock train, 307

восьмо́й, -а́я, -о́е, -ы́е, eighth 307, 435

вот! *and* вот и here is, here are; вот *(with verbs)*: here! вот я ви́жу нача́ль-ника here I see the director; вот как in this way; вот уже́ две неде́ли it is now already two weeks (since)

вошёл, вошла́, вошли́, вошло́ *p.t.* of войти́

вою́ющий, -ая, -ее, -ие belligerent, 309, 760

впереди́ *prep. with gen.* in front of, ahead of, 492

впечатле́ние *n.* impression, 270

вполне́ fully, entirely

враждебно *adv.* in a hostile manner, 550

вреди́тель *m.* wrecker, damager, 249

вре́дный, -ая, -ое, -ые (вре́ден, вредна́, вре́дно, вре́дны) harmful, having a bad effect, 306, 321

времена́ *pl. of* вре́мя

вре́мя time; вре́мя го́да season; во вре́мя *with gen.* during; во́ вре́мя *adv.* in time, on time; со вре́менем in the course of time; всё вре́мя войны́ all through the war, 280

вс- *prefix*, 17, 644

все *pl. of* весь, вся, всё; все (лю́ди) all people, everybody, 382, 390

всё *neuter pron.* all, the whole, the entire; всё вре́мя all the time, 382, 390

всё *neuter of* весь, 390; everything, all ahything; *adv.* always, all the time

всегда́ always, 640, 665

всего́ *g. sing. of* весь, всё; *adv.* in all, altogether; *used in the formation of the superlative degree*, 574

всей *gen. of* вся, 390

всем *instr. sing. of* весь, всё; *dat. pl. of* весь, вся, всё

всём *prepos. of* весь, всё

все́ми *instr. of* весь, вся, всё

всё-таки nevertheless

всех *gen., prepos. pl. of* весь, вся, всё; *gen. plur. used in the formation of the superlative degree*, 574

вспомина́ть (-а́ю) 1a *ipf.*, вс-по́мнить *pf.* to remember, 662

встава́ть (встаю́, встаёшь) 2 *ipf.*, встать (вста́ну, вста́нешь) 3a *pf.* to get up, 601, 653, 741, 807

встать, *see* встава́ть

встре́тить (встре́чу, встре́тишь) 9a *pf.* 691; встреча́ть (-а́ешь) 1a *ipf.* to meet, 678; *p.p.p.* встре́ченный, -ая, -ое, -ые (встре́чен, встре́чена, встре́чено, встре́чены), 659, 697, 712

встре́титься (встре́чусь, встре́тишься) 9a *pf.*; встреча́ться (-а́юсь, -а́ешься) 1a *ipf.*; (с кем) to meet (somebody), 729

встреча́ть, *see* встре́тить

встреча́ться, *see* встре́титься

вся *f. pron.* all, the whole, the entire, 382, 390

вся́кий, -ая, -ое, -ие every (kind of), any (kind of), each, of every kind; во вся́ком слу́чае in any case; при

вся́ком слу́чае at every occasion, every time, 308

вто́рник *m.* Tuesday, 194, 231, 241

второ́й, -а́я, -о́е, -ы́е the second, 307, 435

в-ходи́ть, *see* войти́

входя́щий, -ая, -ее, -ие, *pres.a.p. of* входи́ть, 759

вчера́ yesterday

вы *pron.* you, 330, 363, 364, 370

вы- *verbal prefix*, 621, 644, 651, 740

выбира́ть (-а́ю) 1a *ipf.*; вы́брать (вы́беру, вы́берешь) 3a *pf.* to choose, to select, to elect; *p.p.p.* вы́бранный, -ая, -ое, -ые (вы́бран, вы́брана, вы́брано, вы́браны), 621, 662, 792

вы́бор *m.* election, 240

вы́бранный *p.p.p. of* выбира́ть

вы́брать, *see* выбира́ть

вы́бритый, -ая, -ое, -ые (вы́брит, вы́брита, вы́брито, вы́бриты) shaved, shaven; чи́сто вы́бритый clean-shaven, 306, 321, 790

вы́глядеть (вы́гляжу, вы́глядишь) 9a *ipf.* to look, to appear; хорошо́ вы́глядеть to look well, 621, 646

вы́ехать (вы́еду) 3a *pf.*, выезжа́ть (-а́ю) 1a *ipf.* to leave, to depart

вы́йти (вы́йду, вы́йдешь; *p.t.* вы́шел, вы́шла, вы́шло, вы́шли) 3a *pf.*; вы-ходи́ть *ipf.* to go out, to come out, 623, 653

вы́купаться (-аюсь, -аешься) 1a *pf.* to take a bath, 727; *see* купа́ться

вы́купить (-плю, -пишь) 8a *pf.*, выкупа́ть (-а́ю) 1a *ipf.* to ransom, to redeem, 653

вы́лить (вы́лью, вы́льешь) 1a *pf.*, вылива́ть (-а́ю) 1a *ipf.* to pour out; *p.p.p.* вы́литый, 654, 735, 790

вы́нести (вы́несу, вы́несешь; *p.t.* вы́нес, вы́несла, вы́несло, вы́несли) 3a *pf.*, вы-носи́ть *ipf.* to carry out, 653

вы́нуть (вы́ну, вы́нешь) 3a *pf.*, вынима́ть (-а́ю) 1a *ipf.* to take out; *p.p.p.* вы́нутый, 790

вы́писать (вы́пишу, вы́пишешь) 3a *pf.*, выпи́сывать (-аю, -аешь) 1a *ipf.* to order by mail, to subscribe to; *p.p.p.* вы́писанный, -ая, -ое, -ые, 651, 655, 792

выпи́сываемый, -ая, -ое, -ые *pres.p.p. of* выпи́сывать

выпи́сывать, *see* вы́писать

вы́пить (вы́пью, вы́пьешь) 1a *pf.*, выпива́ть (-а́ю) 1a *ipf.* to drink (up), to empty (a glass, a cup); *p.p.p.* вы́питый, 654, 735, 790

вы́слать (вы́шлю, вы́шлешь) 1a *pf.*, высыла́ть

(-áю) la *ipf.* to send; *p.p.p.* вы́слан-
ный, -ая, -ое, -ые, 651, 662, 792

высо́кий, -ая, -ое, -ие (высо́к, высока́,
высоко́ *or* высо́ко, высоки́ *or* высо́ки)
high, tall, 291, 308, 321, 560

высоко́ *adv.* high, in a high place, 550,
560

вы́сший, -ая, -ее, -ие *attr. comp.* higher; вы́сшая шко́ла college, university,
309, 560

высыла́ть, *see* вы́слать

вы́учив, *p. gerund of* вы́учить

вы́учить (вы́учу, вы́учишь) 10a *pf.* to
learn, to finish studying, 692; вы́учить
свои́ уро́ки to finish one's homework;
p.p.p. вы́ученный, -ая, -ое, -ые, 795;
see учи́ть

вы́учиться (вы́учусь, вы́учишься) 10a *pf.* to
learn, 727; *see* учи́ться

вычита́ние *n.* subtraction, 270

вычита́ть (-аю, -аешь) la *pf.*, вычи́тывать
(-аю, -аешь) la *ipf.* to find (something
in a newspaper) while reading, 655

вы́ше *pred. comp.* higher, taller, 560

вы́шел, вы́шла, вы́шли, вы́шло, *see* вы́йти

вы́-шить (вы́шью, вы́шьешь) la *pf.*, вышива́ть
(-áю) la *ipf.* to embroider; *p.p.p.*
вы́шитый, 654, 790

Г

г fourth letter of the Russian alphabet,
1, 4, 5, 9, 12, 13, 15, 16, 19-20, 88

-г *in masc. nouns,* 194, 209, 241

-га *in feminine nouns,* 164, 198, 254-256

Гаври́л *m.* Gabriel *(Christian name),* 240,
333, 342

Гаври́лович *m.* the son of Gabriel, 251,
342

Гаври́лова *f.* the daughter of Gabriel, 343

газе́та *f.* newspaper, 146, 253

где *interrog. adv. and conj.* where, 98

геогра́фия *f.* geography, 263

геро́й *m.* hero, 245

ги́бнуть (ги́бну, ги́бнешь; *p.t.* гиб, ги́бла,
ги́бло, ги́бли) 3a *ipf.*; по-ги́бнуть *pf.*
to perish, 739

-гий *adjective ending,* 72

глаз *(pl.* глаза́, глаз, глаза́м) *m.* eye,
146, 203, 227, 244; на его́ глаза́х, before his eyes

глу́бже *pred. comp.* deeper, 560

глубо́кий, -ая, -ое, -ие (глубо́к, глубока́,

глубо́ко *or* глубоко́, глубо́ки *or* глубоки́)
deep, 308, 321, 560

гляде́ть (гляжу́, гляди́шь) 9b *ipf.*; по-
гляде́ть *pf.* to look

говори́ть (-рю́, -ри́шь) 7b *ipf.* (578);
по-говори́ть *pf.* to speak, 635; сказа́ть
(скажу́, ска́жешь) 3c *pf.* to say, to tell;
p.p.p. ска́занный, -ая, -ое, -ые, 462,
645, 697, 712

говоря́ *pres. gerund of* говори́ть

говоря́щий, -ая, -ее, -ие *pres.a.p. of*
говори́ть

год *m.* year; с года́ми with the years, as
the years went by, 284

голова́ (го́лову; *pl.* го́ловы, голо́в, голова́м)
f. head, 253

го́лос *(pl.* голоса́, голосо́в) *m.* voice, 203,
244

гора́ (го́ру; *pl.* го́ры, гор, гора́м) *f.*
mountain, 253

гора́здо *adv. used with comp.* much, far;
гора́здо лу́чше much (far) better; гора́здо
бо́льше much more, much larger

горди́ться (горжу́сь, горди́шься) 9b *ipf.*
to be proud of, 472

го́ре *n.* grief, 269

горе́ть (горю́, гори́шь) 7b *ipf.*; с-горе́ть
pf. to burn *(intrans.)*

го́рничная *f.* chambermaid, 306, 328

го́род *(pl.* города́) *m.* city, town, 146,
203, 244

городско́й, -а́я, -о́е, -и́е municipal, city
(adj.); городска́я шко́ла the city school;
городски́е но́вости city gossip, 310, 316

го́рькая (-ой) *f.noun-adj.* bitter (a certain liquor), 313, 326

го́рький, -ая, -ое, -ие (го́рек, горька́,
го́рько, го́рьки) bitter, 308, 321

Го́рький (-ого) *m.noun-adj.* Gorki *(the
former city* Nizhny Novgorod, *named after
the writer* Gorki*),* 335, 339, 359

господа́, господа́, господа́м, господа́ми, *see*
господи́н

господи́н *m.* gentleman, Mr., 146, 204, 240,
340

Госпо́дь *m.* the lord, God, 277

гости́ная (-ой) *f.noun-adj.* living room, 306

гости́ница *f.* hotel. 258

гость *(pl.* го́сти, госте́й, гостя́м) *m.*
guest, 249

госуда́рь (госуда́ря) *m.* sovereign, 213, 249

гото́вить (-влю, -вишь) 8a *ipf.*; при-гото́вить
pf. to prepare; *p.p.p.* пригото́вленный

граждани́н *m.* citizen, Mr., 146, 204, 240
331, 340, 356
гражда́нка *(g. pl.* гражда́нок*) f.* (woman)
citizen, Mrs., 143, 256, 331, 357
грамма́тика *f.* grammar, 146, 254
грани́чить (-чу, -чишь) 10a *ipf.* to border
греть (гре́ю, гре́ешь) 1a *ipf.;* на-гре́ть,
со-гре́ть *pf.* to heat, to warm; *p.p.p.*
нагре́тый, согре́тый, 790
грех (греха́) *m.* sin, 209, 241
гре́шный, -ая, -ое, -ые *(*гре́шен, грешна́,
гре́шно *or* грешно́, гре́шны *or* грешны́*)*
sinful, 306, 321
Григо́рий *m.* Gregory, 248, 352
Григо́рьевич *m.* the son of Gregory, 251,
342
Григо́рьевна *f.* the daughter of Gregory,
343
грози́ть (грожу́, грози́шь) 9b *ipf.;* по-
грози́ть *and* при-грози́ть *pf.* to threaten,
462
гро́мкий, -ая, -ое, -ие (гро́мок, громка́,
гро́мко, гро́мки) loud, 308, 321, 560
гро́мко *adv.* loud(ly), in a loud voice,
550, 560
гро́мче *pred. comp.* louder, 560
грудь *(g. pl.* груде́й*) f.* chest, breast;
в груди́ in the chest; на груди́ on the
chest, 186, 264
грязь *f.* mud, dirt; в грязи́ in the mud,
covered with mud, 186, 264
гуля́ть (-я́ю) 1a *ipf.;* по-гуля́ть *pf.* to
take a walk, to stroll around, to
promenade, 591, 678, 697, 712
гуля́ющий, -ая, -ее, -ие *pres.a.p.* of
гуля́ть
гуля́я, *pres. gerund of* гуля́ть
гусь (гуся́; *pl.* гу́си, гусе́й) *m.* goose,
249

Д

д fifth letter of the Russian alphabet,
1, 4, 5, 9, 12, 13, 16, 91
да yes; but; and, plus; да . . . и and,
moreover
дава́йте (ся́дем), *see* section 744
дава́ть (даю́, даёшь) 2 *iter.* to give, 462,
588, 599, 639, 648, 653, 697, 712, 741;
pres.p.p. дава́емый, -ая, -ое, -ые, 775,
807; *see* дать
Дави́д *m.* David *(Christian name),* 240, 333,
342

Дави́дович *m.* the son of David, 251, 342
Дави́довна *f.* the daughter of David, 343
давно́ *adv.* long ago, long since; я давно́
не вида́л его́ I haven't seen him for a
long time
дади́м, дади́те, дам, *see* дать
даём, даёте, даёшь, *see* дава́ть
да́же *adv.* even
далёкий, -ая, -ое, -ие (далёк, далека́,
далеко́, далеки́ *or* далёки) far away, distant, 308, 321, 560
далеко́ *adv.* far (away), 550, 560
да́льний, -яя, -ее, -ие far, distant;
Да́льний Восто́к the Far East, 311
да́льше *pred. comp. and adv.* farther, further on, 560
дам, *see* дать
да́ма, *f.* lady, 253
да́нный, -ая, -ое, -ые (дан, дана́, дано́,
даны́) the given (situation), the present
(case), 306, 321, 789
дари́ть (дарю́, да́ришь) 7b *ipf.;* по-дари́ть
pf. to give, to make a present
даст, *see* дать
дать (599, 673, 712, *p.t.* дал, дала́, да́ло
or да́ло, да́ли) *pf.* to give; *p.p.p.*
да́нный; *see* дава́ть; 462, 648, 653, 697,
741
даю́, даю́т, *see* дава́ть
два *m. and neuter* two, 403, 414
двадцатиты́сячный, -ая, -ое 20,000th, 306
двадца́тый, -ая, -ое, -ые twentieth, 306,
434
два́дцать twenty, 403
два́жды two times, twice
две *f.* two, 403, 414
двена́дцатый, -ая, -ое, -ые twelfth, 306,
434
двена́дцать twelve, 403
дверь (в двери́) *f.* door; *pl.* doorway, 186,
264
две́сти two hundred, 406
дви́гать (дви́гаю, дви́гаешь) 1a *or* (дви́жу,
дви́жешь) 3a *ipf.* to move *(trans.);* see
дви́нуть, 653
дви́гаться (дви́гаюсь, дви́гаешься) 1a *or*
(дви́жусь, дви́жешься) 3a *ipf.* to move, to
be in motion; *see* дви́нуться
дви́жется, *see* дви́гаться
дви́жимый, -ая, -ое, -ые 1. movable;
2. moved, 306, 786
дви́жущийся, -аяся, -ееся, -иеся *(pres. participle of* дви́гаться*)* moving, 762

двинуть (двину, двинешь) 3a *pf.* to move (*trans.*), 648, 653; *see* двигать

двинуться (двинусь, двинешься) 3a *pf.* to move, to stir (*intrans.*); *see* двигаться

двоюродный, -ая, -ые: двоюродный брат male cousin; двоюродная сестра female cousin, 306

двухсотый, -ая, -ое, -ые 200th, 306

двухтысячный, -ая, -ое, -ые 2,000th, 306

двухчасовой поезд the two o'clock train, 307

девочка *f.* little girl, 171, 255

девяносто, ninety, 404

девяностый, -ая, -ое, -ые ninetieth, 306

девятидесятый, -ая, -ое, -ые ninetieth, 306

девятисотый, -ая, -ое, -ые 900th, 306

девятичасовой поезд the nine o'clock train, 307

девятнадцатый, -ая, -ое, -ые nineteenth, 306, 434

девятнадцать nineteen, 403

девятый, -ая, -ое, -ые ninth, 306, 434

девять nine, 403, 410

девятьсот nine hundred; 406

дедушка (*gen. pl.* дедушек) *m.* grandfather, 255

дедушкин, -ина, -ино, -ины grandfather's, 313

декабрь (-бря) *m.* December, 250

делать (-аю, -аешь) 1a *ipf:* (*intrans.*) to act; с-делать *pf.* (*trans.*) to do, to make; *p.p.p.* сделанный, -ая, -ое, -ые (сделан, сделана, сделано, сделаны), 462, 577, 678, 697, 712

делаться (-аюсь, -аешься) 1a *ipf.*: to be done; с-делаться *pf.* to become; делаться старше to grow older, 722, 723

делаясь, *pres. gerund of* делаться, 806

деление *n.* division, 270

делить (делю) 7c *ipf.*; раз-делить *pf.* to divide

дело *n.* business, affair; matter, thing, concern; cause; без дела not on business; idle, without work; иметь дела с кем to have to do (deal) with; общественные дела public affairs, politics; в чём дело? what's the matter?, 201, 222, 266

деловой, -ая, -ое, -ые business (*adj.*); деловая бумага business paper, 307

денег *gen. of* деньги

денежный, -ая, -ое, -ые pecuniary,

money (*adj.*); денежная помощь financial aid, 306

день (дня, дню, день, днём, дне; *pl.* дни, дней, дням, дни, днями, днях) *m.* day, 250; на этих днях very soon; recently

деньги (денег, деньгам) (*used only in the plural*) *f.* money, 255

деревня (*pl.* деревни, деревень, деревням) *f.* (peasant) village, country (in contrast to city), 147, 216, 260

дерево *n.* tree; wood, 205, 225, 274

деревья, *see* дерево

держать (держу, держишь) 10c *ipf.*; по-держать *pf.* to hold, to keep, 692, 697, 712; *p.p.p.* подержанный, 793

десятитысячный, -ая, -ое, -ые 10,000th, 306

десятичасовой поезд the ten o'clock train, 307

десяток (десятка) *m.* (a group or series of) ten, decade, 241

десятый, -ая, -ое, -ые tenth, 306, 434

десять ten, 403, 410

дети children, 283

детки (*gen.* деток) *f.* babies, 256

деть (дену) 3a *ipf.* to put (*the simple form of this verb is used only in the infinitive*), 654, 790

дешевле *pred. comp.* cheaper, less expensive, 560

дёшево *adv. and pred. neuter* cheap, cheaply, 550, 560

дешёвый, -ая, -ое, -ые (дёшев, дешева, дёшево, дешевы) cheap, inexpensive, 306, 321, 560

деятель *m.* person active in public affairs, 249

диван *m.* sofa, 240

дитя (*pl.* дети) *neuter* child, 283

длиннее *pred. comp.* longer, 559

длинный, -ая, -ое, -ые (длинен, длинна, длинно, длинны) long, 306, 321, 559

для *prep. with gen.* for, 449, 493, 753

дней *gen. pl. of* день

днём in the daytime, in the afternoon, 476

Днепр (Днепра) *m.* the Dnepr River, 240

дни *nom.-acc. pl. of* день

до *prep. with gen.* to, till, until; before, 449, 494

добрее *pred. comp.* kinder, better, 559

добрейший, -ая, -ее, -ие the kindest, most kind, 309, 573

добрый, -ая, -ое, -ые (добр, добра, добро,

добры) good, kind, kind-hearted, 306,
321, 559; добрый вечер! good evening!
доброе утро! good morning!

довольно *adv.* enough, quite, 550

дождевой, -ая, -ое, -ые rain *(adj.);*
дождевая вода rain water, 307

дождь (дождя) *m.* rain, 250

доживать, *see* до-жить

доживая *pres. gerund of* доживать, 806

до-жить *pf.;* доживать (-аю) 1a *ipf.* to
live till, to reach, 654

доктор *m.* doctor, physician, 203, 244

докторский, -ая, -ое, -ие the doctor's,
308, 315, 553

долгий, -ая, -ое, -ие (долог, долга,
долго, долги) long (lasting), 308,
321, 560

долго *adv.* (lasting) long, a long time,
550, 560

должен, должна, должно, должны obligated
(must); indebted

доллар *m.* dollar, 146, 193, 240

дольше *pred. comp.* longer (lasting), 560

дом *(pl.* дома, домов*) m.* house, 203, 244

дома *adv.* at home

домой *adv.* home(ward)

дорога *f.* road, way; trip, journey; 146,
164, 254

дорого *adv.* expensive, dearly, 550, 560

дорогой, -ая, -ое, -ие (дорог, дорога,
дорого, дороги) dear, expensive, 293,
310, 321, 560

дороже *pred. comp.* dearer, more expensive, 560

доставать (достаю, достаёшь) 2 *ipf.;*
до-стать *pf.* to get, to obtain, 653

достаточно *adv. with gen.* enough, suffi-
ciently (of)

до-стать, *see* доставать

Достоевский *m. a surname,* 339

дочка *(gen. pl.* дочек*) f.* daughter, 255

дочь *f.* daughter, 173, 276

дремать (дремлю, дремлешь) 1c *ipf.* to
doze, to slumber, to nap

дрожавший, -ая, -ее, -ие *p.a.p. of*
дрожать, 763

дрожать (дрожу, дрожишь) 10b *ipf.* to
tremble

дрожащий, -ая, -ее, -ие trembling, 309,
760

друг *m.* friend; друг друга one another,
each other, 206, 226, 275

другой, -ая, -ое, -ие another, a different, the other 293, 303, 310

друзья, *pl. of* друг, 206

думать (-аю, -аешь) 1a *ipf.* to think;
(with infinitive) to think (of doing
something), to expect, to plan, to
hope, 678, 697, 712, 734; *see* по-думать

думая, *pres. gerund of* думать, 806

дышать (дышу, дышишь) 10c *ipf.* to breathe,
472; *see* по-дышать

дюжина *f.* dozen, 146, 253

дядя *m.* uncle, 220, 262

E

е sixth letter of the Russian alphabet, 1,
4, 9, 29, 35, 36, 37, 38-44, 45-52, 67-
69

е *inserted sound: in the nom. sing. of
masc. nouns,* 157; *in the gen. plur.,*
215, 222

ё *variation of* е, 1, 9, 36, 38-44, 49-52;
in the instr. sing., 176

-е *neuter nouns,* 156, 161, 169, 174, 177,
182, 202, 222-224, 238, 239, 268-270

-ев *ending of the gen. plur. of masc.
nouns,* 210, 212, 225; *of neuter nouns,*
500

еврей *m.* Jew, 245

еврейка *(g. pl.* евреек*) f.* Jewess, 215, 255

еврейский, -ая, -ое, -ие Jewish, Hebrew,
308, 553

Европа *f.* Europe, 146, 253

европеец (европейца) *m.* a European (man),
242

европейка *(gen. pl.* европеек*) f.* a European
(woman), 215, 255

европейский, -ая, -ое, -ие European (adj.),
291, 308, 321, 553

его *gen.-acc. of* он *and* оно him, it, 362,
366-369, 371; *poss. pron.* his, its, 103,
104, 118, 259

-его *gen. sing. ending,* 19

едем, едет, едете, едешь, *see* ехать

едим, едите, *see* есть

еду, *see* ехать

едят, *see* есть

её 1. *gen.-acc. of* она her, 362, 366-369,
371; 2. *poss. pron.* her, hers, 96, 359, 371

ездить (езжу, ездишь) 9a *iter.* to go (by
vehicle), 625, 630, 653, 691, 712

ей *dat., instr. of* она

-ей *gen. plur. ending of masc. nouns,* 211,
213, 226, 281, 282; *of fem. nouns,* 218,
220, 221; *of neuter nouns,* 223

ел, е́ла, е́ли, е́ло, *pt. of* есть

ем, *see* есть

ему́ *dat. of* он *and* оно́

е́сли *conj.* if, 698, 749; е́сли бы 747

ест, *see* есть

есть (603; *p.t.* ел, е́ла, е́ло, е́ли) *ipf.*, съ–е́сть *pf.* to eat; *p.p.p.* съе́денный, –ая, –ое, –ые, 741; есть there is, there are, 604, 606

е́хать (е́ду, е́дешь) 3а *ipf.*; по–е́хать *pf.* to go (by vehicle), to drive, to ride, 592, 625, 639, 653, 697, 706, 712, 741

ешь, *see* есть

ещё, *adv.* still, (some) more, even; ещё не not yet; ещё раз once more; ещё ме́ньше still (even) less; что ещё? what else?

е́ю *instr. of* она́

Ж

ж *seventh letter of the Russian alphabet*, 1, 4, 5, 8, 12, 13, 16, 59, 67, 88, 89, 90

–ж *in masc. nouns*, 175, 194, 211, 251, 252

–жа *in fem. nouns*, 164, 178, 198, 257

жале́ть (–е́ю, –е́ешь) 1а *ipf.*; по–жале́ть *pf.* to pity, to feel sorry for, 450

жа́ловаться (жа́луюсь, жа́луешься) 1а *ipf.*; по–жа́ловаться *pf.* to complain

жа́лость *f.* pity, compassion, 264

жаль (it is a) pity; мне жаль его́ I feel sorry for him

жа́ркий, –ая, –ое, –ие (жа́рок, жарка́, жа́рко, жа́рки) hot, 308, 321, 560

жа́рко (it is) hot, 550

жа́рче *pred. comp.* hotter, 560

жать (жму, жмёшь) 5 *ipf.*; по–жать, с–жать (сожму́) *pf.* to press; *p.p.p.* пожа́тый, сжа́тый, 790

жать (жну, жнёшь) 5 *ipf.*; с–жать (сожну́, сожнёшь), по–жа́ть *pf.* to reap; *p.p.p.* сжа́тый, пожа́тый, 790

жги́те *imper. of* жечь, 737

жгла, жгли, жгло, *p.t. of* жечь

жда́нный, –ая, –ое, –ые: до́лго жда́нный long awaited, 306, 776

ждать (жду, ждёшь) 5 *ipf.*, подо–жда́ть *pf.* to wait for, to await, to expect, 450, 737

же *particle emphasizing the word after which it follows*: э́тот (э́та, э́то) же

this same; тут же right there and then; так же хорошо́ just as well. *In questions, this particle expresses slight impatience:* О ком же вы зна́ете? About whom do you know?

–же *in neuter nouns*, 161, 169, 175, 201, 222, 238, 268

жёг *p.t. of* жечь

жела́ть (–а́ю, –а́ешь) 1а *ipf.*; по–жела́ть *pf.* to wish, to desire, 450, 462

жела́ющий, –ая, –ее, –ие, *pres.a.p. of* жела́ть, 309, 759

жела́я, *pres. gerund of* жела́ть, 806

Желихо́вская, *f. a surname*, 355

Желихо́вский, *m. a surname*, 339, 354

жена́ (*pl.* жёны, жён, жёнам) *f.* wife, 146, 253

жёнин, –ина, –ино, –ины the wife's, 313

же́нщина *f.* woman, 253

же́ртвовать (же́ртвую) 1а *ipf.* to sacrifice, 472

жечь (жгу, жжёшь, *p.t.* жёг, жгла, жгло, жгли) 6 *ipf.*, с–жечь (со–жгу́, со–жжёшь; *p.t.* с–жёг, со–жгла́, со–жгло́, со–жгли́) *pf.* to burn (*trans.*), to make burn; *p.p.p.* сожжённый, –ая, –ое, –ые, 737

жжёт, *see* жечь

живём, живёт, живёте, живёшь, *see* жить

живо́й, –а́я, –о́е, –ы́е (жив, жива́, жи́во, жи́вы) alive, lively, spry; он жив he is alive, 307, 321

живу́, живу́т, *see* жить

живу́щий, –ая, –ее, –ие, *pres.a.p. of* жить, 309, 759

жи́вший, –ая, –ее, –ие, *p.a.p. of* жить, 309, 763

живя́ *pres. gerund of* жить, 806

жизнь *f.* life, 264

жили́ще *n.* home, dwelling, 201, 222, 268

жи́тель (жи́теля) *m.* inhabitant, 249

жить (живу́, живёшь; *p.t.* жил, жила́, жи́ло, жи́ли) 5 *ipf.* to live, 654, 682, 697, 712, 737, 790; *see* по–жи́ть *and* про–жи́ть

жре́бий *m.* fate, lot, 248

жук (жука́) *m.* beetle, 241

журна́л *m.* journal, magazine, 209, 240

З

з *eighth letter of the Russian alphabet*, 1, 4, 5, 9, 12, 13, 16, 91

за *preposition with the instrumental:* behind; after, for (in order to fetch or

to get); *preposition with the accusative:* behind; for, in behalf of; about;
by; during, 478, 521, 530
за *particle in the expression* что за
what (kind of)
за- *verbal prefix,* 630, 636, 644
за-боле́ть (-е́ю, -е́ешь) la *pf.* to fall ill
забу́ду, *see* за-бы́ть
забы́тый, -ая, -ое, -ые (забы́т, забы́та,
забы́то, забы́ты) forgotten, 306, 321,
790
за-быва́ть *ipf.,* 678; за-бы́ть *(p.t.* забы́л,
забы́ла, забы́ло, забы́ли) *pf.* to forget,
620, 653; *p.p.p.* забы́тый, 790
за-бы́ть, *see* за-быва́ть
зави́сеть (-ви́шу, -ви́сишь) 9a *ipf.* (от)
to depend (on), 646
заво́дец (заво́дца) *m.* a little factory,
210, 242
за́втра tomorrow
за-горе́ться (-рю́сь, -ри́шься) *pf.;*
загора́ться (-а́юсь, -а́ешься) la *ipf.* to
catch fire, 661
за-грани́цей abroad, 530
за-грани́цу abroad, 521
за́данный, -ая, -ое, -ые (за́дан, задана́,
за́дано, за́даны) assigned, 306, 321, 793
за-дава́ть *ipf.;* за-да́ть *(p.t.* за́дал,
задала́, за́дало, за́дали) *pf.* to assign;
p.p.p. за́данный, 653, 793
за-держа́ть *pf.;* заде́рживать (-аю, -аешь)
la *ipf.* to delay; *p.p.p.* заде́ржанный,
655, 793
зажги́те *imper. of* заже́чь, 737
зажгла́, зажгли́, зажгло́, *p.t. of* за-же́чь
зажёг, *p.t. of* за-же́чь
за-же́чь *pf.;* зажига́ть (-а́ю) la *ipf.* to
set on fire, to light; *p.p.p.* зажжённый,
661, 796
зайти́· (зайду́, зайдёшь; *p.t.* зашёл, зашла́,
зашло́, зашли́) 5 *pf.,* 682, 712; за-
ходи́ть *ipf.* to go in (for a while), to
drop in, to call (on), to enter, 623,
653, 697, 712
за-ко́нчить *pf.;* зака́нчивать (-аю) la *ipf.*
to finish; *p.p.p.* зако́нченный, 306, 656,
795
закрыва́ть, *see* закры́ть
закры́тый, -ая, -ое, -ые (закры́т, закры́та,
закры́то, закры́ты) closed, 306, 321,
790
закры́ть (закро́ю, -о́ешь) la *pf.;* закрыва́ть
(-а́ю, -а́ешь) la *ipf.* to close; *p.p.p.*
закры́тый, 654, 790

заме́тить (заме́чу, заме́тишь) 9a *pf.;*
замеча́ть (-а́ю, -а́ешь) la *ipf.* to notice,
to remark; *p.p.p.* заме́ченный, 306, 659, 795
795
заме́тно (it is) noticeable, 550; бы́ло
заме́тно it could be noticed
замеча́ть, *see* заме́тить
заме́шанный, -ая, -ое, -ые (заме́шан,
заме́шана, заме́шано, заме́шаны) involved,
306, 321, 793
за-меша́ть *pf.;* заме́шивать (-аю, -аешь) la
ipf. to involve; *p.p.p.* заме́шанный, 655,
793
за-молча́ть *pf.;* зама́лчивать (-аю) la *ipf.*
to quiet down, to stop talking (singing,
laughing, etc.), 656
занима́ть (-а́ю) la *ipf.;* заня́ть (займу́,
займёшь; *p.t.* за́нял, заняла́, за́няло,
за́няли) 5 *pf.,* to occupy; *p.p.p.* за́нятый,
-ая, -ое, -ые (за́нят, занята́, за́нято,
за́няты), 306, 662, 790
занима́ться (-а́юсь, -а́ешься) la *ipf. with
instrumental* to be occupied with, to be
engaged in, to do, to study, 472, 727
заня́ть, *see* занима́ть
заня́ться (займу́сь, займёшься; *p.t.* за́нялся,
заняла́сь, заняло́сь, заняли́сь) 5 *pf.* to
busy oneself, to set about (doing something), 472
за́пад *m.* west, 146, 240
за́паднее farther to the west, 559
за́падный, -ая, -ое, -ые western, 306, 559
запере́ть (запру́, запрёшь; *p.t.* за́пер,
заперла́, за́перло, за́перли) 5 *pf.;*
запира́ть (-а́ю) la *ipf.* to lock; *p.p.p.*
за́пертый, 790
записа́вшись *p. gerund of* записаться, 816
за-писа́ть *pf.;* запи́сывать (-аю, -аешь)
la *ipf.* to write down, to jot down;
p.p.p. запи́санный, 306, 655, 793
за-писа́ться *pf.;* запи́сываться (-аюсь,
-аешься) la *ipf.* to register (oneself),
727
запи́сывать, *see* за-писа́ть
запи́сываться, *see* за-писа́ться
запиши́те *imper. of* за-писа́ть, 737
за-пла́кать *pf.* to start to weep
за-плати́ть, *see* плати́ть
запозда́вший, -ая, -ее, -ие; *p.a.p. of*
запозда́ть, 309, 763
запозда́ть (-а́ю) la *pf.;* запа́здывать (-аю)
la *ipf.* to be late, to come late, 656
запрети́ть (запрещу́, запрети́шь) 9b *pf.;*
запреща́ть (-а́ю, -а́ешь) la *ipf.* to forbid,

to prohibit, 462; *p.p.p.* запрещённый, -ая, -ое, -ые (запрещён, запрещена, зепрещено, запрещены), 306, 659, 795

запрещать, *see* запретить

запрещённый, запрещены, *see* запретить

за-работать *pf.; заработывать* (-аю) 1a *ipf.* to earn, 656

заснуть (засну, заснёшь) 5 *pf.; засыпать* (-аю) 1a *ipf.* to fall asleep, 663

за-ходить, *see* зайти

заходя *pres. gerund of* заходить, 806

за-хотеть, *see* хотеть

за-хотеться, *see* хотеться

захотим, захотите, захотят, *see* за-хотеть

захочет, *see* за-хотеть

зачем? why?

зашёл, зашла, зашли, зашло, *p.t. of* зайти

заяц (зайца) *m.* hare, 210, 242

звать (зову, зовёшь; *p.t.* звал, звала, звало, звали) 5 *ipf.; по-звать pf.* to call, to invite, to ask, 473, 682, 697, 712

здание *n.* building, 202, 224, 270

здесь here

здороваться (-аюсь, -ваешься) 1a *ipf.; по-здороваться pf.* to exchange greetings, to greet, to say "how do you do"

здоровее *pred. comp.* healthier, 559

здоровый, -ая, -ое, -ые (здоров, здорова, здорово, здоровы) healthy, in good health; муж здоров my husband is in good health, 306, 321, 559

здоровье *n.* health, 269

здравствуйте! *form of greeting used when people meet:* how do you do? hello! good day

зеленее *pred. comp.* greener, 559

зелёный, -ая, -ое, -ые (зелен, зелена, зелено, зелены) green, 289, 306, 321, 559

земля *f.* earth, ground, soil, land, 216, 259

зима (зиму; *pl.* зимы, зим, зимам *f.* winter, 146, 253

зимой in the winter, 476

-знавать, 653, 741, 775

знавший, -ая, -ее, -ие, *p.a.p. of* знать, 309, 763

знакомый, -ая, -ое, -ые (знаком, знакома, знакомо, знакомы) known, familiar (to), acquainted (with), 306, 321

знакомый (-ого) *m. noun-adj.* an acquaintance, a friend, 326

знать (знаю) 1a *ipf.;* у-знать *pf.* to know; *p.p.p.* узнанный, 653, 697, 712

значить (значу, значишь) 10a *ipf.* to mean, to signify, 692, 697, 712

знающий, -ая, -ее, -ие, *pres.a.p. of* знать, 309, 759

зная *pres. gerund of* знать, 806

зовут, *see* звать

зуб *m.* tooth; у меня зубы болят I have a toothache

И

и ninth *letter of the Russian alphabet,* 1, 4, 9, 29, 30, 32, 35, 36, 58-59

и *conj.* and; и...и both...and; *adv.* also, just, even, exactly; for that very reason. *Often to be left untranslated:* не...и слова not even a word, not a single word. *Often used together with other words in comparison:* как и; какой и (untranslatable). хотя и *conj.* although

-и *nom. plur. ending of masc. nouns,* 194-196; *of fem. nouns,* 198-200; *of neuter nouns,* 271-273

-и *prepositional sing. ending of fem. nouns,* 186

и *for* ы *after gutturals and hissing sounds,* 88, 194, 198, 655, 656

Иван *m.* John, 240, 342

Иванов *m. a surname,* 342, 358

Иванова *f. a surname,* 343, 358

Иванович *m.* the son of John, 342, 609

Ивановна *f.* the daughter of John, 343

Игоревич *m.* the son of Igor, 251, 342

Игоревна *f.* the daughter of Igor, 343

Игорь (-ря) *m.* Igor *(Christian name),* 249, 333

играть (-аю, -áешь) 1a *ipf.;* по-играть *pf.;* сыграть (-аю, -áешь) 1a *pf.* to play, 623

играющий, -ая, -ее, -ие, *pres.a.p. of* играть, 759

идём *1st plur. of* итти, 581

идёт *3rd sing. of* итти, 581

идёте, *2nd plur. of* итти, 581

иду *1st sing. of* итти, 581

идут *3rd plur. of* итти, 581

идущий, -ая, -ее, -ие, *pres.a.p. of* итти, 309, 759

-ие *neuter nouns,* 184, 224, 270

Ижиков *m. a surname,* 344, 358

Ижикова *f. a surname,* 345, 358

из *prep. with gen.* out of, from, 449, 495

из- *prefix,* 17

избега́ть (-а́ю) 1a *ipf.*; из-бежа́ть *pf.* to avoid, 450

из-би́ть (изо-бью́, изо-бьёшь) 2 *pf.*; избива́ть (-а́ю) 1a *ipf.* to smash; *p.p.p.* изби́тый, 654, 790

извине́ние *n.* excuse, 270

извини́ть (-ню́, -ни́шь) 7b *pf.*; извиня́ть (-я́ю, -я́ешь) 1a *ipf.* to excuse, to pardon; *p.p.p.* извинённый, 306, 657

издава́емый, -ая, -ое, -ые, *pres.p.p. of* издава́ть, 306, 775

из-дава́ть *ipf.*; из-да́ть *pf.* to publish; *p.p.p.* и́зданный, 306, 620, 653, 775, 807 и́зданный, -ая, -ое, -ые (и́здан, издана́, и́здано, и́зданы) published, 306, 321, 793

из-да́ть see из-дава́ть

из-за *prep. with gen.* from behind, because of, 449, 496

измени́ться (-ню́сь, -ни́шься) 7b *pf.*; изменя́ться (-я́юсь, -я́ешься) 1a *ipf.* to change (*intr.*), 657

и́зо *prep. with gen.* out of, from, 495

и́з-под *prep. with gen.* from under, 497

изуча́ть (-а́ю, -а́ешь) 1a *ipf.* to study, 697

из-учи́ть *pf.*; изуча́ть (-а́ю, -а́ешь) 1a *ipf.*, 678; to learn, 660, 697, 712

-ий *adjective ending,* 291, 292, 294, 308, 309, 311, 312

-ий *masc. nouns,* 184, 212, 248

-ий *gen. plur. ending of fem. nouns,* 218, 219; *of neuter nouns,* 224

и́ли or; и́ли... и́ли either... or, 107

Ильи́нична *f.* the daughter of Elias, 354

Ильи́ч *m.* the son of Elias, 252, 354

Илья́ *m.* Elias, 354

им *instr. sing. of* он *and* оно́; *dat. pl. of* он, она́, оно́

имена́ *nom.-acc.pl. of* и́мя

име́ть (-е́ю, -е́ешь) 1a *ipf.* to have, 580, 605, 697, 712

име́я *pres. gerund of* име́ть, 806

и́ми *instr. pl. of* он, она́, оно́

импера́тор *m.* emperor, 146, 240

импорти́ровать (-и́рую, -и́руешь) 1a *ipf. and pf.* to import, 647

и́мя *n.* name; *particularly,* first name, Christian name, 280, 329, 330

-ин *adjective suffix,* 313

-ин *masc. nouns: formation of the plural;* 204

и́наче *or* ина́че otherwise

иногда́ sometimes

ино́й, -а́я, -о́е, -ы́е another, other; всё ино́е everything else, 307

иностра́нец (-нца) *m.* foreigner (man), 146, 193, 242

иностра́нка (*gen. pl.* иностра́нок) *f.* foreigner (woman), 146, 256

иностра́нный, -ая, -ое, -ые, foreign, 306

интере́снее *pred. comp.* more interesting, 559

интере́сно *pred. neuter* interesting, 550

интере́сный, -ая, -ое, -ые (интере́сен, интере́сна, интере́сно, интере́сны) interesting, 289, 306, 321

интересова́ть (-су́ю, -су́ешь) 1a *ipf.*; заинтересова́ть *pf.* to interest, 600; *p.p.p.* заинтересо́ванный, 306, 793

интересова́ться (-су́юсь, -су́ешься) 1a *ipf.* (*with instr.*) to be interested (in), 472

интересу́ющий, -ая, -ее, -ие, *pres.a.p. of* интересова́ть, 309, 759

Ио́сиф *m.* Joseph, 240, 333, 342

ис- *prefix,* 17

Иса́ев *m. a surname,* 344, 358

Иса́ева *f. a surname,* 345, 358

иска́ть (ищу́, и́щешь) 3а *ipf.*; по-иска́ть *pf.* to seek, to look for; *p.p.p.* по́исканный, 450, 680, 697, 712, 793

ис-купа́ться, see купа́ться

испа́нец (испа́нца) *m.* Spaniard (man), 242

Испа́ния *f.* Spain, 263

испа́нка (*gen. pl. of* испа́нок) *f.* Spanish woman, 256

испа́нский, -ая, -ое, -ие Spanish, 308, 321, 553

испекли́ *p.t. of* ис-пе́чь

ис-пе́чь, see пе́чь

испо́лнить (-ню) 7а *pf.*; исполня́ть (-я́ю) 1a *ipf.* to fulfill; *p.p.p.* испо́лненный, 306, 657, 795

испо́лниться (-нюсь, -нишься) 7а *pf.*; исполня́ться (-я́юсь, -я́ешься) 1a *ipf.* to be fulfilled, 731

исполня́ть, see испо́лнить

исполня́ться, see испо́лниться

исправля́ть (-я́ю, -я́ешь) 1a *ipf.*; испра́вить (-влю, -вишь) 8а *pf.* to correct

исто́рия *f.* history, story, 146, 263

итти́ (иду́, идёшь; *p.t.* шёл, шла, шло, шли) 5 *ipf.*; пойти́ (пойду́, пойдёшь; *p.t.* пошёл, пошла́, пошло́, пошли́) 5 *pf.* to go; to come (on foot); дождь идёт it is raining, it rains, 581, 623, 639, 653, 697, 706, 710, 712

их *gen.acc.pl. of* он, она́, оно́ them, 362, 366-369, 371; *poss. pron.* their, theirs, 96, 369, 371 и́хнему: по и́хнему in their judgment, in their opinion; their way, in their manner

и́щем, ищу́, *see* иска́ть

июль *m.* July, 249

ию́нь *m.* June, 249

-ия *fem. nouns,* 172, 184, 219, 263

Й

й *tenth letter of the Russian alphabet,* 1, 4, 7, 12, 26-27, 32

-й *masc. nouns,* 156, 158, 169, 174, 176, 177, 182, 185, 195, 212, 232, 245-248

-й *gen. plur. ending of fem. nouns,* 494; *of neuter nouns,* 224, 270

К

к *eleventh letter of the Russian alphabet,* 1, 4, 5, 9, 12, 25, 88

к *prep. with dative* to, toward; in the direction of, 18, 469, 518, 541

-к *masc. nouns,* 194, 209, 241

-ка *fem. nouns,* 164, 198, 215, 254-256

Кавка́з *m.* Caucasus, 240

ка́ждый, -ая, -ое, -ые each, every, 289, 306, 548, 640, 665; ка́ждые три дня every three days

ка́жется, *see* каза́ться

каза́ться (кажу́сь, ка́жешься) 3с *ipf.;* по-каза́ться *pf.* to appear, to look, to seem; ка́жется it seems; каза́лось it seemed, 463, 724

как how *(in direct and indirect questions);* Я ви́дел, как он рабо́тал I saw how he worked, 127, 398; as, like *(in comparisons);* тако́й ... как (так ... как) as ... as, the same as; так как *conj.* because, since; как мо́жно бо́льше as much as possible; в то вре́мя, как (тогда́, как; ме́жду тем, как) *conj.* while; по́сле того́, как *conj.* after

како́й, -а́я, -о́е, -и́е what (kind of), which *(in direct and indirect questions),* 293, 310

како́й-нибудь, кака́я-нибудь, како́е-нибудь, каки́е-нибудь some (it does not matter what) kind of, 293

како́й-то, кака́я-то, како́е-то, каки́е-то some, 293, 310

ка́к-то somehow

Кали́нин *m. a surname,* 352, 358; *name of a city,* 335

ка́мень (ка́мня; *pl.* ка́мни, камне́й) *m.* stone, 213, 249

кани́кулы *f. pl.* vacation, 146, 253

каранда́ш (карандаша́) *m.* pencil, 252

карма́н *m.* pocket, 146, 240

Карса́вин *m. a surname* 352, 358

Карса́вина *f. a surname* 353, 358

ка́рта *f.* map, 146, 253

карти́на *f.* picture, 143, 253

ка́рточка *(gen. pl.* ка́рточек) *f.* card, 146, 198, 255

каса́ться (-а́юсь) 1a *ipf.;* косну́ться (-ну́сь, -нёшься) 5 *pf.* to touch, to come in contact with; to concern, 450

кварти́ра *f.* apartment, 253

кем *(instr. of* кто) with whom? 378

Ки́ев *m.* Kiev *(a Russian city),* 359

-кий *adjective ending,* 72

кино́ *indeclinable neuter* movie theater

кита́ец (кита́йца) *m.* Chinese (man), 146, 193, 242

Кита́й *m.* China, 245

кита́йский, -ая, -ое, -ие Chinese *(adj.),* 308, 321, 553

китая́нка *(gen. pl.* китая́нок) *f.* Chinese (woman), 146, 198, 256

кладём, кладёт, кладёте, кладу́, кладу́т, *see* класть

кла́няться, *see* поклони́ться

класс *m.* class, 146, 240

класть (кладу́, кладёшь; *p.t.* клал, кла́ла, кла́ло, кла́ли) 5 *ipf.,* 682; положи́ть (положу́, поло́жишь) 10с *pf.,* to put, to lay, to place, 692; *p.p.p.* поло́женный, 645, 697, 712, 795

ключ (ключа́) *m.* key, 211, 252

кни́га *f.* book, 254

кни́жный, -ая, -ое, -ые book *(adj.);* кни́жное отделе́ние the book department, 306, 317

ко *prep. with dative* toward, to, in the direction of, 469, 518, 541

когда́ *interrogative adv. and conj.* when, after; когда́ ... тогда́ when ... then, 700, 818, 822

когда́-то formerly

кого́ *(gen., acc. of* кто) whom? 378

ко́е-что something

колду́нья *f.* witch, 218, 261

коле́но *n.* knee, 273

колесо́ *(pl.* колёса) *n.* wheel, 201, 222, 267

Ко́ля *(diminutive form of* Никола́й), 259, 330

ком *prepos. of* кто, 378, 380

комиссия *f.* committee, 263

комната *f.* room, 146, 197, 253

кому *(dat. of* кто) to whom? for whom?, 378

конец *m.* end; в конце концов finally, 243

конечно of course, naturally

контора *f.* office, 146, 253

концерт *m.* concert, 146, 240

кончать, *see* кончить

кончить (кончу, кончишь) 10a *pf.;* кончать (-аю, -аешь) 1a *ipf.* to finish, to bring to an end; *p.p.p.* конченный, 648, 742, 795

кончиться (кончусь, кончишься) 10a *pf.;* кончаться (-аюсь, -аешься) 1a *ipf.* to end, to come to an end

конь (коня; *pl.* кони, коней) *m.* horse, 213, 250

копьё *n.* spear, 202, 224, 269

корень (корня) *m.* root, 279

кормить (кормлю, кормишь) 8с *ipf.;* накормить *pf.* to feed; *p.p.p.* накормленный, 306, 795

коробка *f.* box, 143, 256, 472

короткий, -ая, -ое, -ие (короток, -тка, -тко *or* коротко, коротки *or* -тки) short, 308, 321, 560

короче *pred. comp.* shorter, 560

костыль (-ля; *pl.* костыли) *m.* crutch, 250

костюм *m.* suit, costume, 146, 240

котёл (котла) *m.* kettle, boiler, 209, 240

котёнок *(pl.* котята) *m.* kitten, 278

который, -ая, -ое, -ые *interrogative and relative pron.* which; who, that, 123, 306, 393, 399

край *(pl.* края, краёв) *m.* border, edge, 185, 246

красивее *pred. comp.* nicer, more beautiful, 559

красивый, -ая, -ое, -ые (красив, -сива, -сиво, -сивы) beautiful, 289, 306, 321, 559

красный, -ая, -ое, -ые (красен, красна, красно, красны) red, 306, 321, 559

крепкий, -ая, -ое, -ие (крепок, крепка, крепко, крепки) strong, 308, 321, 560

крепче *pred. comp.* stronger, 560

кресло *(pl.* кресла, кресел) *n.* armchair, 201, 222, 266

крест (креста) *m.* cross; Красный Крест the Red Cross, 240

Кривой Рог *a Russian city,* 359

крикнувши *p. gerund of* крикнуть, 816

крикнувший, -ая, -ее, -ие, *p.a.p. of* крикнуть, 309, 763

крикнуть (-ну, -нешь) 3a *pf.;* кричать (-чу, -чишь) 10b *ipf.* to shout, to cry; кричать на кого to scold, 631, 648, 739, 795

крича *pres. gerund of* кричать, 806

кричать, *see* крикнуть

кричащий, -ая, -ее, -ие, *pres.a.p. of* кричать, 309, 690, 763

кровь *f.* blood, 186, 264; быть в крови to be covered with blood

кроме *prep. with gen.* except; beside, in addition to, 498

круглый, -ая, -ое, -ые round; круглый год the whole year round, 306

кругом *prep. with gen.* around, round, 499

кстати *adv.* by the way, at the same time

кто (кого, кому, кого, кем, о ком) *interrogative pron.* who? *(Used as a relative pronoun under certain conditions),* 377, 378, 395, 396

кто-нибудь anybody, anyone, 378

кто-то somebody, 378

куда? where (to)? whither? in what direction? *(Used in direct and indirect questions)*

куда-нибудь somewhere or other *(indicating direction)*

куда-то somewhere *(indicating direction)*

Кудриков *m. a surname,* 344, 358

Кудрикова *f. a surname,* 345, 358

Кузьмич *m.* the son of Cosmas, 354

-купаться (-аюсь, -аешься) 1a *ipf.;* выкупаться (-аюсь, -аешься) *pf.;* искупаться *pf.* to take a bath, to bathe, 727

купаясь *pres. gerund of* купаться, 806

купивши *p. gerund of* купить, 816

купить, (куплю, купишь) 8с *pf.,* 404; покупать (-аю, -аешь) 1a *ipf.* to buy, 462; *p.p.p.* купленный, 306, 648, 653, 697, 712, 795

купленный, *see* купить

курить (курю, куришь) 7с *ipf.* to smoke

кусок (куска) *m.* piece, slice, 241

кухня (gen. *pl.* кухонь) *f.* kitchen, 216, 260

кушать (-аю) 1a *ipf.;* по-кушать *pf.* to eat, 678, 697, 712

Л

л twelfth letter of the Russian alphabet, 1, 4, 9, 12, 22

л inserted after a labial, 91, 678, 690

лампа *f.* lamp, 143, 253

Ла́пин *m. a surname*, 352, 358

Ла́пина *f. a surname*, 353, 358

лгать (лгу, лжёшь) 6 *ipf.*; со-лга́ть *pf.* to lie, to tell a falsehood

лев (льва́) *m.* lion, 209, 240

лёг *p.t. of* лечь

лёгкий, -ая, -ое, -ие (лёгок, легка́, легко́, легки́) light, easy, 308, 321, 560

легко́ *adv.* easily, 550, 560

легла́, -ли́, -ло́, *p.t. of* лечь

ле́гче *pred. comp.* lighter, easier, 560

лёд (льда́) ice, 185, 209, 240

лежа́ *pres. gerund of* лежа́ть, 806

лёжа *adv.* in a lying position, 809

лежа́вший, -ая, -ее, -ие, *p.a.p. of* лежа́ть, 309, 763

лежа́ть (-жу́, -жи́шь) 10b *ipf.*; по-лежа́ть *pf.* to lie (on something), to be (somewhere in a lying position), 593, 692, 697, 712

лежа́щий, -ая, -ее, -ие, *pres.a.p. of* лежа́ть, 309, 759

ле́карь (ле́каря) *m.* doctor, 213, 249

ле́ктор *m.* lecturer, 244

ле́кторша *f.* (woman) lecturer, 257

ле́кция *f.* lecture, 263

лён (льна́) *m.* flax, 209, 240

Ле́нин *m. a surname*, 352, 358

Ленингра́д *m.* Leningrad, 359

Ле́рмонтов *m. a surname*, 344, 358

лет *gen. pl. of* ле́то; *under certain conditions used as gen. pl. of* год, 284

ле́то *n.* summer, 266

ле́том in summer, 476

лечь (ля́гу, ля́жешь; *p.t.* лёг, легла́, -ло́, -ли́; *imper.* ляг, ля́гте) 4a *pf.*; ложи́ться (ложу́сь, ложи́ся) 10c *ipf.* to lie down, 648, 741

ли *interrogative particle: in direct questions untranslatable; in indirect questions:* whether, 101, 107, 114, 115, 118

ликвиди́ровать (-и́рую, -и́руешь) 1a *ipf. and pf.* to liquidate, 647

ли́сий, -сья, -сье, -сьи, of a fox, 312

лист *m.* leaf, sheet, 205, 225, 274, 279

лить (лью, льёшь; *p.t.* лил, лила́, ли́ло, ли́ли) 2 *ipf.*; по-ли́ть, с-лить (со-лью́, со-льёшь) *pf.* to pour, 602, 624, 654, 735, 790

лицо́ *n.* face, 201, 222, 266

ли́чно *adv.* personally

лиша́ть (-а́ю) 1a *ipf.*; лиши́ть (-шу́, -ши́шь) 10b *pf.* to derive of, 450

лиша́ться (-а́юсь) 1a *ipf.*; лиши́ться (-шу́сь, -ши́шься) 10b *pf.* to lose, 450

ло́же *n.* couch, 201, 222, 268

ложи́ться, *see* лечь

ломо́ть (ломтя́) *m.* lump, chunk, 213, 250

Ло́ндон *m.* London, 146, 240, 359

ло́шадь *f.* horse, 276

Луки́ч *m.* the son of Luke, 252, 354

лу́чше *pred. comp.* better, 560

лу́чший, -ая, -ее, -ие *attrib. comp.* better, 309, 560

люби́мый, -ая, -ое, -ые (*pres. p.p. of* люби́ть) beloved, well liked, favorite; са́мый люби́мый best liked, most liked, 306, 774, 780

люби́ть (люблю́, лю́бишь) 8c *ipf.* to love, to like, 690

лю́ди (*used only in the plural*) people, 208, 228, 282

ля́гте *imper. of* лечь, 741

ля́гу, ля́гут, *see* лечь

ля́жем, ля́жет, ля́жешь, *see* лечь

M

м *thirteenth letter of the Russian alphabet*, 1, 4, 5, 9, 12, 91

магази́н *m.* store, shop, 146, 240

май *m.* May, 245

Макси́м *m.* Maxim (*Christian name*), 240, 333, 342

Макси́мович *m.* the son of Maxim, 251, 342

Макси́мовна *f.* the daughter of Maxim, 343

ма́ленький, -ая, -ое, -ие small, little, 308, 560

ма́ло *adv.* little, not much; *with gen.* little, not much of, few, 560, 614

ма́лый, -ая, -ое, -ые (мал, мала́, ма́ло, малы́) small, 306, 321

ма́льчик *m.* boy, 241

Мари́я, Ма́рия *f.* Mary, 84, 263, 351

март *m.* March, 146, 240

Ма́рья *f.* Mary, 351

ма́сло *n.* butter, 266

масса́ж *m.* massage, 251

матема́тика *f.* mathematics, 254

мать *f.* mother, 167, 276

маши́на *f.* machine, 146, 253

ме́бель *f.* furniture, 264

ме́дленнее, ме́дленней *pred. comp.* slower, more slowly, 559

ме́дленно, slowly, 560

ме́длить (ме́длю, ме́длишь) 7а *ipf.;*
по-ме́длить *pf.* to hesitate, 739

меж *prep. with gen.* through, 500

ме́жду *prep. with gen.* through, 500; *prep.
with instr.* between, among, 478, 531

мне́й *instr. of* я

мне́ю *instr. of* я

ме́нее *adv.* less, 560

ме́ньше *pred. comp., adj.* smaller; *adv.*
less, fewer, 560

ме́ньший, -ая, -ее, -ие *attrib. comp.*
smaller, 309, 560

меня́ *gen.-acc. of* я me, 362, 370

меня́ть (-я́ю) 1а *ipf.;* по-меня́ть *pf.* to
change *(trans.)*

ме́сто *n.* place, spot; seat, 201, 222, 266.

ме́сяц *m.* month, 242

мех *m.* fur, 203, 279

мехово́й, -а́я, -о́е, -ы́е fur *adj.;*
мехово́е отделе́ние fur department;
мехово́е пальто́ fur coat, 307

мечта́ть (-а́ю, -а́ешь) 1а *ipf.;* по-мечта́ть
pf. to (day)dream

меша́ть (-а́ю, -а́ешь) 1а *ipf.,* 678; по-
меша́ть *pf. (with dat.)* to disturb;
Не меша́ло бы, что́бы. . . It would not be
amiss if . . ., 462

меша́я *pres. gerund of* меша́ть, 806

миле́йший, -ая, -ее, -ие dearest, sweetest,
309, 573

миллиа́рд *m.* billion, 240, 408

миллио́н *m.* million, 240, 408, 409

миллио́нный, -ая, -ое, -ие millionth, 306.

ми́лый, -ая, -ое, -ие (мил, мила́, ми́ло,
ми́лы) dear, sweet, 306, 321, 559

ми́мо *adv. and prep. with gen.* past;
проходи́ть ми́мо to pass by, to go past,
501

минова́ть (мину́ю, мину́ешь) 1а *ipf. and pf.*
to pass, to avoid

мину́вший, -ая, -ее, -ие last, past, 309,
763

мину́та *f.* minute, 146, 253

Михаи́л *m.* Michael, 240, 333, 342

Миха́йлов *m. a surname,* 344, 358

Миха́йлова *f. a surname,* 345, 358

Миха́йлович *m.* the son of Michael, 251,
342

Миха́йловна *f.* the daughter of Michael,
343

мла́дший, -ая, -ее, -ие *attrib. comp.*
younger, 309, 560

мне *dat.-prepos. of* я

мне́ние *n.* opinion; по моему́ мне́нию in my
opinion, 270

мно́гие many, 308

мно́го *(used by itself or followed by gen.)*
much (of), a great deal (of), many;
мно́го раз many times, 452, 560, 614

мной *instr. of* я

мно́ю *instr. of* я

мог, могла́, могли́, могло́, *p.t. of* мочь

моё *neuter possessive pron.* my, mine, 96,
381-384, 387

мо́ему: по мо́ему in my judgment, in my
opinion; my way, in my manner

мо́жно *impersonal expression* it is possible;
one may, one can; мо́жно сказа́ть one can
well say; мо́жно мне? may I?; как мо́жно
скоре́е as quickly as possible; как мо́жно
лу́чше as well as possible

мои́ *pl. of* мой, моя́, моё, 382, 384

мой *m. possessive pron.* my, mine, 96, 381-
384, 387

молодо́й, -а́я, -о́е, -ы́е (мо́лод, молода́,
мо́лодо, мо́лоды) young, 290, 307, 321,
560

мо́лодость *f.* youth, 264

моло́же *pred. comp.* younger, 560

молоко́ *n.* milk, 267

Мо́лотов *m. a surname,* 344, 358; *name of a
city,* 335

моло́ть (мелю́, ме́лешь) 1с *ipf.;* из-моло́ть
pf. to grind

мо́лча *adv.* silently, in silence, 809

молча́ть (молчу́, молчи́шь) 10b *ipf.* to be
silent, to keep silent

мо́ре sea, 202, 223, 269

моро́зить (-жу, -зишь) 9а *ipf.;* за-моро́зить
pf. to let freeze

Москва́ *f.* Moscow, 146, 253, 359

моско́вский, -ая, -ое, -ие Moscow *(adj.);*
of Moscow, 308, 315, 321, 553

мотылёк (мотылька́) *m.* moth, 209, 241

мочь (могу́, мо́жешь; *p.t.* мог, могла́, -ло́,
-ли́) 4с *ipf.;* с-мочь *pf.* to be (physical-
ly) able to; мо́жет быть maybe, possibly,
596, 681, 697, 712

моя́ *f. possessive pron.* my, mine, 96, 154
381-384

муж *m.* husband, 175, 206, 226, 275, 279

музе́й *m.* museum, 245

музыка́нт *m.* (man) musician, 146, 240

музыка́нтша *f.* (woman) musician, 146, 257

мы *pron.* we; мы с му́жем my husband and I;
мы с бра́том my brother and I; мы с
това́рищами some comrades and I; мы с
ва́ми you and I, 112, 370

мыть (мо́ю, мо́ешь) 1а *ipf.;* вы́-мыть (вы́мою)
1а *pf.* to wash; *p.p.p.* вы́мытый, 654, 790

-мя *neuter nouns*, 280
мягкий, -ая, -ое, -ие (мягок, мягка,
  мягко, мягки) soft, 308, 321, 560
мягче *pred. comp.* softer, 560
мясо *n.* meat, 266
мять (мну, мнёшь) 5 *ipf.*; с-мять (сомну,
  сомнёшь) *pf.* to crush; *p.p.p.* смятый,
  790

H

H *fourteenth letter of the Russian alphabet*, 1, 4, 9, 12, 23
н- *euphonic*, 371
на *prep. with acc.* to (expressing direction); for (a length of time); at, on;
  *in certain expressions of time (with
  accusative)*: on, in; *in multiplication
  and division*: by; *prep. with prepositional*: on, at, in, 185, 186, 372,
  480, 481, 522, 537; *in certain expressions of time (with prepositional)*: 283
на- *verbal prefix* 644
наверное for sure
навестить (-вещу, -вестишь) 9b *pf.*;
  навещать (-аю, -аешь) 1a *ipf.* to visit,
  659
над *prep. with instr.* above, over, 478,
  532, 541
надеть (надену, наденешь) 3a *pf.*; надевать
  (-аю, -аешь) 1a *ipf.* to put on, to don;
  p.p.p. надетый, 654
надеяться (-деюсь, -деешься) 1a *ipf.* to
  hope, 724, 730; надеяться на кого to depend, to rely on, 646
надо *prep. with instr.* above, over, 478,
  532, 541; *impers. expression with dat.*
  it is necessary, one needs; Что вам
  надо? What do you need?
наевшись *past gerund of* наесться, 816
на-есться (на-емся, *see* есть) *pf.*;
  наедаться (-аюсь, -аешься) 1a *ipf.* to
  eat one's fill, 661
назад *adv.* back; час (год) тому назад an
  hour (a year) ago
назвав *p. gerund of* назвать, 816
название *n.* designation, name, 224, 270
на-звать *pf.*; называть (-аю) 1a *ipf.*,
  to name, to call, 678; *p.p.p.* назван-
  ный, 306, 662, 793
на-значить *pf.*; назначать (-аю) 1a *ipf.*,
  to appoint; *p.p.p.* назначенный, 306,
  660, 795
называемый, -ая, -ое, -ые, *pres.p.p. of*
  называть, 306, 774

называть, *see* на-звать
называться (-аюсь, -аешься) 1a *ipf.* to be
  called, to call oneself
найдя *p. gerund of* найти, 810, 816
найти (найду, найдёшь; *p.t.* нашёл, нашла,
  -ло, -ли) 5 *pf.*, 682; на-ходить *ipf.* to
  find; *p.p.p.* найденный, 306, 623, 653,
  796
найтись (найдусь, найдёшься; *p.t.* нашёлся,
  нашлась, -лось, -лись) 5 *pf.* to be found
наказание *n.* punishment, 270
наказанный, -ая, -ое, -ые punished, 306
наказать (-кажу, -кажешь) 3c *pf.*;
  наказывать (-аю, -аешь) 1a *ipf.* to
  punish; *p.p.p.* наказанный, 655, 793
наконец finally
накормивши *p. gerund of* накормить, 816
на-кормить, *see* кормить
накрытый, -ая, -ое, -ые covered, 306
накрыть (-крою, -кроешь) 1a *pf.*;
  накрывать (-аю, -аешь) 1a *ipf.* to cover;
  p.p.p. накрытый, 654, 790
на-лить *pf.*; наливать (-аю) 1a *ipf.* to
  pour on, into; to fill; *p.p.p.* налитый,
  654, 790
нам *dat. of* мы
нами *instr. of* мы
нанятый, -ая, -ое, -ые hired, 306
нанять (найму, наймёшь; *p.t.* нанял, наняла,
  наняло, -ли) 5 *pf.*; нанимать (-аю) 1a
  ipf. to hire; *p.p.p.* нанятый, 662, 790
наоборот on the contrary, in reverse
написавший, -ая, -ее, -ие, *p.a.p. of*
  написать, 309
написанный, -ая, -ое, -ые written, 306
на-писать, *see* писать
напиток (напитка) *m.* drink, beverage, 241
на-питься (-пьюсь, -пьёшься) 2 *pf.*;
  напиваться (-аюсь) 1a *ipf.* to quench
  one's thirst, 654
напоминать, *see* на-помнить
на-помнить (кому что *or* кому о чём) 7a
  pf.; напоминать (-аю) 1a *ipf.* to remind
  (a person of), 462, 662
например for instance, for example
напротив *prep. with gen.* opposite;
  against, 502
на-пугать, *see* пугать
народ *m.* people, crowd; много народу
  many people, a large crowd, 146, 240,
  718
нас *gen.-acc.-prepos. of* мы us, 362, 370
насекомое (-ого) *neuter noun-adj.* insect,
  306, 328
на-считать *pf.*; насчитывать (-аю, -аешь)

la *ipf.* to count up to, to reach (a number) counting, 655

Ната́ша *f. endearing form of* Natalia, 257

на-ходи́ть, *see* найти́

находи́ться (-хожу́сь, -хо́дишься) 9c *ipf.* to be (somewhere) located, situated

находя́щийся, -аяся, -ееся, -иеся, *pres. refl. p. of* находи́ться, 762

нача́льник *m.* director, head, principal, 146, 241

на́чатый, -ая, -ое, -ые started, 306, 790

нача́ть (начну́, начнёшь; *p.t.* на́чал, начала́, на́чало, на́чали) 5 *pf.*, 682; начина́ть (-а́ю, -а́ешь) la *ipf.*, to , begin, to start, 678; *p.p.p.* на́чатый, 662, 666, 697, 712, 790

начина́ть, *see* нача́ть

наш *m. possessive pron.* our, ours, 96, 381-384, 387

на́ша *f. possessive pron.* our, ours, 96, 154, 381-384, 387

на́ше *neuter possessive pron.* our, ours, 96, 381-384, 387

нашёл *p.t. of* найти́

на́шему: по на́шему in our judgment, in our opinion; our way, in our manner

нашла́, нашли́, нашло́, *p.t. of* найти́

не *negative particle* not, 102, 104; *(with gerund)* without, 117, 745, 813

небольшо́й, -а́я, -о́е, -и́е small, not (too) large, 310

небри́тый, -ая, -ое, -ые unshaven, 306

Нева́ *f.* Neva *(a river running through Leningrad)*, 253

невоспи́танный, -ая, -ое, -ые unmannerly, with bad manners, 306, 797

него́ = его́, 371

неда́вно recently, not long ago

неде́ля *f.* week, 259

недоброжела́тельство ill will, malevolence, 148, 266

неё = её, 371

нездоро́вый, -ая, -ое, -ые (нездоро́в, -а, -о, -ы) not well, ill, 306, 321

незнако́мый, -ая, -ое, -ые (незнако́м, -а, -о, -ы) unknown, unacquainted, strange, 306, 321

неисправи́мый, -ая, -ое, -ые incorrigible, 306, 787

ней *prepos. of* она́, 372; = ей, 371

не́когда: мне не́когда I have no time

не́которые *(plural)* some, 305, 306

Некра́сов *m. a surname*, 344, 358

Некра́сова *f. a surname*, 345, 358

не́куда: мне не́куда итти́ I have nowhere to go

нельзя́ *impers. with dat.* it is impossible, it is forbidden; мне нельзя́ I cannot, I must not, I may not; Пока́ не пригото́влен обе́д, нельзя́ сади́ться ку́шать One cannot sit down to eat before the dinner is prepared

нём *prepos. of* он, оно́, 371, 372

не́мец (не́мца) *m.* German (man), 210, 242

неме́цкий, -ая, -ое, -ие German, 308, 321, 553

неминуе́мый, -ая, -ое, -ые inevitable, 306, 787

не́мка *(gen. pl.* не́мок*) f.* German (woman), 256

немно́го *adv. used by itself or with gen.* a little (of), not much, 634

нему́ = ему́, 371

необду́манно *adv.* rashly, 552

необходи́мо it is necessary, 550

непреме́нно without fail, absolutely

неприя́тный, -ая, -ое, -ые (-тен, -тна, -тно, -тны) disagreeable, 306, 321

нёс *p.t. of* нести́

не́сколько *with gen. plur.* several, 614

несла́, несли́, несло́, *p.t. of* нести́

неслы́ханный, -ая, -ое, -ые unheard of, 306, 797

несмотря́ на *with accusative* in spite of, despite, 529, 814, 822

нести́ (несу́, несёшь; *p.t.* нёс, несла́, -о́, -и́) 5 *ipf.;* по-нести́ *pf.* to carry, 639, 653

нёсший, -ая, -ее, -ие, *p.a.p. of* нести́ 309, 763

нет *negative particle:* no; there is not, there are not, 604, 606, 608-610

нехоро́шо *adv. and pred. neuter* badly, not well, 550

не́чего there is nothing

не́ю = е́ю

ни *emphatic negative* not even; ни оди́н (одна́, одно́) not even one, not a single, 301, 402; ни . . . ни neither . . . nor; что ни whatever; когда́ бы ни whenever; како́й бы ни what(so)ever; что бы ни случи́лось whatever may happen; ни на кого́, ни с кем, *see* никто́, 104, 380

нигде́ nowhere, 104

ни́же *pred. comp.* lower, 560

Ни́жний Но́вгород *a Russian city, now called* Gorki, 359

низ- *prefix*, 17

низкий, -ая, -ое, -ие (низок, низка, низко, низки) low, 308, 321, 560

низко *adv.* low, 550, 560

-ний *adjective suffix*, 294, 311, 319

никак не by no means, not in any way, 104

никакой, -ая, -ое, -ие no, none (whatever), not any, 104, 293, 310, 380

никогда never, at no time, 104

никого *gen.-acc.* of никто nobody, 379, 380

Николаев *m.* *a surname*, 346, 358

Николаева *f.* *a surname*, 347, 357, 358, 360

Николаевич *m.* the son of Nicholas, 251, 346

Николаевна *f.* the daughter of Nicholas, 347

Николай *m.* Nicholas, 245, 346

никому *dat.* of никто nobody, 380

никто nobody, 104, 380

никуда nowhere (direction), 104

ним = им, 371

ними = ими, 371

Нина *f.* Nina, 253, 347

нис- *prefix*, 17

них = их 371; *prepos. plur.* of он, она, оно, 371, 372

ничего nothing; *frequently used as an exclamation:* that's all right!, all right!; 19, 104, 380

ничто nothing, 104, 380

нищий (-его) *m. noun-adj.* beggar, 309

но *conj.* but; however

новость *f.* news; report; novelty; городские новости city gossip, 264

новый, -ая, -ое, -ие (нов, нова, ново, новы) new; по новому in a new (modern) way, 289, 306, 321

нога (ногу; *pl.* ноги, ног, ногам) *f.* foot, leg, 254

ноготь (ногтя; *pl.* ногти, ногтей) *m.* nail, 213, 249

-ной *adjective suffix*, 318

ноль *m.* zero, 249

номер (*pl.* номера) *m.* number, 146, 244

носить (ношу, носишь) 9c *ipf.* to wear, 639, 653

ночь *f.* night; ночью at night, during the night, 265

ноша *f.* burden, 257

ноябрь (ноября) *m.* November, 250

нравиться (нравлюсь, нравишься) 8a *ipf.*, 924; по-нравиться *pf.* to please; Эта книга мне нравится I like this book;

Мне нравится *(with infinitive)* I like to, 462, 724, 730

ну *exclamation* now!, well!

нужен, *see* нужный

нужнее *pred. comp.* more needed, more necessary, 559

нужно *impers.* it is necessary; нужно иметь one must have; мне (тебе, ему, ей, нам, вам, им) нужно *with infinitive* I (you, he, she, we, you, they) must (do something), 550, 559

нужный, -ая, -ое, -ые (нужен, нужна, нужно, нужны) necessary, 321, 427, 428, 559

нуль *m.* zero, 249

-ный *adjective suffix*, 317

О

о *fifteenth letter of the Russian alphabet*, 1, 4, 9, 29, 30, 36, 37, 65-66, 90

о *inserted in the nom. sing.*, 157; *in the gen. plur.*, 215, 222; *in verbal compounds*, 624

о *changed to* е, 90

о *prep. with prepos.* (to talk, write, read, etc.) about, of, concerning, 372, 479, 480, 538; *prep. with acc.* against, about, 523

-о *adverbial ending*, 550, 551

-о *added to preposition*, 541

-о *neuter nouns*, 160, 169, 174, 177, 182, 201, 222, 238, 266, 267, 271-273

об *prep. used before vowel: with prepos.* about, of, concerning, 480, 538; *with acc.* against, about, 523

оба *m. and neuter* both, 427, 429

об-вить (обо-вью, обо-вьёшь) 2 *pf.*; обвивать (-аю) 1a *ipf.* to wind round; *p.p.p.* обвитый, 654, 790

обе *f.* both, 427, 429

обед *m.* dinner, 240

обещанный, -ая, -ое, -ые (обещан, -а, -о, -ы) promised, 306

обещать (-аю, -аешь) 1a *ipf.* to promise, 462; *p.p.p.* обещанный, 793

обидеть (обижу, обидишь) 9a *pf.*; обижать (-аю, -аешь) 1a *ipf.* to offend, to hurt; *p.p.p.* обиженный, 306, 659, 794

обиженный, -ая, -ое, -ые offended, hurt, 306

об-лить (обо-лью, обо-льёшь) 2 *pf.*; обливать (-аю) 1a *ipf.* to pour over; *p.p.p.* облитый, 654, 790

обо *prep. with prepos.* about, of, concerning, 480, 538, 541 об-ра́доваться, *see* ра́доваться

о́браз *m.* form, image, 203, 279

обрати́ться (обращу́сь, обрати́шься) 9b *pf.*; обраща́ться (-а́юсь, -а́ешься) 1a *ipf.* (к кому́) to turn to, to go to, to address, 659, 727

обра́тно *adv.* back

обраща́ться, *see* обрати́ться

обстано́вка *f.* conditions, situation; ти́хая обстано́вка state of tranquillity, 256

об-ши́ть (обо-шью́, обо-шьёшь) 2 *pf.*; обшива́ть (-а́ю) 1a *ipf.* to sew along the edge; *p.p.p.* обши́тый, 654, 790

обще́ственный, -ая, -ое, -ые public; обще́ственные дела́ public affairs, 306

о́бщий, -ая, -ее, -ие common, general; в о́бщем generally, 309

объяви́ть (-явлю́, -я́вишь) 8c *pf.*; объявля́ть (-я́ю) 1a *ipf.* to announce, to advertise; *p.p p.* объя́вленный, -ая, -ое, -ые (объя́влен, -а, -о, -ы), 306, 658, 795

объявле́ние *n.* announcement, 270

объя́влено *p.p.p.* of объяви́ть

объявля́ть *see* объяви́ть

объявля́ющий, -ая, -ее, -ие, *pres.a.p.* of объявля́ть, 309

объясни́ть (-ню́) 7b *pf.*; объясня́ть (-я́ю) 1a *ipf.* to explain, 657

объясня́ть, *see* объясни́ть

объясня́я *pres. gerund of* объясня́ть, 806

обыкнове́ние *n.* habit, 270

обыкнове́нно usually, 550

обы́чно usually

-ов *adjective suffix*, 314

-ов *gen. plur. ending of masc. nouns*, 187, 209, 210

-ого *gen. sing. ending*, 19

ого́нь (огня́) *m.* fire, 213, 250

огоро́д *m.* vegetable garden, 240

огорча́ть (-а́ю) 1a *ipf.*; огорчи́ть (-чу́, -чи́шь) 10b *pf.* (кого́) to grieve, to cause (a person) grief, 660

ограни́ченный, -ая, -ое, -ые (ограни́чен, -а, -о, -ы) limited, narrow-minded, 306

ограни́чить (-чу, -чишь) 10a *pf.*; ограни́чивать (-аю, -аешь) 1a *ipf.* to limit; *p.p.p.* ограни́ченный, 655, 795

оде́жда *f.* clothing, clothes, 253

Оде́сса *f.* Odessa (*city*), 146, 253, 359

оде́ть (оде́ну) 3a *pf.*; одева́ть (-а́ю) 1a *ipf.* to dress; *p.p.p.* оде́тый, 654, 790

оди́н *numeral m.* one; a certain; the only (one); alone, 381, 382, 402, 412, 413, 467

оди́нажды *adv.* one time (*in arithmetic*)

одина́ково equally, uniformly, always in the same way

одиннадцатичасово́й по́езд the eleven o'clock train, 307

оди́ннадцатый, -ая, -ое eleventh, 306, 434

оди́ннадцать eleven, 403

одна́ *numeral f.* one; a certain; the only (one), 381, 382, 402, 412, 413, 467

одни́ *plural* certain ones, some, 382, 402, 412

одно́ *numeral neuter* one; a certain; the only (one), 381, 382, 402, 412, 413, 467

ожида́вший, -ая, -ее, -ие, *p.a.p.* of ожида́ть, 309, 694, 763

ожида́емый, -ая, -ое, -ые, *pres.p.p.* of ожида́ть, 306, 774

ожида́ть (-а́ю, -а́ешь) 1a *ipf.* to wait for, to await, to expect, 450, 580, 697, 712

о́зеро *n.* lake, 201, 222, 267

-о́й *adjective ending*, 290, 293, 307, 310

оказа́ть (окажу́, ока́жешь) 3c *pf.*; ока́зывать (-аю) 1a *ipf.* to render, to exert, 655

оказа́ться (окажу́сь, ока́жешься) 3c *pf.*; ока́зываться (-аюсь) 1a *ipf.* to turn out (that), to appear

ока́зываться, *see* оказа́ться

ока́нчивать, *see* око́нчить

окно́ *n.* window; на окне́ on the window sill, 156, 201, 222, 266

о́ко *n.* eye, 272

о́коло *prep. with gen.* near, beside; about, approximately, 449, 503

око́н *gen. plur.* of окно́

око́нчив *p. gerund of* око́нчить, 816

око́нчить (-чу, -чишь) 10a *pf.*; ока́нчивать (-аю) 1a *ipf.* to finish (school, etc.); *p.p.p.* око́нченный, 306, 656, 795

октя́брь (-ря́) *m.* October, 250

октя́брьский, -ая, -ое, -ие October (*adj.*); Октя́брьская у́лица October Street (*named in commemoration of the October Revolution of 1917*), 308, 321, 553

оле́нь (оле́ня) *m.* deer, 213, 249

О́льга *f.* Olga, 254, 343

он *pers. pron. m.* he, 362, 365, 370-372

она́ *pers. pron. f.* she, 362, 365, 370-372

они́ *pers. pron.* they, 362, 370-372

оно́ *pers. pron. neuter* it; 362, 365, 370-372

о-писа́ть *pf.*; опи́сывать (-аю, -аешь) 1a

ipf. to describe; *p.p.p.* опи́санный, 306, 655, 793

опи́сываемый, -ая, -ое, -ые, *pres.p.p. of* опи́сывать, 306, 774

опи́сывать, *see* о-писа́ть

опя́ть again

организа́ция *f.* organization, 263

орёл (орла́) *m.* eagle, 209, 240

освежи́ться (-жу́сь, жи́шься) 10b *pf.*; освежа́ться (-а́юсь, -а́ешься) 1a *ipf.* to cool off, 660

о́сень *f.* fall, autumn, 264

о́сенью in the fall, in the autumn, 476

осо́бенно especially

остава́ться (остаю́сь, остаёшься) 2 *ipf.*; оста́ться (оста́нусь, оста́нешься) 3a *pf.* to remain, to stay, 653, 730, 741, 807

оста́вить (-влю, -вишь) 8a *pf.*; оставля́ть (-я́ю) 1a *ipf.* to leave (behind), *p.p.p.* оста́вленный, 306, 658, 795

оставля́ть, *see* оста́вить

остана́вливать, *see* останови́ть

остана́вливаться, *see* останов́ться

останови́ть (-влю́, -но́вишь) 8c *pf.*; остана́вливать (-аю) 1a *ipf.* to stop (a person), to bring to a stop; *p.p.p.* остано́вленный, 306, 656, 795

останови́ться (-влю́сь, -но́вишься) 8c *pf.*; остана́вливаться (-аюсь, -аешься) 1a *ipf.* to stop, to come to a stop, 727

оста́ться, *see* остава́ться

осторо́жный, -ая, -ое, -ые (осторо́жен, -жна, -жно, -жны) careful, 306, 321

остриги́те, остригу́, *see* остри́чь, 737

остри́женный, -ая, -ое, -ые (остри́жен, -а, -о, -ы), *p.p.p. of* остри́чь. Он был хорошо́ остри́жен He had his hair nicely cut, 306

острижёте, *see* остри́чь

о-стри́чь *pf.*; острига́ть (-а́ю) 1a *ipf.* (кого́) to cut somebody's hair, to shear; *p.p.p.* остри́женный, 661, 796

от *prep. with gen.* (away) from; on account of, as a result of, because of, 449, 504

отве́т *m.* answer, 146, 240

отве́тиь, *see* отвеча́ть

отвеча́ть (-а́ю) 1a *ipf.*; отве́тить (-ве́чу, -ве́тишь) 9a *pf.* to answer, to be responsible, 218; *p.p.p.* отве́ченный, 306, 659, 795

от-дава́ть, *see* от-да́ть

от-да́ть (*p.t.* о́тдал, отдала́, о́тдало, о́тдали) *pf.*; от-дава́ть *ipf.* to give

away, to give up; *p.p.p.* о́тданный, 306, 620, 622, 653, 711, 793

отделе́ние *n.* section, department, 270

отдохну́вши *p. gerund of* отдохну́ть, 816

отдохну́ть (-ну́, -нёшь) 5 *pf.*, 396; отдыха́ть (-а́ю) 1a *ipf.*, to rest, 392, 663, 712

о́тдых *m.* rest, 146, 241

отдыха́ть, *see* отдохну́ть

оте́ц (отца́) *m.* father, 156, 157, 243

отказа́ться (-кажу́сь, -ка́жешься) 3c *pf.*; отка́зываться (-аюсь, -аешься) 1a *ipf.* (от чего́) to refuse (something or to do something), 655

открыва́ть, *see* откры́ть

открыва́ться (-а́юсь, -а́ешься) 1a *ipf.* to open, to be opened

откры́тый, -ая, -ое, -ые (откры́т, -а, -о, -ы) opened, open, 306

откры́ть (-кро́ю, -кро́ешь) 1a *pf.*; открыва́ть (-а́ю, -а́ешь) 1a *ipf.* to open (up); *p.p.p.* откры́тый, 654, 790

отку́да? from where? how?

отморо́зить (-ро́жу, -ро́зишь) 9a *pf.*; отмора́живать (-аю) 1a *ipf.* to freeze (part of one's body), 656

относи́ться (-ношу́сь, -но́сишься) 9c *ipf.* (к чему́, к кому́) to have a (friendly, hostile, etc.) attitude toward; относи́ться вражде́бно к to be hostile to

относя́щийся, -аяся, -ееся, -иеся, *pres. part. of* относи́ться, 762

о́то, *see* от

ото-бра́ть (от-беру́) 5 *pf.*; отбира́ть (-а́ю) 1a *ipf.* to take away, 624

отойти́ (отойду́, отойдёшь) *p.t.* отошёл, отошла́, отошло́, отошли́) 5 *pf.*; от-ходи́ть *ipf.* to go away (on foot), to leave, to step aside (from), 623, 653

отпра́виться (-влюсь, -вишься) 8a *pf.*; отправля́ться (-я́юсь, -я́ешься) 1a *ipf.* to set off (for), to leave, to go, 658

отправля́ться, *see* отпра́виться

отсю́да from here

от-ходи́ть, *see* отойти́

о́тчество *n.* patronymic, 201, 222, 266, 329

о́чень *adv.* very, very much; о́чень хорошо́ very well; я о́чень люблю́ I like very much

ошиба́ться (-а́юсь, -а́ешься) 1a *ipf.* to be mistaken, to make a mistake, 663

ошиби́ться (ошибу́сь, ошибёшься); *p.t.* ошибся, ошибла́сь, -лось, -лись) 5 *pf.* to make a mistake, 663

оши́бка *(gen. pl.* оши́бок*) f.* mistake, 256

ощуща́ть (-а́ю) 1a *ipf.*; ощути́ть (ощущу́, ощути́шь) 9b *pf.* to feel, 659

П

п *the sixteenth letter of the Russian alphabet,* 1, 4, 5, 9, 12, 25, 91
Па́вел (Па́вла) *m.* Paul, 240
Па́влович *m.* the son of Paul, 251, 342
Па́вловна *f.* the daughter of Paul, 343
па́вший, -ая, -ее, -ие, *p.a.p.* of пасть fallen; па́вшая же́нщина a fallen woman, 309, 763
па́дать (-аю, -аешь) 1a *ipf.*; пасть (паду́, падёшь; *p.t.* пал, па́ла, -о, -и) 5 *pf.*; у-па́сть *pf.* to fall, 648, 653
па́дающий, -ая, -ее, -ие, *pres.a.p.* of па́дать, 309, 759
па́дая *pres. gerund of* па́дать, 806.
паде́ж (падежа́) *m.* case *(in the declension),* 211, 252
паёк (пайка́) *m.* ration, 209, 241
па́лец (па́льца) *m.* finger, 156, 157, 210, 242
пальто́ *indeclinable neuter* overcoat
папиро́са *f.* cigarette, 253
Пари́ж *m.* Paris, 146, 251, 359
парикма́хер *m.* barber, 240
парк *m.* park, 146, 194, 241
пасту́х (пастуха́) *m.* shepherd, 209, 241
пасть, *see* па́дать
пе́йте *imper.* of пить, 735
пёк, пекла́, пекли́, *p.t.* of печь
пе́ние *n.* singing, 270
пе́рвый, -ая, -ое, -ые first, 306, 434
пе́ред *prep. with instr.* before, in front of, 478, 533, 541
пере-дава́ть *ipf.*; пере-да́ть *pf.* to hand over, 462
пере́дний, -яя, -ее, -ие front *(adj.),* fore-, 311
пере́дняя (-ней) *f. noun-adj.* entrance hall, 311, 326
пе́редо *prep. with instr.* before, in front of, 478, 533, 541
пере-ли́ть *pf.*; перелива́ть (-а́ю) 1a *ipf.* to let overflow, 654
переста́ть (-ста́ну, -ста́нешь) 3a *pf.*; перестава́ть (-стаю́, -стаёшь) 2 *ipf.* to stop (doing something); дождь переста́л it stopped raining, 653, 666
пе́рец (пе́рца) *m.* pepper, 210, 242
перо́ *n.* feather, pen, 205, 225, 274
перча́тка *f.* glove, 256
Пётр (Петра́) *m.* Peter, 240, 341, 344

Петро́в *m. a surname,* 344, 358
Петро́ва *f. a surname,* 345, 358
Петро́вич *m.* the son of Peter, 251, 344
Петро́вна *f.* the daughter of Peter, 345
петь (пою́, поёшь) 2 *ipf.*; с-петь *pf.* to sing, 790
печа́льный, -ая, -ое, -ые (печа́лен, печа́льна, -льно, -льны) sad, deplorable, 306, 321
печь *f.* furnace, stove, 186, 265
печь (пеку́, печёшь; *p.t.* пёк, пекла́, пекло́, пекли́) 6 *ipf.*; ис-пе́чь *pf.* to bake; *p.p.p.* печёный, испечённый, 789, 796
пи́во *n.* beer, 266
писа́тель *m.* writer, author, 249
писа́тельница *f.* (woman) writer, 146, 258
писа́ть (пишу́, пи́шешь) 3c *ipf.*; на-писа́ть *pf.* to write, 462, 589, 680; *p.p.p.* напи́санный, 306, 697, 712, 793
пи́сем *gen. pl. of* письмо́
писчебума́жный, -ая, -ое, -ые stationery *(adj.),* 306
письмо́ *n.* letter (missive), writing, 146, 201, 222, 266
пить (пью, пьёшь; *p.t.* пил, пила́, пи́ло, пи́ли) 2 *ipf.*; вы́пить (вы́пью, вы́пьешь) 1a *pf.* to drink, 602, 621, 735, 790
пи́шем, пи́шет, пи́шете, пи́шешь, пишу́, пи́шут, *see* писа́ть
пла́вно fluently
пла́кать (пла́чу, пла́чешь) 3a *ipf.* to cry, to weep
плати́ть (плачу́, пла́тишь) 9c *ipf.*; за-плати́ть *pf.* to pay, 462; *p.p.p.* запла́ченный, 306, 795
пла́тье *n.* garment (in general); dress, 205, 225, 274
пла́чу, *see* пла́кать
плачу́, *see* плати́ть
плащ (плаща́) *m.* cloak, 211, 252
плечо́ *n.* shoulder, 271
пло́хо badly, poorly, 550, 560. Он рабо́тает пло́хо He does poor work; Он пло́хо вы́глядит He doesn't look well
плохо́й, -ая, -о́е, -и́е (плох, плоха́, пло́хо, -и) bad, 310, 321, 560; плохо́й челове́к a bad man; плохо́й учени́к a poor student; плоха́я шу́тка a bad joke
по 1. *prep. with dat.* according to, in agreement with, in accordance with, by; through, in, on, along, around, about; to; in a . . . way (manner); (so many) each, 519; 2. *prep. with acc.* till, up to, to; (so many) each, at; 524; 3. *prep. with prepos.* after, on, 539

по- *verbal prefix*, 635, 636, 644
по- *in adverbs like* по-английски, по-русски, *see separate entries,* 554
по- *prefix attached to predicative comparatives, see separate entries,* 563
по-английски *adv.* in the English language; говорить по-английски to speak English, 554
побегу, побегут, *see* по-бежать
по-бежать, *see* бежать
по-бить, *see* бить
поблагодарив *p. gerund of* поблагодарить, 816
по-благодарить, *see* благодарить
поближе nearer, 563
побольше larger, bigger; more; as much as possible, 563
побритый *p.p.p. of* по-брить, 306
по-брить, *see* брить
по-бриться, *see* бриться
по-бывать *ipf.* to be (a certain time)
повёз, повезла, повезли, *p.t. of* по-везти
по-везти, *see* везти
повёл, повела, повели, повело, *p.t. of* по-вести
по-верить, *see* верить
повесивши *p. gerund of* повесить, 816
повесить, *see* вешать
по-вести, *see* вести
повешенный, -ая, -ое, -ые (повешен, -а, -о, -ы) *p.p.p. of* повесить, 306
по-видать to see (someone), to meet
повыше higher, taller, 563
поговорив *p. gerund of* поговорить, 816
по-говорить *pf.* to speak, to talk awhile, to have a talk, 635, 697
погода *f.* weather, 254
по-гулять *pf.* to walk, to stroll awhile, to go for a walk, to take a walk, 635, 697
под *prep. with instr.* under (position of rest); *prep. with acc.* under (direction), 478, 525, 534
подав *p. gerund of* подать, 816
подаваемый, -ая, -ое, -ые, *prep. p.p. of* подавать, 306, 775
по-давать *ipf.;* по-дать *pf.* to give, to serve, to submit; подать руку to shake hands, 620, 653, 775
подальше farther away, as far away as possible, 563
подарок (подарка) *m.* gift, present, 146, 157, 209, 241
по-дать, *see* по-давать
подвигаться (-аюсь, -аешься) 1a *ipf.;* по-

двинуться *pf.* to move, to stir *(intr.);* подвиньсь дальше! move over!
по-держать *pf.* to hold awhile, 635, 697
подешевле cheaper, as cheap as possible, 563
подле *prep. with gen.* beside, near, alongside, 505
подо *prep. with instr.* under (denoting position), 534, 541
подо-ждать *pf.* to wait awhile
подойти (-ойду, -ойдёшь; *p.t.* подошёл, -шла, -шло, -шли) 5 *pf.;* под-ходить *ipf.* to go (come) up to, to approach, 653
подольше longer, as long as possible, 563
подошли *p.t. of* подойти
под-писать *pf.;* подписывать (-аю, -аешь) 1a *ipf.* to sign; *p.p.p.* подписанный, 306, 655, 793
подписывать, *see* под-писать
подруга *f.* girl friend, 171, 254
подстригите, подстригу, *see* под-стричь, 737
под-стричь, *pf.;* подстригать (-аю) 1a *ipf.* to trim, 661
подумав *p. gerund of* подумать, 816
по-думать *pf.* to think (something) over, 697
подходивший, -ая, -ее, -ие, *p.a.p. of* подходить, 309, 763
под-ходить, *see* подойти
подходящий, -ая, -ее, -ие, *pres.a.part. of* подходить; *adj.* suitable, 634, 690, 691, 309, 759, 760
по-дышать *pf. with instr.* to take a breath (of fresh air)
поедет, поеду, *see* по-ехать
поезд *(pl.* поезда) *m.* train, 146, 203, 244
поездка *(gen. pl.* поездок) *f.* trip, 146, 256
по-ехать, *see* ехать
по-жалеть, *see* жалеть
по-жаловаться, *see* жаловаться
пожалуй *inserted in the speech* I think, if you like, all right
пожалуйста! please!
пожар *m.* fire, conflagration, 240
по-желать, *see* желать
поживать (-аю) 1a *ipf.* to live, to get along
по-жить *pf.* to live (somewhere) for a while, 697
позавчера *adv.* day before yesterday
позади *prep. with gen.* behind, 506
по-звать, *see* звать
позволить (-лю, -лишь) 7a *pf.;* позволять (-яю, -яешь) 1a *ipf.* to allow, to permit, to let, 462, 657

позволя́ть, *see* позво́лить
поздне́е *pred. comp.* later, 559, 560
по́здний, -яя, -ее, -ие late, 311, 559, 560
по́здно *adv.* late; it is late, 560
по-здоро́ваться , *see* здоро́ваться
поздра́вить (-влю, -вишь) 8a *pf.*; поздравля́ть (-я́ю) 1a *ipf.* (с чем) to congratulate (on something), 658
по́зже *pred. comp.* later, 560
позовёт, позовёте, *see* по-зва́ть
по-игра́ть, *see* игра́ть
по-иска́ть, *see* иска́ть
по-испа́нски *adv.* in the Spanish language; говори́ть по-испа́нски to speak Spanish, 554
пойдём, пойдёт, пойдёте, пойду́, пойду́т, *see* пойти́
поймёте, пойму́, пойму́т, *see* поня́ть
пойти́, *see* итти́
пока́ *adv.* in the meantime, meanwhile, for the present; *conj.* as long as, while; пока́ не before; пока́ ещё не just before, 822
показа́ть (-кажу́, -ка́жешь) 3c *pf.*; пока́зывать (-аю) 1a *ipf.* to show, 462; *p.p.p.* пока́занный, 306, 655, 793
пока́зывать, *see* показа́ть
по-кита́йски *adv.* in the Chinese language; говори́ть по-кита́йски to speak Chinese, 554
поклони́ться (-ню́сь, -кло́нишься) 7c *pf.*; кла́няться (-яюсь, -яешься) 1a *ipf.* to (make a) bow, to greet, 462, 645
покре́пче stronger, 563
покупа́емый, -ая, -ое, -ые, *pres.p.p.* of покупа́ть 306, 774
покупа́ть (-а́ю) 1a *ipf.* to buy, 462, 697, 712; *see* купи́ть
по-ку́шать, *see* ку́шать
пол (на полу́; *pl.* полы́, поло́в) *m.* floor, 185, 240
по́лдень *(gen.* полу́дня) *m.* noon
по́ле *n.* field, 202, 223, 269
по-лежа́ть *pf.* to lie (on something) for a while, to be (somewhere in a lying position) for a while, 697
поле́знее *pred. comp.* more useful, 559
поле́зный, -ая, -ое, -ые useful, 306, 559
по́лночь *(gen.* полу́ночи) *f.* midnight
по́лный, -ая, -ое, -ые (по́лон, полна́, по́лно, по́лны) full, 289, 306, 321
полови́на *f.* half, 146, 253
поло́женный, -ая, -ое, -ые (поло́жен, -а, -о, -ы) *p.p.p.* of положи́ть, 306

положи́ть, *see* класть
полоте́нце *n.* towel, 201, 268
полтора́ *(gen.* полу́тора) *m. and neuter with gen. sing.* one and a half, 430
полторы́ *(gen.* полу́торых) *fem. with gen. sing.* one and a half, 430
получа́ть (-а́ю) 1a *ipf.*, 678; получи́ть (-чу́, -лу́чишь) 10c *pf.* to receive, to get, 692; *p.p.p.* полу́ченный, 306, 660, 697, 712, 795
получа́я *pres. gerund of* получа́ть, 806
полу́ченный, -ое, -ые (полу́чен, -а, -о, -ы), *p.p.p. of* получи́ть, 306
получи́в *p. gerund of* получи́ть, 816
получи́ть, *see* получа́ть
полу́чше better, 563
полчаса́ half an hour
по́льза *f.* use, profit, benefit, 253
по́льзоваться (по́льзуюсь, по́льзуешься) 1a *ipf.*; вос-по́льзоваться *pf.* to use, to make use of, to profit from, 472
поля́х *prep.pl. of* по́ле
поме́ньше smaller, less, as little as possible, 563
по́мнить (-ню, -нишь) 7a *ipf.*, 689; вс-по́мнить *pf.* to remember; *p.p.p.* вспо́мненный, 306, 739, 795
помо́г *p.t. of* по-мо́чь
помога́ть (-а́ю) 1a *ipf.*, 678; по-мо́чь *pf.* to help, 462, 661, 712
помоги́те *imper. of* по-мо́чь, 737
помогла́, помогли́, помогло́, *p.t. of* по-мо́чь
помо́жете, *see* по-мо́чь
по-мо́чь, *see* помога́ть
по́мощь *f.* help, 265
понеде́льник *m.* Monday, 146, 231, 241
по-неме́цки *adv.* in the German language; говори́ть по-неме́цки to speak German, 554
понёс, понесла́, понесли́, понесло́, *p.t. of* по-нести́
по-нести́, *see* нести́
понима́ть (-а́ю, -а́ешь) 1a *ipf.*, 678; поня́ть (пойму́, поймёшь; *p.t.* по́нял, поняла́, по́няло, по́няли) 5 *pf.* to understand, 622, 682; *p.p.p.* по́нятый (по́нят, поня́та, по́нято, по́няты), 306, 662, 697, 711, 712, 790
понима́я *pres. gerund of* понима́ть, 806
по-нра́виться, *see* нра́виться, 630
по́нял, поняла́, по́няли, *p.t. of* поня́ть
поня́ть, *see* понима́ть
поперёк *prep. with gen.* across, athwart, 507
поправля́ться (-я́юсь, -я́ешься) 1a *ipf.*; попра́виться (-влюсь, -вишься) 8a *pf.* to get better, to recover, to improve, 658

по–просить, *see* просить
попроще simpler, 563
пора́ *f.* time; с каки́х пор? since when?
  с тех пор, как since the time when; до
  сих пор until now, 253
поработавши *p. gerund of* поработать,
  816
по–рабо́тать *pf.* to work awhile, 697, 712
пора́ньше quite early, as early as possible, 563
поро́к *m.* vice, 241
портно́й (–о́го) *m. noun-adj.* tailor, 307,
  328
по–ру́сски *adv.* in the Russian language;
  говори́ть по–ру́сски to speak Russian,
  554
поря́док (поря́дка) *m.* order, 241
посети́ть (посещу́, посети́шь) 9b *pf.*, 691,
  посеща́ть (–а́ю) 1a *ipf.*, to visit, 678;
  p.p.p. посещённый, 306, 659, 795
посеща́емый, –ая, –ое, –ые, *pres.p.p. of*
  посеща́ть, 306, 774
посеща́ть, *see* посети́ть
по–сиде́ть 9b *pf.* to sit awhile, to stay
  (at home), 697, 712
поскоре́е faster, as fast as possible, 563
по́сланный, –ая, –ое, –ые (по́слан, –а, –о,
  –ы) sent, 306
посла́ть (пошлю́, пошлёшь) 2 *pf.*, 679;
  посыла́ть (–а́ю) 1a *ipf.* to send, 462,
  678; *p.p.p.* по́сланный, 662, 697, 712,
  793
по́сле *prep. with gen.* after; по́сле того́,
  как *conj.* after, 508, 818, 822
после́дний, –яя, –ее, –ие the last, 294,
  311
послеза́втра *adv.* day after tomorrow
посло́вица *f.* proverb, 258
по–слу́шать *pf.* to listen, to attend (a
  lecture)
по–сме́ть, *see* сметь
по–смея́ться, *see* смея́ться
по–смотре́ть *pf.* 1. *(trans.)* to look
  (something) over, to view, to inspect;
  2. *with* на to look at (for a while);
  3. *with* за to watch awhile, 697
посреди́ *prep. with gen.* in the midst of,
  in the middle of, among, 509
по–ста́вить, *see* ста́вить
по–стара́ться, *see* стара́ться
поста́рше older, 563
посте́ль *f.* bed, 264
по–стоя́ть *pf.* to stand awhile, 697
пострада́вший, –ая, –ее, –ие, *p.a.p. of*
  пострада́ть, 309, 763

по–страда́ть, *see* страда́ть
постри́г *p.t. of* по–стри́чь
постриги́те *imper. of* по–стри́чь, 737
по–стри́чь, *see* стричь
по–стро́ить, *see* стро́ить
поступа́ть (–а́ю, –а́ешь) 1a *ipf.*; поступи́ть
  (–плю́, –у́пишь) 8c *pf.* to act; поступи́ть
  в шко́лу to enter school, 653
поступа́ющий, –ая, –ее, –ие, *pres.a.p. of*
  поступа́ть, 309, 759
поступи́ть, *see* поступа́ть
посыла́ть, *see* посла́ть
посыла́я *pres. gerund of* посыла́ть, 806
потёк, потекла́, потекли́, потекло́, *p.t. of*
  поте́чь
потемне́е darker, 563
по–те́чь, *see* течь
поти́ше more quiet(ly), as quiet(ly) as
  possible, 563
пото́м afterwards, then
потому́ что because, 822
по–торопи́ться, *see* торопи́ться
потреби́ть (–блю́, –би́шь) 8b *pf.*; потре-
  бля́ть (–я́ю) 1a *ipf.* to use, to consume
по–францу́зски in the French language;
  говори́ть по–францу́зски to speak French,
  554
почему́? why?
почему́–то for some reason (or other)
по–чита́ть *pf.* to read awhile, 697
по́чта *f.* post office, 253
почте́ние *n.* respect; моё почте́ние (*a form
  of greeting*) How do you do, 270
почти́ *and* почти́ что almost
по–чу́вствовать, *see* чу́вствовать, 630
пошёл *p.t. of* пойти́; пошёл (вон)! *(vulgar)*
  scram!
поши́ре wider, 563
пошла́ *p.t. of* пойти́
пошлёте, *see* посла́ть
пошли́, пошло́, *p.t. of* пойти́
пошлю́, *see* посла́ть
по–шути́ть, *see* шути́ть
поэ́тому therefore
пра́вда *f.* truth, 253
пра́вильно correct, correctly, 550
пра́вить (–влю, –вишь) 9a *ipf.* to rule, to
  direct, to conduct
пре́данный, –ая, –ое, –ые (пре́дан, –а, –о,
  –ы) devoted (to), 306
предлага́емый, –ая, –ое, –ые, *pres.p.p. of*
  предлага́ть, 306, 774
предлага́ть (–а́ю) 1a *ipf.*; предложи́ть (–жу́,
  –ло́жишь) 10c *pf.* to offer, 462; *p.p.p.*
  предло́женный, 663, 795

предло́женный, –ая, –ое, –ые (предло́жен,
  –а, –о, –ы) offered, 306
предложи́ть, *see* предлага́ть
предме́т *m.* (school) subject, 240
пре́жде 1. *adv.* formerly; 2. *with gen.* before; пре́жде всего́ first of all, in the
  first place, 510; 3. пре́жде чем *with
  infinitive* before (doing something)
пре́жний, –яя, –ее, –ие, former; по
  пре́жнему as before, as of old, 311
президе́нт *m.* president, 146, 240
президе́нтский, –ая, –ое, –ие, presidential, 308, 321
прекра́снейший, –ая, –ее, –ие the finest,
  309, 573
прекра́сно excellent(ly), fine, 550
прекра́сный, –ая, –ое, –ые excellent,
  fine, 306
при *prep. with prepos.* in the presence of;
  by, with; in (the service of), at, 372,
  480, 540
приведём, *see* привести́
приведённый, –ая, –ое, –ые (приведён,
  приведена́, приведено́, приведены́);
  p.p.p. of привести́, 306
приведёт, приведёте, *see* привести́
приведёшь, *see* привести́
приведу́, приведу́т, *see* привести́
привёз, привезла́, привезли́, *p.t. of*
  привезти́
при-везти́ *pf.;* при-вози́ть *ipf.* to bring
  (by vehicle), to import; *p.p.p.*
  привезённый, 306, 653, 796
привёл, привела́, привели́, привело́, *p.t. of*
  привести́
при-вести́ *pf.;* при-води́ть *ipf.* to bring,
  to lead to; привести́ в поря́док to put
  into order; привести́ приме́р to quote
  (give) an example; приводи́ть приме́ров
  to quote (give) examples; *p.p.p.*
  приведённый, 306, 653, 796
при-ви́ть *pf.;* прививáть (–а́ю) 1a *ipf.*
  to inoculate, to vaccinate, to graft;
  p.p.p. приви́тый, 306, 654, 790
при-води́ть, *see* при-вести́
при-вози́ть, *see* при-везти́
пригласи́ть (–глашу́, –гласи́шь) 9b *pf.;*
  приглашáть (–а́ю) 1a *ipf.* to invite;
  p.p.p. приглашённый, 306, 659, 795
при-гото́вить *pf.;* приготовля́ть (–я́ю) 1a
  ipf. to prepare; *p.p.p.* пригото́вленный,
  306, 658, 795
пригото́вленный, –ая, –ое, –ые (пригото́влен,
  –а, –о, –ы) prepared, 306
при-дви́нуть *pf.;* придвига́ть (–а́ю) 1a
  ipf. to move up (trans.), 653

придём, придёт, придёте, *see* придти́
придётся, *see* придти́сь
приду́, *see* придти́
прие́ду, *see* прие́хать
приезжáть (–а́ю) 1a *ipf.;* при-е́хать *pf.* to
  arrive (by vehicle), to get (somewhere),
  625, 653, 697, 712
приезжáющий, –ая, –ее, –ие *pres.a.p.* of
  приезжáть 309, 759
прие́хавший, –ая, –ее, –ие, *p.a.p.* of
  прие́хать, 309, 763
при-е́хать, *see* приезжáть
приказáть (–кажу́, –ка́жешь) 3c *pf.;*
  прикáзывать (–аю, –аешь) 1a *ipf. (with
  dat.)* to order (a person), to give (a
  person) an order; *p.p.p.* прикáзанный,
  306, 655, 793
приме́р *m.* example, 240
принадлежáть (–жу́, –жи́шь) 10b *ipf.* to belong, 462, 590, 646, 697, 712
принесённый, –ая, –ое, –ые (принесён,
  –несена́, –несено́, –несены́), *p.p.p.* of
  принести́, 306
при-нести́ *pf.;* при-носи́ть *ipf.* to bring;
  p.p.p. принесённый, 653, 796
при-носи́ть, *see* при-нести́
при́нятый, –ая, –ое, –ые (при́нят, принята́,
  при́нято, –ы) accepted, adopted, 306
принимáть (–а́ю) 1a *ipf.;* приня́ть (приму́,
  при́мешь; при́нял, приняла́, при́няло, –и)
  3c *pf.* to accept, to adopt; *p.p.p.*
  при́нятый, 662, 711, 790
приня́ть, *see* принимáть
при́сланное (–ого) *neuter noun-adj.* the
  thing(s) that had been sent, 306
при́сланный, –ая, –ое, –ые (при́слан, –а,
  –о, –ы) sent, 306
присла́ть (пришлю́, пришлёшь) 2 *pf.,* 679;
  присылáть (–а́ю) 1a *ipf.,* to send, 462,
  678; *p.p.p.* при́сланный, 662, 697, 712,
  793
присылáемый, –ая, –ое, –ые, *pres.p.p.* of
  присылáть, 306, 774
присылáть, *see* присла́ть
придти́ (приду́, придёшь; *p.t.* пришёл,
  пришла́, –ло́, –ли́) 5 *pf.,* 682; при-ходи́ть
  ipf. to come, to arrive, to get (somewhere) (on foot), 623, 653, 697, 712
придти́сь *pf. impers. verb with dat.* of
  person and infinitive: ему́ придётся he
  will be obliged to, he will have to; *see* приходи́ться
  ему́ пришло́сь he had to; *see* приходи́ться
при-ходи́ть, *see* придти́
приходи́ться *ipf. impers. verb with dat.*
  of person and infinitive: мне прихо́дится
  спать I have to sleep; мне приходи́лось

спать I had to sleep (repeatedly); *see*
приттись
пришедший, -ая, -ее, -ие, *p.a.p. of*
притти, 309, 763
пришёл, пришла, *p.t. of* притти
пришлёт, *see* прислать
пришли *p.t. of* притти
пришли, пришлите, *imper. of* прислать, 737
пришло *p.t. of* притти
пришлось *p.t. of* приттись
приятель *m.* friend, 249
про *prep. with acc.* about, concerning, of, 526
про- *verbal prefix*, 644
проболевши *p. gerund of* проболеть, 816
проболеть (-ею, -еешь) 1a *pf.* to be ill (for a certain time)
проведённый, -ая, -ое, -ые (проведён, -ведена, -ведено, -ведены) spent (time), 306
провёл, провела, провели, провело, *p.t. of* про-вести
про-вести *pf.*; про-водить *ipf.* to spend (time); *p.p.p.* проведённый, 653, 796
прогулка (*gen. pl.* прогулок) *f.* walk, stroll, 256
продававший, -ая, -ее, -ие, *p.a.p. of* продавать, 309, 763
продаваемый, -ая, -ое, -ые, *pres.p.p. of* продавать, 306, 775
про-давать *ipf.*; про-дать (*p.t.* продал, продала, продало, -ли) *pf.* to sell, 462; *p.p.p.* проданный, 620, 622, 653, 711, 775, 793, 807
продавший, -ая, -ее, -ие, *p.a.p. of* продать, 309, 763
проданный, -ая, -ое, -ые (продан, продана, продано, проданы) sold, 306
про-дать, *see* про-давать
продающий, -ая, -ее, -ие, *pres.a.p. of* продавать, 309, 759
продолжать (-аю) 1a *ipf.* to continue, 660, 666
проезжать (-аю) 1a *ipf.*, 678; про-ехать *pf.* to travel through, 625, 653, 712
про-ехать, *see* проезжать
проживать, *see* про-жить
проживающий, -ая, -ее, -ие, *pres.a.p. of* проживать, 309, 759
проживши *p. gerund of* прожить, 816
проживший, -ая, -ее, -ие, *p.a.p. of* прожить, 309, 763
про-жить (*p.t.* прожил, прожила, прожило, -ли) *pf.*; проживать (-аю) 1a *ipf.* to live (somewhere), to spend (time), 392;

p.p.p. прожитый, 306, 622, 654, 697, 711, 712, 790
произвела *p.t. of* произ-вести
произ-вести *pf.*; произ-водить *ipf.* to produce, to make (an impression), to carry out, 653
производимый, -ая, -ое, -ые, *pres.p.p. of* производить, 306, 774
произ-водить *ipf.*, *see* произ-вести
произносимый, -ая, -ое, -ые, *pres.p.p. of* произносить, 306, 774
произ-носить *ipf.*; произ-нести *pf.* to pronounce, 653
1. пройти (пройду, пройдёшь; *p.t.* прошёл, прошла, -о, -и) 5 *pf.*; про-ходить *ipf.* to pass by, to come by, to go by, to come out; дождь прошёл it had stopped raining; проходить мимо to pass by, to go past, 653
2. пройти (пройду, пройдёшь; *p.t.* прошёл, прошла, -о, -и) 5 *pf.* to go through, to finish (a course); *p.p.p.* пройденный (пройден, -а, -о, -ы), 306, 653, 796
пройтись (пройдусь, пройдёшься) 5 *pf.*; про-ходиться *ipf.* to take a walk, to promenade
проклясть (-кляну, -клянёшь) 5 *pf.*; проклинать (-аю) 1a *ipf.* to curse; *p.p.p.* проклятый, 306, 790
пролетарий *m.* a proletarian, 248
про-пить *pf.*; пропивать (-аю) 1a *ipf.* to squander on drink; *p.p.p.* пропитый, 654, 790
про-пустить *pf.*; про-пускать *ipf.* to let pass, to omit, to miss, 653
про-работать *pf.* to work (a certain time), 697, 712
про-сидеть *pf.* to spend (time) sitting
просимый, -ая, -ое, -ые, *pres.p.p. of* просить, 306, 774
просить (прошу, просишь) 9c *ipf.*; по-просить *pf.* to ask; *p.p.p.* попрошенный, 450, 594, 691, 697, 712, 795
проснуться (-снусь, -снёшься) 5b *pf.*; про-сыпаться (-аюсь) 1a *ipf.* to wake up, 663
просто *adv.* in a simple way, simply, plainly, 550, 560
простой, -ая, -ое, -ые (прост, проста, просто, просты) simple, common, ordinary, 307, 321, 560
простудиться (-стужусь, -студишься) 9c *pf.*; простужаться (-аюсь, -аешься) 1a *ipf.*; простуживаться (-аюсь, -аешься) 1a *ipf.* to catch cold, 655, 659, 730

простужа́ться, *see* простуди́ться
просту́живаться, *see* простуди́ться
про́сьба *f.* request, 253
про́тив *prep. with gen.* opposite; against, 511
проходи́вший, -ая, -ее, -ие, *p.a.p. of* проходи́ть, 309, 763
про-ходи́ть, *see* пройти́
про-ходи́ться, *see* пройти́сь
прочита́в *p. gerund of* прочита́ть, 816
прочи́танный, -ая, -ое, -ые (прчи́тан, -а, -о, -ы), *p.p.p. of* про-чита́ть, 306, 321, 793
про-чита́ть *pf.;* прочи́тывать (-аю, аешь) 1a *ipf.,* 678, to read (through), 645, 655, 697, 712
проше́дшее (-его) *neuter noun-adj.* the past, 309, 763
проше́дший, -ая, -ее, -ие last, past, 309, 763
прошёл, прошла́, прошли́, прошло́, *p.t. of* пройти́
про́шлый, -ая, -ое, -ые past, last, 306
прошу́, *see* проси́ть
про́ще more simply, in simpler words, 560
пря́мо *adv.* straight (ahead)
птéнчик *m.* (little) fledgling, 241
пти́чий, -чья, -чье, -чьи bird's; пти́чье молоко́ bird's milk (*i.e.,* something impossible), 312
пти́чка (*gen. pl.* пти́чек) *f.* little bird, 255
пуга́ть (-аю, -аешь) 1a *ipf.;* на-пуга́ть *pf.:* to frighten; *p.p.p.* напу́ганный, 306, 793
пуска́й *used with the third person sing. or plural of verbs to form an indirect imperative,* 743
пусти́ть (пущу́, пу́стишь) 9c *pf.;* пуска́ть (-а́ю) 1a *ipf.* to let, 648, 653
пусть *used with the third person sing. or plural of verbs to form an indirect imperative,* 743
путеше́ствовавший, -ая, -ее, -ие, *p.a.p. of* путеше́ствовать, 309, 763
путеше́ствовать (-ствую, -ствуешь) 1a *ipf.* to travel, 600, 712
путеше́ствующий, -ая, -ее, -ие traveling, 309, 759, 760
путеше́ствуя *pres. gerund of* путеше́ствовать, 806
путь *m.* way, path, road, 277; таки́м путём in such a way, in this way
Пу́шкин *m. a surname,* 352, 358

пыль *f.* dust, 186, 264; ма́льчик весь в пыли́ a boy all covered with dust
пьёте, пью, *see* пить
пяти́ *gen., dat., prepos. of* пять
пятидесятиты́сячный, -ая, -ое 50,000th, 306
пятидеся́тый, -ая, -ое, -ые fiftieth, 306
пятисо́тый, -ая, -ое, -ые 500th, 306
пятиты́сячный, -ая, -ое 5,000th, 306
пятичасово́й по́езд the five o'clock train, 307
пя́тка *f.* heel, 256
пятна́дцатый, -ая, -ое, -ые fifteenth, 306, 434
пятна́дцать fifteen, 403
пя́тница *f.* Friday, 143, 258
пя́тый, -ая, -ое, -ые fifth, 306, 434
пять five; ма́льчик пяти́ лет a boy of five years, a five-year-old boy, 403, 410
пятьдеся́т fifty, 405
пятьсо́т five hundred, 406

Р

р *seventeenth letter of the Russian alphabet,* 1, 4, 9, 12, 21
рабо́та *f.* work, job, 143, 253
рабо́тавший, -ая, -ее, -ие, *p.a.p. of* рабо́тать, 309, 763
рабо́тать (-аю, -аешь) 1a *ipf.;* по-рабо́тать *pf.,* про-рабо́тать *pf.* to work, 697, 712
рабо́тающий, -ая, -ое, -ие, *pres.a.p. of* рабо́тать, 309, 759
рабо́тая *pres. gerund of* рабо́тать, 806
рабо́тник *m.* worker (man), working man, 241
рабо́тница *f.* working woman, 258
рабо́чий (-чего) *m. noun-adj.* worker, working man, 309
равно́ *pred. neuter* equal, the same, 550; всё равно́ *adv.* anyhow, nevertheless
рад, ра́да, ра́до, ра́ды *pred. adj.* glad, pleased, 325
ра́ди *prep. with gen.* for the sake of, because of, 512
ра́доваться (ра́дуюсь, ра́дуешься) 1a *ipf.;* об-ра́доваться *pf.* to rejoice, 633
раз (*gen. pl.* раз) *m.* time, occurrence; пе́рвый (второй) раз the first (second) time; два (три, четы́ре) ра́за two (three, four) times; пять (мно́го) раз five (many) times, 227, 240
раз- *prefix,* 17
раз-би́ть (разо-бью́, разо-бьёшь) 2 *pf.;* разбива́ть (-а́ю) 1a *ipf.* to break; *p.p.p.* разби́тый, 306, 624, 654, 790

ра́зве? really? is it really true that?
*This adverb shows the lively surprise
of the listener, expects the answer no,
or anticipates that the answer yes is
impossible.*
ра́зве то́лько except perhaps, unless
разгова́ривать (-аю, -аешь) 1a *ipf.* to be
engaged in conversation (with), to talk
(to), to converse, 591, 656, 678, 697,
712
раздели́ть (-лю́, -де́лишь) 7c *pf.*; разделя́ть
(-я́ю, -я́ешь) 1a *ipf.* to divide; *p.p.p.*
разделённый, 306, 657, 795
разде́ть (-де́ну) 3 *pf.*; раздева́ть (-а́ю)
1a *ipf.* to undress; *p.p.p.* разде́тый,
654, 790
раз-ли́ть (разо-лью́, разо-льёшь) 2 *pf.*;
разлива́ть (-а́ю) 1a *ipf.* to spill; *p.p.p.*
разли́тый, 654, 790
размечта́ться (-а́юсь, -а́ешься) 1a *pf.* to
lose oneself in (day)dreams
ра́зный, -ая, -ое, -ые, various, different, 603
разо-бра́ть (раз-беру́) 5 *pf.*; разбира́ть
(-а́ю) 1a *ipf.* to take apart, 624
раз-реша́ть *ipf.*; раз-реши́ть *pf.* to allow,
to permit, to authorize, 462; *p.p.p.*
разрешённый, 306, 653, 795
раз-реши́ть, see раз-реша́ть
ра́нний, -яя, -ее, -ие early, 311, 560
ра́но *adv.* early; it is early; ещё ра́но
it is still too early, 550, 560
ра́ньше *pred. comp.* earlier, formerly,
560
рас- *prefix*, 17, 644
раскла́ниваться (-аюсь, -аешься) 1a *ipf.*;
с кем to bow to, to greet, 655
раскла́няться (-яюсь, -яешься) 1a *pf.*;
с кем to greet (a person), to exchange
greetings (with a person), 655
раскры́ть (-кро́ю, -кро́ешь) 1a *pf.*; рас-
крыва́ть (-а́ю, -а́ешь) 1a *ipf.* to reveal,
to uncover, to expose; *p.p.p.* раскры́тый,
306, 654, 790
рас-серди́ться *pf.* to get angry, 630
расска́занный, -ая, -ое, -ые, *p.p.p.* of
рассказа́ть, 306
рас-сказа́ть *pf.*; рас-ска́зывать *ipf.* to
tell (a story), to relate, to narrate,
462; *p.p.p.* расска́занный, 655, 697,
712, 793
расска́зывавший, -ая, -ее, -ие, *p.a.p.* of
расска́зывать, 309, 763
расска́зываемый, -ая, -ое, -ые, *pres.p.p.*
of расска́зывать, 306, 774

рас-ска́зывать, see рас-сказа́ть
рассле́дование investigation, inquiry, 148,
270
рассма́тривать, see рас-смотре́ть
рас-смотре́ть *pf.*; рассма́тривать (-аю) 1a
ipf. to look carefully at, to examine,
656
расстро́енный, -ая, -ое, -ые (расстро́ен,
-а, -о, -ы) upset, out of order, confused, disorganized, 306, 321
рас-стро́ить *pf.*; расстра́ивать (-аю) 1a
ipf. to upset, to confuse; *p.p.p.*
расстро́енный, 656, 795
расти́ (расту́, растёшь; *p.t.* рос, росла́,
-ло́, -ли́) 5 *ipf.* to grow, to be somewhere *(said of something growing)*;
180, 597, 697, 712
расту́щий, -ая, -ее, -ие, *pres.a.p.* of
расти́, 309, 759
ребёнок *m.* child, 283
реви́зия *f.* inspection, 263
револю́ция *f.* revolution, 263
ре́дкий, -ая, -ое, -ие (ре́док, редка́,
ре́дко, ре́дки) rare, 308, 321, 560
ре́дко rarely, seldom, 550, 560
ре́же *pred. comp. and adv.* rarer, less fre-
quent(ly), 560
река́ (ре́ку, *pl.* ре́ки, рек, ре́кам *or* река́м)
f. river, 146, 214, 254
респу́блика *f.* republic, 146, 254
рестора́н *m.* restaurant, 146, 193, 240
речь *f.* speech, 264
реша́ть (-а́ю) 1a *ipf.*; реши́ть (решу́, реши́шь)
10b *pf.* to decide, to settle; *p.p.p.*
решённый, 306, 648, 653, 795
решённый, -ая, -ое, -ые (решён, решена́,
решено́, решены́); *p.p.p.* of реши́ть;
решено́ it is decided, settled, 306, 321,
550
реши́ть, see реша́ть
рове́сник *m.* contemporary, equal in age,
241
ро́вно evenly, exactly, precisely, 550
родила́сь, родили́сь, роди́лся, *p.t.* of
роди́ться
роди́тели *m. pl.* parents, 146, 249
роди́ться (рожу́сь, роди́шься; *p.t.* роди́лся,
родила́сь, родило́сь, родили́сь) 9b *ipf.*
and pf. to be born
ро́дственник *m.* relative, 146, 209, 241
Рома́н *m.* Roman *(Christian name)*, 240, 333,
342
Рома́нович *m.* the son of Рома́н, 251, 352
Рома́новна *f.* the daughter of Рома́н, 353
рос, росла́, росли́, росло́, *p.t.* of расти́

Россия *f.* Russia, 146, 263

рост *m.* growth, stature, 240

Ростов *m. name of several Russian cities,* 359

росший, -ая, -ее, -ие, *p.a.p. of* расти, 309, 763

рот (рта, рту, рот, ртом, во рту) *m.* mouth, 185, 240

рта, *see* рот

рту, *see* рот

рубль (рубля) *m.* rouble, 196, 250

ружьё *n.* gun, rifle, 202, 269

рука (руку; *pl.* руки, рук, рукам) *f.* hand, arm, 146, 164, 254

русский, -ая, -ое, -ие Russian, 291, 308, 321, 553

ручей (ручья) *m.* stream, 247

рыбный, -ая, -ое, -ые fish *(adj.);* рыбный магазин fish store, 306, 317

Рязанцев *m. a surname,* 344, 358

Рязанцева *f. a surname,* 345, 358

С

с *eighteenth letter of the Russian alphabet,* 1, 4, 5, 9, 12, 91

с 1. *prep. with instr.* (together) with, with (the help of), 18, 112, 116, 478, 535, 541; 2. *prep. with gen.* from, from - on, since, 18, 478, 513, 541; 3. *prep. with gen. after verbs like* начать, начинать, стать: in, on, 18, 513

с- *verbal prefix,* 644

сад *(pl.* сады) *m.* garden, park, 146, 185, 209, 240

садиться (сажусь, садишься) 9b *ipf.;* сесть (сяду, сядешь; *p.t.* сел, села, село, сели) 3a *pf.* to sit down, to take a seat, 648

сам *m. pron.* self (myself, himself), 374, 375, 381, 382, 467

сама *f. pron.* self (myself, herself), 374, 375, 381, 382, 467

сами *pl. of* сам, сама, само, 374, 375, 382

само *neuter pron.* self (itself), 374, 375, 381, 382, 467

самый, -ая, -ое, -ые the same, the very; самый большой the biggest, the largest; самый маленький the smallest, 306, 571-572

сахар *m.* sugar; фунт сахару a pound of sugar, 168, 240

сахарный, -ая, -ое, -ые sugar *(adj.);*

сахарная болезнь diabetes (*literally:* sugar disease), 306, 317

Саша *(diminutive form of* Александр), 257, 330

сберёг *p.t. of* с-беречь

сберегите *imper. of* с-беречь, 737

сберегла, сберегли, *p.t. of* с-беречь

сберегу, *see* с-беречь

сбережённое (-ого) *neuter noun-adj.* savings, 306

сбережёте, *see* с-беречь

с-беречь *pf.;* беречь (берегу, бережёшь) 6 *ipf.* to save (up); *p.p.p.* сбережённый, 306, 796

сват *m.* matchmaker, father-in-law, 279

свая *f.* pile, 219, 235

свежее *pred. comp.* fresher, cooler, 559

свежий, -ая, -ее, -ие (свеж, свежа, свежо, свежи) fresh, cool, 309, 321, 559

сверх *prep. with gen.* in addition to, beyond, over, 820

свет *m.* world, 240

светлее *pred. comp.* brighter, lighter, 559

светло *pred. neuter* it is bright, light, 550, 559

светлый, -ая, -ое, -ые (светел, светла, -ло, -лы) bright, light, luminous, 306, 321, 559

свидание *n.* a meeting (by appointment), rendezvous; до свидания good-by, 270

свинья *f.* pig, 261

с-вить, *see* вить

свободный, -ая, -ое, -ые (свободен, -дна, -дно, -дны) free, 306, 321

своё *neuter refl. poss. pron.* one's own, 381-382, 384-387

своему: по своему in one's own judgment, opinion; in one's own way, manner

свои *plur. of* свой, своя, своё, 382, 384-387

свой *m. refl. poss. pron.* one's own, 381-382, 384-387

своя *f. refl. poss. pron.* one's own, 381-382, 384-387

сгорать, *see* с-гореть

с-гореть *pf.;* сгорать (-аю) 1a *ipf.* to burn down (completely, to the ground), 661

с-давать *ipf.;* с-дать *pf.* to hire out, to let; *p.p.p.* сданный, 306, 620, 653, 793

сдача *f.* letting (of an apartment), 257

сделанный, -ая, -ое, -ые (сделан, -а, -о, -ы) made, 306, 321

с-делать *pf.;* делать *ipf.* to do, to make, to accomplish; *p.p.p.* сделанный, 678, 697, 792

с-держа́ть *pf.*; сде́рживать (-аю, -аешь)
  1а *ipf.* to keep (a promise), 655
себе́ *dat. and prepos. of the refl. pron.*
  oneself, 373, 375
себя́ *gen., acc. of refl. pron.* oneself,
  373, 375
Севасто́поль *m.* Sebastopol *(a Russian
  city)*, 359
се́вер *m.* north, 146, 252
се́вернее farther to the north, 559
се́верный, -ая, -ое, -ые northern, 306,
  559
сего́дня today
седьмо́й, -а́я, -о́е, -ы́е seventh, 307, 435
сей *m. demonstrative pron. of the object
  at hand* this, 389
сейча́с just now, right now
сел, се́ла, се́ли, се́ло, *p.t. of* сесть
село́ *n.* (large) village (with a church),
  201, 222, 267
семе́йство *n.* family, 148, 266
Семён *m.* Simon, 240
Семёнов *m. a surname,* 344, 358
Семёнова *f. a surname,* 345, 358
Семёнович *m.* the son of Simon, 251, 342
Семёновна *f.* the daughter of Simon, 343
семидеся́тый, -ая, -ое, -ые seventieth,
  306
семисо́тый, -ая, -ое, -ые 700th, 306.
семичасово́й по́езд the seven o'clock
  train, 307
семна́дцатый, -ая, -ое, -ые seventeenth,
  306, 434
семна́дцать seventeen, 403
семь seven, 403, 410
се́мьдесят seventy, 405
семьсо́т seven hundred , 406
семья́ *(pl.* се́мьи, семе́й, се́мьям) *f.*
  family, 146, 261
сентя́брь (-бря́) *m.* September, 250
Серге́евич *m.* the son of Sergius, 251,
  348
Серге́евна *f.* the daughter of Sergius, 349
Серге́й *m.* Sergius, 245, 348
серди́ться (-жу́сь, се́рдишься) 9с *ipf.* to
  be angry
се́рдце *(pl.* сердца́, серде́ц) *n.* heart,
  222, 238, 268
серьёзно seriously, in earnest, 550
серьёзный, -ая, -ое, -ые (серьёзен,
  -ёзна, -ёзно, -ёзны) serious, 306, 321
сестра́ (сестры́; *pl.* сёстры, сестёр,
  сёстрам, сестёр, сёстрами, сёстрах) *f.*
  sister, 253
сесть, *see* сади́ться

сжёг *p.t. of* сжечь
с-жечь (со-жгу́, со-жжёшь; *p.t.* с-жёг,
  со-жгла́, со-жгло́, со-жгли́) 6 *pf.;*
  сжига́ть (-а́ю) 1а *ipf.* to burn *(trans.)*
  completely, to scorch; *p.p.p.* сожжённый,
  306, 624, 661, 796.
сжига́ть, *see* с-жечь
Сиби́рь *f.* Siberia, 164, 264
сиде́ть (сижу́, сиди́шь) 9b *ipf.* to sit, to
  be (somewhere in a sitting position),
  595, 691, 697, 712
сие́ *neuter demonstrative pron. of the object at hand* this, 389
сильне́е *pred. comp.* stronger, 559
сильне́йший, -ая, -ее, -ие the strongest,
  309, 573
си́льно strongly; си́льно устава́ть to get
  very tired, 550, 559
си́льный, -ая, -ое, -ые (си́лен, сильна́,
  си́льно, -ы) strong, 306, 321, 559
си́ний, -яя, -ее, -ие blue, 311
систе́ма *f.* system, 253
сих *gen. pl. of* сей, сия́, сие́
сия́ *f. demonstrative pron. of the object
  at hand* this; до сих пор until now,
  389
ска́занный, -ая, -ое, -ые (ска́зан, -а, -о,
  -ы) said, told, 306, 321
сказа́ть (скажу́, ска́жешь) 3с *pf.,* 680;
  говори́ть *ipf.,* 689; ска́зывать (-аю) 1а
  iter., to tell, to say, 678; *p.p.p.*
  ска́занный, 645, 655, 697, 712, 793
скаме́йка *(gen. pl.* скаме́ек) *f.* bench, 255
сквозь *prep. with acc.* through, 527
-ски *adverbial ending,* 553, 554
-ский *adjective suffix,* 291, 308, 315,,
  321, 353, 554
-ской *adjective suffix,* 316.
ско́лько? how much? how many? ско́лько раз?
  how many times? 123, 431, 452, 614
скоре́е *pred. comp. and adv.* faster, more
  quickly; very soon, as soon as possible;
  rather, 559, 564
ско́ро soon, quickly, rapidly, 550, 559
ско́рый, -ая, -ое, -ые fast, 306, 559
скрипе́ть (скриплю́, скрипи́шь) 8b *ipf.;*
  скри́пнуть (-ну, -нешь) 3а *pf.* to screak,
  631, 648
скры́тый, -ая, -ое, -ые (скрыт, -а, -о, -ы)
  hidden, concealed, 306, 321
скрыть (скро́ю, скро́ешь) 1а *pf.;* скрыва́ть
  (-а́ю, -а́ешь) 1а *ipf.* to hide, to conceal;
  p.p.p. скры́тый, 654, 790
скуча́ть (-а́ю, -а́ешь) 1а *ipf.* to be bored,
  to feel bored

скучно: мне (ему) скучно I feel (he feels) lonely, I am (he is) bored

слабее *pred. comp.* weaker, poorer, 559

слабже *pred. comp.* weaker, poorer, 560

слабость *f.* weakness, 274

слабый, -ая, -ое, -ые (слаб, слаба, слабо, слабы) weak, poor, 306, 321, 559, 560

сладкий, -ая, -ое, -ие (сладок, сладка, сладко, сладки) sweet, 308, 321, 560

слать (шлю, шлёшь) 2 *ipf.;* по-слать *pf.* to send

слаще *pred. comp.* sweeter, 560

следуемый, -ая, -ое, -ые deserved, proper, 306, 774

следующий, -ая, -ее, -ие following, next, 292, 309, 759

с-лить (со-лью, со-льёшь) 2 *pf.;* сливать (-аю) 1a *ipf.* to mix, to merge; *p.p.p.* слитый, 654, 790

словарь (-ря) *m.* dictionary, 250

слово *n.* word, 201, 222, 266

сложение *n.* addition, 270

служивший, -ая, -ее, -ие, *p.a.p. of* служить, 309, 763

служить (-жу, -жишь) 10c *ipf.;* по-служить *pf.* to serve, to work, to be employed

случай (случая) *m.* occurrence, incident; opportunity, chance; occasion, case; в таком случае in that case, 245

случаться (-ается; -алось) 1a *ipf.;* случиться (-ится; -илось) 10b *pf. impers.* to happen, to take place, 660; что случилось с вами? what has happened to you? 730

случившееся (= то, что случилось; something that has happened; *neuter noun-adj.); p.refl.p. of* случиться, 764

случиться, *see* случаться

слушатель *m.* listener, 249

слушать (-аю, -аешь) 1a *ipf.;* по-слушать *pf.* to listen; слушать лекцию to attend a lecture

слыхать *iter. (not used in the present);* у-слыхать to hear *(used chiefly in the infinitive and past forms, and more particularly with the negative* не*)*

слышать (слышу, слышишь) 10a *ipf.,* 692; у-слышать *pf.* to hear; *p.p.p.* услышанный, 127, 712, 792

слышный, -ая, -ое, -ые (слышен, слышна, слышно, слышны) audible; голос был слышен a voice could be heard; (было) слышно it can (it could) be heard, 306, 321

сметь (смею, смеешь) 1a *ipf.;* по-сметь *pf.* to dare

смешной, -ая, -ое, -ые (смешон, смешна, смешно, смешны) funny; смешное something funny, 307, 321

смеяться (смеюсь, смеёшься) 2 *ipf.;* по-смеяться *pf.* to laugh, 633; смеяться над чем (кем) to laugh at, to make fun of, 724

смогу, сможет, сможете, *see* с-мочь

смотреть (смотрю, смотришь) 7c *ipf.,* 689; по-смотреть *pf.* to look; смотреть на что to look at; смотреть за чем to look after, to watch, 582, 583, 697, 712

смотря *pres. gerund of* смотреть, 806

смотря по тому... depending on (how, whether), 814

с-мочь, *see* мочь

сначала *adv.* (at) first

снег (*pl.* снега, снегов) *m.* snow, 185, 244

сниться *ipf. impers. verb;* мне снится I dream; мне снилось I dreamed; при-сниться *pf.,* 463

снова anew, again

со = с, 478, 513, 535, 541

собака *f.* dog, 143, 254

соберитесь *imper. of* собраться, 737

собираться (-аюсь, -аешься) 1a *ipf.;* собраться (соберусь, соберёшься; *p.t.* собрался *or* собрался, собралась, -лось, -лись) *pf.* 1. to come together, to gather (together), to assemble; 2. собираться to get ready for, to prepare, to intend, 662

собой, собою, *instr. of the reflexive pronoun,* 373, 375

собрались *p.t. of* собраться

собраться, *see* собираться

совет *m.* advice, council; Советы the Soviets, the Soviet Union, 240

советовать (советую, -уешь) 1a *ipf.;* по-советовать *pf.* to advise, 462

советский, -ая, -ое, -ие Soviet *(adj.);* Советский Союз the Soviet Union, 308, 315, 321, 553

совсем entirely, completely, altogether; не совсем not altogether, not quite; совсем не not at all

согласиться (соглашусь, -сишься) 9b *pf.;* соглашаться (-аюсь, -аешься) 1a *ipf.* to agree, 659

соглашаться, *see* согласиться

содовый, -ая, -ое, -ые soda *(adj.);* содовая вода soda water, 306

соединённый, -ая, -ое, -ые united;
Соединённые Штáты Амéрики the United
States of America, 306, 795
соединить (-ню́, -ни́шь) 7b *pf.;* соединя́ть
(-я́ю) 1a *ipf.* to unite, 657, 795
сожалéние *n.* regret, pity, compassion;
к сожалéнию unfortunately, 270
сожги́те *imper. of* с-жечь, 737
сожгла́, сожгли́, сожгло́, *p.t. of* с-жечь
создава́емый, -ая, -ое, -ые, *pres.p.p. of*
создава́ть, 306, 775
соз-дава́ть *ipf.;* соз-да́ть *(p.t.* со́здал,
создала́, со́здало, -ли *) pf.* to create;
p.p.p. со́зданный, 306, 653, 775, 793
солда́т *(gen. pl.* солда́т*) m.* soldier, 227,
312
со́лнце (со́лнца, со́лнцу, со́лнце, со́лнцем,
со́лнце) sun, 201, 222
солове́й (соловья́) *m.* nightingale, 212,
247
Со́мов *m. a surname,* 344, 358
Со́мова *f. a surname,* 345, 358
со́рок forty, 404
сорокаты́сячный, -ая, -ое, -ые 40,000th,
306
сороково́й, -а́я, -о́е, -ы́е fortieth, 307
сорт *(pl.* сорта́*) m.* sort, quality, 244
сосéд *m.* neighbor (man), 146, 207, 240,
281
сосéдка *(gen. pl.* сосéдок*) f.* neighbor
(woman), 143, 256
сосéдний, -яя, -ее, -ие neighboring, 311,
319
со-стоя́ть *ipf.* (из) to consist (of), 646
со-счита́ть, *see* счита́ть
со́тня *(gen. pl.* со́тен*) f.* a hundred, 260
со́тый, -ая, -ое, -ые hundredth, 306
Софи́я *f.* Sophie, 349
социалисти́ческий, -ая, -ое, -ие socialist
(adj.) 308, 321, 553
сочинéние *n.* (literary) work, 202, 224,
270
сою́з *m.* union, league, 146, 193, 240;
Сою́з Совéтских Социалисти́ческих
Респу́блик (СССР) the Union of the Soviet Socialist Republics (USSR)
со́я *f.* soybean, 219, 235
спа́льня *(gen. pl.* спа́лен*) f.* bedroom, 217,
260
спаси́бо! thank you!
спать (сплю, спишь; *p.t.* спал, спала́,
спа́ло, спа́ли) 8 *ipf.;* по-спа́ть *pf.* to
sleep
спёк, спекла́, спекли́, *p.t. of* с-печь
спеть (спéю) 1a *ipf.;* по-спéть *pf.* to ripen

с-печь, *see* печь
спéша *pres. gerund of* спеши́ть, 806
спеши́ть (-шу́, -ши́шь) 10b *ipf.* to (be in a)
hurry; спеши́ть *or* по-спеши́ть *(pf.)* на
to hurry to (a place), 692, 697, 712
спина́ (спи́ну) *f.* the back (part of the
body), 253
спит, *see* спать
спи́чка *(gen. pl.* спи́чек*) f.* match, 255
сплю, *see* спать
спра́шивать (-аю) 1a *ipf.,* 678; с-проси́ть
pf. (кое-что у кого́) to ask; *p.p.p.*
спро́шенный, 656, 795
с-проси́ть, *see* спра́шивать
среда́ (срéду) *f.* Wednesday, 144, 253
среди́ *prep. with gen.* in the midst of, in
the middle of, along, 515
-става́ть, 648, 653, 741
ста́вить (-влю, -вишь) 8a *ipf.;* по-ста́вить
pf. to place, to put, to erect; *p.p.p.*
поста́вленный, 306, 795
стака́н *m.* (drinking) glass, 240
Ста́лин *m. a surname,* 352, 358
Сталингра́д *m.* Stalingrad, 359
Ста́лино *n. a place name,* 360
станови́ться, *see* стать
ста́нция *f.* (railroad) station, 263
стара́ться (-ра́юсь, -ра́ешься) 1a *ipf.;*
по-стара́ться *pf.* to try, 724
Ста́рая Ру́сса Staraya Russa *(a Russian city),*
359
ста́рость *f.* old age, 264
ста́рше *pred. comp.* older, 560
ста́рший, -ая, -ее, -ие *attrib. comp.* older,
309, 560
ста́рый, -ая, -ое, -ые (стар, стара́, ста́ро
or старо́, ста́ры *or* стары́) old; по ста́рому
in the old (traditional) manner, way,
306, 321, 560
стать (ста́ну, ста́нешь) 3a *pf.;* станови́ться
(-влю́сь, станови́шься) 8c *ipf.* 1. to stand,
to take up a (standing) position; 2. to
become, to get; ста́ло свежéе it became
(it got) cooler; 3. *only* стать: to come
to happen; 4. *only* стать: *(with imperfective infinitive)* to set about to, to begin to *(often used as auxiliary verb, to
be left untranslated),* 611, 648, 666
статья́ *f.* article, essay, 218, 261
стекло́ *(pl.* стёкла, стёкол, стёклам*) n.*
glass (as material), 267
стеклянный, -ая, -ое, -ые (made) of glass,
306
стена́ (стéну) *f.* wall, 144, 214, 234,
253

Степа́н *m.* Stephan *(Christian name)*, 240, 333, 342

Степа́нович *m.* the son of Степа́н, 251, 342

Степа́новна *f.* the daughter of Степа́н, 343

степь *f.* the steppe, 186, 264

стихи́ (стихо́в) *pl. m.* poems, poetry, 241

сто hundred, 404

стои́т, *see* стоя́ть

сто́ит, *see* сто́ить

сто́ить (сто́ю, сто́ишь) *ipf.* to be worth, to cost; сто́ить до́рого to be expensive

стой! сто́йте! *(imper. of* стоя́ть*),* stop! 734

стол *m.* table, 146, 240

столо́вая (-ой) *f. noun-adj.* dining room, 306, 326

столо́вый, -ая, -ое, -ые table *(adj.);* столо́вое вино́ table wine, 306

сто́лько (сто́льких, сто́льким, сто́лько, сто́льких, сто́лькими, сто́льких) *with gen.* so much, so many; сто́лько . . . ско́лько as much . . . as, as many . . . as, 452, 614

сторона́ (сто́рону; *pl.* сто́роны, сторо́н, сторона́м) *f.* side; в сто́рону to the side, aside, 253

стоты́сячный, -ая, -ое 100,000th, 306

стоя́ *pres. gerund of* стоя́ть, 806

стоя́вший, -ая, -ее, -ие, *p.a.p. of* стоя́ть, 309, 763

стоя́ть (стою́, стои́шь) 7b *ipf.;* по-стоя́ть *pf.* to stand, 582, 584, 697, 712

стоя́щий, -ая, -ее, -ие, *pres.a.p. of* стоя́ть, 309, 759

страда́ть (-а́ю, -а́ешь) 1a *ipf.;* по-страда́ть *pf.* (от) to suffer (because of)

страна́ *(pl.* стра́ны) *f.* country, 234, 253

страни́ца *f.* page, 258

стра́нный, -ая, -ое, -ые (стра́нен, странна́, стра́нно, -ы) strange, queer; мно́го стра́нного many strange things, 306, 321

стра́нствовать (стра́нствую, -уешь) 1a *ipf.;* по-стра́нствовать *pf.* to wander

стра́нствующий, -ая, -ее, -ие wandering, itinerant, 309, 759, 760

стрижёт, стрижёте, *see* стричь

стричь (стригу́, стрижёшь; *p.t.* стриг, стри́гла, -ло, -ли) 6. *ipf.;* по-стричь *pf.* to cut (hair); (по)стри́чь во́лосы to have one's hair cut; *p.p.p.* постри́женный, 306, 796

стро́гий, -ая, -ое, -ие (строг, строга́, стро́го, стро́ги) strict, 308, 321

стро́го strictly

стро́ить (стро́ю, стро́ишь) 7a *ipf.;* по-стро́ить *pf.* to build, to construct; *p.p.p.* постро́енный, 306, 795

струя́ *f.* stream, 219, 259

стул *m.* chair, 205, 225, 274

сту́льев, сту́лья, *see* стул

ступи́ть (ступлю́, сту́пишь) 8c *pf.;* ступа́ть (-а́ю) 1a *ipf.* to step, to tread, 648, 653

суббо́та *f.* Saturday, 143, 253

суди́ть (сужу́, су́дишь) 9c *ipf.;* по-суди́ть *pf.* to judge, to pass judgment

сук *(pl.* су́чья, су́чьев) *m.* branch, 205, 225

сухо́й, -а́я, -о́е, -и́е (сух, суха́, су́хо, су́хи) dry, 310, 321

счастли́вейший, -ая, -ее, -ие the happiest, 309, 573

счастли́вый, -ая, -ое, -ые (сча́стлив, сча́стлива, сча́стливо, сча́стливы; *or* счастли́в, -а, -о, -ы) happy, 306, 321, 559

счесть, *see* счита́ть

счёт *m.* account, bill, 203, 227, 279

счита́ть (-а́ю, -а́ешь) 1a *ipf.;* со-счита́ть *pf. and* счесть (сочту́, сочтёшь; *p.t.* счёл, сочла́, сочло́, сочли́) *pf.* to count; *p.p.p.* сосчи́танный, сочтённый, 306, 645, 793

с-шить, *see* шить

съеда́ть (-а́ю) 1a *ipf.;* съ-есть *pf.* to eat (up), 661

съеди́м, съеди́те, съедя́т, *see* съ-есть

съел, съе́ла, съе́ли, *p.t. of* съ-есть

съем, съест, съешь, *see* съ-есть

съ-есть, *see* есть *and* съеда́ть

сыгра́ть, *see* игра́ть

сын *m.* son, 146, 206, 226, 275, 279

сыновья́ *pl. of* сын, 206

сыно́к (сынка́) *m.* little son, 209, 231, 241

сы́пать (сы́плю, сы́плешь) 1a *ipf.;* по-сы́пать *pf.* to scatter, to strew, 738

сыро́й, -а́я, -о́е, -и́е (сыр, сыра́, сы́ро, сы́ры) damp, 307, 321

сюда́ hither, here *(indicating direction);* иди́те сюда́! come here! смотри́те сюда́! look here!

ся́дем, ся́ду, *see* сесть

Т

т *nineteenth letter of the Russian alphabet,* 1, 4, 5, 9, 12, 25, 91 та *f. pron.* that (over there); та, которая that which, she who; та же *or* та (же) самая the same; ни та ни другая neither one nor the other, 382, 388

так so, in this way, under such circumstances; так трудно so hard; так же just so, just as; так . . . как the same as, like; так как *conj.* because, since, as, 818, 822

таки, *see* всё-таки

такой, -ая, -ое, -ие such a, this kind of; такой же one just like this; такой же самый, как и exactly the same as; такой – какой (и), такой – как (и) such . . . as, as . . . as; такой живой, как раньше as lively as formerly; таким путём in such a way, in this way, 293, 301, 310, 377

там (over) there

Таня *(diminutive form of* Татьяна*)*, 262, 330

твёрдый, -ая, -ое, -ие (твёрд, тверда, твёрдо, твёрды) hard, 306, 321, 560

твёрже *pred. comp.* harder, 560

Тверь *f. former name of the Russian city* Kalinin, 186, 264

твоё *neuter possessive pron.* your, yours *(singular)*, thy, 381-384, 387

твоему: по твоему in your judgment, opinion; your way, in your manner

твой *m. possessive pron.* your, yours *(singular)*, thy, 381-384, 387

твоя *f. possessive pron.* your, yours *(singular)*, thy, 381-384, 387

те *pl. of* тот, та, то; те, которые those who, those which, 382, 388

–те, *see* section 744

театр *m.* theater, 146, 240

тебе *dat., prep. of* ты

тебя *gen., acc. of* ты

тёк, текла, текли, текло, *p.t. of* течь

телеграфировать (-ирую,-ируешь) 1a *ipf. and pf.* to telegraph, to wire, to cable, 647

телефон *m.* telephone, 146, 240

тем 1. *instr. of* тот, то: тем, что by the fact that; тем лучше all the better; чем раньше, тем лучше the earlier the better; тем не менее nevertheless; между тем, как *conj.* while; 2. *dat. pl. of* тот, та, то

теми *instr. pl. of* тот, та, то

темнота *(pl.* темноты*) f.* darkness, 253

тёмный, -ая, -ое, -ие (тёмен, темна, темно, темны) dark, 306, 321, 559

теперь now

тепло it is warm, 550

тёплый, -ая, -ое, -ие (тёпел, тепла, тепло, теплы) warm, 306, 321

тереть (тру, трёшь; *p.t.* тёр, тёрла, тёрло, тёрли) 5 *ipf.;* по-тереть *pf.* to rub; *p.p.p.* потёртый, 790

терпеть (терплю, терпишь) 8c *ipf.;* по-терпеть *pf.* to bear, to tolerate, to suffer; *p.p.p.* потерпенный, 794

тётка *f.* aunt, 256

тётя *f.* aunt, 143, 220, 262

тех *gen., prep. pl. of* тот, та, то

течь (теку, течёшь; *p.t.* тёк, текла, текло, текли) 6 *ipf.;* по-течь *pf.* to run, to flow, to stream

Тифлис *m.* Tiflis or Tbilisi *(capital of the Georgian S.S.R.),* 359

тихий, -ая, -ое, -ие (тих, тиха, тихо, тихи) quiet, calm, peaceful, tranquil; тихая обстановка a state of tranquillity, 308, 321, 560

тихо quietly, peacefully; говорить тихо to speak in a low voice, 550, 560

тише *pred. comp. and adv.* more quiet(ly), 560

тло *n.* ground, 266

то *neuter pron.* that (over there); это смотря по тому, как this depends on how; он не писал о том, что был болен he did not write about the fact that he was sick; а то or else; от того because of this; от того что *conj.* because, 382, 388, 397-398

то *conj. (correlative to* когда *or* если*)* then *(often left untranslated),* 126, 747

тобой, тобою, *instr. of* ты

товар *m.* merchandise, 240

товарищ *m.* comrade, 251

тогда then, at that time; тогда, как *conj.* while

того *gen. of* тот, то

тоже *or* тоже и also, too

той *gen., dat., instr., prep. of* та

толочь (толку, толчёшь) 6 *ipf.* to knock

Толстой *m.* a surname, 307, 339

толстый, -ая, -ое, -ие (толст, толста, толсто, толсты) thick, fat, stout, 306, 321, 560

толще *pred. comp.* thicker, fatter, stouter, 560

только only, but; как только as soon as; если только if only

том *prep. of* тот, то

томить (-млю, томишь) 8b *ipf.;* ис-томить *and* у-томить *pf.* to wear (a person) out

тому́ *dat. of* ТОТ, ТО
то́нкий, -ая, -ое, -ие (то́нок, тонка́, то́нко, то́нки) thin, 308, 321, 560
то́ньше *pred. comp.* thinner, 560
торго́вый, -ая, -ое, -ые commercial, trading; торго́вое де́ло the mercantile business, 306
торопи́ться (-плю́сь, торо́пишься) 8с *ipf.;* по-торопи́ться *pf.* to (be in a) hurry
тот *m. pron.* that (over there); тот, кото́рый he who, that which; тот же *or* тот (же) са́мый the same; ни тот ни друго́й neither one nor the other, 382, 386, 395
то́чно as though, just like
трава́ *(pl.* тра́вы, трав, тра́вам) *f.* grass, herb, 146, 253
трамва́й (-ва́я) *m.* streetcar, 245
трево́жить (-жу, -жишь) 10а *ipf.;* вс-трево́жить *pf.* to alarm
тре́тий, -тья, -тье, -тьи the third, 436
треть *f.* a third (part of something), 264
тре́тьего дня day before yesterday
трёхсо́тый, -ая, -ое, -ые 300th, 306
трёхты́сячный, -ая, -ое, -ые 3,000th, 306
трёхчасово́й по́езд the three o'clock train, 307
три three, 403, 414
тридца́тый, -ая, -ое, -ые thirtieth, 306, 434
три́дцать thirty, 403
три́жды three times *(in arithmetic)*
трина́дцатый, -ая, -ое, -ые thirteenth, 306, 434
трина́дцать thirteen, 403
три́ста three hundred, 406
тро́гательный, -ая, -ое, -ые (тро́гателен, тро́гательна, -льно, -льны) touching, 306, 321
тро́гать (-аю, -аешь) 1а *ipf.;* тро́нуть (-ну, -нешь) 3а *pf.,* to touch, 631; *p.p.p.* тро́нутый, 306, 648, 790
тро́нуть, *see* тро́гать
труд (труда́) *m.* labor, work, difficulty, 240
трудне́е *pred. comp.* more difficult, harder, 559
трудне́йший, -ая, -ее, -ие most difficult, hardest, 309, 573
тру́дно 1. it is difficult; 2. *adv.* тру́дно рабо́тать to work hard, 550, 559
тру́дный, -ая, -ое, -ые (тру́ден, трудна́, тру́дно, тру́дны) difficult, hard, 306, 321, 559

ту *acc. of* та
туда́ there *(indicating direction)*
Ту́ла *f.* Tula *(a Russian city),* 253
Турге́нев *m.* Turgenyev *(a Russian author),* 346, 358
тут here
ты *pron.* you, thou, 363, 370, 383, 570
ты́сяча *f.* thousand; две ты́сячи two thousand; пять ты́сяч five thousand, 257, 407, 409
ты́сячный, -ая, -ое, -ые thousandth, 306
тяжёлый, -ая, -ое, -ые (тяжёл, тяжела́, тяжело́, тяжелы́) heavy, 306, 321
тя́жесть *f.* heavy weight, heaviness, 264
тяну́ть (тяну́, тя́нешь) 3с *ipf.;* по-тяну́ть *pf.* to pull, to draw

у

у twentieth letter of the Russian alphabet, 1, 4, 9, 29, 34, 36
у *prep. with gen.* at, by, 449, 516, 606
у- *verbal prefix,* 644
-у *gen. sing. ending of masc. nouns,* 168
-у́ prepositional *sing. ending of masc. nouns,* 185
у-бежа́ть *pf.;* убега́ть (-а́ю, -а́ешь) 1а *ipf.* to run away, 653
убира́ть (-а́ю) 1а *ipf.;* у-бра́ть *pf.* to put away, to take away, to clear away; *p.p.p.* у́бранный, 306, 662, 793
у-би́ть *pf.;* убива́ть (-а́ю) 1а *ipf.* to kill; *p.p.p.* уби́тый, 306, 654, 790
у-бра́ть, *see* убира́ть
уве́ренный, -ая, -ое, -ые (уве́рен, уве́рена, уве́рено, уве́рены) convinced, certain, positive, 306, 321
у-ве́рить *pf.;* уверя́ть (-я́ю, -я́ешь) 1а *ipf.* to convince; *p.p.p.* уве́ренный, 657, 795
уверя́ть (-я́ю, -я́ешь) 1а *ipf.* to try to convince
уви́дев *p. gerund of* уви́деть, 816
у-ви́деть, *see* ви́деть
угнета́ющий, -ая, -ее, -ие depressing, 309, 759
у́гол (угла́) *m.* corner; на углу́ at the corner; в углу́ in the corner, 146, 156, 157, 185, 209, 231, 240
удиви́тельный, -ая, -ое, -ые (удиви́телен, -льна, -льно, -льны) amazing, 306
удивле́ние *n.* astonishment, 270
удобне́е *pred. comp.* more convenient, 559
удо́бный, -ая, -ое, -ые (удо́бен, -бна, -бно, -бны) convenient, 306, 321, 559
удово́льствие *n.* pleasure, 270

уе́дем, уе́дет, уе́дете, уе́ду, уе́дут, *see* у-е́хать

уезжа́ть (-а́ю) 1a *ipf.*, 678; у-е́хать *pf.* to go away (by vehicle), to leave, 625, 653, 712

уе́хавший, -ая, -ее, -ие, *p.a.p.* of уе́хать, 309, 763

у-е́хать, *see* уезжа́ть

ужа́сно *adv.* terribly, 550

ужа́сный, -ая, -ое, -ые (ужа́сен, ужа́сна, ужа́сно, ужа́сны) terrible, 306, 321

у́же *pred. comp.* narrower, tighter, 560

уже́ *adv.* already; уже́ не no (not any) longer, no (not any)

у́зкий, -ая, -ое, -ие (у́зок, узка́, у́зко, у́зки) narrow, tight, 308, 321, 560

узнава́ть (узнаю́, узнаёшь) 2 *ipf.*, 679; у-зна́ть *pf.* to recognize; to find out, to learn; to get to know; *p.p.p.* у́знан-ный, 306, 653, 697, 712, 775, 793, 807, у-зна́ть, *see* узнава́ть

уйти́ (уйду́, уйдёшь) *p.t.* ушёл, ушла́, -о́, -и́) 2 *pf.*, 682; у-ходи́ть *ipf.* to go away (on foot), to leave, to pass, 653, 697, 712

указа́ть (укажу́, ука́жешь) 3c *pf.*; ука́зывать (-аю, -аешь) 1a *ipf.* to show, to point out, to direct to *(dative of person* на что*)*; *p.p.p.* ука́занный, 306, 655, 793

у́лица *f.* street, 258

Улья́нов *m. a surname,* 344, 358

Улья́нова *f. a surname,* 345, 358

у́мер *p.t.* of умере́ть

умере́ть (умру́, умрёшь; *p.t.* у́мер, умерла́, у́мерло, у́мерли) 5 *pf.*; умира́ть (-а́ю) 1a *ipf.* to die, 662

умерла́, у́мерли, *p.t.* of умере́ть

уме́ть (-е́ю, -е́ешь) 1a *ipf.*; с-уме́ть *pf.* to know how to

умира́ть, *see* умере́ть

умне́е *pred. comp.* more clever, smarter, 559

умне́йший, -ая, -ее, -ие the cleverest, the smartest, 309, 573

умноже́ние *n.* multiplication, 270

у́мный, -ая, -ое, -ые (умён, умна́, умно́, умны́) clever, smart, 306, 321, 559

у-мы́ть *pf.*; умыва́ть (-а́ю) 1a *ipf.* to wash *(said only of hands and face)*; *p.p.p.* умы́тый, 654, 790

универса́льный, -ая, -ое, -ые universal; универса́льный магази́н department store, 306

упа́в *p. gerund of* упа́сть, 816

упа́вший, -ая, -ее, -ие, *p.a.p. of* упа́сть, 309, 763

упа́л *p.t. of* упа́сть

у-па́сть *pf.*; упада́ть (-а́ю) 1a *ipf.* to fall down; to decay, 653

упомина́емый, -ая, -ое, -ые, *pres.p.p. of* упомина́ть, 306, 774

упомина́ть (-а́ю) 1a *ipf.*; упомяну́ть (-ну́, -мя́нешь) 3c *pf.* о чём to mention (something); *p.p.p.* упомя́нутый, 663, 790

употреби́ть, *see* употребля́ть

употребле́ние *n.* use, 270

употребля́ть (-я́ю) 1a *ipf.*; употреби́ть (-блю́, -би́шь) 8b *pf.* to use, to employ; *p.p.p.* употреблённый, 306, 658, 795

управле́ние *n. (with instr.)* management (of), 270, 472

управля́ть (-я́ю, -я́ешь) 1a *ipf.* to govern, to manage, to control, to operate; управля́ть автомоби́лем to drive a car, 472

упря́мый, -ая, -ое, -ые (упря́м, -а, -о, -ы) obstinate, stubborn, 306, 321

Ура́л *m.* Ural: 1. *name of a mountain range;* 2. *name of a river,* 240

ура́льский, -ая, -ое, -ие Ural *(adj.);* Ура́льские го́ры the Ural Mountains, 308, 321

уро́к *m.* lesson, 146, 241

уси́лие *n.* effort, 270

услу́га *f.* service; к ва́шим услу́гам at your service, 254

у-слыха́ть, *see* слыха́ть

успе́ть (-е́ю, -е́ешь) 1a *pf.*; успева́ть (-а́ю, -а́ешь) 1a *ipf.* to have enough time (to do something), to get somewhere on time, 654

успе́х *m.* success, good luck, 241

успе́шно successfully

устава́ть, *see* у-ста́ть

уста́л *p.t. of* у-ста́ть

уста́лый, -ая, -ое, -ые tired, 306

у-ста́ть *pf.*; устава́ть (устаю́, устаёшь) 2 *ipf.*, to get tired; 679; он уста́л he got tired, he is tired, 653, 712

у́стье *n.* mouth, 205, 225, 274

утоми́ться (утомлю́сь, утоми́шься) 8b *pf.*; утомля́ться (-я́юсь, -я́ешься) 1a *ipf.* to get very tired, 658

у́тро *(pl.* у́тра, утр*) n.* morning. *With irregular accentuation in the following expressions:* семъ (во́семь, де́вять) часо́в утра́ 7 (8, 9, etc.) A.M.; до утра́ till morning; с утра́ до ве́чера from morning till evening, 238, 266

у́тром in the morning, 476

у́хо *n.* ear, 272

уча́щий (-его) *m. noun-adj.* one who teaches, 309, 759

уча́щийся (уча́щегося) *m. noun-adj.* one who studies, 761, 762

учени́к (-ка́) *m.* pupil (boy), 141, 146, 209, 231, 241

учени́ца *f.* pupil (girl), 137, 171, 258

учи́лище *n.* school, 201, 202, 268

учи́тель *m.* teacher (man), 203, 279

учи́тельница *f.* teacher (woman), 258

учи́тельство *n.* the teaching profession, 266

учи́ть (учу́, у́чишь) 10c *ipf.;* вы́учить (вы́учу, вы́учить) 10a *pf.* to teach, 462; учи́ть уро́к to study a lesson

учи́ться (учу́сь, у́чишься) 10c *ipf.* to study, to learn, to be at school, 462, 724; *see* вы́учиться

уше́дший, -ая, -ее, -ие *(p.p. of* уйти́) gone-by, past, 309, 763

ушёл, ушла́, ушли́, ушло́, *p.t. of* уйти́

ую́тный, -ая, -ое, -ые (ую́тен, ую́тна, ую́тно, ую́тны) comfortable, 306, 321

Ф

ф *twenty-first letter of the Russian alphabet,* 1, 4, 5, 9, 12, 91

фа́брика *f.* factory, 254

фами́лия *f.* surname, last name, 146, 263, 329

февра́ль (-ля́) *m.* February, 250

Фоми́ч *m.* the son of Thomas, 252, 354

фотографи́ческий, -ая, -ое, -ие photographic; фотографи́ческая ка́рточка photograph, 308, 321, 553

Фра́нция *f.* France, 263

францу́женка *(gen. pl.* францу́женок*) f.* Frenchwoman, 146, 256

францу́з *m.* Frenchman, 240

францу́зский, -ая, -ое, -ие French, 308, 321, 553

фунт *m.* pound, 240

Х

х *twenty-second letter of the Russian alphabet,* 1, 4, 5, 9, 12, 24, 88

-х *masc. nouns,* 194, 209, 241

-ха *fem. nouns,* 164, 198, 254-256

Ха́рьков *m.* Kharkov *(Russian city),* 359

хвали́мый, -ая, -ое, -ые, *pres.p.p. of* хвали́ть, 306, 774

хвали́ть (-лю́, хва́лишь) 7c *ipf.;* по-хвали́ть *pf.* to praise; *p.p.p.* похва́ленный, 306, 795

хвали́ться (-люсь, хва́лишься) 7c *ipf.;* по-хвали́ться *pf.* to boast

хваля́сь *pres. gerund of* хвали́ться, 806

-хий *adjective ending,* 72

хи́мия *f.* chemistry, 263

хлеб *m.* 1. bread; 2. (standing) grain; *pl.* хле́бы (хле́бов) loaves of bread; *pl.* хлеба́ (хлебо́в) grain, cereals, subsistence, 146, 203, 279

ходи́ть (хожу́, хо́дишь) 9c *iter.* to walk, to go (habitually) on foot, 598, 639, 697, 712

хозя́ин *m.* master, host, 204, 240

хозя́йка *f.* mistress, hostess, 215, 255

хо́лод (*pl.* холода́) *m.* cold (weather), 244

холодне́йший, -ая, -ее, -ие the coldest, 309, 573

хо́лодно it is cold, 550, 559

холо́дный, -ая, -ое, -ые (хо́лоден, холодна́, хо́лодно, холодны́) cold, 306, 321, 559

хоро́ший, -ая, -ее, -ие (хоро́ш, хороша́, хорошо́, хороши́) good, nice, beautiful; всего́ (вам) хоро́шего! good luck! *(greeting used when people leave),* 292, 309, 321, 560

хорошо́ 1. *adv.* well, nicely; all right; 2. *pred. neuter adj.* good, nice; it is nice; мне хорошо́ I like it; *with infinitive* I like to, 550, 560

хоте́ть *ipf.;* за-хоте́ть *pf.* to want (to), 586, 673, 697, 712

хоте́ться *ipf.;* за-хоте́ться *pf. impers.* мне хо́чется I want to, I feel like (doing something); мне хоте́лось I wanted to; мне хоте́лось бы I would like to; мне не хо́чется итти́ I don't feel like going

хоти́м, хоти́те, *see* хоте́ть

хотя́ and хотя́ и *conj.* although, 814, 822

хотя́т, *see* хоте́ть

хо́чет, хо́чешь, хочу́, *see* хоте́ть

худо́жник *m.* (man) artist, painter, 146, 209, 231, 241

худо́жница *f.* (woman) artist, painter, 146, 214, 234, 258

ху́дший, -ая, -ее, -ие *attrib. comp.* worse; са́мое ху́дшее the worst thing, 309, 560

ху́же *pred. comp.* worse, 560

Ц

ц *twenty-third letter of the Russian alphabet,* 1, 4, 8, 12, 59, 67, 89, 90

-ц *masc. nouns*, 175, 177, 210, 242-243

-ца *fem. nouns*, 178, 181, 258

цари́ца *f.* the wife of a tsar, tsarina, empress, 146, 258

царь (царя́) *m.* tsar, emperor, 250

цвет *m.* color, bloom, 146, 203, 279

цвето́к (цветка́; *pl.* цветы́) *m.* flower, 146, 203, 240

цветы́ (цвето́в) *m.* flowers, 260

-це *neuter nouns*, 161, 169, 175, 201, 222, 238, 268

це́лый, -ая, -ое, -ые (цел, цела́, це́ло, це́лы) whole, entire, full, 206, 321

цена́ (*pl.* це́ны, цен, це́нам) *f.* price, 146, 253

цент *m.* cent, 240

Ч

ч *twenty-fourth letter of the Russian alphabet*, 1, 4, 5, 7, 12, 64, 88, 89, 90

-ч *masc. nouns*, 175, 194, 211, 251, 252

-ча *fem. nouns*, 164, 178, 198, 257

чай *m.* tea; стака́н ча́ю a glass of tea, 212, 232, 245

час *m.* 1. hour; *irregular gen. sing. after the numerals* два, три, четы́ре: два часа́ two hours, two o'clock; 2. one o'clock; о́коло ча́са around one o'clock, 146, 209, 231, 240

часово́й по́езд the one o'clock train, 307

ча́сто often, frequently, 560, 640, 665

ча́стый, -ая, -ое, -ые (част, часта́, ча́сто, ча́сты) frequent, 306, 321, 566

часть *f.* part, 264

ча́шка (*gen. pl.* ча́шек) *f.* cup, 255

ча́ще *pred. comp. and adv.* more frequent-(ly), 560

-че *neuter nouns*, 161, 169, 175, 201, 222, 238, 268

чего́ *gen. of* что, 378

чей? *m. pron.* whose? 111, 381, 382, 391, 392

челове́к (*pl.* лю́ди, люде́й; *but after definite numerals the gen. pl.* челове́к *is used*) man, person; пять челове́к five men, five persons, 208, 227, 228, 241

чем *instr. of* что 1. with what? 248; 2. чем ра́ньше, тем лу́чше the earlier, the better, 675; 3. чем *with infinitive* instead of; 4. чем *after a comparative* than, 566-568

чём *prepos. of* что, 378, 380

чему́ (*dat. of* что) why? 378

че́рез *with accus.* through, after, in, 528

через- *prefix*, 17

черес- *prefix*, 17

четве́рг (четверга́) *m.* Thursday, 146, 209, 231, 241

четвёртый, -ая, -ое, -ые fourth, 306, 434

че́тверть *f.* a quarter (of something), 264

четы́ре four, 403, 414

четы́режды four times (*in arithmetic*)

четы́реста four hundred, 406

четырёхсо́тый, -ая, -ое, -ые, 400th, 306

четырёхты́сячный, -ая, -ое, -ые 4,000th, 306

четырёхчасово́й по́езд the four o'clock train, 307

четы́рнадцатый, -ая, -ое, -ые fourteenth, 306, 434

четы́рнадцать fourteen, 403

чех *m.* Czech, 241

Че́хов *m. a surname*, 344, 358

Че́хова *f. a surname*, 345, 358

Чехослова́кия *f.* Czechoslovakia, 263

чёшка (*gen. pl.* чёшек) *f.* a Czech woman, 255

че́шский, -ая, -ое, -ие Czech (*adj.*), Bohemian, 308, 321, 553

число́ (*pl.* чи́сла, чи́сел, чи́слам) *n.* number, date; в пе́рвых чи́слах ме́сяца at the beginning of the month, 146, 266

чи́стить (чи́щу, чи́стишь) 9a *ipf.*; по-чи́стить, вы́-чистить *pf.* to clean, 739

чи́сто cleanly, 550

чи́стый, -ая, -ое, -ые (чист, чиста́, чи́сто, чи́сты) clean, 306, 321, 560

Чистяко́в *m. a surname*, 344, 358

Чистяко́ва *f. a surname*, 345, 358

чита́льня *f.* reading room, 217, 260

чита́ть (-а́ю, -а́ешь) 1a *ipf.*; про-чита́ть *pf.* to read; чита́ть ле́кцию to give a lecture, 462; *p.p.p.* прочи́танный, 645, 697, 712, 793

чита́я *pres. gerund of* чита́ть 806

чи́ще *pred. comp.* cleaner, 560

чрез- *prefix*, 17

чрес- *prefix*, 17

чте́ние *n.* reading, 270

что (чего́, чему́, что, чем, о чём) 1. *interr. and rel. pron.* what; что но́вого? what's news? что за what, what kind of; что бы ни whatever, 100, 377, 378, 397; 2. *conj.* that; почти́ что (*with verb*) almost, 105, 398; 3. why? what for?

что́бы *conj. with infinitive or past tense introducing purpose clauses* that, in order that, 753-757

что-нибу́дь anything, something (no matter what), 378; что-нибу́дь тако́е something of that kind, something like this

что́-то something, 378
чу́вствовать (чу́вствую, -уешь) la *ipf.*;
по-чу́вствовать *pf.* *(with* себя́*)* to feel,
728
чу́вствуя *pres. gerund of* чу́вствовать,
806
чуло́к (чулка́; *gen. pl.* чуло́к) *m.* stocking,
227, 241
чьё *neuter pron.* whose? 381, 382, 391,
392, 399
чьи *pl. of* чей? чья? чьё? 382, 391, 399
чья *f. pron.* whose? 381, 382, 391, 392,
399

Ш

ш *twenty-fifth letter of the Russian alphabet,* 1, 4, 5, 8, 12, 59, 67, 88, 89,
90
-ш *masc. nouns,* 175, 194, 211, 251, 252
-ша *fem. nouns,* 164, 178, 198, 257
шала́ш (шалаша́) *m.* hut, 252
шалу́нья *f.* tomboy, 218, 261
-ше *neuter nouns,* 161, 169, 175, 201,
222, 238, 268
шёл *p.t. of* итти́
шестидеся́тый, -ая, -ое, -ые sixtieth, 306
шестисо́тый, -ая, -ое, -ые 600th, 306
шеститы́сячный, -ая, -ое, -ые, 6,000th, 306
шестичасово́й по́езд the six o'clock train,
307
шестна́дцатый, -ая, -ое, -ые sixteenth,
306, 434
шестна́дцать sixteen, 403
шесто́й, -а́я, -о́е, -о́е sixth, 307, 435
шесть six, 403, 41?
шестьдеся́т sixty, 405
шестьсо́т six hundred, 406
ше́я *f.* neck, 219, 259
ши́ре *pred. comp.* wider, 560
широ́кий, -ая, -ое, -ие wide, 308, 321,
560
шить (шью, шьёшь) 2 *ipf.*; с-шить (сошью́,
сошьёшь) 2 *pf.* to sew; *p.p.p.* сши́тый,
602, 624, 735, 790
шко́ла *f.* school, 143, 253
шко́льный, -ая, -ое, -ые school *(adj.)*;
шко́льное зда́ние school building, 306,
317
шла, шли, шло, *p.t. of* итти́
шля́па *f.* hat, 143, 253
штат *m.* state, 146, 240
шуме́ть(шумлю́, шуми́шь) 8b *ipf.*; за-шуме́ть
pf. to make noise

шути́ть (шучу́, шу́тишь) 9c *ipf.*; по-шути́ть
pf. (над кем) to joke, to make fun (of)
шу́тка *(gen. pl.* шу́ток*) f.* joke, 256

Щ

щ *twenty-sixth letter of the Russian alphabet,* 1, 4, 5, 7, 12, 64, 88, 89, 90
-щ *masc. nouns,* 175, 194, 211, 251, 252
-ща *fem. nouns,* 164, 178, 198, 257
-ще *neuter nouns,* 161, 169, 175, 201, 222,
238, 268

Ъ

ъ *twenty-seventh letter of the Russian alphabet,* 1, 4, 44, 73-75

Ы

ы *twenty-eighth letter of the Russian alphabet,* 1, 4, 9, 29, 30, 34, 36, 60, 88
-ы changed to -и, 88, 194, 198, 655, 656
-ы *nom. plur. ending of masc. nouns,* 453;
of fem. nouns 197
-ый *adjective ending,* 60, 72, 289, 306

Ь

ь *twenty-ninth letter of the Russian alphabet,* 1, 4, 9, 43, 70, 76-77
-ь *masc. nouns,* 134, 135, 156, 159, 169,
174, 176, 177, 182, 196, 213, 233, 249,
250; *fem. nouns,* 153, 162, 166, 172, 173,
180, 181, 183, 186, 200, 221, 236, 237,
264, 265
-ье *neuter nouns,* 269
-ья *nom. plur. ending of masc. and neuter
nouns,* 274, 283
-ьй *nom. plur. ending of masc. nouns,* 206,
275

Э

э *thirtieth letter of the Russian alphabet,*
1, 4, 9, 29, 30, 34, 36, 61, 71
экза́мен *m.* examination, 146, 252
Эльбру́с *m.* Elbrus *(a mountain in the Caucasus),* 240
э́та *f. pron.* this; э́та же this same, 154,
381, 382, 388
эта́ж (этажа́) *m.* floor, storey, 211, 252
э́ти *pl. of* э́тот, э́та, э́то, 382, 388

это *neuter pron.* this; это же this same. *After interrogative pronouns and adjectives*, это *gives the situation a more demonstrative character:* here; что это лежит на столах? what is this (lying) here on the tables? 94, 108, 111, 119, 381, 382, 388

этот *m. pron.* this; этот же this same, 111, 381, 382, 388

ꙗ

ю *thirty-first letter of the Russian alphabet,* 1, 4, 9, 29, 35, 36, 38-44, 53-55, 89, 91

-ю *gen. sing. ending of masc. nouns,* 168

-ю *prepositional sing. ending of masc. nouns,* 185

юг *m.* south, 146, 241

южнее farther to the south, 559

южный, -ая, -ое, -ые southern, 306, 559

Я

я *thirty-second letter of the Russian alphabet,* 1, 4, 9, 29, 35, 36, 38-44, 56-57, 68-70, 89

я *pers. pron.* I, 92, 370

-я *nom. sing. ending of fem. nouns* 153, 162, 165, 171, 172, 179, 181, 182, 199, 216-220, 235; *of masc. nouns* 138, 140, 155, 165, 456

яблоко *n.* apple, 271

явиться (явлюсь, явишься) 8c *ipf.* to appear

язык (языка) *m.* language, tongue, 209, 231, 241

Яков *m.* Jacob *(Christian name),* 240, 333, 342

Яковлевич *m.* the son of Jacob, 251, 342

Яковлевна *f.* the daughter of Jacob, 343

январь (-ря) *m.* January, 250

японец (-нца) *m.* a Japanese (man), 242

Япония *f.* Japan, 263

японка *(gen. pl.* японок) *f.* a Japanese (woman), 256

японский, -ая, -ое, -ие Japanese *(adj.),* 308, 321, 553